民事責任の法理

円谷峻先生古稀祝賀論文集

[編集委員]

滝沢昌彦
工藤祐巖
松尾弘
北居功
本山敦
住田英穂
武川幸嗣
中村肇

成文堂

円谷峻先生

謹んで古稀をお祝いし
円谷峻先生に捧げます

執筆者一同

序　文

　円谷峻先生は、2015年5月7日にめでたく古稀を迎えられた。心より御祝い申し上げるとともに、先生より賜ったご学恩に対する感謝を込めて、謹んで本論集を捧げる次第である。

　先生は、1945年に福島県でお生まれになり、横浜国立大学経済学部をご卒業後、一橋大学大学院法学研究科に進まれ、好美清光教授の下で民法研究の道に入られた。1974年より横浜国立大学経営学部専任講師として研究生活をスタートされ、助教授、教授を経て、1990年より同大学大学院国際経済法学研究科（後に国際社会科学研究科に改組）教授として、博士後期課程の設置および法科大学院の開設など法律学分野の充実化に多大な寄与をされた。その間、ドイツ・ゲッティンゲン大学（1978～9年）、フライブルグ大学（1994～5年）、トリアー大学（1995年）に留学された。その後還暦を迎えられたのを機に、2006年に横浜国立大学名誉教授ならびに明治大学法科大学院教授になられ、2012年からは放送大学客員教授を併任されている。また先生は、法務省司法試験考査委員（2002～5年）、自動車製造物責任相談センター理事（2003年～現在）、消費者法学会理事（2009～14年）、消費者教育支援センター理事（2007～14年）など数々の要職を歴任された。

　先生のご研究は周知の通り、契約締結上の過失、瑕疵担保責任、製造物責任、消費者保護など、現代契約法および民事責任法に関する多くの重要課題に及んでおり、一言で紹介するのは大変憚られるが、勇を鼓して主要な問題関心を記すとすれば、「欠陥商品に関する責任と救済」についての総合研究といえようか。

　先生の学風として第一に挙げるべきは、豊富で精緻極まる比較法研究に由来するグローバルな観点に立脚した分析手法であろう。その対象はドイツ法を筆頭に、EU法さらにはアメリカ法に及ぶ。先生は諸外国の法状況につきその発展過程から要因に至るまで総合的に分析された上で、日本法とのあるべき接点を究明された。また先生は早くから現代契約法における国際的な法調和に注目され、消費者法分野においてはさらに東アジアとの法調和にも取り組まれた。第二に、先生は判例研究を重視され、問題の実相を直視しつつ、

妥当な紛争解決のための法の役割ならびに、社会的・実務的要請と学理との調和を追究する解釈手法を採っておられた。それらの成果は、『新・契約の成立と責任』（成文堂、2004年）、『ディーター・ライポルト　ドイツ民法総論 —設例・設問を通じて学ぶ—〔第2版〕』（成文堂、2015年）、『現代契約法の課題 —国際取引と民法理論—』（一粒社、1997年）、などの代表著作のほか多数の業績に結実している。

　教育者としての先生にも触れておきたい。先生は上記の本務校以外にも、早稲田大学や慶應義塾大学大学院に出講され、さらには若手研究者の切磋琢磨のための数々の機会をオルガナイズされるなど、後進の育成に力を注いでこられた。先生の学問に対する情熱と温かなお人柄は多くの志ある院生・研究者を惹きつけ、先生は皆を実に懐広くそして深く受け容れ、導いてこられた。先生の指導方法は、ご自身の研究に取り組む厳しい姿勢を垣間見せながら、「自ら泳いで見せて泳ぎ方を教える」ないしは「背中を見せながら諭す」指導であるといえよう。こうして先生は、学界に多くの「円谷シューレ」を輩出された。私たちは先生のなお一層のご健勝を祈ってやまず、いつまでも後進をあるべき道へと駆り立てる先導者であっていただきたいと切に願っている。

　最後に、本論集の出版をお引き受け下さった成文堂とりわけ、元取締役の故・土子三男氏、編集から執筆依頼・調整そして校正・刊行まで、至らぬ編者を全面的にお助け下さった編集部・飯村晃弘氏、企画にあたり御世話になった元編集部・石川真貴氏に、この場を借りて深甚なる謝意を表する次第である。

　2015年2月

滝沢昌彦　工藤祐巌　北居功　松尾弘
本山敦　住田英穂　武川幸嗣　中村肇

目　次

序　文

比較法の方法
　——類似の推定をめぐって——　………………………滝沢昌彦　*1*

瑕疵担保責任から債務不履行責任へ
　——特別法の一般法への包摂現象——　………………北居　功　*17*

ドイツ給付障害法における「義務違反」と「帰責事由」
　——損害賠償の成立要件に関する一視座——　………長坂　純　*35*

ドイツ民法における種類債務者の調達リスクの引受による責任
　——調達義務の限界とリスク引受責任——　……………中村　肇　*51*

民法416条の「予見主体」・「予見可能性の判断の基準時」
　………………………………………………………………住田英穂　*75*

「契約締結上の過失」責任における「合意」と「損害」の意義
　——フランス法からの示唆を中心に——　………………武川幸嗣　*99*

契約交渉打ち切りの責任に関する考察
　——近年の最高裁判決を素材として——　………………大滝哲祐　*117*

法律行為の内容とリスク分配　………………………………中谷　崇　*135*

英米契約法における錯誤法前史
　——19世紀司法改革以前のコモン・ローにおける錯誤法理の
　　不存在について——　………………………………………古谷英恵　*153*

不当条項規制における不当性の判断枠組み
　——英米法系諸国における立法動向を参考に——　…木原浩之　*173*

民法改正による債権者代位権・詐害行為取消権の責任財産保全
　機能の実効性への影響と民事保全手続きによる対応
　　　………………………………………………………… 工藤祐巌　193

オーストリア事業法における事業譲渡の当事者による合意と
　第三者の法的地位 ……………………………………… 佐藤秀勝　217

不動産賃借権の譲渡について
　──ドイツのシェアハウスを参考に── ……………… 小西飛鳥　241

保証契約の成否並びに民法446条2項における「書面」の解釈
　　………………………………………………………… 堀川信一　259

金銭消費貸借論の課題 ……………………………………… 小野秀誠　275

財産の安全配慮義務 ………………………………………… 松本克美　295

不動産取引における双方仲介と利益相反取引 ………… 椿久美子　317

フランチャイザーの競合回避義務 ……………………… 高田　淳　339

店頭デリバティブにおける時価評価に関する説明義務 …… 川地宏行　361

福祉サービス契約における事業者の責任 ……………… 平田　厚　389

保険者の助言義務に関する一考察 ……………………… 松谷秀祐　409

第3次不法行為法リステイトメントにおける予見可能性の機能
　　………………………………………………………… 柴田　龍　421

民法上の正当防衛における第三者の救済
　──侵害者の責任── ………………………………… 鈴木清貴　437

損害賠償事案における症状固定概念の意義・役割と今後の課題
　　………………………………………………………… 円谷　順　455

間接被害者論の展開 ………………………………………… 加藤雅之　473

土地利用規制をめぐる物権的合意の可能性
　——環境地役権の可能性—— ………………………………… 平野裕之 *489*
法定地上権制度の日韓法比較 ……………………………… 中川敏宏 *509*
嫡出推定の制度的意義について
　——嫡出推定を肯定した２つの最高裁判断に焦点を当てて——
　………………………………………………………………… 松尾　弘 *535*
離婚後の子の共同監護に関する考察：スウェーデン法からの示唆
　……………………………………………………………… 千葉華月 *553*
弁護士の執務における裁量 ………………………………… 加藤新太郎 *571*
仲裁合意と保全命令事件の国際管轄
　——ドイツにおける議論からの示唆—— …………………… 野村秀敏 *595*
医療事故情報と医療訴訟 …………………………………… 我妻　学 *619*
訴え却下判決の国際的効力
　——国際裁判管轄を否定した外国判決の効力をめぐって——
　………………………………………………………………… 芳賀雅顯 *649*
欧州法およびドイツ法における消費者保護の発展
　——消費者権利指令とその国内化法——
　　………………………… ディーター・ライポルト／（訳）円谷　峻・大滝哲祐 *675*
生命侵害の場合における損害賠償および慰謝料
　………………………………… ライナー・フランク／（訳）中谷　崇 *695*
シュミット・ケッセル「ヨーロッパ契約法の方法論」…… 芦野訓和 *713*
中国契約法における公平原則 ……………………………… 許　　更 *735*

凍結胚の法的性質及び相続の可否について
　──中国における初の凍結胚相続事案を中心に── ……… 趙　　莉 *757*

消費者教育推進の法制化と今後の課題 …………………… 西村隆男 *777*

〈特別寄稿〉
スポーツを通じた国際貢献
　── 2020 年オリンピック・パラリンピック東京大会の成功に向けて ──
　………………………………………………………………… 平田竹男 *799*

円谷峻先生 略歴・業績目録 …………………………………………… *813*

比較法の方法
―― 類似の推定をめぐって ――

滝 沢 昌 彦
Masahiko TAKIZAWA

I　はじめに
II　ツヴァイゲルト論文の紹介
III　検討

I　はじめに

　比較法を学んでいると、国により制度や理論は異なっているが、実際上の結論は余り差がないことがよくある。例えば、大陸法では契約の履行の強制が認められるが、英米法では、契約違反に対する救済は損害賠償が原則であるとされる。しかし、英米法でも、例外的に（衡平法により）履行の強制（特定履行）が認められることもあり、他方、大陸法でも、動産取引（特に商品取引）の場合には、履行の強制を求めるのではなく、代替品を購入する費用を損害賠償として請求することの方が多いであろう。したがって、この点につき、大陸法と英米法とでは理論的には大きな違いがあるように見えるが、実質的な差は余りないことになる。

　日頃このように感じていたところ、ツヴァイゲルトの「比較法の方法における推定原則としての『類似の推定』」という論文に接した。[1] 筆者自身は、制度や理論が異なっていても実際的な結論は差がないことも多いという「感想」を有していた程度に過ぎないが、これをさらに進めて、実際的な結論は差がないことが多いであろうという「推定」原則があり得るとは思っていなかったので、これは新鮮な発想であった。1973年刊行といういささか古い

---

(1) Zweigert,Die《Praesumptio Similitudinis》als Grundsatzvermutung Dechtsvergleichender Methode, in Rotondi, Inchieste di diritto comparator,1973, p.735.

論文であるが、紹介・検討してみたいという誘惑を感じた次第である。もっとも、同論文は、その後、ツヴァイゲルトとケッツの『比較法概論』に取り入れられ、さらに、同書を翻訳された大木教授も、類似の推定を検討した論考を発表されている。そこで、ツヴァイゲルト論文の紹介は最小限に留め、大木論文なども参考にして、類似の推定の持つ意義や問題点について検討したい。

II ツヴァイゲルト論文の紹介

1 論文の導入部

今更であるが、著者のツヴァイゲルト教授は、1911年にポーゼン(ドイツ)に生れ、ハンブルク大学等の教授を経た後マックス・プランク外国私法・国際私法研究所の所長となった比較法の大家であり、本論文は、1965年にパリで開催された学会における同教授の講演に手を加えたものである。

さて、論文の冒頭では、さまざまな国の法律では、歴史的発展の経緯、体系的-理論的な構造、さらに実務での法適用のスタイルの違いにもかかわらず、同じ問題について同一または類似した解決がされているという事実を――多少誇張するなら――「比較法上の原則」と言い得ると言う。もっとも、ツヴァイゲルトも、すべての法領域で解決が類似していると主張するわけではなく、例えば、家族や相続のように価値観や道徳律に強く影響される分野は別であるとする。しかし、これ(価値観や道徳律に影響される分野)以外の比較的「非政治的(unpolitisch)」な私法に目を向けるなら、世界の発展したすべての法体系で、同一の取引上の問題について同一または酷似した解決がされていると述べ、これを「類似の推定(praesumtio similitudinis)」と呼ぶ。

そして、例えば、ドイツ法と他のロマン法圏(フランスやイタリアなど)に類似性が見られることは、どちらもローマ法という共通の起源に由来することから説明できるようにも思えるが、しかし、ローマ法とは異なる伝統を有す

---

(2) ツヴァイゲルト／ケッツ(大木雅夫訳)・比較法概論原論上51頁(1974年、東京大学出版会)
(3) 大木雅夫「比較法における『類似の推定』」藤倉皓一郎編・英米法論集105頁(1987年、東京大学出版会)
(4) Zweigert, Nr 1, p.737.

る英米法についても、類似の推定が通用する。もっとも、その為には問題設定の方法が重要であり、異なる法体系を横断的に比較する場合には機能的観点、つまり、当事者の利害関係や国家目的を、それぞれの法体系がそれぞれの法制度を使ってどのように解決しているかを問わなければならない。例えば、「他の国では、売買契約にどのような方式（書面等）が要求されているか」という問題設定は狭すぎるのであり、むしろ、「他の国では、どのようにして、当事者が性急で軽率な契約をしないように保護しているのか」と問わなければならないのである。

2　ツヴァイゲルトの検討する例①

そして、ツヴァイゲルトは、前述したような問題提起を受けて、大陸法と英米法とを比較して、幾つかの例を挙げて検討する。

（1）未成年者保護

大陸法では、未成年者を保護する為に、法定代理の制度がある[5]。これに対して、英米法では、例えば、訴訟において両親が当然に法定代理人となるわけではなく、裁判所が保護者を選ぶのである。また、未成年者へ財産を譲渡するときは信託制度が使われるが、このときも、両親は必ずしも介入できない。このように、大陸法と英米法とでは大きな違いがあるが、「しかし、細かく見るなら、法体系で前提とされている『保護者像』（Figur をとりあえずこのように意訳する。ここでは、未成年者を保護すべき法定代理人や受託者を指すのであろう——筆者注）の違いにもかかわらず、根底にある実際上の必要性を、いずれの法圏も、類似した観点から解決しているのである」とツヴァイゲルトは——英米法の見通しの悪さをボヤキつつも——述べる。

（2）信託と遺言

次に、ツヴァイゲルトは、英米法の信託制度を紹介し、これにより、被相続人は、その死後も相続財産をコントロールできるという[6]。ドイツで、これに相当する制度は遺言である。そして、①英米法では、受託者が権限を濫用して信託財産を処分しても、相手方が悪意または有過失であるときには処分

---

(5)　Zweigert, Nr 1, p.740.
(6)　Zweigert, Nr 1, p.742.

行為は無効となるが、ドイツ法でも、遺言執行者が権限を濫用したときには同様とする大審院の判決があることを指摘する。また、②受託者が無償の処分をしたときには善意の第三者でも保護されないところ、ドイツ民法2205条3文も、遺言執行者の無償の処分については特別の規定をしている。さらに、③信託財産が処分されたときには代償請求権が認められているところ、ドイツ民法にはそのような規定はないが、大審院も連邦最高裁も、共同相続に関する2041条を遺言にも類推適用する。

そして、ツヴァイゲルトは、個人の財産を公共目的の為に提供する制度として、英米法の公益信託（charitable trust）制度とドイツ法の財団制度とを比較する。そして、ドイツでは、財団の目的の達成が不能となった場合には監督官庁が目的を変更することができるところ（ドイツ民法87条）、イギリスでも、裁判所が目的を変更することができることを指摘して、やはり類似する解決をしているという。

3　ツヴァイゲルトの検討する例②

さらに、ツヴァイゲルトは契約法や不法行為法を比較するが、これは少し詳しく紹介する価値があろう。

（1）契約違反に対する責任

ドイツ法では過失がある場合に限り損害賠償責任が認められるが（ドイツ民法276条。なお、後述するように、この条文は2002年の民法改正によって若干修正されている——筆者注）、英米法では、客観的な不履行のみで契約違反（breach of contract）となり、過失とは関係なく損害賠償責任を負う[8]。

しかし、ドイツ法でも、279条により種類物債権については過失責任原則は通用しないこととされているし、判例・通説によれば、原始的に主観的不能（unvermögen）である給付を約束した者は、過失がなくとも（自分には給付できないことに気が付かなかったことについて過失がなくとも）責任を負う。さらに、467条（同条も改正された。今では453条によって解決されることになろうか——筆者注）も、債権の譲渡人に、過失を考慮しないで責任を負わせるし、また、282条（に

（7）　Zweigert, Nr 1, p.744.
（8）　Zweigert, Nr 1, p.745.

の条文も改正された。今では283条によって準用される280条1項により同様の結論を導くことができる——筆者注）により無過失である旨の立証責任が債務者に課せられている。他方、英米法でも、動産売買法（Sale of Goods Act）7条が、特定物売買において両当事者に過失なく目的物が滅失したときは契約は取り消されると規定しているので、特定物売買においては、実質的には過失責任原則がとられている。さらに、特定の物または人が存在する限りにおいて意味のある給付において、その物・人が失われたときは給付義務は消滅し、債務者の責任を問うことはできないとする判例が紹介されている（コンサートホールの賃貸借においてホールが焼失したケース）。したがって、概して英米法の方が厳格な責任を負わせているものの、どちらの法圏も、共通した中間地帯へと揺れ動いているとツヴァイゲルトは言う。

（2）不法行為法

オーストリー民法1295条やフランス民法1382条のような一般条項を設ける方向もあることはドイツの立法者も意識してはいたが、一般条項は曖昧さであるという理由から、ドイツでの不法行為の要件は、三元論で構成されている。[9] つまり、823条1項は、生命、身体、健康、自由および所有権のような絶対権の侵害のみについて違法とし、過失がある場合に賠償責任を負わせる。その他に、同条2項は保護法規違反も不法行為になるとするが、そのような法規は少ないので、これ（同条2項）は、一般的な財産上の利益には限定的な保護を与えているに過ぎない。最後に、826条はすべての財産的損害について適用されるが、故意または公序良俗に反する態様の侵害のみを想定している。これに対して、外国法（ドイツ以外）はかなり異なり、フランス・スイス・イタリア・ギリシャには一般条項がある。英米法の不法行為法は、原則として個別要件により構成されているが、ネグリジェンス責任（negligence-Haftung）という形で、過失によって配慮義務に違反した場合には損害賠償責任を負うという一般条項が発達している。

このような基本的な構造の違い（三元論と一般条項）を考えると、実際上も大きな意味があるのではないかという疑問が生じるが、実はそうではないとツヴァイゲルトは言う。確かに、ドイツのような三元論では、利益の保護に

---

(9) Zweigert, Nr 1, p.747.

「空白」が生じる可能性があり、例えば、企業（という形）の複雑な営業利益や一般的な人格権が問題になる。しかし、これらについても823条1項により保護されることが判例上認められているので、ドイツ法においても、一般条項を持つ国に比べて保護の範囲が狭いわけではない。

（3）申込の拘束力等

さらに、ツヴァイゲルトは、機能が類似する「制度」のみを見ると違いがあるように見えても、さらに、法以外の事実をも考慮しなければならないとして約款や商慣習を挙げる[11]。例えば、ドイツにおいては、申込みの撤回は認められておらず申込みには拘束力があるが、英米法では、申込みにおいて承諾期間が定められている場合でも、承諾されない限り申込みは撤回できる。これは、約因または捺印がない限り約束には法的効力はないとする英米法の伝統に基づいている。しかし、ドイツでも、申込みにおいて撤回権を留保することはよくあるし、英米法でも、法以外での慣例等により、恣意的な申込みの撤回は制限されるのである。

また、英米法では、履行遅滞における損害賠償の要件としての催告という制度はなく（ドイツにはあることが当然の前提となっている）、履行期が定められていなくとも、諸般の事情から相当とされる期間内に履行がされないときには催告をしないで損害賠償を請求することができる。しかし、ドイツでも、履行期が確定しているなら催告は不要であるし、確定した履行期が定められていなかった場合でも、履行期が重要な意味を持つときには催告は不要とする判例がある[12]。そして、履行期が重要ではない場合には、英米法でも、慣習上、警告もしないで訴えを提起することはない。

さらに、不動産の取得者を保護する制度として、ドイツには登記制度と公信力の理論がある。これに対して、他の国（特にフランス）では不動産取得者の保護は難しく、また、イギリスやアメリカにおいても、買主の弁護士は、売主の提出する証書などを（ときには中世位まで遡って）調べなくてはならない。しかし、アメリカでは「権限保証会社（Title Insurance Company）」が発達して

---

(10) ドイチュ／アーレンス（浦川道太郎訳）・ドイツ不法行為法130頁（2008年、日本評論社）参照。
(11) Zweigert, Nr 1, p.749.
(12) 改正後のドイツ民法286条2項参照。

おり、不動産の権限が第三者の権利により影響された場合の損害を保証する。このような会社は、特定の地域では独占的な地位を占めており今世紀(20世紀)始め位から営業をしているので、(不動産の権限を証する)連続した証書を有しているのであろうから、これが、ドイツの登記簿と類似した機能を果たしていることは容易に想像できるとツヴァイゲルトは言う。

4 比較法の意義

以上のような例を挙げた後、ツヴァイゲルトは、比較法の意義を論じ、解決の類似性のみを探すわけではないとする。[13]その上でさらに、どの法がその解決を容易に・より良く・巧みに達成しているか、見通しがよく・法技術的に問題に適合しているか、さらに、他の国に移入が可能であるかなども検討しなければならない。

以上のような検討に際しては、機能的な観点からの比較が重要であるとされる。そして、その為には、例えば信託のように全く異なる法的伝統に基づく制度をも考慮しなければならないし、契約責任の比較(ドイツの過失責任と英米法の厳格責任との比較)が示すように、それぞれの原則の例外をも考えなければならない。さらに、申込みの拘束力等の検討の際には、法律だけではなく実務上の慣習まで調べなければならなかったのである。そして、このような研究の際には、類似の推定が大きな役割を果たすという。

ツヴァイゲルトは、類似の推定の意義を二つの段階で指摘する。[14]まずは、発見の原理として、類似の推定は、どの法律、慣習等を調べなければならないか等について手がかりを提供する。そして、第二に、調査の成果を検討するときにも、その正しさを検証する役に立つ。ここでは、本当に「推定」として働くのであり、研究の結果、解決の類似性が確認できるなら、成果は正かったという証明がされたものと考えられる。もし、解決に違いがあるなら、より詳しい検討が必要となり、確かな反証がなされて初めて、類似の推定が覆されるのである。

そして、このような観点からは、各法体系での法律構成の巧みさなどより、

---

(13) Zweigert, Nr 1, p.757.
(14) Zweigert, Nr 1, p.755.

社会的利益やニーズの方が本質的であると言い、さらに、法律学生にとっては、自国の法のみが絶対的ではないことを意識させるという教育的意義もあるとする。そして、最後に、比較法の成果による一般法の可能性に言及する。もっとも、統一世界法のようなものではなく、比較法に基づく法原則（ツヴァイゲルトは「pacta sunt servanda」や信義則などを挙げる）を考えているようである。

Ⅲ　検討

以上で、ツヴァイゲルトの論文の紹介を終える。さすがに比較法の大家だけあって、大陸法と英米法の双方に渡り、しかも、実務慣行なども考察したスケールの大きい考察である。

1　類似の推定の意義

類似の推定の意義については、ツヴァイゲルト自身が述べたことに付け加えるべきことは少ないので繰り返しになるが、確かに、発見の原理としては大きな意味があろう。異なる国の法律を調べるとき、どの社会でも問題となるであろう普遍的な課題については、とりあえず、自国と似たような解決がされているであろうと想定してみれば、どのような制度を調査すればよいのか、手がかりが得られやすいはずである。

他方、調査結果を検証する為の原理としては、やや疑問も残る。似たような解決がされているに違いないと信じる余りに先入観が入って、強引で客観性のない結果を出そうとすることは厳に戒めなければならないし、逆に、類似性が確認されただけで、その成果は正かったとして調査を終了することも危険ではないだろうか。

そして、解決が類似している部分については一般法が可能であるとするツヴァイゲルトの理想については、その後、ウィーン条約等の国際取引法によって（ある程度）実現されつつある。この際には、機能主義的比較法が大変に有効であったことは言うまでもなく、これにより大陸法と英米法との架橋が

---

(15)　Zweigert, Nr 1, p.757.

されてきた。

2 若干の疑問
他方、この論文には若干の疑問がないわけではない。大きな疑問と小さな疑問とがあるが、小さな疑問から始めよう。
(1) ツヴァイゲルトの具体例の検討への疑問
そもそもツヴァイゲルトが挙げた具体例の検討に疑問がないわけではない。もっとも、未成年者保護から不動産取引にまで及ぶ私法全般の領域について、しかも、大陸法と英米法の双方について充分な調査をして横断的に比較することは個人の力を超えることであり、ツヴァイゲルトの検討が完璧ではないとしても、このツヴァイゲルトの論文の価値をいささかでも損なうものではない。「小さな」疑問とする所以である。それでも、今日の民法学者の立場からは、以下のような点が指摘できる。

① ツヴァイゲルトは、未成年者の保護について大陸法の法定代理の制度と英米法の制度とを比較するが、「細かく見るなら類似した観点から解決される」と述べるのみで具体的な指摘がない。前述した大木論文ではさらに若干の素材（立法や政府の報告書）が追加されている[16]が、それでも、大陸法と英米法の解決のどこが類似しているのかよく分からないのである。
さらに言えば、未成年者保護という共通の目的を追求しているのであるから、解決にも似ている側面があるのはむしろ当然であろう。「類似の推定」を語れる程に似ているのかどうかが問題なのである。しかし、ツヴァイゲルトの論文を読む限り、筆者には、両親に法定代理権を与えて包括的に解決しようとする大陸法と、訴訟とか財産譲渡などの局面に応じて、（訴訟の場合には）裁判所が保護者を指定したり（財産譲渡については）信託制度を活用したりして個別に解決しようとする英米法との態度の違いの方が印象的であった。法律行為論という包括的な理論を有するか否かの違いではなかろうか。

---

(16) 大木・前出注 (2) 115頁

②　契約責任に関するドイツ的な過失責任と英米法の厳格責任との比較も、現在の時点から考えると（この論文は1965年の講演であることを忘れてはならない）——誤りではないものの——物足りない。契約違反に対する責任（契約違反の効果）については、履行の強制、解除や損害賠償を区別して考えられるところ、ツヴァイゲルトの論文では主に損害賠償のみが論じられている。しかも、他方で、ドイツでも種類物売買には過失責任原則は通用しないとされているが、これは、主に履行請求を念頭にしているのではなかろうか。ツヴァイゲルトの指摘するドイツ民法279条は、種類債務については、同種の給付が可能である限り、過失がなくとも責任を負うという条文である（なお、2002年の民法改正により同条は削除された）。

そして、ツヴァイゲルトは、ドイツの過失責任も英米法の厳格責任も「共通の中間地帯へと揺れ動いている」で済ませているが、契約違反の効果（解除や損害賠償など）によって異なる考察が必要であろう。今日の国際取引法（もっともこれ自体比較法の成果である）、例えばウィーン条約では、契約の解除には過失は必要ではないが、損害賠償については、自己の支配を超えた障害による不履行である旨を抗弁とすることが認められるし（79条）、賠償の範囲も予見可能であった範囲に限定される（74条）など過失責任に近い規律がされている。ツヴァイゲルトの言う「共通の中間地帯」は、このように、解除は無過失責任・損害賠償は過失責任という「まだら模様」をしているのである。

③　申込みの拘束力の検討についても、疑問がないわけではない。ドイツでは撤回権を留保することがよくあるというが、どのような場合に留保されるのか、また、英米法で、恣意的な撤回であるとして禁じられるのはどのような場合なのかを明らかにしない限り、解決が類似しているか否かは分からないはずである。

この問題はウィーン条約でも未解決であり、申込みが撤回できないと相手方が合理的に信じ、かつ、申込みを信頼して（相手方が）行動した場合に撤回できないことには異論はないが（16条2項b号）、承諾期間を設定しただけで撤回が制限されるかについては、解釈が分かれ得る表現になっている（同項a号）。すなわち、同号は、「申込みが、一定の承諾の期間を定めることに

よるか他の方法によるかを問わず、撤回することができないものであることを示している場合」には申込みの撤回はできないと規定するので、承諾期間を定めた場合には、撤回することができないことを示している（したがって撤回できない）とも解釈できる。しかし、他方で、承諾期間を定めた場合は「撤回することができないことを示している」場合の例示的列挙に過ぎず、「撤回をすることができないことを示している」か否かが要件の本質的な部分であると考えるなら、承諾期間を定めていても、その他の諸般の事情から、撤回することができないことを示していないと解釈できる（したがって撤回できる）場合もあり得ることになり、つまり、ドイツ的にも、英米法的にも理解できるような多義的な表現になっている。もっとも、筆者も、立法のテクニックとしてはこのような妥協もあってよいとは思うが（後は解釈に委ねればよい）、理論的には、充分に突き詰められていないのである。

④　また、ドイツの不動産登記制度に相当する制度として、アメリカの権限保証会社（が有しているであろう連続した証書群）を指摘した点は、興味深く説得力もあるが、ツヴァイゲルトがドイツとは異なると指摘した他の法圏（フランスやイギリス）については記述がない。結局、解決が類似していることを指摘できたのはアメリカだけである。しかも、権限保証会社は損害を塡補するだけなのであろうから、この点では、公信力を有するドイツの登記とは機能も異なることになりそうである。（むしろ、フランスの対抗要件主義と、登記しない限り所有権も移転しないとするドイツの形式主義とを比較した方が面白かったのではなかろうか。）

　概してツヴァイゲルトの考察は――比較法の論文なので当然ではあるが――マクロの観点からの検討であり、民法学者のミクロの観点からは、大味に過ぎて説得力が充分ではないところがある。確かに、信託と遺言、あるいは、公益信託と財団との比較は、類似性を感じさせるものであったが、その他の検討は、制度が異なるにもかかわらず解決が類似している「可能性」を示唆するものではあっても、解決が類似していると「推定」できることまで立証されたとは言い難い。

(2) 類似の推定への疑問

前述したように、ツヴァイゲルト自身、類似の推定は、価値観や道徳律に影響される家族や相続では働かないと認めている。しかし、そうすると、類似の推定が通用する領域を確定することは難しい。極端な言い方をすれば、およそ法の領域で価値観や道徳律と全く関係のない分野などないように思われるし、事実、ツヴァイゲルトも、未成年者保護や遺言などを検討の対象としている。もちろん、相対的に比較するなら、価値観や道徳律の影響が比較的大きい分野と比較的小さい分野とを区別することは可能であろう。しかし、そうすると、その区別は程度問題となってしまい、価値観や道徳律の影響を避けようとすればする程、類似の推定の働く領域は狭くなってしまう。

また、類似性のみを追い求めるなら、前述したように先入観が入る可能性があるし、さらに、結論の類似性で満足してしまい、結論にいたるまでのアイディアの多様性を見過す危険もある。従来は、我々は、自国法と他国法との「違い」から多くのことを学んできたのである。解決は類似しているであろうという前提に基づく予定調和的発想では、このような「発見」ができないことになるが、これは、自国の法律の相対性を意識させる点に比較法の教育的意義を認めるツヴァイゲルトの本意ではあるまい。

(3) 機能的観点への疑問

各国法を比較する際には、機能的観点が重要なのは言うまでもない。というより、異質な法体系を比較することは機能的観点によらなければ不可能であろう。そして、この方法論によって、比較法が大きな成果を挙げてきたことにも異論はあるまい。しかし、他方で、機能的観点のみを絶対視することも妥当とは思われない。この当時は、全く異なる法体系でも機能的観点からは比較可能であることを強調することにも意義があったのであろうが、今日の視点からは、なお、以下のような問題点も指摘できるように思われる。

① まず、機能的観点に客観性があるのかやや疑問もあるし、また、機能的観点のみでは、考察の対象を適切に限定できないように思われる。例えば、ツヴァイゲルトは、「他の国では、売買契約にどのような方式（書面等）が要求されているか」ではなく「他の国では、どのようにして、当事者が性急で

軽率な契約をしないように保護しているのか」と問わなければならないとするが、初めから、このような機能的観点のみから問題を提起することは可能であろうか。

まず、第一に、制度の機能を考える際には、大なり小なり主観的な「解釈」が入ることに注意する必要があろう。書面には、当事者を性急で軽率な契約から保護する機能があるという認識自体（むろん全く正当ではあるが）やはり一つの解釈なのである。しかも、書面には、さらに、後日の為に確実な証拠を残すという機能もみとめられるのであるから、制度と機能とが1対1で対応するわけでもない。このように（やや主観的で多義性を残す）機能的観点のみから諸国の法制度を客観的に比較することは、かなり困難であろう。

しかも、例えば、「当事者が性急で契約をしないように保護する」という機能のみに注目をして法制度を比較しなければならないとすると、公序良俗規定や錯誤等の意思表示規定なども考察の対象としなければならないことになりそうであるが、これを、契約の要式性の問題と比較するのには無理があるように思われる。やはり、外国法を学ぶ際には、まずは制度そのものを客観的に把握し、法を比較するときも、対応する制度を比較することから始めるべきであろう。その際、機能的観点が、見当違いの検討とならない為の補助的観点を提供するものと考えられるし、一見して対応する制度がないときに（対応する制度を）発見する手がかりとなろう。

② さらに、機能的観点のみが比較法の方法であるかにも疑問が呈されており、例えば、法圏論では法秩序の様式の解明を主眼とするのであるから、機能的比較ではなく構造的比較に力点が置かれるべきであるという指摘もあり、さらに、その他に歴史学的、社会学的、統計学的方法も用いられてよいとされている。[17]

③ また、機能的観点から、ある問題が実際上どう解決されるのかに注目するのみで（しかも解決が類似していると指摘するのみで）、制度や概念の持つ意味の（国による）違いを解明しないのでは片手落ちではなかろうか。例えば、

---

(17) 大木雅夫・比較法講義100頁（1992年、東京大学出版会）

筆者自身が冒頭に挙げた例でも、大陸法では履行の強制が認められるが動産売買などで履行の強制を求めることは事実上は稀であろうし、他方、英米法は損害賠償を原則とするが特定履行が認められることもあるので、大陸法と英米法での実際上の解決は似ている（原則と例外とが入れ代わっているだけとも言える）ことを指摘するだけではやはり物足りない。さらに進めて、では、なぜ原則と例外とが入れ代わっているのかまで考えて初めて、国による契約概念の違い（大陸法では履行を約束するものであるが、英米法では利益を保証するものであると理解されている）に思い当たることになり、このような認識が、法理論の発展にも大いに貢献していることは周知のところであろう。例えば、ドイツでの民法改正に際して、契約責任に、過失責任の他に保証責任も含められたことを考えられたい[18]。

　筆者は、ここで、概念や制度の持つ「意味」という言葉を使った。ドイツでの民法改正が示すように、契約責任の概念が変わればその機能も変化するのであろうから、確かに、概念や制度の意味とは、最終的には機能という形で現れてくるものかも知れないし、そうであるなら、意味と機能とは同じことであるとも言える。しかし、ツヴァイゲルトの機能主義は実際的な解決のみに注目しているように思われるが、それだけでは、上記のような契約概念の違いに気づくのは難しいのではないか。

④　さらに、機能的観点のみでは、時代による法の「変化」が見落とされているように思われる。制度や概念の有する意味（や機能）は他の制度との関係（制度間の棲み分け）によって影響を受けるし、それは、時代によって変化しうる。例えば、ある概念や制度が出来ると、それに応じて（それとの棲み分けが変化して）、他の概念や制度の意味も（そして機能も）変化するのである。やや我田引水になって恐縮であるが、筆者自身の研究から一つ例を挙げたい[19]。発信主義・到達主義は、現在では、契約の成立時、また、コミュニケーションの失敗（承諾の不到達や遅延）のリスクをどちらが負うべきかという問題として理解されているが、当初（19世紀始め頃）は、承諾発信後の申込みの

---

(18)　ドイツ民法の新276条
(19)　拙著・契約成立プロセスの研究23頁（2003年、有斐閣）

撤回の可否、また、注文に応じて商品を発送した場合（発送が黙示の承諾と理解されていた）の契約の成否などともからめて議論されていた。そして、この観点からは発信主義にも充分な合理性があり（承諾発信後や商品発送後の申込みの撤回は制限されるべきであろう）、それなりに支持されていたのである。しかし、承諾発信後の申込みの撤回は申込みの拘束力の問題とされ、商品の発送は意思実現による契約の成立として解決されるようになって、ドイツでは到達主義が採用されたものと思われる。

　ツヴァイゲルトのいう機能主義においては、共時的観点からの検討に重点が置かれているように思われる。これに対して、上記のような制度や概念の変遷の研究は、通時点観点からの考察である。このようなヨコ糸とタテ糸とを組み合わせて初めて、法のダイナミックな発展を捉えることができるのではなかろうか。

瑕疵担保責任から債務不履行責任へ
——特別法の一般法への包摂現象——

北　居　　　功
Isao KITAI

I　はじめに
II　按察官訴権
III　ローマ法における売主品質責任
IV　ユス・コムーネにおける売主品質責任
V　近代法典、そして現代法へ

I　はじめに

　かつて、ホンゼルが説いたところでは、「物の瑕疵〔担保〕責任の問題は、我々の歴史的知見によれば、法それ自体とほぼ同じほどに古い」という。[1]事実、シュメール時代に由来する売買契約条項には、土地の不足分について売主の損害賠償責任が見いだされ、古バビロニア王国時代の文書に現れる瑕疵担保責任および追奪担保責任条項はアッカドに由来するようである。[2]有名なハンムラビ法典にも、売却された奴隷についての無制限な期間にわたる売主の追奪担保責任はもちろん（第279条）、同じく売却された奴隷のてんかんについて、1ヶ月期間が付された代金の返還訴権（いわゆる瑕疵担保解除訴権）が定められている（第278条）。[3]

---

(1) Heinrich HONSELL, Von den aedilizischen Rechtsbehelfen zum modernen Sachmängelrecht, in Dieter NÖRR/ Dieter SIMON (Hrsg.), Gedächtnisschrift für Wolfgang Kunkel, Frankfurt am Main, 1984, S.53.

(2) Victor KOROSEC, Keilschrift, in Berthold SPULER (Hrsg.), Handbuch der Orientalistik, 1. Abteilung, Der Nahe und Mittlere Osten, Ergänzungsband III, Orientalisches Recht, Leiden/ Köln, 1964, S.122ff.

(3) HONSELL, a.a.O., S.53; KOROSEC, a.a.O., S.124; Godfrey Rolles DRIVER/ John C. MILES (eds.), The Babylonian Laws, vol.1, Oxford, 1953, pp. 478 et seq.; Claude Hermann Walter JOHNS (translated), The Oldest Code of Laws in the World, Edinburgh, 1905, p.56. 半田吉信「古代法における瑕疵担保責任——瑕疵担保法の起源」千葉大学法経研究第12号（1982年）2頁。

こうした古代社会の法からのつながりも予測されるとはいえ、今日の売主瑕疵担保責任の直接的な起源は、やはり古代ローマ法における瑕疵担保責任と理解されよう。当時の売主瑕疵担保責任は、とりわけ悪名高い奴隷商人（mangones）から奴隷を購入する買主を特に保護するために按察官によって布告で制定されたものであり、「現代風にいえば、消費者保護に役立っていた」とも評されている。消費者契約における売買目的物の品質をめぐる問題は、当時でも現代でも変わらない売買契約法の最重要課題の一つである。

ところが、本来、とりわけ奴隷の（消費者）買主を保護するために認められた瑕疵担保責任が現代の法改正の中で次々と姿を消している現象は何を意味するのか。それが消費者保護の拡大であり、その一般化を意味するなら、そもそも、なぜ今日まで、一般債務不履行責任は瑕疵担保責任に取って代わらなかったのであろうか。

本稿は、何故に一般的な買主の救済手段（買主の訴権）とは別途に売主の瑕疵担保責任が設けられたのかという問題を起点として、売主瑕疵担保責任が近代法典に受け継がれた背景を眺め、一般債務不履行責任との関係をめぐる議論を跡づけることを目指している。今日、売主瑕疵担保責任が消え去るとき、その制度がいかなる歴史的役割に幕を閉じたのかを眺めることで、瑕疵担保責任法という特別法が債務不履行責任法（買主訴権）という一般法へと包摂され収斂する現象の意味を考えてみたい。

（4） プラトンの『法律』916A-C が構想する瑕疵担保責任は、奴隷売買に特有の制度であって、家畜やその他の商品の売買における瑕疵については、市場で命じられる諸規定での対処が想定されている。もっとも、当時のギリシャ法では、奴隷の一定の病気に限って代金の返還権が認められていたにすぎないことから、プラトンの構想はそれを一定程度凌駕する内容と評される。詳細は、田中周友「ギリシャ法に於ける売主瑕疵担保責任」論叢 32 巻 4 号（1935 年）1 頁以下、半田・前出注（3）7 頁以下。Johannes HERRMANN, Der Warenkauf in Platons Nomoi, in Studi in Onore di Arnaldo Biscardi, vol.2, Milano, 1982, S.459ff.
（5） Reinhard ZIMMERMANN, The Law of Obligations, Roman Foundation of the Civilian Tradition, Oxford/ New York, 1996, p.311. 北川善太郎『契約責任の研究』（有斐閣・1963 年）100 頁。
（6） Max KASER/ Rolf KNÜTEL, Römisches Privatrecht, 20. Aufl., München, 2014, Rz.42, S.255.

Ⅱ　按察官訴権

「買主注意せよ (caveat emptor)」は、「あらゆる初期の法システムにおける商品の売買を支配する原則」とされる(7)。すなわち、「買主は用心せよという。何か特別なことが合意されておらず、そうでなくても売主の悪意といった特別な事情が介入しなければ、買主は、売買物の瑕疵に基づいて、売主に対していかなる請求権も持たない(8)」。その他の古代世界の法と同じく(9)、古代ローマ法も、「買主注意せよ」を原則としていたとされる。すなわち、「多くの初期のほとんど独立していない法秩序では、物の買主 (emptor) が物をすべてのその瑕疵とともに取得し、そのため、原則としていかなる権利も主張できないというルールが通用する。したがって、彼は注意しなければならず (cavere)、それをあらかじめ最良に検査しなければならない(10)」。

このようなルールが通用するのは、製造者と売主が同一人であり、しかも市場で売主と買主が直接相対峙して取引を行い、代金額が重要な交渉事項とされていた背景を持つ(11)。つまり、現実売買を前提に、買主が目の前にある目

---

(7) ZIMMERMANN, op. cit., p.307. 同旨、HONSELL, a.a.O., S.55f. 柚木馨『売主瑕疵担保責任の研究』(有斐閣・1963 年) 13 頁やそれが依拠するハイマンは、按察官や古典期学者にとって重要であったのは、売主が売買に基づく債務を履行していないということではなく、売買物に瑕疵がないという買主の信頼が裏切られたことであると説く。Franz HAYMANN, Die Haftung des Verkäufers für die Beschaffenheit der Kaufsache, Berlin,1912, S.29f. こうした思考が由来する背景は、現実売買に即した「買主注意せよ」原則の修正に帰着しよう。

(8) Detlef LIEBS, Lateinische Rechtsregeln und Rechtsprichwörter, 6. Aufl., München, 1998, S.43, Nr.14.

(9) 古代のギリシャ・エジプト法での売買は、今日の売買というよりは物権譲渡行為に近く、現実売買と物瑕疵責任とは一定の非両立性が認められるとするのは、Ludwig DORNER, Zur Sachmängelhaftung beim gräko-ägyptischen Kauf, Erlangen, 1974, S.53, S.58.

(10) Klaus ADOMEIT/ Susanne HÄHNCHEN, Caveat emptor oder Käuferschutz um jeden Preis? in Karlheinz MUSCHELER (Hrsg.), Römische Jurisprudenz - Dogmatik, Überlieferung, Rezeption, Festschrift für Detlef Liebs zum 75. Geburtstag, Berlin, 2012, S.1.

(11) ADOMEIT/ HÄHNCHEN, a.a.O., S.1. 同　旨、Wolfgang ERNST, §§434-445. Sach-und Rechtsmängelhaftung, in Mathias SCHMOECKEL/ Joachim RÜCKERT/ Reinhard ZIMMERMANN (Hrsg.), Historisch-kritischer Kommentar Zum BGB., Tübingen, 2013, Rz.4, S.78f.

的物を自身の目で確かめ、代金額を交渉してその目的物を手に入れる[12]。その際に、目的物に瑕疵があっても、いわばそれは買主が見落としたことであり、そのリスクは買主が負担する。実に、「買主注意せよ」とは、現実売買における一般的・原則的ルールなのである。

したがって、「買主注意せよ」原則に対して、売買目的物に瑕疵があった場合に買主を救済する法的方策が存在するとなれば、それこそ、原則ルールに対する例外ルールを意味することになろう。その例外ルールの代表例が、按察官布告が定めるいわゆる按察官訴権（actio aedilicia）、すなわち売主の瑕疵担保責任である[13]。奴隷と荷役家畜の一定の瑕疵について、売主が買主に情報提供すべきことを前提にそれを怠る場合、あるいは、一定の性質が存在することを確約する場合（dictum et promissum）に、一定の瑕疵が明らかとなるか、あるいは、確約された性質がないことが明らかとなるときに、買主が売主に対して、瑕疵のある売買目的物の返還と引き替えの売買代金の全額返還を請求するか（解除訴権：actio redhibitoria）、または、瑕疵ある目的物は所持しつつも売買代金の減額を請求する（減額訴権：actio quanti minoris）ことができるとされた。

ユスティニアンの学説彙纂は、その按察官布告の文言を、ウルピアンに由来する学説彙纂第 21 巻第 1 章第 1 法文第 1 節を介して今日に伝えている。ウルピアン自身は、奴隷のためのこの按察官布告を、実はユリアンの体裁で伝えているとされる[14]。本来の按察官布告が何時成立したのかについては、紀元前 3 ないし 4 世紀とする見解もあれば、紀元前 2 世紀初頭とする見解もあり、また紀元前 1 世紀に注目する見解もあって、必ずしも見解は一致しない。

---

(12) プラトンの『法律』(849E) は、必要とされる品物は公共の市場で金銭と交換されなければならないとして、まさに現実売買だけを認め、信用供与売買は当事者に訴える権利を与えないとした。HERRMANN, a.a.O., S.464.

(13) すでにローマ法では、土地売買で、mancipatio による譲渡に際して、土地の面積が売主によって表示され (lex mancipio dicta)、後にそれが妥当しないことが明らかとなった場合に、売主は買主に actio de modo agi（土地面積に基づく訴え）で、過剰に支払われた額の返還につき責任を負い、不法行為に基づいて二倍額についても責任を負ったが、古典期後の法ではこの訴権は mancipatio と共に消えたとされる。半田・前出注 (3) 14 頁以下。Max KASER, Das Römische Privatrecht, Bd.1, 2. Aufl., München, 1971, 557; KASER/ KNÜTEL, a.a.O., Rz.36, S.253.

(14) Éva JAKAB, Praedicere und cavere beim Marktkauf, Sachmängel im griechischen und römischen Recht, München, 1997, S.126.

しかし、すでにプラトンの言及にも現れるとおり、古代ギリシャ社会でもすでに紀元前5世紀には奴隷の市場売買に市場監督官の介入が見られるとされ、古代ローマでも相当早い段階で奴隷売買への一定の介入の可能性は排除されないとされる。もちろん、ウルピアン＝ユリアンが伝える上記布告は、もっぱら奴隷の瑕疵について、しかも解除訴権にしか言及していないが、もっと後の荷役家畜の瑕疵に関する按察官布告から明らかなとおり、減額訴権が買主に同じ要件の下で認められたことに疑念は差し挟まれていない。事実、荷役家畜に関する按察官布告は、学説彙纂第21巻第1章第38法文前節が今日に伝えている。この布告は、荷役家畜の瑕疵について、解除訴権または減額訴権を認めるとともに、それぞれ6ヶ月と1年の期間制限も明文化しており、按察官布告の「もっとも発展した段階」を示すと評される。

さらに、ガイウスに由来する学説彙纂第21巻第1章第28法文は、「売主が、按察官布告が含む事項について問答契約を締結しない場合、彼に対して、2ヶ月以内の解除訴権、または、6ヶ月以内の彼の利益に向けた（減額）訴権が約束される（Si venditor de his quae edicto aedilium continentur non caveat, pollicentur adversus eum redhibendi iudicium intra duos menses vel quanti emptoris intersit intra sex menses)」と定める。それによれば、買主は売主に対して、布告に定められた瑕疵がないことについて問答契約（stipulatio）で担保するように求めることができ、売主がそれに応じない場合、買主は、瑕疵が明らかになっていなくても、通例より短期で解除訴権または減額訴権を訴えることができたと解されており、問答契約の強制ないし擬制が論じられる。

しかし、利益に向かう訴権に基づいて問答契約の締結を強制することはで

---

(15) JAKAB, a.a.O., S.128f. 半田・前出注（3）27頁以下を参照。なお、第二次ポエニ戦争（紀元前218年）が終了して後、大量の戦争捕虜がイタリアに流入し、しかも、当時奴隷を扱う商人が必ずしもローマ人に限られていなかった事情が、上記按察官布告の大きな契機となったと推測するのは、Christian BALDUS, Una actione experiri debet? Zur Klagenkonkurrenz bei Sachmängeln im römischen Kaufrecht, in Orbis Iuris Romani, Vol.5, 1999, S.39. なお、半田吉信「ローマ法における瑕疵担保責任（一）——効果を中心に」千葉大学法経研究第14号（1983年）115頁。
(16) KASER, a.a.O., S.559, Anm.50; ERNST, §§434-435., a. a.O., Rz.4 S.79f.
(17) JAKAB, a.a.O., S.269.
(18) KASER, a.a.O., S.560; HONSELL, a.a.O., S.59.
(19) ZIMMERMANN, op. cit., pp.316-317. 北川・前出注（5）100頁。もっとも、半田・前出注（15）118頁以下は、この問答契約の特殊性は、地方的な実務ないし慣行に由来すると推測する。

きないはずであるから、買主は短期の解除訴権を威嚇することによって売主に問答契約の締結を強制できたとする見解もある。それでも、問答契約を拒絶する売主に対して強制によって問答契約が擬制されるとすれば、さらに問答契約を強制する必要はないはずであるから、むしろ問答契約の締結に応じない売主の態度から瑕疵があることが推定され、買主は瑕疵が具体的に明らかでなくとも、契約を解除できたとする見解もある。

　この指摘に明らかなとおり、問答契約の締結を拒絶する売主に問答契約を強制することでは、強制される問答契約の独自の意義は明らかにならない。そこで、ここでいわれている問答契約強制は、もっぱら訴訟を提起する買主を救済し、その救済を命じる判決を売主に強制する手段として構想されているとの見解が提起される。すなわち、按察官の布告は、そこに挙げられた瑕疵について売主に情報提供義務を課し（praedicere）、売主がそれに応じなければ、按察官訴権が買主に付与される。さらに別途問答契約を締結することは当事者にとって任意であるから、問答契約の締結強制は存在しない。しかし、訴訟局面では、売主が問答契約の締結を拒否するため、当事者が訴訟の前に問答契約を締結することで按察官の前に提訴できない場合、按察官は、買主が求める訴訟を基礎づける問答契約を布告に基づいて命じ（cavere）、売主がなおそれに応じない場合、按察官は買主に短期期間を付した訴権（iudicium）を与えた。この強制手続こそが、上記法文の内容であるという。

---

(20) Dieter MRDICUS, Id quod interest, Studien zum römischen Recht des Schadensersatzes, Köln, 1962, S.119.
(21) Heinrich HONSELL, Quod interest im Bonae-Fidei-Iudicium, Studien zum römischen Schadensersatzrecht, München, 1969, S.69.
(22) JAKAB, a.a.O., S.300ff. この見解を支持する見解は、Wolfgang ERNST, Neues zur Sachmängelgewährleistung aufgrund des Ädilienedikts, in Zeitschrift der Savigny-Stiftung für Rechtsgeschichte, Bd. 116, Romanistische Abteilung, 1999, S.208ff. 他方で、訴権の期間制限を6ヶ月ないし1年とする担保問答契約と担保責任を免責する売買との間に、訴権の期間制限を2ヶ月ないし6ヶ月とする通常売買があって、ガイウスの法文が扱うのはこの売買形態であるとするのは、Berthold KUPISCH, Römische Sachmängelhaftung: Ein Beispiel für die 'Ökonomische Analyse des Rechts'? in Tijdschrift voor Rechtsgeschiedenis, Revue d'histoire du droit, The Legal History Review, vol.70, 2002, pp.51 et seq. これに対するヤカブ自身の反論は、Éva YAKAB, Cavere und Haftung für Sachmängel: Zehn Argmente gegen Berthold Kupisch, in Éva YAKAB/ Wolfgang ERNST (Hrsg.), Kaufen nach Römischem Recht, Antikes Erbe in den europäischen Kaufrechtsordnungen, Berlin/ Heidelberg, 2008, S.123ff.

III　ローマ法における売主品質責任

　以上のような按察官訴権は、何故に必要とされたのか。すでに、売買される奴隷・家畜の品質について、売買当事者が問答契約（stipulatio）を締結することによって、売主が買主に瑕疵に基づく賠償責任を負うことは広く行われていた。しかし、それはあくまで任意の契約であって、それが締結されていなければ、売買目的物の瑕疵について売主が責任を負うことはない。問答契約の強制が認められるなら別であろうが、それに対する異論が提起されていることは、すでに見たとおりである。他方で、伝統的な買主訴権（actio empti）は、売主が瑕疵を知ってそれを秘匿した悪意の場合、あるいは、売主が買主に一定の瑕疵がないことまたは一定の性質があることを確約したにもかかわらず事実が異なっていた場合に介入するにすぎなかった[23]。したがって、按察官訴権は、問答契約でも買主訴権でも救済されない買主を救済する特別法として、大きな意義を持っていたと推測できよう[24]。しかし、その布告がカヴァーする範囲は、市場で売買される奴隷および荷役家畜の一定の瑕疵に制限されていたため、それに該当しない場合に買主の法的救済がまさに欠缺していたのであって、「買主注意せよは、なお広い範囲を支配していた[25]」ことになる。

　ところが、この状況はすでに古典期に変化を遂げる。一方で、買主訴権の拡張が見られる。誠実訴権（bonae fidei iudicia）、すなわち、「それに基づいて被告が原告に信義則によって与えなければならないもの、あるいは、彼が行なわなければならないこと（quidquid ob eam rem Numerium Negidium Aulo Agerio dare facere oportet ex fide bona）[26]」の柔軟性に基づいた買主訴権に基づく損害賠

---

(23)　ZIMMERMANN, op. cit., pp.308-309. 有名なカトーの例が引かれる。キケロー＝泉井久之助訳『義務について』（岩波文庫・1961 年）3, XVI, 66, 176 頁参照。

(24)　Éva JAKAB, Diebische Sklaven, marode Balken: Von den römischen Wurzeln der Gewährleistung für Sachmängel, in Martin SCHERMAIER (Hrsg.), Verbraucherkauf in Europa, Altes Gewährleistungsrecht und die Umsetzung der Richtlinie 1999/44/EG., München, 2003, S.29.

(25)　ZIMMERMANN, op. cit., p.319.

(26)　Otto LENEL, Das Edictum Perpetuum, Einversuch zu seiner Wiederherstellung, 3. Aufl., Leipzig, 1927, S.299.

償の救済は、按察官布告でカヴァーされていなかった商品に拡張されたとされる。とりわけ、ユリアンの学説彙纂第15巻を抜萃する学説彙纂第19巻第1章第13法文前節は、病気の家畜や瑕疵のある建築資材の売買で、善意の売主に代金減額の責任しか負担させないが、売主が瑕疵を悪意で秘匿する場合には、病気が伝染した損害や建物が崩壊したいわゆる拡大損害の賠償も売主に負担させる。

　このような按察官布告の買主訴権への拡張がユリアンに由来することは、驚くには値しないとされる。すなわち、「ユリアンは、特に、実践的な革新と単純化に努力した。彼は、通説によれば、皇帝ハドリアンの委託で紀元後130年に法務官布告を改訂した者でもあって、もっともらしいレーネルの推定によれば、按察官布告は、その際に法務官布告に補足として挿入されたといわれる」からである。さらに、学説彙纂第18巻第1章第45法文でマルキアンから伝えられるのは、中古の衣服を新品として購入した場合、真鍮の容器が金製の容器として売却された場合にも、買主の損害賠償請求権が認められることである。こうして明らかに、買主訴権は、奴隷や荷役家畜以外の商品の瑕疵について、買主が被る損害の補填を救済するのである。しかも、この買主訴権は、単に損害賠償を目指すというのではなく、ユリアンの先の法文に明らかなとおり、善意売主の場合には代金減額へと向かう。要するに、「起きたかに映ることは、按察官布告に置かれた諸原則が市民法にだんだんと継受されたことである」。

　按察官布告で救済が与えられるのは、奴隷や荷役家畜のてんかんや肺疾患など一定の病気などの肉体的な瑕疵を主眼とし、さらにたとえば、逃亡傾向、徘徊傾向、盗癖といった一定の性格的な瑕疵が含まれるにすぎなかった。そのため、このような布告に含まれない瑕疵について買主を救済するために買主訴権が利用されたが、この救済は、按察官布告の矯正や瑕疵の定義からの演繹といった手法ではなく、極めてローマ的な仕方でカズイスティックに形

---

(27)　LENEL, a.a.O., S.48.
(28)　BALDUS, a.a.O., S.41. 詳細は、半田吉信「ローマ法における瑕疵担保責任（二・完）――効果を中心に」千葉大学法経研究第15号（1984年）53頁以下を参照。
(29)　ZIMMERMANN, op. cit., p.321. 同旨、ERNST, §§434-435., a. a.O., Rz.4, S.81.
(30)　ZIMMERMANN, op. cit., pp.311 et seq.

成された。したがって、買主訴権は、解除効果（学説彙纂第19巻第1章第11法文第3節）と減額効果（学説彙纂第19巻第1章第13法文前節）を持つことになる。[31]
ウルピアンがいうとおり、「瑕疵担保解除は買主訴権によってカヴァーされている（redhibitionem contineri empti iudicio）」（学説彙纂第19巻第1章第11法文第3節）のであり、買主訴権が按察官訴権の目的を引き継いだ以上、[32] 買主訴権の拡張によって按察官訴権と買主訴権との競合が生じることになる。[33]

他方で、按察官訴権もその適用を拡張するように映る。学説彙纂第21巻第1章第1法文前節では、「ラベオが書き記すところでは、按察官の売買布告は、不動産にも動産にも、自ら動く物にも関連する（Labeo scribit edictum aedilium curulium de venditionibus rerum esse tam earum quae soli sint quam earum quae mobiles aut se moventes）」、また、学説彙纂第21巻第1章第63法文では、「ひとが知らねばならないのは、この布告には、奴隷だけでなく、他の物も従うことである（Sciendum est ad venditiones solas hoc edictum pertinere non tantum mancipiorum, verum ceterarum quoque rerum）」と記される。さらに、学説彙纂第21巻第1章第49法文では、汚染された土地の売買で買主の解除訴権が認められることが記される。このように、按察官訴権が、当初想定されていた奴隷と荷役家畜以外の売買にも拡張されていることが見いだされる。[34]

上記法文に明らかなとおり、遅くともユスティニアンのローマ法大全の編纂時点では、按察官布告もあらゆる物売買に拡張されていた。[35] しかし、すで

---

(31) BALDUS, a.a.O., S.80.
(32) HONSELL, Quod interest, a.a.O., S.82; 同 旨、ZIMMERMANN, op. cit., p.320; Peter APATHY, Sachgerechtigkeit und Systemdenken am Beispiel der Entwicklung von Sachmängelhaftung und Irrtum beim Kauf im klassischen römischen Recht, in Zeitschrift der Savigny-Stiftung für Rechtsgeschichte, Bd. 111, Romanistische Abteilung, 1994, S.98ff.
(33) BALDUS, a.a.O., S.71. もっとも、この競合ないし買主訴権への拡張の意味について、ヤカブは、法務官が按察官の裁判管轄を引き継いだため、買主が按察官の布告に基づく法的救済を、按察官の前でだけでなく法務官の前にも持ち出すことができたという形で解釈し、まさに本文引用のウルピアンの法文も、法務官の前での訴訟を認めつつ按察官布告の要件になお拘束されていることを示しているとする。JAKAB, Diebische Sklaven, marode Balken, a.a.O., S.37ff.
(34) もっとも、古典期での按察官訴権の拡張についてのこのような伝承と相矛盾する伝承もあるため、按察官訴権の拡張に慎重な態度をとるのは、BALDUS, a.a.O., S.47f. 詳細は、半田吉信「ローマ法における瑕疵担保責任——要件を中心に」千葉大学法経研究第13号（1983年）53頁以下を参照。
(35) KASER/ KNÜTEL, a.a.O., S.257.

に買主訴権がすべての物売買をカヴァーしていたのであるから、本来は、按察官訴権の役割は終わっていたはずであろう。「この観点で見れば、ユスティニアンには、按察官の救済を廃棄することが期待され得たのかもしれない」。

Ⅳ ユス・コムーネにおける売主品質責任

1 中世ローマ法学

中世の法律家にとってローマ法の歴史的な発展の帰趨は問題関心とはならず、まさにユスティニアンが公布したローマ法大全のすべてのテキストが、同時に公布された法的効力を持つテキストであった。したがって、売買された物に隠れた瑕疵がある場合に認められる買主の救済には、永久訴権としての買主訴権と期間制限を備える按察官訴権の二種類が併存する。

中世法学の初期には、たとえばプラケンティヌスのように、善意売主の責任は、売主が責任を負わない事例、代金減額の責任を負う事例および損害賠償の責任を負う事例の三つに区分された。その際、売主が負うべき代金減額は、学説彙纂第19巻第1章第13法文前節が述べるとおり、売買価格と買主が瑕疵を知っていたなら払ったはずの価格との差額、すなわち主観的な差額とされる。ヨハネス・バッシアヌスは、むしろ善意売主の責任を主観的な差額である代金減額責任と損害賠償責任に二分し、さらに、買主訴権に基づく代金減額と按察官訴権に基づく代金減額を区別し、後者の代金減額は、売買価格と共通価格（estimatio communis）との客観的な差額を指すとする。

師匠であるヨハネス・バッシアヌスに倣ったアーゾとその見解を承継するアックルシウスは、買主が瑕疵を知っていたなら購入しなかったはずであれ

---

(36) 北川・前出注（5）102頁。同旨、ERNST, §§434-435., a. a.O., Rz.5, S.82.
(37) ZIMMERMANN, op. cit., p.322.
(38) Jan HALLEBEEK, The Ignorant Seller's Liability for Latent Defects: One Regula or Various Sets of Rules? in John W. CAIRNS/ Paul J. du PLESSIS (eds.), The Creation of the IUS COMMUNE, From Casus to Regula, Edinburgh, 2010, p.179.
(39) HALLEBEEK, op. cit., p.187; Peter STEIN, Medieval Discussions of the Buyer's Actions for Physical Defects, in David DAUBE (ed.), Studies in the Roman Law of Sale, Dedicated to the Memory of Francis de Zulueta, Oxford, 1959, p. 107.
(40) HALLEBEEK, op. cit., pp.188 et seq.

ば解除訴権を有し、もっと低い価額で購入したはずであればその主観的な差額に基づく代金減額訴権を有するが、他方で、按察官訴権に基づく代金減額訴権は代金額と共通価格（売買時点での客観的価格）との客観的な差額へと向かうとする。按察官訴権には期間制限があるが市民法訴権は永久訴権であり、他方で、市民法訴権が利用できない場合にはなお按察官訴権が認められるため、両訴権は必要とされる。(41) もっとも、アーゾは、按察官訴権を独自の訴権ではなく市民法訴権の付加にすぎないとするが、アックルシウスは、按察官の代金減額訴権（actio quanti minoris praetoria）と市民法の代金減額訴権（actio quanti minoris civilis）を異なる独自の訴権と解釈するため、アーゾの解釈と異なっている。(42)

このアックルシウスの見解は、ローマ＝教会法訴訟実務がそれぞれ別個の請求の申し立て原因とすることで受け入れられていたが、(43) オルレアンの学者たちは、むしろ一つの代金減額訴権しかないと論じた。勅法集第4巻第58章第2法文によれば、ゴルディアン皇帝は売買後に逃亡した奴隷について1年後にはもはや代金減額のいかなる救済も認めないとするため、もはや市民法の代金減額訴権の行使も想定されないとすれば、1年の期限に服する唯一の按察官の代金減額訴権しかないであろう。(44)

これに対して、バルトルスは、按察官訴権を奴隷と家畜の売買に限定して、それ以外の物の売買において代金減額の救済を認めるローマ法文を説明できるのは、もはや市民法の代金減額訴権しかないとする。買主が瑕疵を知っていたなら共通価格から離れた価格で買い受けることもあり得るため、主観的差額と客観的差額に相違を認める。たとえば、誤植のある本を学生は買おうとはしないであろうが、学者はそのように考えないかも知れない。上述の勅法で皇帝が1年後の代金減額訴権の行使を否定したのは、諮問を受けた按察

---

(41) HALLEBEEK, op. cit., pp.190 et seq.; ZIMMERMANN, op. cit., p.323; Hermann DILCHER, Die Theorie der Leistungsstörungen bei Glossatoren, Kommentatoren und Kanonisten, Frankfurt am Main, 1960, S.231.
(42) HALLEBEEK, op. cit., pp.195-196.
(43) HALLEBEEK, op. cit., pp.199 et seq.
(44) HALLEBEEK, op. cit., pp.201 et seq.; STEIN, op. cit., pp.108 et seq.; DILCHER. a.a.O., S.234ff.

官訴権についてだけであったとする。[45]

　バルドゥスは、按察官の代金減額訴権に対する市民法の代金減額訴権の優位を説く。というのも、市民法上の代金減額訴権は主観的差額を基礎とするため、仮に買主がその瑕疵を知っていたならその目的物を買わなかったという主観的差額も包含できるからである。しかし、買主がもし代金減額訴権によって代金の全額の返還を求めることができるとすれば、売主は目的物の返還を受けられないはずであろう。サンビアージョは、このような場合には、代金減額訴権ではなく解除訴権こそが行使されなければならないとする。そもそも、学者が無学の学生よりも高い代価で誤植のある本を買うのであろうか。むしろ、学者が求めるのは共通価格であり、もはや、按察官の訴権以外に救済を認める余地はなくなるはずである。[46]

　このように、中世ローマ法学は、代金減額訴権をめぐって、按察官訴権と買主訴権を区別するのか、区別せずに按察官訴権一つと理解するのかという見解対立を育んでいた。相違は、代金減額額の査定が主観的価格によるのか客観的差額によるのかという点と、それぞれの期間制限の相違に帰した。[47]

2　近世の法学

　中世ローマ法学を支配した訴権の数論争は、人文主義法学では訴権を一つとする見解に収斂する。クヤキウスは、按察官の代金減額訴権と市民法の代金減額訴権がそれぞれ主観的差額と客観的差額に向かうとするアーゾ＝アックルシウス以来の見解を批判し、買主が瑕疵を知っていたなら支払ったはずの価格とは「真実で正当な価格（pretium verum et justum）」でなければならないことからすれば、主観的差額と客観的差額を区別するのは意味がないとする。しかも、売主の責任を明らかにする包括的な法領域が市民法である以上、按察官布告で規律されている法律効果もすでに市民法から引き出される。したがって、買主訴権こそが、売主の責任にとっての統一的な基礎を提供する

---

(45)　HALLEBEEK, op. cit., pp.207 et seq.; STEIN, op. cit., p.110.
(46)　HALLEBEEK, op. cit., pp.212 et seq.
(47)　STEIN, op. cit., pp.107-108.; DILCHER, a.a.O., S.241; ERNST, §§434-435., a. a.O., Rz.7, S.83f.; Walter-Jurgen KLEMPT, Die Grundlagen der Sachmängelhaftung des Verkäufers im Vernunftrecht und Usus modernus, Stuttgart/ Berlin/ Köln/ Mainz, 1967, S.17f.

ことになる。[48]

　他方で、ドネルスはより体系的に、そもそも売主が負担すべき義務は契約内容から明らかになる瑕疵のない目的物を給付する義務とするため、瑕疵ある目的物に対する買主訴権の付与は当然の帰結となる。30年の消滅時効に服する買主訴権が認められる限り、1年の期間に服する按察官訴権の存在が矛盾となる。しかも、買主は常に正当な価格しか支払おうとはしないであろうから、代金減額額も客観的に定められる。[49] こうして、「二つの減額訴権（actiones quanti minoris）の学理は、クヤキウスの正確な学識とドネルスの辛辣な罵倒の前に粉砕された」と評される。[50]

　理性法論でも、アルトゥシウスは、売主の物瑕疵責任を一般的な売買法へと挿入することに尽力する。すなわち、売主は目的物を引き渡すだけでなく、目的物を瑕疵のない状態で供給する義務を負っている。これが売主の第一義的義務（obligatio primaria）であり、売主は買主が認識できない目的物の利益についても知らせなければならない。目的物に瑕疵があれば、第二次的義務として、売主は買主に対して代金の返還または代金の減額の責任を負うが、これらは6ヶ月または1年の期間制限に服する。代金減額では、正当な価格と代金額との差額のみが認められ、もはや按察官訴権と市民法訴権は区別されず、「担保責任法」に統一されている。[51]

　アルトゥシウスが、ローマ法文を基礎にして一般論を抽出するのに対して、グロティウスは、第一義に「契約では、自然は平等性を求める（In contractibus natura aequalitatem imperat）」との公理を起点として、当事者に交渉されている目的物の瑕疵を相手方に知らせるべき義務を課す。[52] これが懈怠される場合に不平等が生じるため、多すぎる者は少なすぎる者に返還義務を

---

(48) KLEMPT, a.a.O., S.19ff. しかし、要件面と効果面での融合が果たされていないとするのは、ERNST, §§434-445., a. a.O., Rz.9, S.85.
(49) KLEMPT, a.a.O., S.22f. もっとも、買主に1年期間が適用されたとするのは、ERNST, §§434-445., a. a.O., Rz.9, S.85.
(50) STEIN, op. cit., p.111.
(51) KLEMPT, a.a.O., S.27ff.
(52) 一又正雄訳『グロチウス・戦争と平和の法・第二巻』（酒井書店・1996年）第2巻第12章第8節520頁.

負う。プーフェンドルフも、給付と反対給付の客観的な等価性の要請を起点とするが、その原理はもはや社会倫理的公理ではなく当事者の合意に由来する。しかし、経験則からすれば、客観的に公正な価格での等価交換が原則であるから、この合意形成に向けて当事者は価格形成に必要な情報提供義務を負い、等価交換が実現しない場合に、その調整のための権利が認められる。

　クリスチャン・ヴォルフは、さらに徹底して契約当事者の等価交換の意思に基づく双務契約の公平を説く。そのうえで、一般的な当事者の意思は正当な価格での交換に向かうため、買主が十分明確に反対の意思を表示しない限り、等価性の原則が維持される。これに対して、トマジウスやコッケイは、むしろ当事者の合意を起点とする以上、当事者が意図した等価交換原則に回帰すべきとする。この趨勢によって客観的な等価原則は衰退し、「客観的な等価性論がクリスチャン・ヴォルフの許で見いだした頂点は、同時に、その終焉も意味する」と評される。

　このように理性法論は、ローマ法の桎梏から解き放たれた等価性原理を議論の基礎に据えたが、パンデクテンの現代的慣用での諸理論は、ローマ法テキスト自体にはもちろんのこと、伝統的なローマ法学の羈束に縛られている。したがって、アーゾ＝アックルシウス以来の二つの訴権論をめぐる議論が引き継がれているが、とりわけ問題となるのは、按察官の訴権と市民法の訴権との期間制限の相違である。したがって、その両者を調整しようとするとき、一方で、按察官布告以前には認められなかった市民法訴権が布告後に認められたとしても、それは按察官訴権の形態としてであって、按察官訴権の短期の期間制限に服さねばならないとする見解が主張される。しかし、そのように考えると、按察官訴権が認められた後に、なお市民法訴権が認められる意味がないとする反対論が主張される。

---

(53)　KLEMPT, a.a.O., S.32ff. 一又・前出注（52）第 2 巻第 12 章第 12 節 523-524 頁。
(54)　KLEMPT, a.a.O., S.38ff.
(55)　KLEMPT, a.a.O., S.45f.
(56)　KLEMPT, a.a.O., S.47ff.
(57)　KLEMPT, a.a.O., S.49.
(58)　グリュックは、ゴルディアン皇帝が 1 年後にもはや按察官訴権が認められないというとき、もしそれでもなお 30 年期間の買主訴権が認められるとすれば、1 年に限定する必要はなかったはずであるから、按察官訴権が消滅時効にかかればもはや買主訴権も行使され得ないとするのが

このように、その論拠に歴史的な理由付けが援用されるとはいえ、「議論における一定の貧弱さが顕著」と評される。それと平行して、主観的差額に向かうべき市民法の代金減額訴権と客観的差額に向かうべき按察官の代金減額訴権の区別も主張されるが、時代を経るごとにその区別は消滅する。終いには、買主訴権が契約の履行に向かうのに対して、瑕疵担保解除訴権は契約の解消に向かうため、もはや買主訴権では瑕疵担保解除訴権の法律効果を持ち得ないとする見解さえも現れる。このように、市民法の訴権よりはむしろ按察官の訴権へとその比重が移りゆく傾向が見いだされる。

V　近代法典、そして現代法へ

再び、ホンゼルの説くところでは、「顕著なのは、すべての大陸ヨーロッパ法が、ローマの物瑕疵法のルールを、相当忠実に、ほとんど盲従して、受け継いだことである」。もっとも、そのローマ法のルールは、市民法上の買主訴権と按察官訴権との関係をめぐる議論に由来するルールである。事実、伝統的な実定法論は、ローマ法文の二つの訴権関係を整理・統合することはできなかった。ホンゼルのいうとおり、おしなべて大陸ヨーロッパの近代法

多数説であると説く。Christian Friedrich GLÜCK, Ausführliche Erläuterungen der Pandecten nach Hellfeld, Ein Commentar, Bd.20, Erlangen, 1819, S.154.
(59)　KLEMPT, a.a.O., S.54.
(60)　グリュックは二つの訴権を区別するが、按察官の代金減額訴権によって主観的差額が求められることしか説明しない。GLÜCK, a.a.O., S.145.
(61)　KLEMPT, a.a.O., S.56f.
(62)　KLEMPT, a.a.O., S.52ff. オランダ法学も伝統的な二つの訴権論を承継していたが、実務的観点から物の瑕疵法制を統一するという任務を引き受けて、按察官の法的救済を買主訴権から区別するか、それとも、買主訴権を按察官の特別法から排除するかはともかく、解除訴権と代金減額訴権の選択のみを残した。Reinhard ZIMMERMANN, Der Kaufvertrag, in Robert FEENSTRA/Reinhard ZIMMERMANN (Hrsg.), Das römisch-hollandische Recht, Fortschritt des Zivilrechts im 17. und 18. Jahrhundert, Berlin, 1992, S.182ff.
(63)　HONSELL, Von den aedilizischen Rechtsbehelfen zum modernen Sachmängelrecht, a.a.O., S.61.
(64)　19世紀のドイツ普通法学でも、なお伝統的な二つの訴権論が生き残っている。北川・前出注（5）106頁以下。たとえば、ヴィントシャイトは、売買物の有用性を減じる隠れた瑕疵がある場合、按察官訴権に基づく代金減額または解除を認めるのはもちろん、買主訴権に基づく代金減額または解除も認めるが、それらの効果をもたらす利益請求として買主訴権が行使される限り、按察官訴権の短期消滅時効は関係しないとし、代金減額をもっぱら主観的差額で測る。

典は、買主訴権の伝統を受け継ぐ一般的な債務不履行責任と按察官訴権の伝統を受け継ぐ瑕疵担保責任を並列させている。これら両責任の整理・統合は、法典解釈を担う近代以降の法解釈学に委ねられた。すでにみたとおり、両制度はユスティニアンと近代の法典編纂に際して整理・統合される機会があったはずであるにもかかわらず、法典化されることで、それら両制度の整理・統合は単に阻まれたどころか、二つの制度として固定されたようにさえ映る。いわば、制度の法典化による石化とも呼ぶことができるであろう。法典編纂で整理されるどころか、むしろ広く併存・重複することになった買主訴権と按察官訴権との関係を解明することは、ヨーロッパ各国の法典解釈学にとって長年にわたる課題となる宿命を担ったが、その想像を絶する困難は法解釈学にとっての長年の宿痾となり、その問題を克服することこそが近代法解釈学の宿願となったといえるであろう[65]。

　ようやく、20世紀末から21世紀にかけて、この伝統的な瑕疵担保責任は債務不履行責任へと一元化されつつある[66]。もはや、「買主注意せよ」原則は、売買される目的物の品質について一般的に通用しないことが明らかとされたことになろう。特別法としての瑕疵担保責任規定は、脈々とその生命を保ちながら近代法典で一般債務不履行責任と併存するには至ったが、売主が売買目的物の品質担保を引き受けるべきことが原則ルールとなるとき、ついにその命脈が尽きたことになる。すなわち、売主は特に保証しなくても、あるべき性質の目的物の売買を締結する限り、「あるべき性質を備えた目的物」を引き渡さなければならない。この原則ルールの確立こそが、瑕疵担保責任の特別な意義を失わせたことになる。

　　Bernhard WINDSCHEID, Lehrbuch des Pandektenrechts, Bd.2, 7. Aufl., Frankfurt am Main, 1891, §§393f., S.435ff.
(65)　事実、19世紀には新たに種類売買への瑕疵担保責任の適用をめぐる議論が湧き上がるが、これもまた形を変えた買主訴権と按察官訴権の競合をめぐる問題の一つであろう。詳細は、北居功『契約履行の動態理論Ⅱ弁済受領論』（慶應義塾大学出版会・2013年）318頁以下、376頁以下を参照。
(66)　「消費動産の売買および消費動産の保証の一定局面に関する1999年5月25日のヨーロッパ議会と理事会の指令」1999/44/ECの影響が決定的である。当該指令については、円谷峻「債務法の現代化と瑕疵責任」『川井健先生傘寿記念論文集：取引法の変容と新たな展開』（日本評論社・2007年）55頁以下を参照。

しかし、次なる課題は、とりわけ消費者契約をめぐって展開する事業者の情報提供義務の処遇であろう。売主の品質に関する情報提供義務（praedicere）とその違反に備えた担保（cavere）であった瑕疵担保責任は、提供されるべき情報を含む目的物の売買が合意される限り、一般債務不履行責任で担保されることになる。では、今日求められている事業者の情報提供義務とその違反の担保（責任）は何に向かうのであろうか。それは、売主の債務不履行責任がカヴァーできない買主の利益を救済すべきものとなるはずではなかろうか。こと売買目的物の品質に関する限り、買主の救済が必要となるのは、合意されなかった品質に関する売主の情報提供義務とその担保（責任）となるべきはずであろう。「買主注意せよ」原則の蚕食現象は、事業者売主の情報提供義務とその担保の次なる整理局面に入っているように映る[67]。

---

[67]　詳細は、北居功「望まれた契約」法セミ 689 号（2012 年）82 頁以下、同「望まれない契約」法セミ 690 号（2012 年）93 頁以下を参照。

ドイツ給付障害法における「義務違反」と「帰責事由」
―― 損害賠償の成立要件に関する一視座 ――

長坂　純
Jun NAGASAKA

I　問題の所在
II　ドイツ給付障害法の構造
III　給付障害の統一的概念としての「義務違反」
IV　損害賠償請求権の成立要件としての「帰責事由」
V　日本法への示唆―結びに代えて

I　問題の所在

　これまで、契約債務不履行による損害賠償請求権の成立要件は、「(事実としての) 債務の不履行」と「帰責事由」という二元論的構成に立脚して理解されてきた。しかし、このような伝統的理論に対しては、かなり以前から様々な修正が加えられてきた。「債務不履行」要件に関しては、遅滞・不能・不完全履行という三類型に立脚することは通用の理解ではなくなり、不履行類型をどうみるかが問題とされるとともに、本旨不履行(「債務の本旨に従った履行をしない」)の判断規準が問題とされる。「帰責事由」に関しては、これを「過失責任の原則 (過失責任主義)」に基づく概念とみる理解が定着し、今日、それを主観的に捉えるのではなく、通常人を規準とし、かつ行為の外形 (行為義務違反) を規準とする意味で客観的に捉えられている。しかし、「なす債務 (行為債務)」(例、医師の診療債務) においては不履行判断との区別が困難で

---

(1)　主にいわゆる不完全履行論の展開過程で浮き彫りにされたといえよう (拙著『契約責任の構造と射程―完全性利益侵害の帰責構造を中心に―』(勁草書房、2010) 137頁以下参照)。
(2)　「帰責事由」は、債務者の故意・過失または信義則上これと同視すべき事由であると解され (我妻榮『新訂 債権総論』(岩波書店、1964) 105頁)、厳格な過失よりも広い概念であるとされる。
(3)　平井宜雄『債権各論II不法行為』(弘文堂、1992) 27頁以下、奥田昌道『債権総論〔増補版〕』(悠々社、1992) 125頁など参照。

あることが指摘され、また、一定の結果発生の保証に債務者の無過失責任を基礎づけたり、フランス法の結果債務・手段債務概念の導入など、過失が債務者の責任を基礎づける唯一の原理ではないとの主張も有力である。

さらに、今日、民法（債権法）の改正へ向けた作業が進められているが、そこでは、契約責任の問題を債権・債務の発生原因である契約に接合させて構成し、損害賠償を「契約の拘束力」から導き、過失責任主義を放棄する見解が主張されている。そして、2014年12月に公表された要綱案の原案において、「債務不履行による損害賠償」に関し、現行民法415条後段の「債務者の責めに帰すべき事由」という文言を損害賠償の一般的免責要件として位置づけた上で、その判断規準を「契約その他の債務の発生原因及び取引上の社会通念」に求めることを明記する案が提示されている。しかし、そこでは、債務不履行の判断規準は明確ではなく、また、債務不履行と帰責事由・免責事由（非帰責事由）の関係及び峻別に関して不明確な点が残されていること、さらに、不法行為規範との関係につき方向性が明らかでないなど問題が残る。

以上からは、債務不履行責任の成立要件をめぐり、「債務不履行」と「帰責事由」の各々の内容及び関係が改めて検討されるべきであり、今後、責任要件の見直しや帰責原理の転換に関しても検討されてよいであろう。そこで、本稿では、2002年1月1日施行の債務法現代化により、「義務違反」という給付障害を包括する統一的概念を採用し、過失責任主義を債務不履行による損害賠償の要件としたドイツ民法典（以下、「BGB」と称する）に着目し、その理論動向を素材に検討を加えたい。わが国の問題を考える上でも、ドイツ法

（4）「債務不履行による損害賠償とその免責事由（民法第415条関係）
　　債務者がその債務の本旨に従った履行をしないとき又は債務の履行が不能であるときは、債権者は、これによって生じた損害の賠償を請求することができる。ただし、その債務の履行が、契約その他の債務の発生原因及び取引上の社会通念に照らして債務者の責めに帰することができない事由によるものであるときは、この限りではない。」（法制審議会民法（債権関係）部会第97回会議（2014年12月16日））。
（5）　詳細は、拙稿「債務不履行による損害賠償―『民法（債権関係）の改正に関する中間試案』を受けて―」法律論叢86巻2・3合併号（2013）53頁以下参照。
（6）　ドイツ法の「帰責事由」概念に関する論考として、カール・リーゼンフーバー／渡辺達徳「債務不履行による損害賠償と過失原理」民法改正研究会『民法改正と世界の民法典』（信山社、2009）241頁以下、渡辺達徳「帰責事由」比較法研究71号（2010）154頁以下、田中教雄「債務不履行における過失責任の原則について」法政研究78巻1号（2011）168頁以下参照。

が格好の理論モデルを提供するものと考える。

II ドイツ給付障害法の構造

1 一般給付障害法の構造

　債務法現代化の最も大きな柱は、一般給付障害法と売買・請負の瑕疵担保法、消滅時効法であった。一般給付障害法については、履行不能と遅滞に限定していたこれまでの規定構造を改正し、不完全履行・積極的債権侵害類型も法典中に取り込み、「義務違反（Pflichtverletzung）」概念の下ですべての給付障害を統括するシステムが採用されるに至った[7]（もっとも、不能・遅滞も一定の場面で維持されている）。BGB280条1項は、「債務者が債務関係に基づく義務に違反した場合、債権者は、これにより生じる損害の賠償を請求することができる。債務者が義務違反につき責めを負わない場合は、この限りではない。」と規定し、債務関係から生じる義務の違反が給付障害の基本的構成要件であると同時に、原則的な損害賠償請求権の客観的要件となる。「義務違反」とは、一般的には、債務者の行為が債務関係に適合しないことであり、帰責事由（Vertretenmüssen）とは無関係な客観的な概念として理解される[8]。ここで、BGB280条1項1文にいう債務関係とは、広い意味での債務関係を意味する。すなわち、BGB241条1項は、「債務関係に基づき、債権者は、債務者に対し給付を請求することができる。給付は不作為でもよい。」と規定し（狭義の債務関係）、同項は旧BGB241条と変わるところはない。さらに、同条2項は、「債務関係は、その内容により、各当事者に相手方の権利、法益及び利益に対する配慮を義務づける。」と規定する（広義の債務関係）。このように、債務

---

(7) 給付障害法の概観については、*Claus - Wilhelm Canaris*, Das Leistungsstörungsrecht im Schuldrechtsmodernisierungsgesetz, ZRP 2011, S. 329ff.; *derselbe*, Die Reform des Rechts der Leistungsstörungen, JZ 2001, S. 499ff.; *Daniel Zimmer*, Das neue Recht der Leistungsstörungen, NJW 2002, S. 1ff. など参照。なお、債務法改正の経緯及び規定構造に関する詳細は、拙著・前掲注（1）108頁以下参照。

(8) *Herta Däubler - Gmelin*, Die Entscheidung für die sogenannte Größe Lösung bei Schuldrechtsreform, NJW 2001, S. 2284f.; *Wolfgang Däbler*, Neue Schuldrecht - ein erster Überblick, NJW 2001, S. 3731.; *Jan Wilhelm*, Die Pflichtverletzung nach dem neuen Schuldrecht, JZ 2004, S. 1056f.

関係から生じる義務は、給付に関連する義務（BGB241条1項）に限定されるものではなく、その他の義務（同条2項）及び法律行為に類似した債務関係から生じる義務（とりわけ、契約締結上の過失に基づく義務（BGB311条2項・3項））も包含する。したがって、義務違反それ自体については、義務のどのような種類が問題となるのか、すなわち、主たる給付義務が問題となるのか、従たる給付義務や付随義務・保護義務が問題となるのかは重要なことではない。

さらに、損害賠償請求権は、債務者に義務違反があり、それにつき債務者の責めに帰すべき事由(帰責事由)がある場合に認められる(BGB280条1項2文)。帰責事由については、BGB276条1項1文に、「債務者は、責任の過重または軽減につき別段の定めがなく、債務関係その他の内容、特に、保証または調達リスクの引受けからも推知することができない場合には、故意または過失について責めを負う。」との包括規定を置いた。旧法と同様に、過失責任主義を維持するが、他方で、契約上の合意も視野に入れられ、保証または調達リスクの引受けという、結果的に過失とは無関係な責任も併存する。BGB280条1項2文からは、債務者が義務違反につき帰責事由がないことを主張・立証しなければならないことが導かれる。

2　規定構造の評価

ドイツ給付障害法においては、損害賠償を帰責するに際し、まず第一段階として、客観的に義務違反（給付障害）が存在するかどうかが判断され（BGB280条1項1文）、次に第二段階において、それが存在する場合に債務者の帰責事由の有無が判断される（同条1項2文）。しかし、このような規定構造に対しては、当初から批判がみられた。例えば、新法の特徴は構成要件の抽象化による規定構造の単純化にあるが、不能、遅滞、積極的債権侵害、契約締結上の過失責任などの諸規定が置かれ、果たして統一的構成要件（義務違反）は維持しうるのかが問題とされた。また、「義務違反」と「帰責事由」の区別

---

(9)　*Claus - Wilhelm Canaris*, Die Neuregelung des Leistungsstörungs und des Kaufrechts, in : Egon Lorenz (Hrsg.), Karlsruher Forum 2002 : Schuldrechtsmodernisierung, 2003, S. 29-31. なお、帰責事由と過失の関係については、*Erwin Deutsch*, Die Fahrlässigkeit in neuen Schuldrecht, AcP 202 (2002), 889, insb. S. 905ff. 参照。

(10)　*Zimmer*, a. a. O. (Fn. 7), S. 12.；*Wilhelm*, a. a. O. (Fn. 8), S. 1056-1058.

に関しても、これは不能・遅滞については可能であるが、付随義務・保護義務違反には妥当しないとの批判や、義務違反概念は債務者の帰責事由がある場合とない場合の両方を含むが、この点は規定において厳密に区別されず一貫性もないとの批判もみられた。

いずれの批判も、「義務違反」をどのように概念規定し、それを帰責根拠及び責任効果との関連でどのように理解するかに関わっている。法改正の一つの契機となった積極的債権侵害論では、後述するように種々の契約義務が析出されたが、新法はそれを取り込み「義務違反」として規定した。すなわち、新法は、債務関係を特徴づける規定を置いていないものの、(広義の) 債務関係から生じる諸義務の存立根拠規定を設け (BGB241条)、それを「義務違反」概念 (BGB280条1項1文) に統括するとともに、損害賠償や双務契約における解除権の法律効果にも関連づけている。前述したように、このような規定構造に対する評価は論者により分かれるが、諸説が林立する状況にあった契約義務論に対し、一定の解決方向性を提示したものとして評価できよう。しかし、他方で、給付義務、付随義務、行為義務・保護義務といった種々の義務を新法の規律に則して分析・整理し、帰責事由との関係を明らかにすべき課題は残る。

Ⅲ　給付障害の統一的概念としての「義務違反」

1　「義務違反」概念に関する議論

BGBは、一般給付障害法における統一的要件として「義務違反」をその中心に据え、原則的な損害賠償請求権の客観的要件とした(BGB280条1項1文)。立法過程においては、いかなる概念・用語を給付障害の中心に置くべきかが議論された。「契約違反」という用語は契約関係に関連しない債権侵害や行

---

(11) Canaris, a. a. O. (Fn. 7), JZ 2001, S. 512.
(12) Jan Schapp, Probleme der Reform des Leistungsstörungsrecht, JZ 1993, S. 638., 640f. ; Dieter Medicus, Leistungsstörungsrecht, in : Lothar Hass / Dieter Medicus / Walter Rolland / Carsten Schäfer / Holger Wendtland, Das Neue Schuldrecht, 2002, S. 84f.
(13) Bundesminister der Justiz (Hrsg.), Abschlußbericht der Kommission zur Überarbeitung des Schuldrechts, 1992, S. 130. ; Kai Kuhlmann, Leistungpflichten und Schutzpflichten, 2011, S. 135ff. ; Dieter Medicus, Die Leistungsstörungen im Schuldrecht, JuS 2003, S. 527. ; Palandt BGB

為義務をも問題とし、また、「不履行」という用語は給付が行われなかった場合だけを指す狭い概念と解されるおそれがあることなどを理由に排除され、「義務違反」が採用された。

しかし、このような「義務違反」概念に対しては批判もある。まず、義務違反によりすべての給付障害を包括することは困難であるとの批判がある。しかし、これは、客観的な給付障害の存在を義務違反というか、あるいは不履行・契約違反と称すべきかという問題に帰着するようにも思われ、そうすると単なる用語上の相違に過ぎないこととなる。もう一つの批判は、義務違反には給付義務の不履行と保護義務（行為義務）違反という異質な概念が混在するが、義務違反は、本来、保護義務違反に馴染む概念であるとの主張である。旧BGBにおいては、当事者間の合意に基づく給付義務の不履行（不能・遅滞・瑕疵ある給付）を中心とした体系を採っており、後述するように、積極的債権侵害論の展開過程で完全性利益保護義務の特殊性が浮き彫りにされた。特に、保護義務の（契約）債務関係における位置づけや不法行為法上の義務との関係については、今日でもなお議論がある。

新BGBは、債務者の行為が契約その他の債務関係の本旨に適合しないという事態を義務違反概念に即して判断するというシステムを採用した。280条1項1文で給付障害の統一的概念として「義務違反」を定め、さらに、債務関係から生じる義務概念については、241条において給付に関連する義務（同条1項）とその他の義務（同条2項）に分けて規定する。したがって、問題は、給付障害を基礎づける被違反義務をどのように解するかである。

- Christian Grüneberg, 72. Aufl. 2013, Rn. 3. zu §280.
(14) Medicus, a. a. O.（Fn. 12）, S. 84ff.; Wolfgang Ernst, Kernfragen der Schuldrechtsreform, JZ 1994, S. 805f.; derselbe, Zum Kommissionsentwurf für eine Schuldrechtsreform, NJW 1994, S. 2180.; Ulrich Huber, Die Pflichtverletzung als Grundtatbestand der Leistungsstörung im Diskussionsentwurf eines Schuldrechtsmodernisierungsgesetzes, ZIP 2000, S. 2276-2278.; derselbe, Das geplante Recht der Leistungsstörungen, in : Wolfgang Ernst / Reinhard Zimmermann , Zivilrechtswissenschaft und Schuldrechtsreform, 2001, S. 98-104.; Jan Dirk Harke, Allgemeines Schuldrecht, 2010, S. 216f.
(15) Wilhelm, a. a. O.（Fn. 8）, S. 1056f., 1059f.; Schapp, a. a. O.（Fn. 12）, S. 638-640.; derselbe, Empfiehlt sich die„ Pflichtverletzung" als Generaltatbestand des Leistungsstörungsrecht ?, JZ 2001, S. 583-586.; Hans Stoll, Notizen zur Neuordnung des Rechts der Leistungsstörungen, JZ 2001, S. 593.

2　契約義務（債務）の構造把握

　旧BGBの一般給付障害法は、履行不能と遅滞に限定したものであった。債務不履行責任は、債務の効力として位置づけられてはおらず、また、債務は、その一内容として主たる義務である給付義務を規定するに留め（旧BGB241条）、詳細は学説・判例の取扱いに任せた。その後、積極的契約侵害（積極的債権侵害）概念が提唱され、それが不能・遅滞と並ぶ第3の障害類型として定着し、そこで被違反義務の構造や内容に着目する見解が主張されるとともに、不法行為規範との関係についても議論されてきた[16]。

　契約義務構造に関しては、概して、当該義務の指向する利益から、給付利益ないし給付結果（債権者が債務者の給付を通して獲得する利益）の保持へ向けられる義務（主たる給付義務・従たる給付義務、付随的義務）と完全性利益（生命・身体・健康等の人格的利益または所有権等の財産的利益、及びそれに準じる法律上保護に値する利益）の保持へ向けられる義務（保護義務）に分けて整理される。「主たる給付義務（Hauptleistungspflicht）」（例えば、売買目的物の所有権・占有の移転）は、当事者の合意に基づき当該債務関係の類型を決するものであるのに対し、「従たる給付義務（Nebenleistungspflicht）」（例えば、売買目的物の据え付け・組立て、用法説明など）は、「主たる給付義務」と併存して債務関係の内容を画する義務だとされる。「従たる給付義務」と「付随的義務（Nebenpflicht）」（論者により異なるが、履行の準備、目的物の保管・用法説明を例示する見解もある）の区別規準については、前者では履行請求権（従たる給付結果）が認められる点で区別するのが一般的な理解である。「付随的義務」は、その違反があっても給付結果が実現される場合もあり、それが「給付結果の不完全」（給付義務違反）と評価されてはじめて問題とされ、独自では帰責根拠とはならない点で給付義務と相違する。そして、これらとは構造上区別された形で「完全性利益保護義務（Schutzpflicht）」を観念する見解が有力である。しかし、これらの義務は契約債務関係の中でどのように位置づけられるのか、特に、保護義務を債務関係の中に取り込むべきか否かが問題とされる。これを否定するときには、保護義務は不法行為規範へ放逐されることになるのか、逆に、肯定するとき

---

[16]　ドイツの契約責任論・義務論の詳細は、拙著・前掲注（1）13頁以下参照。

には、その法的論拠及び債務関係の機能領域（契約規範）の限界づけが問題とされ、保護義務論が展開されている。[17]

以上のような動向を踏まえ、今日の学説も、問題となる給付事象を債務関係から生じる諸義務に対応させて理解する傾向にある。BGB241条1項を根拠とする給付義務（主・従の給付義務）と同条2項の意味する保護義務（行為義務）が区別され[18]、あるいは、「給付に関連する義務」と「給付に関連しない義務」（保護義務）に即して給付障害（義務違反）が整理される[19]。しかし、学説において、義務構造や義務違反として問題とされる具体的な給付実態などについては、理解が一致しているわけではない。

Ⅳ　損害賠償請求権の成立要件としての「帰責事由」

1　「過失責任の原則（過失責任主義）」の定着と展開

損害賠償請求権が成立するには、「義務違反」につき「帰責事由」が必要となる（BGB280条1項2文）。前述したように、帰責事由は、BGB276条1項が定める帰責構造、すなわち、過失責任主義を原則とし、それは取引上要求される注意を欠くことをいう（同条2項）。帰責事由の原則的地位を過失責任主義に求める点で、BGB旧276条と変わるところはない。

旧BGBは、イェーリング（Ihering）による「損害賠償を義務づけるのは損害ではなく、有責性（Verantwortlichkeit）である」との有名な命題に象徴されるように[20]、主観的過失概念を採用した[21]。すなわち、外的な行為が損害賠償を義務づけるのではなく、当該行為が行為者の意思につき倫理的に批判される

---

(17) 保護義務論の詳細は、拙著・前掲注（1）19頁以下参照。
(18) *Hein Kötz*, Vertragsrecht, 2. Aufl. 2012, S. 203ff.；*Jacob Joussen*, Schuldrecht Ⅰ Allgemeiner Teil, 2. Aufl. 2013, S. 106ff., 233ff.；*Dirk Looschelders*, Schuldrecht Allgemeiner Teil, 12. Aufl. 2014, S. 168ff.
(19) *Dieter Medicus - Stephan Lorenz*, Schuldrecht Ⅰ Allgemeiner Teil, 20. Aufl. 2012, S. 156-167, 255-258.
(20) *Rudolph v. Ihering*, Das Schuldmoment im römischen Privatrecht, 1867, S. 40.
(21) *Martin Josef Schermaier*, vor §276. Zivilrechtliche Verantwortlichkeit, in : Mathias Schmoockel / Joachim Rückert / Reinhard Zimmermann (Hrsg.), Historisch - kritischer Kommentar - zum BGB Bd. Ⅱ §§241 - 432, 2007, S. 1032ff. 参照。

場合に損害賠償が義務づけられるのである。しかし、その後、客観的な不注意が問題となる場合にはこのような理解は妥当しないことが主張され、また、過失は取引に適った客観的な行為から設定されるとの見解が主張されるとともに、注意に関しても客観的に評価されるようになる。さらに、「危険責任」が生成され過失責任との関係が問題にされるなど、今日では、過失概念を客観的に理解する見解が有力となっている。

そこで、新給付障害法が損害賠償請求権の成立につき「帰責事由（過失）」を要件とした理由が問題となろう。カナーリス（Canaris）は、債務者が債務として負担した給付を実現しない、あるいは、契約上の義務に違反した場合、それが債務者にとって重大な負担となる場合があるからだと説明する。すなわち、とりわけ、一次的給付義務から二次的給付義務へ移行する場合には、不履行損害の賠償は一次的給付よりも重くなることがある。同じく、遅延損害の賠償や責任の厳格化、さらに、保護義務違反による損害賠償も、債務者に重大な負担となることがある。したがって、これらの法律効果を、債務者の特別な有責性、つまり帰責事由に結びつけることが妥当であるという。

給付障害法においては、以前から、不法行為法以上に過失の客観的注意規準（objektiver Sorgfaltsmaßstab）が妥当する領域であるとされてきた。それは、債権者は債務者に契約に適った給付を期待し、その客観的に明白な給付に対する信頼が保護されるべきだからである。しかし、新法が過失責任主義に依

---

(22) Franz Leonhard, Das Schuldrecht des BGB Bd. Ⅰ: Allgemeines Schuldrecht, 1929, S. 424.
(23) Münch Komm - Stefan Grundmann, 6. Aufl. 2012, Rn. 50ff. zu §276.; Nils Jansen, Die Struktur des Haftungsrechts, 2003, S. 440ff.
(24) Hans - Joachim Mertens, Verkehrspflichten und Deliktsrecht, VersR 1980, S. 407.; Gert Brüggemeier, Gesellschaftliche Schadensverteilung und Deliktsrecht, AcP 182（1982）, S. 436ff. ; Rolf Stürner, Zur Gerechtigkeit richterlicher Schadenszuweisung, VersR 1984, S. 298ff.
(25) Jansen, a. a. O.（Fn. 23）, S. 119ff.
(26) Brüggemeier, a. a. O.（Fn. 24）, S. 436ff. ; Esser - Eike Schmidt, Schuldrecht Bd. Ⅰ: Allgemeiner Teil Teilband 2, 8. Aufl. 2000, S. 63ff.
(27) Claus - Wilhelm Canaris, Schuldrechtsreform 2002, 2002, S. 664.
(28) 一般的には、一次的給付義務（本来的給付）の代わり（不履行に対する損害賠償義務）、あるいはそれと併存するもの（遅滞による損害賠償義務）が二次的給付義務とされる。これに対し、不法行為に基づく損害賠償義務は一次的給付義務である。後者では、損害賠償義務が生じることによりはじめて（法定）債務関係が生じるからである（Karl Larenz, Lehrbuch des Schuldrechts Bd. Ⅰ, 14.Aufl. 1987, S. 9.）。

拠したことにより、帰責事由概念の内容及び義務違反との関係をめぐり、新たな問題が浮上した。⁽²⁹⁾

2 「帰責事由」概念に関する議論

　債務法現代化後、「帰責事由」概念に関して議論がある。すなわち、過失責任主義に立脚する帰責構造に親和的な立場（以下では、「積極説」と称しておく）がある一方で、損害賠償の構造理解から、あるいは、保証責任の原理を採用するコモン・ロー及びウィーン売買条約をはじめとする国際契約ルールに依拠して、帰責事由・過失責任主義からの訣別を主張する見解（以下では「消極説」と称しておく）も有力である。さらには、債務（給付）類型に即して損害賠償の要件構成を類別して理解する見解（以下では、「中間説」と称しておく）もある。

　リーゼンフーバー（Riesenhuber）は、積極説の立場から、過失責任主義の内容・機能を、比較法、法の経済分析、倫理的基礎を踏まえて検討する中で、BGB276条は、過失責任を原則としつつ、他の責任原理との調整を目指したものだと考える。その上で、過失責任主義を六つの視点から積極的に評価する。⁽³¹⁾すなわち、①過失原理には倫理的基礎がある、②経済的考察からは、過失原理の優劣を決定づけることはできない、③法体系は絶対的な一つの責任原理からなるものではなく、他の責任原理との複合的アプローチを受容してきた、④過失原理をデフォルト・ルールとして位置づけることが正当である、⑤過失原理の評価には、体系的考慮（付随義務の位置づけ、責任制限、賠償範囲の確定など）を要する、⑥国際的潮流（厳格責任）は、国内取引の規律にとって価値を有しない。

　他方で、消極説に立つ見解も有力である。ズチェット（Sutschet）⁽³²⁾は、契約利益と等価値の金銭給付については、帰責事由（過失）は不要であるとして以下のような見解を明らかにする。これまでの支配的見解は、債務者が有責

---

(29) Schermaier, a. a. O.（Fn. 21）, S. 1039f.
(30) Vgl. Canaris, a. a. O.（Fn. 27）, S. 664.
(31) カール・リーゼンフーバー／渡辺・前掲注（6）241頁以下、Karl Riesenhuber, Damages for Non - Performance and the Fault Principle, European Review of Contract Law, vol. 4(2008), pp. 143-153.
(32) Holger Sutschet, Grantiehaftung und Verschuldenshaftung im gegenseitigen Vertrag, 2006.

に給付義務に違反した場合に責任を負うと理解してきた(33)。つまり、一次的給付義務（本来的給付）と二次的給付（損害賠償義務）という構造把握を前提に、後者についてのみ「帰責事由」の要否が問題とされる。しかし、本来的給付と、それに代わる本来的給付と等価値の金銭給付は、債務の統一性（Einheit der Obligation）を有している。したがって、本来的給付では帰責事由が問われないのと同様に、それに代わる金銭給付についても帰責事由は不要である(34)。ズチェットは、本来的給付（履行）に代わる利益保証（履行利益）は過失責任と無縁であるとして（保証責任）、損害賠償と分断させて理解する。もっとも、完全性利益侵害に対する損害賠償においては、過失が要件とされる場合（保護義務違反）と過失を問わずに保証の内容が実現されるべき場合（保証責任）がありうるとする(35)。

　同じく、消極説に立つシュナイダー（Schneider）は、過失責任主義からの訣別をより積極的に主張する(36)。自己の行為に対する責任（結果義務、保証義務）、他人の行為や物に起因する契約責任においても、過失なき責任領域が拡大してきていること(37)、また、国際的な統一法における責任システム（ウィーン売買条約（CISG）、ユニドロワ国際商事契約原則（PICC）、ヨーロッパ契約法原則（PECL））や今日のフランスの契約責任論においては、過失責任主義が後退し、客観的な責任システムが採られている(38)。その上で、シュナイダーは、ドイツ（新）債務法における契約責任の要件としての過失の意義を検討する(39)。すなわち、（新）債務法（BGB280条1項）では、契約に基づく損害賠償請求権の要件として「義務違反」概念が立てられ、過失も二次的要件として維持されている。しかし、過失は立証責任の規律に基づくものであり、義務に違反した者は原則として損害賠償の責めを負い、免責されるのは自己に帰責事由のないことを立証できた場合に限られる。したがって、その限りでは過失責任主義は意

---

(33)　*Sutschet*, a. a. O. (Fn. 32), S. 23ff.
(34)　*Sutschet*, a. a. O. (Fn. 32), S. 250ff., insb. 279-281, 309-311.
(35)　フランス法上の手段債務・結果債務概念が有益だとする（*Sutschet*, a. a. O. (Fn. 32), S. 283ff., insb. 306f.）。
(36)　Winfried - Thomas Schneider, Abkehr vom Verschuldensprinzip ?, 2007.
(37)　*Schneider*, a. a. O. (Fn. 36), S. 161ff.
(38)　*Schneider*, a. a. O. (Fn. 36), S. 289ff.
(39)　*Schneider*, a. a. O. (Fn. 36), S. 479ff.

義を失っている。債務者は、義務の性質・強度に関わらず客観的な義務違反が認められると免責されない限り責任を負い、義務違反概念が帰責根拠として本質的な機能を果たすことになる。[40]

さらに、債務（給付）類型に着目し、義務違反と帰責事由（過失）要件の関係を論じる見解（中間説）がある。リーム（Riehm）[41]は、「結果に関連した給付義務（Erfolgsbezogene Leistungspflichten）」（例、売買目的物の引渡し）、「行為に関連した給付義務（Handlungsbezogene Leistungspflichten）」（例、請負契約の仕事完成、助言契約、医療契約）、BGB241条2項に基づく配慮義務（保護義務）に類別して論じる。すなわち、帰責事由（過失）は客観的な義務違反の帰責性（Zurechenbarkeit）の問題として、債務者の行為（積極的作為または不作為）に関連づけて理解できる。[42]そして、「結果に関連した給付義務」の場合には、契約により定まった債権者の給付期待の保護が中心であるから、行為の評価は要求されない。これに対し、「行為に関連した給付義務」違反及び配慮義務違反の場合には、債務者の責めのある行為は義務違反と帰責事由の両概念の中に取り込まれ、とりわけ、配慮義務違反の場合には、義務違反と帰責事由（過失）判断のいずれの段階においても、同じ行為が評価の対象となり、不法行為規範と類似することになるという。[43]

同様の見解は、シィー（Sy）[44]の主張にもみられる。まず、過失責任は、債務者の行為（作為または不作為）につき責めがあるという、行為に関連づけた検討を要するから、帰責事由（過失）の認定規準は義務違反概念に接合することになる。したがって、結果に関連させて義務違反概念を理解する場合には、義務違反と帰責事由（過失）は峻別されうるが、行為に関連させて義務

---

(40) その他、過失責任主義に対して批判的な見解が有力である（*Wolfgang Schur*, Leistung und Sorgfalt, 2001.；*Stefan Grundmann*, Der Schadensersatzanspruch aus Vertrag, AcP 204 (2004), 569.；*Horst Ehrmann / Holger Sutschet*, Schadensersatz wegen Kaufrechtlicher Schlechtleistungen - Verschuldens - und / oder Garantiehaftung ?, JZ 2004, 62 など）。

(41) *Thomas Riehm*, Pflichtverletzung und Vertretenmüssen - Zur Dogmatik der §§280ff. BGB -, in : Festschrift für Claus - Wilhelm Canaris zum 70. Geburtstag, Bd. Ⅰ 2007, S. 1079.

(42) *Riehm*, a. a. O.（Fn. 41）, S. 1094-1096.

(43) *Riehm*, a. a. O.（Fn. 41）, S. 1088-1092, 1094-1096, 1103.

(44) *Ilaria Sy*, Pflichtverletzung und Vertretenmüssen beim Schadensersatz statt der Leistung, 2010, S. 17-20, 26-29.

違反概念を理解する場合には、そこで義務の履行に際して客観的に要求される行為とは取引上必要な注意（BGB276条2項）と一致し、義務違反と帰責事由（過失）の各認定判断において同一の行為が対象になるという。以上の両見解は、過失責任主義の当否を問うものではないが、債務態様によっては帰責事由（過失）の機能領域が限定される場合のあることを明らかにする。[45]

V 日本法への示唆―結びに代えて

1 ドイツ法の議論状況の整理

新BGBの下では、「義務違反」という上位概念の中に給付障害類型が包括されたが、債務関係から生じる義務については、さらに給付に関連する義務とその他の義務に区別される（BGB241条）。新法が、義務違反・被違反義務の根拠規定を置いたことは、これまで議論が錯綜していた侵害態様や義務構造に関して、それらを整理・解明すべき方向性を提示したものとして評価できる。しかし、そこでの義務の種類・内容などは必ずしも明確ではなく、これまで主に積極的債権侵害論において展開されてきた債務・義務構造をめぐる議論は、新法の下でも継続されることになるものと思われる。特に、保護義務は、これまで債務関係における位置づけや不法行為法上の義務との異同をめぐり議論されてきた。新法の下では、保護義務は、BGB241条2項により契約その他の債務関係から生じる義務であること、また、不法行為法上の義務とは異なる性質を有することが条文上一応明らかにされた。[46] しかし、保護義務は純然たる契約関係にない場面でも存立することから（BGB311条2項・3項）、保護義務領域の画定ないし不法行為規範との限界づけについては、

---

(45) 同様の志向は、カナーリス（Canaris）の見解にもみられる（*Canaris*, a. a. O.（Fn. 9），S. 30-31.）。

(46) Abschußbericht, a. a. O.（Fn. 13），S. 113-115.；*Peter Krebs／Manfled lieb／Arnd Arnold*, Kodifizierung von Richterrecht, in：Dauner Lieb／Thomas Hidel／Manfred Lapa／Gerhard Ring（Hrsg.），Das Neue Schuldrecht Ein Lehrbuch, 2002, S. 124ff.

なお、新BGBにおける保護義務の構成を検討するものとして、*Hans Christoph Grigoleit*, Leistungspflichten und Schutzpflichten；*Dieter Medicus*, Zur Anwendbarkeit des Allgemeinen Schuldrechts auf Schutzpflichten, in：Festschrift für Claus - Wilhelm Canaris zum 70. Geburtstag, Bd. I 2007, S. 275ff., 835ff.

なお議論の余地がある。また、前述したように、義務の性質・内容は帰責事由要件の認定判断にも関わってくる。

「帰責事由」に関しては、過失責任主義を維持することの当否が問われているが（積極説と消極説の対立）、消極説にあっても、過失責任主義を正面から否定するものではない。ズチェットは、本来的給付に代わる金銭給付においては帰責事由を不要とするが、完全性利益侵害の場面では過失要件を否定しない。また、シュナイダーは、国際契約ルールに依拠して過失責任主義の後退を指摘するが、BGBにおいては、規定構造上、帰責事由（過失の有無）は免責要件とされるが故に、過失責任主義の意義は失われるというに過ぎない（多分に技巧的ではある）。さらに、中間説は、いずれも結果債務と行為債務・配慮義務（保護義務）という債務（給付）ないし義務類型から、後者においては義務違反と帰責事由（過失）が重複することを主張する。

いずれの見解も、「帰責事由（過失）」要件を放棄し、「義務違反」要件に一元化する主張はみられない。二元論的構成を維持しつつ、一定の場面では帰責事由の機能が縮減するとみている。したがって、ここでは債務類型ないし被違反義務の性質に即した判断が必要となるであろう。

2 解決方向性

はじめに述べたように、わが国においても、債務不履行による損害賠償の成立要件として、「債務不履行」と「帰責事由（過失）」の二元論的構成に立脚して議論されてきた。[47]「債務不履行」要件に関しては、不履行類型及び不履行の判断規準をどう考えるかが問題になる。債務不履行を従来のような三類型（遅滞・不能・不完全履行）に分けて説明することが困難であるとみると、それを本旨不履行（「債務の本旨に従った履行をしない」）に一元化して捉える方向へ向かうが、そこでは本旨不履行の判断規準が問題になる。債務内容と関連づけた検討が必要となるが、基本的には、契約当事者が負担する義務を出発点として、その義務違反を規準として判断されるべきであると考える。[48] このような方向については、「義務違反」という給付障害を包括する統一的概

---

(47) 拙著・前掲注（1）参照。
(48) 私見の詳細は、拙著・前掲注（1）289頁以下参照。

念を採用し、かつ義務の存立根拠規定を設けた BGB が、一つの理論モデルを提供するであろう。

債権法改正案においても、債務不履行を包括する統一的概念を予定するが、その判断規準が問題となる。ここでは、「どのような場合に義務違反が認められるのか」が重要となるから、契約内容と義務違反の確定に当たりいかなる因子が決定的な規準となるのかを条文で定めておく必要があるのではないか。「契約上の債務」は、前述したように、当事者の合意に基づく給付義務のみならず、その他の信義則上の付随義務群も観念でき、合意を基礎とする本来的義務（給付義務）に関連する規律と、より広範な債務関係において存立する義務（保護義務）に関する規律が検討されるべきである。(49)(50)

次に、「帰責事由」については、今日の通説的見解はそれを行為義務違反と捉えることから、いわば義務違反が債務不履行判断と帰責事由（過失）判断の二段階にわたり登場することになる。また、必要な行為を尽くすという、いわゆる「なす債務」にあっては注意を尽くすこと自体が債務の内容であり、不履行判断と過失判断が重複するとの見解も有力である。そこで、遅滞・不能や債務内容が特定している債務の不履行の場合には、給付義務の不履行の判断も容易であり、約束された債務が履行されていないという客観的事態を観念することができ、それとは別に過失（行為義務違反）の判断は一応可能にみえる。これに対し、これまで手段債務とされてきた債務内容が特定していない債務（例、医師の診療債務）の不履行の場合は、債務の内容は過失の内容となる行為義務そのものになっており、不履行判断と行為義務違反の判断を分断して捉えることはできないであろう。このように、帰責事由（行為義務違反）を必ずしも債務不履行から分断させて判断することが困難であるとみると、要件構成の見直しが必要となる。以上の問題性は、前述したドイツ民(51)

---

(49) 法制審の「中間試案」においては、「付随義務及び保護義務」に関する規定が予定されていたが（商事法務『民法（債権関係）の改正に関する中間試案（概要付き）（別冊 NBL143 号）』（商事法務、2013）118-119 頁参照）、要綱案の原案では削除されている。
(50) なお、拙稿「契約債務関係の構造—その今日的理解—」『明治大学法学部百三十周年記念論文集』（明治大学、2011）343 頁以下参照。
(51) 私見は、給付義務違反ないし保護義務違反としての「債務不履行」が判断される段階において、それによる損害の賠償責任を債務者に帰せしめる要件である「帰責事由」（行為義務違反＝過失）は既に存在するが、債務者の免責事由（帰責事由（過失）の不存在）が立証されると賠償

法学説、とりわけ中間説の主張と一致する。

　債権法改正へ向けた要綱案の原案は、帰責事由を免責事由として捉え、それは「契約その他の債務の発生原因及び取引上の社会通念」から判断され、故意・過失を規準とするものではないことを明らかにする。したがって、損害賠償の成立要件につき、帰責事由要件を放棄し、基本的には債務不履行要件のみを責任の発生要件とするようにもみえる（前述したドイツの消極説（シュナイダー）にみられる主張でもある）。しかし、債務不履行と帰責事由ないし免責事由の関係は判然としない（特に、手段債務については峻別が困難である）。

　さらに、不法行為規範との関係が問題となる。法制審における一連の議論においては、債務不履行による損害賠償の成立要件として過失責任主義を排除することから出発している。そうすると、過失責任たる不法行為責任に対し、債務不履行が妥当する契約法規範の射程を画定する必要が出てくる。この点、ドイツにおいても、給付障害の過失責任性を消極視するときには、同様の問題が浮上するであろう。

　以上から明らかなように、わが国の議論は、ドイツ法における理論動向に整合した展開をみせているといえるであろう。とりわけ、不法行為責任とは別個に債務不履行責任の再構築を目指す際には、これまでの帰責原理からの転換に関する理論的深化が図られるべきであろう。

（2014 年 12 月 22 日脱稿）

　責任は否定されると考える（拙著・前掲注（1）306-310 頁）。
(52)　前掲注（4）参照。
(53)　拙稿・前掲注（5）74 頁以下参照。

ドイツ民法における種類債務者の調達リスクの引受による責任
―― 調達義務の限界とリスク引受責任 ――

中 村 　 肇
Hajime NAKAMURA

Ⅰ　はじめに
Ⅱ　種類債務の類型と調達義務
Ⅲ　ドイツ民法276条1項1文の「調達リスクの引受」とその責任
Ⅳ　結びに代えて

Ⅰ　はじめに

　伝統的説明によれば、わが国において、種類債権とは、ある銘柄のビール1ダースというように、一定の種類に属する物の一定量の引渡を目的とする債権をいう。そして、種類債権の目的物は通常代替物であり、対象物が世の中に存在する限り、給付は可能であるとされている。また、種類債権のうち、ある倉庫にあるビール1ダースというように、種類債権を一定の範囲のものに限定する場合を制限種類債権という。債務者の倉庫の中のビールがすべて火災などで滅失した場合、通常の種類債権であれば、債務者は、他からビールを取り寄せて給付する義務を負担しているが、制限種類債権であるときには、債務者は他からビールを取り寄せて給付する義務はない。もっとも、近時は、「制限は、場所による制限に限らないはずである」ことや、通常の種類債権であっても不能が生じうることが指摘され、通常の種類債権か制限種類債権かによる二分法で区別するべきではなく、債務の内容および給付義務

---

(1) 我妻榮『民法講義Ⅳ新訂債権総論』（岩波書店、1964年）28頁。
(2) 川井健『民法概論3（債権総論）（第2版補訂版）』（有斐閣、2009年）17頁。
(3) 川井前掲注（2）24頁。
(4) 中田裕康『債権総論（第3版）』（岩波書店、2013年）44頁。

の限界について契約解釈を通じて確定することが指摘されている(5)。

　上記の問題は、売買契約などにおいて、目的物の滅失など履行が困難になった場合に、債務者が履行をするために目的物を調達する義務（以下「調達義務」とする）がどのような形で、どこまで課されるかの問題であると考えられる。かかる調達義務の内容や射程は、契約解釈を通じて確定されるといえようが、当事者の意思が明確でない場合も考えられるから、調達義務の内容や射程について一定の類型と関連づけて整理しておくことには意義があると考えられる。

　調達義務に関してドイツでは、主として種類債務との関連での議論があり、さらに、調達義務が不履行になった場合の責任について、2002年の民法（以下「BGB」とする）改正によって、「調達リスクの引受」による責任の新たな規定が定められた。改正前の民法では、種類債務に関する規定である279条（以下では2002年改正前の条文を「旧〇〇条」と引用する）の下、調達義務に関する議論がなされていたが、改正後276条1項1文に新たな規定が設けられた。旧規定についての議論も踏まえた上で(6)、276条1項1文の規定につき議論されている。

　調達義務の問題が生じるのは種類債務に限定されないが、その主たる場面であることは、ドイツにおいてもわが国においても同様である。そこで、本稿では、主として種類債務との関連でドイツにおける調達義務についての議論を整理検討する。

　ドイツにおける調達義務についての議論は、履行義務としての調達義務の問題と、履行義務が果たされなかった場合の損害賠償義務の要件レベルでの「調達リスクの引受」の問題に関連する。まず、履行義務としての調達義務から検討する。

---

(5) 潮見佳男『債権総論Ⅰ―債権関係・契約規範・履行障害―（第2版）』（信山社、2003年）57頁、中田前掲注（4）45頁。

(6) 旧279条のもとで種類債務と調達義務の関連を論じるものとして Beate Gsell,Beschaffungsnotwendigkeit und Leistungspflicht-Die Haftung des Gattungsverkäufers beim Eintritt nachträglicher Erfüllungshindernisse,1998 がある。

II 種類債務の類型と調達義務

1 調達義務が問題となったモデルケース

　種類債務について定める、BGB243条1項は、「種類に基づいてのみ定めた物の債務を負担する者は、中等の種類および品質の物を給付する義務を負う」と規定し、2項は、「特定（Konkretisierung）」について規定しており、「債務者がかかる物の給付のために債務者の側で必要な行為を行ったときは、債務関係は当該物に限定される」としている。種類債務が成立した場合、原則として調達義務を基礎づけるとされており、243条2項による特定によって、債権者に給付危険は移転する。履行義務としての調達義務については、243条2項の特定が一定の制限をもたらすことになるが、種類債務が成立し、特定以前に給付障害事由が生じた場合、いかなる形で調達義務が問題となるか、モデルケースをあげて考える。

①ポルシェ事件

　自動車メーカーであるA社の販売商であるYは、Xとの間でA社製の a という車種の自動車について、売買契約を締結した。売買の時点では、当該車種はまだ製造されていなかった。契約締結後、A社は、a を200台だけ製造することとした上、a の販売に関しては、同社の販売商ネットワークを通じてではなく、希望者から抽選して直接に販売することとした。これを理由に、Yは、Xに対する売買契約の履行を拒絶した。なお、XYの契約には、自己の供給が可能である限りでの供給を留保する、自己供給の留保（Selbstbe-

---

(7) 条文の翻訳については、ディーター・ライポルト／円谷峻訳『ドイツ民法総論』（成文堂、2008年）の条文資料450頁以下を参照し、若干修正した。以下における条文の翻訳も特に指示がない場合同様である。

(8) Palandt/Christian Grüneberg BGB,72.Aufl.,2013,§243,Rn.3. Ermann/H.P.Westermann BGB Kommentar,14.Aufl.,2014,§243,Rn.9.

(9) 以下の事案の整理については、カナリスの検討に基づいている。Claus-Wilhelm Canaris,Die Einstandspflicht des Gattungsschuldners und die Übernahme eines Beschaffungsrisikos nach §276 BGB（以下 ,Canaris,Einstandspflicht で引用する）,in:Festschrift für Wolfgang Wiegand zum 65. Geburtstag,2005,S.183ff.

(10) BGH 第8民事部1993年12月1日判決（VIII ZR259/92 NJW 1994,515）について、カナリスの事案の整理を踏まえて、さらにモデル化にした（以下の②③の事件も同様である）。

lieferungsvorbehalt）については特に合意されていなかった。また、Yはaの供給につき、A社と売買契約を締結することもしていなかった。そこで、Xは、Yに対し損害賠償を請求した。

ドイツ連邦通常裁判所（Bundesgerichtshof、以下「BGH」とする）は、本件を後発的な主観的不能の事例であると見なした上、旧275条2項に基づき、客観的不能と同視され、その不履行に基づく損害賠償請求を肯定した。その理由は、Yが旧279条に基づいて過失と無関係に主観的不能に責めを負うとされていたからである。他方で、BGHは、行為基礎の喪失（後述Ⅱ4④）に基づいて本件請求が認められない可能性も認めていた（事案の結論としては認められてはいない）。

②ワイン売買事件

XはYのところでβという銘柄のワインを12本購入する契約を締結した。1本あたり97スイスフランであった。Yは、中間商人Bからワインを取得することになっていた。YとBとの間には相当する量のワインの取得について契約が結ばれていた。しかしながら、Bの買付担当者の不法な行動を理由にして、Bは、生産者からワインを取得することができなくなり、Yに当該ワインを供給することができなくなった。βについて、Yは取引を通じて入手することはもはやできなかったが、オークションを通じてであれば、入手は可能であった。しかし、YはXからの履行請求に対して給付を拒絶したので、XがYに対して債務不履行に基づく損害賠償を請求した。

スイスのアールガウ上級地方裁判所は、次のように判断した。販売された銘柄のワインの調達は、取引上の信義誠実に基づいて債務者にもはや期待不

---

(11) かかる特約について本稿Ⅲ4.参照。
(12) 旧275条（責めに帰すべからざる不能）「①債務者は、給付が債権関係成立後に生じた、債務者の責めに帰すべからざる事由により不能となる限り、給付の義務を免れる。②債務者の後発的主観的給付不能は、債権関係成立後に生じた不能と同じとする。」（翻訳は、椿寿夫＝右近健男『ドイツ債権法総論』（日本評論社、1988年）103頁〔床谷文雄〕による）。
(13) 旧279条（種類債務における主観的不能）「債務の目的が種類のみで定まっている場合において、同種の給付が可能である限り、債務者は、過失がないときにも、その主観的給付不能についての責任を負う。」（翻訳は、前掲注（12）『ドイツ債権法総論』139頁〔今西康人〕による）。
(14) スイスの事例であるアールガウ上級地方裁判所1987年12月4日判決（SJZ 1989,177）をモデルにした（Canaris,Einstandspflicht（Anm.9）,S.184ff.）。

可能であるほどに困難になっているという。そして、それ故に（スイス債務法119条の意味における）客観的不能の事例が推定されるとした。その理由は、当該契約では、「常に商品が市場に存在すること、取り扱われていること、市場価格があることを前提とする」とされた。また、本件不能は、Yが責めを負うべき事由に基づいていない。Yは自ら所有する以上のワインを販売できないといった非難は的はずれであって、新酒の取引であれば、ワインはまだ業者の倉庫の中に入っていないものだとする。

契約の履行は、中間商人の買付担当者の不法な行動のために不能となり、そこでは、当事者の契約と関係のない第三者の行動のためにYが入手できなかったという事情があった。Yにはこのことは予見できなかったとして、Xの請求を認めなかった原審を支持した。

③ガリチア卵事件

1914年10月、Yは、Xと卵の売買契約を締結し、1914年11月に売主のYは、卵を東ガリチアからベルリンへと供給する予定であった。1914年11月、ロシア軍の東ガリチアへの進駐のために民間取引が停止されため、XY間の取引は挫折した。XはYに履行を求めて提訴した。ガリチア産の卵が滅失したというような事情はなかった。

ドイツ帝国裁判所（Reichsgericht、以下「RG」とする）は、BGB旧279条に基づく種類債務者の過失と無関係な保証義務は、信義誠実の原則に基づいて、給付を要求することが不当で、かつ不正義であると思われるような不可抗力もしくは類似の事情の予見できない発生を顧慮することを排除しないとして、Yの上告を認めた。

④整理

上記のモデルケースでは、種類物の売買契約が締結されたところ、厳密には客観的に不能になっているとはいえないが、売主の履行を困難にする事情が生じている。かかる場面でも売主は調達義務を負うか、さらに調達ができ

---

(15) スイス債務法119条（給付の不能）1項「債務者が責めを負うべきでない事由により給付が不能になった場合、債権は消滅するものとする。」（抽訳）
(16) RG第6民事部1923年12月2日判決（VI 1286/22 RGZ 107,156,167f.）での表現である。
(17) RG第2民事部1920年3月12日判決（II 362/19 RGZ,99,1）をモデルにした（Canaris, Einstandspflicht（Anm.9）,S.198ff.）。

なかった場合に損害賠償責任を負うかが問われたものである。かかる問題ではそれぞれの種類債務の性質や調達義務の射程が問題となる。

2 調達義務と種類債務

上記のモデルケースでは種類債務が問題となっている。種類債務者は、特定物債務者と異なり、契約締結時には目的物を特定することなく債務を負担しているので、種類債務者が適時に履行に適した目的物を入手し、処分することができるかどうかは、種類債務者の負担しているリスクとされる。この意味で、種類債務者は、特定物債務者と異なって、履行義務を果たすために履行に適した目的物を調達しなければならない。この限界は、ドイツ法では、客観的不能もしくは行為基礎の喪失などにより、契約厳守（Pacta sunt servanda）の原則（以下「パクタ原則」という）が打破されるまで及び（4. 参照）、たとえ債務者が履行に適した目的物を調達するためには大きな困難を伴うか、あるいは著しく高い費用によってのみ可能であるとしても、調達しなければならないとされている。他方で、種類債務を選択した債務者は、どのように給付義務の履行を担保するかの方法について完全な自由を享受している。この点から、上記の厳格な責任を正当化することができるように思われるものの、決定的な理由は種類債務の客観的に論理的な（sachlogisch）構造とパクタ原則との結びつきに認められるとされる。[18]

種類債務者がどの範囲で調達義務を負うかに関して一定の類型が示されている。種類債務については、わが国と同様、通常の種類債務と制限種類債務（在庫債務、Vorratsschuld）に区別することが一般的であるが[19]、調達義務との関係で種類債務を3つに分類する立場がある[20]。

---

(18) Canaris,Einstandspflicht（Anm.9）,S.187.
(19) たとえば、Palandt/Grüneberg,a.a.O.（Anm.8）,§243,Rn.3,Bamberger=Roth/Holger Sutschet BGB Kommentar,Bd.1,3.Aufl.,2012,§243,Rn.4ff. を参照。もっとも下記の3分類における議論や事例との関係でみれば、種類債務を市場関連種類債務として、製造関連種類債務と在庫関連種類債務を制限種類債務としてほぼ理解するように思われる（Palandt/Grüneberg,a.a.O.（Anm8）,§243,Rn.3,Bamberger=Roth/Sutschet,a.a.O.（Anm.19）,§243,Rn.7）.
(20) たとえば、Ballerstedt, Zur Lehre vom Gattungskauf,S.265ff., Ulrich Huber, Leistungsstörungen, Bd.I（以下,Huber,LeistungsstörungenIで引用する）, 1999,§24,S.587ff., Canaris, Einstandspflicht（Anm.9）,S.191ff. を参照。

第1は、市場関連種類債務(die marktbezogene Gattungsshuld)である。第2は、製造関連種類債務(die produktionsbezogene Gattungsschuld)である[21]。第3は、在庫関連種類債務(die vorratsbezogene Gattungsschuld)である。これらの分類は、債務者の調達義務の内容に関わり、もっとも調達義務の射程が広いのが市場関連種類債務であり、もっとも調達義務の射程が狭いのは在庫関連種類債務である。以下では、カナリス(Claus-Wilhelm Canaris)の整理に従って検討する。

3 種類債務の類型と調達義務の限界

①市場関連種類債務

市場関連種類債務は、特定の製造元や在庫からの供給に限定されず、必要である場合には、市場から調達することが義務づけられる種類債務をいう。市場関連種類債務に該当するか否かは、(補充的)契約解釈を通じて明らかにされ、機能的には、債務者の保証義務(Einstandspflicht)は、いずれかの市場に債務を負担した物が存在している限り、債務者がどのくらいのコストを負担するか、あるいはいかなる困難に遭うかとは無関係に無制限なものとなる。

「市場」概念も解釈が可能であり、またそれが必要であるとされている。たとえば、「市場」が「世界市場」であることは自明ではなく、一定の留保がつけられる場合がある。たとえば、「オランダ産のニシン」、「ガリチア産の卵」が目的物であるときは、「市場」は標準的には、「オランダ」であり、「ガリチア」である。また、「イギリス産の特定の種類の羊」が目的物となったときに、イギリスで伝染病によりその種類の羊が全滅したがオーストラリアには生きた羊が残っているという場合でも、補充的解釈を通じて通常、債務者は履行義務から解放されることが推定されるという。その理由は、「イギリス産」の羊が目的物であって、「オーストラリア産」の羊は対象ではないからとされる。かかる場面で「制限種類債務」の概念が用いられることが指摘されている[22]。

---

(21) 製造関連種類債務は、単純種類債務(die einfache Gattungsschuld)と呼ばれることもある(Ballerstedt,a.a.O.(Anm.20), S.265f.,Huber,Leistungsstörugen I(Anm.20),§24,S.598 など)。この点、カナリスは、この呼び方は、無色さのために合目的でないと批判する。本稿では、内容をよく示すものであると考えられるので、カナリスに従って製造関連種類債務とする。

(22) Canaris,Einstandspflicht(Anm.9),S.192.

このように、市場関連種類債務の概念は、債務者の履行義務の広範さと厳格さを暗示するものと理解できるが、「商品が市場に存在していること、取り扱われていること、その市場価格があることを前提とする」と表現された限界がある。すなわち、目的物が「市場に存在して」いない場合には、債務者は客観的不能を理由に履行義務から解放されることになる（4.参照）。また損害賠償責任を負担するかどうかは改めて問題となる（Ⅲ.参照）。

②製造関連種類債務

製造関連種類債務とは、債務者が特定の製造元からの給付の義務を負い、そこに目的物がなかった場合、市場から調達する必要はない債務をいう。製造関連種類債務の場合、債務者は、製造元から給付目的物を取得できない場合には、客観的に不能となり、BGB275条1項に基づいて一次的な履行義務からは解放される。債務者は、たとえ、他の製造者・生産者が債務の対象となった物を製造している場合でも、その製造者・生産者から仕入れる必要はなく、さらに目的物を購入した最終購入者や目的物を取り扱っている商人のところから買い戻す必要はないとされる。

他方で、債務者が同時に製造者である場合、必要であるときには、債務者はたとえ困難であったり、高コストがかかるとしても、生産能力を高めなければならないとされる。

また、債務者が製造者でない場合でも、債務者は、「市場」からではなく、「特定の」製造元から目的物を調達するという債務を負担することはありうる。その場合でも、債務者は製造元が生産能力を高めるリスクを負担するこ

---

(23) RG 第6民事部 1923年12月12日判決（Ⅵ 1286/22 RGZ107,156,167f.）。前述したようにスイスのワイン売買事件で引用されている。

(24) BGB275条（給付義務の排除）「(1) 給付に対する請求権は、給付が債務者またはすべての人にとって不能である場合には、排除される。(2) 債務者は、給付が債務関係の内容および信義誠実の原則を考慮して債権者の給付利益と著しき不均衡にある費用を必要とする場合には、給付を拒絶することができる。債務者に期待されるべき努力の決定に際しては、債務者が給付障害事由を予見するべきであったか否かも考慮されなければならない。(3) 債務者は、債務者が給付を個人的に履行すべき場合で、かつ、給付が、債務者の給付を妨げる事由と債権者の給付利益とを衡量して債務者に期待することができない場合も、給付を拒絶することができる。(4) 債権者の権利は、280条（義務違反に基づく損害賠償）、283条（給付義務の排除の場合における給付に代わる損害賠償）ないし285条（代償請求権）、311a条（契約締結の場合における給付障害事由）および326条（給付義務の排除の場合における反対給付の免除および解除）に基づいて定められる。」

とになる。このような場合に、製造者が債務者への供給を拒絶する場合には、主観的不能が生じることになるが、原則として債務者は過失と無関係に保証しなければならないと解されている。

③在庫関連種類債務

在庫関連種類債務は、前二者に比べて、もっとも調達義務の範囲が限定されている。在庫関連種類債務は、多数の在庫の中からの穀物類の売買や、一定数量の中から瓶詰めされたワインを一定数量売買する場合などである。典型的には、債務者は、給付をする在庫をすでに保有している場合であるとされる。農家が穀物を自分の収穫物の中から販売したときに倉庫が燃えてしまった場合や、商人が特定のタンカーで運ばれる石油を販売したところ、当該タンカーが沈没した場合に、不能が発生する。在庫関連種類債務では、債務者が在庫の所有者と同一である場合だけでなく、第三者の倉庫にある物を販売した場合でも考慮される。在庫関連種類債務の特殊性は、債務者が一次的な給付義務のレベルでは調達リスクあるいは再調達リスクを負担していない点にあるとされる。なぜなら、在庫関連種類債務を引き受けたとき、在庫品が滅失した場合には、債務者には他の場所から履行に適した目的物を調達する必要がないためであるとされる。

4　種類債務者の履行義務からの解放事由

種類債務者も特定物債務の場合と同様に、例外的にではあるが、以下の事由がある場合には、履行義務から解放される。

①BGB275条1項の意味における不能

まず、BGB275条1項が定める不能が認められる場合に、種類債務者は履行義務から解放される。すべての種類物が存在しなくなった場合、滅失した場合、もしくは取り除くことのできない瑕疵がある場合に、客観的不能があ

---

(25) Canaris,Einstandspflicht（Anm.9),S.194.
(26) Huber,Leistungsstörungen I（Anm.20)，§24,S.595.
(27) Canaris,Einstandspflicht（Anm.9),S.195.
(28) Canaris,Einstandspflicht（Anm.9),S.195ff.. 以下に述べる債務からの解放事由について、筆者による分析として拙稿「事情変更法理における債務解放機能と債務内容改訂機能―ドイツ債務法現代化法および国際取引法規範における事情変更問題への対応を中心に―」成城法学72巻39頁（2004年）がある。

る。もっとも、客観的不能の有無は明白ではない。ポルシェ事件では、最後の車が顧客に引き渡された時に客観的不能が起こっている。

これに対して主観的不能は、供給者が種類債務者への供給を拒否した場合に生じる。ポルシェ事件では、A 社が a について、販売商を通じてではなく、選抜された顧客に直接販売することを決定したときに、主観的不能が生じている。[29]

② BGB275条2項の意味における重大な不均衡がある場合

BGB275条2項は、債権者の給付利益と債務者の給付のための費用との間に重大な不均衡がある場合に、債務者に給付拒絶権を認めている。

もっとも、カナリスによれば、種類債務にとって275条2項の実際的意義はわずかにすぎないとされる。というのは、275条2項は、等価性障害や給付困難（経済的不能）では、給付の価値が双方とも高くなり、給付間の不均衡が生じないので、介入し得ないためとされる。[30]

これらによれば、ポルシェ事件では適用されないが、イギリス産の羊の売買において、イギリス国内の羊が全滅したが、オーストラリアには同種の羊が存在していた事例において、本規定の適用が考えられるという。[31]

③ BGB242条に基づく「期待不可能」

ガリチア卵事件は、信義則に基づいて期待不可能の抗弁が認められたものと理解されている。そして、かかる抗弁によっても、種類債務者が履行義務から解放されることが認められている。[32]

④ BGB313条の行為基礎の障害

ガリチア卵事件については、行為基礎の障害を援用して、債務者を救済する見解もある。[33] 前述したように、BGH は、ポルシェ事件において、行為基

---

(29) Canaris,Einstandspflicht（Anm.9）,S.196. なお，BGB275条1項の不能には，主観的不能も客観的不能も含まれる。
(30) かかる問題についてのカナリスの見解につき拙稿前掲注（28）56頁以下を参照。
(31) Canaris,Einstandspflicht（Anm.9）,S.196f..
(32) Canaris,Einstandspflicht（Anm.9）,S.198.
(33) Huber,Leistungsstörungen I（Anm.20），§24,S.591,Fn.67.Canaris,Einstandspflicht（Anm.9）,S.199,Fn.57.
313条（行為基礎の障害）「(1) 契約の基礎とされる諸事情が契約締結後に重大に変更し、当事者がその変更を予見していたら、契約を締結しなかったか、他の内容で契約を締結したであろう

礎論による債務者の履行義務からの解放の可能性を指摘していた。これに対して、ポルシェ事件では、自動車の売主であるYがXにリスクを負担させるような条項を締結しておくことが可能であったにもかかわらず、締結していなかったという事情などから行為基礎の障害によるリスクの再配分に否定的な見解がある。[34]

5 履行義務からの解放と損害賠償責任

　上記の理由が認められる場合には、ひとまず、債務者は履行義務から解放されることになる。他方で、履行義務から解放されることと債務者が損害賠償責任を負担することとは区別されている。すなわち、履行義務から上記の理由により債務者が解放される場合でも、債務者には供給が客観的不能になったことに責めがあるかどうかということが依然として重要となる。[35]債務者に不能になったことについて故意または過失がある場合には、損害賠償義務が生じることになるが、BGB276条1項1文では、債務者に過失がない場合でも、債務者が「調達リスクの引受」をしていたと認められると責任が肯定されることになる。

III　ドイツ民法 276 条 1 項 1 文の「調達リスクの引受」とその責任

1　損害賠償責任の問題と調達リスクの引受

　債務者が（一次的な）履行義務を果すことができない場合には、債務者はIIで示したように履行義務からは解放されるが、場合によっては、（二次的な）損害賠償義務が問題となる。

とき，個別的な事案のすべての諸事情，特に契約上または法律上の危険分配を考慮して当事者の一方に変更されない契約に拘束されることを期待することができないかぎりで、契約の適合を求めることができる。(2) 略。(3) 契約の適合が可能でないか、または、契約当事者の一方に期待することができないとき、不利益を被る当事者は、契約を解除することができる。継続的な債権関係については解除権に代わって解約権が認められる。」

(34) Canaris,Einstandspflicht（Anm.9）,S.200.Ulrich Huber,Die Haftung des Vertragshändlers gegenüber seinem Abnehmer nach neuem Kaufrecht,in:Festschrift für Peter Ulmer zum 70.Geburtstag ,2003,S.1175.
(35) Canaris,Einstandspflicht（Anm.9）,S.201.

損害賠償義務が認められるためには、ドイツ民法では、帰責事由が要求される(36)。損害賠償責任における帰責事由は、原則としては過失責任の原理によって基礎づけられるが、過失がない場合でも、一定の場合には、帰責事由の存在が認められている。この点について、ドイツ民法は276条1項1文に「損害担保（Garantie）の引受および調達リスク（Beschaffungsrisiko）の引受」から過失と無関係な責任が生じることを定めている(37)。

　このうち損害担保の引受は、売買、賃貸借、請負契約などにおける性状保証を含むものである。売買契約において、損害担保の引受があった場合には、売主の過失を顧慮することなしに、買主には、瑕疵に関する諸権利が認められる。2002年の民法改正以前は、旧459条2項、旧463条に規律されていた、過失と無関係な、保証した性状が欠けていたことについての責任である(38)。

　これに対して、調達リスクの引受は、2002年の民法改正以前の「種類債務における主観的不能」についての旧279条を種類債務に限定せず、さらに、「調達リスクの引受」による過失と無関係な責任として改正したものである。損害担保の引受と調達リスクの引受は、いずれも過失と無関係に債務者の損害賠償責任を課すという点では共通する機能を有しているが、損害担保の引受が性状保証を念頭に置いているのに対し、調達リスクの引受は、主として調達義務の不能ないし遅滞について対象とする点で異なる（瑕疵についても調達リスクの引受の範囲に含められるかに関しては、後述するように争いがある）。

---

(36) 280条（義務違反に基づく損害賠償）1項
　「債務者が債務関係に基づく義務に違反するとき、債権者は、これにより生じる損害の賠償を請求することができる。前文の定めは、債務者が義務違反について責任を負わないとき、適用されない。」
(37) 276条（債務者の帰責性）1項1文
　「債務者は、厳格にされたもしくは軽減された責任が定められておらず、債務関係のその他の内容から、とりわけ損害担保の引受もしくは調達リスクの引受から、推測することができない場合、故意および過失に責めを負う。」
(38) Staudingers/Georg Caspers BGB Kommentar,2014,§276,Rn.146. Bamberger=Roth/Hannnes Unberath BGB Kommentar,Bd1,3.Aufl.,2012,§276,Rn.40. なお、損害担保の引受による責任を検討するものとして渡邉拓「損害担保責任（Garantiehaftung）の法的性質について－2002年ドイツ債権法改正後の法状況－」横浜国際経済法学16巻1号87頁（2007年）がある。
　旧459条（物の瑕疵に対する責任）2項
　「売主は、危険移転の時に、物が保証された性状を有することについても責めに任ずる。」
　旧463条（不履行に基づく損害賠償）

また、損害担保の引受に関しては、合意が必要であり、少なくとも確実に推論できる必要があると理解されている。これに対し、調達リスクの引受については、まず任意法によってすべての事例群において推定される点で異なるとする見解がある[39]。すなわち、276条1項1文には、調達義務の合意には、調達リスクの引受を内容とするという解釈準則が含まれていると解され、主たる適用事例は、種類債務における調達義務の引受があげられている[40]。これに対して、調達リスクの引受についても、損害担保の引受と同様に個別の当事者の合意を必要とする見解もあり、起草理由では、かかる見解が示されていた[41]。この点、カナリスは、合意に基礎を求める見解によると、BGB276条1項1文は余計なものになってしまうこと、旧279条が種類債務にのみ認めていた独自の規律を一般化するという立法理由と矛盾することから支持できないとする。そして、276条1項1文は、そこに解釈準則が含まれているとする他律的な性質を有する規定であるとしている[42]。これらの議論の背景には旧規定からの解釈論があるので、本条の改正過程を確認する。

2　債務法現代化法による BGB276 条の改正審議
(1) 旧279条

　「種類債務における主観的不能」について定めた旧279条は、種類債務の場合には、特定物債務と異なって、債務者が調達債務（Beschaffungsschuld）を負うものと理解されており、「責めに帰すべからざる不能」について債務者

「売買の目的物が売買の当時において保証された性質を欠くときは、買主は、解除又は減額に代えて不履行に基づく損害賠償を請求することができる。売主が欠点を知りながら告げなかったときも、同様である。」（翻訳は、右近健男編『ドイツ契約法』（三省堂、1995年）46頁（459条）、57頁（463条）〔今西康人〕による）。

(39) Münchener Kommentar zum BGB/Stefan Grundmann,Bd2a,4.Aufl.,2003, §276,Rn.176.
(40) Bamberger=Roth/Unberath,a.a.O.（Anm.38）, §276,Rn.41.Canaris,Einstandspflicht（Anm.9）,S.218.
(41) BT-Drucks.BT14/6040,S.132. Claus-Wilhelm Canaris,Schuldrechtsmodernisierung 2002（以下 Canaris, Schuldrechtsmodernisierung で引用する）,S.665. そのほかに当事者の意思を強調する見解として、Stephan Lorenz, Schuldrechtsmodernisierung-Erfahrungen seit dem 1.Januar 2002,in:EgonLorenz (Hrsg.), Karlsruher Forum 2005 Schuldrechtsmondernisierung-Erfahrungen seit dem 1.Januar 2002,S.59,Dieter Medicus=Stephan Lorenz,Schuldrecht I Allgemeiner Teil,20.Aufl.,2012,Rn.401。
(42) Canaris,Einstandspflicht（Anm.9）,S.215f.。

が客観的不能および主観的不能により給付義務を免れる旨を定めた旧275条の例外を定めたものとされていた。

(2) 債務法改訂委員会草案279条

現行276条1項について、債務法現代化のための審議の準備となったのは、1981年のウルリッヒ・フーバーの鑑定意見と1992年の債務法改訂委員会の最終報告書であった。

とりわけ、債務法改訂委員会最終報告書は、債務法改訂委員会草案（以下「委員会草案」とする）279条（調達障害に対する責任）として「負担された目的物が債務者によって調達されなければならないとき、同人は、調達の障害について、疑わしい場合においては、過失なくしても責めを負う」と提案した。

同委員会は、旧279条の問題点として、第1に、客観的不能が認められない限り、無過失責任が成立するとしており、責任が広範囲にすぎるという批判があること、第2に、売主は売買目的物たる商品を調達することができない典型的な障害を克服する能力を保証するのが常であるのに、同条が種類物という観点からのみ定められていることを指摘している。同委員会は、当初は同条の削除を考えたが、改正草案の276条がフーバー鑑定意見よりも過失責任に対する例外を一般的に規定していることや金銭債務に関する債務者の無過失責任を判例が旧279条から解釈で導いていることから、279条の改訂草案を提案した。委員会草案は、旧279条と異なり、種類債務と調達障害に対する責任を結びつけることを放棄し、債務者が調達義務を負担することを

---

(43) 前掲注(12)『ドイツ債権法総論』139頁〔今西康人〕。

(44) Ulrich Huber, Leistungsstörungen, in:Bundesminister der Justiz (Hrsg.),Gutachten und Vorschläge zur Überarbeitung des Schuldrechts ,Bd I,1981,S.647,S.717. フーバーの鑑定意見について、宮本健蔵「債務不履行法体系の新たな構築―ウルリッヒ・フーバーの鑑定意見」下森定ほか『西ドイツ債務法改正鑑定意見の研究』（法政大学現代法研究所、1988年）121頁、円谷峻『現代契約法の課題―国際取引と民法理論―』（一粒社、1997年）228頁以下を参照。

(45) Bundesminister der Justiz,Abschlußbericht der Kommission zur Überarbeitung des Schuldrechts,1992,S.126. 翻訳は円谷前掲注(44)『現代契約法の課題』235頁により、若干修正した。

(46) BGH第9民事部1989年2月28日判決（IX ZR 130/88 BGHZ 107, 92）は、「支払い不能は、それが責めに帰すことのできない原因に基づくときにも免責されない。民法279条ならびに現行の強制執行法および破産法から導かれる無制約な財産上の責任という原則に従えば、すべての者は、自らの財政上の給付能力について責任を負わなければならない」という（円谷前掲注(44)『現代契約法の課題』235頁による）。

基準とした。これにより、同条は、金銭債務についても適用される。委員会草案は、不能に限定した表現も放棄し、遅滞の場合にも適用されることになる。また、委員会草案は、損害担保責任を単純に規定したのではなく、調達障害を克服する責任について規定している。その際、債務者が障害を克服しなければならないことを前提としており、275条（給付義務の限界）[47]が該当する場合には、この前提は崩れることになる。損害担保責任は、負担した目的物の調達の際の障害に制限され、付随的な給付物の調達の際の障害を、同条は単純に把握しないが、必要な限りで準用される。債務者に責任能力が欠けている場合には同条の適用はないとされる[48]。

(3) 現行276条1項1文の審議過程
(i) 討議草案

調達リスクの引受に関して、債務法現代化法の改正審議では、討議草案（Disskussionsentwurf、2000年8月24日）において、「279条 調達障害についての責任」として、委員会草案と同様の提案がされ、その提案理由も同様の理由があげられている[49]。

(ii) 討議草案の整理案・修正案

討議草案に対する批判を踏まえて、連邦司法省は、2001年3月6日、討議草案の整理案・修正案(Konsolidierte Fassung des Diskussionsentwurfs)を作成し、279条に関しては、削除案が出されるとともに、276条1項の修正案の中で従来の279条の内容が盛り込まれることになった[50]。

「276条　自己の行為についての責任 (1) 債務者は、厳格にされたまたは軽減された責任が定められておらず、債務関係のその他の内容から、とくに損害担保もしくは調達リスクの引受もしくは債務の性質から推測されないと

---

(47) 委員会草案275条（給付義務の限界）
　「債務が金銭債務でない場合において、債務関係の内容および性質によって義務づけられる努力によっては給付をすることができないときは、債務者は、その限りでおよびその間は、給付を拒むことができる。2文略。」（翻訳は、「債務法改正委員会草案試訳」下森定＝岡孝編『ドイツ債務法改正委員会草案の研究』（法政大学現代法研究所、1996年）244頁により、若干修正した）。
(48) Abschlußbericht der Komission zur Überarbeitung des Schuldrechts (Anm.45), S.126ff. 以上の整理につき、円谷前掲注 (44)『現代契約法の課題』233頁以下、下森＝岡編前掲注 (47)『ドイツ債務法改正委員会草案の研究』28頁以下〔浦川道太郎〕を参照。
(49) Canaris,Schuldrechtsmodernisierung (Anm.41), S.157f.
(50) Canaris,Schuldrechtsmodernisierung (Anm.41),S.357.

き、故意および過失に責めを負う。(2文略)」
(iii) 政府草案

さらに2001年5月9日に公表された連邦政府草案(Regierungsentwurf)では、276条の見出しが「自己の過失についての責任」と変更されたが、規定の内容は変更されていない。

政府草案理由書では、旧279条が調達リスクの引受のうち、その1つである種類債務の事例に限定して規定されているところ、他の調達リスクにも適用できるよう一般化し、この問題が個別事例においてのみ問題としうること、相当する契約上の合意の内容にかかることを明らかにしたとされる。また、旧279条において狭すぎる主観的不能への関連づけも放棄され、調達リスクの引受は調達の遅延においても帰責事由を把握することになるとされる。他方で、政府草案は、本規定は債務者の損害担保責任（Garantiehaftung）をもたらすものではなく、調達障害の克服の責任をもたらすとしている。[51]

そのほかに、旧279条の削除案についての、政府草案理由書における説明は、債務法改訂委員会草案の説明とほぼ共通している。

(iv) 連邦議会法務委員会での修正

政府草案は、連邦参議院の意見（2001年7月13日）、連邦政府の反対意見（2001年8月30日）、連邦議会法務委員会での修正（2001年9月25日）を経て、若干の修正（「もしくは債務の性質」の削除）がなされて現行276条1項1文になった。

3　帰責事由としての調達リスクの引受の機能と限界

276条1項1文によれば、調達リスクの引受は、帰責事由として故意または過失に並ぶものと位置づけられる。同規定における「調達リスクの引受」は、IIで検討した履行義務の射程について問題となるのではなく、損害賠償責任の要件である帰責事由の1つとして機能するものである。具体的にどのようなリスクが問題となるかは自明ではなく、解釈を必要とする。

有力な見解は、旧279条と同様に解する立場であり、問題となっている性質の調達債務について「典型的な」調達リスクが問題となることを推定す

---

(51) BT-Drucks.BT14/6040, S.132.Canaris,Schuldrechtsmodernisierung（Anm.41）,S.665.

る。これによれば、問題になっている性質の調達債務と典型的に結びつけられるリスクとして給付リスクおよび遅延リスクがあげられる。典型的でないリスクには、債務者の個人的な障害事由として、病気や債務者の理由のない逮捕、故郷からの追放、また、事情により労働紛争や予見し得ない製造者による供給の拒否などが該当するとされ、これらは過失責任の問題とされている。

また、債務者に予見できなかった事件により履行が個人的に妨げられた場合も同様と解されているが、他方で、債務者には、債務者が給付障害事由を財政的な手段を組み入れることなどによって克服できるかどうかが、期待不可能の限界まで義務づけられるとされている。

これに対して、カナリスは、典型的か否かによる区別は、リスクの頻度に左右されるとして批判し、むしろ、問題となったリスクが調達の必要性と特有の関係（der spezifische Zusammenhang）があるか否かを重視すべきとする。

276条1項1文は、改正過程を2で見たように、種類債務に限定せず、調達リスクの引受について規定している。カナリスは、製造関連種類債務、在庫関連種類債務、特定物債務における調達リスクの引受についても個別に検討している。改正過程に鑑みると興味深い検討ではあるが、紙幅の関係もあ

---

(52) Bamberger=Roth/Unberate,a.a.O.（Anm.38）,§276,Rn.42.Medicus=Lorenz,a.a.O.（Anm.41）,Rn.401.
(53) RGZ 99,1（ガリチア卵事件）.
(54) Palandt/Grüneberg BGB,72.Aufl.,§276,Rn.32.Bamberger=Roth/Unberate,a.a.O.（Anm.38）,§276,Rn.42.
(55) BGH NJW 1994,515,516（ポルシェ事件）.
(56) Bamberger=Roth/Unberate,a.a.O.（Anm.38）,§276,Rn.42.Staudingers/Caspers,a.a.O.（Anm.38）,§276,Rn.154.
(57) Staudingers/Caspers,a.a.O.（Anm.38）,§276,Rn.154（RGZ 99,1（ガリチア卵事件）があげられている）.
(58) Canaris,Einstandspflicht（Anm.9）,S.220.
(59) 売主が経営協議会の抵抗のために商品の生産量を高めることができず、商品の供給ができないことは調達リスクに該当し、工場の爆発のために供給できない場合は調達リスクに該当しないという（Canaris,Einstandspflicht（Anm.9）,S.243f.）。
(60) 在庫債務では調達リスクが問題とならないと推定されることは稀ではないが、ポルシェ事件を問題となった例とする。その他にレンタカー会社が適時に貸出可能な自動車を用意しておくリスクなどがあげられている（Canaris,Einstandspflicht（Anm.9）,S.244f.）。
(61) 家屋賃貸借契約で、当初明渡を承諾していた従前借主が後に明渡を拒否したために新借主への家屋引渡が一時的に不能になった場合があげられている（Canaris, Einstandspflicht（Anm.9）,S.247）。

り、ここでは、調達債務の射程がもっとも広い市場関連種類債務でも問題となりうるリスクの引受の場面について検討する。

①債務者が供給先の獲得リスクを負担している場合

第1に、ポルシェ事件で問題となったように、売主が供給先を探さなければならないところ、そのような者を見つけることができないか、間に合うように見つけられない場合がある。カナリスによれば、この場面では、契約締結上の過失は考えられるが、過失責任により売主の帰責性を基礎づけることは困難であるとされる。

この場面では、売主が入手先をまだ獲得しておらず、自発的に潜在的に危険な状態に置かれている一方、事前に第三者と供給契約を締結することを放棄し、留保もなしに契約していることから、調達の必要性において特有の関係があること（＝調達リスクの引受が特有なものであること）が肯定される。

②供給先の給付の不履行と遅延リスクの事例

第2に、ワイン売買事件のように、債務者は契約締結時に供給先を確保していたが、何らかの理由で供給先が履行をしなかったか、適時に履行をしなかったために遅滞に陥ったという場合がある。

このようなリスクは、調達債務に特有であるとされる。債務者が当初から履行に適した物を自己の処分権の範囲内に有していたらかかる問題は生じなかったこと、単に履行期間を先延ばしにしているという訳ではないからとされる。

この事例でも、過失原理による正当化は認められない。供給先は債務者の履行補助者ではない以上、履行補助者の責任の規定（BGB278条）を引用しても認められないことになる。

ワイン売買事件は、この観点から、ドイツ民法によれば反対に判断された可能性がある。ワイン売買事件では、アールガウ上級地方裁判所は、第三者の行為のためにYがワインを入手できなかったことを理由にYの責任を否

---

(62) Canaris,Einstandspflicht（Anm.9）,S.223.
(63) Canaris,Einstandspflicht（Anm.9）,S.227.
(64) 278条（第三者に対する債務者の責任）「債務者は、その法定代理人およびその債務の履行のために用いる者の故意・過失について、自らの故意・過失と同じ範囲で責任を負わなければならない。276条（債務者の責任）3項の規定は、適用されない。」

定したが、Yは、中間業者による不履行を引き受けていたこと、特有の調達リスクであることも肯定されるため、Yが調達リスクの引受をしていたことが認められるためであるとされる。[65]

③物の瑕疵のリスクと瑕疵結果損害

調達債務者の供給先から供給された物に瑕疵があり、それにより生じた損害についてどう考えるか。物の瑕疵のリスクが調達リスクの引受に含まれるかについては、争いがある。[66] 本問題はさらに細分化して検討される。

(a) 売主が最初に給付した物に瑕疵があった場合、(過失と無関係に)売主は責めを負うか。
(b) 売主が過失と無関係にBGB439条1項の追完義務の(適時の)履行について保証するかどうか。[67]
(c) 売主が追完として給付した物にさらに瑕疵があった場合の売主の責任。
(d) 調達リスクは瑕疵結果損害にも妥当するか。

第1の見解は、種類物の売主に瑕疵損害および瑕疵結果損害を区別することなく、常に無過失責任を課す見解である。この見解によれば、品質リスクも調達リスクの引受の対象となる。メディクスは、瑕疵損害と瑕疵結果損害を区別するカナリスを批判して、調達債務者の調達リスクは、選択し供給した物に瑕疵がないことにかかわるとする。債権者が目的物の選択にかかわる特定物債務に比較して、種類債務では、供給する物は債務者のみにより選択されていることから、二つの瑕疵による損害を区別する理由はないとしている。[68]

第2の見解は、第1の見解と反対に、種類物の売主には、過失なしで瑕疵に基づく責任を負わせない見解である。この見解は、品質リスクが調達リスクに包含されないと解する。[69]

第3の見解は、第1の見解と第2の見解を折衷する立場であり、通説とさ

---

(65) Canaris,Einstandspflicht (Anm.9),S.229f..
(66) Herbert Roth,Zur Reichweite des Beschaffungsrisikos bei Gattungsschuld,in: Festschrift für Dieter Medicus zum 80.Gebrutstag,2009,S.371が本問題について取り組んでいる。.
(67) 439条(第二次履行)1項「買主は、第二次履行として、その選択に従い、瑕疵の除去または瑕疵のない物の引渡しを要求することができる。」
(68) Dieter Medicus,Die Leistungsstörungen im neuen Schuldrecht,JuS 2003,521,528.
(69) Palandt/Grüneberg,a.a.O. (Anm.54),§276,Rn.32.Bamberger=Roth/Unberate,a.a.O. (Anm.38),§276,Rn.42.

れている。それによれば、(a) 売主は当初供給された物の瑕疵について過失と無関係に責任を負わない、(b) 追完の遅滞および (c) 追完した物の瑕疵については、過失と無関係に責任を負う、(d) 旧法上の瑕疵結果損害については、過失によってのみ責任を負うが、買主の給付利益に当たる填補購入や逸失利益といった旧法上の瑕疵損害については、それが「催告の」後に発生した場合には、過失と無関係に保証しなければならないとされる。

この問題は、第3の見解にたつカナリスによれば、売主が、瑕疵ある物を供給したために、買主が経営する店の営業をしばらく休んだために生じた損害（営業下落損害）や瑕疵のために工場が閉鎖していた間に発生した火災により工場が焼失したとき買主が被った損害を過失と無関係に賠償しなければならないかとされる。この場面では、売主が瑕疵を認識できたかどうかというリスク（認識リスク）が問題であること、認識リスクと調達リスクとの間に特有の関係が存在しないことが決定的であるとする。その結果、調達リスクの引受によって、債務者は、純粋な瑕疵損害のみを賠償すべきであって、債権者の完全性利益に対する侵害である瑕疵結果損害については賠償されるべきではないとしている。

④契約締結時に「予見すべき」給付障害事由

さらに、カナリスによれば、売買契約が締結されていたが、その調達が、

---

(70) Roth,a.a.O.（Anm.66）,S.374.
(71) カナリスによれば、当初の給付物に瑕疵がないことは売主がそれを認識していれば責任があるのに対し、認識していなくても責任を課すという問題としてとらえられることから認識リスクであるとする（Canaris,Einstandspflicht（Anm.9）,SS.230-231）。
(72) Roth,a.a.O.（Anm.66）,S.374.Canaris,Einstandspflicht（Anm.9）,SS.236-237.カナリスは瑕疵損害の概念について、瑕疵による給付目的物の価値の下落のみがそこに入るべきとしている（Claus-Wilhelm Canaris, Die Neuregelung des Leistungsstörungs- und Kaufrechts-Grundstrukturen und Problemschwerpunkte,in:EgonLorenz（Hrsg.）, Karlsruher Forum 2002:Schuldrechtsmodernisierung,S.47）。なお、ロートは、調達リスクの引受に品質リスクが含まれるかという問題につき、通説のように生じた損害の性質（瑕疵損害と瑕疵結果損害）により区別するのではなく、義務違反によって区別するべきとし、請求の基礎の競合を認める立場に立つ(Roth,a.a.O.（Anm.66）,S.379）。結論からは、当該損害が追完によって調整されうる場合のみ調達リスクの引受による無過失責任を負うとする。営業下落損害は過失とともに責任を負い、填補売買はリスク引受による（無過失）責任とされる（Roth,a.a.O.（Anm.66）,S.390f.）。
(73) Canaris,Einstandspflicht（Anm.9）,S.235.
(74) Canaris,Einstandspflicht（Anm.9）,S.237.Canaris,Die Neuregelung des Leistungsstörungs- und Kaufrechts（Anm.72）,S.5,S.44.

戦争の結果、国家による輸出入禁止措置、ストライキの発生、自然災害の発生などの外的な事件のために、履行ができなくなった場合に、債務者が損害賠償責任を負うかどうかが問題とされる[75]。

この場面でも、過失責任によって、帰責性を基礎づけることは困難であるとされる[76]。というのは、たとえば、ある者が戦争中に海外から商品を輸入することを前提に、商品を販売したとしても、それが誤った行動であるとか相手方に対する注意義務違反であると非難することはできない。確かに冒険的な行動が問題となってはいるが、輸入はうまくいくかもしれない。あるいは、市場から商品がなくなることを契約上留保していないことを契約相手方に対する義務違反ということもできない。

戦争の勃発などの外的な事件により履行ができなくなった場合、原則として、かかる事件は、債務者により「引き受けられていなかった」リスクに属する。しかしながら、債務者がかかるリスクと結びついた給付障害事由を予見していた場合には異なる。すなわち、かかる場合には、予見にもかかわらず、債務者は、契約を「留保なし」で締結し、実際に「特別な」（＝認識可能な）、高められた、通例「特有の」リスクを引き受けているためとされる[77]。

4 自己供給の留保などの責任制限条項

上記に見てきたように、種類債務が問題となる場面などでは、調達リスクの引受により、債務者には無過失で損害賠償責任が課されることになる。かかる調達リスクの引受による責任を回避するために、種類物売買をした売主は、いわゆる自己供給の留保（Selbstbelieferungsvorbehalt）を行う場合がある。自己供給の留保とは、売主の前供給者が売主に目的物を供給しなかった場合に、売主が調達義務から解放されることを内容とする条項である[78]。

伝統的な判例および通説によれば、かかる条項は原則として認められてい

---

(75) Canaris,Einstandspflicht（Anm.9）,S.237ff..
(76) これに対し、Peter Derleder,Beschaffungsrisiko,Lieferungsengpass und Leistungsfrist,NJW 2011,113,116 は批判的である。デアレーダーは、カナリスの見解を批判し、過失に無関係な責任は予見できないような事後的な給付障害事由にも介入しうるとしている。
(77) Canaris,Einstandspflicht（Anm.9）,S.241.
(78) かかる条項はBGB308条3号、同条8号の下で議論されることが多い（Bamberger=Roth/ Jörn Becker BGB Kommentar,3.Aufl.,2012,§308,Nr.3.Rn.27ff.,§308,Nr.8.Rn.2)。

るが、(1) 留保者（売主）は填補取引を締結していたこと、(2) 留保者はその前供給者から見捨てられたこと（im Stich gelassen wird）、(3) 留保者が供給しないことに責めを負わないこと、といった要件を充足することが要求されている[79]。

これに対して、「供給可能性を留保する」条項には制限された意味しか与えられないとされている。かかる条項は、売主を前供給者による供給について調達義務および保証することから解放しない[80]。むしろかかる条項は、給付の実現について期待可能性の枠内での努力を売主に義務づけるとされる[81]。

いずれにせよ、これらの条項が留保されている場合には、約款規制の規律のもとでその効果は判断されることになる。

5　小括

BGB276条1項1文は、種類債務のみについて保証責任を規定したと解されていた旧279条を改正し、種類債務以外の債務者についても調達障害の克服義務を課したものと解される。その意味で、その射程は広く、特定物債務者や制限種類債務者、金銭債務者も含まれる。もっとも、従来からの議論の

---

(79) Manfred Wolf=Walter F Lindacher=Thomas Pfeiffer/Jens Dammann,AGB-Recht Kommentar,5.Aufl.,2009,§308Nr.3,Rn.48. また、起草者は自己供給の留保を308条8号の適用対象として考えていた（BT-Drucks. BT14/2658,S.51）。そして308条3号の要請を充足しない場合、308条8号も適用しなければならないとされる（Wolf=Lindacher=Pfeiffer/Damman,§308 Nr.8,Rn.7）。
BGB308条3号（評価の余地のある条項の禁止、解除権の留保）「普通取引約款において、次の各号に掲げるものは、特別な場合には無効とする。約款使用者が、実質的に正当でなく、かつ契約上の根拠がないにもかかわらず、自己の給付義務を免れる権利の合意；継続的債権関係については、この限りではない。」
BGB308条8号（評価の余地のある条項の禁止、給付の処分禁止）「普通取引約款において、次の各号に掲げるものは、特別な場合には、無効とする。第3号に基づいて許された約款使用者の留保に関する合意であって、給付の処分が禁止された場合において、約款使用者が次の各号に掲げるいずれの義務も負わずに契約上の履行義務を免れるもの。
a) 契約の相手方に、処分が禁止された旨を遅滞なく通知すること
b) 契約の相手方の反対給付を遅滞なく返還すること」（翻訳は、岡孝編『契約法における現代化の課題』（法政大学出版局、2002年）181頁以下の「ドイツ債務法現代化法（民法改正部分）試訳」により、若干修正した）。
(80) BGH NJW 1994,515（ポルシェ事件）では、「ポルシェ社の供給が可能である限り」という条項が、かかる条項にあたり、自己供給の留保として解することはできないとされている。
(81) Staundingers/Caspers,a.a.O.（Anm.38）,§276,Rn.156.

蓄積もあり、より典型的であるのは、種類債務者、なかでも市場関連種類債務者であった。

その上で、過失と無関係な保証責任が課される場面として、不能リスク、遅滞リスク、争いがあるが品質リスク、さらに予見可能な事情変更があげられていた。

いかなるリスクが引受けられているかについては、解釈に委ねられる問題であるが、典型的なリスクか否かによって判断する見解にせよ、当該調達義務との関係で特有なリスクか否かで判断する見解にせよ、ある程度は共通の理解が認められる。典型という概念は使いやすい面もあるが、どのようなリスクが典型的かは必ずしも明確ではない面もあり、問題となったリスクが調達義務との関係で特有なものといえるかどうかに着目する見解を支持したい。

また、同規定による調達リスクの引受について、当事者の合意を要求するか、276条1項1文に解釈準則が含まれ、同規定を他律的なものと性質決定するかも争いがあったが、契約解釈の結果、調達義務を負担すると解された場合には、調達リスクの引受がそこに含まれると解する後者の立場が、同規定の存在意義などに鑑みると、説得力を有するものと考える。

Ⅳ 結びに代えて

1 調達義務と履行義務

本稿では、まず、調達義務の内容について、履行義務との関係で種類債務を3つの類型に分類するドイツの見解を紹介した。わが国の調達義務に関する議論では、まず履行義務としての調達義務の射程が議論されると思われるが、かかる分類はわが国の議論にとっても、参考になるものと考える。確かに個々の契約解釈を通じて、具体的な調達義務の内容が射程も含めて確定されることになるであろうが、合意が明確でない場合などでは、当事者の負う義務の射程について、一定の債務の類型に照らして判断されることも多いであろうから、本稿で示した分類には意義があろう。

2 調達リスクの引受と損害賠償義務

BGB276条1項1文は、過失と無関係な帰責事由として「調達リスクの引受」を定めた規定である。したがって、同規定は、損害賠償義務との関係にこそ意義が認められるものであった。ドイツでは、同規定について、故意過失による責任を加重するリスク引受による保証責任であると位置づけられている。

かかる規定のないわが国とは状況が異なるものの、故意過失がない場面でその意義が認められる責任規範としての保証責任に関しては、わが国においても、周知のように、瑕疵担保責任における保証責任の問題などをきっかけに議論が行われてきた。[82] さらに、近時は、債務不履行における帰責事由論に関して、過失責任と保証責任(リスクの引受による責任)の併存が有力に主張されている。[83] 本稿での作業はかかる議論にもつながるものと考える。

---

(82) 先駆的な見解として円谷峻「性質保証(品質保証)からみた瑕疵担保責任―性質保証の意義を中心にして―」Law School 32号55頁(1981年)、同「瑕疵担保責任」星野英一編集代表『民法講座5 契約』(有斐閣、1985年)274頁をあげておく。

(83) かかる方向性を指摘する見解として、笠井修『保証責任と契約法理論』(弘文堂、1999年)、潮見前掲注(5) 267頁以下(調達債務について特に277頁)などがある。

民法416条の「予見主体」・「予見可能性の判断の基準時」

住 田 英 穂
Hideho SUMITA

Ⅰ 問題提起・課題の設定
Ⅱ 契約違反の救済に関するアメリカ法の基本構造
Ⅲ 日本法の分析
Ⅳ 判例理論の再構成
Ⅴ むすびに代えて　通常損害＋特別損害の枠組の再評価

Ⅰ　問題提起・課題の設定

1　相当因果関係説と保護範囲説・契約利益説の対立

　民法416条の「予見の主体」「予見可能性の判断の基準時」をめぐっては、相当因果関係説と保護範囲説・契約利益説の間で対立が見られる。相当因果関係説は、損害概念としてはいわゆる差額説を採用した上で、相当因果関係によって損害賠償の範囲を確定する[(1)]。すなわち、債務不履行がなければ存在したであろう財産状態と債務不履行の結果として現在ある財産状態の差額が損害であり、そのうちで債務不履行と相当因果関係にあるものが賠償されるべき損害となる。民法416条は、ここでいう相当因果関係の原則を規定しているとされ、相当因果関係の有無は、民法416条の解釈によって判断される。同条2項の予見可能性については予見可能性の主体は債務者で、予見可能性を判断する時期は債務不履行時であるとする。これに対して、保護範囲説・契約利益説によると[(2)]、民法416条は、その契約によってどちらの当事者にどれだけの利益の保持を認めるかという当事者の合意にしたがって、損害賠償

---

(1) 我妻栄『新訂債権総論』(1964) 118頁以下・147頁・156頁以下，於保不二雄『債権総論（新版）』(1972) 134頁以下。
(2) 平井宜雄『損害賠償法の理論』(1971) 180頁以下，同『債権総論〔第2版〕』(1994) 96頁以下。

の範囲も決まるという考え方を採用したものと理解され、契約が履行されない場合はそれぞれの当事者がその契約によって得ようとした利益が賠償されなければならない。保護範囲説では、民法416条の予見可能性の主体は契約の両当事者であり、予見可能性の判断の基準時は契約締結時でなければならないことになる。

予見主体・予見可能性の判断の基準時をめぐる両説の対立の根底には、契約責任のパラダイムをめぐる根本的な考え方の違いがある。相当因果関係説は、債務不履行の時点における債務者の予見可能性を要件とする。これは、「債務者は、自分が債務を履行しなければ債権者に特別な損害が生じることを予見しまたは予見し得たにもかかわらず、債務を履行しなかった以上、そこまでの損害について賠償責任を課せられてもやむをえない」という過失責任主義の考え方に基づいている。これに対して、契約利益説は、契約締結の時点における両当事者の予見可能性を要件とする。これは、契約というものを当事者間における利益の配分の手段として捉えて、当事者は、契約締結時に予見された事情または損害を前提にして契約内容を決定しているという考え方に基づいている。

2 両説の対立を超える新しい視点の導入

もっとも、近時では、この問題を相当因果関係説と契約利益説の対立として描くことは正確ではない。保護範囲説・契約利益説を支持するものが多数を占める学説の中には、債務不履行時を予見可能性の基準時とする見解も登場しているからである。この見解は、契約締結時説によれば、不履行の際に、債務者が特別の事情を予見することができ、相手方に多額の損害が生じる場合でもなお履行を行わずに、契約締結時を基準とするヨリ少額の損害賠償だけを支払えばすむことになってしまうと批判する。契約締結時説は、損害賠

---

(3) 伝統的理論と新しい契約責任論の対比をおこなうものとして、山本敬三「契約の拘束力と契約責任論の展開」ジュリ1318号 (2006) 87頁以下、特に、90頁・93頁以下。
(4) 内田貴『民法III 債権総論・担保物権〔第3版〕』(2005) 162頁。
(5) 中田裕康「民法415条・416条（債務不履行による損害賠償）」広中俊雄＝星野英一編『民法典の百年III個別的観察 (2) 債権編』(1998) 48頁。
(6) 平井・前掲注 (2)『理論』3頁-18頁。

償を支払って契約違反することも、それが経済合理的な選択ならばやむをえないとする「契約を破る自由」の発想に馴染む。これに対して、債務不履行時説は、「契約はあくまで履行すべきで、約束を破る以上、およそ予見しえた損害の賠償を免れるのはけしからんという発想」を基礎にしており、契約を尊重するという観点から、契約を守ることの道徳性を根拠にする。この見解は、契約締結時説の背景にある効率的契約違反の思想を批判し、判例が形成してきた債務不履行時説の背景にある契約遵守の道徳を支持している。

両説の対立では捉えきれない近時のこのような理論状況をふまえて、学説のなかには、予見主体・予見可能性の判断の基準時の解釈は、「契約締結時の合意によるリスク配分の尊重とその後の機会主義的行動の抑止ないし協力義務との兼ね合いの問題」になることを指摘するものが登場している。

3 判例理論の転換の進め方

かつて、保護範囲説を提唱する際に、平井教授は、学説の導入した理論（相当因果関係説）と実務（判例）との間に生じている乖離状況を架橋する新しい理論を提示することを意図した。だが、予見主体・予見可能性の判断の基準時については、保護範囲説・契約利益説を主張した時から、根本的な対立は解消されておらず、学説と判例の乖離状況は埋められていない。相当因果関係説の問題点を指摘しただけでは、それまで継続形成されてきた判例理論の転換をもたらすことはできない。法の継続生成とは、それまでの法形成のなかに発展の契機を見いだし、それをさらなる発展につなげることである。問題点を指摘された相当因果関係説が、法の継続生成の中でそれまで担ってきたものを、何らかの観点から評価し、新しく主張する学説に接合する作業が必要ではないか。

---

(7) 不法行為法ではあるが、法の継続生成の観点から判例の採用する相当因果関係説の評価を試みるものとして、藤岡康宏『民法講義Ⅴ不法行為法』(2013) 177頁以下。
(8) 民法改正の議論では、中間試案は、判例に従い、予見の主体は債務者とし、予見可能性の判断の基準時は、債務不履行時としていた（第10、6）。だが、要綱仮案の第2次案は、引き続き解釈に委ねることとして、予見の主体は当事者と改められ、予見可能性の判断の基準時は明文化されないことになった（部会資料82-1, 13頁、同82-2, 4頁）。その結果、要綱仮案では、現行法が基本的に維持されている（要綱仮案第11、6）。

4 本稿の課題と分析の視角

本稿では契約利益説・保護範囲説に立ちつつ、「合意によるリスク配分」の他に「債務者の機会主義的行動の抑止」「債権者の協力による損害軽減」という観点も加えて、相当因果関係説に基づき不履行時説を採用してきた判例理論を再構成する作業を行いたい（下記Ⅲ）。

この作業の分析の視点を得るために、まずは、アメリカ法を素材にして、契約違反の救済に関する基本構造を検討する（下記Ⅱ）。わが国の伝統的な理論では、債権の本来的効力は、履行請求権とされ、履行請求権と損害賠償請求権の関係は、いわゆる債務転形論で説明されてきた。債務転形論とは、損害賠償請求権は、本来的履行請求権の変形物であり、ある要件が充足されることによってはじめて債権者の権利は本来的履行請求権から損害賠償請求権へと不可逆的に転形するという考え方である[9]。債務転形論は、通常損害・特別損害の解釈論にも影響を与え、損害賠償請求権の発生時までの通常損害に、それ以降に生じる特別損害を加算するという理論が形成された。これに対して、アメリカ法では、契約締結によって一定の利益の取得が保障され、履行請求権と損害賠償請求権は、いずれも、契約によって保障された利益を実現するための手段として捉えられている。アメリカ法を検討する意義は、次の2点にある。第1は、アメリカ法の予見可能性の要件における通常損害・特別損害の意義を検討することによって、それらの損害が契約利益の実現において担っている内容が明らかになり、わが国の通常損害・特別損害の解釈において新しい視点を得ることができる。第2は、アメリカ法では、契約利益の実現に向けた救済手段（特定履行と損害賠償）の選択において、いかなる点が考慮されているかを分析することによって、日本法の分析に新しい視点を得ることができる。

---

(9) 債務転形論の観点から日本の判例・学説の状況をまとめたものとして、森田修『契約責任の法学的構造』(2006) 102頁以下。

II 契約違反の救済に関するアメリカ法の基本構造

1 特定履行(現実的履行の強制)

英米法では、損害賠償が第1次の救済手段で、特定履行は、第2次の救済手段とされている。特定履行が第2次の救済手段とされたのは、裁判制度がコモン・ローとエクイティーに分離し、エクイティーがコモン・ローを補充する役割を担ってきた沿革に由来する。この裁判制度のもとで、エクイティーは、コモン・ローによる損害賠償の救済が不十分であるときにのみ、特定履行を付与することができるとの準則が形成された(以下、この準則を「十分性の準則(adequacy test)」と呼ぶ。十分性の準則からすれば、損害賠償として付与された金銭によって契約の目的物の購入が可能であれば、エクイティー上の特定履行は付与されないことになる。この結果、同種・同等の目的物が存在する動産売買では、特定履行は原則として否定されることになる。これに対して、不動産売買では、土地はユニーク(unique)と判断されて特定履行が付与される。もっとも、動産売買では特定履行が常に付与されないというわけではない。債権者が代替取引をすることが困難な状況では特定履行が付与される。

2 損害賠償

損害賠償の要件としては、①損害軽減義務 ②予見可能性 ③損害の証明における確実性の3つがある。ここでは、損害軽減義務と予見可能性に関し

---

(10) E. Allan Farnsworth, 3 Farnsworth on Contracts, §12.4 at 161-164 (3d.ed. 2004).
(11) Farnsworth, supra note 10, §12.4 at 163-164, §12.6 at 171-173, 175-179.
(12) 統一商事法典2-716条第1項は「物品がユニークであるか、又はその他の適切な事情のもとにあるときには、特定履行の判決を得ることができる。(以下省略)」と規定し、同条オフィシャルコメント2では、「代替取引が可能でないことは、その他の適切な事情の強い証拠となる」と述べられている。統一商事法典第2編(売買)は2003年に改正されたが、上述した点は、変更されていない。なお、改正された第2編は、現在もなお、どの州会議においても採択されていない。統一法委員会(ULC)とアメリカ法律協会(ALI)は、2011年に、UCCの常設編纂委員会(PEB)による公式の勧告を受けて、改正第2編への支持の撤回を表明している。この点については、ALIのウェブサイトにて閲覧できる(http://2011am.ali.org/updates.cfm)。
(13) Dan. B. Dobbs, 3 Law of Remdies, §12.2 (3) at 39 (2d.ed. 1993).

て詳しく論じる。(14)

(1) 損害軽減義務
(ア) 概要

　損害軽減義務とは、侵害された当事者といえども、損害軽減のために合理的な措置をとることが要求されるというもので、措置をとることを怠って拡大させた損害に関しては、賠償が受けられないという効果を生じさせる。(15)

　個々の事案ごとに合理的な損害軽減措置は判断されるが、通常は、履行停止義務と代替取引義務がある。履行停止義務とは、相手方が履行の受領を拒絶したときには、履行を停止し、資本の無駄な投資を回避けければならない義務である。(16)履行停止義務が課される典型的な事例としては、建築請負契約において建築の途中で注文者が受領を拒絶をした場合を挙げることができる。

　代替取引義務とは、侵害された当事者は、第三者と代替取引をして、契約の目的物と同種・同等の物を取得し、代替取引の価格と契約価格との差額に損害を軽減する義務である。(17)典型的な事例としては、動産売買で、売主が目的物を引き渡さない場合に目的物の価格が騰貴しているときを挙げることができる。

　損害軽減義務に基づく損害賠償額算定のルールは、代替取引を行っていない場合と行っている場合に区別される。

① 代替取引を行っていない場合には、損害賠償額は、代替取引をなすべきであったとされる時点における市場価格と契約価格の差額になる(18)（これを以下、市場価格基準と呼ぶ）。損害賠償額算定の基準時は、コモン・ローでは、履

---

(14) なお、損害の証明における確実性とは、違反から生じる損害の証明に関しては、「確実性（certainty）」をもって証明しなければならないというものである。確実性の証明は、不法行為法において課されるものよりも厳しいとされる（Farnsworth , supra note 10, §12.15 at 268-269)。

(15) Farnsworth , supra note 10, §12.12 at 229-231. 第2次契約法リステイトメント第350条第1項は、「侵害された当事者が、不当な危険、負担、又は屈辱感を伴わずに回避することができた損失に関しては、第2項に定める場合を除き、損害賠償を請求することができない。」と規定している。

(16) Farnsworth , supra note 10, §12.12 at 233-234.
(17) Farnsworth , supra note 10, §12.12 at 235-236.
(18) Farnsworth , supra note 10, §12.12 at 238-241.

行期が原則とされていたが、統一商事法典では若干の修正が加えられ、売主による損害賠償請求では、目的物の提供時、買主による損害賠償請求では、買主が違反を認識した時点が基準にされていた[19]。2003年改正統一商事法典では、売主と買主の双方の損害賠償請求について、履行期前の履行拒絶とそれ以外の場合が分けて規定され、前者は「拒絶を知ってから商業上合理的な期間を経過した時」とされ、後者は「提供時」とされた[20]。

② 代替取引を行っている場合には、損害賠償額は、代替取引の価格と契約価格の差額に、代替取引に要した費用を加えたものになる（以下、これを代替価格基準と呼ぶ）。代替価格基準では、実際になされた代替取引は、合理的なものでなければならない。代替取引の合理性は、あらゆる事情に基づいて判断され、目的物の同一性、代替取引をした時点・場所、代替取引の価格などが判断要素に含まれる[21]。特に、重要な判断要素は、代替取引をした時点であり、違反の相手方は、代替取引をすべき時点に、「誠実に、かつ、不相当に遅滞なく」、代替取引をしなければならない[22]。この時点に代替取引をしていれば、その後に市場価格が変動し、変動後の市場では、損害をより軽減させる代替取引が可能となったとしても、事前にした代替取引が不合理と評価されることはない[23]。

(イ) 損害軽減義務が損害賠償法で果たしている機能

代替取引が損害軽減義務として課されるときには、代替取引によって同種・

---

(19) 統一商事法典2-708条及び2-713条。
(20) 2003年改正統一商事法典2-708条及び2-713条。
(21) Farnsworth, supra note 10, §12.12 at 244-245. 第2次契約法リステイトメント第350条コメントe。
(22) Farnsworth, supra note 10, §12.12 at 236-238. 第2次契約法リステイトメント第350条コメントfでは、「…侵害された当事者は、違反を知ってから合理的な期間内に代替取引をすることが期待される。…」と述べられている。統一商事法典2-712条第1項は、「…買主は、誠実に、かつ不相当に遅滞することなく」代替取引をおこなうことができる旨を規定している。この点は、2003年改正統一商事法典でも変更されていない。
(23) Farnsworth, supra note 10, §12.12 at 246-247. 第2次契約法リステイトメント第350条第2項は、「侵害された当事者は、損失を回避する努力が不成功となっても、それが合理的なものであった限度において、第1項に定める準則による損害賠償の請求を妨げられない。」と規定している。統一商事法典2-712条オフィシャルコメント2及び2003年改正統一商事法典2-712条オフィシャルコメント4は、「…用いられた代替取引の方法が最も安価又は効率的でなかったことが事後的に判明しても、それは重要なことではない。」と述べる。

同等の目的物を取得するべきであるという価値判断を基礎に損害賠償額は算定されており、市場価格基準・代替価格基準による算定は、目的物それ自体の価値を算定するものといえる。

(ウ) 特定履行との関係

市場において履行期に同種・同等の目的物が入手困難であるにもかかわらず、損害軽減義務が課されることはない。このときには、十分性の準則から特定履行が付与される。代替取引が可能かどうかを基準として、国家は、目的物の取得を異なる救済方法で実現している。債権者から見れば、目的物の取得という契約利益は、代替取引が可能であるときには、損害賠償によって保障され、不可能であるときには、特定履行によって保障されることになる。

(2) 予見可能性

(ア) 概要

予見可能性の準則は、イギリスにおける Hadley v. Baxendale 事件に由来する[24]。ハドレー事件判決では、賠償される損害には、①「当該契約違反それ自体から、自然に、すなわち、事物の通常の経過に従って生じると公正かつ合理的に考えられる損害」と②「契約締結時に両当事者が契約違反から生じる蓋然性があると熟慮（contemplation）していたと合理的に考えられる損害」の2種類があるとされた。①②の損害は、それぞれ通常損害（general damages）・特別損害（special damages）といわれている。

予見可能性の適用に関しては、ファーンズワースは、次のような興味深い記述をしている[25]。

「（a）…買主が代替取引すること（covering）によって、代わりとなる取引（substitute transaction）をなし、あるいは、なし得たときには、予見可能性の要件は、通常、問題にならない。この場合には、代替取引をなす際に蒙った費用と共に、損失の原因は、市場における価格の上昇にあり、…裁判所は、かかる損失が契約違反から通常の経過において生じたことを一般的に疑わない。このことは、たとえ、市場における価格の上昇が驚くべきものでかつ極端なものであったとしても、さらに、…非常に異常でかつ非常に

---

(24) Hadley v. Baxendale, 9 Exch. 341, 156 Eng. Rep. 145 (1854).
(25) Farnsworth, supra note 10, §12.14 at 263-264.

予測できない損害のうちのあるものは、鋭いアナリストが指摘するように、市場価格の通常ではない変動に起因するとしても、妥当する。

(b) 侵害された当事者が買主で、代替取引をすることができない結果、違反によって妨げられた付随的取引の利益の喪失 (loss of profits in collateral transactions) が損失となる場合を除いては、予見可能性の問題は、通常は、生じない。一般に、『派生的である (consequential)』と特徴づけられるのは、この類型の損失である。

(c) 我々の経済は、市場経済であるため、伝統的に、裁判所は、買主が代替取引をすることができる市場は通常は存在するという仮定から出発する。それゆえ、買主が代替取引をすることができないことから発生する損害は、違反の通常の経過においては生じないし、その損害が予見可能とされるのは、代替取引それ自体を買主ができないことを予見可能とする事実を、売主が知ったときだけである。買主が代替取引をすることができる市場は通常は存在するという仮定は、事実上、しばしば覆らない。」

(執筆者が、(a) (b) (c) の記号を付けて、改行を施して段落ごとに整理した。)

以上の (a) (b) (c) の記述からは、ハドレー準則の適用に関しては、次の点を指摘することができる。

(イ) 通常損害の意義

(a) の部分では、代替取引による損害、すなわち、目的物それ自体の損害について述べられている。代替取引の時点までの目的物の価格の変動は、それがたとえ異常なものであっても、違反の通常の経過において生じると考えられている。[26] 動産売買では、通常損害の賠償額算定の基準時は、履行期が原則とされるが、代替取引をなすべき時点に修正されている。この点からすると、代替取引をなすべき時点までの価格変動については、通常損害とされて、

---

[26] 目的物の異常な価格騰貴が履行の障害事由となり、実行困難性 (impracticability) の法理によって不履行が免責される場合は除かれる。実行困難性による免責が認められる要件は、①後発的な事件が契約の履行を実行困難にしたこと、②当該事件が生じないことが契約締結の基本の前提とされていたこと、③履行が実行困難になったことにつき、免責を求める当事者に過失がないこと、④契約の文言または状況から別段の意思が示されている場合でないことである(第2次契約法リステイトメント第261条参照)。See E. Allan Farnsworth, 2 Farnsworth on Contracts, §9.6 at 634-650 (3d.ed. 2004)。

予見可能性の有無を問うまでもなく、契約によるリスク配分の対象になることを意味する。不動産売買では、通常損害の賠償額算定の基準時は、履行期が原則とされるが、特定履行の命令が出されたが不奏功となったときには、その時点へと修正される(27)。この点からすると、特定履行が不奏功となる時点までの価格変動は、通常損害とされて、予見可能性の有無を問うまでもなく契約によるリスク配分の対象になることを意味する。

(ウ) 特別損害の意義

(b)の部分では、目的物の使用・収益・処分に関する損害、すなわち、派生的損害について述べられている。目的物の使用・収益・処分に関する派生的損害は、契約違反の通常の経過として発生するとは捉えられておらず、特別の事情から生じた損害として予見可能性が要件にされている。債権者が目的物をどのように使用・収益・処分するかによって引渡しをうけた目的物から得る利益も異なってくる。目的物の使用・収益・処分から債権者が取得を予定している利益のうちで、契約によって保障される利益は、契約内容に取り込まれたものだけである。目的物の使用・収益・処分に関する損害は、特別損害とされて、予見可能性の要件の下で、契約内容として取り込まれているか否かが判断されることになる(28)。

(エ) 損害軽減義務と予見可能性の関係

(c)の部分では、予見可能性の要件と損害軽減義務の関係が述べられている。契約の目的物に関して市場が存在する状況では、代替取引義務が課される。侵害された当事者が代替取引により同種・同等の目的物を取得できるときには、違反者が違反によって派生的損害が発生することを予見していたとしても、その損害は賠償されない。この場合には、侵害された当事者は、代替取引によって取得した目的物でもって、当初予定されていた目的物の使用・

---

(27) Dobbs, supra note13, §12. 11 (1) at 277 n.3.
(28) 予見可能な損害に損害賠償の範囲が制限されることの根拠について、本文のように考える場合には、契約規範の保護目的の確定とそれに即した解釈が重要になる。この点を指摘する邦語文献として、潮見佳男「損害賠償責任の効果－賠償範囲の確定法理」ジュリ1318号（2006）131頁。上記の根拠に関するアメリカ法の分析は、本稿では十分な検討ができていない。今後の課題とさせて頂きたい。なお、アメリカ法を素材とし、上記の根拠について論じるものとして、笠井修「損害賠償法における『予見可能性』の基礎付け」中央ロー・ジャーナル第9巻3号（2012）49頁以下。

収益・処分をおこなうべきであるとされるためである。代替取引が可能な場合には、損害軽減義務の準則だけが適用され、予見可能性は適用されない(この点は、(a)(b)でも述べられている)。予見可能性だけではなく「代替取引が可能でないこと」も、派生的損害の賠償の要件となる。[29]

(オ)「代替取引が可能でないこと」の予見?

　契約締結時におけるリスク配分を強調して派生的損害の賠償についても、契約締結時に確定する必要があるとすれば、「代替取引が可能でないこと」は契約締結時に予見可能でなければならない。統一商事法典の制定前には、目的物の使用・収益・処分に関する特別の事情だけではなく代替取引が可能でないことも、契約締結時に予見可能でなければならないとされていた。だが、統一商事法典はこの点を変更した。[30]統一商事法典のもとでは、契約締結時には、目的物の使用・収益・処分に関する特別の事情だけが予見可能であればよく、代替取引が可能でないことは、そもそも、予見可能性の要件から切り離された。[31]制定前の立場では、市場の状況が契約締結時以降に変化し、契約締結時には可能であった代替取引が可能でなくなったときにも、損害賠償額は、市場価格基準に基づくものに制限されることになる。[32]損害軽減義務は、あくまでも、代替取引をなすべき時点で、債権者に、合理的な措置を取ることを要求するものである。このことからすれば、代替取引の可能性は、

---

(29) 統一商事法典2-715条第2項は、売主の違反から生じる派生的損害の賠償範囲について規定し、この点は、2003年改正統一商事法典でも変更されていない。同条第2項a号では、派生的損害の賠償範囲について、「売主が契約締結時に知ることができた一般又は特別の要求及び必要から生じ、かつ代替取引又はその他の方法により合理的には防ぐことができない損失(any loss resulting from general or particular requirements and needs of which the seller at the time of contracting had reason to know and which could not reasonably be prevented by cover or otherwise)」と規定されている。損害軽減義務によって回避できない損失であることは、「かつ」以下の部分で規定されており、予見可能性とは独立の要件とされている。

(30) この点を特に指摘するものとして、Joseph M. Perillo, Calamari & Perillo on Contracts §14-22 at 517-518 (6th. ed. 2009).

(31) 前掲注(29)参照。

(32) Farnsworth, supra note10, §12.14 at 264. ファーンズワースは、代替取引が可能でないことも予見可能性の対象となると述べる。上記Ⅱ2(2)(7)における訳文(c)の部分も参照。もっとも、ファーンズワースが統一商事法典以前の判決例として念頭においているのは、買主が、売主のブランド名の付いた商品を転売するといったものである(Czarnikow-Rionda Co. v. Federal Sugar Ref. Co., 173 N.E.913 (N.Y.1930))。この事例では、買主は、他の業者との代替取引によって取得した物品では転売できないことを契約締結時に売主に知らせるべきであるといえる。

予見可能性の対象とされるべきではなく、代替取引をなすべき時点に債権者にとってそれが可能か否かだけを問えばよい。

3　小括と日本法への示唆
（1）　契約によるリスク配分と損害論
　契約によるリスク配分は、通常損害と特別損害に分けて扱われ、通常損害に対して、特別損害が予見可能性を要件として加算されている[33]。通常損害は、目的物それ自体・物の価値に関わる損害であり[34]、通常損害では、目的物の価格変動を損害として把握する[35]。しかも、損害として把握される目的物の価格変動は、履行期あるいはそれを修正した時点（代替取引をなすべき時点〔動産売買〕、特定履行の命令が不奏功となった時点〔不動産売買〕）までのものに限定されている。これらの時点までの目的物の価格変動は、契約に当然に伴うリスク配分であり、予見可能性は要件とされていない。目的物それ自体・物の価値に関する通常損害は、最小限度の損害として位置づけられる。これに対して、特別損害は、目的物の使用・収益・処分に関わる派生的損害であり、しかも目的物の使用・収益・処分は履行期以降になされるため、これらの損害は、履行期以降に発生する。また、目的物の使用・収益・処分に関する利益は、個々の当事者によって異なるために、契約内容へと取り込まれたか否かが予見可能性の要件のもとで判断される。特別損害は、履行期あるいはそれを修正した時点以降に生じる損害であることと、契約内容への取り込みを個別に要件とすることの2つの点に特徴がある。

（2）　契約利益の保障と救済手段の選択
　契約利益は、当事者の合意によってその内容が決まるため、契約締結時の事情が考慮されて内容が確定される。その一方で、契約利益の実現を図る救

---

(33) 以下に述べる通常損害・特別損害の捉え方は、Dobbs, supra note13, §12.2 (3) at 38-50 を参考にした。

(34) Dobbs, supra note13, §12.2 (3) at 39-40,44．ドブズ教授は、労務を提供する契約も含めてヨリ一般的に、通常損害を「契約された履行それ自体の価値 the value of the very performance contracted for」、すなわち、給付の価値を算定するものと定義する。

(35) 通常損害の定義には、契約違反から通常生じる損害とするものもある。ドブズ教授によれば、この定義は、曖昧かつ同語反復であり、通常損害を目的物それ自体の損害と捉える概念が果たしている機能を把握できないと批判する（Dobbs, supra note13, §12.2 (3) at 40-41）。

済手段の選択においては、「代替取引をなすべき時点」における「債権者を取り巻く市場の状況」が「代替取引の可能・不可能」という要件を媒介にして考慮されている。代替取引が可能であるときには損害軽減義務が課されて通常損害の賠償しか認められない。これに対して、代替取引が可能でないときには、特定履行による目的物の取得または派生的損害の賠償までが認められる。国家は、債権者に付与する救済手段の内容について、代替取引の可能・不可能を基準として差を設けている。

Ⅲ　日本法の分析

1　特別事情の予見時期と損害賠償額算定の基準時に関する判例理論の現状

特別事情の予見時期について、債務不履行時と解する最上級審の判決のうちで、目的物の価格変動を扱うものには、次のものがある。大判大7・8・27（判例①：民録24輯1658頁）は、マッチの売買契約後に第1次世界大戦の勃発によりその価格が高騰した場合、第1次世界大戦による価格騰貴を特別事情とし、その予見時期を債務不履行時としている。最高裁判所もこれを踏襲し、売主が買主に売却した土地の移転登記義務を履行不能にした事案で、最判昭37・11・16（判例②：民集16巻11号2280頁）および最判昭47・4・20（判例③：民集26巻3号520頁）は、目的物の価格騰貴を特別事情とし、その予見時期を履行不能時としている。

債務不履行時説を採用する最上級審の判決のうちで派生的損害を扱うものは、大判昭15・5・8（判例④：判決全集7輯17号13頁）がある。賃貸人が土地を第三者に売却し、かつそれには、履行期以降引渡まで月額200円の違約金の特約が付けられていたところ、賃借人が、売買契約の履行期前に右事実を了知したときは、それが自己の負担する明渡の債務の履行期後であっても、損害発生の特別の事情を予見したといえるとした。[36]

---

[36] なお、最判昭59・2・16（裁判集民事141号201頁）は、養殖池の堤防の修理工事が遅滞している間に台風に伴う豪雨で堤防が決壊し、鰻が流出した事件につき、台風に伴う豪雨を特別事情とした上で、債務者にとっての予見可能性を問題にしている。完全性利益の侵害を扱う本判決は、検討対象としない。

特別事情の予見時期を不履行時と解する判例は、いわゆる損害賠償額算定の基準時の問題と関連させて理解する必要がある。判例は、目的物の価格変動による損害について、損害賠償請求権が発生した時点までのものを通常損害とし、それ以降のものを特別損害として加算するからである。損害賠償額算定の基準時に関する判例の準則は、債務不履行の責任原因ごとに整理されている。

　履行不能における損害賠償額算定の基準時については、次の５つの基準にまとめられる（判例②・③）。①原則は、履行不能時の時価である。②目的物の価格が騰貴しつつあるという特別の事情があり、債務者が履行不能時において、その事情について予見可能であった場合には、債権者は騰貴した価格で損害賠償請求できる。③ただし、債権者が騰貴前に目的物を他に処分したであろうと予想された場合は除かれる。④価格がいったん騰貴した後に下落した場合、その騰貴した価格（中間最高価格）を基準にするためには、債権者が転売等により騰貴価格による利益を確実に取得したと予想されたことが必要である。⑤しかし、価格がなお現在騰貴している場合は、債権者が現在においてこれを他に処分するであろうと予想されたことは必要ではない。

　履行不能の５つの基準のうち、③④は転売利益に関わるものである。転売利益の喪失は、給付の目的物の価格を通じて認識されるため填補賠償の問題として考えられがちであるが、目的物の処分に関わる派生的損害であり、それ自体が賠償範囲に含まれるかが問題となる。①②⑤の準則は、目的物それ自体の価格変動に関わるもので、これらをまとめると、債務者は履行不能時に目的物の価格騰貴という特別事情を予見していれば、口頭弁論終結時の価格での損害賠償責任を負うことになる。

　履行遅滞における損害賠償額算定の基準時については、判例の基準は必ずしも明確ではない。債権者が解除した場合には、解除時の他に（最判昭28・12・18民集7巻12号1446頁）、履行期（最判昭36・4・28民集15巻4号1105頁）・代替取引の時点を基準とするものもある（大判大5・10・27民録22輯1991頁、大判大7・11・14民録24輯2169頁）。判例①では、第１次世界大戦による価格騰貴という特別事情を債務不履行時に予見可能であったと判示したが、具体的に、損害賠償額の算定をどの時点で行ったかは不明である。

2 債務不履行時説を採用する裁判例の特徴

第1に、債務不履行時説を採用する判例においても、目的物の使用・収益・処分に関わる損害を扱うものは最高裁判決には存在しないことを指摘できる(37)。債務不履行時説に対する批判として、債権者が契約締結後に生じた特別の事情を債務者に通知しさえすればすべて賠償範囲に入ってしまう点が挙げられていた(38)。最高裁判決には、一方当事者の単なる通知によって派生的損害に関するリスクが契約内容に取り込まれたと評価できる先例は存在しないといえる。Ⅳでは、目的物の価格が変動した事例を中心に検討する。

第2に、目的物の価格が変動した事例において、不動産売買と動産売買では、通常損害に特別損害を加算するか否かが異なり、その結果、損害賠償額算定の基準時も異なることを指摘できる。不動産売買では、価格騰貴の予見時期を債務不履行時として特別損害を加算することによって口頭弁論終結時が基準時とされる場合がある。動産売買では、予見時期を債務不履行時として特別損害を加算する判決は、判例①の基準時が不明ではあるけれども、存在していない。動産売買では、いかなる時点までの価格騰貴を通常損害として扱うかが議論され、履行期または解除時が基準時とされている。動産売買と不動産売買では、特別損害の加算について異なる取り扱いがされる理由を検討する必要がある。

Ⅳ 判例理論の再構成

1 伝統的な理論における損害賠償の基本構造とそこでの損害論

日本の判例が立脚する伝統的な理論は、「過失責任主義に基づく債務不履行責任」「いわゆる差額説に依拠した損害論」「損害賠償範囲の確定に関する相当因果関係説」が結合している。伝統的な理論では、債権の本来的効力は、

---

(37) 転売契約の違約金について債務不履行時説を採用する判例④は大審院の判例であり、しかも公式の判例集には掲載されていない。最高裁が判例④の立場を踏襲しているかは不明である。また、履行不能の判例における準則④の「中間最高価格の時点の目的物の処分」という特別事情については、その予見可能性の有無が争点となった判例は、不法行為責任の事例である（富貴丸事件：大連判大15・5・22民集5巻386頁）。

(38) 好美清光〔判批〕・民法判例百選Ⅱ〔第3版〕(1989) 19頁。

履行請求権とされ、帰責事由のある債務不履行によって履行請求権が転形して損害賠償請求権が発生する。損害論では、いわゆる差額説がとられ、債務不履行によって存在する現在の財産状態と債務不履行がなければ存在したであろう仮定的財産状態の差額が損害とされ、そのうちで、債務不履行と相当因果関係にある損害が損害賠償の範囲に含まれる。民法416条は、相当因果関係を規定したとされ、相当因果関係の有無を判断する際には、同条が適用される。

アメリカ法では、目的物それ自体の損害賠償は、履行期またはそれを修正した時点が基準時とされていた点と比較すると、日本法では、不動産売買の事例で、口頭弁論終結時が損害賠償額算定の基準時とされる場合があることが著しく異なっている。これは、日本の伝統的な理論が採用する差額説とアメリカ法における通常損害・特別損害では、そもそも、損害賠償の対象となる損害の把握の仕方が大きく異なっていることに由来する。

判例は、かつては、騰貴した価格での損害賠償を、その時点で転売できたかという事情と結合させて転売利益の賠償と構成してきた。だが、判例③は、不動産の購入目的が転売でなくても準則②を適用すると述べ（準則⑤：Ⅲ1参照）、騰貴した価格での損害賠償を転売利益とは切断した。現在の判例では、債務不履行がなかったならば、その騰貴した価格のある目的物を現に保有し得たはずであるとして、口頭弁論終結時に目的物を保有できなかったことを損害と捉える。その上で、相当因果関係の判断では、目的物の価格が騰貴していれば目的物を保有し続けるとの前提に立って、価格騰貴を特別事情と構成し、債務者による債務不履行時の予見可能性を問題にする。

差額説では、口頭弁論終結時を基準時とする財産状態の比較によって損害が把握され、損害賠償の対象となる損害が定められる。差額説は、損害賠償請求権を発生させる責任原因がいったん充足された以上は、発生したすべての損害が賠償されなくてはならないとする完全賠償主義と結びついており、「責任原因」と「賠償範囲」は切断されている。これに対して、保護範囲説は、「責任原因」と「賠償範囲」を連関させて、責任設定規範の保護目的を考慮して、賠償されるべき損害の範囲を決める。契約利益説では、両当事者の合意に基づいて設定された契約規範が賠償範囲を限界づけると考えている。口

頭弁論終結時における目的物の保有の喪失という損害は、伝統的な理論の下では、差額説によって根拠づけられている。

2 通常損害＋特別損害の再構成
（1） 価格変動リスクの引き受けの限界点

　口頭弁論終結時における目的物の保有の喪失という損害は、契約利益説の立場からはどのように把握できるであろうか。目的物の取得が当事者の合意によって保護される利益であることは間違いない。だが、その目的物の価格が履行期以降も変動しているときに、当事者は、どの時点まで価格変動リスクを合意したといえるのであろうか。目的物の価格は将来に向かって上昇することもあれば下落することもあり、債権者と債務者は履行期を合意することによって、お互いに、その時点までの価格変動リスクを負担し合う。「ある時点に目的物を引き渡す」という合意には、「目的物の引渡」と「目的物の価格変動リスク」の引受けが含まれており、履行期を設定することによって、当事者は、後者のリスクについては、限界となる時点も合意している。

　英米法では、履行請求権が第１次的な救済手段とされておらず、損害軽減義務に基づく代替取引を媒介として目的物の取得が実現される。これに対して、日本法では、原則として履行請求権が認められており、それを行使すれば目的物を取得できることをふまえると、リスク引受けの限界点は、履行請求権消滅の時点に延長される事例も出てくる。[39] 価格変動リスクの限界点は、履行期または履行請求権消滅の時点のいずれかであり、口頭弁論終結時までは合意によって引き受けたとはいえないように思われる。

　それでは、判例が、不動産売買の事例で、通常損害に特別損害を加算して

---

[39] 履行期が到来する前に、債務不履行が生じる事例では、注意が必要である。履行期前に履行不能が生じた事例では、判例によれば、履行不能時が通常損害の賠償額算定の基準時とされている。これに従うと履行不能が履行期前に生じた事例では、合意によるリスク配分の時点（履行期）が、債務者の一方的な行為によって変更されてしまうことになる。この事例では、通常損害の賠償額算定の基準時は、原則として、履行期とされるべきである。履行期前の履行拒絶の事例でも、同様の問題が生じるが、代替取引が可能であるときには、拒絶後遅滞なく代替取引をすべきであるかという点も問題になる。これは、合意によるリスク配分を損害軽減義務によって変更することが許されるかという問題でもあり、合意によるリスク配分と損害軽減義務をいかに調整するかを考慮に入れつつ、損害賠償額算定の基準時を決定する必要がある。

損害賠償額算定の基準時を口頭弁論終結時としていることは、契約利益説の立場からはどのように正当化できるのであろうか。この問いに対する解答は、Ⅲ2の第2の指摘をふまえると、特別損害の加算の有無が不動産売買と動産売買で異なることについても説明するものでなくてはならない。

(2) 特別損害の加算の根拠

　救済手段としての履行請求権・損害賠償請求権の機能を目的物の保有・取得という観点からみると、履行請求権では、債務者による履行によって、損害賠償請求権では、債権者による代替取引によって、それぞれ目的物を取得する。判決においては、債務不履行時における代替取引の可能・不可能は言及されていないけれども、特別損害の加算の有無が不動産売買と動産売買で異なるのは、債務不履行時における債権者の代替取引の可能性が異なることから説明できる。

　不代替的特定物である不動産売買の事例では、債権者は、市場における代替取引が不可能であり、損害賠償の支払いを受けても、目的物を取得することは不可能である。すなわち、目的物の取得の実現に向けた救済手段の観点からすると、履行請求は唯一の救済手段であると同時に、債務の履行は目的物保有の侵害を回避する唯一の措置でもある。さらに、契約利益の保障の観点からは、目的物の取得は、最小限度の利益保障と位置づけられている。契約利益の保障とそれ実現する救済手段の実効性の観点からすると、「代替取引が可能でない」状況の下では、債務者は、債務の履行によって目的物の取得を実現させるべきことが要請される。

　この状況で、債務者が履行不能時に目的物の価格騰貴という特別事情を予見可能であれば、口頭弁論終結時の価格での損害賠償責任を負うことは、債務の履行を結果回避措置とする過失責任の考え方から説明できる。「債務者は、自分が債務を履行しなければ債権者に特別な損害が生じることを予見しまたは予見しえたにもかかわらず、債務を履行しなかった以上、そこまでの損害について賠償責任を課せられてもやむをえない」というわけである[40]。代替取引が可能でない状況において、債務者に課されるこの義務を特別損害の

---

[40] 債務不履行時の債務者の予見可能性を要件とする伝統的理論をこのように説明するものとして、山本・前掲注 (3) 90頁。

発見・回避義務と呼ぶことにする。目的物の価格変動リスクは、履行期または履行請求権消滅時までしか合意されていないことからすると、これらの時点以降の特別損害の賠償は、合意によるリスク配分に根拠づけることはできない。特別損害の発見・回避義務は、「契約を締結することで目的物の取得の実現を保障した以上、債務者は、契約締結後も、債権者の下で目的物の取得が本旨に適って実現されるように、誠実に行動すべきである」との規範に根拠づけられ、民法1条2項にいう「義務の履行」に該当し、履行過程における付随義務として導くことが可能である。[41]

ここで、特別損害の発見・回避義務違反による損害賠償が担っている機能について言及しておきたい。判例②・③の事例は、不動産の二重譲渡による履行不能の事例であった。アメリカ法では、不動産の二重譲渡の事例では、擬制信託による利得吐き出し賠償が認められており、債務者が二重譲渡で取得した対価は、債権者に引渡さねばならない。[42] 日本法では、代償請求権は、損害を限度として行使することしか認められていない。しかし、日本法では、債務者は、二重譲渡で取得した対価以上の金額を損害賠償責任として負担す

---

[41] 特別損害の発見・回避義務を履行過程の付随義務として構成することは、潮見説に示唆を得た。潮見説は、契約を起点とする損失リスクの分配のルールを採用した上で、なお、契約締結の時点で両当事者が認識または考慮していなかった損失であっても、契約締結後に債務者がその発生または拡大を予見すべきであったものについては、履行過程における債務者の損害発見・回避義務を理由にして損害賠償を認める(潮見・前掲注 (28) 134-135頁)。

目的物の使用・収益・処分に関する利益は、契約内容に取り込まれない限りは保障されないという立場からすると、契約締結時に契約内容に取り込まれなかった派生的損害については特別損害の発見・回避義務は及ばないのではないだろうか。この点については、予見可能性の要件をどう捉えるかとも関係する(前掲注 (28) 参照)。今後の検討課題とさせて頂きたい。

これに対して、「目的物の取得」は、契約締結時に契約内容になっており、強制履行・損害賠償のいずれの救済手段によって実現されるにせよ、契約においては最小限度保障されるべき利益である。特別損害の発見・回避義務は、「代替取引が可能でないこと」を要件として課され、目的物の取得という最小限度の利益保障を実現させるために、救済手段としての履行請求の実効性を確保することを意図している。

なお、特別損害の発見・回避義務は、不代替的特定物の取引のように、「代替取引が可能でないこと」が当初の合意内容になっている場合に限って課されるわけではない。この義務は、履行過程における付随義務として導かれるので、契約締結時以降に市場の状況が変化し、当初可能であった代替取引が不可能となる場合にも課すことができる。

[42] Farnsworth, supra note 10, §12.20a at 356-357; Dobbs, supra note 3 §12.7 (4) at 175-176. アメリカ法の利得吐き出し法理を扱う邦語文献として、山田八千子「売主の契約違反と買主の損害－アメリカ法における利得吐出し法理の適用をめぐって」東洋法学34巻2号 (1991) 87頁以下。

る可能性がある。債務者は、目的物の価格騰貴を履行不能時に予見可能であれば、騰貴した価格での損害賠償責任を負い、二重譲渡で取得した対価を超える額の損害賠償責任を負担することになるからである。利得吐き出し賠償は、債務者の機会主義的行動を抑止する機能を担っていると評価できるが、日本法では、特別事情の予見時期を債務不履行時とすることによって、それよりも厳しい責任が課されている。日本法では、特別損害の発見・回避義務違反による損害賠償が、債務者の機会主義的行動を抑止する機能を担っていると評価できる。[43]

　これに対して、動産売買の多くの事例では、市場において代替取引が可能である。代替取引が可能であるときには、債務者は、損害賠償の支払いをすれば、債権者は、その金銭でもって目的物を取得できる。つまり、目的物の取得という利益保障の観点からすると、履行請求は唯一の手段ではなく損害賠償請求によっても十分に実現できる。ここでは、債権者の協力よる損害軽減を考慮することができ、いつの時点に代替取引を行うべきかが問題となる。そこで、目的物の価格変動を扱う判例では、いかなる時点までの価格騰貴を通常損害として認めるかが議論され、その時点以降の特別損害の加算は問題にならなかったと説明できる。[44]

(43) 機会主義的行動の抑止という観点からすると、債務不履行が故意により惹起されたときには、予見可能性を問うことなく、債務不履行により生じたすべての損害が賠償されるとする見解も注目される（能見善久「履行障害」別冊 NBL51 号（2004）129 頁、平野裕之『プラクティスシリーズ債権総論』（2005）268 頁）。これは、フランス民法 1151 条、ヨーロッパ契約法原則 9:503 条、ヨーロッパ共通参照枠草案Ⅲ-3:703 条の立場でもある。目的物の取得に向けた救済手段の実効性の観点からすると、単なる過失による契約違反でも、代替取引が可能でないときには、強いサンクションが必要とされる一方で、故意の契約違反でも、代替取引が可能であるときには、強いサンクションは必要とされていない。違反者の行為態様に焦点を合わせるアプローチでは、救済手段による契約利益の実現という点は考慮されていないために、救済手段の付与において過剰・過少の問題が生じると思われる。なお、本稿の立場を前提にしても、特別損害の発見・回避義務の要件に、「代替取引が可能でないこと」だけではなく「故意の債務不履行」を加えることによって、違反者の悪質な行為態様を考慮することはできる。しかし、判決文からは、違反者の悪質な行為態様を考慮していることを読み取るのは困難であり、判例理論の説明としては適切ではないと考える。
(44) 判例の選択する通常損害の賠償額算定の基準時は、履行期または解除時とされており、統一されていない。アメリカ法の検討結果からすると、動産売買では、通常損害の賠償額算定の基準時は代替取引をなすべき時点となる。履行請求権が認められている日本法では、履行請求権は、履行遅滞の場合には解除の手続を経て消滅する。解除の手続きには、催告解除と無催告解除があることをふまえると、これらの解除制度との関係で、代替取引をなすべき時点がいつであるかを検討し、判例との関係を整理する必要がある。

(3) 不履行時説を採用した動産売買の判例（判決①）の説明

　通常損害の賠償額算定の基準時に代替取引が可能でないときには、それ以降の価格変動による特別損害も考慮されるという理論枠組からは、判決①は次のように説明できる。

　判例①は、結論として、損害賠償額の算定についてどの時点を選択したかは不明である。仮に、判例①が、通常損害の賠償額算定の基準時である履行期または解除時を選択していたとすれば、その時点までの価格変動のリスクは、契約によって当然に配分されるリスクであって、特別事情の予見可能性を問題にした判決は誤りである。判決①が、通常損害の賠償額算定の基準時以降の時点を選択していたとすれば、履行期において、代替取引が不可能であったことを前提としていたとは読めないであろうか。判決では、第１次世界大戦の勃発によって価格が騰貴したことを特別事情として認定しているにとどまっているが、戦乱の勃発によって債権者の代替取引が困難になったことが背景にあるとは読めないであろうか。このような読み方が可能であるとすれば、判例①は、不動産売買に関する判例②③と共に、代替取引が不可能である場合に、機会主義的行動を抑止する観点から特別損害の賠償を認めた判決として統一的に理解できる。

(4) 不動産売買の価格下落事例

　価格騰貴を特別事情として要求する判決②・判決③は、右肩上がりの価格上昇が継続している状況で下された。90年代にバブルが崩壊してから長期不況が続き、不動産市場が低迷する状況では、履行不能時以降に価格が下落する事例が裁判で扱われることになっても不思議ではない。[45]価格下落の事例では、原則として、履行不能時が損害賠償額算定の基準時として選択されるべきである。これは、合意によるリスク配分に基づいて損害賠償額を算定することから根拠づけられる。当事者は、合意によっては、価格変動のリスクは、履行期または履行請求権の消滅時までしか引き受けておらず、債務者が、その時点以降の下落分の減額を主張することは、自らが合意によって引き受

---

[45] 価格下落事例につき検討している文献として、奥田昌道編『新版 注釈民法 (10) Ⅱ』(2011) 450頁以下〔北川・潮見〕潮見佳男補訂，吉田邦彦『債権総論講義録（契約法Ⅰ）』(2012) 74 - 75頁。潮見は、債務不履行時の時価を通常損害として認めること提案している。

けた契約内容に矛盾し許されないからである。さらに、価格下落事例では、口頭弁論終結時を基準時とすると、債務者は、履行不能時に価格下落を予見できる状況では、二重譲渡を行い、それ以降の下落した価格での損害賠償責任を負担すればよく、機会主義的行動を抑止できない。合意に基づくリスク配分に従って損害賠償額算定の基準時を選択することによって、副次的には、機会主義的行動の抑止も実現される。

V むすびに代えて 通常損害＋特別損害の枠組の再評価

通常損害に特別損害を加算する判例の枠組は、債務転形論と呼ばれる考え方によって説明され、履行請求権が損害賠償請求権に転形する時点が重視されていた。本稿では、英米法の分析をもとに、「合意によるリスク配分」の他に「債務者の機会主義的行動の抑止」「債権者の協力による損害軽減」という観点も加えて、通常損害に特別損害を加算する判例の枠組みを再評価してみた。

履行不能時（不動産売買）または代替取引をなすべき時点（動産売買）までの価格変動は、目的物それ自体の通常損害として捉えられる。それ以降の特別損害は、通常損害に加算される。特別損害には、2種類ある。第1は、目的物の使用・収益・処分に関する派生的損害に関するものである。目的物の使用・収益・処分に関する利益は、契約内容への取り込みが契約締結時の両当事者の予見可能性の要件もとで判断される。派生的損害の賠償は、合意によるリスク配分に根拠づけられる。第2は、履行不能時以降の騰貴した価格での目的物の保有に関するものである。債権者が代替取引をすることができない状況において、債務者が履行不能時に価格騰貴について予見可能であれば認められ、特別損害の発見・回避義務に根拠づけられる。

本稿では、目的物の価格変動の事例を中心にして、第2の特別損害が加算される根拠について検討した。通常損害は、最小限度の損害として予見可能性の要件も課されずに認められるが、第2の特別損害の賠償の可否は、債権者の代替取引が、通常損害の賠償額算定の基準時に可能であるかを考慮することによって判断される。代替取引が可能であるときには、通常損害の賠償

に制限される。これは、「債権者の協力による損害軽減」の観点から説明できる。これに対して、債権者の代替取引が不可能であるときには、第2の特別損害が通常損害に加算される。これは、「債務者の機会主義的行動の抑止」の観点から説明できる。

　「相当因果関係説か契約利益説か」「判例か学説か」という二者択一ではなく、合意によるリスク配分を基本としつつ、上述した新しい観点を取り入れながら、判例理論を相当因果関係説から契約利益説へと転換することは十分に可能である。

「契約締結上の過失」責任における「合意」と「損害」の意義
——フランス法からの示唆を中心に——

武川幸嗣
Kouji MUKAWA

I 日本法の議論状況とその特色
Ⅱ フランス法における「契約締結上の過失」責任論の展開
Ⅲ 結びにかえて—日本法への若干の示唆—

I 日本法の議論状況とその特色

いわゆる「契約締結上の過失」責任が、現代契約法および民事責任法の重要課題の一つを形成していることについては論を俟たないであろう[1]。このテーマは、原始的不能・無効の場合における責任に関する問題提起を契機として[2]、やがて問題類型の拡張化・多様化が進み、契約準備段階における責任一般として位置づけられるに至った[3]。

さらに学説上は、契約準備段階において当事者はいかなる場合にどのような責任を負うのか、その法的性質および責任体系はどうあるべきか、がさかんに論じられるところとなったが、円谷教授は早くから、「契約締結上の過失」責任とはどのような法理なのか、という問題設定に対して疑義を呈され、「契約締結上の過失」法理なる規範を予め観念して、その法的性質・要件・効果を一義的に画定した上で責任を導こうとする演繹的な問題思考を鋭く批判された。そして、「契約締結上の過失」責任は、契約締結過程における責任問

---

(1) 紙幅の都合上、先行業績を網羅することは叶わないが、問題全体を詳細に概観・分析するものとして、円谷峻『新・契約の成立と責任』(成文堂、2004)、本田純一『契約規範の成立と範囲』(一粒社、1999)、谷口知平＝五十嵐清編『新版注釈民法 (13)〔補訂版〕』(有斐閣、2006) 90頁以下〔潮見佳男〕、など。また、民法改正に関連づける最近の業績として、山城一真「契約交渉段階の法的責任」瀬川信久編著『債権法改正の論点とこれからの検討課題』別冊NBL147号 (商事法務、2014) 139頁。

(2) 鳩山秀夫『債権法に於ける信義誠実の原則』(有斐閣、1955) 301頁以下。

(3) 我妻栄『債権各論上巻』(岩波書店、1954) 38頁以下。

題の総称としての意義を有し得るにすぎず、そこで求められるべきは、裁判例を通して具体的に立ち現れる諸問題の実相を直視しつつ、問題類型の特色に応じてそれぞれに適切な責任根拠・要件・効果内容を明確にする作業である、として類型的考察の必要性を説かれた。このような問題認識は、交渉不当破棄、情報提供義務違反などが民法上の重要問題として独自の意義を有するに至った今日において、多くの支持を得るに至っている。

　問題の実相に迫るアプローチは、さらに伝統的な契約観および制度理解について再考を促す重要な契機を与えている。たとえば、「熟度論」あるいは「中間的合意論」は、契約成否の評価とその効果内容の確定において締結過程の実態を反映させる構成を提示し、さらには、契約責任の有無を合意の成否という「点」ではなく「プロセス」において把握する「関係的契約論」が提唱された。また、情報提供義務・説明義務論の発展は、無効・取消しひいては意思表示・法律行為論の再構成および、原状回復法と損害賠償法間の再調整をもたらした。

---

(4) 円谷峻「契約締結上の過失」内山尚三＝黒木三郎＝石川利夫先生還暦記念『現代民法学の基本的課題〔中〕』（第一法規、1983）200頁以下。円谷教授は現在もこの立場を維持されている（円谷・前掲『新・契約の成立と責任』109頁以下）。
(5) 池田清治『契約交渉の破棄とその責任 ―現代における信頼保護の一態様―』（有斐閣、1997）。
(6) 後藤巻則『消費者契約の法理論』（弘文堂、2002）2頁以下、横山美夏「契約締結過程における情報提供義務」ジュリ1094号（1996）128頁、など。
(7) 森島昭夫「契約締結上の過失」法教91号（1988）52頁、高橋眞「契約締結上の過失論の現段階」ジュリ1094号（1996）145頁、潮見・前掲『新版注釈民法（13）』103頁、河上正二「契約の成否と同意の範囲についての序論的考察（4・完）」NBL472号（1999）37頁、内田貴『民法Ⅲ〔第3版〕』（東大出版会、2005）27頁、同『民法Ⅱ〔第3版〕』（東大出版会、2012）25頁、加藤雅信『新民法大系Ⅳ契約法』（有斐閣、2007）110頁、山本敬三『民法講義Ⅳ-1』（有斐閣、2005）46頁、平野裕之『民法総合5〔第3版〕』（信山社、2007）32頁、など。
(8) 鎌田薫「不動産売買契約の成否」判タ484号21頁（1983）、同「売渡承諾書の交付と売買契約の成否」ジュリ857号（1986）116～117頁、同「手形割引契約の準備段階における責任」金法1304号（1991年）24頁、同「物権変動論を語る」判タ1182号（2005）5頁、河上正二「『契約の成立』をめぐって（二・完）―現代契約論への一考察―」判タ657号（1988）24頁以下、同「契約の成立段階 ―「意思」の取り扱いを中心に―」私法54号（1992）29頁、円谷峻『現代契約法の課題 ―国際取引と民法理論―』（一粒社、1997）26頁以下、同・前掲『新・契約の成立と責任』293頁以下、横山美夏「不動産売買契約の成立過程と成立前の合意の法的効力」私法54号（1992）193頁、加藤・前掲書103頁以下、平井宜雄『債権各論Ⅰ上』（弘文堂、2008）135頁以下、など。
(9) 内田貴『契約の時代』（岩波書店、2000）74頁以下。
(10) 森田宏樹「『合意』の瑕疵の構造とその拡張理論（1）～（3・完）」NBL482号22頁、483号56頁、484号（1991）56頁、山本敬三「取引関係における違法行為をめぐる制度間競合論」ジュリ1097号（1996）125頁以下、同「民法における『合意の瑕疵』論の展開とその検討」棚瀬孝雄編

本稿においてその総てに言及することは、筆者の能力と与えられた紙幅を遥かに超えるが、本稿もこうした潮流に与しつつ、「契約締結上の過失」責任に関する近年のフランスの法状況の特色として、①交渉過程における「合意」の意義、②「損害賠償的救済」の意義に着目し、成立・不成立および有効・無効間における中間的・段階的手当てにつき、示唆を求めたい。

II フランス法における「契約締結上の過失」責任論の展開

1 総説

まず、フランスにおける「契約締結上の過失」責任（la responsabilité précontracutuelle）に関する一般的な特色について要約しておこう。第一に、現行フランス民法典も我が国におけると同じく固有の明文規定を有しておらず、判例・学説による法形成が中心である[12]。第二に、一般には、①交渉不当破棄、②申込の不当な撤回、③交渉過程において相手方から得た秘密情報の

『契約法理と契約慣行』（弘文堂、1999）149 頁、河上・前掲「契約の成否と同意の範囲についての序論的考察（4・完）」36 頁以下、小粥太郎「説明義務違反による不法行為と民法理論（上）（下）―ワラント投資の勧誘を素材として」ジュリ 1087 号 118 頁、1088 号（1996）91 頁、など。

(11) 奥田昌道編『取引関係における違法行為とその法的処理―制度間競合論の視点から―』（有斐閣、1996）。とりわけ、潮見佳男「規範競合の視点から見た損害論の現状と課題（1)（2・完）」ジュリ 1079 号 91 頁、同 1080 号（1996）86 頁（同『契約法理の現代化』（有斐閣、2004）1 頁）、松岡久和「原状回復法と損害賠償法」ジュリ 1085 号（1996）86 頁、道垣内弘人「取引の不法行為―評価矛盾との批判のある一つの局面に限定して」ジュリ 1090 号（1996）137 頁。

(12) 現在は、交渉不当破棄と情報提供義務違反に関する責任を条文化する債務法改正案が提案されるに至っている（カタラ草案 1104 条・1110 条、テレ草案 24 条・33 条、司法省草案 11 条・37 条）。条文訳については紙幅の都合上割愛するが、法務省民事局参事室編『民法（債権関係）改正に関する比較法資料』別冊 NBL146 号（商事法務、2014）7 頁、113 頁以下、山城・前掲「契約交渉段階の法的責任」170 頁以下参照。

(13) フランス法における「契約締結上の過失」責任一般につき、北川善太郎『契約責任の研究』（有斐閣、1963）216 頁以下、平野裕之「フランスにおける『契約締結上の過失』理論素描―わが国の議論へのプロローグ―」法ська 61 巻 4＝5 号（1989）663 頁、交渉不当破棄および中間的合意論につき、池田・前掲書 127 頁以下、横山美夏「不動産売買契約の『成立』と所有権の移転（一）―フランスにおける売買の双務予約を手がかりとして―」早法 65 巻 2 号（1990）16 頁以下、情報提供義務論につき、後藤巻則「フランス契約法における詐欺・錯誤と情報提供義務（1）～（3・完）」民商 106 巻 5 号（1990）55 頁、6 号 39 頁、107 巻 1 号 24 頁、同・前掲書 66 頁以下、馬場圭太「フランス法における情報提供義務理論の生成と展開（1)（2・完）」早法 73 巻 2 号（1997）55 頁、74 巻（1998）43 頁、横山・前掲「契約締結過程における情報提供義務」129 頁以下、山城一真『契約締結過程における正当な信頼　契約形成論の研究』（有斐閣、2014）273 頁以下、などの先行業績がある。

不正利用、③契約無効につき表意者にフォートがある場合、④情報提供義務違反に分類されており(14)、それぞれの問題類型ごとに検討が行われているが、その主要な問題類型は①および④とされている(15)。第三に、判例・通説は原則として不法行為責任構成に立つ(16)。その主な理由は以下の通りである。i．有効な契約が存在しないところに契約責任はないというべきであるところ、当事者のフォートが存するのは契約成立前であるから、これを契約から生じた義務違反と評価することはできない。ⅱ．フランス民法典は不法行為責任に関する一般規定（1382条・1383条）を有しており、イェーリングによって提唱された「黙示の契約」論のような契約擬制構成を採る必要はない。ⅲ．民法1382条・1383条は民事責任に関する一般原則であり、その射程は広くすべての責任問題を包摂するものであって、契約責任は有効な契約の成立を前提とする特則として位置づけられる(17)。ⅴ．不法行為責任規定は柔軟で「開かれた」判断枠組を有しており、契約締結過程における多様な態様に対する評価 dommage précontractuel に適している。ⅵ．契約無効は、その遡及効によ

(14) O.Deshayes,Le dommage précontractuel,RTD.com,2004,p 187;Y.Lequette,Responsabilité civile *versus vices* du consentement,Mélanges M-S.Payet,Au-delà des Codes,Dallaz,2011,p 367.
(15) G.Viney,Traté de Droit Civil,Introduction à la responsabilité,3e éd,L.G.D.J,2008,nos 196-1 et s.
(16) 交渉不当破棄の場合につき、Cass.com.,20 mars 1972,Bull.civ. Ⅳ ,n°93;JCP.1973, Ⅱ ,17543,note J.Schmidt;RTD.civ.,1972,p779,obs.G.Durry: 契約無効の場合につき、Cass.1re.civ.,4 fév 1975,Bull.civ. Ⅰ ,n°43;JCP.1975, Ⅱ ,18100,note C.Larroumet;D.1975,p 405,note Ch.Gaury;RTD.civ.,1975,p 537,obs.G.Durry;Cass.1re.civ.,14 nov 1979,Bull.civ, Ⅰ ,n°279: 情報提供義務違反の場合につき、Cass.3e.civ.,24 mai 1972,Bull,civ, Ⅲ ,n°223;Cass.com.,31 mars 1992,Bull.civ, Ⅳ ,n°145. 不法行為責任構成を支持する学説として、H et L.Mazeaud et A.Tunc,Traité théorique et pratique de la responsabilité civile délictuelle et contractuelle,t.1re,6e éd,Montchrestien,1965,nos 118 et 9;J.Ghestin,Traité de Droit Civil,La formation du contrat,3e éd,L.G.D.J,1993,n°330 et 575;P.Mousseron,Conduite des negotiations contractuelles et responsabilité civile délictuelle,RTD.com,1998,n°43,p 259,n°78,p 270;P Le Tourneau,La rupture des negotiations,RTD.com,1998,n°8,p481;M.F-Magnan,Les obligations,PUF,2004,p 216;J.Ghestin,G.Loiseau et Y-M.Serinet,Traité de Droit Civil,La formation du contrat,t.1,Le contrat Le consentement,4e éd,L.G.D.J,2013,n°1441;P.Malinvaud et D.Fenouillet,Droit des obligations,12e éd,Lexis Nexis,2012,n°551;F.Terré,P.Simler et Y.Lequette, Les obligations,11e éd,Dalloz,2013,n°434;B.Fages,Droit des obligations,4e éd,L.G.D.J,2013,n°48.
(17) なお、契約関係の有無に応じた契約責任と不法行為責任の峻別に対しては、義務違反（ex. 安全配慮義務違反、物または役務の瑕疵）の被害者が契約の相手方または第三者のいずれであるかによって、その責任要件・効果を異にするというのは実態に適していないとして、義務違反および損害の特色に応じた必要性と合理性の観点から責任を規律すべき旨が提唱されている（Viney. op.cit,nos 232 et s.）。これにつき、拙稿「複合契約関係における契約責任と『当事者』『第三者』」池田真朗ほか編著『民法（債権法）改正の論理』（新青出版、2010）683 頁。

り不成立の場合と共通している。

　こうした法律構成は、不法行為責任規定を一般原則と位置づける民事責任観に立脚して、その弾力的な運用による「取引的不法行為」構成の発展により、契約締結上のフォートに対する法的手当がされていることを示している。

　もっとも、近年の傾向として、締結過程の実態を重視する「中間的合意」の尊重が説かれ、不法行為責任構成はその補充的役割を果たすものとの理解が浸透している。また、「契約締結上の過失」責任の効果論についても、交渉不当破棄および情報提供義務違反による損害の意義につき、新たな展開が現れている。本稿はこれらに注目するものである。

2　「中間的合意」の意義

　フランスにおいても、契約の成立は申込と承諾の合致によると解されている。しかしながら、すべての契約が瞬時に成立するわけではなく、たとえば、不動産売買、開発事業・土木事業を目的とする契約、業務提携・技術移転・営業譲渡などを目的とする契約、物または役務の継続的供給を目的とする契約などについては、交渉・合意を重ねながら段階的にその成立に至るのが通常であると認識されている。そこで、フランスでは締結過程における中間的合意・予備的合意論が展開されており、いかなる合意につきどのような法的意義が認められるか、どの合意の成立時をもって契約成立と評価すべきか、などが検討課題とされている。

　中間的合意・予備的合意の分類は多様であり見解の一致をみていないが、大まかに整理すると、①「交渉契約 (les contrats de négociation)」と②狭義の「前契約 (les avant-contrats)」に大別される。①が狭義の中間的合意であり、「基本合意 (les accords de principe)」に代表される契約交渉を規律するための合意を指すのに対して、②の主なものは一方予約・双方予約などの予約 (les promesses de contrat) であり、正式な契約成立の準備を目的とする予備的合意をいう[18]。両者の相違点は、拘束力ある最終的合意・確定的な契約の成否すな

---

[18] 予約については、横山・前掲「不動産売買契約の『成立』と所有権の移転 (1)」25頁以下、同論文 (2) 早法65巻3号 (1991) 85頁、池田・前掲書148頁以下、中原太郎「フランス法における申込み及び一方予約の拘束力とその基礎 (1)(2・完)」法協123巻2号105頁、3号 (2006) 97頁。

わち、締結義務の有無ないし強制の可否（脱退の自由の有無）に求められる。そしてその区別は、ⅰ．契約の本質的要素に関する決定の有無、ⅱ．最終的合意・確定的な契約に至り、脱退が許されない旨の当事者意思の存否によって決せられる。このうち本稿は、交渉不当破棄に結びつく狭義の中間的合意の意義と効果を対象としたい。

「基本合意」とは、将来の契約締結に向けて当事者が互いに誠実に交渉することを義務づける予備的合意ないし契約をいう。最終的合意・確定的な契約につき当事者は締結義務を負わず、契約締結の自由がなお留保されている。このような合意の意義は次の点に求められる。第一に、当事者間に契約上の誠実交渉義務を発生させる。かかる義務は、結果債務（une obligation de résultat）としての交渉開始義務と、手段債務（une obligation de moyens）としての、未決定条項に関する誠実交渉継続義務から構成される。第二に、交渉過程において段階的に合意に達した既決定条項の尊重義務が生じる。すなわち当事者は、既決定条項については確定したものとしてこれに拘束され、未決定条項の確定に向けてさらに誠実に交渉を継続し、最終的合意・確定的な契約の成立を目指すことが義務づけられる。したがって、正当理由なく既決定事項の効力を争って交渉を拒絶することは、契約違反となりうるが、最終的合意・確定的な契約の成立に至っていないため、その履行強制は認められない。なお、中間的合意に関する用語法は多様であり、学説には、誠実交渉

---

(19) I,Najjar,L'accord de principe,D,1991,p 60;Terré,Simler et Lequette,op.cit,n°188;J.Ghestin,G. Loiseauu et Y-M.Serinet,op.cit,n°726.
(20) Cass.3e civ.,7 oct 1997,D.n°96-10380;Ghestin,Loiseauu et Serinet,op.cit,n°717.
(21) Najjar,art préc,p 62;Ghestin,Loiseauu et Serinet,op.cit,n°713.
(22) J.Cedras,L'obligation de négocier,RTD.com,1985,pp 265 et s;Najjar,art préc,p 61;Mousserion,art préc,p 249;Ghestin,Loiseauu et Serinet,op.cit,n°720;Fages,op.cit,n°45;J. Schmidt,La force obligatoire à l'épreuve des avent-contrats,RTD.civ,2000,p 32.
(23) A.Rieg,"La Punctation",Contribution à l'étude de la formation successive du contrat,Mélanges A.Jauffret,1974,p 593;F.Labarthe,La notion de document contractuel,L.G.D.J,Bibl. dr.priv,t.241,1994,nos 248 et s;L.Boyer,"Contrats et conventions"Rép.civ,Dalloz,2013,n°186;Terré,S imler et Lequette,op.cit,n°189;Ghestin,Loiseauu et Serinet,op.cit,n°721.
(24) Labarthe,thèse préc,n°211. 基本合意以外の用語法として、「予備的合意（les accords préparatoires）」、ドイツ法に由来する「プンクタシオン（les punctations）」、アメリカ法に由来する「レター・オブ・インテント（les lettresd'intention）」、一定期間における排他的交渉および秘密保持を義務づける「暫定契約（les contrats temporaires）」などが観念されている。

義務を導くにとどまる合意を「交渉契約」と称して、既決定条項尊重義務の発生を含む「基本合意」と区別するものがある一方、誠実交渉義務のみならず既決定条項尊重義務をもたらす合意を「基本合意」から区別し、契約内容が部分的に確定している点を捉えて、「部分合意（les accords partiels）」または「部分契約（les contrats partiels）」と称する見解もある。

ただし、交渉過程における合意または書面作成が、つねにこのような効力をもたらす中間的合意として評価されるわけではない。交渉の効率的な進行のための協議事項の整理・確認を目的とするにすぎない事実的合意なのか、将来に向けての誠実交渉義務のみを導く合意なのか、さらには既決定条項尊重義務をも含む合意として認定しうるか、これらについては、各合意の内容・趣旨に応じて個別具体的に定まる。

そして、中間的合意の違反による責任の成否は、合意の効果としてその趣旨に即して認められるため、その性質は契約責任と解されている。責任内容については、上述したように、最終的合意・確定的な契約の締結義務を生じさせるものではなく、原則として交渉破棄に対する損害賠償責任をもたらすにとどまると解されている。賠償すべき損害については次節において詳述する。なお、交渉義務の現実履行・履行強制については、任意の交渉開始または継続を拒絶する当事者に対してこれを認めても、最終的合意・確定的な契約の締結にまで至ることは見込めず、実益に乏しい旨の指摘がある。

また、交渉不当拒絶に対する責任一般が中間的合意構成によって導かれるわけではなく、このような合意が存在しない場合は、民事責任の一般原則である不法行為責任構成によって手当てされている。そのため、不法行為責任構成は中間的合意の補充的役割を果たしている。

---

(25) Terré,Simler et Lequette,op.cit,nos 186 et s.
(26) J.Schmidt,La période précontractuelle en droit français,RID.com,1990,p 561;G,Ghestin,Traité de droit civil,La formation du contrat,3e éd,L.G.D.J,1993,n°318;Boyer,ibid.
(27) Labarthe,ibid.
(28) Najjar,art préc,p 61;Schmidt,op.cit,La période précontractuelle en droit français,p 559;Ghestin,op.cit,La formation du contrat,n°344;Labarde,thèse préc,n°252;Mousseron,art préc,p249;Fages,ibid;Viney,op.cit,n°197-2.
(29) Schmidt,La force obligatoire à l'épreuve des avant-contrats,op.cit,p32.
(30) Ghestin,Loiseau et Serinet,op.cit,n°729.

3 「契約締結上の過失」責任の効果内容

(1) 交渉不当破棄に対する責任

上述した通り、交渉不当破棄に対する責任は主として損害賠償責任であり、挫折した交渉のために要した交渉費用や契約準備のための調査費用などの現実的損失・消極的利益の賠償が認められるが[31]、確定的な契約成立を前提とする履行利益は含まれない、と一般に解されている[32]。

フランスにおいて最も議論されているのが、消極的利益の賠償のみでは保護に薄く、さりとて履行利益の賠償までは認められない場合における、「機会の喪失 (la perte d'une chance)」対する賠償である[33]。ここでは、フォートがなければ存在していたであろう状態の回復につき、あるべき状況の可能性すなわち機会の喪失が財産的損害として規範的評価の対象となりうるか、いかなる場合にどこまで認められるかが問われる。具体的には、ⅰ．現実的かつ確実な損害（機会喪失）の有無、ⅱ．フォートと機会喪失との間の因果関係の存否が問題となる。その認定に際しては、機会の合理的可能性ないし確実性とフォートによるかかる機会の喪失の立証で足り、賠償すべき損害の評価・算定については裁判所のコントロールに委ねられており、機会実現の相当性・可能性に応じて割合的に認定される。従来は医療過誤類型が主要な適用場面であったが、さらに「取引機会の喪失」への拡張の可否が問われている。

それでは、交渉不当破棄につき、「契約締結または履行利益を得る機会」の喪失に対する賠償責任が認められるであろうか。学説上は、単なる主観的な期待にとどまる利益の喪失ではなく、契約締結につき合理的な可能性また

---

(31) Cass.com.,1972,op.cit;Cass.3e.civ.,9 oct 1972,Bull.civ. Ⅲ ,n°491;Cass.com.,7 janv,1997,D,1998,p 45,note P.Chauvel.

(32) Schmidt,La période précontractuelle en droit français,op.cit,p 548;Mousseron,art préc,nos 59 et s;LeTourneau,art préc,nos 27 et 28;Viney,op.cit,n°198-1;Ph.Malaurie,L.Aynès et Ph.Stoffel-Munk,Les obligations,5e éd,Defrénois,2011,n°464;J.Flour , J-L.Aubert et É.Savaux,Les obligations,L'acte juridique,15e éd,Sirey,2012,n°148;Fabre-Magnan,op.cit,p 250;Fages,op.cit,n°50;Terré,Simler et Lequette,op.cit,n°185;Ghestin,Loiseauu et Serinet,op.cit,n°753.

(33) フランス法における「機会の喪失」論については、高畑順子「『損害』概念の新たな一視点 — perted'une chance 論が提起する問題を通して—」法と政治35巻4号（1984）129頁、難波譲治「債務不履行における損害の確実性」国学院30巻4号（1993）251頁以下、フランソワ・シャバス＝野村豊弘訳「フランス法における機会の喪失 (perted'une chance)」日仏法学18号（1993）66頁、澤野和博「機会の喪失の理論について（1）～（4・完）」早大法研論集77号99頁、78号（1996）95頁、80号87頁、81号（1997）163頁、山城・前掲書273～275頁、など。

は確実性が認められる場合につき肯定すべき旨が有力に主張されていた。(34)これに対して判例は最近になって、交渉破棄の自由に関する濫用というフォートと、履行利益を得る機会の喪失との間には因果関係が認められない、と判示してこれを否定した。その概要は以下の通りである。

・破毀院商事部2003年11月26日判決(35)
【事案】　Xは、A社の株式を保有するY1との間で、Y1がA社の営業資産および株式（以下、「本件株式」という。）をXに譲渡する旨の契約締結に向けて交渉を開始し、およそ6ヶ月間に亘る交渉を経て、所定の期限までに成就させることを約した停止条件付きの契約草案が作成された。Xはその後、これに対するY1の修正案を受け容れるとともに、かかる条件成就のための期限の延期を提案したところ、Y1から何らの異議も申し述べられなかったため、XはY1に新たな草案（以下、「本件草案」という。）を送付した。しかしながら、他方においてY1はこれと同じ頃、Xに知らせることなく、本件株式をY2に譲渡するための契約交渉を開始していた。Xは、本件草案への署名が実現しないのは、Y1の公認会計士が不在であることが理由であるにすぎないと認識しており、契約締結に至ることを信じていたが、最終的にY1は本件株式をY2に譲渡してしまい、その事実がXに告げられたのは、それから14日後のことであった。

そこでXがYらに対して、交渉不当破棄を理由とする損害賠償を求めて提訴したところ、原審であるパリ控訴院は、Y1の責任のみを認め、交渉破棄によって生じた損害として交渉費用および準備のための調査費用を認定して、Xに対して40万フランの賠償をするよう命じた。XおよびY1はともにこれを不服として上告した。Y1は、交渉破棄の自由を濫用していないと主張して責任の成立を争い、Xは、賠償すべき損害の範囲につき原審が、本

---

(34) Schmidt,La période précontractuelle en droit français,op.cit,p 549;Mousseron,art préc,n°62;J. Huet,Responsabilité contractuelle et reponsabilité délictuelle,Essai de delimitation entre les deux orders de responsabilité,thèse Paris Ⅱ,1978,n°252.

(35) D.2004,p 869,note A-S.Dupré-Allemagne,JCP.2004,Ⅰ,163,n°18,obs.G.Viney;JCP E.2004,738,note Ph.Stoffel-Munck;RTD civ,2004,p 80,obs.J.Mestre et B.Fages;RDC.2004,p 257,obs.D.Mazeaud;H. Capitant,F.Terré et Y.Lequette,Les grands arrêts de la jurisprudence civile,t.2,12e éd,Dalloz,2008,p 1. 同判決については、山城・前掲書277～8頁も参照。

件株式の譲渡契約が締結されていれば得られたはずの逸失利益を得る機会の喪失を考慮しなかった点を非難した。

【判決】　上告棄却　破毀院商事部は、Xとの交渉を悪意で一方的に破棄したY1の不法行為責任を認めた上で、以下のように判示した。

「Xの主張は、仮に契約が締結された場合、Xが譲り受けた営業資産の運用から得られると期待していた逸失利益を獲得する機会の喪失について、Yには賠償義務があるというものである。しかしながら、契約交渉を破棄する権利の行使に関するフォートは、契約の締結から期待しうる利益を実現する機会の喪失に関する損害の原因ではない。したがって、Xが蒙った損害は交渉費用および契約準備のための調査費用に限られ、契約が締結されたなら譲り受けた営業資産の運用から得られたはずの逸失利益ならびに、かかる逸失利益を獲得する機会の喪失についてはこれに含まれないと判示した原審の判断は適法であり、Xの主張には理由がない。」

　破毀院商事部における、交渉不当破棄と履行利益を得る機会喪失との因果関係の否定は、その後破毀院民事部によって支持され[36]、判例の立場として確立されるに至った。

　しかしながら、こうした判例については、その意義と射程をめぐり、学説において次のような検討を促した[37]。以下に要約しよう。

　賠償すべき損害の評価に際してはこれを導くフォートの確定が不可欠であるが、交渉破棄においてフォートと認められる態様については、上記の破毀院判決も示している通り、交渉破棄の自由に関する濫用であると解されてきた[38]。しかしながら、当事者には締結義務がなく、交渉破棄は本来自由である

---

(36) Cass.3e.civ.,28 juin 2006,Bull.civ, Ⅲ ,n°164;D,2006,p 2963,note D.Mazeaud;JCP,2006, Ⅱ ,10130,note O.Deshayes;RTD,civ,2006,p 754,obs.J.Mestre et B.Fages et p 771,obs.P.Jourdain;RDC,2006,p 1096,obs.D.Mazeaud.

(37) Deshayes,art préc,pp 191 et s,;note préc,JCP,2006, Ⅱ ,10130,pp 1510 et s;D.Mazeud,note préc,pp 2964 et 2965;Jourdain,obs préc,p 772;L.Leveneur,note,Contrats conc.consom,2006,n°223;G hestin,Les dommages réparables à la suite de la rupture abusive des pourparlers,JCP,2007, Ⅰ ,157,n°22;Viney,op.cit.n°198-1;Flour ,Aubert et Savaux,op.cit,n°148;Fabre-Magnan,op.cit,p 251;Fages,op.cit,n°50.

(38) J.Ghestin,La responsabilité délictuelle pour rupture abusive des pourparlers,JCP,2007, Ⅰ ,155.

から、破棄それ自体はフォートではなく、したがって、交渉破棄がなければ契約成立に至ったとの評価の下に、「履行利益の機会喪失」に対する賠償を認めるのは契約締結の自由に反しており、その意味では破棄との間の因果関係を否定した判例の見解は適切である。

　非難されるべきフォートは、破棄に至る交渉態様ないしは不誠実な交渉継続である。このようなフォートから生じ得る損害は、交渉対象とされた契約不成立ではなく、「他者と同一目的の契約を締結する機会の喪失」である。不当な交渉のために費やした時間と費用を他者との同一目的の契約交渉のために充てていた可能性が合理的と認められる程度存在し、「契約締結の機会」につき確実性が認められるのであれば、このような「代替取引機会の喪失」に対して賠償すべき損害としての規範的評価を与えることは可能であり、判例もこの理を排除するものではない。

　このような検討は、契約締結の自由に調和し、契約成立・不成立間の中間的・段階的救済として、「他者との契約締結機会（代替取引機会）の喪失」に対する損害賠償を示した点において、有意義なものとされている。

（２）情報提供義務違反に対する責任

　フランスにおいても情報提供義務の多様化が自覚されており、かかる義務違反がつねに合意の瑕疵として無効原因になるとは限らず、また、契約の履行または契約目的の実現に直結する契約上の情報提供義務として、契約の範囲に取り込むべきものが少なからず認められることも示されている。もっとも、情報提供義務違反に対する責任として主に論じられているのは、契約成

---

(39) Deshayes,obs,RDC,2013,p 100. ⅰ．契約締結の意思がないにもかかわらず、無思慮または悪意で交渉を継続した場合、ⅱ．契約成立に対する誤信を惹起したままその状態を不誠実に維持していた場合、ⅲ．交渉過程において得た相手方の秘密を不当に開示した場合、ⅳ．契約の目的となる物または役務に関する競争相手の誤った情報を提供した場合、が挙げられている。

(40) このような分析に対しては、技巧的に過ぎる構成であり、交渉破棄それ自体をフォートと評価しうる場合および、破棄自体のフォートと交渉態様におけるフォートとの区別が困難な場合もあるとして、交渉破棄自由の濫用構成を維持する見解もある（Ghestin,La responsabilité délictuelle pour rupture abusive des pourparlers,op.cit.,nos15 et s;Capitant,Terré et Lequette,obs,préc,p 8.）。我が国においても、池田・前掲書329頁以下は、「誤信惹起型」と「信頼裏切り型」に類型化される。

(41) Fabre-Magnan,Del'obligation d'informationdans les contrats,Essai d'une théorie,L. G.D.J,1992,Bibl.dr.priv,t.221,nos 276 et s;Ghestin,Loiseauu et Serinet,op.cit,nos 1518,1520 et s.

(42) この問題に関する先行業績として、山城・前掲書273頁以下。

立前における情報提供義務違反であり、詐欺などを理由とする無効との関係である。なお、フランス民法典においては、錯誤・詐欺・強迫によって締結された合意の効果は無効（nulle）であるが（第1108条以下）、それは、取消訴権の行使によって生じる「相対無効（la nullité relative）」であり（第1117条）、日本民法上の取消しと同義であると解されている。[43]

この局面においては、交渉不当破棄の場合と同じく、かかる義務違反がなければ存在していたはずの状態の回復として、①消極的利益としての契約締結費用、②「情報提供義務違反による取引機会の喪失」に対する損害、③表意者が契約締結時において期待していた履行利益の賠償が問題となる。このうち②について補足すると、情報提供義務違反を理由として責任追及するにあたり、適切な情報が提供されていれば表意者が損害を回避するためにいかなる対応を取っていたかにつき、厳格に立証することはしばしば困難であり、さりとて、①のみの賠償では保護に欠ける場合がある。そこで、損害および因果関係の立証負担を緩和すべく、この問題類型においても、「機会の喪失」に対する賠償の意義が唱えられている。[44]

上記の①は、無効とあわせて「情報提供義務違反がなければ当該契約を締結していなかった」状態の回復を意味するが、②および③は、「情報提供義務違反によって、より有利な契約の締結および実現が妨げられた」ことに対する責任を観念している。

第一に、契約無効の場合における損害賠償責任は、「契約が『有効』であれば存在していたはずの状態ではなく[45]、契約の『締結』がなければ存在していたはずの状態」の回復であり、その対象は上記の①消極的利益であり、

---

(43) 鎌田薫「いわゆる『相対的無効』について－フランス法を中心に」椿寿夫編『法律行為無効の研究』（日本評論社、2001）133頁以下（初出「いわゆる『相対的無効』について（上）（下）」法時67巻4号81頁以下、7号84頁以下（1995））。
(44) G.Viney et P.Jourdain,Les conditions de la responsabilité,4e éd,L.G.D.J,2013,nos 369-1 et s.
(45) 無効の相手方保護においては、無効によって蒙った損害の填補が問題となる。未成年者の詐欺や表意者に重過失ある錯誤においては、無効主張を制限するのが判例・通説であるが、ここにいう「有効化」は、無効により相手方が蒙る損害の効果的な填補ないし防止であると解されている（これに対して、C.Guelfucci-Thibierge,Nullité,restitutions et responsabilité,L.G.D.J,1992,Bibl. dr.priv,t.218,nos 208 et s,473 et s; Terré,Simler et Lequette,op.cit,nos 435 et 436;Flour,Aubert et Savaux,op.cit,n° 374.）。

有効な成立を前提とする③の「履行利益」賠償は無効主張と矛盾する、と解されている[46]。

第二に、相対無効においては、我が国における取消しと同じく、契約無効を主張するか否かは表意者の自由とされているため、無効を主張せずに契約維持を選択することも可能である。そこで、無効または契約維持の選択と損害賠償との関係が問われており、次のような分析が示されている[47]。

契約無効の場合は、上記の①消極的利益および、②適切な情報提供がされていたなら当該契約の締結に代わる他の取引機会が得られたとして、その実現可能性に応じて「他者とのより有利な条件における契約締結の機会」の喪失に対する賠償が認められ得る。

これに対して、契約維持の場合は、①②のいずれもこれと両立しない。最近の判例には、詐欺において、表意者が無効を主張せずに「他者とのより有利な条件における契約締結の機会」の喪失につき賠償を求めることはできない、と判示したものが現れている[48]。この場合は、「より適切な条件における当該契約の締結機会」の喪失すなわち、「維持された契約における対価的均衡の調整」を目的とする損害賠償が可能である[49]。なお、判例には、端的に詐欺を根拠とする「代金減額訴権」を認めたものがあるが[50]、適切な情報提供があれば締結されていたはずの契約内容に関する厳格な証明がなくても、その締結につき相当程度の可能性すなわち合理的な締結機会の立証があれば、割合的救済が得られる。

したがって、この見解によれば、a. 契約無効＋消極的利益・代替取引機会の喪失に関する損害賠償、b. 契約維持＋対価的均衡の調整を目的とする損害賠償が選択肢となる。

第三に、判例は、②における「情報提供義務違反による取引機会の喪失」の意味につき、「契約締結回避の機会または、より有利な条件における契約

---

(46) G-Thibierge,Nullité,thèse,préc.,nos 109 et s.
(47) Lequette,art préc,pp 379 et s;M.Cafin-Moi,note,D,2012,pp 2773 et s.
(48) Cass.com.,10 juill 2012,D,n° 11-21954;D,2012,p 2772,note M.Cafin-Moi;JCP G,2012,Ⅰ,1151,n° 9,obs.G.Ghestin;RTD civ,2012,p 725,obs.B.Fages;RDC,2013,p 91,obs.O.Deshays.
(49) Lequette,art.préc,pp 379 et s;M.Caffin-Moi,note,D,2012,pp 2773 et s;
(50) Cass.3e.civ,6 juin 2012,D,n° 11-15973,RDC,2012,p 1180,obs.T.Genicon.

締結の機会の喪失」を指し、「表意者によって期待された利益を得る機会の喪失」ではない旨を示した。この理は、情報提供義務違反において賠償すべき損害の範囲は、上記の①②にとどまり、③履行利益までは認められない旨を前提としている。

　これに対して、近時の学説には、上記のような損害賠償責任では相手方の救済手段として不十分であるとして、最も効果的な方法につき、誤った情報を信頼して契約を締結した相手方のために、その契約の内容化に対する正当な信頼を根拠として、情報の義務的拘束力（l'effet obligatoire）すなわち、誤った情報内容の現実履行・履行請求権を認める見解が提唱されている。そして判例には、保険契約において、誤った情報によって作出された外観にしたがった効力を承認するものが現れている。したがってこの見解は、上記の③履行利益の実現を肯定する。もっとも、このような見解に対しては、合意なくして情報の契約内容化を認め、契約内容に関する誤認が本来なら得られなかった利得を表意者にもたらすことに対する疑問が指摘されている。

4　小括

　ここまで概観してきたフランス法の特色を整理すると、以下の通りとなる。第一に、「契約締結上の過失」責任一般においては、契約責任の領域を有効に成立した契約の実現に限定しつつ、民事責任の一般原則である不法行為責任の柔軟な活用によって手当てされており、その主要な問題類型は交渉不当破棄と情報提供義務違反である。

　第二に、交渉不当破棄については、交渉過程を規律する合意である「中間的合意」の契約的意義（結果債務としての交渉開始義務、手段債務としての誠実交渉

---

(51) Cass.1re civ.,,25 mars 2010,D,n°09-12895;JCP G 2012, Ⅰ ,1151,obs.J.Ghestin;RTD civ,2010,p 323,obs.B.Fages.
(52) Lequette,art.préc,p 378.
(53) Fabre-Magnan,thèse préc.,nos 637 et s. この見解については、山城・前掲書280頁以下、大塚哲也「情報提供義務違反に対する救済としての相手方の信頼の実現」法政論究94号（2012）65頁。
(54) Cass.com.,14 mars 1972,Bull.civ. Ⅳ ,n°90,D,1972,p 653,note J.Ghestin;Cass.2e.civ.,5 juill 2006,Resp.civ et assur,nov 2006,Com 333.
(55) Viney,op.cit,n°199-2.

継続義務、既決定条項尊重義務）が認められており、それが存在しない場合に不法行為責任が補充的機能を果たす。その責任については、交渉破棄はつねに許されるのか（契約締結の自由は何を意味するか）、許されないとすればそれはいかなる場合なのか、破棄それ自体ではなくその過程において非難されるべき態様が問題なのか、が問われており、効果において注目に値するのが「代替取引機会の喪失」に対する財産的損害の賠償論である。

このような「中間的合意」の尊重と「取引機会の喪失」に対する賠償は、契約成立・不成立間の中間的・段階的手当てとして機能するものといえよう。第三に、情報提供義務違反に対する責任については、契約無効と損害賠償的救済の関係・調和が問題となり、a. 契約無効＋消極的利益＋代替的取引機会の喪失の賠償、b. 契約維持＋対価的均衡の調整目的の賠償論が展開されているが、ここでも、損害賠償責任が契約有効・無効間の中間的・段階的機能を果たしていることがうかがえる。

Ⅲ　結びにかえて－日本法への若干の示唆－

「契約締結上の過失」責任は、契約規範の意義と射程、契約責任と不法行為責任との機能配分、信義則の意義と機能、意思表示・法律行為論、損害賠償と原状回復、など、民法全体に亘る横断的検討を要する総合問題となっている。この中で本稿が、フランスにおける「中間的合意」論および「取引機会の喪失」賠償論に着目したのは、契約成立・不成立および有効・無効の区分が法的評価の基点となるとしても、その実質はつねにオール・オア・ナッシングであるとは限らないのではないか、という問題関心に対して示唆を求めるためである。契約不成立・無効の場合に履行ないし履行利益の賠償までは認めがたいとしても、それがつねに一切の取引的利益の保護を排除することを意味するわけではなく、逆に、契約有効の場合において原状回復の救済が相容れないとしても、一定の法的サンクションによって履行利益の実現が保証されないことは十分に認められ得るのではなかろうか。このような問題意識[56]から本稿は、成立・不成立および有効・無効の中間的・段階的機能を果

---
(56) このような指摘につき、潮見・前掲『契約法理の現代化』29頁、松岡・前掲「原状回復法と

たす「合意」と「損害賠償」の意義について若干の手がかりを得ようと試みた次第である。

　まず、「中間的合意」の意義と機能について言及しよう。契約関係における「合意」は一つとは限らず、契約目的の実現に向けて協議・交渉そして合意が重ねられる実態に着目するなら、締結過程においても、最終的合意・確定的な契約成立を目指すことを目的として義務的に交渉を開始し、既決定条項を維持尊重しながら誠実に交渉を継続しつつ、締結に向けて段階形成する旨の合意に、一定の法的意義が認められてよいのではなかろうか。中間的合意の契約的意義に対しては、内容の確定性、履行実現・強制の可否などが明らかにされない限り、このような合意の存在は損害賠償責任の成否に関する考慮要因となるにすぎない旨が指摘されている。確かに、フランスでも自覚されているように、法的効果をともなわない事実的合意にすぎないものも多々存しよう。したがって、合意の類型化とその規範的評価についてはなお今後の課題であるが、少なくとも交渉・協議の開始と誠実な継続に関する履行請求自体は妨げられず、それが不当破棄の予防的効果をもたらし、ひいては交渉進展および契約成立に向けての段階形成のためのインテンシヴとして機能しうるのではなかろうか。

　次に、損害賠償については第一に、不成立・無効または取消しの場合はつねに信頼利益の賠償に限定されるのであろうか。契約成立を緩やかに解して履行責任を拡張することや、誤って提供された情報の契約内容化によって履行利益

損害賠償法」92頁、横山・前掲「契約締結過程における情報提供義務」136頁、磯村保「違法な取引行為に対する救済－効果を中心として」ジュリ1097号（1996）114頁、など。
(57) 不法行為法の柔軟な機能に着目する見解として、道垣内・前掲論文（注(11)）140頁、野澤正充『契約法　セカンドステージ債権法①』（日本評論社、2009）42頁、など。また、契約の無効・不成立および有効と損害賠償の関係につき、磯村保「違法な取引行為に対する救済－効果を中心として」ジュリ1097号（1996）108頁も参照。
(58) この点につき、山本敬三「民法学のあゆみ」法時65巻5号（1993）101頁、横山美388「民法学のあゆみ」法時65巻10号（1993）114頁、潮見・前掲『新版注釈民法(13)』138頁、168頁、山本敬三・前掲書50頁、野澤・前掲書35頁、中田裕康『債権総論〔第3版〕』（有斐閣、2013）123頁、など。
(59) 信頼利益に限定せずに損害賠償の範囲に関する一般法理にしたがう旨を説く見解として、平井・前掲書130頁、平野・前掲書35頁、中田・前掲書124頁、など。

を保証すること(60)が必ずしも容易ではないとしても、交渉不当破棄および、情報提供義務違反をともなう詐欺・錯誤の場合、不当な交渉または義務違反がなければ得られた機会の実現可能性に応じて、「代替取引機会の喪失」に対する財産的損害賠償の導入が検討されてよいのではなかろうか。このような損害賠償は原状回復的救済とも整合する。これは保護法益ないしは損害論に関わるが、判例にはすでに、医療過誤において「相当程度の生存可能性」の侵害に対する保護を認め（最二小判平成12・9・22民集54巻7号2574頁）、取引的不法行為につき「自己決定の機会喪失」に対する慰謝料請求を肯定したものが現れている（最一小判平成16・11・18民集58巻8号2225頁）。そして学説上も、情報提供義務違反に対する責任への「機会の喪失」論の導入が提唱されている(61)。

　第二に、情報提供義務違反が認められるが契約有効の場合、原状回復的救済の評価矛盾が指摘され、無効・取消しの拡張・充実化が説かれるに至ったのは周知の通りであるが、契約締結が全くなかった状態の回復にまで至らなくても、適切な情報提供があった場合における成立可能性に応じて、「あるべき契約締結機会の喪失」として対価的均衡の調整を目的とする損害賠償責任を認めることが、契約有効の法的評価にも整合しよう(62)。

　このような保護法益ないしは損害論の導入については、「機会」の有無およびその可能性・確実性の評価および、賠償すべき損害の算定基準の具体化が求められようが、不成立・成立および有効・無効間の中間的・段階的機能に寄与しうるのではなかろうか。

　本稿は、フランス法の議論から示唆を求めたものにすぎず、今後はさらに裁判例の分析などを通した明確化と検証を要するが、果たして円谷教授が比喩された「風呂敷(63)」の片隅に納めるに値するであろうか。

---

(60) なお、このような方向性につき、山城・前掲書および、大塚・前掲「情報提供義務違反に対する救済としての相手方の信頼の実現」参照。
(61) 小粥・前掲「説明義務違反による不法行為と民法理論（下）」94頁、同「『説明義務違反による損害賠償』に関する二、三の覚書」自正47号（1996）46頁、野澤・前掲書41頁。なお、平野・前掲書37頁は、交渉不当破棄について機会の喪失への賠償を示唆される。
(62) 橋本佳幸「取引的不法行為における過失相殺」ジュリ1094号（1996）149頁以下は、法律行為法（表見代理・詐欺取消し）の硬直性を指摘され、表見代理・詐欺取消し－過失相殺構成による割合的解決を提言される。また、潮見・前掲『契約法理の現代化』35頁も参照。
(63) 円谷・前掲「契約締結上の過失」215頁。

契約交渉打ち切りの責任に関する考察
―― 近年の最高裁判決を素材として ――

大滝　哲祐
Tetsuhiro OHTAKI

- I　はじめに
- II　判例の分析
- III　学説の分析
- IV　検討
- V　結びに代えて

I　はじめに

　近年の契約交渉打ち切りの責任に関する判例は、従来の判例とは異なる展開を見せている。すなわち、契約交渉中の当事者の一方が交渉を打ち切った場合の責任の問題にとどまらず、交渉当事者の思惑通りになったとしても契約当事者にならない場合、また、交渉打ち切りの原因が交渉者本人にない場合にも責任の問題が生じるのである（前者は、最高裁平成18年9月4日判決（判例時報1949号30頁）であり（以下、「平成18年判決」という）、後者は、最高裁平成19年2月27日判決（判例時報1964号45頁）である（以下、「平成19年判決」という））。

　契約交渉打ち切りの問題は、契約締結上の過失（culpa in contrahendo）の問題の一類型とされる[1]。その他の類型には、①契約の不成立・無効の場合、②契約は有効に成立したが、その交渉の段階で不正確な説明がなされたため、相

---

(1)　契約締結上の過失に関する基本文献としては、北川善太郎「契約締結上の過失」『契約法体系 I（契約総論）』（有斐閣、1962年）221頁、本田純一「『契約締結上の過失』理論について」『現代契約法体系　第1巻　現代契約の法理（1）』（有斐閣。1983年）193頁、同『契約規範の成立と範囲』（一粒社、1999年）、円谷峻「契約締結上の過失」『現代民法学の基本問題　中』（第一法規、1983年）183頁、同『新・契約の成立と責任』（成文堂、2004年）、上田徹一郎「契約締結上の過失」『注釈民法（13）』（有斐閣、1966年）54頁以下、潮見佳男「契約締結上の過失」『新版注釈民法（18）』〔補訂版〕（有斐閣、2006年）84頁以下、などがある。

手方が抱いた給付に対する期待が裏切られた場合（説明義務違反）、③契約交渉段階での一方当事者の過失によって、相手方の身体・財産を侵害した場合、の３つがある。契約締結上の過失をめぐる学説では、主にその法的性質が問題となるが、いずれの学説においても信義則を根拠の一つとすることは、共通である。本稿で検討する契約交渉打ち切りの責任の問題においても、学説は、信義則上の注意義務違反を一つの根拠にして、契約交渉を打ち切った者に対する責任を肯定する。

しかし、平成18年判決や平成19年判決のように、契約の当事者にならない者に対して、何を根拠に信義則上の注意義務違反を導き出せるのかにつき、従来の判例・学説の理解で対応可能と言い切れるのか。そこに、判例の新たな傾向を見出し、再整理する必要があるのではないか。以前、筆者は、平成19年判決を評釈をしたが、判例の傾向および学説の位置づけについて十分な検討をしておらず、具体的に検討する必要を感じていた。

本稿では、このような動機から、①交渉当事者の当初の思惑通りに契約締結がなされたとしても契約当事者とはならない者、および、②契約交渉打ち切りの直接の原因を作出していない者、の信義則上の注意義務の根拠を、最高裁判例および学説の分析・検討を加えた上で、今後の解釈の方向性を探ることにしたい。

Ⅱ　判例の分析

1　判例

ここでは、契約交渉の打ち切りが問題となった最高裁の判決を取り上げる。なお、便宜上、契約交渉を打ち切られた者をＸ、契約交渉を打ち切った

（2）　本田・前掲（脚注1）（「『契約締結上の過失』理論について」）193頁。
（3）　拙稿「Ｘの開発、製造したゲーム機を順次ＸからＹ、ＹからＡに販売する旨の契約が締結に至らなかった場合においてＹがＸに対して契約準備段階における信義則上の注意義務違反を理由とする損害賠償責任を負うとされた事例」法学研究（北海学園大学）44巻2号191頁。
（4）　下級審判例の分析については、河上正二「わが国の裁判例にみる契約準備段階の法的責任―交渉破棄事例を中心に―」千葉大法学4巻1号（1989年）189頁、池田清治『契約交渉の破棄とその責任―現代における信頼保護の一態様―』（有斐閣、1997年）、円谷・前掲（脚注1）『新・

者をY、交渉当事者の思惑通りになったとしても契約当事者にならない者をZ、とする。

①最高裁昭和56年1月27日判決（民集35巻1号35頁）

　Y村のA村長が、Xに工場誘致に関し全面的に協力すると言明し、Xが工場敷地の確保・整備、機械設備の発注等をしていたところ、その後の選挙により、新たに就任したB村長が工場建設に対する協力を拒否する方針をとったため、Xの工場の建設ないし操業が不可能となった事案で、「地方公共団体の施策を住民の意思に基づいて行うべきものとするいわゆる住民自治の原則は地方公共団体の組織及び運営に関する基本原則であり、また、地方公共団体のような行政主体が一定内容の将来にわたつて継続すべき施策を決定した場合でも、右施策が社会情勢の変動等に伴つて変更されることがあることはもとより当然であつて、地方公共団体は原則として右決定に拘束されるものではない。しかし、右決定が、単に一定内容の継続的な施策を定めるにとどまらず、特定の者に対して右施策に適合する特定内容の活動をすることを促す個別的、具体的な勧告ないし勧誘を伴うものであり、かつ、その活動が相当長期にわたる当該施策の継続を前提としてはじめてこれに投入する資金又は労力に相応する効果を生じうる性質のものである場合には、右特定の者は、右施策が右活動の基盤として維持されるものと信頼し、これを前提として右の活動ないしその準備活動に入るのが通常である。このような状況のもとでは、たとえ右勧告ないし勧誘に基づいてその者と当該地方公共団体との間に右施策の維持を内容とする契約が締結されたものとは認められない場合であつても、右のように密接な交渉を持つに至つた当事者間の関係を規律すべき信義衡平の原則に照らし、その施策の変更にあたつてはかかる信頼に対して法的保護が与えられなければならないものというべきである。すなわち、右施策が変更されることにより、前記の勧告等に動機づけられて前記のような活動に入つた者がその信頼に反して所期の活動を妨げられ、社会観念上看過することのできない程度の積極的損害を被る場合に、地方公共団体において右損害を補償するなどの代償的措置を講ずることなく施策を変更すること

契約の成立と責任』、加藤新太郎〔編〕『判例Check 契約締結上の過失』（新日本法規、2004年）、などが詳しい。

は、それがやむをえない客観的事情によるのでない限り、当事者間に形成された信頼関係を不当に破壊するものとして違法性を帯び、地方公共団体の不法行為責任を生ぜしめるものといわなければならない。」と判示した。

②最高裁昭和58年4月19日判決（判例時報1082号47頁）

　土地売買契約締結の過程において、当事者が互いに契約条項をすべて諒解し、公正証書の作成をもって契約締結の日を取り決めるなどして、買主となる者Xが交渉の結果に沿った契約の成立を期待し買受代金の調達などの準備を進めていたところ、売主となる者Yが、既に土地を他の者に売却していたため、土地売買契約が不可能となった事案で、原審（東京高裁昭和54年11月7日判決（判例時報951号50頁））が、「Xとしては、右交渉の結果に沿つた契約の成立を期待し、そのための準備を進めることは当然であり、契約締結の準備がこのような段階にまでいたつた場合には、YとしてもXの期待を侵害しないよう誠実に契約の成立に努めるべき信義則上の義務があると解するのを相当とし、Yがその責に帰すべき事由によつてXとの契約の締結を不可能ならしめた場合には、特段の事情のない限り、Xに対する違法行為が成立するというべきである。」と判示し、最高裁は、原審の適法に確定した「事実関係のもとにおいて、Xの契約締結の利益の侵害を理由とする不法行為に基づく損害賠償請求を認容した原審の判断は、正当として是認することができる。」と判示した。

③最高裁昭和59年9月18日判決（判例時報1137号51頁）

　マンションの購入希望者Yが、その売却予定者Xと売買交渉に入り、その交渉過程で歯科医院とするためのスペースについて注文したり、レイアウト図を交付したりなどしたうえ、電気容量の不足を指摘し、Xが容量増加のための設計変更および施工をすることを容認しながら、交渉開始6か月後に自らの都合により契約を結ぶに至らなかった事案で、原審（東京高裁昭和58年11月17日判決（判例集未登載））が「契約締結に至らない場合でも、当該契約の実現を目的とする右準備行為当事者間にすでに生じている契約類似の信頼関係に基づく信義則上の責任として、相手方が該契約が有効に成立するものと信じたことによって蒙った損害（いわゆる信頼利益）の損害賠償義務を認めるのが相当である。」と判示し、最高裁は、「原審の適法に確定した事実関係の

もとにおいては、Ｙの契約準備段階における信義則上の注意義務違反を理由とする損害賠償責任を肯定した原審の判断は、是認することができ」る、と判示した。

④最高裁平成２年７月５日判決（裁判集民事160号187頁）

　海外の有力実業家Ｘと日本の総合商社Ｙが、木材採取の共同開発に関する合弁事業のため、Ｘが所有するブルネイ法人の株式の50パーセントを同人から譲り受けるについて、Ｘおよびその代理人との間で交渉を進め、代金額、支払時期・場所等株式売買契約の基本的事項について相互の了解に達し、履行期日までに署名されるばかりの状態なったにもかかわらず、Ｙが契約の締結を拒絶したという事案で、原審（東京高裁昭和62年３月17日判決（判例時報1137号51頁））は、「信義誠実の原則は、現代においては、契約法関係を支配するにとどまらず、すべての私法関係を支配する理念であり、契約成立後においてのみならず、契約締結に至る準備段階においても妥当するものと解すべきであり、当事者間において契約締結の準備が進捗し、相手方において契約の成立が確実のものと期待するに至つた場合には、その一方の当事者としては相手方の右期待を侵害しないよう誠実に契約の成立に努めるべき信義則上の義務があるものというべきであつて、一方の当事者が右義務に違反して相手方との契約の締結を不可能ならしめた場合には、特段の事情がない限り、相手方に対する違法行為として相手方の被つた損害につきその賠償の責を負うべきものと解するのが相当である」と判示し、最高裁は、原審の適法に確定した「事実関係のもとにおいては、上告人の契約準備段階における信義則上の義務違反を理由とする不法行為に基づく損害賠償請求を認容した原審の判断は、正当として是認することができる。」と判示した。

⑤平成１８年判決

　下請業者Ｚが、施工業者との間で下請契約を締結する前に、下請の仕事の準備作業を開始した場合において、施主Ｙが施工計画を中止したという事案で、「Ｚが本件建物の施工業者との間で本件建具の納入等の下請契約を確実に締結できるものと信頼して上記準備作業を開始したものであり、Ｙが上記のとおりの予見をし得たものとすれば、信義衡平の原則に照らし、Ｚの上記信頼には法的保護が与えられなければならず、ＹにＺとの関係で本件建物の

施工業者を選定して請負契約の締結を図るべき法的義務があったとまでは認め難いとしても、上記信頼に基づく行為によってZが支出した費用を補てんするなどの代償的措置を講ずることなくYが将来の収支に不安定な要因があることを理由として本件建物の建築計画を中止することは、Zの上記信頼を不当に損なうものというべきであり、Yは、これにより生じたZの損害について不法行為による賠償責任を免れない。」と判示した。

⑥平成１９年判決

XがYの意向を受けて開発、製造したゲーム機を順次XからZ、ZからYに継続的に販売する旨の契約が、締結の直前にYが突然ゲーム機の改良要求をしたことによって締結に至らなかったという事案で、「Zは、...　Yから本件商品の具体的な発注を受けていない以上、最終的にXとYとの間の契約が締結に至らない可能性が相当程度あるにもかかわらず、...　Xに対し、本件基本契約又は四社契約が締結されることについて過大な期待を抱かせ、本件商品の開発、製造をさせたことは否定できない。上記事実関係の下においては、Xも、Zも、最終的に契約の締結に至らない可能性があることは、当然に予測しておくべきことであったということはできるが、Zの上記各行為の内容によれば、これによってXが本件商品の開発、製造にまで至ったのは無理からぬことであったというべきであり、Zとしては、それによってXが本件商品の開発、製造にまで至ることを十分認識しながら上記各行為に及んだというべきである。したがって、Zには、Xに対する関係で、契約準備段階における信義則上の注意義務違反があり、Zは、これによりXに生じた損害を賠償すべき責任を負うというべきである。」と判示した。

2　分析

①ないし⑥の最高裁判決は、契約交渉打ち切りの原因として、①Y村の村長が代わり、Yが工場建設に対する協力を拒否する方針を取ったこと、②Yは、Xが契約締結準備をしていたにもかかわらず、他の者に土地を売却したこと、③Xが、Yの要望に応えるために内装やレイアウトを変更したにもかかわらず、Yが契約を締結しなかったこと、④交渉が進み、後は署名をするばかりの段階にかかわらず、Yが契約を締結しなかったこと、⑤Yは、Z

が準備作業を始めたにもかかわらず、施工計画を中止したこと、⑥契約直前に、Yがゲーム機の改良要求をしたこと、を挙げている。

そして、これらの原因が、何故Yの信義則上の義務違反になるかについては、①「密接な交渉を持つに至つた」にもかかわらず、Xに生じた損害を補償するなどの代償的措置を講じなかったこと、②Xが契約締結の準備を始めたことにつき、「YとしてもXの期待を侵害しないよう誠実に契約の成立に努めるべき」にもかかわらず、そうしなかったこと、③XがYの要望に応えるために内装やレイアウトを変更したにもかかわらず、Yは、確実に購入する意思があるとは限らないことを、Xに伝えなかったこと、④「当事者間において契約締結の準備が進捗し、相手方において契約の成立が確実のものと期待するに至つた場合には、その一方の当事者としては相手方の右期待を侵害しないよう誠実に契約の成立に努めるべき」にもかかわらず、そうしなかったこと、⑤「Zが本件建物の施工業者との間で本件建具の納入等の下請契約を確実に締結できるものと信頼して上記準備作業を開始した」にもかかわらず、Yは、Zが支出した費用を補てんするなどの代償的措置を講じなかったこと、⑥「最終的にXとYとの間の契約が締結に至らない可能性が相当程度あるにもかかわらず、…Xに対し、本件基本契約又は四社契約が締結されることについて過大な期待を抱かせ」たこと、としている。

これらの最高裁の判例を分類すると、①と⑤では、Xが一定程度将来の契約締結を信頼して準備行為したにもかかわらず、Yが交渉を打ち切るにあたり、代償的措置を講じなかったこと（先行行為＋信頼＋代償型）[5]、②、③、④と

---

(5) 平成18年判決における信頼保護が法的保護に値する利益であることを初めて明らかにしたのは、①最高裁昭和56年1月27日判決であると指摘するものがある（円谷峻「施工計画を中止した施主の下請業者に対する責任」民商法雑誌136号3号60～61頁、同「下請業者が施工業者との間で下請契約を締結する前に下請の仕事の準備作業を開始した場合において、施主が下請業者の支出費用の補てん等の措置を講ずることなく施工契約を中止することが不法行為に当たるとされた事例」金融・商事判例1267号4～5頁）。また、①最高裁昭和56年1月27日判決は、一般論として「やむを得ない客観的事情」によるYの免責を認めているが、平成18年判決では、そのような免責を認める判示をしていない。しかし、平成18年判決で、Yが計画を中止したのは、将来の収支に不安定な要素があったためで、このような経営上の理由が免責事由とならないので（東京高裁昭和52年10月6日判決（判例時報870号35頁））、免責の可能性を否定する趣旨ではないとするものがある（池田清治「契約準備段階における信義則上の注意義務違反」民商法雑誌137巻3号335～336頁）。

⑥では、契約交渉が成熟し、Xが将来の契約締結を信頼したことが無理からぬことであったこと（交渉成熟＋信頼裏切り（誤信惹起）型）、の２つに分類できる。

本稿で検討する平成18年判決は、先行行為＋信頼＋代償型に分類されることになるが、Zは契約当事者とならないことが問題として残される。また、平成19年判決は、交渉成熟＋信頼裏切り（誤信惹起）型に分類されるが、Zは直接の当事者でなく、契約打ち切りの原因を作った者ではないという問題が残される。

Ⅲ　学説の分析

1　学説

学説は、契約交渉を打ち切った者がいかなる根拠で責任を負うのかにつき、契約交渉過程に着目する説と、契約交渉当事者の信頼に着目する説および契約交渉当事者の関係に着目する説に分類できる。

---

(6)　なお、最近の下級審の判決では、Yが所有し、維持管理していた甲分譲地専用の乙水道施設について、Xが、Yとの間で水道施設の更新工事及び維持管理を行うための契約締結に向けたYとの交渉を重ね、更新工事を設計検討し、工事および維持管理を実施するための準備をし、契約書を作成していたにもかかわらず、Yが交渉を打ち切る旨を通告したという事案で、「契約締結の交渉も信義誠実の原則（民法第２条第２項）に従って行われるべきであるから、Yにおいて、Xに対し本件基本契約が確実に締結されるものと信頼させるような言動をし、当事者間の交渉の経緯や進捗状況等に照らし、そのようなXの信頼が法的保護に値する正当なものと認められる場合において、Yが正当な理由なく本件基本契約の締結交渉を打ち切ったと認められるときは、Yは信義則に基づく…誠実交渉義務に違反し、Xの法的保護に値する利益を侵害したものとして、いわゆる契約締結上の過失に基づく不法行為が成立し、Yは、これと相当因果関係のあるXの損害として、Xが契約締結に対する正当な信頼に基づき支出した費用を賠償する責任が生ずる余地があるというべきである。」とし、「Y担当者らの言動を考慮すると、少なくとも、Yが契約金額について社長の了承を得られた旨の連絡をした段階においては、Yとしても、Xが本件基本契約の締結が確実になされるであろうと信頼し、これを前提に行動するであろうことを認識すべきであり、Xには契約の締結について法的保護に値する正当な信頼が発生し、Yには信義則上当該正当な信頼を保護する義務があるというべきである」と判示したものがある（東京地裁平成25年４月16日判決（ＬＬＩ／ＤＢ　判例秘書登載））。

(7)　紙幅の関係から、法的性質と損害賠償の範囲は検討せず、紹介にとどめる。なお、法的性質については、契約交渉打ち切りの責任の法的性質は、そのほとんどが原告が主張した構成がそのまま採用されたことによるものである、と指摘するものがある（大島梨沙「締約権限がなく交渉破棄原因も作出されていない契約交渉当事者の『契約準備段階における信義則上の注意義務違反』」北大論集61巻4号218頁）。

（1）契約交渉過程に着目する説

　不動産売買契約に関連して、契約関係の実際は、ある一定の時点を境にして、それ以前はなんらの法律関係も背存在せず、それ以後は両当事者は契約の鎖で固く結びつけられるというような截然としたものでなく、むしろ、その端緒から履行の完了に至るまで段階的に成熟していくものであって、個々の法律問題についてはその成熟度に応じた法的効果を認めていかざるをえないのではないかとする熟度論がある。

　河上教授は、「従来の契約法では、契約の成立を前提として、その解除（契約関係の解消）時において、『清算』と責に帰すべき債務不履行に対する『サンクション』として、損害賠償を用意している。しかし、契約の成立という履行義務の発生時をこれらの責任の開始時点とする論理的必然性はなく、むしろ取引を目指しての社会的接触から、広い意味での『取引関係』は開始しているのであって、既に一部では小さな約束を積み重ねつつあるものも存在する。この『関係』の解消に際して、清算と一定のサンクションを用意することは、むしろ自然な考え方であろう（これを、『契約責任の時間的拡張』とみるかどうかは、『契約責任』という用語の問題に過ぎない）。ただ、履行義務の発生が未だ確定的ではない以上、契約が成立するであろうことを期待してなされる準備行為が、原則として自己危険負担・自己責任となるため、清算されるべきものや、相手方の不実に対して制裁として要求できる損害費目が（例えば、契約締結のための共益費とか相手方の誠実交渉義務違反により被った余分な費目など）一定範囲に限られやすいわけである。また、契約が成立していない以上、現実

---

(8) 鎌田薫「売渡承諾書の交付と売買契約の成否」ジュリスト857号117頁。なお、河上教授による「契約の熟度」論の整理では、「契約関係はそもそもの端緒から完全な履行の終了に至るまで段階的に成熟していくものであって、これをある時点を境に無から有に転ずると考えることは全く観念的であるとの考え方もありえてよ」く、「たとえば、売主が目的物を他に転売したときにも、契約の熟度に応じて、買主が何らの責任も追及できない場合、信頼利益の賠償を請求しうる場合、履行利益の賠償を請求しうる場合、さらには背信的悪意者排除論などを適用して物権的保護を享受しうる場合などがあってもよいし、また、両当事者の一方は契約に拘束されているが、他方は未だ拘束されていないというような事態も認められてよい」とされている（河上正二「『契約の成立』をめぐって―現代契約論への一考察―（二）・完」判例タイムズ657号24頁）。その他、同旨のものとして、横山美夏「不動産売買契約の成立過程と成立前の合意の法的効力」私法54号196頁。

履行の強制や、履行に『替わる』損害賠償までは、特段の事情のない限り請求できないということになる（その意味では、契約の『熟度』に結び付けて直ちに履行利益の賠償まで認めることには慎重であるべきでなかろうか）。さらに、契約の成立に向かう交渉過程が小さな約束の積み重ねであるという発想は、停止条件付のサブ契約の存在を想起させるものであり、場合によっては、それらのサブ契約についての条件成就の妨害や違約についての責任考えることが可能である。これもまた契約のできあがっていくタイプの相違によって左右されるに違いない。」とされている[9]。

次に、松本教授は、契約交渉の開始から契約締結・契約成立までの段階を大きく三段階に分けて、第一段階は、当事者の接触はあるが、具体的な商談は始まっていない段階であり、第二段階は、契約締結準備段階であり、第三段階は、代金等を含む契約内容についてほぼ合意に達し、正式契約の締結日が定められるに至った段階であるとする[10]。そして、第一段階では、一般不法行為上の注意義務を除き、特段の義務は生じない。第二段階では、契約交渉当事者に信義則上課される義務が開示義務を中心としたものになり、損害賠償の範囲は信頼利益に限られる。第三段階では、第二段階の開示義務に、契約成立に努めるべき義務が加わり、損害賠償の範囲は履行利益まで認められるという[11]。

（2）契約交渉当事者の信頼に着目する説

円谷教授は、わが国の判例は契約打ち切りの問題を不法行為上の責任と信義則上の責任という二元的構成が採られており、この判例の立場（二元的構成）を基本的に肯定しつつ、①契約当事者の一方が意図的にあるいは積極的に契約の成立を阻止した場合に、不法行為の要件である違法性の要件を満たし、その責任が発生して、賠償の範囲は、履行利益、信頼利益という概念を持ち出す必要なく、契約打ち切りと相当因果関係にある損害となる、②契約の交渉が「まさか契約が締結されないとは予想することができない」程度に進展

---

(9) 河上・前掲（脚注8）26頁。
(10) 松本恒雄「契約準備段階における信義則上の注意義務違反を理由とする損害賠償責任が認められた事例」判例評論317号188頁。なお、法的性質については、契約交渉打ち切りの問題を契約責任の時間的拡張と見る説を支持されている（189頁）。
(11) 松本・前掲（脚注10）188頁。

して、相手方が契約の成立を信頼していたのにもかかわらず、当事者の一方が一方的に契約の交渉を破棄した場合、信義則上の注意義務違反に基づく責任が発生して（責任を負う者の帰責事由は、相手方の契約が締結されるという信頼を正当な理由なく裏切ったことである）、損害の範囲は、契約交渉が破棄されたことによって無駄になった出費であるという。[12]

本田教授は、単に契約交渉を拒絶しただけでは、契約交渉の際に生じる注意義務違反を基礎付けることできないが、契約交渉の際に事実上交渉した内容をもって契約が成立するとの期待を相手方に抱かせたときは、この者に何らかの責任を負うべきとする[13]。そして、何らかの責任を負うべき例外的な場合とは、①契約の締結が確実であると言明して相手方を信頼させておきながら、正当な理由もなく突然契約交渉を打ち切った場合、②契約交渉に際して、相手方の誤信を誘発しながら、それを矯正すべき何らの措置も講じなかった場合、であるという[14]。

池田教授は、契約交渉の不当破棄を「誤信惹起型（説明義務違反型）」と「信頼裏切り型（誠実交渉義務違反型）」に分類して、このうち「誤信惹起型」は、①「締約の可能性がある」と誤信させた場合、②締約が確実でないのに「確実である」と誤信した場合という2つの類型に分けて、②の類型では、誤信を惹起・維持する行為のほか、相手方が「締約は確実である」との誤信に陥ってもやむを得ないこと（「信頼の正当性」。具体的には、交渉が成熟して、契約内容が特定されていること）が要件とされ（①型では、交渉の成熟は要件とされない）、効果も「締約は確実である」と誤信したことによって被った損害に限られるとする[15]。「信頼裏切り型」は契約の締結が確実であると信頼させ、それを裏切ったこと

---

(12) 円谷・前掲（脚注1（『新・契約の成立と責任』））193〜195頁。なお、円谷教授は、①②を通常型の契約交渉打ち切りとして、さらに、契約交渉の相手方からノウ・ハウ（トレード・シークレット）や営業上の秘密を知るための見せかけの契約交渉が開始され、目的を達成するや交渉を打ち切るような場合を背信型の契約交渉打ち切りとして分類されている（173頁）。
(13) 本田・前掲（脚注2）210頁。
(14) 本田・前掲（脚注2）210頁。なお、要件として、（ア）成熟した契約交渉過程という法定債権関係があること、（イ）一方が契約成立についての明示または黙示の信頼を惹起したこと、または客観的に契約の締結が確実なものと信頼しうる状態になっていること、（ウ）交渉当事者の一方にそれを裏切るような義務違反行為があること、（エ）相手方の善意・無過失は必要ない（ただし、悪意は含まれない）、を挙げる（本田・前掲（脚注1）『契約規範の成立と範囲』51〜52頁）。
(15) 池田・前掲（脚注4）25頁以下、331頁以下。

が帰責性の根拠であり、契約内容が特定していること、契約締結の約束があることが要件となる。誤信惹起型では、不法行為責任が認められ、信頼裏切り型では、不法行為による処理が可能であると指摘するに止めるという。

潮見教授は、契約交渉打ち切りの責任の法的性質を不法行為であるとして、「この責任は交渉当事者の自律的決定に基礎づけられるものではない。契約準備交渉段階での契約成立に向けた相互の交渉過程に注目し、交渉過程のなかでの個別の具体的行為に各当事者が付与した意味を探りながら、当該行為の交渉過程における意義を確定し、個々の状況下で遵守されるべき行為規範が他律的に形成されているのである。」として、損害賠償に関しては、「『信義誠実に反する態度』(故意・過失)により交渉を破棄し、これによって『先行行為による信頼』・『相手方の契約成立への期待』を挫折させたとき(権利・法益侵害)、破棄当事者は相手方がこの権利・法益侵害によって被った損害を賠償しなければならないという一般的なルールにとどめておくべきである。」というものがある。

(3) 契約交渉当事者に着目する説

関係的契約の観点による判例の分析から、「『契約交渉が一定の段階に入った当事者は、たとえ契約締結前であっても、誠意をもって契約交渉を継続する義務を負い、一方的な交渉の破棄によって相手方に損害を与えることのな

---

(16) 池田・前掲(脚注4) 342頁以下。
(17) 池田・前掲(脚注4) 320、340頁。
(18) その理由として、契約交渉破棄における行為規範(信義則上の義務)の違反を契約責任と性質決定するのは困難であり、特別結合関係にある当事者間の不法行為を肯定するにつき(かつての)ドイツ法のような障害のないわが国においては、交渉破棄者の行為義務違反を不法行為と性質決定するのが相当であり、「不法行為」と異質な「第3の責任範疇」として「契約締結上の過失」類型を立てる意味はないという (潮見佳男『不法行為法Ⅰ』(信山社、2011年) 135頁)。
(19) 潮見・前掲(脚注17) 135頁。
(20) 潮見・前掲(脚注17) 137～138頁。
(21) 関係的契約とは、関係的契約とは、アメリカのイアン・マクニールが主張したもので「意思を中核とする古典的な契約像に対して、社会関係そのものが契約の拘束力を生み出し、また様々な契約上の義務を生み出すという契約像を「関係的契約」というモデルとして提示し、現実の契約は、古典的な契約と関係的契約という二つの極で、双方の要素を様々な度合に併せ持つ形で存在していると見る。そして、両極の契約モデルは、それぞれ異なった契約原理を持っており、ある種の契約は、関係的契約の原理に大きく支配されているのだと論じる。」ものであるという(内田貴『契約の時代』(岩波書店、2000年) 30頁)。

いように配慮しなければならない』とでも定式化すべき法原理が想定」され、「相手方を信頼させ相手方の費用支出や法的地位の変化をまねいた者は、その信頼を裏切ったことのよる損害を賠償すべきであるという一種の信頼責任の法理が、契約締結後の当事者間だけでなく契約締結過程においても妥当する」とする内田説がある。[22]

2　分析

　熟度論に関しては、「比喩としてはうまい表現であるが、現実の法的効果は、交渉の進展とともに徐々に責任が重くなる、といった『熟度』という表現が連想させるような連続的なものではないし、仮にこの表現が、近代契約法でいう契約成立時点（申込と承諾の合致の時点）をもって『熟成（ないし成熟）』時点と想定しているのだとすれば、交渉破棄に関する裁判例を一般的に把握する法概念として適切でない。」[23]、「『熟度』による説明には、『終局的な契約が成立するに至っていない』との規範的評価が伴っていることを無視できない。そこには、成立した契約（終局的契約）に対して法秩序による下される評価と、契約が成立していない段階で、しかし一定程度『成熟』した事態に対して法秩序により下される評価との間に質的な相違が認められているのである。」[24]など、現実の契約過程を的確に表現するものとして評価されるが、責任の根拠を「意思」に求めるならば、それは契約責任そのものであるなどの批判がある。河上教授の「小さな約束」も、熟度論から派生して中間的合意の問題としてとらえることが可能であり、[25]同様の評価と批判が当てはまると考えられる。この点、松本教授の説は、契約交渉を三段階に分け、二段階以降から信義則上の義務が発生するとし、責任の発生に限って契約の交渉過程を考慮

---

(22)　内田・前掲（脚注20）74〜75頁。
(23)　内田・前掲（脚注20）75頁。
(24)　潮見・前掲（脚注17）130頁。
(25)　中間的合意を論じるものとしては、円谷・前掲（脚注1）『新・契約の成立と責任』293頁以下、横山美夏「不動産売買契約の『成立』と所有権の移転（一）（二・完）」早稲田法学65巻2号、3号、加藤雅信「裁判実務にみる『契約の成立』と『中間合意』―契約熟度論の一考察をかねて―」『二一世紀　判例契約法の最前線』（判例タイムズ社、2006年）1頁、などがある。また、近年の判例では、東京地裁平成18年2月13日判決（判例時報1928号3頁）がある。

している点で異なる。[26]

　信義則を根拠にしている説では、円谷教授は、責任の根拠が、契約交渉の相手方が正当な信頼を裏切ったという信義則違反に基づくとしながら、その発生原因を「『まさか契約が締結されないとは予想することができない』程度に進展」した場合としており、契約の交渉過程も考慮している。本田教授と池田教授は、信義則を—詳細は異なるが—信頼裏切りと誤信惹起の二つに分類する。潮見教授は、契約交渉打ち切りの責任は不法行為責任であるとし、信義則違反（故意・過失）が、契約交渉相手の先行行為や期待を挫折させたとき（権利・法益侵害）に、契約交渉打ち切り者が不法行為責任を負うべきであるという。

　内田説は、関係的契約の観点から、契約交渉が一定の段階に進んだ後には、契約交渉の相手方に損害を被らせない配慮をしなければならず、損害を被らせた場合は、信頼責任に基づき損害賠償義務を負うとする。関係的契約という留保があるのが、責任の根拠を信義則（信頼責任）とし、契約交渉の進展も考慮に入れている。

Ⅳ　検討

　本稿の課題は、①当初の思惑通りに契約締結がなされたとしても契約当事者とはならない者、および、②契約交渉打ち切りの直接の原因を作出していない者、の信義則上の注意義務の根拠は何か検討することである。最高裁の判例の分析から、契約交渉打ち切りの責任の根拠は、先行行為＋信頼＋代償型、交渉成熟＋信頼裏切り（誤信放置）型、の２つに分類でき、①が先行行為＋信頼＋代償型、②が交渉成熟＋信頼裏切り（誤信惹起）型、の問題となるが、どこに根拠を求めるべきだろうか。

---

(26)　なお、二段階の開示義務と、三段階の開示義務とともに契約成立に努めるべき義務との関係が明らかになっていないとの批判がある（戸田知行「契約締結拒絶と信義則」法律時報60巻5号104頁）。

1　先行行為＋信頼＋代償型

①の問題については、次の点を考慮して検討する必要がある。すなわち、（イ）Ｙの行為によってＺが信頼を惹起したこと、（ロ）Ｙの先行行為に基づくＺの準備行為、（ハ）Ｚの準備行為の費用等の代償措置をＹが講じなかったこと、である。（イ）は、さらに詳細に検討するならば、Ｙによる信頼惹起行為と、ＺのＹに対する信頼の正当性が考慮される。平成18年判決で言えば、Ｚの準備行為に、Ｙが事前に承諾をしていたことが当てはまろう。また、（ロ）では、（イ）に基づくＹの先行行為により、Ｚが準備行為を行ったという因果関係が要求されよう。ここまでは、ＸＹ間の契約交渉をＹが打ち切った場合の処理と特段の違いはないが、ＹがＺに対する信義則上の注意義務違反による責任を負う根拠として、特に強調すべきは、（ハ）Ｙの代償措置である。Ｙが（ロ）の事前了承によりＺの信頼を惹起させて準備行為をさせた以上は、それに掛かった費用に関しては少なくともＹは代償措置を講じるべきであり、そのような措置を講ずることをせずに交渉を打ち切ったＹには信義則上の注意義務違反に該当するといえるからである。[27,28]

2　交渉成熟＋信頼裏切り（誤信惹起）型

②の問題については、まず交渉の成熟が、信義則上の注意義務の発生および範囲を明らかにするものとして必要であると考えられる。なぜならば、契約交渉の実際に着目するならば、進展の度合いに応じて当事者の求められる

---

(27) 代償措置が損害賠償の要件であると指摘するものに、円谷・前掲（脚注5）5頁がある。
(28) なお、平成18年判決について、Ｙに損害賠償責任を認めるべき事件だったとしても、その理由づけは、端的にＸＺが契約交渉当事者だったからというべきであり、そうすれば、契約準備段階における信義則上の義務違反を理由とする不法行為に基づく損害賠償請求として認容するだけであり、従来の判例理論を単純に踏襲するだけであり、分かりやすく安定感のある判断であったとするものがある（田中宏治「下請業者が下請契約を締結する前に下請の仕事の準備作業を開始した場合において施主が下請業者の支出費用を補てんするなどの代償的措置を講ずることなく施工計画を中止することが下請業者の信頼を不当に損なうものとして不法行為に当たるとされた事例」判例評論583号21頁）。ＹＺを契約交渉当事者とする構成自体は、平成19年判決にも当てはまると考えられる。しかし、平成18年判決の場合は、ＹＺは将来的にも契約当事者にならないことから、ＹＺが契約交渉当事者として、従来の判例・学説にそのまま当てはめることに躊躇せざるを得ない。むしろ従来の判例・学説から、要件の軽重や追加・削除を検討すべきではないかと思われる。

信義則上の注意義務のあり方も異なると考えざるを得ないからである。ここでいう交渉の成熟は、契約交渉過程に着目する説が主張する契約交渉段階における「小さな約束」のような当事者の意思に求めるものではなく、契約交渉のいつの時点でいかなる注意義務が発生するかの時間的な判断基準に過ぎないのである。そうすると、どの段階で信義則違反と評価すべき信頼裏切り（誤信惹起）が発生するかの判断時期が問題となるが、円谷教授が指摘する「『まさか契約が締結されないとは予想することができない』程度に進展」した場合が一つのメルクマールになると考えられる。そして、契約交渉打ち切りの直接の原因を作出していないZに信義則上の注意義務を認めるには、平成19年判決の「過大な期待（誤信）」を要件として加えることが特に必要ではないかと考えられる。なぜならば、Zが交渉打ち切りの原因を作出していない以上、Xは、交渉を打ち切ったYに責任追及すべきであり、Zへの責任追及を認めるには、XY間の契約交渉打ち切り責任を認める要件を、より厳格にして認めるべきだからである。[29]

このように理解すると、①②の問題に関して、新たに信義則上の注意義務が認められる根拠は、代償措置および過大な期待（誤信）の惹起の二点であるといえよう。

V 結びに代えて

本稿では、今までの契約交渉打ち切りの問題に関する最高裁判決およびそれに対する学説の分析から、平成18年判決および平成19年判決の新たな傾向をどのように理解すべきかを検討した。そして、契約締結がなされたとしても、契約当事者とはならない者の信義則上の注意義務違反の根拠は、代償措置および過大な期待（誤信）の惹起を考慮すべきとした。

---

(29) 池田教授は、平成19年判決を、自説の誤信惹起型における締結が確実でないのに「確実である」と誤信させた場合に相当する初めての事案であり、交渉決裂の原因はXとYに求められるのに、「契約が締結させることについて過大な期待を抱かせ」たことを理由にZの責任を肯定したことから、誤信惹起型における帰責の根拠が—交渉破棄そのものではなく—誤信惹起行為に求められることを明らかにしたものといえると評している（池田・前掲（脚注5）334頁）。

もちろん、これらの要件は、既に従来の判例・学説が考慮してきたことであるが、本来契約当事者となるはずだった者同士で考慮したことであるので、それらの者以外の第三者において考慮する要件として、代償措置および過大な期待（誤信）の惹起を特に検討すべきことは、今後の解釈の方向性として意義が認められると思われる[30]。

　なお、本稿は、わが国の最高裁判例・学説（信義則上の注意義務）に限って検討したことである。本稿の問題は、下級審判例や法的性質などの検討[31]、さらに諸外国との比較も必要となるが、他日に期したい[32]。

---

(30) なお、民法改正中間試案の補足説明では、契約交渉打ち切りに損害賠償義務の発生要件として、①相手方が契約の成立が確実であると信じたこと、②契約の成立が確実であると信ずることが相当であると認められること、③当事者の一方が契約の成立を妨げたこと、④当事者が契約の成立を妨げたことについて正当な理由がないこと、を要件として提示する（『民法改正中間試案の補足説明』（信山社、2013年）336頁）。本稿の契約当事者とはならない第三者に関する問題は、契約交渉当事者が、将来契約の当事者になることを目的として交渉する者に限定しており（同書337頁）、さらに、契約成立過程に特有の問題として、契約の成立が確実であるという相手方の信頼を保護する必要のある場合に適用対象を限定しており（同書339頁）、一般不法行為の問題とする。

(31) 私見の方向性を述べると、契約それ自体を締結したわけでないので、契約責任の問題と考えるのは困難であり、特に本稿のような第三者の責任が問題となる場合はなおさらでああある。したがって、基本的に不法行為の問題として、故意・過失ないし保護法益を検討し、信義則上の注意義務を明らかにしていくべきであろう。ただ、最高裁判例だけでなく、下級審判例も法的性質を明示せず、信義則義務違反を根拠に損害賠償を認めているものもあることから、判例の動向自体は肯定してもよかろうと思われる。

(32) 平成18年判決を、第三者のための保護効を伴う契約および第三者の契約責任の問題となり得ることを指摘・検討するものとして、上田貴彦「契約締結に対する信頼を損なった第三者の信義則上の責任」同志社法学58巻7号597頁、同「契約外の第三者による情報責任根拠と信頼責任法理―ドイツ民法典における専門家情報責任論の新たな動向―」同志社法学60巻7号727頁、がある。

法律行為の内容とリスク分配

中谷　崇
Takashi NAKAYA

I　はじめに
II　意識または警戒しているリスク
III　意識または警戒していないリスク
IV　おわりに

I　はじめに

　契約を締結するに当たり、一方当事者が誤解を抱きそれによって不利益を被る、または不利益を被る蓋然性が高くなることがある。たとえば、AがBからある絵画を購入するに当たり、ある有名画家Mの作品だと思っていたが、実はそうではなかったという場合、Aには、望んだとおりの目的物を取得できなかったという不利益が生じる。このような不利益（または不利益の生じる蓋然性の多寡）は、現実に関する観念の誤りから生じ、錯誤法の文脈では、「錯誤の危険」とか「現実に関するリスク」、あるいは単に「リスク」などと呼ばれる（以下「リスク」で統一する）。この「リスク」が、意思表示に関係する場合には、たとえば錯誤や詐欺の要件を充たす場合には、意思表示の効力を否定するという方法で相手方に転嫁することができる。

（1）　この不利益は、本人がその画家の作品を収集していた場合、単に気に入ったから購入した場合、転売を目的としていた場合とで異なる。
（2）　もっとも、錯誤論においてさえこの用語は統一的に用いられていない（古谷英恵「契約の成立、解釈と錯誤のリスク負担」武蔵野大学政治経済学部紀要第1号（2009年）45頁以下（以下「古谷・リスク負担」とする）。）。
（3）　小林教授は、95条の要件が充足され、相手に錯誤による不利益を転嫁できる場合を、広義の錯誤危険の負担と呼んでいる（小林一俊『錯誤法の研究 [増補版]』（酒井書店、1997年）459

他方、こうした「リスク」が契約に関係する場合、原則として契約の拘束力が問題となる。たとえば、Aが不利益を理由に契約を維持することを望まないとしても、その契約の拘束力に基づいて、Aは自身の債務の履行を強制される。ここでは、Aは契約の拘束力に基づいて「リスク」、つまり現実に関する誤った観念から生じる不利益を負担することになる。これは自己責任の原則から肯定される(4)。

　しかし、契約締結に当たり、ある「リスク」の発生を意識または警戒していた場合、事前に対処することも可能である。たとえば、Aがその絵画がM作であることを重視している場合またはM作であることを疑わしく思っている場合、Aは、M作であることを法律行為の条件にする、またはM作でなかった場合について契約書に適合条項を挿入する、という方法で「リスク」を回避することができる。物的給付に限れば、個別化理論（いわゆる特定物ドグマ）を肯定する場合には、M作であることに関して性質保証の合意をする、否定する場合には端的にM作の特定の絵画の給付を給付義務（債務）の内容にするという方法も考えられる。このように、意識または警戒しているリスクの場合には当事者には事前に対処のしようがある。他方で、たとえばAはその絵画がM作だということを一方的に当然の前提にし、全く疑っていない場合またはABともその絵画がM作であると考えている場合には、リスクの原因となる事実につき事前に対処することは通常はありえない。このような意識または警戒していないリスクは、第一に、取引類型に即したリスクの分配が行われ、その篩を経て、意思表示法において、錯誤または詐欺、契約法では担保責任の問題として処理されることが考えられる。

　リスクを意識または警戒していたとしても、当事者が適切な手立てを講じない場合、リスクを意識または警戒していない場合と基本的には同様の処理が考えられる(5)。

頁以下参照）。
（4）　Wolf / Neuner, Allgemeiner Teil des Bürgerlichen Rechts, 10.Aufl., 2012, §41, Rdnr.6（以下、「Wolf / Neuner」とする。）.
（5）　もっとも錯誤の場合には学説によって処理が異なる。動機表示構成説の場合には、動機の表示は考えられないし、内容化重視説においてもリスクに関する観念が合意内容になっていたとはみなされないだろう。従って、両説において錯誤の成立する余地はないように思われる。他方、

このように、リスクには、「意識または警戒しているリスク」と「意識または警戒していないリスク」が存在し、法的処理がそれぞれ異なるように思われる。以下では、ここに述べた二通りのリスク（さしあたり、「実際の生じた不利益」「不利益発生の蓋然性の多寡」という意味で用いる）について検討を行い、若干の整序を試みたい。

II　意識または警戒しているリスク

1　契約内容

意識または警戒しているリスクに対しては、そうしたリスクが現実化しないように、あるいは現実化した場合に備えて、自身の重視している点または疑わしいと感じている点、すなわち現実に関するある特定の観念を給付義務の内容として対処することが考えられる。このとき、いかなる観念を給付義務の内容として取り込むことができるかが問題となる。

伝統的な考え方によれば、契約は、「相対立する二個以上の意思表示の合致（合意）をその不可欠の要素とし、かつ原則としてそれのみより成立するとされる法律行為で、債権の発生を目的とするもの」であり、債権契約を意味すると一般に理解されている。そして、契約が成立し債権・債務が生じることにより、当事者間には債権債務を包摂する一つの債権関係が生じる。債務（特に給付義務）の面からみれば、その内容は、「<u>第一に契約（合意）によりその全部または少なくともその本体的（中核的）部分が定まる</u>が、なお、<u>不十分な部分ないし未定の部分があれば、慣習・任意法規・条理など</u>（筆者—たとえば信義則）<u>による補充によって定まる</u>。」（下線筆者）。つまり、契約内容は、

認識可能性説に立てば、相手方が表意者のリスクに関する観念と表示との相違（錯誤）につき認識可能であれば、錯誤自体は成立すると考えられる。ただし、リスクを認識していたにもかかわらず適切に対処しなかった表意者には重過失が認められると考えられる。いずれにせよ錯誤による意思表示の効力否定は認められないだろう。
(6) たとえば、広中俊雄『債権各論講義[第6版]』（有斐閣、1994年）10頁など。
(7) 奥田昌道『債権総論』（悠々社、1992年）17頁（以下「奥田」とする。）。
(8) 奥田 16頁。いわゆる付随義務や保護義務の発生根拠は信義則である（同 17-19頁参照）。
(9) ここでの「当事者の合意」とは、法により認められる何らかの効果を発生させようとする意思の合致だと考えられる。動機の意思表示への取り込みとの関係でこの点を指摘するものとして、

第一に当事者の合意(意思の合致)により自律的に、第二に信義則等により他律的に定まることになる(10)(厳格な合意観(11))。

以上のように、債権債務という個別具体の契約から抽象化された概念から契約の拘束力を考える伝統的な学説に対して、近時、契約の拘束力の捕らえ方を債権債務を中心に考えるのではなく、「契約の拘束力」を中心に考える説が有力に主張されている。これは、当事者が何を契約の内容にしたのかを契約法の基本に据え、そこから契約責任を演繹する考え方である(以下、「合意原則説」と呼ぶ)(12)。つまり、契約内容の実現が妨げられたときに(債務不履行時)、債権者がどのような救済手段をどのような場面で有するのかを、個別に、つまり、履行請求権、追完請求権、損害賠償請求権、解除権などといった各種の手段ごとに論じるにあたり、「契約の拘束力」または合意原則(pacta sunt servanda)を正当化の根拠にする考え方である(13)。この考え方によれば、柔軟に合意の内容が定められる。例えば、特定物の性質であっても、当事者が合意すれば合意内容になる(14)。

伝統的な考え方では、債務の内容(特に給付義務の内容)は、債権債務を発生させようとする意思表示の合致により定めるため、意思表示の内容にならないものは債務の内容も構成しえないことになる。そうすると、現実についての観念は通常は動機であるので、原則として法律行為の内容にすることはできない。たとえば、絵画がM作であるという物の性状についての観念は、動機でしかないということであれば(個別化理論の肯定)、理論的には債務の内

堀川信一「動機の『意思表示の内容化』と錯誤無効」笠原俊宏『日本法の論点 第二巻』(文眞堂、2012年)77頁参照。また、同「動機の『意思表示の内容化』の意義とその限界:近時の錯誤論における内容化重視説への疑問」大東文化大学法学研究所報33号(2013年)も参照。

(10) 山本敬三「契約の拘束力と契約責任論の展開」ジュリスト1318号(2006年)100頁参照(以下、「山本・契約責任論」と呼ぶ)。山本敬三『民法講義Ⅰ総則[第3版]』(有斐閣、2011年)142-144頁は、これを二元論と呼ぶ。

(11) 山本・契約責任論100頁。

(12) 「[特別座談会]債権法の改正に向けて(上)——民法改正委員会の議論の現状」ジュリ(2006年)1307号119-121頁[山本敬三発言]。

(13) 潮見佳男『債務不履行の救済法理』(信山社、2010年)3頁。もっとも、山本敬三教授は合意原則説と伝統的な学説にそれほど違いがあるわけではないという(山本・契約責任論1318号91頁)。

(14) 山本・契約責任論100頁。

容にすることできない。ただし、物体の性状に関する観念は性質保証の合意が可能であり、これが認められる場合は、独立の損害担保契約違反または売買契約そのものの債務不履行が認められよう(15)そのような処理が妥当であった例として大判昭和8年1月14日民集12巻71頁があげられる(16)。それ以外の現実についての観念は、条件や契約条項という形で対処することになろう(17)。

これに対して、合意原則の考え方では、合意は柔軟にとらえられるので、性質に関する観念も、合意内容にすることが可能だとされる(18)。たとえば、M作の絵画であることが合意の内容になっていれば、物体の性状に関する観念も意思表示の内容になると考えて（個別化理論の否定）、債務（給付義務）の内容になる。この立場ではその他のリスクに関する観念（融資が受けられそうである、他に保証人がいるなど）も合意の内容になると思われるが、そのような合意（法律行為）からどのような法律効果が生じるのかは明確ではない(19)。

2　条件または契約条項

一方当事者が意識または警戒しているリスクに関係する現実に関する観念

---

(15) 高森八四郎「絵画の真筆性に関する錯誤」法政論集201号（2004年）228頁。損害担保契約とは、主たる債務（義務）がなくても、諾約者が要約者に対して、要約者が被るだろう損害を填補することを目的とする契約である（奥田380頁）。
(16) わが国では性質保証は錯誤と関連して論じられてきたが、むしろ瑕疵担保責任と関連させて論じるべきことを述べるものとして、円谷峻「性質保証（品質保証）からみた瑕疵担保責任」Law School132号（1981年）55頁以下。また、同教授は、性質保証を売主の帰責事由ととらえ、当事者の合意および信義則を根拠として、売主の債務不履行責任が認められるべきことを主張される（円谷峻「売買─売買の効力（担保責任）」円谷峻訳『民法改正案の検討 第3巻』（成文堂、2013年）166頁以下）。円谷峻『新・契約の成立と責任』（成文堂、2004年）247頁以下（以下、「円谷・責任」とする。）も参照。
(17) 性状以外の現実に関する観念、たとえば、保証契約に当たり主債務者の債務状態が良好である、といったものは保証契約の内容にならない、とされる（平野裕之『民法総則［第3版］』（日本評論社、2011年）275頁）。
(18) 潮見佳男『債権各論Ⅰ』（2002年、信山社）190頁など。いわゆる特定物ドグマの否定については北川善太郎『契約責任の研究』（1963年、有斐閣）173頁以下参照。
(19) 合意原則の立場では、リスクに関する観念が合意の内容になっている場合にも、錯誤の主張も認められる（山本敬三「民法改正と錯誤法の見直し」法曹時報63巻10号19頁以下など）。リスクに関する観念が合意の内容となり、リスクが相手方に転嫁され、合意と現実が一致しないこと理由に、錯誤となるという。しかし、リスクに関する観念が合意の内容になるなら、その合意の効果を認めることが私的自治に適った解決であり、それ以上に錯誤を持ち出す必要はないように思われる。この場合には錯誤を主張しうる者は、合意によりリスクを負担した相手方であるが、

（ここでは、伝統的な意味で意思表示の内容になっていない当事者の考えを意味する）は、法律行為の付款である条件に高めて対処することもできる[20]。なお、条件付法律行為の性質については我が国では争いがあるが、条件が効果意思の内容になると考える立場（単一行為説）が通説だとされる[21]。

たとえば、M作でない場合には、売買契約の効力を失わせる旨の解除条件を相手方と合意しておくこと、M作であることを停止条件として売買契約を締結することが考えられる（いずれも既成条件）。また、約定解除（解除権の留保）という形でも同様に処理が可能であろう[22]。これは性状に関する観念以外にも広くあらゆる観念にも用いることができる。

他方、M作であることにつき契約条項（契約条件）が存在する場合もあるだろう。これは、個々の契約条項が問題になり、たとえば、適合条項（Anpassungsklauseln）のように契約の修正を可能にすることも可能であるので、条件付きの法律行為とは区別すべきである[23]。このような契約条項がある場合は、条項に従って契約の内容を修正すべきである。また、条項が不完全な場合には後述の行為基礎論を用いる余地があろう[24]。

同人の錯誤主張を認めると合意によるリスク分配の意味がなくなるので認めるべきではなかろう。

(20) Münchener Kommentar zum BGB, 6. Aufl., 2012, §158 Rdnr.50[Westermann]（以下、「MünchKomm BGB §158」とする）．条件は、我々が自身の期待が現実化するかを危ぶんでいる場合にのみ、合意されるか、設定される、とする（Münchener Kommentar zum BGB, 6. Aufl., 2012, §313 Rdnr 152[Finkenauer]（以下、「MünchKomm BGB §313」とする）．も参照）。いや、むしろ、そのリスクに関する観念を契約上の条件として、自身の身を守る必要がある（MünchKomm BGB §313 Rdnr.272.）。

(21) 亀田浩一郎「停止条件付法律行為無効」椿寿夫編『法律行為無効の研究』（日本評論社、2001年）433頁。現実に関する観念を条件という形で意思表示の内容にすることになる（於保不二雄編『注釈民法（4）総則（4）法律行為II』（有斐閣、1967年）300頁[金山正信]）（以下、「注釈民法」とする）。

(22) もっとも、実際には、手付の授受による解除権留保（557条）の場合以外には約定解除の例はあまり見られないと言われる（我妻栄『債権各論 上巻』（岩波書店、1954年）145頁）。

(23) Wolf/Neuner, §52 Rdnr. 6. Leipold §29 Rdnr.5. これによれば、契約条項は予め作成された法律行為の構成部分であり、多様な内容を持つ。その場合、契約は、契約条項に含まれた条件でもって締結されるのであり、条件のもとで締結されるのではない。なお、適合条項には、積極的適合条項と消極的適合条項がある。前者は一方当事者が給付を留保する決定権を持つ条項や、別の方法で目的を達成する義務を双方が負う誠実条項など真の事態に契約内容を合わせる旨の条項であり、後者はいわゆるリスク負担条項であり、真の事態に契約内容を合わせない旨の条項である（Staudinger / Jürgen Schmidt, 1995, §242, Rdnr. 1065ff.）。

(24) MünchKomm BGB §313 Rdnr.61ff.

条件付の法律行為だとみなされるためには、内心に有する条件意思を表示していなければならない。従って、模範的には、M作であるならば、購入すると表示する場合に、M作であることが条件とるだろうが（停止条件か解除条件かは解釈による）、単に「M作の物を買う」という表示では、条件意思の表示としては足りないと思われる。もっとも、これは純形式的な区別に過ぎず、実際にはどのような言動があれば条件となるのかは、個々の事案に応じて判断しなければならない。

確実に条件だとする意思表示（AならばBである旨の表示）があれば、条件付き法律行為だと認めることができる。もっとも、実際に争いになる場合は、そのような確定的な条件意思が看取されないときである（たとえば、ある契約条項が不確定期限か停止条件かが争われた事案として、最判平成22年7月20日裁時1512号7頁、最判平成22年10月14日判時2097号34頁がある）。

また、条件付き法律行為だと評価できるような事案であっても、当事者が条件付法律行為の効力を争わないこともある。たとえば、東京高判昭和45年1月30日判時583号62頁がある。本件では、XがYの詐欺的な言動により、Yに十分な資力がある誤信して、土地を売却する契約を締結し、登記が移転された。その際、Yの資力について疑問を抱いていたXは、契約書作成の段階において、登記移転と引き換えに代金を支払うよう要求したため、「売主は本契約の締結と同時に買主に対し所有権移転登記申請手続を完了する。買主名義となった権利証は売主において預り、売主が右権利証を買主に

---

(25) たとえば、転勤を命ぜられるかもしれないと思って、予想任地で賃貸借契約を締結する場合、転勤を命ぜられるかもしれないという観念を表示しないで契約をする場合は転勤は条件となることはないが、転勤を命ぜられたならば、と表示して賃貸借契約をする場合は、条件意思が表示されているので、転勤は条件になると言われる（注釈民法299-300頁）。
ドイツでは、「動機が確定的に（schlüssig）条件に高められる」、とか「確定的に（schlüssig）表示される」と表現されることがある（MünchKomm BGB §158 Rdnr.4, 51.）。
(26) たとえばドイツでは、ある条件が解除条件か停止条件か、明示されていないならば、その解釈は、当事者双方の意思表示を解釈し、その利益状況を考慮することによって判断されるべきだとされる（BGH NJW 1975, 77参照）。
(27) 堀川・前掲78頁参照。個別化理論を肯定する場合には、このような表示をしても実際にM作ではないならば、心理的・論理的に無意味な表示となるので、必然的に単にある特定の絵画を買うという契約内容になる。M作でないことについての不利益は、別の法理論、錯誤などによって解決されることになる。

渡してより10日以内に買主は代金4000万全額を支払う。右期日までに代金の決済ができない場合は、買主は売主名義に戻すための所有権移転登記申請手続をなし、かつ所有権を阻害するあらゆる権利を抹消して売主になんらの損害をも与えてはならない」旨が記載された契約書が作成された。しかし、代金が支払われなかったので、Xは95条に基づいて契約の無効確認などを求めて提訴した（XにはYの信用調査を怠った点に重過失があるとして敗訴している。）。

本件では、XはYが支払いを怠るかもしれないというリスク（不利益発生の蓋然性）を警戒し、それをYに転嫁するつもりで、上記契約書のような合意をしたのである。つまり、それは、登記移転後10日以内に代金が支払われない場合、契約の効力は解除される、またはXは解除権を有する、という解除条件法律行為または解除権留保の合意であると評価することは十分にできよう。

さて、ある条項または契約条件がどのように理解されるかは解釈による。たとえば、ドイツでは次のような例が指摘されている。紡績小売商と卸売商とが、小売商は提供された商品につきそれを転売したときはじめて代金を支払わねばならいが、商品が粗悪品だったときにはしばらくの間は返還してもよいという内容で合意する場合には、複数の解決方法が考えられる。一つにはHGB383条以下の問屋業務の合意だと考えられる（ここでは小売商は自己の名前で商品を転売し責任は卸売商が負うことになる。）。もう一つには、小売商が解除権を留保した合意が考えられる（BGB346条）。三つ目には条件付きの売買（停止条件または解除条件）が考えられる。なお、このような事例において連邦通常裁判所は、停止条件付きの売買だと判断している（BGH NJW1975, 776）。このような場合には、法律行為が具体的にどのように形成されているか、当事者双方の利益状況を基準として解釈が行われるべきであろう。

本稿では特に契約締結時に存在するリスクの原因となる事実に関する観念を問題とするが、BGBにはわが国でいう既成条件（法律行為の有効性を既に確定しているが当事者双方が知らない過去または現在の事実にかからせる条件）につき明

---

(28) Köhler, BGB Allgemeiner Teil, 38.Aufl., 2014, §14 Rn.16（以下、「BGB」とする）.
(29) HGB383条1項：「問屋は、相手方（委託者）の責任で、且つ自己の名において、商品ないし有価証券を購入または売却することを商売として行う者である」
(30) Köhler, BGB §14, Rdnr.16.

文の規定がない。このような条件は、現在条件（Gegenwartsbedingung）、基層としての仮定（Unterstellung）、前提（Voraussetzung）などと呼ばれ、BGB158条以下、または行為基礎に関するルール（BGB313条）が準用されるとの見解がある。

わが国でも契約締結時に存在するリスクの原因となる事実に関する観念につき既成条件の規定を活用しようとする見解がある。既成条件が認められる実際の事例はあまり見られないが（札幌地判昭和37年5月17日判時322号36頁ほか）、上述した東京高判昭和45年判決のほかにも条件付き法律行為が問題と

---

(31) ドイツ民法第一草案137条には、現在または過去に関して設定された条件（conditio in presens vel praeteritum collata）が規定されていたが、同条1項所定の内容の主たる目的は同条2項にあるが、同項所定の内容は民事訴訟法796条や破産法60条に継受されるなどの理由により、削除された（Prot I, 184f., Mugdan, Die gesammten Materialien zum Bürgerlichen Gesetzbuch für das Deutsche Reich, Bd.1, S.764（Protokolle, S.8376.）.）。
第一草案137条「（1）法律行為をなす時点で条件が既に成就している場合、当該法律行為は、条件が停止条件ならば、無条件で成立したとみなさなければならず、条件が解除条件ならば、不確定的無効とみなさなければならない。法律行為をなす時点で条件が既に不成就である場合には、第一文所定の内容とは反対の結果となる。／（2）条件の成就または不成就を当事者双方が知らない限りにおいては、第一草案133条の規定が準用される。／（3）法律行為に条件を付加することが許されていない場合、法律で別段の定めがない限り、1項で示した種類の条件を付加することも許されない。」
第一草案133条「（1）条件付き権利者は、民事訴訟法796条797条に従って仮差押えが行われるという要件が充たされる場合には、担保の提供を要求することができる。／（2）停止条件付の義務者の財産に関して破産手続きが開始する場合、条件付権利者は、破産者に担保を提供する義務がある場合に対して破産法により付与される権利を有する（破産法142条、158条）。／（3）1項及び2項の規定は、条件付き権利が条件成就の可能性がないことを理由に現在の財産の構成要素とはみなされない場合には、適用されない。／（4）仮処分が許されるかは、条件付き権利の場合にも、民事訴訟法814条から822条の規定に従って決定される。
(32) Henle, Unterstellung und Versicherung, 1922. による呼称。
(33) Wolf / Neuner, §52, Rdnr. 9 ; MünchKomm BGB §158, Rdnr.52 参照
(34) Wolf / Neuner, §52, Rdnr. 9., Leipold, BGB I: Einführung und Allgemeiner Teil, 7.Aufl., 29, Rdnr. 4（以下、「BGB I」とする）など.
(35) Köhler, BGB §14, Rdnr.16.
(36) 高森八四郎『法律行為論の研究』（関西大学出版、1991年）184頁は、当事者双方が一定の事情を不可欠の前提とした場合は、錯誤の問題ではなく、既成条件の問題とすべきという。
(37) 既成条件によって解決すべきように思われる事案も、実際には錯誤の問題として争われることが多い。本来的に錯誤として扱われるべきではない事例も、95条適用の可否が争われるという事態は、わが国の裁判例で顕著にみられる傾向である。これは95条による「間に合わせ」である。喩えるなら、バレーの球で、サッカーやバスケットボールをやるようなもので、やってやれないこともない、というやや不格好なものである。この「間に合わせ」は無益ではないが、野放図に認めるべきではない。95条の立法趣旨と民法典の体系に従って限界が定められるべきである。

なるような事案はいくつか見られる（大判大正6年2月24日民録23輯284頁、最判昭和34年5月14日民集13巻5号584頁など）。

3　リスクへの不対処

　リスク（不利益発生）につき認識していたにもかかわらず、リスクから自身の身を守る措置（条件、性質保証など）を講じなかった場合、その者は原則として不利益の甘受を余儀なくされる。相手方が当事者のリスクに関する観念を知っていたとしても、それは変わらない。

　もっとも、認識しているリスクに対処しなかった者は、錯誤、詐欺により意思表示の効力を否定することにより、瑕疵担保責任に基づく損害賠償や解除により、あるいは信義則に基づく情報提供義務違反により、不利益が相手方に転嫁できる余地がある。

　しかし、瑕疵担保責任は適用領域が限定されており、詐欺は相手方による欺罔行為が必要となるし、情報提供義務も相手方にそれを義務付ける事情が存在しなければならない。そうすると適用領域が限定されず、相手方の作為・不作為を問題としない錯誤が用いられることが多くなりそうである。しかし、仮に要素の錯誤が認められるとしても、認識しているリスクに対処しなかった表意者には重過失が容易に認められると思われる。そうでない場合でも、

---

(38)　高森・前掲158頁以下の分析に依拠するところが大きい。
(39)　Kegel, Gutachten, 40. DJT, 1953, S.135, 200. ケーゲルは、契約をするということは、備えをすることであり（contracter c'est prévoir）、契約というのはそもそも危険なものなのだから、契約に存在する危険は、原則として各当事者が負担しなければならない、という。
(40)　たとえば、特定の商品の売主が、その物を一定の方法で調達できると考えていたが、調達できなかった場合、買主がその調達方法のことを知っていたとしても、調達できなかったことによる不利益は売主が負担する（MünchKomm BGB, §313, Rdnr.272）。
(41)　アメリカ法では、この場合には錯誤の主張は許されないとされる（古谷・リスク負担58-59頁）。
(42)　情報提供義務の根拠は、情報劣位者の契約自由ないし自己決定権の確保にあるとされる。つまり、情報劣位者が自分で決めたと言える状態を作り出すためにこの義務により情報の格差を是正する必要があり（情報劣位者視点）、または現代社会では顧客は専門家である事業者に依存せざるを得ないので事業者は自らに対する社会的信頼に応えるべく顧客に情報を提供する必要があるためである（事業者の専門性視点）と説明される（後藤巻則「情報提供義務」内田貴＝大村敦志編『民法の争点』（有斐閣、2007年）217頁）。
(43)　対処をしたがそれが不適切であったという場合には、後述のように行為基礎の問題になると考えられる。

信義則を根拠に錯誤者の賠償義務を認めるべきである(44)。

そうすると、当事者がリスクに対処しなかった場合には何をもって「リスクを意識または警戒している」と言えるのかが問題となる。これは、言動などから実際にリスクを意識または警戒していたことが分かる場合に限られる。たとえば、絵画の売買で言えば、単にM作のものかどうか尋ねただけで、それを条件にせず、また性質保証の合意もしないで、またはそのような行為をしようとしたが売主に断られたので、なすがままに購入する場合が考えられる。

意識または警戒すべきであったからといって、直ちにリスクを意識または警戒していたとは評価できない。たとえば、その注意義務に従って行動した結果、リスクはないとの認識に至ることもあり得るからである。

Ⅲ 意識または警戒していないリスク

1 一方が意識または警戒していない場合

当事者が意識または警戒していないリスクが現実化する場合には、そのことから生じる不利益は、法律（任意法規）または取引に即して定型的に各当事者に割り振られるべきである。もちろん、リスクの原因となる事項についての観念が明示的に条件や契約条項によって法律行為の内容になっているならば、それに従った不利益分配が優先する(45)。

当事者の一方のみがリスクにつき意識ないし警戒していなかった場合、その不利益（現実化したリスク）は、原則としてその者の負担となる(46)。たとえば、AがM作の絵画であると、諸事情により信じて（たとえば蚤の市で自己の見識に基づいて購入するなど)(47)疑わなかったが実際にはそうでない場合、Aはその

---

(44) 円谷・責任227-229頁。
(45) Flume, Allgemeiner Teil des Bürgerlichen Rechts: 2.Band: Das Rechtsgeschäft, S.500(以下、「Rechtsgeschäft」とする）参照。
(46) 自己の法律行為上重要な意思活動に対する自己責任である（Schollmeyer, Selbstantwortung und Geschäftsgrundlage, S.91.）。
(47) Wolf/Neuner, §41, Rdnr.63. バロックの燭台しか売っていないと考えて、特に「バロックの燭台を買いたい」と表示することなく、レプリカの燭台を購入する場合が考えられる。買主が一方的にそう思い込んでいたために、リスクに関する観念を表示する機会は全くなかった場合である。

絵画がM作でなくとも契約の効力を維持することを余儀なくされる[48]。

この場合、Aとしては錯誤無効の主張により意思表示の効力を否定することが考えられる。もっとも、動機は表示されていない（むしろ、されようがない）ので、一般的な見解によれば、要素の錯誤にはならないと考えられる。仮にAの錯誤が要素の錯誤だとしても[49]、Aの立場や取引の諸事情を考慮して、普通の注意をしていれば錯誤を回避できたと考えられる場合は、錯誤無効の主張は認められない。ただし、AがM作の絵画を買うつもりであること（真意）につき売主Bが悪意または善意有過失である場合は、Aは錯誤無効を主張できると解される[51]。

動機も意思表示の内容になると考えるならばBが諸般の事情からAの真意を分かっていた場合には、そもそもM作の絵画の売買という内容で契約が成立しているとして、Bの債務不履行責任を追及することも考えられる[52]。

さらに、相手方が誤情報を提示した場合、または相手方が情報を提示すべきであるのにしなかったためにリスクを警戒できない場合もある。後者は情報提供義務違反が問題となる。故意にそのような誤情報の提示または情報の不提示が行われる場合は詐欺取消が認められるが、過失による場合は過失による錯誤惹起が問題になろう[53]（わが国ではいわゆる契約締結上の過失の問題として

---

(48) こうした発想は、民法の起草者にもあった（主査会議事速記録648頁）。
(49) ドイツでは、取引において本質的な性状が重要なので、錯誤として顧慮されることがある（Wolf/Neuner, §41, Rdnr.65 は、前掲注の燭台の例で錯誤が顧慮されることを認めている）。取引において本質的な性状は一般に契約において本質的な性状よりも広い理解されている（Medicus, Allgemeiner Teil des BGB, 10.Aufl., 2010, Rdnr.768. など）。
(50) 大判大正6年11月8日民録23輯1758頁。リスクを意識または警戒していない場合でも、そうすべきであったという場合には重過失が認められやすいと思われる。たとえば、Aが製品売買つきBの保証人となる際に、CがBに対して生糸と靴下という二種の製品を販売していたが、Aは生糸の代金についてのみ保証する趣旨であったという事案で、Cの製品と言えば生糸と靴下を含む趣旨に解するのが当然であるし、さらにAはCが靴下製造販売を行っていることを知っていたとして、Aの重過失が認定されている（大判昭和15年12月24日法学10巻542頁）。
(51) 富井政章『民法原論 第一巻総論上[第三版]』（有斐閣、1905年）372頁など通説。
(52) 石田穣『民法総則』（信山社、2014年）639頁、669頁。つまり、表示とは異なる真意を諸般の事情から相手方が洞察しているときには、その真意に従った意思表示が成立し、相手方がそれを承諾したのだから、その真意に従った内容で契約が成立することになる。
(53) 過失による錯誤惹起の法律効果をどう考えるかは問題である。さしあたり、契約締結上の過失論によって解決されるべきであるが、契約の効力を否定する場合は、95条ではなく―もっとも錯誤とする国もある（ABGB871条、BW6:228条など）、96条2項の類推適用（文脈は異なる

論じられている。)。もっとも、B 自身も M 作の絵画だと信じていた場合には、共通の動機錯誤となる(後述の行為基礎の問題になる)。

他方で、売主 B が M 作の絵画であると誤信していたが実際にはそうでない場合は事情が異なる。この場合は、B からの錯誤の主張は、取引上典型的なリスクの分配に従って封じられるべきである。つまり、売主 B の方が自己の物について支配または管理が相手方より容易にできるため、価格についての不利益も自ら負担すべきであると考えられる。従って解釈論としては、Bには、重過失があると認められ、不利益を甘受すべきことになる。

こうした取引上典型的なリスクとしては、物の買主は、目的物の価値下落、または使用目的を達成できなかったことによる不利益を負担する。他方、売り主は、目的物を調達できない、または給付できないことによる不利益を負担する。消費貸借の場合には、貸主は、資金を調達できないことによる不利益を負担するし、借主は借り受けた金銭の価値が下落することによる不利益を負担する。

2 両者が意識または警戒していない場合

また、両者がリスクを意識または警戒していない場合が考えられる。具体的には、①諸事情から、存在することが確実だと当事者双方が考えた事情が

が加賀山茂「錯誤における民法九三条但書、九六条二項の類推解釈」阪大法学 39 巻(1990 年)707 頁以下に示唆を得た。)によるのが望ましいと考える。

(54) MünchKomm BGB, §313, Rdnr.69; Flume Rechtsgeschäft, S.504 も参照.

(55) Lenel, Der Irrtum über wesentliche Eigenschaften, AcP 123 (1925) , S.191f. は、買主にとっては前提とした性状が欠如する場合は売買契約全体が無意味になるが、売主にとっては売却代金が安価になるに過ぎない旨、指摘する。
もっとも、ドイツの学説では一般にこの場合にも、BGB119 条 2 項の要件を充たす限り売主の錯誤取消(BGB119 条)が認められる(たとえば、Leipold, BGB Ⅰ , §18, Rn.31ff, 45; Wolf/Neuner §41, Rdnr.69)。これは、BGB の錯誤規定にはわが国におけるような錯誤者の重過失要件がなく、且つ錯誤者に無過失の賠償責任を認める規定(BGB122 条)があるために当事者の利害調整が柔軟にできるためだと考えられる。わが国でもドイツ法のように売主の錯誤無効を認めた上で、損害賠償で利害を調整しようという見解がある(北居功「履行としての受領」法セ 692 号(2012 年)80 頁)。

(56) MünchKomm BGB, §313, Rdnr.69,255.

(57) MünchKomm BGB, §313, Rdnr.69, 207.

(58) MünchKomm BGB, §313, Rdnr.69, 185.

存在しなかった場合、またはその逆に、②当事者双方がリスクを警戒しているが誤った処理をしているために、リスクの処理はできていないにもかかわらず、できていると思いこんでいる場合が考えられる。

(1) 双方が確実視した事情の不存在

当事者双方が確実に存在すると考えていた事情が存在しなかった場合、そのリスクはどのように処理すべきか。この点については、意識または警戒していなかったため、明示的には合意の内容にはなり得ない。この場合には、わが国の裁判例や学説によれば、錯誤（共通錯誤）による解決がなされることになろうが、わが国の錯誤法は一方の錯誤だけを念頭に規定されており、このような場合は射程外（法規の欠缺）というべきである。そして、リスクに関する観念が当事者双方にとって等しく影響力を持つならば、不利益も一人では負担しないというのが妥当だろう[60]。

一つの解決方法として、法律行為における前提が欠如したとして、法律行為そのものを無効とする方法が考えられる[61]。高森教授によれば、たとえば、和解の基礎に関する錯誤（合意前提・客観的前提の欠如）[62]や抵当権設定や保証契約の際に被担保債権が存在しない場合（法定前提）が挙げられる。

もう一つの解決方法として行為基礎論が考えられる。これはドイツ民法典に認められる制度である[63]。行為基礎は、BGB313条により規律されている[64]。

---

(59) 中谷崇「わが国における錯誤法の生成」駿河台法学25巻1号（2011年）参照。
(60) MünchKomm BGB, §313, Rdnr.273. Henssler, Risiko als Vertragsgegenstand, 1994, S.65. Löhnig, Irrtumsrecht nach der Schuldrechtsmodermsierung, JA 2003, S.517は、為替相場、株式市場への上場、法の状況または他人の物もしくは法律行為に関与していない人の性質に関する共通錯誤を例として挙げる。
(61) 高森教授は、この問題につき「前提」という概念によって解決することを提唱される。言葉は同じだが、ヴィントシャイトの提唱する「前提（Voraussetzung）」とは異なり、当事者双方の前提となっていることを要求する。高森教授の前提論については、さしあたり高森八四郎「錯誤と『前提』理論について」植木哲編『法律行為論の諸相と展開』（法律文化社、2013年）1頁以下を参照。
(62) たとえば、大判大正6年9月18日民録23輯1342頁など。
(63) 詳細は、中谷崇「双方錯誤の歴史的考察（1）〜（4・完）」横浜国際経済法学17巻1-3号、18巻1号（2008-2009年）。
(64) BGB313条：(1) 契約の基礎になっている事情が契約締結の後に著しく変更した場合で、仮に当事者が、当該変更を予見していたなら、契約を締結しなかったか、または異なった内容で以って契約を締結しただろうという場合には、個々の具体的ケースのあらゆる事情、とりわけ契約上または法律上のリスク分配を考慮に入れて、契約を変えずに維持することが一方当事者に期待さ

行為基礎を欠く場合には第一に契約内容の適合（改訂）、第二に契約の解除が行われる。行為基礎という概念は、表現に差はあるもののおよそ次のように定式化される。行為基礎は、当事者双方の効果意思が基礎にする特定の事情の存在または将来の発生に関する、本来の契約内容になっていないが、契約締結にあたり、顕在化している契約当事者双方に共通の観念、または相手方当事者に認識可能であり、且つその者が異議を唱えない相手方当事者の観念によって形成される。[65]

このように、当事者双方が抱いている共通の動機であるが、契約の内容にまで高められていないものが行為基礎である。通説および判例によれば、本来的な契約内容と行為基礎は区別されている。[66] 上記の前提論との違いは、契約の適合という柔軟な法律効果を導くことができる点にある。

たとえば、双方が確実視した事情の不存在として、近時のものとして2011年6月30日判決（BGH NJW2011, 3287=NZBau2011, 553）がある。注文者が請負人に三つの部分の解体業務を依頼し、一括報酬が合意された。その際、床の厚さが3センチと見積書に記されていたが、実際は4センチであったため、請負人には追加費用が生じたため、これを注文者に請求したという事案である。両当事者は、見積書に記載された事情（床の厚さ3センチ）が存在し、それが価格形成にあたり考慮されるということを基礎にすることができ、そうである場合、そのような共通錯誤は、行為基礎の脱落の原則に徴して契約の改訂を要すると判断された。[67] 本件では、請負人が一括価格契約にかかる契約上の特別なリスクを引き打ててはいるものの、注文者によるその見積もりは誤っているものであったため、両者が報酬算定の基礎に関して錯誤してい

れ得ない限り、契約の適合は請求され得る。／ (2) 契約の基礎になっている本質的な観念が誤りであると明らかになる場合には、事情の変更と同様である。／ (3) 契約の適合が可能ではないか、または一方当事者に期待できない場合には、不利益を被った当事者は、契約を解除することができる。継続的契約関係に対しては、解除権の代わりに解約告知権が生じる。

(65) BT-DS, S.174; RGZ103, 328; BGHZ25, 390; BGHZ89, 226 など。
(66) MünchKomm BGB, §313, Rn.8, 57. また契約の解釈とも区別される（NJW-RR2006, 699 など）。もっとも、フィンケナウアー自身は行為基礎概念に懐疑的で、行為基礎と契約内容を区別することはできないとの見解に立つ（Rdnr.9, 41, 57）。
(67) もっとも、本件では床の厚さの見積もりが行為基礎になっていたかを判断させるために差し戻されている。

た場合であるとして行為基礎の援用が認められるものだと評価されている。[68]

わが国では、たとえば、数量指示売買における数量超過の事案（最判平成13年11月27日判決民集55巻6号1380頁）や主債務者が反社会的勢力であることについての信用保証協会と銀行との共通錯誤の事例（たとえば、大阪高判平成25年3月22日金判1415号16頁）がこの類型に当てはまると思われる。平成13年判決では565条の類推適用という形で処理されたが[69]、行為基礎による契約適合を認めることもできた事案である[70]。また、平成25年判決では、95条が適用されているものの、一部信義則を介して調整的な解決をしている[71]。

(2) 誤ったリスク処理

当事者双方がリスクを認識していたが、処理されたものと誤ってみなしたの場合も行為基礎が認められる[72]。たとえば、両当事者が当該売買価格が土地債務の登記の完全な抹消の許諾を得られる金額だということを基礎にしていたが、売買価格が不十分だったために両当事者の期待に反して抹消の許諾を得られなかった場合である[73]。

わが国では、たとえば、離婚に伴う財産分与契約における譲渡所得税の錯誤が争われた事案（最判平成元年9月14日家月41巻11号75頁）がこれに当たると考えられる。当事者双方とも、妻に課税されると誤信しており、それに基づいた財産分与が行われた（リスクが処理されたと考えられた）。もっとも、実際

---

(68) Kapellmann, Vertragsinhalt oder Geschäftsgrundlage? -BGH „3 cm geschätzt" (30.6.2011, VII ZR 13/10), NZBau 2011, 553, Liber Amicorum Klaus Schurig zum 70. Geburtstag, 2012S.97ff. もっともカペルマン自身は、3センチという床の厚さが契約内容になっていないと言う点は居心地が悪い、としてあまりいい評価を与えていない。しかし、不公正を回避した妥当な解決だという意味では肯定的に評価している。

(69) 担保責任が対価性の維持という要請を満たすために法が特別に認めた責任であり、565条が定める状況とは逆の場合に類推適用すべきではない指摘されている（円谷峻「数量指示売買における売主の増額請求の可否」判例タイムズ1099号（判例タイムズ社、2002年）71頁）。

(70) 潮見佳男『債権各論Ⅰ』（信山社、2002年）142 - 143頁、中村肇「いわゆる数量指示売買において数量が超過する場合に民法565条を類推適用して売主が代金の増額を請求することの可否」富山経済論集第48巻第2号（2002年）163頁。

(71) 中舎寛樹「判批」判例評論664号（2014年）149頁は、法律構成は異なるが調整的な解決に好意的である。対して、調整的解決の基準が見出し難いこと、契約の意義を軽視しているとの理由から調整的な解決に否定的な見解もある（佐久間毅「信用保証協会による保証と錯誤無効」金法1997号（2014年）6頁）。

(72) MünchKomm BGB, §313, Rdnr.61; BGH NJW1993, 1641.

(73) BGH NJW1993, 1641.

にはリスクは処理できていなかったのであるから、行為基礎の喪失があったと言える。

Ⅳ　おわりに

以上見てきたように、法律行為をなすにあたり、リスク（不利益）が存在する場合、それをどのように処理するかは、個々の場合によって異なる。

不利益が発生するかもしれないと意識または警戒している場合には、当事者にはリスクの原因となる事情についての観念を法律行為の内容とすることによりそれに対処することが求められる。具体的には、給付義務の内容とする、性質保証の合意をする、条件（既成条件）とする方法が考えられる。既成条件が認められるためには条件意思を表示することが不可欠だが、その如何は解釈による。この場合に合意によりリスク負担をした相手方には錯誤の主張を認めるべきではない。また、リスクを意識しながら適切な対処を怠った場合、それによる不利益は原則としてその当事者が負担しなければならない。①物的給付の場合には担保責任が、そうでない場合でも、②詐欺や③過失による錯誤惹起（契約締結上の過失または96条2項の類推）、④錯誤により不利益を相手方に転嫁できる可能性は残る。もっとも、①は適用領域が限定されている、②③は相手方の法的責任を伴う関与が必要になる、④は重過失が認められるおそれが高い。

次に不利益が発生することを意識または警戒していなかった場合、やはり原則として各当事者がその不利益を負担する。つまり、各取引の特性に応じた取引上典型的なリスクの分配が行われる。一方のみが不利益を意識または警戒していなかった場合は特にそれが妥当する。その上で、上記①～④が認められる可能性がある。さらに相手方が諸般の事情から表意者の真意を知り得た場合には、その内容での契約成立を認める余地もある。

当事者双方が不利益に対して意識または警戒してなかった場合は事情が異なる。両者にとって、その不利益に関する観念が等しく影響を及ぼす場合、不利益も応分に負担すべきことになる。この場合、わが国では95条の問題として扱われることが多いが、沿革的にも体系的にも95条がこの領域を対

象とすることは適切ではない。この点、法律行為の有効無効という全か無かの解決だけでなく、法律または合意を基準としてリスクを柔軟に分配するという意味で、行為基礎論は有用であろう。

　本稿では、紙面の都合上、法律行為の内容とリスクについて全体的な「地図」を描くことを目的とした。そのため、個別の検討は未だ十分ではない。この点は稿を改めて詳細に検討する予定である。

　「追記」：円谷峻先生が古稀をお迎えになることを心よりお喜び申し上げます。先生には院生の頃より多大な学恩を賜りました。特に、思うように研究が進まず、思考の隘路を彷徨っていた私に対して実に辛抱強くご指導くださいました。先生の学恩に報いるには本稿は極めて不十分なものですが、ご指導いただいた当時と同じように長い目で見ていただけますとありがたく存じます。

英米契約法における錯誤法前史
―― 19世紀司法改革以前のコモン・ローにおける
錯誤法理の不存在について ――

古 谷 英 恵
Hanae FURUYA

Ⅰ　はじめに
Ⅱ　19世紀初頭におけるイギリス法の状況一般
Ⅲ　19世紀初頭のコモン・ロー裁判所における訴訟手続と証拠準則
Ⅳ　考察――コモン・ローにおける事実の錯誤に関する取扱い
Ⅴ　おわりに

Ⅰ　はじめに

　英米契約法における錯誤法理は、19世紀後半にフランスのポティエやドイツのサヴィニーの影響を受けて、大陸法的な意思理論を前提として生成したといわれている。それ以前のコモン・ローにおいては、契約成立段階における錯誤について実体法上の法理は存在しておらず、他方でエクイティ裁判所では、今日の錯誤法理の萌芽ともいうべき救済手段が与えられていたことが指摘されている[1]。

　しかしながら、なぜコモン・ローにおいて錯誤法理が存在しなかったのか、またエクイティ上の救済手段がどのような場合に何を基準として与えられてきたのかについては、その後の英米契約法における錯誤法理がどのように生成していったのかを論じる前提となるものにもかかわらず、従来日本では、十分に検討されてきたとは言い難い。

　ところで、コモン・ロー訴訟では、実体法の発展は訴訟手続と密接不可分のものとされている。それでは、コモン・ロー訴訟における手続を検討することで、なぜコモン・ローでは錯誤法理が発展しなかったのか、が明らかに

---

(1) 木下毅「英米契約法における錯誤（1）」立教法学（1972年）12号16頁；田中和夫『英米契約法（新版）』（有斐閣、1965年）96-100頁。

なるのではないだろうか。

以上のような観点から、本稿では対象をコモン・ローに限定し、近時のイギリスにおける錯誤法史の研究を参照したうえで、第一に、1873年及び1875年最高法院法の制定によるコモン・ローとエクイティの融合前におけるイギリス法の状況一般について論じた後、第二に19世紀初頭のコモン・ロー裁判所における訴訟手続と証拠準則を検討したうえで、第三にコモン・ローにおける錯誤法理の不存在とその理由について考察していくこととする。

II 19世紀初頭におけるイギリス法の状況一般

1 法源

イギリス法は周知の通り、立法について判例法主義を採用している。したがって、イギリス法の法源は第一に判例法であり、第二に制定法となっている。このうち、前者の判例法については、歴史上、さらにコモン・ローとエクイティの二つに分かれて発展してきた。

それでは、これらが適用される順序はどのようになっているのであろうか。まず、制定法は、判例法を法典の形に書き換えた場合を除き、判例法を前提として、それを補完ないし修正するために議会によって立法される。したがって、同一事項について判例法と制定法が存在する場合、制定法が優先的に適用される。次に制定法のうち、コモン・ローとエクイティが競合する場合、後述するようにエクイティはコモン・ローの存在を前提としたうえで、これに準則を付加するものであるため、コモン・ローに優先することとなる。以上から、同一事項に対しては、制定法、エクイティ、コモン・ローの順に適用されることとなる。

本稿の目的である契約成立段階における錯誤に対する救済手段は、上記の法源のうち主にエクイティによって付与されてきたものである。

（2） MacMillan, *Mistakes in Contract Law* (Hart Publishing, 2010).
（3） 砂田卓士「コモン・ローとエクイティ」綜合法学22巻63-64頁（1960年）。

2 判例法―コモン・ローとエクイティ
（1）沿革―1066年ノルマン人の征服から1873年及び1875年最高法院法まで

①序

　イギリスの法学者カートライトが述べるように、コモン・ローとエクイティは、それぞれがどのように発展してきたのかを辿ることによってのみ、理解される(4)。そこで以下では、各々の沿革の概略を論じることとする。

②コモン・ロー

　「コモン・ロー」という用語自体は多義的であり、1）大陸法と対比される英米法を指す場合や2）制定法と対比される判例法全体を意味する場合、さらに3）判例法の中でエクイティと対比される、中世以来国王裁判所によって発展されてきた法分野を表す場合等がある(5)。本稿でコモン・ローと表記するものは、上記3）の意味におけるものである。

　コモン・ローの成立は、1066年のいわゆる「ノルマン人の征服（Norman Conquest）」に始まるといわれている。

　それ以前のアングロ・サクソン時代には、10世紀までに単一のイングランド王国が確立していたが、そこでは、法として共同体の慣習のみが存在し、この共同体とは一定の規模を有する自然的共同体（村落）のことであった。

　1066年に現在のフランスのノルマンディ地方からノルマンディ公ウィリアムが侵攻し、相続によってイングランド国王となったことを宣言した。その際、ウィリアムⅠ世はノルマンディの制度を持ち込んで封建制度を樹立する一方で、法は従来通り共同体の慣習を尊重することを約束した。ただし、この場合の共同体の慣習とは個々の自然的共同体の慣習ではなく、国土全体に共通の慣習のこととされた。これを王国の一般慣習 general custom of the realm といい、それが後にコモン・ローと呼ばれるようになった。なお、実際には、遅くとも12世紀中頃から、ノルマンディの法やローマ法、教会法を参照しつつ、かなり自由に法創造がなされた、とされている。

---

(4) John Cartwright, *Contract Law* 2nd ed. (Hart Publishing, 2013) 8.
(5) G. ウィリアムズ著・庭山英雄ほか訳『イギリス法入門』（日本評論社、1985年）39-40頁。

統一国家が樹立された当初、国王と国王の直属の臣下で構成される王会 Curia Regis において、立法・司法・行政のすべての権力が行使されていた。国民の間に生じた紛争は国王の下へ持ち込まれ、この王会が裁決していたのであるが、徐々にそれぞれを専門に扱う部署が形成され、13 世紀末のエドワード I 世治世（1272－1307 年）の頃に、3 つの裁判所に分化したとされている。これら 3 つの国王裁判所は、王国の一般慣習であるコモン・ローを適用したためコモン・ロー裁判所と呼ばれたのであるが、主に扱った事件によって分かれている。すなわち、国や国王の財政に関する事件を扱う財務府裁判所 Court of Exchequer、土地の自由保有権 freehold に関する事件を扱う人民間訴訟裁判所 Court of Common Pleas、今日でいうところの刑事事件及び不法行為事件を扱う王座裁判所 Court of King's Bench の 3 つである。これらの裁判所が王会から分化したのは、国王の職務の増大による事務処理上の便宜からであり、国王の与える裁判はあくまでの国王のものであって、究極的には王会が処理すべきものである、と考えられていた。[6,7]

③エクイティ

　他方で、エクイティとは、エクイティ裁判所によって発展させられてきた法体系のことをいう。エクイティの沿革は以下の通りである。

　3 つの国王裁判所ができ、コモン・ローが発展しても、人々は依然として国王が司法の最終的淵源であると考えていた。そこで、国王裁判所によるコモン・ローでは救済が得られない事件であっても、紛争当事者が救済を求めて直接国王に請願することができた。これらの請願は、本来、王会の後身である国王評議会 King's Council がその処理を行うこととされていたが、14 世紀中頃から国王評議会の構成員であった大法官 Lord Chancellor に委ねら

（6）　当時、イングランドにはこれらの国王裁判所の他に多くの裁判所が存在し、競合していた。他の種類の裁判所とは、例えばアングロ・サクソン時代以来の自然的共同体の裁判所 communal courts や教会の裁判所、領主の裁判所などである。国王裁判所はこれらの裁判所との間で激しい管轄権争いを繰り広げていたが、16 世紀に絶対王政が成立するまでの間に、国王裁判所がこれらの裁判所を圧倒していった。

（7）　樋口範雄『はじめてのアメリカ法』（有斐閣、2010 年）146-150 頁；田中英夫『英米法総論 上』（東京大学出版会、1980 年）67-72 頁；ベイカー著・深尾裕造訳『イギリス法史入門　第 4 版　第 I 部［総論］』（関西学院大学出版会、2014 年）1-13 頁。

れるようになった。大法官とは、どの裁判所においても訴訟を提起するために必要とされた訴訟開始令状 original writ を発給した大法官府 Chancery の長官であり、当時は高位の聖職者が任命されていた。この大法官は事件毎に裁量で救済を与えていたが、エドワード4世の治世（1464 – 83年）に国王評議会の裁判権が秩序維持に関係する事件および刑事事件に限られ、他は大法官府に委ねられるようになり、また大法官が扱う事件数が急激に増大した。そのため、大法官府の中に裁判活動に専念する部署ができ、それが15世紀末には一種の裁判所として認められるようになった。大法官府裁判所 Court of Chancery は、コモン・ローでは適切な解決のできない事項に対処したため、エクイティ（すなわち衡平）裁判所と呼ばれるようになった。その後、エクイティ裁判所は幾度か存立の危機を迎えることになるが、18世紀にはエクイティもコモン・ローと同様に蓄積された先例を遵守して裁判がなされるようになり、安定化した（エクイティの結晶化 crystallization of equity）。[8]

　それではなぜ、エクイティは発生したのだろうか。換言すると、なぜコモン・ロー裁判所では救済が得られない事件が増加したのであろうか。この点につき、現在ではコモン・ローの手続欠陥説が有力となっている。これはすなわち、コモン・ロー裁判所の手続は形式的で当事者尋問も認められていなかったために、具体的正義の実現が問われなかったからである、とする見解である。[9]そして、この一例が錯誤である。

④コモン・ローとエクイティの融合——1873年及び1875年最高法院法

　19世紀に入ると、例えば、コモン・ロー裁判所における訴訟では、エクイティ上の抗弁を提出することは認められておらず、またエクイティ裁判所は、たとえエクイティ訴訟の前提問題となる事項であっても、コモン・ロー上の問題について判断を差し控えるなど、コモン・ロー裁判所とエクイティ裁判所が併存することに伴う様々な弊害に対して、批判が加えられるようになった。そこで、1829年以来行われた一連の司法改革のなかで、いくつか

---

(8)　望月礼二郎『英米法〔新版〕』（青林書院、1997年）24-26頁；樋口・前注（7）150-153頁；田中・前注（7）95-96頁、144-145頁。
(9)　樋口・前注（7）151頁；田中・前注（7）96頁。

の立法による部分的改正がなされた後、1873年から75年にかけて最高法院法によってコモン・ロー裁判所とエクイティ裁判所の統合が図られた (Supreme Court of Judicature Act 1873 & 1875)。しかしながら、これによって法の融合がなされることはなく、とりわけイギリスでは依然としてコモン・ローとエクイティを分ける伝統が存続している。

(2) コモン・ローとエクイティの関係

①エクイティの補充性 — Equity follows the law

コモン・ローとエクイティの関係に関連して、エクイティの基本原理を示す法格言として、「エクイティはコモン・ローに従う Equity follows the law」というものがある。この格言は、エクイティがコモン・ロー上の権利や救済方法の効力を前提として個々の事件における具体的な正義を実現するために救済を与えることを意味する。

この法格言が示すように、エクイティの諸準則は、それだけで独自に機能するのではなく、一般法としてのコモン・ローを前提とした上で、その個々の点について局所的に法を補充するものである。したがって、エクイティはコモン・ローに対して補充的に作用していたということができる。

②エクイティ裁判権

上記のようなエクイティの基本原理を前提として、エクイティ裁判所の裁判権は、コモン・ローの裁判権と関連してその範囲が定められている。エクイティ裁判権は通常、1) 補助的裁判権 auxiliary or assistant jurisdiction、2) 競合裁判権 concurrent jurisdiction、および3) 専属裁判権 exclusive

---

(10) 例えばCommon Law Procedure Act 1854（1854年コモン・ロー訴訟手続法）によって、コモン・ロー裁判所においてもエクイティ上の抗弁を提出できることとなり、またChancery Amendment Act 1852（1852年衡平裁判所〔の手続〕の改正に関する法律）により、エクイティ裁判所は前提問題となっているコモン・ロー上の権利について判断できるようになった。

(11) 樋口・前注 (7) 153-154頁；田中・前注 (7) 161-162頁。

(12) 高柳賢三『英米法の基礎』（有斐閣、1958年）235-236頁；武市春男『イギリスの法律格言』（国元書房、1968年）3頁；望月礼二郎『英米法〔新版〕』（青林書院、1997年）28頁。なお、田中英夫編集代表『英米法辞典』（東京大学出版会、1991年）equity follows the law は、このほかに、この法格言の意味するところとして、エクイティは、その準則の形成にあたり、可能な限り、かつ衡平の観点から見て不公正・不都合でない限り、コモン・ローの法理を模範とすることを意味するものとしている。

jurisdiction の三つに分けられる。1）補助的裁判権とは、エクイティ裁判所が、コモン・ロー裁判所での審理を補助するため、開示 discovery などのエクイティ裁判所のみが有していた権限を行使して、証拠収集などに当たる場合の裁判権である。2）競合裁判権とは、コモン・ローとエクイティの両者がある事項に裁判権を有しているが、エクイティがコモン・ローによって定められた権利を是認するために別個の救済手段を提供する場合の裁判権のことである。3）専属裁判権とは、信託のようなエクイティのみが適用する場合の裁判権のことである。

契約は2）競合裁判権に関する事項であり、錯誤は契約との関連でほぼ、この競合裁判権に服した。[13]

Ⅲ　19世紀初頭のコモン・ロー裁判所における訴訟手続と証拠準則

1　序

イギリスのコモン・ローでは、コモン・ローとエクイティの融合まで、契約法上の錯誤法理は存在していなかったといわれているが、コモン・ロー裁判では訴訟手続の枠内で実体法が形成されたため、実体法と訴訟手続は密接不可分のものとされている。そこで以下では、コモン・ロー上錯誤法理が存在しなかった理由を探るべく、コモン・ロー裁判所における訴訟手続と証拠準則を、検討することとする。

2　19世紀初頭のコモン・ロー裁判所における訴訟手続と証拠準則
（1）訴訟方式 forms of action

国王裁判所に訴えを提起するには、大法官府から訴訟開始令状を得る必要があった。この令状は、当初は事実に応じて裁量により与えられたが、1200年までには一定の定型的な事実関係に当たる場合には、必ず与えられるよう

---

(13) MacMillan, supra note 2 at 40; 田中・前注（12）auxiliary jurisdiction の項。このような分類は、フォンブランク Fonblanque によるものをストーリーが採用したものである。Joseph Story, *Commentaries on Equity Jurisprudence vol. I* 2nd edn. (A. Maxwell, Law Bookseller and Publisher, 1839) §33 at 27.

になった。このような特定の事実の型に対して特定の令状が発給され、それによって開始される訴訟の形式が、訴訟方式 forms of action と呼ばれるものである。

　令状によって、国王裁判所のうちどの裁判所が管轄権を有するのか、あるいは訴訟提起の方法や被告不出廷の際の強制方法、審理方法等、訴訟手続から判決執行までの形式が異なった。また、訴訟方式は厳格であり、例えば、訴訟を提起する際に訴訟方式の選択を誤った場合、たとえ実体法上勝訴となるべき事件であったとしても、敗訴となった。このため、コモン・ロー法曹は、標準的な令状およびそれによって開始される訴訟方式が抜粋された『令状方式書』や『令状論』という書物に記載された限定された形式から、依頼人の主張に適合するコモン・ロー上の救済方法や手続を探ったとされている。そして事件が既存の令状及び訴訟方式に当てはまらなければ、大法官に対して新しい令状を創造するよう求め、それも認められないと判断される場合には、依頼人は国王評議会に対して請願 petition を行って、コモン・ロー外の特別の救済を求めた。なお、このような請願がエクイティの発展へとつながった。

　令状とそれによる訴訟方式が定型化するに従い、それらがコモン・ローの枠組みとなった。すなわち、令状がなければコモン・ロー裁判は開始されず、裁判がなければ法（コモン・ロー）は形成されないこととなる。したがって、令状が欠けるところは、コモン・ローも欠けることとなった。[14]

　19世紀に行われた司法改革以前に、契約についてコモン・ロー上の訴訟が提起された主な訴訟方式としては、債務負担支払引受訴訟 indebitatus assumpsit、個別引受訴訟 special assumpsit、捺印契約訴訟 covenant、捺印金銭債務証書に基づく定額金銭債務訴訟 debt on obligation、単純契約に基づく定額金銭債務訴訟 debt on simple assumpsit が挙げられる[15]。そして、こ

---

(14) 訴訟方式につき、田中和夫「普通法の訴訟手続と衡平法の訴訟手続」三ヶ月章編代『裁判と法（下）』（有斐閣、1997年）689頁以下、特に691頁；田中・前注（7）78-79頁；ベイカー著・小山貞夫訳『イングランド法制史概説』（創文社、1975年）135-136頁；高友希子「15世紀後半から16世紀前半イングランドにおける大法官府裁判所の役割―エクイティによるコモン・ローシステム拡充プロセスに関する法制度研究―」九大法学89号470頁；ベイカー（深尾）・前注（7）73-78頁；望月・前注（8）16-19頁。

(15) MacMillan, *supra* note 2 at 70.

れらの訴訟方式の中で錯誤自体を正面から取り上げるものは存在しなかった。

（2）訴答手続 pleading と抗弁 defense
①訴答手続 pleading

　訴訟において当事者の権利・義務の有無やその内容を判断するためには、原告側には主張の根拠を十分に提出させ、被告側には反論の機会を与える必要がある。そして、このような当事者双方の弁論・再弁論等により最終的に争点 issue が形成されることとなる。そこで、民事訴訟では、正式事実審理 trial に先立って争点を明確にするために、当事者双方の主張を記した書面が交換されることとなったのであるが、相手方のどの様な主張に対して、どの様な反論が、訴訟のどの段階で許容されるのか、という弁論の進め方に関する準則の総体のことを、訴答手続 pleading という。

　訴答手続ではまず、原告が被告に対する自己の請求について最初の訴答として訴状 declaration を作成する。訴状では、訴訟原因 cause of action を構成する事実（訴訟原因項目 counts）その他を述べることになる。

　次に、この訴状に対して、被告が訴答することとなるが、原告の訴状に対して被告が全く訴答しなかった場合、無答弁 nil dicit の判決が下され、被告敗訴となった。これは、コモン・ローでは、一方が主張し他方が否認しない事実は、すべて自白したものとみなされたからである。

　被告の訴答は1）訴答不十分の抗弁 demurrer と、2）答弁 plea があり、2）のうち本案に関わるものはさらに（a）否認 traverse と（b）承認と異議 confession and avoidance、（c）全面否認訴答 general issue に分けられる。[16]

　1）訴答不十分の抗弁とは、原告によって主張された事実が仮にすべて真実であるとしても、法律上原告の主張するような法律効果は発生しないことや原告による訴答が訴答手続に関する準則を遵守していない等の理由により、それに対する事実問題についての答弁を行う義務はない旨を主張する抗

---

(16) なお、田中・前注（14）699頁は、全面否認訴答を否認 traverse の一種として位置づけているが、本稿では後述するように当該訴答は法律問題と事実問題の両者に関係するものであることから、別個のものとして扱うこととする。

弁であり、事実は争われないため、法律問題が争点となった。次に 2) 答弁のうち (a) 否認とは、原告の主張事実の全部又は一部を否認する訴答であり、これにより当該事実が争点となった。(b) 承認と異議とは、被告が原告によって主張された事実を認めた上で、その法的効果を否定するような別の事実を主張することをいう。この訴答は、いかなる争いも示すものではないため、争点は発生しなかった。(c) 全面否認訴答とは、相手方当事者の訴答におけるすべての主張の真実性を否認する答弁であり、後述の通り法律問題と事実問題を明確に区別していない。

　(b) 承認と異議による場合、争点決定に至らず、さらに訴答が続くことになる。法律問題に関する訴答はいずれの段階でも単に訴答不十分の答弁と呼ばれるが、事実問題に関する訴答については、被告の答弁 plea に対して原告第二訴答 replication を提出し、被告もこれに対して被告第二訴答 rejoinder を提出する、というように、訴答の段階によって異なる名称で呼ばれ、当事者間で争点が明確になるまで書面の交換が続けられた。

②全面否認訴答 general issue
1) 序
　全面否認訴答は、16世紀にはすでに認められていた、古い形態の答弁であり、概括的な文言を用いて、原告による主張をすべて否認するものである。これは単に主張事実を否認するのみならず、原告がそれらの事実に基づいて主張する法律効果をも否認するものであり、事実問題の争点と法律問題の争点が区別されておらず、その結果、すべてが争点 (全面的争点 general issue) となった。この答弁は、本稿の目的である事実の錯誤に関して、コモン・ロー上一定の役割を果たしていたことが指摘されている。

---

(17) 否認には、19世紀初頭以前にすでに認められていた (i) 概括的否認答弁 general traverse と (ii) 個別的否認答弁 special traverse のほかに、19世紀中頃に認められるようになった (iii) common traverse (1841年) および (iv) cumulative traverse (1848年) がある。Garner ed. in chief, *Black's Law Dictionary* 9th ed.n. (West, 2009).
(18) 訴答手続きにつき、田中・前注 (14) 694-707頁；Garner, *id.* at general issue；望月・前注 (8) 20-22頁；ベイカー (深尾)・前注 (7) 104-109頁。
(19) 田中・前注 (14) 699-701頁；Garner, *supra* note 17 at general issue.

2) 証書作成否認の答弁 non est factum (suum)[20]

　捺印証書に基づいて訴訟が提起された場合、全面否認訴答として証書作成否認の答弁を行うことが認められていた。この抗弁方法の起源は、捺印証書に関する中世のコモン・ローに遡ると言われている。

　捺印証書は、これにより債務を負う者が署名し sign、捺印し seal、かつ交付する deliver ことによって、証書の作成が完成したものとして効力を生じるのであるが、少なくとも 13 世紀初期までに、この捺印証書は破棄されて債務者に返還されるまで、債務者を拘束し続けるという厳粛な性質を有するものとみなされるようになり、当事者間の真の関係は補助的な要素に過ぎなかった。また、捺印証書は証拠として非常に「高度な性質 high nature」を有していたため、それに記載された内容と異なることを他の口頭証拠又は文書証拠を用いて証明することは、ほとんど許容されていなかった（いわゆる口頭証拠排除法則）。例えば 1313 年の Esthalle v. Esthalle[21] では、被告が原告に 100 ポンドを支払うという無条件の捺印金銭債務証書とともに、被告が一定の条件を成就させた場合にはこの債務から被告を解放するという捺印証書が有効に完成せしめられ、その後、条件が成就したにもかかわらず無条件の捺印金銭債務証書が被告に返還されずに原告の手元に残っていたため、原告がそれを証拠として裁判所に提出したことにより、被告は 100 ポンドの支払いが強制された。このような状況下で被告が行ない得る唯一の抗弁が、完成したものとされる捺印証書は被告の意図を表示しておらず、被告が行おうと意図したものではなかったという意味において、「自己の証書ではない *scriptum predictum non est factum suum*」と答弁することであった。

　この証書作成否認の答弁は、その発展過程において、文盲または盲目のために読むことができなかった被告が、捺印前に口頭で説明された内容と捺印証書に記載された条項が異なっていたことを理由として責任を免れるためにも、利用されるに至った。このような法理は、少なくとも 1582 年のサラグッド事件 Thoroughgood's Case[22] までには存在していた。本件の概要は以下の

---

(20) これに関する邦語の主たる先行業績として、木下・前注 (1) 32 頁以下。
(21) *Esthalle v. Esthalle* (1313) YB 6 & 7 Ed 2 Eyre of Kent, vol II (27 Selden Society 19).
(22) *Thoroughgood v. Cole* [1582] EngR 40; (1582) 2 Co Rep 9a; 76 E.R. 408 (1 January 1582).

通りである。不動産借主であるウィリアム・チキン William Chicken は、家賃の支払いが遅れていたのであるが、彼の相手方である不動産貸主のサラグッド Thoroughgood との間で、未払賃料の支払請求権をサラグッドが放棄する旨を口頭で合意したうえで、文盲のサラグッドに対して、捺印証書への署名・捺印を求めた。その記載内容は、実際にはサラグッドがチキンに対して有していた「すべてのいかなる請求」を放棄するというものであり、それゆえ未払賃料の支払請求権のみならず、土地の返還請求権も含むものであったのであるが、その場に居合わせた者が、当該捺印証書は未払賃料の支払請求権のみの放棄に関するものであって、土地は返還されると口頭で説明したため、サラグッドはこれを信用して捺印及び交付し、その後、チキンは当該土地を善意の第三者に売却した。サラグッドは土地に対する不法侵入 trespass quare clausum fregit に基づいて当該第三者を相手方として提訴し、土地を回復したのであるが、その訴答手続においてサラグッドは、当該捺印証書が読み上げられた際、それは未払賃料のみに関する権利放棄であると説明され、それを信用して捺印及び交付したため、「自己の捺印証書ではない」と訴答し、これが争点として承認されている。

　証書作成否認の答弁をすることにより、訴訟当事者は（i）それがそもそも捺印証書ではなかったこと、（ii）それは文書偽造であったこと、又は（iii）自分が文盲あるいは盲目であり、捺印証書の記載内容とは異なる内容が読み上げられたことによって欺かれて当該証書を完成させられたことを立証することが可能であった。したがって、事実に関する錯誤との関係では、表示の錯誤につき、（iii）の場合においてのみ、この証書作成否認の答弁によって救済されていたことになる。[23]

---

(23) Cheshire, Fifoot and Furmston's *Law of Contract* 16th ed. (Oxford University Press, 2012) 330-331; J.H. Baker, *An Introduction to English Legal History* 4th ed. (Butterworths, 2002) 324; Cartwright, supra note 4 at 158. なお、証書作成否認の答弁が成功した事件の多くは、錯誤が詐欺によって誘引されていたとされるものの、遅くとも19世紀中頃においては、詐欺のみに基づいて当該証書の効力が否定されるのではなく、前述のように当該証書が自己の意図を表示していないことを根拠に当該証書に署名していないものとされたために、効力が否定されると考えられた。例えば Foster v. Mackinnon (1869) L.R. 4 C.P. 704, 711 の中で Byles 裁判官は、「詐欺が存在する場合、詐欺にのみ基づくのではなく、署名者の思考が署名を伴っていないことに基づいて、それは無効である；換言すると、彼は署名することを意図したことがなく、それゆえ法の意図に

3）非引受けの答弁 non assumpsit

　他方で、捺印証書によらない契約、すなわち単純契約については、その違反に対して損害賠償を請求する訴訟方式として、引受訴訟 assumpsit が認められていた。この引受訴訟には、明示的な引受け（約束）の違反に基づく個別的引受訴訟 special assumpsit と、擬制的ないし黙示的な引受けの違反に基づく一般引受訴訟 general assumpsit ないし債務負担支払引受訴訟 indebitatus assumpsit の二種類があった。より具体的には、例えば後者は、売買で物品の引渡しは済んでいるが代金未払の場合に、原告が、代金支払債務を負っている被告がその支払を引き受けた（＝約束した）ことを根拠に訴えを提起することができる訴訟方式である。16世紀まで、原告は被告が明示的に代金の支払等を引受けたことを立証する必要があったが、1602年のスレイド事件 Slade's Case[24]により、債務の存在さえ立証すれば足りるとされるようになった。[25]

　このような訴訟において、被告は、原告によって主張された引受け（約束）をしていない旨を主張するため全面否認訴答として「引受けなし non assumpsit」と答弁することが可能であった。これを非引受けの答弁という。そして、このような答弁をする理由の一つとして、契約段階における事実の錯誤があった可能性について、近時の錯誤法史の研究の中で指摘がなされている。[26]

③主張と証拠の食い違い variance

　訴答手続は上述のように、正式事実審理の前に当事者間で争点を明確にすることを主たる目的とするものであったが、19世紀初頭には、この訴答手

より in contemplation of law 彼の氏名が付された契約に決して署名しなかったのである。」と述べている。この証書作成否認の答弁は19世紀に入り、単純契約（捺印証書によらない契約）に対しても用いられるようになり、文盲ないし盲目の要件は放棄された。このように適用範囲が拡大されたことを正当化する事由としては、「同意の欠如」が挙げられている（see Chitty on Contracts 31st ed. vol I (Thomas Reuters, 2012) 542; Cheshire, *id.* at 331）。

(24)　4 Rep. 92 b, 76 Eng. Rep. 1074 (Ex. Cham)

(25)　田中・前注(7) 84-85頁；A.W.B. Simpson, *A History of the Common Law of Contract* (Clarendon Press, 1975) 578-579.

(26)　MacMillan, *supra* note 2 at 73-74.

続に非常に長い時間がかかり、もはや争点を明確にするために資するものではないことが明らかとなり、1829年に始まる一連の司法改革の目的の一つとされた。そのような問題を生じさせた一つの原因が、主張と証拠の食い違い variance という抗弁方法であった。

　主張と証拠の食い違いとは、正式事実審理において提出された証拠が訴答手続によって確定された争点を逸脱していることをいう。訴答手続の目的は審理すべき争点を明確にするためであるのと同時に、両当事者にそれぞれの主張につき事前の通知を与えるためであったのであるが、この食い違いを許容すれば不意打ちや狡猾な訴訟戦術を認めてしまうことになる。そこで、当事者は主張と証拠に食い違いがあると答弁することができ、仮に正式事実審理においてそのような食い違いがあることが立証された場合、この証拠は排除された。これは、たとえその食い違いが当該事件の請求の実体にとって全く重要なものでなかったとしても同様である。このような食い違いはどれほどの注意を以てしても常に生じ得るものであり、当時、正式事実審理前の証拠の開示手続 discovery が未発達であり、事前に訴訟を立証することも困難であったこととも相まって、訴答者は主張と証拠の食い違いを避けるために、訴状に複数の、しばしば矛盾する訴訟原因項目を詳細に記載するようになった。その結果、争点を明確にすることが困難となり、法的手続は費用がかかり、複雑なものとなった。

　ところで、この主張と証拠の食い違いには主に四つの形態があった。第一は、主張された事実と証明された事実の間に食い違いがある場合であり、例えば原告がジューノー Juno という船舶の動産を引き渡す契約を主張したものの、証拠によりテティス Thetis という船舶の動産を引渡す契約が立証された場合がこれに当たる。第二に、食い違いが法律問題として請求や抗弁を排除するようなものである場合である。第三に、取り決めの正確な条項が答弁されなかった場合である。そして第四に、訴状に事実の誤記があった場合である。

　このうち、第一の形態は、原告が意図していた契約内容（ジューノーという船舶の動産の引渡し）と事実（テティスという船舶の動産の引渡し）の不一致の場合になされ得るものである。現代の英米契約法において事実の錯誤は「意思（所

信 belief) と事実の不一致」と定義されているが、第一の形態に示されるように、現代の英米契約法において契約段階における事実の錯誤として実体法上取り扱われるべき問題が、当時のコモン・ローでは訴答手続きの中の主張と証拠の食い違いという手続法上の法理の中で取り扱われていたことが理解されよう。

(3) コモン・ロー裁判の証拠方法
①序
　コモン・ロー裁判における証拠方法には、契約締結段階における事実の錯誤との関連で、正式文書以外の証拠（いわゆる口頭証拠 parol evidence）が許容されないこと、および当事者ないし利害関係人に証人適格が認められていなかったことという二点の特徴がある。

②口頭証拠の不採用—口頭証拠排除準則 parol evidence rule と 1677 年詐欺防止法
　口頭証拠排除準則 parol evidence rule とは、契約書 contract、捺印証書 deed、遺言書 will 等について、書面化された合意内容ないし意思内容と異なることを、他の口頭証拠又は文書証拠を用いて立証することを許さないという準則である。この準則は 17 世紀末までに形成されたといわれているが、これと同時に、その証拠の排除に関して恣意的かつ不適切な準則が出現したという。
　そしてこの時期に、1677 年詐欺防止法が制定された。同法が制定された背景として、第一に 16 世紀から 17 世紀にかけて、引受訴訟が発達して、すべての無方式契約は約因があればコモン・ロー裁判所の保護を受けることとなったにもかかわらず、裁判所の訴訟手続と証拠準則が依然としてこれに十分に対応できていなかったこと、第二に当時の社会的、政治的不確実性の二つが挙げられている。

---

(27) Restatement, Second, Contracts §151.
(28) MacMillan, *supra* note 2 at 71-73; M.D. グリーン著・小島武司ほか訳『体系アメリカ民事訴訟法〔訳者補遺〕』（信山社、1993 年）174 頁。
(29) 田中・前注（1）171-173 頁。
(30) MacMillan, *supra* note 2 at 43.

第一の点については、引受訴訟は元来、捺印証書によらない引受け（約束）に基づく訴訟ではあったが、原則として手紙のような書面によって引受けが立証された場合に用いることができた。そして、債権者が自己の請求を支持する方式的証明を欠いていた場合、争点は従来の民事事件で通常行なわれていた雪冤宣誓(31)によるのではなく、陪審による正式事実審理に付された。ところが当時の陪審制度は過渡期にあり、陪審員は彼ら自身がいわば証人的な性格を有しており、証拠の他に自己の知見に基づいて判断を下す権利が与えられていたのみならず(32)、陪審の評決が甚だしく証拠の価値に反する場合に、裁判所がこれを取消して他の陪審の再審に付するという制度も依然として採用されていなかった。その上、後述するように19世紀中頃まで、当事者その他利害関係人は証人適格を持たなかったため、証人による偽証が行なわれても反駁する手段のないことが多かった。従って、コモン・ロー訴訟においては事実認定が困難であったのである。

第二に、内乱（1642 – 48 年）、クロムウェルによる独裁政治、および（1660年の共和制の終了とチャールズ2世の復帰という）王政復古に伴う社会的、政治的混乱により、偽証によって虚偽又は根拠のない請求をするために無節操な訴訟が行なわれるようになった。

以上を背景として、例えば数人の者が共謀して、そのうちの一人が権利がないにもかかわらず権利があると称して第三者に対して訴訟を提起し、他の者が証人となって偽証をして勝訴判決を得るというように、裁判を通じた詐欺的行為が行なわれることが少なくなかった。それゆえ、1677年詐欺防止

---

(31) 雪冤宣誓 compurgation, wager of law とは、被告が、原告の主張が正しくない旨を宣誓・供述し、裁判所の定める人数（通常 12 名）の宣誓補助者 compurgator, oath helper が全員出廷して、被告の宣誓を信じる旨を所定の方式に則って宣誓供述することで、被告の主張が証明されたとみなされる証明方法のことをいう。宣誓補助者は、被告の供述内容が真実であることを証明するのではなく、被告の人格を信頼するが故にその者の供述をも信ずると述べる者（性格証人 character witness）であった。望月・前注（8）21頁。

(32) 初期の陪審は、自分自身が知る真実を法廷で述べる隣人であり、他人の助けを借りることなく、問われた問題について回答することが期待された。この性格はその後徐々に変化し、15世紀までには、陪審の知見を補うために別に証人が召喚され始めた。しかし、依然として陪審は証人の証言の他に自らの認識に基づいて判断することが認められていた。陪審は法廷に提出された証拠のみに基づいて判断しなければならないという近代的な原則ができたのは、18世紀以後のことである。望月・前注（8）20頁。

法は「偽証及び偽証教唆によって維持されるように一般に努められている多くの詐欺的実務」を防止するために制定された。[33]

1677年に詐欺防止法が制定されたことにより、口頭証拠排除準則に対して主に二つの影響を及ぼすこととなった。第一は、その前文が明記したように、多くの詐欺的な実務を防止するため、口頭証拠排除準則の合理的な根拠を命令的に規定したことである。そして第二に、同法は書面によらない限り一定の重要な種類の契約は強制し得ないことを定めたことである。[34] 詐欺防止法が書面を要求する取引は、不動産の遺言処分、土地を信託財産とする信託の宣言および譲渡のほか、遺言執行者又は遺言管理人が自己の財産で被相続人の債務を弁済するという契約、保証契約、婚姻を約因とする契約、土地又は土地に関する権利の売買契約、契約成立時から一年以内に履行を完了し得ない契約、一定価額以上の動産の売買契約であった。

これらにより、コモン・ロー上、書面に具体化された合意は事実に関する錯誤に基づくものであることを、正式文書以外の口頭証拠や文書証拠により立証することができなかったのである。

③当事者および利害関係人の証人適格

コモン・ロー裁判においては、証人に関して19世紀初頭まで、第一にクウェーカー教徒である等の宗教上の理由により、第二に訴訟手続の結果について利害関係があるために、第三に刑事上有罪判決が下されたことを理由として、証人適格が排除されるという証拠準則が存在していた。[35]

このうち、契約締結段階における事実の錯誤との関係では、訴訟当事者および利害関係人の証人適格が認められてこなかったことが着目されよう。それらの者の証人適格が排除された理由として、以下の二点が挙げられている。

---

(33) 1677年詐欺防止法の立法の背景につき、田中・前注（1）158 - 166頁；Cheshire, *supra* note 23 at 10-12, 259-260; Simpson, *supra* note 25 at 599-620; P. S. Atiyah, *The Rise and Fall of Freedom of Contract* (Clarendon Press, 1979) 94-96, 205-208; 田中・前注（7）146-147頁；Cartwright, *supra* note 4 at 56-57.

(34) MacMillan, *supra* note 2 at 43.

(35) C. J. W. Allen, *The Law of Evidence in Victorian England* (Cambridge University Press, 1997) 50.

第一に、その審理の対象となっている事件の当事者と利害関係人は、当該事件により何らかの利益を得、あるいは喪失することとなり、又は当該事件の一方当事者に対して同情ないし反感を有するため、意識的にせよ無意識的にせよ、つねに虚偽の証言をもたらす可能性があるからである。第二に、コモン・ロー裁判においては陪審制が採用されていたが、陪審員たちがそのような偽証を見極めることができない可能性があるからである。以上から、当事者及び利害関係人による証言が証拠として法廷に顕出すること自体が制限されることとなった。[36]

したがって、錯誤法理の前提となる当事者の意思の探求は、そもそも訴訟制度上不可能とされていた。なお、一連の司法改革のなかで、1843年には利害関係人が、1851年には訴訟当事者本人が、証人適格を有することとなった。[37]

IV 考察

コモン・ローの法形成においては、令状の存在が前提とされたが、この令状自体においては、錯誤を正面から取り扱うものは存在しなかった。また、錯誤を実体法上の問題として取り扱う前提として、当事者の意思を探求する必要があるが、コモン・ロー裁判では、19世紀中頃まで当事者その他利害関係人に証人適格が認められておらず、また口頭証拠排除準則や1677年詐欺防止法のために契約書や捺印証書に具体化された合意内容に反する内容を正式文書以外の口頭証拠や文書証拠により当事者が立証することも不可能で

---

[36] MacMillan, *supra* note 2 at 89-91; J.H. ウィグモア著・平野龍一ほか訳『証拠法入門』(東京大学出版会、1964年) 4-5頁、103頁；Simpson, *supra* note 25 at 605；ベイカー（小山）・前注（14）341頁；ベイカー（深尾）・前注（7）128頁。なお、コモン・ロー上位裁判所において利害関係人に証人適格を認めないという準則は、裁判所が誤って導かれることを避けるためではなく、上流階級（準貴族階級 gentry）の構成員が嘘つきであると認定される立場に置かれることから彼らを保護するために形成された可能性が指摘されている。すなわち、少なくとも17世紀においては、上流階級の人々にとって正直さ truthfulness は重要な価値観であり、彼らが嘘つきであると認定されることは証人自身の誠実性が傷つけられるだけでなく、彼らが属する社会階級をも傷つけられたからである。Allen, *id.* at 96-97.

[37] Lord Denman's Act 1843, 6 & 7 Vict., C. 85; Lord Brougham's Evidence Act 1851, 14 & 15 Vict., c. 99.

あった。

他方で、現代法でいうところの錯誤の問題は、コモン・ロー裁判では、主張と証拠の食い違いや全面否認訴答といった抗弁によって、訴訟手続上、部分的に取り扱うことが可能であった。

以上から、なぜコモン・ローでは錯誤法理が発展しなかったのか、という本稿の問いに対しては、第一に、訴訟制度上、錯誤法理の前提となる当事者の意思を探求することが不可能であったため、訴訟制度と密接不可分な関係にある古来のコモン・ローにおいては実体法として錯誤法理が発展する余地がなかったこと、第二に、訴訟制度上、錯誤法理の代わりに契約締結段階における事実の錯誤を救済する制度がたとえ部分的であるにせよ存在していたため、実体法として錯誤法理を発展させる必要性がなかったこと、という二点を答えとして挙げることができよう。[38]

V　おわりに

本稿では、19世紀の司法改革以前における伝統的なコモン・ローにおいて、なぜ錯誤法理が存在しなかったのかという問いに対して、コモン・ロー裁判における訴訟手続と証拠準則の観点から検討を加えた。

上記のようなコモン・ローを補充するものとして発展したエクイティの中で、今日でいうところの契約締結段階における事実の錯誤に対して、様々な救済が与えられていた。それでは、エクイティ上の救済はどのような場合に何を基準として与えられてきたのであろうか。この点を今後の課題として、本稿を終えることとする。

---

(38) MacMillan, supra note 2 at 73, 74 は、コモン・ローにおいて錯誤法理が存在しなかった理由について、非引受けの答弁および主張と証拠の食い違いという二つの訴訟手続上の制度がその機能を果たしていた点を指摘しているが、本稿はそれに加えて、コモン・ロー訴訟上、錯誤法理の前提となる当事者の意思を探求することが不可能であったことを強調したい。

不当条項規制における不当性の判断枠組み
──英米法系諸国における立法動向を参考に──

木 原 浩 之
Hiroyuki KIHARA

I　はじめに
II　わが国における不当条項規制の取り組み
III　英米法系諸国における不当条項規制の取組み
IV　検討および日本法への示唆

I　はじめに

　本稿の目的は、わが国の民法改正作業で議論されている不当条項規制の判断枠組みに内在する問題点を明らかにした上で（II）、わが国とは異なる方向で不当条項規制を試みる英米法系諸国の近時の立法動向を紹介、検討し（III）、それを踏まえて、わが国における今後の議論において参考となりうる点を挙げることにある（IV）。

II　わが国における不当条項規制の試み

1　審議の経緯

　周知のごとく、2009年、法制審議会に「民法（債権関係）部会」が設置され、そこでの審議内容を踏まえて、民法（債権関係）の改正に関する「中間的な論点整理」（2011年）、「中間試案」（2013年）が公表され、そして、つい最近、「要綱仮案」（2014年8月）が公表された。この一連の改正作業の中で「不当条項規制」の規律のあり方が重要な問題の一つとして提起されている。法制審議会における約款および不当条項規制をめぐる審議の経緯は以下の通りであるが、それを踏まえて不当条項規制をめぐる論点を確認しておこう。

※　法制審議会民法（債権関係）部会における審議の経緯

第11回会議 （2010.6.29）	「約款（定義及び要件）」と「不当条項規制」について審議された。[2]
第26回会議 （2011.4.12）	●『中間的な論点整理』の決定と公表内容[3] 「第27　約款（定義および組入れ要件）」：①約款の組入要件に関する規定の要否、②約款の定義、③約款の組入要件の内容、④約款の変更。 「第31　不当条項規制」：①不当条項規制の要否、適用対象等、②不当条項規制の対象から除外すべき契約条項、③不当性の判断枠組み、④不当条項の効力、⑤不当条項のリストを設けることの要否
第50回会議 （2012.6.26）	「約款の定義」と「組入れ要件」について審議された。[4]
第51回会議 （2012.7.3）	「不当条項規制」について審議された。[5]
第71回会議 （2013.2.26）	●『中間試案』の決定と公表内容[6] 「第30　約款」：①約款の定義、②約款組入要件の内容、③不意打ち条項、④約款の変更、⑤不当条項規制
2014年開催	第85回（3月4日）、第87回（4月22日）、第89回（5月27日）、第93回（7月8日）の各会議において、「約款」に関する論点が審議された。[7]
第96回会議 （2014.8.26）	●『要綱仮案』の決定と公表内容[8] 　名称を新たにした「第28　定型約款」が審議されたが[9]、これについては項目全体が保留とされ、要綱仮案には反映されていない。もっとも、当日の部会資料として配布された「要綱仮案（案）」と「補充説明」によれば、「第28　定型約款」の題目の下、①定型約款、②定型約款によって契約の内容が補充されるための要件等、③定型約款の開示義務、④定型約款の変更についての案と説明があり、保留決定前の概要を確認することができる。[10]

（1）法制審議会における約款・不当条項規制をめぐる議論を検討したものとして、後藤巻則「不当条項規制」円谷峻編著『民法改正案の検討　第3巻』（成文堂、2013年）2頁以下、山本豊「特集　債権法改正と契約法理　約款」法律時報86巻1号30頁（2014年）など。
（2）第11回会議の議事録（約款・不当条項規制）につき、商事法務編『民法（債権関係）部会資料集　第1集〈第3巻〉』（商事法務、2011年）5頁以下。

2　不当条項規制をめぐる論点

　法制審議会で取り上げられた不当条項規制をめぐる論点としては、大別して、①不当条項規制の要否、②不当条項規制の対象、③不当性の判断枠組み、④不当条項の効力、⑤不当条項リストを設けることの要否がある。

（1）不当条項規制の要否

　まず、民法典の中に不当条項規制の規定を導入すること自体には争いはないようである。ただ、その際、①事業者間契約のみを規律対象とするのか、消費者契約をも規律対象とするのか（消費者契約アプローチ）、②約款における不当条項のみを規律対象とするのか（約款アプローチ）、③約款の有無にかかわらず広く契約上の不当条項を規律対象とするのか（不当条項アプローチ）といった、不当条項規制の方向性や枠組みが問題となる。

　法制審議会でのこれまでの議論の内容を踏まえると、①の消費者契約アプローチは採用されていない。このことは、正に同アプローチを採用する現行の消費者契約法の規律とは別に、いかに民法特有の不当条項規制を設けるべきかが議論されていることからも判る。②の約款アプローチと③の不当条項アプローチについては、意見の相違がみられたが、不当条項一般については従来通り民法90条の暴利行為規制で対処することが可能ゆえ、約款特有の不当条項規制を設けるべきだという③の方向で審議が進められた。[11]

---

(3) 商事法務編『民法（債権関係）の改正に関する中間的な論点整理の補足説明』（商事法務、2011年）。

(4) 第50回会議の議事録（約款・組入れ要件）につき、商事法務編『民法（債権関係）部会資料集　第2集〈第7巻〉』（商事法務、2014年）17頁以下。

(5) 第51回会議の議事録（不当条項規制）につき、商事法務・前掲注（4）73頁以下。

(6) 商事法務編『民法（債権関係）の改正に関する中間試案の補足説明』（商事法務、2013年）。

(7) 本稿の脱稿時（2014年9月30日）にはこれらの会議の議事録を参照しえなかった。

(8)「民法（債権関係）の改正に関する要綱仮案」につき、法制審議会・民法（債権関係）部会のホームページを参照されたい。〈http://www.moj.go.jp/shingi1/shingi04900227.html〉（アクセス日：2014年9月30日）

(9) 本稿の脱稿時（2014年9月30日）には第96回会議の議事録を参照しえなかった。

(10)「民法（債権関係）の改正に関する要綱仮案（案）」につき、第96回会議の部会資料83-1、83-2を参照されたい。〈http://www.moj.go.jp/shingi1/shingi04900226.html〉（アクセス日：2014年9月30日）

(11) もっとも、「不当条項規制については不当条項アプローチが本来は好ましいのであって、行きつく先はそうあるべきではないか。」との意見もある。第11回会議の中井委員の発言。商事法務・前掲注（2）54頁。

また、採用規制（約款の組入れ要件）や不意打ち条項規制との関係も議論されたが、前者は当事者らの「約款による合意」とその前提となる「相手方への開示」によって正当化され、後者は条項の内容の当不当が問われない点で、これらは不当条項規制とは次元を異にする問題であり、両者は独立して論じるべきだとの意見が出された[12]。ただし、採用規制の程度が、その後の不当条項規制に連動（影響）することも指摘されている[13]。

（２）不当条項規制の対象

法制審議会では、「個別に交渉された条項」（個別交渉条項）と「契約の中心部分に関する条項」（中心条項）が、約款特有の不当条項規制の対象から除外されるべきか否かにつき、議論が集中した。

まず、個別交渉条項については、条項の内容の不当性を根拠に規制がされる以上[14]、また、交渉力に格差がある以上[15]、これを規制対象とすべきであるとの意見も出されたが、交渉を経て合意がある以上は、契約法の一般原則に倣ってこれを規制対象外とすべきであるとの意見が大勢を占めた[16]。

中心条項については、個別交渉条項と同様に不当性を根拠に規制がされるとの理由で[17]、それが契約後に変更されうる可能性を考慮に入れて[18]、また、それが透明性を欠く場合を想定して[19]、規制対象とすべきであるとの意見が出された。それに対して、これを規制対象外とすべきとの意見もある。その理由としては対価や給付に関わる中心条項を規制する明確な基準を設けることが困難であることが挙げられ[20]、これについては民法第90条の暴利行為規制で対処すればよく[21]、その際には客観的要素と主観的要素の両方が考慮されてき

---

(12) 第11回会議の山本（敬）幹事、大村幹事の発言。商事法務・前掲注（2）25-26頁。
(13) 第11回会議の大村幹事の発言。商事法務・前掲注（2）27頁。
(14) 第11回会議の西川関係官の発言。商事法務・前掲注（2）35頁。
(15) 第11回会議の岡本委員の発言。商事法務・前掲注（2）38頁。
(16) 第11回会議の山本（敬）幹事の発言。商事法務・前掲注（2）40頁。第51回会議の山本（敬）幹事、野村部会長代理の発言。商事法務・前掲注（4）79、88頁。
(17) 第11回会議の西川関係官の発言。商事法務・前掲注（2）36頁。
(18) 第51回会議の松本委員の発言。これに対しては、潮見幹事より、事情変更の法理の一環として処理することを考えればよいとの意見が出された。商事法務・前掲注（4）76頁。
(19) 第51回会議の鹿野幹事の発言。商事法務・前掲注（4）76-77頁。
(20) 第51回会議の山本（敬）幹事の発言。商事法務・前掲注（4）79-80、85-86頁。
(21) 第11回会議と第51回会議の潮見幹事、山本（敬）幹事の発言。商事法務・前掲注（2）37、

たことを指摘する。もっとも、付随条項のみを約款の不当条項規制の対象とし、中心条項は暴利行為規制で対処すべきとする上記の意見に対しては、そのような仕分けが明確にできるのかといった疑問も提起されている。そこで、このような条項の区別を設けることなく、不当性の判断基準を緻密なものとし、その中で一律にあらゆる条項を処理すればよいとの意見も出されている。

（3）不当性の判断枠組み

不当条項の一般規定における不当性の判断基準については、当初から抽象的なものを設けることが念頭に置かれたようである。これは、後述する不当条項リストを設けることで具体的に対応することが意図されたためであろう。しかし他方で、具体的リストとは別に、不当性判断の際にどのような要素（内容の不当性および透明性）が考慮されるかを掲げた上で、信義則に反して相手方に一方的不利益を課すといった定めをおくことの提案も出された。

なお、この一般規定のレベルでは、現行の消費者契約法（以下、消契法）第10条と同様の規定を設けるならば、最初から民法第1条2項や第90条で処理すればよいとの意見や、確認規定という意味で不当条項の箇所にも同様の規定を設けた方がよいとの意見が出されている。また、消契法第10条は「任意規定」を比較対照すべき判断基準としているが、不当条項規制においては、これに限定する必要はないとの意見も出されている。

（4）不当条項の効力

不当条項とされた場合の効力、すなわち、全部無効か一部無効かという点や、不当条項の使用により相手方に生じた損害賠償責任の有無という点については、あまり議論されていない。唯一、第11回会議において、ある条項

40頁。商事法務・前掲注（4）76、79頁。
(22) 第51回会議の山本（敬）幹事の発言。商事法務・前掲注（4）79、85頁。
(23) 第11回会議の大村幹事の発言。商事法務・前掲注（2）39-40頁。
(24) 第11回会議の野村委員の発言。商事法務・前掲注（2）35頁。第51回会議の高須幹事の発言。商事法務・前掲注（4）83-84頁。
(25) 第11回会議の岡本委員の発言。商事法務・前掲注（2）49頁。
(26) 第11回会議の鹿野幹事の発言。商事法務・前掲注（2）48頁。
(27) 第11回会議の岡本委員の発言。商事法務・前掲注（2）49頁。
(28) 第11回会議の潮見幹事の発言。商事法務・前掲注（2）57-58頁。
(29) 第11回会議の岡田委員、山下委員の発言。商事法務・前掲注（2）53、59頁。

が全部または一部無効となる場合につき、その条項の範囲が不明確であり、また、効果を規定することで硬直的な対応になるよりは、個々の条項の合理的解釈や一般条項により柔軟に対応した方がよいとの意見や[30]、事業者の法令遵守の意識を高める意味で全部無効がよいとする意見が出された[31]。

(5) 不当条項リストを設けることの要否

第11回会議では、ブラックリストおよびグレーリストを設けることの要否について活発に意見が出され、これについては、特にブラックリストに該当する不当条項をカテゴリカルに列挙して不当性を判断するのは弊害が大きく、柔軟性の点でも個別事案の合理的解決という意味でも一般条項や契約条項の合理的解釈に委ねるべきであるとの反対論が出されたが[32]、大方の意見はリスト化に賛成であった。他方、第51回会議では、事業者間契約への適用や約款アプローチを前提とした場合に、不当条項リストを作成することの意義を疑問視する意見が目立った[33]。

3 要綱仮案（案）の内容

2014年8月26日に決定された要綱仮案の中で「第28　定型約款」は保留とされているが、部会資料として配布された要綱仮案（案）によれば[34]、それに関する規定は、「1　定型約款」、「2　定型約款によって契約の内容が補充されるための要件等」、「3　定型約款の内容の開示義務」、「4　定型約款の変更」の4つである。前述した5つの論点に沿って、その内容を要約すると以下のようになる。

①不当条項規制の要否に関して、「定型約款」の定義が置かれ（1）[35]、それ

---

(30) 第11回会議の岡本委員の発言。商事法務・前掲注(2) 50頁。
(31) 第11回会議の西川関係官の発言。商事法務・前掲注(2) 51頁。
(32) 第11回会議の岡本委員の発言。商事法務・前掲注(2) 50頁。
(33) 第51回会議の三上委員、潮見幹事の意見。商事法務・前掲注(4) 110-111頁。
(34) 以下では、現時点の議論の到達点を示す「要綱仮案（案）」を中心に検討し、それ以前の成果物である「中間試案」については注(38)で若干の言及を行うに留める。なお、要綱仮案（案）については、前掲注(10)の第96回会議の部会資料83-1（46-47頁）、部会資料83-2（37-42頁）を参照されたい。
(35)「1 定型約款」によれば、「定型約款の定義について、次のような規律を設けるものとする。定型約款とは、相手方が不特定多数であって給付の内容が均一である取引その他の取引の内容の全部又は一部が画一的であることが当事者双方にとって合理的な取引（以下「定型取引」という。）

に関する採用規制（組入れ要件について定めた2 (1)）と不当条項規制（不意打ち条項規制と一本化させた2 (2)）の規定が置かれていることから、約款アプローチが採用されていることが判る。[36]

②不当条項規制の対象については、個別交渉条項や中心条項が規制の対象外なのか否かについては明示されていない。

③不当性の判断枠組みについては、現行の消契法第10条の規定と類似したものとなり、「民法第1条第2項に規定する基本原則に反して相手方の利益を一方的に害すると認められるもの」（2 (2)）を不当性の判断基準とする。ただし、消契法第10条で「任意規定」を比較対照すべき判断基準としている点は盛り込まれていない。

④不当条項の効力については、2 (1) で「定型取引合意（…）をしたときは、定型約款の個別の条項についても合意をしたものとみなす」と規定した上で、2 (2) で上述③の基準に該当する条項は、その「みなしの対象となるべき条項から…除外するとの構成を採る」。すなわち、無効とする構成を採らない。

⑤不当条項リストについては規定を設けていない。

4　現段階での評価

「定型約款」に関する上記の案が保留中であることを踏まえつつも、これを前提とした上で現段階での評価を行うと、法制審議会において審議された事柄のうち、約款アプローチを採用すること、抽象的な不当性判断基準を置

において、契約の内容を補充することを目的として当該定型取引の当事者の一方により準備された条項の総体をいう。」。

(36)「2　定型約款によって契約の内容が補充されるための要件等」によれば、「定型約款によって契約の内容が補充されるための要件等について、次のような規律を設けるものとする。(1) 定型取引の当事者は、定型約款によって契約の内容を補充することを合意した場合のほか、定型約款を準備した者（以下この第28において「定型約款準備者」という。）があらかじめ当該定型約款によって契約の内容が補充される旨を相手方に表示した場合において、定型取引合意（定型取引を行うことの合意をいう。以下同じ。）をしたときは、定型約款の個別の条項についても合意をしたものとみなす。(注) …（省略）…。(2) (1) の条項には、相手方の権利を制限し、又は相手方の義務を加重する条項であって、当該定型取引の態様及びその実情並びに取引上の社会通念に照らして民法第1条第2項に規定する基本原則に反して相手方の利益を一方的に害すると認められるものは、含まないものとする。」。

くこと、不当条項リストを設けないことといった大勢の委員の賛成を得たところは要綱仮案（案）に反映されたといえよう。また、不当条項規制とは区別されるが連動する採用規制に関する規定も盛り込まれた。

しかし、問題があると思われるのは、不当性の判断枠組みを極めて抽象的に、信義誠実に拠るとした点にある。このような抽象的な一般規定は、その後に具体的な不当条項リストが列挙されれば一定の意義を見出せるが、それがない状態では、不当条項に関する規定を置かず、一般条項で対応している現行の民法と何ら変わりはない。すなわち、いかなる条項が不当と判断されるかの具体的な基準が何ら提示されていないのである。それでは不当条項リストを盛り込めば解決するのかといえば、そういうわけでもない。本稿の筆者は、基本法たる民法にこのようなリストを設けることは適切ではないと考えており、むしろ、第11回会議でも指摘されたように、その弊害が大きいとの意見に賛同する。[37]

不当性の判断は信義則による、との帰結に至った理由として考えられるのは、不当条項の規制対象となる条項は何かという点に議論が集中したためではあるまいか。個別交渉条項については規制対象とすることで大方の意見が一致したが、中心条項については前述のとおり見解が分かれた。これを規制対象とすべき立場は、中心条項でも透明性を欠く場合を理由として挙げ、これを規制対象外とすべき立場は、民法第90条の暴利行為規制で対応すればよく、その際には客観的要素と主観的要素の両方が考慮されると主張したが、これには中心条項と付随条項を明確に区別するのは困難であるとの問題が指摘された。

結局、この点については見解の一致を見ず、要綱仮案（案）にも上記の議論は反映されなかったが、そこで議論された透明性への考慮、暴利行為規制で考慮される主観・客観の要素こそは、不当性の判断枠組みの中に盛り込まれるべきではなかったか。[38] 審議の過程では、条項の区別を設けることなく、

---

(37) 岡本委員の発言。前掲注（32）参照。
(38) なお、中間試案の「5　不当条項規制」は、「…契約の内容となった契約条項は、当該条項が存在しない場合に比し、約款使用者の相手方の権利を制限し、又は相手方の義務を加重するものであって、その制限又は加重の内容、契約内容の全体、契約締結時の状況その他一切の事情を考慮して相手方に過大な不利益を与える場合には、無効とするものとする。（注）このような規定

不当性の判断基準を緻密なものとし、その中で一律にあらゆる条項を処理すればよいとの意見も出されたが、正にこのような方向性で立案を志向すべきであったと考える。

Ⅲ 英米法系諸国における不当条項規制の取り組み

ところで、英米法系諸国においても不当条項規制の立法作業に向けた取り組みが近年活発である。とりわけ、これらの諸国の中でもアメリカ合衆国、インド、マレーシアは、不当条項規制の対象となる条項を区別することなく、「手続的・実体的不公正」に基づく不当条項規制の判断枠組みの下、それを踏まえた詳細な不当性の判断基準を整備している。以下では、これらの諸国の立法動向を紹介し、その中で、いかにして不当条項規制における不当性の判断基準が確立されているかを明らかにしよう。

を設けないと言う考え方がある。」としており、簡潔な規定ながらも「契約内容の全体」と「契約締結時の状況」を不当性の判断枠組みに取り入れていた。商事法務編・注（6）375頁。
(39) 野村委員、高須幹事の発言。前掲注（24）参照。
(40) 英米法系諸国にあって、イギリスにおける不当条項規制の取り組み方は、本稿で取り上げるアメリカ、インド、マレーシアのそれとは異なる。イギリスでは、伝統的に不当条項規制の問題は個別的な立法によって対処されてきたが、その中でも「1977年不公正契約条項法」（UCTA）と「1999年消費者契約における不公正条項規則」（UTCCR）が重要な役割を担っている。しかし、両者が、共に不当条項規制を目的としながら、その適用範囲と規律対象を異にし、さらに異なる概念と専門用語を用いていることから、両者の関係を理解するのは困難であった。そこで、法律委員会が2002年にイギリス全体のために単一の立法を作成することを提案し、その後、2005年に「契約における不公正条項」と題する報告書を公表し「不公正契約条項草案」（Unfair Contract Terms Bill）を議会に提出した。
　イギリスの不当条項規制において特徴的なのは、第一に、規制対象または規律対象外とすべき契約条項を予め想定していることである。例えば、UCTAは免責条項と責任制限条項のみを規制し、UTCCRは個別交渉条項を規制対象外とし、さらに中心条項についても透明性が確保されている限りは規制対象外とする。第二に、詳細な不当条項リストを列挙する傾向がある。例えば、UTCCRは不公正条項の例示的非網羅的リストを置く（ただし、これはブラックリスト、グレーリストではない）。その意味で、わが国の民法（債権法）改正作業で審議された関心事項や方向性と同じくする。しかし、本稿の目的は、そのような方向性とは異なる不当条項規制のあり方を紹介、検討することにあるため、イギリス法の動向にはあえて言及しないものとする。
　近時のイギリスの不当条項規制をめぐる立法動向を紹介、検討するものとして、拙稿・前掲注(41) 注38で挙げた文献のほか、川和功子「英国における不公正条項規制について（一）（二・完）」同志社法学64巻2号21頁、64巻8号37頁（2013年）など。
(41) 拙稿「改正マレーシア消費者保護法における不当条項規制」『東南アジアのグローバル化とリージョナル化Ⅱ』（アジア研究所・アジア研究シリーズ）78号125頁（2012年）で、英米法系諸国

1 アメリカ

(1) UCC 第 2-302 条

　手続的不公正・実体的不公正の概念が最初に論じられたのはアメリカ合衆国においてであり、1951年に成立した「統一商事法典」(Uniform Commercial Code; UCC) の第2-302条で規定された「非良心的契約または条項」をめぐる解釈がその契機とされる。同条1項は、「裁判所は、法律問題として、契約または契約中のいずれかの条項が契約締結時において非良心的なものであったと認定した場合には、契約の効力を否認すること、または非良心的な条項を除いて残りの部分の契約の効力を認めること、または非良心的な結果を避けるために非良心的な条項の適用を制限すること、のいずれかを行うことができる。」と定める[42]。なお、UCC第2編の改正作業が1990年代初めから開始され、その中で約款の採用規制と内容規制をめぐる立法提案も出された[43]が、それが2003年改正第2編に反映されることはなく、また、同編それ自体が2011年に撤回されたことから[44]、今後も1951年成立時の第2-302条に基づき、不当条項規制の問題は規律されることとなった。

　同条は不当条項アプローチを採用しているが、上記の文言から理解できることは、非良心的と認定された契約または契約条項を全部または一部無効にできるということだけである。何が「非良心的」であるかについては、定義づけがなく、同条のコメント1をみても「基本となるテストは、一般的な取引の背景、および、個々の取引ならびに事案の商業的ニーズに照らして、関係する条項または契約が、契約締結時の諸事情の下、非良心的なものとして一方的なものかどうかである。」と、極めて一般的な指針を提供しているにすぎない[45]。この点を明確に指摘したのが、1967年のレフ論文であり[46]、彼は、

　において「手続的・実体的不公正」に基づく不当条項規制の判断枠組みが共有されつつあることを論じたが、本稿では、必要な範囲でその内容を抜粋し、適宜、修正を加えた。
(42) UCC §2-302 (2011-2012).
(43) 詳しくは、拙稿「改正UCC第2編における『合意』を基礎とする契約法理（5・完）」亜細亜法学48巻2号109-105頁（2014年）を参照されたい。
(44) 詳しくは、拙稿・前掲注（43）102頁を参照されたい。
(45) UCC §2-302, cmt.1 (2011-2012).
(46) Leff, *Unconscionability and the Code –The Emperor's New Clause*, 115 U.Pa. L. Rev 485 (1967). 非良心性の法理につき、拙稿・前掲注（41）注29で挙げた文献を参照されたい。

その中で「手続的・実体的」な区分の重要性を説く。

レフは UCC 第 2-302 条につき以下のように述べている。「本条を読んで何かが明確になるとしたら、…、本条を読んだだけでは『非良心的』の意味は何も明らかにならないということである。より具体的には、その主たる概念が、取引の過程もしくは取引それ自体、またはその二つの一定の組み合わせについて予測するものであるのかどうか、すなわち、我々の専門用語を用いれば、それが手続的なのか、実体的なのか否かについて、その制定法からは何も言うことができない。」[47]、「…、起草者らは、非良心性の概念に不可欠な手続的・実体的二分法の重要性を、正しく評価することに欠いており、そして、その欠落は、第 2-302 条が結果的に曖昧で理解困難なものとなり、それに伴うコメントが結果的に不適切なものとなっている主たる理由の一つである。」[48]と。

(2) 判例法の展開

その後、同国では「手続的非良心性・実体的非良心性」という考え方が広く判例、学説において支持されるに至る。これは、1965 年の Williams v. Walkers 事件判決で述べられた非良心性の定義、すなわち、「一方当事者の側に重要な選択がなく、他方当事者には不合理に有利な契約条項を伴っていること」を前提とする。[49]そして、前者の「重要な選択の欠如」が手続的非良心性に該当し、後者の「不合理に有利な契約条項」が実体的非良心性に該当する。具体的には、手続的非良心性は、「契約締結の過程で、威圧または悪事といった要素が存在しており、そして、極小の活字体や専門用語の使用、知識もしくは理解の欠如、および交渉力の格差を含んでいる場合」に生じるとされ、[50]実体的非良心性は、契約および契約条項の実際の中身と関係し、極

---

(47) Leff, *supra* note 46, at 487-88.
(48) Id. at 488.
(49) Williams v Walker-Thomas, 350 F.2d 445, 449 (D.C.Cir. 1965).
(50) 1 FARNSWORTH ON CONTRACTS (3rd ed., 2004), §4.28, at 582. もっとも、交渉力の格差それだけでは、非良心的と判断されるのには十分ではないといわれている。UCC 第 2-302 条のコメント 1 によれば、「この原則〔非良心性〕は威圧および不公正な不意打ちを防止することにあり、そして、交渉力に優ることを理由としたリスク分配を妨害することにあるのではない。」。UCC §2-302, cmt.1 (1995).

端な免責条項や過大な価格を定めた条項などがこれに含まれる。[51]最終的には、手続的または実体的非良心性のいずれかのテストを満たせば、契約または契約条項が非良心的であると認定される。[52]

2 インド
(1) 不当条項規制への取り組み

インド法律委員会は、2006 年に「(手続的および実体的に) 不公正な契約条項に関する第 199 回報告書」(以下、「2006 年報告書」) を作成しており、[53]そこでは、他の英米法系諸国における不当条項規制の立法動向を踏まえて、[54]「手続的不公正・実体的不公正」という判断枠組みに基づく不当条項規制の手法の有用性が強調されている。[55]その報告書と合わせて、同委員会は「2006 年 (手続的および実体的に) 不公正な契約条項に関する法案」(以下、「2006 年法案」) を提出している。[56]なお、同法案は未だ可決されていないが、その内容の一部は、いち早く 2010 年に改正されたマレーシアの消費者保護法に導入されるに至った (後述)。以下では、同報告書と同法案の概要を見ていこう。

(2) 不当性の判断枠組みと判断基準
(a) 2006 年報告書

「2006 年報告書」の主たる目的は、「手続的不公正・実体的不公正」という区分に基づいた不当条項規制の立法化を目指したことにある。しかし、このような区分に基づく不当条項規制は、インド契約法に特有の考え方に基づ

---

(51) Law Commission of India, *infra* note 53, at 80.
(52) Id. at 80. FARNSWORTH, supra note 50, at 585 によれば、「非良心性に関する大半のケースは、手続的非良心性と実体的非良心性が必然的に組み合わさっており、そして、一方が提示されれば、もう一方は要求されなくなることが、一般的に認められている。裁判所は、実体的非良心性と手続的非良心性の両方に関するあらゆる諸要素を比較検討し、そして、その契約は全体としての不均衡を理由として非良心的なものである、と結論づけうる。」。
(53) Law Commission of India, 199th Report on Unfair (Procedual & Substantive) Terms in Contract (August, 2006). なお、「2006 年報告書」は、インド法律委員会のホームページから入手可能である。〈http://lawcommissionofindia.nic.in/reports/rep199.pdf〉(アクセス日:2014 年 9 月 30 日)
(54) 「2006 年報告書」における比較法的検討につき、拙稿・前掲注 (41) 131 頁以下。
(55) 「2006 年報告書」の構成や目的につき、拙稿・前掲注 (41) 128-131 頁を参照されたい。
(56) Law Commission of India, Unfair (Procedural and Substantive) Terms in Contract Bill, 2006. なお、2006 年法案は、前掲注 (53) の「2006 年報告書」に添付されている。

くものではなく、また、英米法系諸国全体を見渡しても、このような区分に基づく立法化がなされた例は過去に存在しない。同報告書の「序文」においても、「提出された法案は詳細なものであり、おそらくは『手続的』および『実体的』不公正を個別に取り扱った国としては初めてであろう」と明言している[57]。

インドの「2006年報告書」は、他の英米法系諸国における不当条項規制に関わる立法作業の動向を踏まえた上で、手続的不公正・実体的不公正の両方を個別に考慮することの重要性を改めて強調し、新たな立法提案の中でそれを具体化していく[58]。その方法は、同報告書の序文に端的に示されている。すなわち、

「(1) 既存の1872年インド契約法の諸規定と、1963年特定救済法の諸規定が、取消可能な契約と無効な契約とに関係している限りで、それぞれを『手続的な諸規定』と『実体的な諸規定』に分離させること、そして、
(2) これらに、(a)『手続的不公正』に関する具体的な定義を加えて、手続的不公正が存在する場合に、それを判断するための具体的な指針を提供すること、および、(b)『実体的不公正』に関する具体的な定義を加えて、実体的不公正が存在する場合に、それを判断するための具体的な指針を提供すること、
(3) 手続的および実体的不公正から当事者らを解放するべく、付与されうる救済を列挙すること[59]。」。

まず、上記 (1) で意図されているのは、インドの既存の制定法である「1872年契約法」（Contract Act 1872）と「1963年特定救済法」（Specific Relief Act 1963）の諸規定のうち、手続的不公正に関わる規定（取消可能な契約）と、実体的不公正に関わる規定（無効となる契約）を明示することである[60]。

---

(57) Law Commission of India, *supra* note 53, at 15.
(58) Id. at 136.
(59) Id. at 15.
(60) Id. at 11, 176-183. 詳しくは、拙稿・前掲注 (41) 137頁を参照されたい。

上記(2)(3)の趣旨は以下の通りである。すなわち、上述の1872年契約法や1963年特定救済法の諸規定が不当条項を規制する上で重要であるとはいえ、それらは決して網羅的な構成を採っていない[61]。そこで、これらの諸規定では対応しきれない場合に備えて、「一般的手続的不公正」および「一般的実体的不公正」に関する定義、それらを判断するための具体的な指針、さらには、これらの不公正を取り除くための追加的な規定を設けたのである[62]。

(b) 2006年法案

　このような趣旨を踏まえて、提出されたのが「2006年法案」であり、合計18の条文から構成されることとなった[63]。このうち不当条項規制の判断枠組みと判断基準として重要なのは、手続的不公正について定めた第5条、第6条、第9条、実体的不公正について定めた第12条と第13条、訴訟手続き(立証責任と裁判所の権限)について定めた第14条と第16条、および、効果について定めた第15条と第17条であるが、これらの諸規定は次に述べるマレーシア消費者保護法にほぼそのままの形で踏襲されているので、以下のマレーシア法の箇所で併せて検討する。

3　マレーシア

(1) 消費者保護法の改正

　前述のとおり、インドの「2006年法案」の内容の一部はいち早くマレーシアにおいて立法化された。マレーシアには、行政的規制と民事的救済を合わせた「1999年消費者保護法 (Consumer Protection Act 1999)」(以下、「1999年法」)が制定されている。その消費者保護法が、「2010年消費者保護(改正)法 (Consumer Protection (Amendment) Act 2010)」(以下、「2010年法」)の制定によって、一部改正された。2010年法は全11条から構成され、各条文は、1999年法における既存の条文の改正または新たな条文の導入を目的とする。そして、2010年法の第5条〔第3A部の新設〕に基づき、不当条項規制に関する諸規定が新たに導入されたのだが(第24 A条～第24 J条)、その諸規定の多くは、

---

(61) Id. at 185.
(62) Id. at 184-192.
(63) 「2006年法案」の構成につき、拙稿・前掲注(41)137-138頁を参照されたい。

インドの「2006年法案」を模範としている。しかし、留意すべきことは両国の規律対象の相違であり、インド草案が原則としてあらゆる契約（雇用契約や国際条約の下で規律される契約条項を除く）を規制対象とするのに対し（第18条）、マレーシア消費者保護法は消費者契約のみを規律対象としている点である。[64] 以下、重要と思われる関連条文の概要と特徴を挙げる。[65]

（2）不当条項規制に関する諸規定
（a）不当性の判断枠組みに関わる規定

第24C条〔一般的な手続的不公正〕と第24D条〔一般的な実体的不公正〕は、手続的および実体的不公正の判断枠組みに基づいて契約または契約条項を判断する枠組みを定める。

第24C条1項によれば、「契約または契約条項が供給者に不公正な優越を生じさせ、または、消費者に不公正な不利の状態を生じさせる場合には、供給者の行為、または、その契約もしくは契約条項が締結され、もしくは、消費者および供給者により合意された態様、または、状況を考慮に入れて、その契約または契約条項は手続的に不公正なものとなる。」。

第24D条1項によれば、「契約または契約条項が（a）それ自体で過酷なものであり；（b）抑圧的であり；（c）非良心的であり；（d）過失責任を排除または制限するものであり；または、（e）十分な正当化なしに、契約の明示的または黙示的条項の違反に対する責任を排除または制限するものである場合には、その契約または契約条項は実体的に不公正なものとなる。」。

なお、この第24C条と第24D条は、以下で述べる不当性の判断基準に関わる各条文の2項の部分も含めて、インドの2006年法案の第5条、第6条、第9条、第12条および第13条の諸規定の文言をほぼそのまま踏襲している（ただし、インド法案では「消費者」ではなく「当事者」の文言を用いている）。

---

(64) なお、マレーシア消費者保護法第24B条〔第3A部の適用〕は、第3A部の「諸規定はあらゆる契約に適用されるものとする。」と規定するが、これは当事者の一方を消費者とする限りにおいて、契約の種類を問わないと意味である。すなわち、同法第2条〔適用範囲〕によれば、同法は、一部の例外を除いて、消費者に提供されるあらゆる商品、サービスについて適用される。

(65) 紙幅の都合上、前稿で掲載したマレーシア消費者保護法第3A部の「条文の試訳」は一部を除いて本稿では割愛した。これについては、拙稿・前掲注（41）155頁以下（注71以下）。

(b) 不当性の判断基準に関わる規定

第24C条2項および第24D条2項は、裁判所または審判所が、ある契約条項が手続的にまたは実体的に不公正であるかを判断する際に考慮に入れるべき諸事情を細かく列挙する。

第24C条2項によれば、手続的不公正の判断基準として考慮されるのは、①契約条項の意味や効力に関する消費者の知識や理解、②当事者らの交渉力、③公正な取引に関する合理的な基準、④契約条項が交渉の下で作成されたか、標準書式契約の一部であったか、⑤消費者が契約（条項）の修正や拒絶をする余地があったか、⑥契約上の表現が予め印刷された文字によるものか、読解や理解が困難であるか、⑦消費者が契約能力を有していた場合でも、(i) 契約締結時に同人の利益を保護することが合理的に可能であったか、(ii) 消費者が年齢、病気、障害、精神的な苦痛、または、無知を理由に、契約（条項）を正しく認識できず、相手方との関係において深刻な不利益を被ったか、⑧契約を締結した消費者が、法律専門家等の助言を受けていたか、⑨契約条項の効力等につき、消費者に対する説明の程度、⑩当事者間での類似の契約または取引の経過に関する行為、⑪消費者が相手方の技術、管理または助言に依拠したか否かである。

他方、第24D条2項によれば、実体的手続的不公正の判断基準として考慮されるのは、①契約（条項）が、遵守するのが非常に困難な条件等を課しているか、②契約が口頭または書面によるか、③）契約が標準書式に基づくものか、④契約（条項）が公正取引の合理的な基準に反するか、⑤契約（条項）が実質的に等しくない金銭的価値の交換を生じさせ、または、当事者間に実体的な不均衡を生じさせたか、⑥消費者の受領した利益が明らかに過少か不適切であるか、⑦消費者が供給者との間で信認的な関係を築いていたか、⑧契約（条項）が、(i) 契約上の義務の履行に対して明らかに過度の担保を要求しているか、(ii) 契約違反に対して過剰な違約金を課しているか、(iii) 債務に対する早期の返済を拒絶または罰するか、(iv) 供給者に正当な理由や補償なしに一方的に契約を終了させる権限を付与しているか、(v) 供給者に契約条項を一方的に修正する権限を付与しているか否かである。

(c) 効果に関する規定

　第24G条〔不公正な条項の効果〕によれば、裁判所または審判所は、「契約または契約条項が手続的もしくは実体的に不公正か、またはその両方である」場合に、その契約または契約条項を強制不可能または無効とする旨の判決または審決を与えることができ（1項）、また、それとは分離可能な他の契約条項を強制可能または有効なものとすることができる（2項）。

　第24H条〔既履行の契約〕は、契約の全部または一部が既に履行されている状況で、前条の下でそれを無効とした場合に、一次的には、原状回復による救済、二次的には、すなわち、原状回復が可能ではない場合には、金銭賠償による救済の余地を認める。

　第24I条〔第3A部の不遵守による違反〕は、第3A部の諸規定を遵守しない者に対して、刑事罰としての罰金を科す。

　なお、第24G条と第24H条はインド法案の第17条と第15条にそれぞれ対応する。もっとも、マレーシアの第24G条に比べて、インドの第17条の方がより詳細かつ多様な救済方法を定めている。すなわち、同条1項によれば、裁判所は、①契約または契約条項の強制の拒絶、②契約または契約条項を強制不可能または無効とする旨の宣言、③不公正を取り除くための契約条項の修正、④約因または支払った対価の返還、⑤補償または損害賠償、⑥終局的差止命令、⑦作為的（命令的）差止命令、または、⑧その他の救済から、一つまたはそれ以上の救済を付与することができる。他方、マレーシアの第24G条で明示されているのは、このうちの①と②のみである。マレーシアの第24H条とインドの第15条の内容はほぼ同一である。また、マレーシアの第24I条に該当する規定はインド法案の方にはない。

Ⅳ　検討および日本法への示唆

　これまでの英米法系諸国における不当条項規制の取り組みを踏まえて、わが国の今後の議論において参考となりうる点を提示して結語とする。

　アメリカ合衆国、インド、マレーシアにおいて不当条項規制をめぐる立法整備が進められているが、不当条項規制のアプローチは各国において異なる。

アメリカのUCC第2-302条は、非良心的と認定された契約または契約条項を規制するという不当条項アプローチを採る。インドの2006年法案とマレーシアの消費者保護法第3A部は、ほぼ同じ内容でありながらも、前者は不当条項アプローチ、後者は消費者契約アプローチを採る。

しかし、以下の点では共通している。第一に、予め規制対象外となる条項を想定していない。第二に、手続的・実体的不公正に基づく不当性の判断枠組みが採用されている。第三に、不当条項リストは設けられていない。第四に、手続的もしくは実体的に不公正（非良心的）であるか、またはその両方である場合に、契約または契約条項を全部または一部無効とする。ただし、インドの法案では、それ以外の救済として、契約条項の修正、対価の返還、損害賠償、差止命令なども認める。マレーシア消費者保護法は刑事罰を課す規定も置く。

このうち、日本法の今後の議論において参考となりうるのは第一および第二の点であろう。すなわち、規制対象となる条項を区別することなく、詳細な不当性の判断基準を整備している点である。とりわけ、手続的・実体的不公正という概念は、その不当性の判断に一定の判断枠組みを提供する。すなわち、契約の締結過程に不公正がある場合（＝手続的不公正）と契約内容に不公正がある場合（＝実体的不公正）を明確に区別した上で、それぞれの場合に考慮に入れるべき諸事情を細かく列挙し、最終的には、いずれかの不公正に該当する場合に契約（条項）を全部または一部無効にするという思考枠組みを確立させる。その結果、不当性の判断において、主観的要素と客観的要素の両方が考慮される。

この判断枠組みはアメリカのUCC第2-302条における非良心性という一般規定の曖昧さを具体化させる判例・学説の中で発展してきたという経緯があるが、インドの法案がこの判断枠組みに基づく立法化を試み、それがマレーシアにおいて、消費者保護法という領域に限られるものの、いち早く実現化したことは注目に値する。とりわけ、その第24C条2項と第24D条2項に

---

(66) インド法案（不当条項アプローチ）の内容が、マレーシア消費者保護法（消費者アプローチ）に取り入れられたということは、手続的・実体的不公正の判断枠組みがいずれのアプローチにも対応しうることを意味している。

おいて、手続的・実体的不公正を判断する際に考慮に入れるべき諸事情を詳細に列挙している点は参考になる。

わが国では、この手続的・実体的不公正という不当条項規制における判断枠組みを民法第90条の暴利行為規制において対応することが可能であろう。そこでは「契約内容の不当性」だけではなく、契約当事者の主観的な事情、すなわち「意思の不完全性」も考慮される。法制審議会は、現段階では保留としながらも、約款アプローチの観点から不当条項規制を模索し、不当性の判断枠組みは信義則に拠るとの提案を出している。しかし、将来的には、広く不当条項アプローチを採用し、その際には規制対象とすべき条項を予め限定することなく、代わりに、従来の民法第90条の暴利行為規制を拡張する方向で、手続的・実体的不公正に基づく不当性の判断枠組みを明文化するのが望ましいのではあるまいか。その場合には、本稿で取り上げたように、すでにそのような方向で立法整備を進めている一部の英米法諸国の不当条項規制の取り組みが参考になると思われる。

〔付記〕

校正時に、河上正二「特集　債権法改正を論ずる──要綱仮案の決定を受けて　約款による取引」法律時報86巻12号96頁（2014年）に接したが、本文に活かすことができなかった。同様に、本稿の注（7）で挙げた2014年に開催された4つの会議の議事録が法制審議会・民法（債権関係）部会のホームページに掲載されているのを確認したが、本稿で問題視する不当条項規制の判断枠組みについてはほとんど議論されていない。

民法改正による債権者代位権・詐害行為取消権の責任財産保全機能の実効性への影響と民事保全手続きによる対応

工 藤 祐 巌
Yugen KUDO

I　はじめに
II　民法改正作業における議論
III　民事保全手続上の手段と課題
IV　結びに代えて

I　はじめに

　本稿は、今般の民法改正作業の債権者代位権・詐害行為取消権の両制度に関する内容を批判することを目的とするものではない。むしろ、すでに方向性の定まった改正内容を踏まえ、それが責任財産保全の実効性にどのような影響を与えるのかを明らかにし、その実効性を確保するための手がかりを得ようとするものである。問題の性質上、筆者にとっては専門外ながら、民事保全手続きの問題にもわずかながら触れてみたい。

　債権者代位権・詐害行為取消権の両制度は、責任財産保全制度と呼ばれるように、債権者が一定の財産について強制執行できる状態を作出することを目的とする。債権者代位権は、債権者が債務者の権利を行使すると、債務者自身が権利行使したのと同様の効果が生じることにより、一定の財産が債務者に帰属することを介して、強制執行できる状態を作出する制度として設計されたようにみえる。詐害行為取消権は、債権者が債務者の詐害行為を取り消す結果として、債務者自身が取り消したのと同様の効果が生じることにより、一定の財産が債務者に回復されることを介して、強制執行できる状態を作出する制度として設計されたようにみえる。

しかし、これまでの民法理論は、債務者自身が権利行使したり取り消したのと全く同様の効果を認めてきてはいない。多くの場合に債権者と債務者の利害が対立するところ、両制度の行使によって目的財産が債務者に帰属・回復されることは、必ずしも強制執行できる状態の作出に結びつかず、かえってその作出の障害になり得るからである。両制度の行使の結果、相手方が債務者に金銭を支払っても、金銭に対する強制執行手続きが存在しないことから、責任財産の保全に結び付かないし、任意の弁済の可能性の増大は否定できないとしても、容易に費消・隠匿されることから、さしたる期待は持てない。動産の引渡しを受けた債務者が当該動産を直ちに第三者に譲渡し、引き渡せば、その後の強制執行手続きには不可能になる。すなわち、債務者が目的財産を自己の支配下に置き、その処分可能性を取得・回復することは、執行妨害手段の契機となり得る。

そこで、従来の学説・判例は、「目的財産の債務者への帰属・回復」を介して責任財産を保全することを本来の制度設計と考えつつも、債務者の手の中に財産を現実に帰属・回復させないことを志向してきた。債権者代位権においては、その行使に債務者の処分制限効が結び付けられるとともに、代位行使される権利が金銭債権または動産の引渡請求権の場合、代位債権者は、第三債務者に対して、その金銭または動産を直接自己に引き渡すよう求めることが認められてきた[1]。詐害行為取消権についても、逸出財産の回復が金銭の支払いや動産の引渡しによってされるときは、同様に、取消債権者は、受益者等の被告に対して、その金銭または動産を直接自己に引き渡すよう求めることが認められてきた[2]。これに対し、債権者が債務者名義ではない不動産に対して強制執行するために債権者代位権や詐害行為取消権を行使する場合には、第三債務者や受益者等の登記名義が債務者名義に回復されることになり、債務者の手の中に財産を現実に帰属・回復されているようにみえる。しかし、この場合も、その不動産に対して強制執行手続きを進めるためには、登記名義を債務者名義にすれば足りることから、債務者に代位して不動産の

---

[1] 大判昭和14年5月16日民集18巻557頁。
[2] 大判昭和10年3月12日民集14巻482頁など。
[3] 大判大正10年6月18日民録27輯1168頁など。

引渡を求めることも、詐害行為取消による逸出財産の回復として債務者への引渡しを求めることも否定される。登記名義は債務者に回復するが、債務者に占有させるわけではない。したがって、この場合にも、債務者の手の中に財産を現実に帰属・回復させることが貫徹されているわけではない。

「強制執行可能な状態の作出」という責任財産保全の究極の目的のためには、「目的財産の債務者への帰属・回復」という制度設計に必ずしもこだわらないという従来の判例・学説の態度は、詐害行為取消権の効果の債務者への帰属を否定する相対的取消理論に端的に表れている(4)。この点は、ドイツ法やフランス法およびその影響を受けた責任説・訴権説でも同様である(5)。これらの立場では、債務者への登記名義の回復すら否定し、詐害行為取消権を第三者名義のままで債務者の責任財産として強制執行可能な状態を作出する制度としてとらえている。

今般の民法改正作業が示した内容は、「民法（債権関係）の改正に関する要綱仮案」（以下、「要綱仮案」）によれば、債権者代位権については、従来の判例・学説が肯定していた債務者の処分制限効を否定した（第15　債権者代位権　6　債務者の取立てその他の処分の権限等）。被代位権利が金銭の支払いまたは動産の引渡しを目的とするものであるときに、債権者が第三債務者に対して直接その支払いまたは引渡しを求めることができる点については、従来の判例の立場を維持したものの（同4　直接の引渡し等）、第三債務者が弁済受領権限を失わないことになった債務者に弁済すれば、当然、被代位権利の消滅によって債権者代位権の行使は否定されることになる(6)。詐害行為取消権については、

---

(4) 大連判明治44年3月24日民録17輯117頁など。
(5) ドイツ法については、中野貞一郎「債権者取消権と強制執行」民事訴訟法雑誌6号53頁および下森定「債権者取消権に関する一考察（一）（二）」法学志林57巻2号、3・4号。フランス法については、佐藤岩昭『債権者取消権の理論』（東京大学出版会、2001年）、中西俊二『詐害行為取消の法理』（信山社、2011年）、工藤祐巖「詐害行為取消による債務者の責任財産回復の法的構成」川井健先生傘寿記念論文集『取引法の変容と新たな展開』（日本評論社、2007年）404頁。
(6) 現行法の解釈としても、債務者の処分制限効を認めつつ第三債務者の弁済禁止効は否定する見解はある（星野英一『民法概論Ⅲ（債権総論）』（良書普及会、1971年）103頁、奥田昌道編『新版注釈民法（10）Ⅱ』（有斐閣、2011年）754頁〔下森定〕、川井健『民法概論③債権総論』〔第2版補訂版〕138頁）。代位訴訟の相手がたが不利益を受けるいわれはないとの趣旨であり、結果的に、「目的財産の債務者への帰属・回復」を重視する立場である。しかし、弁済受領権者以外の者への弁済は、民法上、無効が原則のはずである。そもそも、弁済禁止効を肯定しなければ、処分制限効を認める意味はほとんどない。

逸出財産の回復が金銭の支払いまたは動産の引渡しの場合の取消債権者の受益者等に対する直接の引渡請求については従来の判例を維持したものの（同 9　直接の引渡し等）、相対的取消理論を否定して、その効果が債務者およびそのすべての債権者に及ぶとしたため（第 16　詐害行為取消権　10　詐害行為の取消しの効果（民法第 425 条関係）、受益者が債務者に弁済することが可能になった。結局、両制度とも、金銭の支払いや動産の引渡しが問題となるときは、第三債務者・受益者等の第三者は、代位債権者・取消債権者に対して支払い・引渡しをなし得るだけでなく、債務者に対しても支払い・引渡しをなし得ることになった。この場合、第三者は代位債権者・取消債権者に対してではなく、債務者に対する支払い・引渡しを選択するのではないかと予想されるが、その結果、目的財産は、現実に債務者の手の中に帰属・回復されることになる。

　債権者代位権の債務者の処分制限効・第三債務者の弁済禁止効を否定し、詐害行為取消権の債務者への効果帰属を肯定した今般の民法改正作業の方向性は、従来の判例・学説の方向性とは逆に、「目的財産の債務者への帰属・回復」を重視するものといえる。しかし、それはとりもなおさず、債務者による執行妨害の可能性を増大させることになり、「強制執行可能な状態の作出」という責任財産保全を危うくする危険性をはらむ。もとより、「目的財産の債務者への帰属・回復」を重視するという方向性を尊重するからといって、債務者による執行妨害を放置してよいはずはない。責任財産保全制度として法が定めた制度を利用した国民が責任財産保全を実現できないという事態は、できるだけ避けなければならない。「目的財産の債務者への帰属・回復」による責任財産の保全という枠組みの中で、可能な限り実効的な「強制執行可能な状態の作出」の実現を追求すべきであろう。そのためには、今般の民法改正が責任財産保全の実効性にいかなる影響を与えるのかを明らかにするとともに、そこから生じる問題点に対して、民事保全手続きによってどこまで対処できるかを明らかにする必要がある。

　なお、債権者代位権をめぐる法律関係は、被代位権利の種類に応じて多様であり、詐害行為取消権をめぐる法律関係も、詐害行為たる法律行為の種類に応じて多様である。本稿は、これらの多様な法律関係のすべてを論じることはできない。目的財産が金銭の場合、動産の場合、および、不動産の場合

に限定することをご容赦願いたい。

Ⅱ　民法改正作業における議論

　まず、今般の民法改正作業における議論を概観する。債権者代位権については、処分制限効・弁済禁止効の問題、および、代位債権者が直接に支払い・引渡しを求めることができるかという問題に限定し、詐害行為取消権については、債務者への効果帰属問題、および、取消債権者が直接に支払い・引渡しを求めることができるかという問題に限定する。

1　債権者代位権
(1)　処分制限効・弁済禁止効

　法制審議会の議論のベースとなった民法(債権法)改正検討委員会による「債権法改正の基本方針」(以下、「基本方針」)は、裁判外の代位行使の場合に債務者への通知を義務付けながら、この通知には処分制限効も弁済禁止効も結び付けず、代位訴訟の場合に代位債権者に債務者に対する訴訟告知を義務付けるとともに、この訴訟告知に債務者の処分制限効を結びつけた(【3.1.2.05】)[7]。他方で、第三債務者の弁済禁止効は否定した。訴訟告知に処分制限効を結び付けたのは、非訟事件手続法88条2項のもちろん解釈として処分制限効を肯定する判例・通説に対し、手続保障論の見地からの有力な批判があったこと[8]を踏まえてのものであり、また、「債権者による代位権行使をまったくの徒労とはすべきではないという配慮」と複数の権利行使に応接を余儀なくされる相手方への配慮のバランスを図った結果だという。第三債務者の弁済禁止効を否定したことについては、債務者への訴訟告知に第三者債務者に対する弁済禁止効がないこと、第三者債務者の地位を不安定にすること、代位権行使後に他の債権者の差押えや取立てを許すためには第三債務者の弁済を封じるわけにはいかないことが、理由として挙げられている。また、それらの

---

(7)　民法(債権法)改正検討委員会編『詳解債権法改正の基本方針Ⅱ　契約および債権一般(1)』(商事法務、2009年)438頁以下。

(8)　三ヵ月章「わが国の代位訴訟・取立訴訟の特異性とその判決の効力の主観的範囲」同『民事訴訟法研究第6巻』(有斐閣、1972年)1頁(初出1969年)。

結果として代位訴訟が脆弱なものになることについては、「より強力な効果を求めるのであれば、強制執行や民事保全の方法によるべきであるという考え方に基礎を置いている」と述べている。

　法制審議会においては、第1読会の「民法（債権関係）の改正に関する検討事項（2）詳細版」（部会資料7-2）(9)（以下、「検討事項」）および「民法（債権関係）の改正に関する中間的な論点整理」(10)（以下、「中間的論点整理」）は、「基本方針」同様、債権者代位訴訟の提起が徒労になる可能性に配慮して、訴訟告知に処分制限効を結び付ける案を示した。

　ところが、第2読会における「民法（債権関係）の改正に関する論点の検討（7）」（部会資料35）(11)（以下、「論点の検討」）は、代位訴訟の場合に債務者の訴訟告知を義務付けながら、「基本方針」と異なり、訴訟告知に第三債務者の弁済禁止効のみならず債務者の処分制限効も結びつけなかった。すなわち、処分制限効も弁済禁止効も完全に否定した。代位訴訟で訴訟告知がなされた場合にすら処分制限効を否定する根拠としては、まず、肯定すると債務者の地位が著しく不安定になることをあげる。代位訴訟の場合にまで否定すると債権者の努力が徒労に終わるとの意見に対しては、「一般論としては、例えば債権者代位訴訟の提起を契機として債務者が被代位権利について取立てをしたような場合には、それによって債権者代位権制度の目的が達せられたとも言い得るはずである」と述べており、「目的財産の債務者への帰属・回復」を重視していることがうかがわれる。また、「代位債権者としては、債務者の下に移った金銭（動産）や預貯金（債権）に対する仮差押えをすればよいし、仮にそのような金銭等に対する仮差押えの方法が現実的でないのであれば、それは当初から被代位権利の仮差押えの方法を選択すべき事案であったと言える」とも指摘しており、民事保全手続の存在を念頭に置いている点が注目される。弁済禁止効の否定の根拠としては、「基本方針」同様、代位権行使後の他の債権者の差押えを許容することとの整合性等が指摘されている。

　平成25年7月4日補訂の「民法（債権関係）の改正に関する中間試案」（以

（9）「検討事項」31頁。
（10）「中間的論点整理」25頁。
（11）「論点の検討」38頁以下。

下、「中間試案」も、「論点の検討」と同様、代位訴訟の場合に債務者への訴訟告知を義務付けたが、その場合にすら処分制限効も第三債務者の弁済禁止効も完全に否定した。その根拠も、「論点の検討」と同様である。

「民法（債権関係）の改正に関する要綱案のたたき台」（部会資料73A）（以下、「要綱案のたたき台」）は、裁判外の代位行使の場合には処分制限効も弁済禁止効も否定しつつ、代位訴訟で訴訟告知がされた場合には処分制限効を肯定しつつ、その場合にも弁済禁止効を否定した。すなわち、「基本方針」の立場に回帰した。「中間試案」と異なり訴訟告知に処分制限効を結びつけたのは、訴訟告知を受けた債務者は、処分を禁止されても、代位訴訟に独立当事者参加することにより、代位債権者に対しては被保全債権の不存在等の確認請求をし、代位行使の相手方に対しては被代位権利の給付請求をすることができるので、耐え難い不都合を生ずるとまではいえないからだとする。他方、弁済禁止効を否定したのは、被保全債権の存否等を知り得る立場になく、代位債権者に対して履行をしてよいかを判断することができない第三債務者には、債務者への履行を認める必要があるとする。また、弁済禁止効を望む債権者は、裁判所に仮差押えや差押えを申し立てればよいという。

「民法（債権関係）の改正に関する要綱仮案の原案（その1）」（部会資料79-1）は、訴訟告知に処分制限効を結びつけた「要綱案のたたき台」の立場を再び修正し、処分制限効も弁済禁止効も完全に否定した「中間試案」の立場に戻した。「要綱案のたたき台」の立場では、処分制限効を肯定するものの、弁済禁止効は否定されるところ、「債務者から取り立てることはできないのに第三債務者からは弁済することができるといった不自然な法律状態を観念するのは可能な限り避けるべきで」あるとされる。

「民法（債権関係）の改正に関する要綱仮案」は、その原案同様、処分制限効も弁済禁止効も完全に否定した。

---

(12)　「中間試案」21頁。
(13)　「民法（債権関係）の改正に関する中間試案の補足説明」157頁。
(14)　「要綱案のたたき台」32頁。
(15)　「民法（債権関係）の改正に関する要綱仮案の原案（その1）」12頁。
(16)　「民法（債権関係）の改正に関する要綱仮案の原案（その1）補充説明」（部会資料79-3）19頁。
(17)　「要綱仮案」16頁。

このように、処分制限効に関する今般の民法改正作業においては、裁判外の代位行使の場合に処分制限効を否定すること、および、代位訴訟の場合で債務者に訴訟告知がされた場合においても第三債務者の弁済禁止効を否定することについては、ほぼ異論がなかった。代位訴訟の場合で債務者に訴訟告知がされた場合に債務者の処分制限効を認めるか否かの問題のみが紆余曲折を経て最終結論にたどり着いており、その結論は、関係当事者の様々な利益状況を勘案した結果である。種々の議論の中で特に注目されるのは、処分制限効・弁済禁止効を初めて完全に否定した「論点の検討」およびそれをほぼ承継した「中間試案」の議論にみられるように、一つは、債務者がその権利を行使して第三債務者が履行することは、それが債権者代位権行使後になされても、債権者代位権の目的を達成することになるという考え方、すなわち、「目的財産の債務者への帰属・回復」を重視する考え方である。もう一つは、処分制限効・弁済禁止効を望む債権者は保全手続きを利用すればよいとの考え方である。

(2)　給付の相手方

債権者代位権の本来の制度設計は、債権者が債務者の権利を行使することにより、一定の財産が債務者に帰属するか確認されることを介して、強制執行可能な状態を作出することにある。そのことからすれば、債権者代位権の相手方とされた第三債務者が給付すべき相手は、本来、債務者になるはずである。しかし、従来の判例・学説は、被代位権利が金銭の支払いや動産の引渡しの場合、代位債権者への支払い・引渡しを命じてきた。ここでは、この問題に関する民法改正作業における議論の展開を検証する。

まず、「基本方針」は、代位債権者の直接の支払い・引渡しを認めたものの、「債務者に受領を期待することが困難であるとき」等の場合に限定した。これらの場合に該当しない場合、すなわち、原則としては、債務者に対する支払い・引渡しを認める趣旨と思われる。従来の判例・通説の立場よりも、「目的財産の債務者への帰属・回復」を重視するものといえよう。また、「基本方針」は、代位債権者への直接の金銭の支払いが認められる場合に、代位債権者が被保全債権と受領した金銭を債務者に返還すべき債務の相殺を禁じることにより、従来の判例法理が認めてきた債権回収機能を否定した

(【3.1.2.02】)。

　「論点の検討」および「中間試案」は、「基本方針」とは異なり、従来の判例・通説同様、特に場合を限定せずに代位債権者への直接の支払い・引渡しを認めた。これに対して、相殺を禁止することで債権回収機能を否定した点は、「基本方針」と同様である。

　「要綱案のたたき台」は、「中間試案」までの立法提案と異なり、相殺禁止による債権回収機能を否定する規定を置いていない。債権者代位権が強制執行制度を補完する役割を果たしていること、代位債権者が債権回収するには債務者の自己に対する返還請求権を差し押さえなければならないとすると、代位債権者の手続的な負担が大きいこと、また、明文の規定を置かなくても解釈で同様の解決を図る可能性があることから、実務の運用や解釈等に委ねることとした。

　「要綱仮案」は、法制審におけるそれまでの議論と同様に、金銭の支払いまたは動産の引渡しを目的とする代位行使の場合に、代位債権者への直接の引渡し等を認めた。相殺禁止の規定を置いておらず、「要綱案のたたき台」の立場を維持し、債権回収機能については解釈に委ねたと思われる。

　かくして、債権回収機能については紆余曲折があったものの、代位債権者が直接に金銭の支払い・動産の引渡しを求めることができることについては、従来の判例・学説の立場が維持された。

2　詐害行為取消権

　詐害行為取消権の本来の制度設計も、詐害行為の取消しによって逸出財産を債務者の資産に回復し、それを介して債権者が強制執行可能な状態を作出することにある。そのことからすれば、本来、受益者等は、逸出財産の回復として、金銭の支払いや動産の引渡しを債務者に対して行うことになるはずである。しかし、従来の判例・通説は、不動産の登記名義の回復については債務者への登記名義を認めているものの、金銭の支払いや動産の引渡しが問

---

(18)　前掲・注（6）・427頁以下。
(19)　「論点の検討」18頁以下、「中間試案」21頁。
(20)　「要綱案のたたき台」31頁。
(21)　「要綱仮案」16頁。

題となるときについては、債務者に対してではなく、取消債権者に対してなすことを認めてきた。ここでは、この問題に関する民法改正作業における議論の展開を検証する。なお、この問題は、詐害行為取消権の効果が債務者にも及ぶかという問題や債権回収機能の問題ともかかわる。それらの点も検証の対象とする。

(1) 「基本方針」

「基本方針」は、受益者のもとでの強制執行を可能にする制度としてとらえる責任説や訴権説を採用せず、「債務者のもとに財産を回復する制度として構成」した。この点は、従来の判例・通説と同様に折衷説に立つ。しかし、規定上は「債務者のすべての債権者に及ぶ」【3.1.2.15】と定めて債務者への効果帰属を明示しなかったためにやや明確さを欠くものの、債務者にも被告適格を認め【3.1.2.19】、「責任財産の保全に必要な範囲で債務者にも一定の効力は及ぶ」と説明しており、従来の判例・通説である相対的取消理論ではなく、債務者への効果帰属を肯定する絶対的取消理論に立ったといえる。逸出財産の回復として受益者が誰に給付するかについては、債務者への返還を原則とする規定を置いたうえで、不動産のように登記・登録することのできる財産については現在の取り扱いと同様に債務者名義の登記・登録の回復とし、動産・金銭については、取消債権者が①債務者への交付、②自己への交付、および③供託請求を選択し得るものとし【3.1.2.16】、制限的ながら債権回収機能も肯定した【3.1.2.17】。

なお、「基本方針」は、回復された財産に対する債務者の処分権の制約について議論している。相対的取消理論から絶対的取消理論への変更により、目的財産の帰属主体となる債務者が容易に執行妨害をなし得ることの認識を示す議論であり、注目される。結論としては、「仮差押え、差押えによることができるという理解のもと、現行の民事保全制度一般に委ねることとし、特別の制約の規定を設けていない。」民事保全制度による場合の保全の必要性の疎明や立保証も、債権者にとって過重な負担とはならないとの認識が示

---

(22) 前掲・注(6)・449頁。「現行の民法上の制度との親和性、現行の詐害行為取消権制度との連続性を重視し、否認権との接合や機能分担をも考慮」したためだという。同・485頁。
(23) 前掲・注(6)・483頁。
(24) 前掲・注(6)・495頁。

されている。

(2) 法制審議会での議論

　法制審議会での議論に移っても、詐害行為取消権をいかなる制度として位置づけるかについて、「検討事項」は折衷説の立場と責任説の立場の二つの可能性を示すにとどめたものの、「中間的論点整理」「論点の検討」は、折衷説を議論の出発点と位置付けた。[25]これらの案は、債務者への効果帰属について、債務者にも被告適格を認める案と訴訟告知にとどめる案の両案を併記しており、明確な立場を表明していないが、全体としては、「基本方針」同様、絶対的取消理論を前提とする折衷説を示唆していた。その方向性は、債務者に被告適格を認めた「中間試案」や、債務者の被告適格を否定したにもかかわらず、詐害行為取消を認容する確定判決が「債務者及びその全ての債権者に対してもその効力を有する」と定めた「要綱案のたたき台」「要綱仮案」に至り、明確になった。[26]

　逸出財産の回復についても、「検討事項」「中間的論点整理」では「基本方針」同様の方向性での問題提起がされていたが、[27]「論点の検討」は、登記・登録することのできる財産については現在の取り扱いと同様に債務者名義の登記・登録の回復とし、動産・金銭については、取消債権者が自己または債務者への引渡しを求めることができるとした。[28]「基本方針」とは、供託請求を選択肢から外した点で異なる。「中間試案」は、「論点の検討」とほぼ同様であるが、逸出財産が金銭・動産の場合の回復方法について、「金銭その他の動産を債務者に対して引き渡す方法。この場合において、債権者は、金銭その他の動産を自己に対して引き渡すことを求めることもできるものとする」と定め、[29]債務者への引渡しが原則であることを強調した。これに対し、「要綱案のたたき台」「要綱仮案」は、金銭・動産の場合、単に「受益者又は転得者に対し、その支払又は引渡しを自己に対してすることを求めることがで

---

(25) 「検討事項」41頁以下、「中間的論点整理」42頁以下、「論点の検討」53頁。
(26) 「中間試案」22頁、「要綱案のたたき台」55頁、「要綱仮案」19頁。
(27) 「検討事項」75頁、「中間的論点整理」33頁。
(28) 「論点の検討」101頁。
(29) 「中間試案」25頁。なお、「中間試案の補足説明」177頁は、判例法理を明文化しただけだと説明している。

きる」と定めるのみで、債務者への引渡請求に言及していない。もっとも、これらの案は、取消しの効果が債務者に及ぶことを明確に認めており、それを否定する趣旨ではあるまい。なお、「要綱仮案」は、登記・登録することのできる財産についての回復方法の規定を置いていないが、現在の処理を変更するものではないためであろう。

　債権回収機能については、「検討事項」「中間的論点整理」では検討課題にとどまったが、「論点の検討」「中間試案」は、相殺を禁止する方法で債権回収機能を否定した。これに対して、「要綱案のたたき台」は、①取消債権者のインセンティヴを失わせ詐害行為を抑止する機能が損なわれる、②相殺を禁止して債務者の取消債権者に対する返還請求権に対する債権執行を要求しても、他の債権者の手続参加が実際上想定できないことからすれば、取消債権者に無用な負担となるだけである、③訴訟告知により争う機会を保障される債務者にとって著しい不利益とはいえない等の異論があることから、相殺禁止の明文の規定を置くことは見送り、実務の運用や解釈等に委ねた。「要綱仮案」も、相殺禁止の規定を置いていない。

3　小括

　債権者代位権について、代位債権者が直接に金銭の支払いや動産の引渡しを求めることができるかについては、「基本方針」ではやや制限的な議論がされていたものの、法制審議会は、一貫して判例・通説の立場を維持する立場であった。債権回収機能については、「中間試案」まではこれを否定する提案がされていたものの、最終的には解釈に委ねた。この問題についても、当面は、判例・通説の立場が維持されることになろう。しかし、これらの点について判例・通説の立場が維持されても、第三債務者は誰に対して支払い・引渡しをするのかという視点でみると、処分制限効が否定されたこととの関係で、第三債務者は、代位債権者に対してのみならず、債務者に対しても支

---

(30)　「要綱案のたたき台」53頁、「要綱仮案」19頁。
(31)　「検討事項」70頁、「中間的論点整理」32頁。
(32)　「論点の検討」94頁、「中間試案」26頁。
(33)　「要綱案のたたき台」55頁。

払い・引渡しをすることができることになった。債務者に支払い・引渡しがされたのでは、債権回収機能が発揮されないことはもとより、強制執行手続きの実効性も危うい。かかる実効性の確保は、専ら民事保全手続きによるべきことになった。

詐害行為取消権については、当初から折衷説を前提に議論が展開し、詐害行為取消権によって回復した財産に対するその後の強制執行を正当化できないという相対的取消理論の理論的難点を解消するために、債務者への効果帰属を肯定する絶対的取消理論が志向された。逸出財産の回復方法について、金銭・動産の取消債権者への直接の支払い・引渡しが一貫して肯定された一方で、債務者への効果帰属と符合して、原則は債務者への支払い・引渡しであることが強調された。ここでも、債権者代位権の場合と同様に、債務者に支払い・引渡しがされたのでは、債権回収機能が発揮されないことはもとより、強制執行手続きの実効性も危うくなる。ここでも、執行手続きとの接続は、専ら民事保全手続きに委ねられることになった。

Ⅲ　民事保全手続上の手段と課題

民法上の責任財産保全制度と民事執行法上の強制執行制度とは、民事保全手続きが一定の役割を担っているとはいえ、もともと十分な連携が図られていたわけではない。今般の民法改正作業が債権者代位権の処分制限効を否定し、詐害行為取消権の債務者への効果帰属を肯定したことから、第三債務者や受益者が債務者に弁済する可能性が強まったため、民事保全手続きがより大きな役割を担うことになることが予想される。ここでは、代位債権者や取消債権者がいかなる民事保全手続きを利用することができるのか、および、その手続きにいかなる課題があるのかを検討する。ここでは、金銭債権を被保全債権とする債権者代位権の行使または詐害行為取消による逸出財産の回復が、①不動産の登記請求、②金銭の支払請求、および、③動産の引渡請求の形式をとる場合に限定する。

1 債権者代位権
(1) 金銭債権を被保全債権とする登記請求権の代位行使の場合

　Aが金銭債権を有する債務者Bが唯一の資産として甲不動産を所有しているのに、その不動産が第三者C名義で登記されている場合、Aは、甲不動産に対して強制執行することができない。不動産執行の対象となる不動産は、債務者名義の登記がされているものに限られるからである。また、民事執行法上、動産執行のみならず動産の引渡請求権に対する債権執行（143条）も認められている動産の場合とは異なり、不動産の引渡請求権に対する債権執行は存在しない。[34]登記請求権の差押えも認められていない。[35]そこで、Aは、Cに対する債権者代位訴訟を提起して、BのCに対する（抹消または移転）登記請求権を代位行使することにより、甲不動産をBの登記名義にした上で、不動産執行手続きを進めなければならない（Cの協力が得られるときは、裁判手続きによらずに、Bの登記申請権に代位して、Cと共同申請する方法もある）。債権者代位権が民事執行制度や民事保全制度では代替できない不可欠な役割を演じる領域であり、もっとも責任財産保全制度らしい機能を果たす領域である。[36]

　しかし、①Aが代位訴訟の勝訴判決に基づき（抹消または移転）登記を申請し、その旨の登記が経由された後、不動産執行の申し立てによる差押登記前に、Bが甲不動産をDに譲渡し登記を移転した場合、および、②Aの代位訴訟提起後、判決による登記申請によってB名義の登記が経由される前に、BCの共同申請によってB名義の登記が経由されて、Bが甲不動産をDに譲渡し登記を移転した場合も、処分制限効によってBに登記申請権や譲渡の権限はなくこれらの処分は物権的には無効と解されるものの、B名義の登記が失われた以上、不動産執行は奏功しない。②の事例は、処分制限効を否定する改正が行われれば、Bの登記申請権や譲渡の権限が正当化されることから、増加する恐れがある。

　この場合に債権者が用いることのできる民事保全手続きは、BのCに対する（抹消または移転）登記請求権を被保全債権として甲不動産の処分を禁止す

---

[34] 民事執行法制定の際にこのような執行制度が導入されなかった経緯については、浦野雄幸「民事執行関係判例の展望（4）・(5)」ＮＢＬ269号18頁および270号23頁。
[35] 大阪高決昭和56・7・27判時1028号55頁。
[36] 天野弘「債権者代位権における無資力理論の再検討（下）」判タ282号34頁。

る旨の仮処分（民保23条1項）を、AがBに代位して申し立てることによる。すなわち、この手続き自体、債権者代位権の行使による。この処分禁止の仮処分の執行は、処分禁止の登記をする方法によって行われ（民保53条1項）、その登記後に甲不動産についてされたCの処分は、「仮処分の債権者が保全すべき登記請求権に係る登記をする場合には、その登記に係る権利の取得又は消滅と抵触する限度において、その債権者に対抗することができない」（民保58条1項）とされ、仮処分債権者は、処分禁止の登記に後れる登記を抹消することができる（同条2項）。この処分禁止の仮処分により、Aは、Cが甲不動産を第三者に処分して移転登記を経由することに対処することができる。しかし、ここでの問題は、この処分禁止の仮処分により、CがBに登記名義を移すことを阻止できるかである。

第1に、処分禁止の仮処分の効力に関する問題がある。①ではCの「処分」はないので仮処分に触れるとはいえないであろう。②では、Cが自発的にBへの登記の回復・移転に協力することが、処分禁止の仮処分が禁じた「処分」にあたるのか、すなわち、民保58条1項の「その登記に係る権利の取得又は消滅と抵触する」のかが問題となる。Aが代位行使するのはあくまでもBのCに対する登記請求権であることを重視すると、被保全債権たる登記請求権実現のための仮処分がその登記請求権の実現を制限するはずがないと解する立場もあり得る。この立場では、この処分禁止の仮処分は、CがBに登記名義を移転・回復することを阻止できないことになる。これに対し、この仮処分が不動産の登記名義をCに固定させて、Aの代位訴訟を経由してAのBに対する強制執行手続きの開始を可能にしようとするものであることを重視して、CがBに登記名義を移転・回復させてもこの仮処分に反して無効と解する見解がある。この立場では、民保58条1項の「その登記に係る権利」とは、「単なるBのCに対する登記請求権」を意味するのではなく、「代位訴訟の勝訴判決によってAが申請することを前提としたBのCに対する登記請

---

(37) 本多清二「債権者代位権に基づく処分禁止仮処分について」日本法学56巻2号25頁以下。それゆえ、この場合の処分禁止の仮処分を発してもらうためには、仮処分自体の要件として、被保全債権たる登記請求権の存在および登記請求権保全の必要性が必要であるだけでなく、債権者代位権固有の要件も満たさなければならない。

(38) 本多・前掲注（37）・36頁。

求権」と解することになろう。また、この立場でも、Bに移転・回復された登記名義がBに留まっている場合に、Aが直ちに強制執行を申し立てることは可能とされる。仮処分に反してなされた処分は、仮処分債権者との関係で相対的に無効とされるのであり、仮処分債権者が有効と認めることは可能だからである。

　形式論からは、前者の立場が素直ともいえる。しかし、代位訴訟の勝訴判決に基づいて債権者が申請する場合と、債務者・第三債務者の共同申請による場合とでは、その後の強制執行の実効性が大きく異なることに鑑みれば、後者の立場を支持すべきであろう。前者の立場では、登記名義を回復したBによる第三者への処分を詐害行為として、第三者を被告とする詐害行為取消訴訟を提起しなければならないことになる。債権者は、責任財産を保全するために債権者代位訴訟を提起するとともに、処分禁止の仮処分まで申し立てておきながら、別途、詐害行為取消権の提起を余儀なくされることになる。これでは、債権者代位権と詐害行為取消権の手続的な連携が整備されているのであればともかく、制度のありようとして利用者の納得を得られるとは思えない。本来は債権者代位権制度が自己完結的に、少なくとも民事保全手続きとの併用によって、強制執行可能な状態が作出される必要がある。

　第2に、処分制限効が否定されることとの関係で、Aが処分禁止の仮処分を申し立てても、Bが処分禁止の仮処分を申し立てることが可能になるところ、Bの申立がAの申立に影響するのではないかが問題になる。また、Aの申立をBが取り下げることができるのかも問題となり得る。

　後行のBの申立によって先行のAの申立の要件である保全の必要性が事後的になくなるのか、あるいは、「債務者がその権利を行使しないこと」という債権者代位権の要件を欠くので先行のAの申立は基礎を失うのではないかが問題になる。逆に、先行のAの申立がなされると後行のBの申立は保全の必要性を欠くとも考えられる。不動産執行の実効性を確保するためには、A

---

(39) 本多・前注。
(40) 本多・前掲注 (37)・34頁。
(41) これに対して、本多・前注は、代位債権者はいつでも申請の取り下げができることを理由に、債権者に仮処分命令が発せられても、債務者についての保全の必要性は認められるとする。

の主導権を維持する方向性で検討されるべきであろう。また、Aの申請をBが取り下げることの可否についても、否定するのが望ましい。

なお、①の場合に対処するには、たとえば、登記名義回復後の強制執行を保全するため、Bを債務者とする土地の仮差押えについても検討すべきであろう。

かくして、この処分禁止の仮処分が第三債務者の自発的な債務者への登記名義の移転・回復を阻止できるかについては、処分制限効の否定とからみ、なお課題がある。しかし、それが阻止できないとすると、債権者の知らないうちに債務者名義の登記がなされて第三者に処分されるなど、債権者代位権の責任財産保全機能が不全に陥り、不動産執行の実効性が大きく低下する。第三者名義の債務者の不動産に対して強制執行するには、債権者代位権によるしか手段がないことに留意する必要がある。

(2) 金銭債権を被保全債権とする金銭債権の代位行使の場合

Bに金銭債権を有するAがBのCに対する金銭債権を代位行使する場合である。この場合の代位訴訟において、AがCに対して直接自己に支払うことを求めることができるという従来の扱いは、民法改正後も維持される模様である。しかし、Bの処分制限効が否定されることになることから、CがBに弁済することが可能となり、その場合、Aの代位訴訟は棄却される。CのBに対する弁済が代位訴訟の判決確定後の場合も、Aの強制執行は否定されることになろう。

もとより、AがBに対する債務名義を取得しているときは、差押命令による債権回収が可能である。債務者が債務名義を取得していない場合に活用できる民事保全手続きとしては、二つのものが指摘されてきた。[42]第1は、BのCに対する被代位権利を被保全債権とするCの一般財産に対する仮差押えをAが債権者代位権によって申請する方法であり、[43]第2は、AのBに対する債権を本案として、BのCに対する金銭債権を仮差押えする方法である。

---

(42) 法制審議会・民法(債権関係)部会の第82回会議議事録における金関係官の発言。

(43) これについては、古河謙一「債権者代位権の行使による仮差押えの問題点」門口正人・須藤典明編『新・裁判実務大系 第13巻 民事保全法』(青林書院、2002年) 93頁、村越一浩「債権者代位権による仮差押え」判タ1078号81頁。

第1のものは、Aが代位訴訟に勝訴してCのAに対する給付判決が確定したにも関わらず、Cが任意の弁済に応じない場合に備えた手段である。この手続きは、仮差えの対象とされた特定の財産について、Cの処分を制限するものであり、CがBに金銭債務を弁済することを阻止するものではない。この手続きは、債務者の処分制限効が否定されることによって生じる問題点を補完するものではない。また、この手続きは、債権者代位権の方法によるものであるから、(1)で検討した処分禁止の仮処分と同様、処分制限効の否定により、Aの申立後のBの申立・取り下げといった困難な問題を生じる。

　これに対し、第2のBの金銭債権を仮差えする方法では、保全執行裁判所が第三債務者Cに対し債務者Bへの弁済を禁止する命令を発する方法で執行されるため（民保50条1項）、CのBに対する弁済が禁止される。したがって、この手段を講じておけば、債権者代位権の処分制限効が否定されても、対応できることになる。

　金銭債権保全のための金銭債権の代位行使については、債務者の金銭債権の仮差えにより、民法改正によって債権者代位権の責任財産保全の実効性が大きく損なわれることはないといえる。

(3)　金銭債権を被保全債権とする動産の引渡請求権の代位行使の場合

　Bの所有だがCが占有する動産に対して動産執行するために、Bに対して金銭債権を有するAが、それを被保全債権として、BのCに対する動産の引渡請求権を代位行使することがある。動産の差押えは、債務者が占有する動産に対して行われるのが原則だからである（民執123条1項）。Aが勝訴すると、Cはその動産をAに引き渡すよう命じられ、Cが任意に履行すると。Aは、債権者が占有する動産も差し押さえることができるので（民執124条）動産執行手続きを進めることが可能になる。ところが、処分制限効が否定されると、Cが動産をBに引き渡すことが予想され、Bがその占有を継続すればともかく、第三者に引き渡してしまうと、動産執行は奏功せず、債権者代位権も責任財産保全の役割を果たせないことになる。もっとも、Aが債務名義を有するときは、不動産の場合とは異なり、BのCに対する動産引渡請求権を差し押さえる債権執行の方法で強制執行できるので、債権者代位権を行使する必要性は、必ずしも大きくない。

これに対処する民事保全手続きとしては、理論上は、債権者代位権により当該動産についての仮処分を求めることが考えられる。たとえば、Cに対する当該動産の執行官への引渡命令が可能であれば、処分制限効の否定にもかかわらず、CのBへの引渡しを阻むことができよう。もっとも、この手続き自体が債権者代位権の行使によるものであるから、(1)で検討した処分禁止の仮処分と同様、Aの申立後のBの申立・取り下げといった問題は生じ得る。

次に、AのBに対する金銭債権を被保全債権として、BのCに対する動産引渡請求権を仮差押えする方法が考えられる。これも、保全執行裁判所が第三債務者Cに対し債務者Bへの弁済を禁止する命令を発する方法で執行されるため（民保50条1項）、処分制限効の否定に対処できる。もっとも、この方法は、占有をCにとどめるため、その後の動産引渡請求権に対する債権執行とは整合的だが、Cが任意に目的動産をAに引き渡すことを前提とする点において、債権者代位権を介しての動産執行とはやや整合しない。

金銭債権保全のための動産引渡請求権の代位行使については、これらの保全手続きにより、民法改正によって債権者代位権の責任財産保全の実効性が大きく損なわれることはないといえよう。

2 詐害行為取消権
(1) 逸出財産の回復が抹消・移転登記による場合

Bの債権者AがBC間の不動産の贈与契約を詐害行為としてその取消を求め勝訴すると、BC間の贈与の取消しとBからCへの移転登記の抹消登記が命じられる。Aは、この判決に基づき抹消登記を申請し、それが実現されるとその不動産に対して不動産執行手続きを進めることができる。しかし、①Aの判決による登記申請による抹消登記後、不動産執行の申し立てによる差押登記前にBが当該不動産を第三者Dに処分して登記を移転した場合、②取消判決確定後、Aの判決による登記申請前にBCの共同申請によって移転登記の抹消登記を得たうえでBが当該不動産をDに処分して登記を移転した場合、あるいは、③取消訴訟判決確定前に、BCが錯誤等を理由に移転登記の抹消登記を得たうえでBが当該不動産をDに処分して登記を移転した場合に、不動産執行は奏功しない。この場合、Aは、予め申し立てた民事保全手

続きによってかかる事態を回避できるか。

　この場合に取消債権者が申し立てることのできる保全手続きは、詐害行為取消権自体を被保全債権とする受益者等に対する処分禁止の仮処分であるとされている。

　この仮処分は、①から③の事態に対処できるか。②③ではＣが抹消登記申請に関与したことが禁止された「処分」に該当するかが問題となる。③は、すでに裁判上問題になった。津地裁伊勢支判昭和55・1・18判時1009号78頁は、錯誤による抹消登記によって土地の所有権がＢに復帰した状態を現出したことになり、「Ａの詐害行為取消権の目的はここに達せられ、それはまさにＡの主張する実体的権利関係に符合したこととなる」として、禁止された処分への該当性を否定した。これに対し、その控訴審判決たる名古屋高判昭和56・3・30判時1009号75頁は、処分禁止の仮処分によって禁止される「処分」は「債務者であるＢから受益者であるＣへの所有権移転登記が抹消されて登記名義がＢに復帰した場合をも含む」と解した。そう解さなければＢが詐害行為を何度でも繰り返すことができることになり、「仮処分の意味は全くなくなる」からであるとする。一・二審で判断が分かれた背景には、詐害行為取消権の目的を「逸出財産の債務者への回復」自体に求めるのか、それを介しての「強制執行できる状態の作出」に求めるかの違いがある。この仮処分の被保全債権は詐害行為取消権自体であり、「処分」該当性も、強制執行できる状態の作出という責任財産保全の趣旨に照らして判断されるべきであろう。「取消債権者が判決による登記申請を行うことを介して債務者の登記名義を回復すること」以外の行為は、「処分」に該当すると解すべきである。そう解すると、③のみならず②の事態にも対処することができる。なお、民法改正による相対的取消理論から絶対的取消理論への変更は、②の場合のＢ

---

(44)　東京地裁保全研究会「詐害行為取消権に基づく保全処分―東京地裁保全研究会報告（三）」判時1153号3頁、飯原一乗「詐害行為取消権に基づく民事保全」中野貞一郎・原井龍一郎・鈴木正裕編『民事保全講座第3巻　仮処分の諸類型』（法律文化社、1996年）123頁、善元貞彦「詐害行為取消権に基づく仮処分」塚原朋一・羽成守編『現代裁判法大系⑭［民事保全］』（新日本法規出版株式会社、1999年）228頁、浅田秀俊「詐害行為取消権に基づく民事保全」判タ1078号134頁。

(45)　野村秀敏「本件判批」判評278号42頁は、本判決の結論には共感を示しつつ、その理論構成が詐害行為取消権の法的性質についての判例・通説と整合しないとする。

の登記申請権や処分権限の問題には影響を与えるものの、Cの行為の「処分」該当性には直接的には影響しないと思われる。

これに対し、①の場合、Cはなんら「処分」をしておらず、Aは、BD間の譲渡が仮処分に反する無効なものと主張することはできないように思われる。この点に関し、「Aは、当事者をCに恒定することを目的として、Cを債務者とする土地の処分禁止の仮処分を申し立て、これに加えて、登記名義回復後の強制執行を保全するため、Bを債務者として、土地の仮差押えを申し立てることになる」との指摘がある。このようにBを債務者とする仮差押えを併用できるのであれば、①の事態にも対応できる。また、②③の場合に、BCによるB名義の登記回復が仮処分によって禁止された「処分」に該当しないと解された場合にも、対応できることになる。不動産執行の実効性確保のために、積極的に検討されるべきであろう。しかし、処分禁止の仮処分と仮差押えのかかる併用は、第三者名義の不動産に対する仮差押えを認めることになる点で、実務上容易に認められうるかについては疑問が残る。

(2) 逸出財産の回復が金銭の支払いによる場合

債務者Bの弁済が例外的に詐害行為になる場合や、現物返還不能の結果価格賠償になる場合である。民法改正案は、受益者C等が取消債権者Aに直接支払うことを認めつつ、絶対的取消理論を採用したことから、Bへの支払いも肯定することになる。その結果、Aの努力は水泡に帰す。

この場合の民事保全手続きは、詐害行為取消権を被保全債権とするCの一般財産に対する仮差押えになるとされている。しかし、この仮差押えは、CがBに金銭債務を弁済することを制限する効力を有しない。その結果、債権回収機能は、改正案はその是非を解釈論に委ねた体裁をとっているものの、事実上機能しないことに決しているともいえる。ともかく、この場合の責任財産保全の実効性は極めて低い。

そこで、債務者にも取消の効果が及ぶことになることを踏まえ、AのBに対する金銭債権を被保全債権として、取消しによってBがCに対して取得す

---

(46) 一木文智「詐害行為取消権に基づく仮処分の問題点」門口正人・須藤典明編『新・裁判実務大系 第13巻 民事保全法』(青林書院、2002年) 151頁。

(47) 飯原・前掲注 (44) 125頁など。

ることになる不当利得返還請求権を仮差押えするという方法が検討されてしかるべきであろう。

　(3)　逸出財産の回復が動産の引渡による場合

　この場合も、債権者代位権の場合と同様、受益者Cが目的動産を債務者Bに引き渡し、Bがそれを第三者Dに譲渡して引き渡したような場合、Aのその後の動産執行は奏功しない。この場合の保全手段としては、詐害行為取消権を被保全債権とするCに対する処分禁止の仮処分ないし占有移転禁止の仮処分が指摘されている。この仮処分として、動産の執行官への引渡命令が発せられ執行されると、CのBへの引渡しを阻み、その後の動産執行とも接続しやすい。この問題については、現状の保全手段で十分といえる。

Ⅳ　結びに代えて

　19世紀のフランス法において、債権者代位権も詐害行為取消権も、当初から「目的財産の債務者への帰属・回復」を介して責任財産を保全する制度として確立されていたわけではない[48]。このようにとらえると、両制度を共通の制度として理解することが可能になることなどから、次第に基礎理論として確立していったものである。しかし、この基礎理論は、当初から、現実に目的財産を債務者に帰属させることが必ずしも責任財産の保全に結び付かないという矛盾を孕んでいた。フランスや日本におけるこの問題についての民法理論の展開は、かかる矛盾の中で、「目的財産の債務者への帰属・回復」という枠組みのギリギリの範囲内で、ときにはその枠組みをはみ出して、責任財産保全の実効性を確保しようとする努力の歴史であったとさえいえる。しかし、今般の民法改正作業は、かかる努力をリセットする内容となった。その衝撃は大きい。しかし、われわれは、先人たちの努力を受け継ぎ、与えられた条件の中で（もとより適切な範囲で）責任財産保全の実効性確保に努めなければならない。

　債権者代位権の問題の多くは民事執行法上の制度で処理すべきであり、詐

---

(48)　工藤・前掲注(5)、同「フランス法における債権者代位権の機能と構造(1)～(3)」民商法雑誌95巻5号、96巻1号および2号)。

害行為取消権の問題の多くは破産法等の倒産法制で対応すべきであるとの考え自体には反対ではない。しかし、そのように誘導するために、債権者代位権・詐害行為取消権の実効性を敢えて低下させることには賛成しかねる。制度を利用する者に不利益・混乱を生じさせるからである。

両制度の実効性は、今後、民事保全制度に大きく依存することになる。しかし、その活用の仕方については、とりわけ不動産が問題となる場面で、素人目にもなお課題が多い。今後、専門家の協力を得ながら、さらに検討を進めていきたい。

本稿は、円谷峻先生が中心となって明治大学で行われた民法改正についての研究会での活動がベースになっている。[49]この場を借りて、先生の学恩に感謝したい。

---

(49) その成果として、円谷峻編著『民法改正案の検討　第1巻～第3巻』（成文堂、2013年）。

オーストリア事業法における事業譲渡の当事者による合意と第三者の法的地位

佐 藤 秀 勝
Hidekatsu SATO

Ⅰ はじめに
Ⅱ UGBにおける事業譲渡に関する規律
Ⅲ 若干の検討
Ⅳ 結びに代えて

Ⅰ はじめに

1 問題の所在

本稿は、営業ないし事業が譲渡される場合において（以下、表記上の便宜のため、基本的に「事業」、「事業譲渡」を用いる）、事業の譲渡人の債務の承継が譲渡人・取得者（以下、両者を合わせて譲渡当事者とする）の合意により排除されるとき（以下、この合意を非承継合意ないし特約とする）、譲渡人の債権者はどのように保護されるかという問題を検討するものである。

事業譲渡は、一定の営業目的のために有機的一体となった組織的財産を譲受人に譲渡するものである。その際、譲渡の対象については、原則として当該事業を構成する一切の財産が譲渡の対象となるが、特約によって一部の財産を除外することができ、とりわけ事業譲渡が組織再編を目的とする場合には、譲渡人の債務が取得者に承継されないことも多いとされている[1]。しかしこのことは、対象から除外された債務の債権者にとっては、債権の回収不能のリスクが高まり、不測の不利益を被るおそれがあることを意味する。そこで、この場合に債権者をどのように保護するかが問題となる。

---

(1) 江頭憲治郎編『会社法コンメンタール1』（商事法務、2008年）208頁〔北村雅史〕。

この問題は近時、とりわけ過払金返還債務の承継をめぐる紛争においてクローズアップされた。下級審ではこの点に関する判断は分かれていたが、最三小判平成23年3月23日（裁時1528号13頁）は、貸金業者が借主に対して有する貸金債権等の資産を一括して譲渡する契約（資産譲渡契約）がなされた事案について、ⓐ当該資産譲渡契約の条項では、譲受人が過払金返還債務を承継しないことが明確に定められているとして債務引受を否定し、また、ⓑ「譲渡業者の有する資産のうち何が譲渡の対象であるかは、上記合意の内容いかんによるというべきであり、それが営業譲渡の性質を有するときであっても、借主と譲渡業者との間の金銭消費貸借取引に係る契約上の地位が譲受業者に当然に移転すると解することはできない」と判示して、契約上の地位の移転も否定した。これと同じ判断は、同様の事案を扱った最一小判平成23年7月7日（判時2137号43頁）、最二小判平成7月8日（判時2137号46頁）でもなされている。このように最高裁は、過払金返還債務につき譲渡業者・譲受業者間で明確な非承継合意がなされている場合には、資産譲渡契約の文言を重視し、過払金返還債務は承継されないことを明らかにした。

　学説では、貸金業者の事業再編を重視する立場からこれらの判決を積極的に評価する見解や、譲渡当事者間で明示的な非承継合意があるにもかかわらずそれと異なる合意の認定等の手法で債務の承継を認めることは事業譲渡契約一般に不安定性をもたらすおそれがあるとして、これをやむを得ないとする見解が主張されている。これらの見解では、債権者の保護は、民法や商法、会社法、破産法上の一般的な制度により図られることになる。例えば、①詐害行為取消権や②否認権、③譲渡人または譲渡会社（以下、譲渡人等）の商号が続用されている場合における譲受人または譲受会社（以下、譲受人等）の責任に関する規定（商17条、会社22条）、④譲受人等による商号の続用がない場合に事業債務の引受の広告がなされた場合の譲受人等の責任に関する規定（商18条、会社23条）等である。さらに⑤2014年6月に公布された改正会社

---

(2) 過払金返還債務の承継が問題となる事例類型には、その他、債権譲渡事例、切替事例、信託譲渡事例がある。
(3) 水野信次「判批」銀法742号96頁、大塚和成「判批」銀法756号89頁。
(4) 中田裕康「判批」金法1929号63頁。

法では、詐害事業譲渡の場合に残存債権者が譲受会社に対し履行請求できることが認められた（会社23条の2）。

しかし、最高裁判決の立場に対しては、事業譲渡の当事者間で非承継合意を明確に定めることが常態化し、顧客である消費者に一方的に不利になる等の批判がある。また、上記の債権者保護のための諸制度には、それぞれ限界があることも指摘されている。そのため、学説では、貸金債権と利息支払債権との表裏一体性や事実上の推定等を根拠として契約上の地位の移転を認める見解や、非承継合意の効力を信義則により制限することによって債務の承継を認める見解等が主張されている。

以上の議論では、事業譲渡において譲渡当事者の合意が尊重されるとしても、譲渡人の事業に関する債務（とりわけ、既発生の債務）の承継が、債権者との関係でも、その合意のみによって排除されてよいか、排除されるとする場合、債権者はどのように保護されるか（上記の諸制度による保護のみで十分か）が問われていると言える。

2　検討の対象・順序

本稿は、以上の問題に関する基礎的な研究の一環として、オーストリアの事業法（Unternehmensgesetzbuch（UGB））における事業譲渡に関する規定を検

---

(5) 但しこれについては、詐害行為取消権と比べると、行使方法の点を除き、内容的に大きく異ならないとの評価もある（例えば、田路至弘他「特集＝改正会社法と実務対応Q&A」金法2002号59頁〔荒田龍輔〕）。
(6) 例えば、野澤正充「判批」民商145巻1号68頁。
(7) この点に関する詳細な検討として、遠藤研一郎「営業譲渡・債権譲渡に伴う債務承継に関する一考察」平井喜寿『財産法の新動向』（信山社、2012年）395頁。
(8) 例えば、野澤正充「営業譲渡・契約譲渡と譲渡人の債務の承継」みんけん577号（2005年）3頁、岡林伸幸「判批」市民と法70号15頁。
(9) 藤山文夫『営業譲受人の責任』別冊消費者法ニュース（2007年）67頁。
(10) 例えば、山城一真「判批」現代消費者法12号110頁、野澤・前掲注（6）74頁。
(11) 遠藤元一「判批」金判1378号2頁は、合意の第三者効の観点からこの問題を捉える。
(12) なお、法制審議会民法（債権関係）部会の審議過程では、現行法上規定のない債務引受や契約上の地位の移転に関する規定の新設が検討され、「民法（債権関係）の改正に関する要綱仮案」（平成26年8月26日）では、これらに関する規定が設けられている。但しこれに対しては、池田真朗教授による問題点の指摘がある（同教授の論稿として、ここでは同「債権譲渡から債務引受・契約譲渡へ」内池追悼『私権の創設とその展開』（慶応義塾大学出版会、2013年）127頁、同「債務引受と契約譲渡」金法1999号34頁のみを挙げておく）。

討するものである。これを取り上げる理由は、次の通りである。

　オーストリアでは、2005年10月27日の商法改正法（Handelsrechts-Änderungsgesetz, BGBl I 2005/120）により、従来の商法典（HGB）がUGBへと改められた（2007年1月1日施行）。これは、オーストリア（およびドイツ）における企業法論が立法として結実したものと評価されており、日本でも商法学者により注目されているが[13]、民法学の観点からも検討に値する規律を含んでいる。その一つが、事業譲渡に伴う譲渡人の「事業に関連する・一身専属的でない法律関係」（以下、基本的には「事業に関連する法律関係」と略称する）の移転を規律する38条である[14]。これによれば、譲渡人の「事業に関連する法律関係」は、事業譲渡に伴い原則として取得者に移転する。他方、同規定は任意規定であるため、譲渡当事者の特約があればそれが優先する。しかし、同規定が定める「第三者」（＝譲渡人の契約相手方または債権者）の権利を制限ないし排除する特約については一定の制限が課されている。このようにUGB38条は、日本法にとっても興味深い規律を含んでおり、前述した課題の解決にとって有益な視点を提供し得ると期待される。

　そこで本稿は、上記の点に関するUGB38条の規律内容を明らかにし、事業譲渡の当事者の合意と譲渡人の債権者の保護という問題に関する比較法的な資料を提供することを目的とする。紙幅の関係上、日本法との比較検討は別の機会に委ねざるを得ないが、予めご容赦願いたい。

　以下では、まずUGB38条の規律内容および関連する事項を概観したのち（Ⅱ）、若干の検討を行う（Ⅲ）。

---

[13]　オーストリア商法典の歴史および2005年の改正については、遠藤喜佳「商法から企業法へ」法学新報114巻11・12号（2008年）25頁、高橋英治「ドイツ・オーストリア法における企業法論の発展」奥島古希『現代企業法学の理論と動態　第一巻《上編》』（成文堂、2011年）29頁。

[14]　筆者は以前、若干の検討を行った（拙稿「オーストリア企業法における事業譲渡と契約引受」松本還暦『民事法の現代的課題』（商事法務、2012年）723頁）。

Ⅱ　UGBにおける事業譲渡に関する規律

1　はじめに
（1）HGB改正によるHGB25条以下の廃止とUGB38条以下の新設

　2005年のHGBの改正は、幅広い項目を対象としていたが、その一つが事業移転に関する規律であった。HGBは、25条ないし28条で営業譲渡を規律し、それらのうち25条および26条において特定承継により営業を取得した者の責任等を規定していた。改正に関する政府案の理由書は、これらの規定の問題点として次の点を挙げていた。すなわち、①HGB25条は、商号の続用を営業譲渡の法的効果および取得者の責任の要件としていたこと（なお、取得者責任の根拠をめぐっては、従来より表示説、権利外観説、責任基金説、連続性説等の多様な見解が主張されていた(16))、②HGB25条1項は、債務に関する取得者責任と債権移転の擬制のみを定めており、事業に関連する契約上の地位や形成権の移転に関する規定を欠いていたこと、③従来の判例は、事業移転による事業に関連する法律関係（契約関係）の移転を容易にするために、それに関与する者の推断的な合意等の方法を利用していたが、これらは、多くの問題を巧みに隠してしまっていたこと(17)等である。

　改正により、HGB25条以下の規定は廃止され、新たにUGB38条ないし40条により事業譲渡が規律されることになった。これらのうち、本稿の対

---

(15)　ここでは、HGB25条の抄訳のみを掲げる。
　(1)生前行為により取得した営業を、承継関係を示す付加文字を付加し、又は付加することなく従前の商号の下で継続する者は、その営業の経営において設定された前営業主のすべての債務につき責任を負う。営業の経営において設定された債権は、前営業主又はその相続人が商号の続用に同意したときは、債務者に対しては取得者へ移転したものとみなす。
　(2)これと異なる合意は、商業登記簿に登記されかつ公告され又は取得者若しくは譲渡人により第三者に通知されるときに限り、第三者に対して効力を生ずる。

(16)　これに関するオーストリアの学説の概要については、拙稿・前掲注(14)729頁以下。ドイツ法を中心とする詳細な文献として、小橋一郎「商号を続用する営業譲受人の責任」上柳還暦『商事法の解釈と展望』(有斐閣、1984年)1頁、服部育生「ドイツ商法二五条における営業取得者の責任」平出・高窪古希『現代企業・金融法の課題(下)』(信山社、2001年)707頁、大山俊彦「商号続用と営業譲受人の責任について」『企業形成の法的研究』(信山社、2000年)89頁（初出：明治学院論叢653号（法学研究70号）(2000年)1頁）等がある。

(17)　ErlRV 1058 BlgNR 22. GP, 28.

象である同 38 条は、特定承継により事業が移転する場合における譲渡人の「事業に関連する・一身専属的でない法律関係」の取得者への移転、および譲渡人や取得者が負う責任等について規定する（同規定は、もはや商号続用を要件としていない）。なお、同 39 条は譲渡人の責任（38 条 1 項）の時間的制限を規定し、同 40 条は、相続人が事業を継続する場面について規定している。

（2）UGB38 条の規範目的

(a) UGB38 条以下は、連続性説に基づく規定である。同説は、すでに HGB のもとで主張されていたものであり、同 25 条および 28 条を、事業（営業）の譲渡によりその所持者が交代する場合にも、事業に属する債務や法律関係を共に取得者に移転させることにより、経済的・組織的な統一体としての事業の存続を容易にするための規定と見る見解である。すなわち、事業は、権利能力を有しないため、事業に関連する債務関係の帰属主体となるのは、事業ではなく、その所持者である。この前提に立つ場合、事業に属する債権・債務・契約関係等は、権利の主体たる事業所持者が交代するときでも譲渡人にとどまることになる。しかしこのことは、譲渡人や取得者だけでなく、譲渡人の相手方当事者にとっても不利益である。むしろ、事業の所持者が交代するにもかかわらず、取引関係と事業の結合を維持することがすべての関係当事者の利益に通常は合致する。このことから、事業の権利能力の欠如を補い、事業の所持者が交代する場合であっても、事業に属する債務や契約関係がその都度の事業の所持者に割り当てられるようにするための規定が必要となる。HGB25 条はこのための規定であると解される。[18]

UGB の立法者は、この——HGB のもとでは少数説であった——連続性説を採用した。[19] その主眼は、事業者にとって特定承継の方法による事業の譲

---

[18] 連続性説の主唱者として、オーストリアでは Krejci (ders, Betriebsübergang und Arbeitsvertrag, 1972, S. 216ff, ders, Handelsrecht, 2., neubearb. Aufl., 2001, S. 106)、ドイツでは K. Schmidt (ders, Handelsrecht Unternehmensrecht I , 6., Aufl., 2014, §7, Rz. 36) が挙げられる。

[19] HGB のもとでは少数説であった連続性説がなぜ UGB に採用されたのかは興味深い問題であるが、紙幅の関係上、ここでは以下の点を指摘するにとどめる (Dellinger in Zib/Dellinger, §38, Rz. 9 を参考にした)。①連続性説の関心は、HGB の解釈よりも、法政策的なヴィジョン、すなわち事業に関連する契約関係が残存当事者の意思とは無関係に移転することを認めることにより、特定承継による事業移転を容易にすること（注 20 参照）、および契約引受に関する特別規定（契約関係が残存当事者の同意なしで移転することを認める労働契約適合法 3 条や賃借法 12a 条等）にあった。②改正の最初の段階から、連続性説の主唱者である Krejci および K. Schmidt が

渡が従来よりも容易になるようにするため、事業譲渡の際、事業に関連する法律関係の移転を容易にする規律——契約関係や個々の債務が、民法の一般原則と異なり、第三者の同意なしで移転するという規律——を設けることにあった。[20][21]

(b) UGB38条はまた、実用的な目的適合規定 (pragmatische Zweckmäßigkeitsvorschrift) である。すなわち、同規定では、事業譲渡の関係当事者の典型的な利益状況（事業が譲渡される場合、通常は、事業に関連する法律関係が取得者のもとで継続することが譲渡人・取得者・第三者の利益に合致する）が考慮されている。[22]

2　事業譲渡に伴う法律関係の移転（UGB38条1項）

UGB38条1項前段は、生前行為により事業を取得した者が事業を継続する場合、取得者は、事業譲渡の時点において、事業に関連する・一身専属的でない譲渡人の法律関係を引き受けると規定する。以下では、移転する法律関係の範囲、および法律関係の移転の法的構造のみを取り上げる。[23][24]

(1) 移転の対象となる法律関係

移転の対象となるのは、事業に関連する法律関係、および事業移転までに発生した権利・義務である（なお、38条所定の効果を生じさせる事業移転が認められるためには、従来の事業との同一性が維持されていること、換言すれば、取得された事業がその本質的な核心において維持されていることが必要である。このことは、主として事業の一部が譲渡される場合に問題となる）。[25][26]

　大きな役割を果たした。特にKrejciは、連邦司法省の改正草案の作業グループの一員でもあった（ErlRV 1058 BlgNR 22. GP. 5)。
(20)　そのような一歩を踏み出す契機となった法政策的な考慮として、分割法が分割計画の枠内で会社による法律関係の自由な処分を認めている点が挙げられる（Krejci, ZHR170, 126)。
(21)　ErlRV 1058 BlgNR 22. GP. 13f, 28f; Krejci, ZHR170, 126.
(22)　Karollus in Jabornegg/Artmann, §38, Rz. 7; Dehn in Torggler, §38, Rz. 5; Dellinger in Zib/Dellinger, §38, Rz. 9.
(23)　UGBの事業概念については、拙稿・前掲注 (14) 726頁。なお同概念は債務を含む（Artmann/Herda in Jabornegg/Artmann, §1, Rz. 24)。
(24)　要件・効果の概要については、拙稿・前掲注 (14) 740頁を参照。
(25)　ErlRV 1058 BlgNR 22. GP. 30.
(26)　但し、事業に関連する法律関係の承継すべてを排除する合意がなされた場合については、事業の種類によっては、そもそも事業譲渡と言えるかが問題となり得るように思われる（Dellinger in Zib/Dellinger, §38, Rz. 58 (Fn. 152))。

(a)通説によれば、事業譲渡によって移転する譲渡人の「法律関係」には、すべての「債務法上の関係」(schuldrechtliche Beziehungen) が含まれる。したがって、個々の債権・債務の他、契約関係も含まれる。また発生原因の点では、契約に基づく債務関係だけでなく、不法行為や不当利得等により生じる法定債務関係も含まれる。さらに、事業移転までに発生した債権・債務も原則として移転する。以上の規律は、特定承継による事業譲渡の容易化を意図する連続性説の構想に基づくものである。

「法律関係」に含まれるか否かにつき争いがあるのは物権関係や公法上の関係である。通説によれば、前者は否定される。また後者については、「法律関係」には含まれず、むしろ問題となる行政法上の規定ごとに譲渡性を判断し、肯定される場合、それを特別規定と見るべきであるとされている。

(b)移転の対象となる法律関係は、事業に関連している必要がある（事業関連性）。これは、譲渡人の個人的な法律関係や譲渡人の他の事業に属する法律関係は含まれないとする趣旨である。その判断は、UGB343条および344条に基づいてなされる。それらによれば、事業に関連する行為とは、事業者の事業の経営に属する、その者の行為のすべてである（343条2項）。また事業者によりなされた法律行為は、疑わしい場合には事業に属すると看做される（344条）。他方、一身専属的な法律関係は対象から排除される。

(2) 事業に関連する法律関係の移転の法的構造

(a) UGB38条1項の「法律関係」、すなわち債務法上の関係の移転は、譲渡当

---

(27) Dehe in Torggler, §38, Rz. 23; Krejci, Unternehmensrecht, 5., Aufl., S. 174.
(28) なお、契約引受に関する特別規定がある場合はそれが優先的に適用される（拙稿・前掲注 (14) 734頁参照）。
(29) 既発生の債権・債務が移転する根拠は、事業に関連する法律関係の連続性を確保しようとする点（連続性説）にある（Dellinger in Zib/Dellinger, §38, Rz. 94）。この規律は、継続的契約関係が移転する場合に意味がある。民法の一般理論によれば、この場合、将来発生する権利・義務のみが移転することが多い（拙稿「契約当事者の地位と形成権（二）」國學院法学51巻4号（2014年）33頁〔41頁〕）。この点で、UGB38条1項は、事業譲渡の場合につき移転する権利・義務の範囲を拡張していることになる。
(30) Krejci, Zur Neuregelung des Unternehmensübergangs im österreichischen Unternhemensgesetzbuch, FS für Canaris zum 70. Geburtstag, 2007, S. 735, 740.
(31) Karollus in Jabornegg/Artmann, §38, Rz.23; Dehn in Torggler, §38, Rz. 23; Dellinger in Zib/Dellinger, §38, Rz. 71.
(32) Karollus in Jabornegg/Artmann, §38, Rz. 23.

事者間の合意に基づくものではなく、法律に基づくものであり（法定債権譲渡、法定債務引受、法定契約引受）、特別な処分行為は不要である。そして、このような法律関係の移転は、当該法律関係の当事者の交代を直接生じさせる[33]。
(b)民法の一般原則によれば、合意に基づく契約引受や免責的債務引受の場合、相手方となる契約当事者や債権者の意思的関与が必要である。しかし、UGB38条1項は、契約関係や債務関係の容易な移転のためにこれを不要とする（但し同条2項は、契約関係の移転につき、残存当事者の保護のために異議権を設けている（後述）[34]）。

3　譲渡当事者の合意と第三者の法的地位
(1) UGB38条の任意規定性──譲渡当事者の合意の尊重

UGB38条は法定の任意モデル（gesetzliches Dispositivmodell）とされている[35]。このことは、とりわけ、譲渡人と取得者の関係を規律する同条1項について妥当する。これによれば、譲渡当事者は「特段の合意」により同規定と異なる規律を設けることができる。よって、事業に関連する法律関係を取得者に移転させるか否か、どの程度移転させるか等は譲渡当事者の特約に委ねられる。これに対して譲渡人の契約相手方は、かような特約による承継の排除を阻止できない[36]。

38条1項が任意規定とされた理由は、次の点にある。すなわち、①事業は複雑な組織体であり、事業譲渡が進行する中で変更される。そのため、それまで事業に属していた対象物または法的地位が事業譲渡に含まれなくなることは十分あり得る。そして、このような事業の「可動性」は維持されるべきである[37]。②通常の場合、事業に関連する法律関係を取得者に移転させることが関係当事者の利益に合致する。しかし個別的な事例では、その利益は全く異なり得る[38]。

---

(33)　ErlRV 1058 BlgNR 22. GP. 30; Dehn in Torggler, §38, Rz. 22.
(34)　以上については、拙稿・前掲注 (14) 733頁、734頁以下を参照。
(35)　ErlRV 1058 BlgNR 22. GP. 29; Karollus in Jabornegg/Artmann, §38, Rz. 6; Dellinger in Zib/Dellinger, §38, Rz. 58.
(36)　Karollus in Jabornegg/Artmann, §38, Rz. 21.
(37)　ErlRV 1058 BlgNR 22. GP. 30.
(38)　ErlRV 1058 BlgNR 22. GP. 28f.

事業に関連する法律関係の承継の排除に関する特約がない場合、すべての事業に関連する法律関係が移転する。この意味で、UGB38条1項は、Zweifelregel（明確な合意がない場合の規律）とされている。[39]

（２）第三者の権利と譲渡当事者の制限・排除特約の効力

以上に対して、UGB38条が第三者、すなわち譲渡人の契約相手方や債権者の保護のために規定した権利は、譲渡当事者の特約のみでは制限または排除され得ないとされている。以下では、これに関する議論を概観する。[40]

(a)異議権（同条2項）　事業の移転により、事業に関連する契約関係が法律に基づき取得者に移転することは、通常は譲渡人の契約相手方（以下、残存当事者）の利益にも合致する。しかし彼は、契約関係の移転により取得者という新たな契約相手方を押し付けられることになるため（残存当事者の契約自由に対する侵害）、事業の連続性と残存当事者の契約自由を緩衝する必要がある。そこで38条2項は、第三者＝残存当事者は、契約関係の移転につき異議を申し立てることができるとしている。[41]38条1項によれば、事業移転の時点で契約関係は取得者に移転するが、第三者の異議権の行使により、この契約関係移転の効力は遡及的に失われる。その結果、契約関係は譲渡人を相手方としてそのまま存続することになる。

以上のような規範目的のため、この異議権を譲渡当事者の特約のみで制限または排除することはできない。そのためには、さらに残存当事者の同意が必要である。他方、譲渡人と残存当事者の特約による制限・排除は可能である。[42]

(b)信頼保護制度（同条3項）　事業が譲渡されたにもかかわらず事業に関連する契約が取得者により引き受けられたか否かが残存当事者に通知されない場合、彼が誤った人を契約相手と見る危険が存在する。また、通知がなされ

---

(39)　ErlRV 1058 BlgNR 22. GP. 29.
(40)　なお、UGB38条2項および3項は、譲渡人の債務につき担保を設定した者の保護も目的とするが、本稿では省略する。
(41)　なお、個別の債務の移転については異議権は規定されていないが、学説では債務者にも異議権を認めるべきとの見解が見られる（Karollus in Jabornegg/Artmann, §38, Rz. 32）。
(42)　ErlRV 467 BlgNR 23. GP. 9; Dehn in Torrgler, §38, Rz. 51; Karollus in Jabornegg/Artmann, §38, Rz. 6, 44; Dellinger in Zib/Dellinger, §38, Rz. 62, 129.

たがなお異議権を行使できる場合、残存当事者は誰に対してその表示をすべきかが問題となる。そこで、かような不安定さによる不利益から第三者（＝残存当事者）を保護するため、UGB38条3項は、第三者は、契約関係に関連する表示（形成権の意思表示等）や義務の履行、債権の主張を、譲渡人と取得者のいずれに対してもすることができると規定する。

この第三者の権利についても、それを排除するためには、譲渡当事者の特約だけでなく、第三者の同意が必要である。[43]

(c)譲渡人の事後責任（同条1項後段、同39条）　譲渡人は、取得者に移転した事業に関連する債務のために、UGB39条に従い引き続き責任を負う（38条1項後段）。これは法定債務加入（重畳的債務引受）であり、譲渡人は取得者と共に連帯して責任を負う。[44]

この譲渡人の責任も、譲渡当事者の特約だけで制限または排除することはできない。[45]そのためには、さらに第三者の同意が必要である（ABGB1405条参照）。[46]

(d)事業取得者の責任（同条4項）　これについては次の項で扱う。

4　事業取得者責任（UGB38条4項）

UGB38条4項は、事業の取得者が事業に関連する法律関係を引き受けない場合、「それにもかかわらず」取得者は、事業に関連する債務につき責任を負うと規定する。この責任も譲渡当事者の合意により排除され得るが、そのためには、さらに同項所定の公示行為（Publizitätsakt）が必要である。

(1) UGB38条4項の目的は何か？

UGB38条4項の目的については争いがある。立法者はこれを、HGB25条1項の営業取得者責任を維持するものと言う。[47]しかしこれには、UGBの取得者責任をHGBの取得者責任に関する諸学説により説明することは難しい

---

(43) Karollus in Jabornegg/Artmann, § 38, Rz. 6; Dellinger in Zib/Dellinger, § 38, Rz. 62.
(44) Appl in Zib/Dellinger, §39, Rz. 35.
(45) UGB38条1項および39条をこの限りで強行規定と解する見解もある（Karollus in Jabornegg/Artmann, § 39, Rz. 23; Appl in, Zib/Dellinger, §39, Rz. 51）。
(46) ErlRV 1058 BlgNR 22. GP, S. 30; Dehn in Torggler, §39, Rz. 20; Karollus in Jabornegg/Artmann, §38, Rz. 58, § 39, Rz. 23; Appl in Zib/Dellinger, §39, Rz. 51.
(47) ErlRV 1058 BlgNR 22. GP. 32.

という問題がある。すなわち、UGBでは、もはや商号続用は要件とされていない。そのため、商号続用を債務引受の意思表示であるとする表示説や商号続用により生じる外観への信頼を責任の根拠とする権利外観説では38条4項の根拠を説明できない。また、債権者のために譲渡人の責任基金を維持すべきである点に根拠を求める責任基金説によっても十分な説明はできない。同説に基づく制度としてすでに民法典（ABGB）上の財産・事業引受制度（同1409条。後述）が存在するからである。連続性説についても、その要請はすでにUGB38条1項ないし3項で充たされているとか、取得者責任が発生する「法律関係の移転が排除される」場面では、事業の連続をすべての関係当事者が望んでいるわけではないと言える等の問題点がある。[48]

そのため、学説では、次のような見解が主張されている。ⓐTorgglerは、UGB38条4項は、事業に関する債務が移転するという「通常の場合」に対する信頼を保護する規定であるとする。[49] ⓑDellingerは、立法者は38条4項により、HGB25条の取得者責任による従来からの解決を、連続性の下限（Untergrenze der Kontinuität）として引き続き規定したとする。そしてこのことは、責任基金的な観点からも不合理なわけではないとする。すなわち、UGB38条4項を責任基金的な思考で説明するのは困難である。[50] しかし、①同規定は、取得者が認識せずまたは認識できなかった債権者に関して、責任基金的思考に起因するABGB1409条を補充している（後述（4）参照）。また、②取得者責任の排除に必要な公示行為は、場合によっては譲渡人に対する迅速な措置（債権者取消等）が適切であることを債権者に伝える役割を果たす（信号的効力）。これら①・②の仕組みによって、38条4項は、責任基金の保護を完全なものとしている。[51]

（2）要件・効果

(a) 要件　　取得者責任が生じるためには、①事業の取得者が事業に関連す

---

(48) Torggler, JBl 2008, 137, 154f; Artmann, WBl 2007, 253, 259f; Dellinger in Zib/Dellinger, § 38, Rz. 163.
(49) Torggler, JBl 2008, 137, 154f.
(50) 例えば、ABGB1409条の取得者の責任は引き受けられた積極財産の価値に制限される（後述）のに対して、UGBでは、取得者は無制限に責任を負うという違いがある。
(51) Dellinger in Zib/Dellinger, § 38, Rz. 164. Dellingerは、これは、取得者がわずかな代金しか支払わないような場合に意味があるとする。

る法律関係を引き受けないこと、②義務が事業に関連していること、③特約による排除がなされないこと、が必要である。[52]

取得者が事業に関連する法律関係を引き受けない理由は重要ではない。そのため、譲渡当事者の合意によって契約引受が排除される場合や、譲渡当事者間では契約引受が望まれたが、第三者が異議権を有効に行使した場合には取得者責任が認められる。また、取得者がある法律関係を引き受けたが、当該法律関係に関連する個別の義務を引き受けない場合にも取得者責任が認められる。

義務は、事業移転までに譲渡人に発生したものである必要がある[53]。義務の発生原因は問われない。よって、法律行為に基づく義務だけでなく、法定債務関係に基づく義務でもよい。また、公法上の義務も含まれる[54]。

UGB38条4項は、HGB25条と異なり、商号の続用を要件としていない[55]。これは、連続性説では事業の継続と同一性が重視されるからである（同説では、商号の続用は事業の連続性を典型的に裏づけるものと捉えられる）。

(b) 効果　取得者は、事業に関連する法律関係を引き受けない場合、「それにもかかわらず」引き受けられなかった譲渡人の事業に関連する義務のすべてにつき責任を負う。これは、法定債務加入とされている[56]。この責任は、金額による制限を受けない。また、取得者が認識せず、または認識することができなかった義務も対象とする。

(3) 譲渡当事者の特約による取得者責任の排除

UGB38条4項は任意規定であるため、譲渡当事者の特約（以下、排除特約）により取得者責任は排除され得る。但し、それが「第三者」（＝債権者）に対しても有効となるためには、一定の公示行為が必要である。

UGB38条4項は、公示行為の種類をHGB25条よりも拡張している。すなわち、①責任排除の特約を商業登記簿に登記すること、②取得者または譲渡

---

(52) 取得者が事業に関連する法律関係を既発生の権利・義務と共に引き受ける場合における取得者の義務は、その法律関係に基づいて生じることになる（根拠条文は38条1項である）。
(53) Karollus in Jabornegg/Artmann, §38, Rz. 62; Dellinger in Zib/Dellinger, §38, Rz. 167.
(54) Karollus in Jabornegg/Artmann, §38, Rz. 63; Dellinger in Zib/Dellinger, Rz. 165, 171.
(55) ErlRV 1058 BlgNR 22. GP. 29; K. Schmidt, aaO, S. 32. なお、責任基金説でも商号続用は必ずしも必要ではない（大山・前掲注(17) 102頁参照）。
(56) Dullinger, Schuldrecht Allgemeiner Teil, 4., aktualisierte Aufl, 2010, Rz. 5/91.

人が特約を第三者に通知することに加えて、③特約を取引慣行上の方法で通知すること、を挙げている。

このように公示行為が要求される趣旨は、政府案理由書によれば、濫用的・事後的な責任排除を防止することにある[57]。これらは、「事業移転の際に」表明されなければならない。立法者、および判例・通説によれば、これは、事業移転と責任排除の公示行為が密接ないし直接的な時間的関係にある場合であり、それに遅れたとき、排除特約は無効である[58]。

(4) ABGB1409条との関係

オーストリア法には、UGB38条4項の他にも事業を取得した者の責任を定める規定が存在する[59]。UGB38条4項は、それらの規定の適用を排除しない（同条6項）。それらのうち、本稿の観点から重要なのは、ABGB1409条である[60]。

(a) 概要　　ABGB1409条は、生存者間において法律行為により財産または事業を引き受けた者の責任を定めている（引受人が倒産手続・強制執行の進行中に財産・事業を取得した場合、責任は排除される（1409a条））。その目的は、債務者に対しその財産または事業を信頼して信用を与えた債権者を責任基金の喪失から保護することであり（責任基金説）、債権者取消権の目的（債権者の満足権の保護）と方向性を同じくしている[61]。

引受人は譲渡人と共に、債権者に対し、財産・事業に属する債務につき連帯責任を負う（法定債務加入）。この責任には二つの制限がある。第一に、引受人が負う債務は、彼が引受の際に知りまたは知らなければならなかった債務に制限される。第二に、責任を負う債務の範囲は、引き受けられた資産（Aktiva）の価額に制限される（pro viribus Haftung）。ABGB1409条は強行規定であり、引受人の責任を合意により排除することはできない（同条3項）。

---

(57) ErlRV 1058 BlgNR 22. GP. 32.
(58) ErlRV 1058 BlgNR 22. GP. 32; OGH21.12.2011, 6Ob 242/11y; Karollus in Jabornegg/Artmann, § 38, Rz. 70; Dellinger in Zib/Dellinger, § 38, Rz. 179.
(59) 例えば、一般社会保険法（ASVG）67条4項、労働契約法適合法（AVRAG）6条1項等。
(60) 財産・事業引受に関する近時の研究として、江島広人「財産引受に関する比較法的考察」一橋法学8巻3号（2009年）985頁、金安妮「債務引受および契約譲渡における立法の国際的比較」法政論究101号（2014年）291頁。
(61) Töni in Klang, § 1409, Rz. 6ff; Koziol, Gläubigeranfechtung, S. 107.

(b) 問題点　ABGB1409条には次のような問題点がある[62]。①同制度は、債務は「負担」として財産・事業と結びついており、それらと共に引受人に移転するという考え方に基づいている。しかし事業は、権利主体性を有さない。よって、事業とその担い手は、厳密に区別されるべきである（譲渡人の債務につき引受人が責任を負うためには、契約の締結か立法者の命令が必要である）[63]。②同制度は、債権の相対性原則と矛盾する。すなわち、引受人が引受後に譲渡人の債務につき責任を負うことは、債権の物権化であり、債権の相対性原則の例外である。しかしこれを、「財産・事業は責任の基礎であり、その譲渡に対して債権者は保護される」という考え方により正当化することはできない[64]。③譲渡人が財産・事業に対する相当な対価を受領する場合にもABGB1409条が適用されるとする場合、次のような問題が生じる。すなわち、責任基金は構成の点で変化するだけであり、金額的には変わらない。そのため、引受人の負担により債権者を保護することを正当化できない。また、債権者は、譲渡人の財産に含まれる売買代金（事業の対価）に手を出すことができる。そのため、引受人が責任を負うとすると、結果的に責任基金が2倍になることになる。さらに、すでに相当の反対給付を提供した引受人がくり返し請求されることは、彼にとって相当な経済的なリスクとなる[65]。④債権者取消権は、無償での事業の取得や譲渡人の詐害意思等を要件とし、取得者よりも保護に値するときにのみ、債権者を保護する。他方ABGB1409条は、それらのような要件を課していない[66]。

以上の問題点に鑑みて、判例・多数説は、ABGB1409条の適用範囲を限定すべきであるとしている[67]。さらに立法論的には、同規定を廃止し、債権者

---

(62) 代表的な文献として、Wilburg, Abschied von § 419 BGB, in, FS für Larenz zum 70. Geburtstag, 1973, S. 661ff. これについては江島・前掲 (60) 1035 頁以下参照。
(63) Fenyves, Zivilrechtliche Ordnungsfragen bei Unternehmensnachfolge, in Ruppe, Rechtsprobleme der Unternehmenssanierung, 1983, S. 149, 153.
(64) Koziol, Die Beeinträchtigung fremder Forderungsrechte, 1967, S. 96.
(65) Thöni, in Klang, § 1409, Rz. 7.
(66) Koziol, Gläubigeranfechtung, S. 107. Koziol はさらに ABGB1409条と債権者取消権・否認権との競合問題にも触れているが、ここでは取り上げない。
(67) 例えば、債権者により処分される責任基金が、代金が相当ではないために減少する場合や、財産・事業の無償取得の場合等に適用範囲を限定すべきであるとされている（Thöni in Klang, § 1409, Rz. 7)。

は債権者取消権により保護すべきであるとの見解が有力である（なおドイツでは、BGB の財産引受（旧 419 条）が倒産法の施行（1999 年）に伴い廃止された）。その理由は、おおむね次の通りである。①現行法では、債務者の財産の減少という危険はその債権者に帰されるのが原則であり、取引の相手方が債権者に害を与えるために意識的に行動するときは別として、債権者は、債務者の法取引を妨げる権利を有さない[68]。② ABGB1409 条が制限的に解釈される場合でも、同規定は、債権者取消権の評価——利益考量に基づき、事業の取得者が債権者よりも保護に値しないと考えられるときのみ、取消が認められる——とは矛盾する[69]。

III　若干の検討

1　事業譲渡により移転する法律関係の範囲と譲渡当事者の合意の尊重

最初に事業譲渡により移転する法律関係の範囲を確認しておこう。通説によれば、UGB38 条 1 項の「法律関係」に含まれるのは債務法上の関係、すなわち契約上の地位、個々の債権・債務のみである（なお、同規定は、既発生の権利・義務も移転の対象としている点で注目される）。これらは、民法の一般原則と異なり、処分行為がなくても取得者に移転することになる（法律に基づく移転）。他方、物権関係は「法律関係」には含まれない。よって、事業に含まれる物権関係を移転するためには、原則通り処分行為が必要であることになる。

さて、UGB38 条 1 項は「法定の任意モデル」であり、移転の対象となる法律関係の範囲につき基本的に譲渡当事者の合意を尊重している。そのため、特約により承継を制限・排除できる。他方、それが欠ける場合、同規定によれば、事業に関連する法律関係はすべて取得者に移転することになる。

以上の規律の根拠としては、次の二つが考えられる。一つは、同規定が連続性説に基づいていることである。すなわち、連続性説によれば、事業譲渡の際、事業に関連する法律関係を容易に移転させることにより事業の連続性

---

(68)　Wilburg, aaO, S. 667.
(69)　Wilburg, aaO, S. 670; Koziol, Gläubigeranfechtung, S. 108. なお、これらの見解が、場合によっては債権者取消権を改正すべきであるとする点は興味深い。

を保障すべきことになる。もう一つは、UGB38条が実用的な目的適合規定であることである。すなわち、事業に関連する法律関係がその時その時の事業者に帰属することは、「通常の場合」、関係当事者の利益にも合致する。他方、個別的な事例では、譲渡人・譲受人の利益状況は、UGB38条が前提とする「通常の場合」のそれとは異なり得る。そのため、そのような場合について譲渡当事者の特約があるときは、それが尊重されるべきことになるのである。

このように、UGB38条1項の任意規定性の背後には、事業の連続性の尊重、および「典型的な場合」における関係当事者の利益の考慮がある。このことは、事業譲渡の当事者間で移転の対象に関する明確な合意がない場合の規律を考える際、参考となろう。[70]

2 第三者の権利を制限・排除する特約の効力

UGB38条は、「第三者」(譲渡人の契約相手方、債権者)を保護するための諸制度を設けている。すなわち、①第三者の異議権、②第三者の信頼保護制度、③譲渡人の事後責任、④事業取得者の責任である。これらの第三者の権利も、譲渡当事者の合意により制限または排除され得るが、そのためには、譲渡当事者の合意の他に一定の要件を具備する必要がある。この観点から整理すると、上記の諸規定は、ⓐ第三者の同意を要件とするものとⓑ一定の公示行為を要件とするものに分類できる。ⓑについては項を改めて検討することとし、ここではⓐのみを取りあげる。

さて、ⓐに属するのは上記①、②、③である。これらの権利は、第三者の保護を目的とするため、譲渡人・第三者間の特約により制限・排除することは可能であるが、譲渡当事者の特約による制限・排除の場合には第三者の同意が必要とされている(この限りで、これらは強行的とされる[71])。

以上のことは、かような特約が「第三者に負担をもたらす契約」に該当す

---

(70) 池田・前掲注(12)「債務引受と契約譲渡」42頁は、原則として法律関係が移転すべきであるとする。なお、冒頭で挙げた平成23年の最高裁判決の射程につき議論があるが(野澤・前掲注(6)74頁、山城・前掲注(10)116頁、今尾真「判批」判評642号154頁〔160頁〕等参照)、UGB38条1項の考え方によれば、明示の合意がない以上、法律関係は移転することになろう。

(71) Artmann, WBl 2007, 253, 255.

るという点からも正当化できると思われる。すなわち、オーストリアの学説では、第三者に負担をもたらす契約は、私的自治の原則と相容れないために無効（unwirksam）とされている[72]。同概念は、通常「第三者に義務を負担させる契約」と定義されているが、同概念に関する近時の研究では、第三者の権利を消滅させる契約もこの概念に包含する見解、さらにはこれを「第三者の法的地位を侵害する契約」と理解する見解がドイツで普及していることが指摘されている[73]。以上のような理解を前提とするならば、ⓐに属する第三者の権利を侵害する譲渡当事者の特約も「第三者に負担をもたらす契約」に該当し、第三者の同意がない場合には無効になると考えることができると思われる[74]。

いずれにせよ、UGB38条の第三者の権利に関する上記の議論は、譲渡当事者の合意がそれらの権利を制限・排除するものである場合、その合意の効力が第三者に対しても及ぶためには、その同意が必要であるという考え方を一般化することが可能であることを示唆していると思われる。

3　事業取得者責任とその排除特約の効力
（1）取得者責任の根拠

UGBの取得者責任は、譲渡当事者の特約または第三者の異議権の行使等により法律関係が承継されない場合であっても、譲渡人が事業に関して負担した・既発生の債務につき、譲渡人と共に取得者が責任を負う制度である。ここで問題となるのは、法律関係の移転が排除された場合になぜ取得者がかような責任を負うかである。この点については争いがあるが（Ⅱ4参照）、通説は連続性説、すなわち、事業に関して生じた債務はその事業と運命を共有すべきであり、そのことは、通常は関係当事者の利益に合致するという考え方によりこれを正当化する[75]。

---

(72)　Welser, Bürgerliches Recht, Bd. Ⅱ, 13. Aufl., S. 146; Dullinger, aaO, Rz. 6/20.
(73)　岡本裕樹「『契約は他人を害さない』ことの今日的意義（二）（三）」法政論集203号209頁以下、同204号150頁以下（2004年）。
(74)　異議権につき、Karollusがこれを主張する（Karollus in Jabornegg/Artmann, §38, Rz. 44）。
(75)　Krejci, §38UGB: Zurück ins Trockendock?, ÖJZ 2007, 841, 850f; Dehn in Torggler, §38, Rz.68（Fn. 107）.

しかしこれに対しては、連続性の要請はUGB38条1項で既に充たされているとか、譲渡当事者の特約や第三者の異議権により契約関係の承継が排除される場合、事業の連続が望まれているわけではないとの批判があり、それなりに説得力があるようにも思われる。他方で、もしこの規定が存在しないとすれば、取得者は、譲渡人との特約のみにより債務の承継を排除できることになる（38条1項参照）。これは妥当だろうか？

この点について興味深いのは、立法理由書が挙げる理由はオーストリアの「伝統意識」（すなわち、既に以前からそうであった）であるとの指摘がなされていることである。[76]これは、見方を変えれば、事業に関連する法律関係の承継が排除される場合でも、取得者は原則として既発生の義務につき責任を負うべきであるという一種の現実感覚を示しているのではなかろうか。仮にそうだとすると、次に問題となるのは、これをどのように正当化するかである。

この点で注目されるのは、UGB38条4項を、基本的に連続性説に依拠しつつ、責任基金の観点からも合理的であると評価するDellingerの見解である。これは、UGB38条4項には、ABGB1409条や債権者取消権等と相まって、譲渡人の責任基金の減少から債権者を保護する側面があることを指摘する点で重要である。

いずれにせよ、通説およびDellingerの見解は、事業に関する債務の承継が譲渡当事者の特約等により排除され得るとしても、債権者保護の観点から、なお取得者の責任を認めるべきであるとの要請が一定程度存在することを示しているように思われる。

（2）UGB38条4項の任意法規性

UGBの取得者責任は、譲渡当事者の特約および公示行為により排除され得る。しかし連続性説の主張者の中には、取得者責任に関する規定をむしろ強行規定とすべきと考える者もいる。[77]そこで、UGB38条4項が任意規定とされた根拠が問題となる。

この点は、改正理由書からは必ずしも明らかではない。しかし同理由書は、

---

(76) Torggler, JBl2008, 154.
(77) K. Schmidt, aaO, §7, Rz. 106.

UGB38条4項はHGB25条を維持するものであるとする。そこでHGB25条に関する学説を見てみると、ドイツ法に関してではあるが、次のような主張が見られる。すなわち、取得者責任が排除されるのは、通常、取得者が消極財産を引き受けないが、それに応じてより高額な売買代金を支払っており、その結果、譲渡人の責任財産が減少しなかった場合である。そしてこのことにより、取得者責任規定の任意法規性が正当化される[78]、との主張である。この考え方は、責任基金の点に着目するDellingerの主張とも親和性があるように思われる。

(3) 取得者責任排除特約の第三者効と公示行為の必要性の関係

取得者責任の排除特約が債権者に対して有効であるために公示行為が要件とされる理由は、改正理由書によれば、濫用的・事後的な責任排除の予防にある。しかし、その意味は必ずしも明確ではない。以下、これを検討してみよう。

まず疑問が生じるのは、他の「第三者」の権利（前述2の@）と異なり、取得者責任排除特約については第三者の同意が要件とされていないのはなぜかという点である。これは、排除特約が債権者の権利を必ずしも侵害するものではないことを根拠とすると考える。すなわち、譲渡当事者の特約または第三者の異議権の行使により事業に関連する法律関係が承継されず、さらに取得者責任が排除されるとしても、債権者は譲渡人に対する債権をなお保持している。確かに、債権者にとって、事業譲渡は譲渡人の資力の減少というリスクを高め得るものではある。しかし、常にそうであるわけではないし、また、このようなリスクは、譲渡人の行為が詐害行為に該当するような場合は別として、基本的には債権者が負担すべきものである。このように考えると、取得者責任の排除特約は、前記@に属する第三者の権利の場合とは異なり、第三者の権利を直ちに侵害するものではない（この意味で、第三者に負担をもたらす契約には該当しないと考えられる[79]）。

---

(78) Lieb in Münchener Kommentar zum Handelsgesetzbuch, Bd.1, 2., Auflage, 2005, §25, Rz. 11.
(79) 岡本裕樹「『契約は他人を害さない』ことの今日的意義（五・完）」法政論集208号335頁（2005年）は、第三者が他人の契約によって不利益を被るとしても、それが単なる事実上の不利益に留まるときは、その契約の効力が否定されることはないとする〔338頁〕。

では、排除特約が債権者に対して効力を生じるために公示行為が必要なのはなぜか。この点につき最高裁判所（OGH）は、公示行為の目的を、債権者に対し、場合によっては譲渡人に対する迅速な措置（債権者取消等）をすることが適切であるとの合図を送ることになるという点に求めている（OGH21.12.2011, 6Ob242/11y）[80]。以上によれば、UGB が公示行為を必要とする根拠は、かような公示行為の信号的機能により、債権者取消権等を通じた債権者の保護をより実効性あるものとしようとする点にあると言えるのではなかろうか[81]。

Ⅳ　結びに代えて

1　以上の検討の結果をまとめておこう。

(1) UGB38 条は基本的に任意規定としての性質を有しており、譲渡当事者の合意を尊重している。

(2) UGB38 条1項は、事業譲渡により移転する法律関係の範囲を譲渡当事者の合意に委ねている。但し、同規定は Zweifelregel として規定されている。よって、事業に関連する法律関係の承継を排除するためには特約が必要であり、それがない場合にはすべての事業に関連する法律関係が取得者に移転する。この点で、法律関係の連続性が重視されている。

(3) UGB38 条が定める第三者の権利も、譲渡当事者の特約により制限・排除され得る。しかしその効力が第三者に及ぶためには一定の要件（第三者の同意、公示行為）が必要である。この点で、譲渡当事者の合意にも一定の制約がある。

(4) 取得者責任は、事業に関連する法律関係が承継されない場合に生じる。

---

(80) 学説として、Zib, Zur Eintragung von Haftungsausschlüssen nach §25 Abs 2 HGB, WBl 1992, 287, 289; Dellinger, Zib/Dellinger, §38, Rz. 178. 結論的に同旨として、Karollus in Jabornegg/Artmann, §38, Rz. 72.

(81) 日本でも、商法17条（旧26条）1項は同2項所定の措置がとられるように誘導するためのサンクションであるとして、前者の規定を、債権者に債権保全の機会を担保するための法的ルールと解する見解が主張されている（落合誠一「商号続用営業譲受人の責任」法教285号31頁、得津晶「判批」法協124巻5号1225頁等。その問題点につき、鈴木達次「営業・事業譲渡」北井功・髙田晴仁編『民法とつながる商法総則・商行為法』（商事法務、2013年）101頁）。

このことは、法律関係の承継につき譲渡当事者の合意が尊重されるとしても、事業に関する・既発生の債務については特別の手当てが必要であることを示唆するように思われる。また、同責任を排除する特約につき公示行為が要求される根拠は、同行為の信号的機能により、債権者取消権等を通じた債権者の保護をより実効性のあるものとしようとする点に求められると考える。

2　以上で本稿を終える。今後は、以上の検討結果を踏まえて日本法について検討することが課題となる。もっとも、オーストリア法に関しても検討が不十分な点が残っている。とりわけ、連続性説自体の検討が中途半端であることは筆者自身自覚している。また、UGB38条4項に対しては廃止すべきとの主張もあるが、本稿ではそれらに触れる余裕がなかった。さらに、ABGB1409条の取得者責任は強行規定であり、債権者保護の観点からは有用であるようにも見える。そこで、これを日本法へ導入することも考えられるが、同制度に対しては批判も強い。これらの課題も含めて、オーストリア法についてもさらに研究を進める所存である。

【文献略記表】 以下の文献については、次の表記を用いる。

1．立法資料

・Erläuterungen zur Regierungsvorlage, 1058 der Beilagen ⅩⅩⅡ.（zit: ErlRV 1058 BlgNR 22）

・Erläuterungen zur Regierungsvorlage, 467 der Beilagen ⅩⅩⅢ.（zit: ErlRV 467 BlgNR 23）

2．コンメンタール

・Fenyves/Kerschner/Vonkilch, 3. Auflage des von Dr. Heinrich Klang begründeten Kommentars zum Allgemeinen Bürgerlichen Gesetzbuch, ABGB §§ 1375 bis 1410, 2011（zit: Bearbeiter in Klang）.

・Jabornegg/Artmann, Kommentar zum UGB, Bd.1, 2., Aufl, 2010（zit: Bearbeiter in Jabornegg/Artmann）.

・Torggler, Unternehmensgesetzbuch Kommentar, 2013（zit: Bearbeiter in Torggler）

・Zib/Dellinger, Unternehmensgesetzbuch Großkommentar, Bd.1-Teil2, §§38-58

UGB, 2014（zit: Bearbeiter in Zib/Dellinger）

３．モノグラフィー

・Koziol, Grundlagen und Streitfragen der Gläubigeranfechtung, 1991（zit: Koziol, Gläubigeranfechtung）

４．雑誌論文

・Artmann, Offene Fragen zum Unternehmensübergang nach §§38f UGB, WBl 2007, 253, 259f（zit: Artmann, WBl 2007）.
・Krejci, Unternehmensgesetzbuch statt HGB, ZHR170, 113（zit: Krejci, ZHR 170）
・Torggler, §§38 f UGB, JBl 2008, 137, 154f（zit: Torggler, JBl 2008）

不動産賃借権の譲渡について
――ドイツのシェアハウスを参考に――

小 西 飛 鳥
Asuka KONISHI

Ⅰ　はじめに
Ⅱ　賃借権の移転（Übertragung）
Ⅲ　終わりに

Ⅰ　はじめに

　ドイツでは、賃借人が第三者に賃借物の利用を委ねるについて、ドイツ民法（以下BGBと記す）540条において賃貸人の承諾（Zustimmung）を得られればその使用を委ねること、特に転貸することが可能とされる。賃貸人の承諾により賃借人は第三者に賃借物の利用を委ねられるが、賃貸借関係は存続するため、賃貸人に対して転借人の行った行為について賃借人は責任を負うことになる（BGB540条）。これに対して、賃借人が第三者に賃借権を譲渡し、賃借人が賃貸借関係から離脱することを正面から定めている規定はない。ところが、例えば、学生数人が一戸建の家あるいはマンションを借りる場合、途中でその住人が入れ替わることはよくあるが（シェアハウスWohngemeinschaft=WG シェアハウスの定義についてはⅡ5を参照されたい。）、この場

（1）　ドイツ民法では、賃貸借は使用賃貸借（Miete）と用益賃貸借（Pacht）とに分類されるが、本稿では、使用賃貸借を賃貸借と記載する。
（2）　BGB540条〔第三者への使用移転〕
　（1）賃借人は、賃貸人の承諾なしに、賃借物の占有使用を第三者に移転すること、とくにその賃借物を第三者に転貸することはできない。賃貸人がその承諾を拒否した場合、賃借人は、第三者に重大な事由が存しない限り、法定の期間内に、賃貸借関係を特別に解約告知することができる。
　（2）賃借人が第三者に賃借物の占有使用を移転した場合、賃貸人がその使用移転を許可している場合であっても、その占有使用に際する第三者の過失について責めを負う。
　BGBの賃貸借に関する条文の翻訳については、関西借地借家法研究会「ドイツ賃貸借改正法新旧対照仮訳（1）」龍谷法学34巻4号33頁以下の訳を参照した。

合の法律関係についてはいずれの規定を適用すべきかを考える必要がある。

我が国においても、このようなシェアハウスの賃貸借が見られるようになったが[3]、業者が個々の賃借人と賃貸借契約を結ぶ場合は別にして、この場合の法律関係について、以下のような問題が生じる可能性があると思われる。第1に、賃借人が入れ替わる場合に、そのたびごとに民法612条1項に基づく賃貸人の承諾を必要とするのかどうか。第2に、複数の賃借人のうちその一人が賃貸借契約から離脱し引っ越したいと考えた場合、それは何らかの要件を要することなく認められるのか、またその場合に残された賃借人たちは、賃借料の増加を受け入れなければならないのかといった問題が生じると予想される。

本稿では、ドイツのシェアハウスを中心に、賃借人の交代をめぐるドイツの議論を紹介し、我が国における問題に何らかの提案を試みたい。

II　賃借権の移転（Übertragung）

1　概観

BGB540条に定められている事例と、賃借人が自己の権利を賃貸借契約に基づいて第三者に譲渡する事例とは区別されなければならない。とりわけ、契約において賃借権の譲渡並びに賃借人の代わりにもしくは賃借人とともに第三者が賃貸借関係へ加入する場合が問題であるとされている[4]。

2　賃借権の譲渡（Abtretung）

賃借権の譲渡について、BGBはそれを明文で定めてはいないが、BGB540

（3）　例えば、久保田裕之『他人と暮らす若者たち』（集英社、2009年）、阿部珠恵、茂原奈央美『シェアハウスわたしたちが他人と住む理由』（辰巳出版、2012年）、大島佳子、瀧佐喜登『シェアハウス　シェア生活の良いところも悪いところもぜんぶ書きました！』（誠文堂新光社、2013年）などの本が出されている。業者があらかじめシェアハウスを用意し、業者が個々の賃借人と賃貸借契約を結ぶ形態が多いようであるが（事業体介在型）、業者を介さず直接、賃借人と賃貸人とが賃貸借契約を締結する欧米型のシェアハウスも見られる（DIY型）。

（4）　Staudinger Kommentar Zum Bürgerlichen Gesetzbuch, Neubearbeitung 2006, §54 (Volker Emmerich), Rz.39.

条の基本思想から、一般的に、BGB535条で定められている賃借権を譲渡するについても、BGB399条及び540条が適用されると解されている。すなわち、賃借権の譲渡は、賃貸人の承諾がある場合にのみ有効である。しかしながら、賃貸人が、理由なしに承諾を拒絶しても、賃借人はBGB540条1項2文による解約権を有するだけである。その他に、賃借人はBGB553条1項を適用することもできる。すなわち、住居の一部を第三者に使用させる正当な利益が賃借人に生じた場合において、賃借人は賃貸人にこれに対する許可を請求できる。

賃借権の譲渡（BGB399条）のための賃貸人の承諾があらかじめ表示されている場合、賃借権は契約上、部分的にまたは全部が譲渡可能になる。このことは、たとえば動産賃貸借およびリースの場合には非常に意味がある。賃借権が譲渡可能である場合に限り、賃借権への担保設定も可能となる。

3 新しい賃借人の加入

（1）新しい賃借人の加入可能性

個々の賃借権の単なる譲渡と、これまでの賃借人とともにあるいはそれと

---

(5) BGB535条［賃貸借契約の内容と主たる義務］
(1) 賃貸借契約により、賃貸人は、賃貸期間中、賃借人に賃貸物を使用させる義務を負う。賃貸人は、契約に定められた使用をするに適した状態で賃貸物を賃借人に委ね、かつ賃貸期間中その状態を維持する義務を負う。賃貸人は、賃貸物から生じる負担を負わなければならない。
(2) 賃借人は、合意された賃料を賃貸人に支払う義務を負う。
(6) BGB399条［内容の変更または合意による譲渡の排除］
その内容を変更することなしに、旧債権者以外の者に給付をすることができない場合または合意による譲渡が債務者に排除された場合、債権は譲渡することができない。
(7) Staudinger Kommentar, a.a.O., Rz.40.
(8) NZM 2003, 716, 717.
(9) BGB553条［第三者への使用移転の許可］
(1) 賃貸借契約の締結後、賃借人に、住居の一部を第三者に使用させる正当な利益が生じた場合、賃借人は、賃貸人にこれに対する許可を請求することができる。第三者の人物に重大な事由が存在するとき、住居が不当に使用されるとき、または、その他の理由から使用賃貸人に移転の許可を求めることが正答と認められないときは、この限りでない。
(2) 賃料の相当な増額の場合にのみ、賃貸人に第三者への使用移転を要求できるときには、賃貸人は、賃借人がそのような賃料の増額に同意を表示することを条件として、第三者への使用移転を許可することができる。
(3) 使用賃借人の不利益となる合意は、無効である。
(10) Staudinger Kommentar, a.a.O., Rz.41.
(11) Volker Emmerich, Der Wechsel des Mieters im laufenden Mietverhältnis, PiG 70[2005], 95, S.97.

代わる新しい賃借人の賃貸借契約への加入は、区別されなければならない。契約引受け（Vertragsübernahme）または契約加入（Vertragsbeitritt）について以下で紹介する。契約引受けまたは契約加入について明文の規定は欠けている。今日支配的な見解によれば、BGB311条1項に基づき様々な構成が考えられる。例えば、当事者が旧契約を単に放棄し、その代わりに新しい契約を締結するという事例については、詳細な検討は必要ない。この方法は、当事者に常に制限なく開かれている。しかしながら、契約の同一性が失われるという短所がこの方法にはある。そのため、旧契約を保持することが、当事者には重要となる。例えば、解約告知期間、オプション期間または賃借料の値上げの期間の経過の算定が開始している場合に、それを利用するため、また、賃借料保証の権利を維持するため、また、原始的瑕疵について賃貸人の保証責任を免除しないために重要である。さらに、別の道も考えられる。一つが、新しい賃借人の承諾の下で従来の賃借人と賃貸人が契約を締結する場合と、もう一つがその3者間の契約である。いずれの場合も、当事者の合意により可能となる。

　旧賃借人は、まず第1に、賃貸人の承諾により、新賃借人が旧賃借人の代わりに賃貸借契約関係に加わる内容の契約を新賃借人と締結できる。賃貸人の承諾は、この場合において、BGB182条からBGB184条の意味における片面的に受領を必要とする意思表示を意味している。この意思表示を取り消す場合は、一般規定に従う（BGB119条、120条、123条）。この取消は、両当事者に対して表示されなければならず（BGB143条1項及び2項）、かつ、取消事由は、

---

(12) 五十嵐清・山之内一夫「不動産賃借権の譲渡・転貸の自由性について（一）―その比較法的考察―」北海道大学法学会論集8巻1・2号4頁。
(13) Staudinger Kommentar, a.a.O., Rz.42.
(14) BGB311条［法律行為によるまたは法律行為類似の行為による債権関係］
　(1) 法律で別段の定めのない限り、法律行為による債権関係の成立並びに債権関係の内容の変更に関して、当事者間の契約が必要である。
　(2) 及び (3) 省略。
(15) BGHZ 72, 394, 396=NJW 1979, 369; Volker Emmerich, a.a.O., PiG 70[2005], S.98ff.
(16) Volker Emmerich, a.a.O., PiG 70[2005], S.98f.
(17) BGHZ 137, 255, 259=NJW 1998, 531.
(18) BGHZ 72, 394, 396=NJW 1979, 369.
(19) Staudinger Kommentar, a.a.O., Rz.43.

両当事者に関連してなければならないか、少なくとも一方の賃借人が他方賃借人の取消事由を知っていたか知らなければならなかったことが必要である[20]。さらに事例によっては、賃借人が、賃借人の交代に関し賃貸人の承諾を請求できる場合がある。賃貸人が承諾を拒絶した場合、ケースバイケースであるがBGB540条1項2文及びBGB553条1項が適用されうる[21]。以上の法律構成に加えて賃貸人の承諾を伴う旧賃借人と新賃借人との間における契約引受けの合意の代わりに、契約の自由に基づき、新賃借人の承諾を伴う賃貸人と旧賃借人の間の契約引受けの合意も可能である[22]。

長い間、第三者の同意を伴う二当事者間の契約による契約引受けに関する要式の問題が争われてきた[23]。賃貸人の同意による旧賃借人と新賃借人との間の契約の通常の事例から出発すると、まず第一に、1年を超える期間の賃貸借契約の場合、両賃借人の間の契約についても要式性の問題が生じる（BGB550条）[24]。すなわち、ここでは単なる権利の承継が行われたのだという状況を考慮して、この合意の要式性の問題は、かつては、たびたび否定されてきた。しかしながら、旧賃借人の代わりに新賃借人が加入することまたはそれと並んで、本質的な契約の変更がなされることを考えると、少なくともBGB550条は適用可能である[25]。加入契約が、旧賃借人と最初に結ばれた賃貸借契約の中で、加入契約を予定していた場合には、最初の契約で足りる[26]。これと区別しなければならないのは、契約引受けのための賃貸人の承諾の要式性に関する問題である。この問題は、支配的な見解によればBGB182条2項によると解されており、その結果、BGB550条は適用されないことになる[27]。これと並

---

(20) BGHZ 137, 255, 260ff.=NJW 1998, 531; Staudinger Kommentar, a.a.O., Rz.43; Volker Emmerich, a.a.O., PiG 70[2005], S.105.
(21) Staudinger Kommentar, a.a.O., Rz.43.
(22) BGH NJW-RR 2005, 958, 959.
(23) Staudinger Kommentar, a.a.O., Rz.44; Volker Emmerich, a.a.O., PiG 70[2005], S.103f.
(24) BGB550条［賃貸借契約の方式］
　1年を超える長期間の賃貸借契約を書面による方式で締結しなかった場合、その契約は期間の定めなきものとみなす。但し、住居の引渡の後、1年が経過する以前に解約告知することは許されない。
(25) BGHZ 65, 49, 52=NJW 1975, 1653.
(26) BGH LM Nr31a zu § 566 BGB= NJW 1998, 62.
(27) BGHZ 154, 171, 179f = NJW 2003, 2158, 2160; Staudinger Kommentar, a.a.O., Rz.44.

んで、新賃借人の加入のために別の方法として、三当事者全員に契約による効果が生じる方法もある。これでは、BGB550条が適用され三者間の契約が必要となる。この契約の場合、旧賃借人が契約から離脱し、その地位に新賃借人が入ることになる。[28]

賃貸人の承諾を要件とする旧賃借人と新賃借人との間の契約及び三者間の契約いずれの方法においても、旧賃借人と並んで新賃借人が同時に賃貸借関係に加入する契約を結ぶことも可能である。この場合にも、BGB550条が適用される。[29]両賃借人は、連帯債務者（Gesamtschuldner）となり、賃貸人との合意による旧賃借人の責任は、新賃借人には及ばない（BGB425条）。旧賃借人の責任は、新賃借人によって賃貸借契約が終了しもしくは本質的に変更されたときに、終了する。[30]

（2）法律効果

上記で述べた事例において、新賃借人との間で旧賃貸借契約が変更されずに存在し、その結果、BGB536a条[31]に基づく賃貸人の保証責任に関して引き続き、旧賃借人との契約締結時を起点に新賃借人との契約にも及ばなければならないかは疑わしいとされる。[32]他方、新賃借人は、旧賃借人の負っていた拘束に関して責任を負う必要はない。すなわち、そのような責任は、新賃借人が特別な合意をした場合にのみ考慮しなければならない。[33]当事者が、三者間の契約締結の方法を選択し、かつ、特別な合意をしていない場合、旧賃借

---

(28) BGHZ 72, 394, 397f = NJW 1979, 369; Staudinger Kommentar, a.a.O., Rz.45.
(29) BGHZ 72, 394, 397f = NJW 1979, 369; Staudinger Kommentar, a.a.O., Rz.46.
(30) RGZ 102, 398, 399f; Staudinger Kommentar, a.a.O., Rz.46.
(31) BGB536a条［瑕疵に基づく賃貸人の損害賠償請求権及び費用償還請求権］
　(1) 536条の意味における瑕疵が契約締結時に既に存在し、あるいは後に賃貸人の責めに帰すべき事情に基づいてかかる瑕疵が発生した場合、または瑕疵の除去につき賃貸人に遅滞ある場合には、賃借人は536条所定の諸権利にかかわらず、不履行に基づく損害賠償を請求することができる。
　(2) 賃借人は、以下の場合に、瑕疵を自ら除去し、必要とした費用の賠償を請求することができる。
　1. もし使用賃借人が瑕疵の除去につき遅滞した場合、または
　2. 賃借人が賃貸物の状態を維持しあるいは修補する必要がある場合。
(32) BGH LM Nr21a zu § 535 = ZMR 1960, 77; Staudinger Kommentar, a.a.O., Rz.47; Volker Emmerich, a.a.O., PiG 70[2005], S.106.
(33) BGHZ 137, 255, 265 = NJW 1998, 531.

人は、その賃貸借期間の間に発生した賃料債務に関して引き続き責任を負うが、新賃借人に生じた賃料債務に対しては責任を負わない。但し、これと異なる合意は可能である。[34]

第三者が旧賃借人に対する賃貸人の債権を保証すること（Bürgschaft）は、新賃借人に対する賃貸人の債権を保証することに自動的にはならない。これに対して、敷金は、通常、賃貸人のところに引き続き残される。なぜなら、新賃借人との契約関係の終了によって、返還請求権が履行期となるからである。[35] 旧賃借人に帰責性のある契約侵害については、新賃借人は基本的に責任を問われない。[36] 旧賃借人が賃料を減額請求した場合、欠陥が除去されるまで、その効力は、賃借人の交代後も存続する。[37]

特別な問題は、賃借人の交代に関するBGB548条[38]の適用に投げかけられる。なぜなら、当該条文の第1項も第2項もこの事例に適用されるように作られていないからである。それ故、ここでは、収去の費用償還及び許諾に関して旧賃借人に対する賃貸人の請求権の消滅時効が、賃借人の請求権の消滅時効と同様に重要である。その際、賃借人の交代の時点を基準にしなければならない。[39]

4 企業との契約

シェアハウスと同様に、賃借人の交代する可能性をある程度予定できる契約として、企業との賃貸借契約がある。この点についても、簡単にみておくことにする。

---

(34) BGHZ 65, 49, 52f = NJW 1975, 1653; Staudinger Kommentar, a.a.O., Rz.47.
(35) Staudinger Kommentar, a.a.O., Rz.48; Volker Emmerich, a.a.O., PiG 70[2005], S.106.
(36) Staudinger Kommentar, a.a.O., Rz.48; Volker Emmerich, a.a.O., PiG 70[2005], S.106.
(37) Staudinger Kommentar, a.a.O., Rz.48; Volker Emmerich, a.a.O., PiG 70[2005], S.107.
(38) BGB548条［賠償請求権と収去権の消滅時効］
　(1) 賃貸物の変更または毀損による賃貸人の賠償請求権は、6月で消滅時効にかかる。消滅時効は、賃貸人が賃貸物の返還を受けた時から進行する。賃貸人の賃貸物返還請求権が消滅時効にかかる時は、賃貸人の賠償請求権もまた消滅時効にかかる。
　(2) 費用の償還または設備収去の許諾を求める賃借人の請求権は、賃貸借関係の終了後6月の経過によって消滅時効にかかる。
　(3) 契約当事者の一方が、民事訴訟法による固有の証明手続きを主張した場合、時効は中断する。その他の点については、第477条第2項第2文及び第3文並びに第3項の諸規定を準用する。
(39) Staudinger Kommentar, a.a.O., Rz.49; Volker Emmerich, a.a.O., PiG 70[2005], S.107f.

(1) 企業が賃借人である場合の賃借人の交代

単独商人が、賃借空間で、営業を営んでいる場合に、営業の譲渡の事例において、営業取得者の加入は、賃貸人の協力がある場合にのみ可能である。賃貸借契約におけるその加入に関する賃借人と営業取得者との間の合意に関する賃貸人の承諾は、すでに前もって賃貸借契約において意思表示することが可能である。この意思表示がなされたかどうかは、契約解釈の問題である。この問題は、賃貸人にとって、賃借人個人の性格が、賃借人の営む企業よりも優先価値がない場合には、肯定されやすい[40]。しかし、商人との賃貸借契約が常に、この意味において商人個人とではなく企業と結ばれているという慣習はない。そのような慣習が欠けていることにより、商法における通説的な見解にもかかわらず、HGB（ドイツ商法）25条及び28条の適用に関してなんの余地もなく、その結果、賃借人の交代に関する賃貸人の承諾の必要性が、営業の譲渡の事例においてもそのまま存在する[41]。これに加えて、これまでの単独商人の店舗への社員（出資者）の引き受け、すでに存在する合名会社または合資会社への店舗の現物出資、単独商人への合名会社の店舗の譲渡並びに賃借人によって設立された有限会社への店舗の譲渡には、賃借人である人が交代するので、承諾を必要とする[42]。

(2) 賃借人が組合である場合の賃借人の交代

賃借人が組合である場合、賃貸借に影響を与えることなく、組合の同一性へ何の影響もない事情は、組合内部の事情に過ぎない[43]。このことは、組合の組織変更及び合併と同様に、組合員の加入もしくは脱退についても妥当する。なぜなら、組合の同一性が変わらない限り、これらのすべての事例において、すくなくとも包括承継として予定されているからである[44]。人的組合の法形式の変更でも、組織変更法による合名会社の有限会社への組織変更でも賃貸人

---

(40) BGH LM Nr17 zu § 705 BGB = NJW 1967, 821; Staudinger Kommentar, a.a.O., Rz.50; Volker Emmerich, a.a.O., PiG 70[2005], S.102f.

(41) BGH LM Nr19 zu § 549 BGB [Bl 1Rf] = NJW 2001, 2251; Staudinger Kommentar, a.a.O., Rz.50.

(42) Staudinger Kommentar, a.a.O., Rz.50.

(43) BGHZ 93, 29, 38 = NJW 1985, 623; Ulf P. Börstinghaus, Der Wechsel des Vermieters, PiG 70[2005], S.71f.; Staudinger Kommentar, a.a.O., Rz.51.

(44) BGH WM 1962, 10; Staudinger Kommentar, a.a.O., Rz.51.

の承諾を必要としない(45)。それ以外の組合内部の事情も、賃貸借契約へ何の影響もなく、それ故、賃貸人に原則として解約告知の原因を与えない。このことは、今日、民法上の外的組合について部分的に権利能力が承認されて以後、民法上の外的組合の場合の組合員の交代にも適用される。すなわち、組合自体が賃貸人または賃借人の役割を担っている場合には同様に適用される。すなわち、これらの場合において、組合員の交代は、組合人に対する民法上の外的組合の十分な独立性のゆえに、組合によって締結された賃貸借契約に何も影響を与えないままであり、その結果、組合員の交代は、賃貸借契約の契約当事者の承諾を必要としない(46)。しかし、契約当事者は、例えば、資本拘束条項（Change of Control-Klausel）を締結することも可能であり、賃貸人は、賃借人の組合員の交代の場合に、解約告知権を有することを定めることができる。しかしながら、そのような条項は、影響の大きい効果のゆえに、限定した範囲でのみ承認されうる(47)。人的組合の組合員が、新しい法人を設立し、その法人に賃借物の使用を譲渡したいと望んだ場合は、また別である。この場合は賃貸人の承諾が必要となる。また、民法上の内的組合の場合も別であり、これは外的組合としては現れず、その結果、他の契約当事者との外的関係において、この規定は、賃貸人または賃借人が複数の場合と同様に適用される(48)。相続共同体に関して、これは権利能力が欠けており、この規定を同様には適用できない(49)。

5 シェアハウス
（1）シェアハウスの成立の歴史

シェアハウスは、学生用語で短かく WG（ヴェーゲー）と呼ばれ、典型的には、複数の学生が長期にわたり、共同で一戸の住宅に住むという目的で住む形式を指している。特定のパートナーと一緒に住む学生の人数の割合は変化して

---

(45) Staudinger Kommentar, a.a.O., Rz.51.
(46) BGHZ 138, 82, 84ff. = NJW 1998 1220; Staudinger Kommentar, a.a.O., Rz.51.
(47) BGHZ 93, 29, 38ff. = NJW 1985, 623; Staudinger Kommentar, a.a.O., Rz.51.
(48) Martin Häublein, Die Gesellscaft bürgerlichen Rechts im Mietrecht, PiG70[2005], S.60ff.; Staudinger Kommentar, a.a.O., Rz.51.
(49) BGH NJW 2002, 3389, 3390f; Staudinger Kommentar, a.a.O., Rz.51.

いないのに対し、シェアハウスに居住する学生の人数の割合は増加傾向にある。シェアハウスに居住する学生は、特に満足度が高いとされる。シェアハウスは、ドイツにおいては1960年代後半に学生運動から発展した。そして、1980年代に至るまで、「コミューネ」として共同体を形成してきた。ドイツの文献では、1970年代に初めてシェアハウスについて特に扱った記述がみられるようになった。[50]

(2) シェアハウスの法律構成

ドイツのシェアハウスとは、住居または戸建の家を共同で使用することを目的とした複数の人によるゆるい結合である。最低限の人数は定められておらず、2人でもシェアハウスを形成できる。[51] この種のシェアハウスでは、最初から賃借人が交代することが予定されている。当事者がいわゆる転貸借という解決を選択した場合、そこでは、一人の賃借人のみが、賃貸人と主たる賃貸借契約を締結し、そして、複数の転借人と主たる賃借人がシェアハウスを形成することを賃貸人が許していた場合、BGB540条及び553条が直接適用され、その結果、転借人の交代は、賃貸人の承諾を原則として必要とする（BGB540条1項1文）。[52] しばしば、賃貸人が黙示でシェアハウスの構成員の恒常的な交代に賛成しているという解釈がしばしば用いられる。しかし、シェアハウスの新しい構成員が、賃貸人にとって受け入れがたい場合、BGB553条1項に基づき個々の構成員の交代に異議をとなえる賃貸人の権利は残されている。[53]

上記の方法の代わりに、シェアハウスのすべての構成員が、賃貸借契約を賃貸人と締結することも可能である。この場合において、通常、シェアハウスの構成員の間において、明示もしくは黙示で民法上の内的組合（Innengesellschaft）契約が結ばれる（BGB705条）。内的組合とは、外部の取引においては組合員の一人の名前で行うが、内部関係においては、組合とし

---

(50) Michael Martinek, Der Student als Mieter vor und nach der Mietrechtsreform 2001
— Praktische und rechtliche Betrachtungen zur studentischen Wohnraummiete, NZM 2004, 6, S.13f.
(51) LG Karlsruhe WuM 1997, 429; Staudinger Kommentar, a.a.O., Rz.52.
(52) Staudinger Kommentar, a.a.O., Rz.52.
(53) BVerfG WuM 1993, 104 = WM 1993, 573; Staudinger Kommentar, a.a.O., Rz.52.

ての性格を有するものを指す[54]。その場合、シェアハウスの構成員は、賃料債務について連帯債務の責任を負う（BGB714条、427条[55]）。

ただ一人を除いて、シェアハウスの全構成員が引越し退去した場合、残った一人が全賃料の責任を負うが、場合によっては、BGB553条1項により別の人に転貸借するための、もしくは、新しいシェアハウス設立のための賃貸人に対する承諾請求権を有する[56]。シェアハウスから引っ越した構成員は、これまでに生じた共同責任に関して引き続き責任を負う。いずれにせよ、賃貸人が明示にもしくは黙示にその退去に同意した場合には、引越しした構成員は、後に生じる共同責任の拘束力に関して責任を負う必要はない。同様に、シェアハウスの当初の構成員に対する拘束力に関して、シェアハウスの新しい構成員は原則として、責任を負わない[57]。賃貸人は、常にシェアハウスの全構成員に対してのみ解約告知できる[58]。シェアハウスの新しい構成員の加入及び退去は、民法上の内的組合という法律構成を選択する場合には、いずれにせよ賃貸人の協力を必要とする。当事者が契約引き受けの方法を選択した場合でも同様である[59]。しかしながら、賃貸人の名前で新しい構成員の加入もしくは退去に関する必要な契約を締結するための権限を、賃貸人がシェアハウスの構成員に一般的にもしくは一定の要件の下で委任したという解釈が認められる。賃貸人の異議をとなえる権利について、転貸借による解決の場合にも同様のことが妥当する[60]。

上述した民法上の内的組合の代わりに、民法上の外的組合（Außengesellschaft）の設立をシェアハウスの構成員間で行うことも理論的にはもちろん可能である。その違いは、賃貸借契約が誰との間で成立するかによって異なる[61]。民法上の外的組合の場合、シェアハウスの賃貸借契約が、外

---

(54) Jauernig, BGB Kommentar, 2004,11.Aufl., §705（Stürner）,Rz.24.
(55) KG WuM 1992, 323; Staudinger Kommentar, a.a.O., Rz.53.
(56) LG Mainz WuM 1982, 191; Staudinger Kommentar, a.a.O., Rz.54.
(57) LG Lübeck WuM 1990, 294 = NJW-RR 1990, 1429; Staudinger Kommentar, a.a.O., Rz.54.
(58) LG Freiburg WuM 1985, 86; Staudinger Kommentar, a.a.O., Rz.54.
(59) Staudinger Kommentar, a.a.O., Rz.54; Volker Emmerich, a.a.O., PiG 70[2005] S.109.
(60) Staudinger Kommentar, a.a.O., Rz.54.
(61) Emmerich/Sonnenschein, Miete, 10.Aufl., §540（Emmerich）, Rz.30.

的組合としてのシェアハウスと賃貸人との間で締結されると、この契約当事者はシェアハウスとなる。この法律構成のメリットは、賃借人の交代が本質的に容易になることである(62)。その短所は、構成員の厳格責任が、合名会社の法律が類推適用され（HGB128条・130条・160条）、その結果、シェアハウスの関係者は、事実上、この道をほとんど選択しない(63)。

(3) シェアハウスに関する連邦憲法裁判所の関心

連邦憲法裁判所は、すでにシェアハウスの事案について何度も扱ってきた(64)。1991年9月5日憲法異議に対する決定を以下で紹介する(65)。

「[カールスルーエ地方裁判所の判旨]

1．a) 被告Y1への明渡請求は、認められない。この点について、原告Xは、権利を保護する必要性が欠けていることを区裁判所は説明する。なぜなら、被告Y1は、住居への占有を最終的に放棄し原告Xはこのことを認識していたからである。原告Xが、訴えの根拠を想定して、被告Y1に対して、BGB556条に基づく契約上の返還請求権を有していたかどうかは、ここでは重要ではない。なぜなら、この返還請求権を被告Y1に対して実行できるかについては、何の法的な利益も明白ではないからである。住居を実際に占有しているその他の被告Y2～Y4に対する明渡請求の実行は十分明白であるかもしれない。

b) 略

2．被告Y2からY4に対する明渡請求は適法であるが、理由がない。被告Y2からY4は、賃借人ではなかった。なぜなら、原告Xは、彼らの賃貸借関係への加入に異議を唱えていたからである。しかしながら、被告らは、明渡訴訟について、不適法と権利行使（BGB242条）の異議を主張することができる。なぜなら、原告Xは、賃貸借関係への加入に承諾する義務を負っているかもしれないからである。原告Xは、訴訟の対象となっている住居を1977年に訴外Aとともに被告Y1へ賃貸した。その際、初めから学生の

---

(62) Emmerich/Sonnenschein, Miete, 10.Aufl., §540（Emmerich）, Rz.28.
(63) Emmerich/Sonnenschein, Miete, 10.Aufl., §540（Emmerich）, Rz.30.
(64) Michel Martinek, a.a.O., S.13f.
(65) BVerfG, 5.9.1991 LG Karlsruhe, WuM 1992, 45.

シェアハウスへの賃貸であったことが重要である。ベルリン高等裁判所がすでにたびたび説明しているように、そのような賃貸の際には、シェアハウスの構成員は、その契約からの脱退を賃貸人に請求でき、そして、シェアハウスが指定した人をその代わりに新しい賃借人として賃貸借関係に加入させることができるという契約内容が対応している。なぜなら、一人の者への賃貸あるいは夫婦への賃貸とは異なり、シェアハウスとの賃貸借契約の場合には最初から契約の当事者の交代の可能性が合意されていたからである。個々の賃借人が、ある程度の期間、さまざまにその住居に関心を持っているのは、通常、居住地の変更と結びつく学籍の変更、あるいは、職業生活への開始そしてそれにより生活関係に条件づけられた変更に関係するためであり、賃貸人はこのことを、契約締結の際に明白に認識している。賃貸人は、契約締結の際に、賃借人の数を同数に保つという契約の相手方である賃借人の利益を認識している。それによって、賃借人は賃貸料を共同して集め、シェアハウスの個々の構成員が大きすぎる経済的な負担を避けることができることを賃貸人は認識している。学生のシェアハウスに賃貸している賃貸人は、学生が場合によっては大学を変わること、そしていずれにせよ学業の終了時にそこを離れること、そして構成員の交代の必要性が生じることを知っており、賃貸人は、契約締結の際にこの交代に同意している。そのような事例において、それ故、契約締結後に生じたBGB549条1項1文の意味における賃借人によって望まれた契約変更に対する正当な利益は、明らかにされる必要はない。

　上記の事例は、契約条項23条の中で、賃借人は、この契約において第三者である新しい賃借人を加入させる義務を賃借人は自ら義務付けられているという解釈に貢献している。賃貸借関係が被告Y1個人とY1の共同居住者Aというように分離できずに結び付けられているのではなく、シェアハウスの契約関係は3人に広げられ、そこではまず第1に第三の新しい賃借人を選択することが旧賃借人の責任であることが、始めから予定されていた。契約締結後1987年までの契約当事者の態様が、そのような解釈を証明している。原告X又は原告Xに任じられた管理人に通知されたシェアハウスの構成員のたびたびの交代は、その交代に異議を唱えられることもなしに、行われたことは、争いがない。

裁判所は、賃貸借契約のそのような解釈が、判例から逸脱する傾向について原告Xの申立によるのではなく、ZPO（ドイツ民事訴訟法）新541条による法律判断の提起なしに妨げられていると判断している。法律問題の判断は、その限りでは重要ではない。契約解釈は、原則として事実審の裁判官の仕事であり、それ故、法律判断の提起の対象ではない。ただし、しばしばくり返され、典型的な条項が問題である場合は別である。具体的な事情を一般化した文言は、しかし、解釈問題とはならない。

原告Xは、原告Xを正当化するような、契約変更の承諾を拒絶できる例外的な事情を表明していなかった。仮に原告Xに対して契約変更を要求できないとしたら、BGB549条2項2文2段前半の準用により、原告Xは契約変更に関する承諾を拒絶できることになる。賃貸人が原則として、賃借人の交代に承諾する義務を負っている事例に関するこの規定の類推適用は、正当化される。利益状況は、この事例において、BGB549条2項に定められた事例の契約当事者の利益状況に対応する。それ故に、その他の点では単に承諾に関する賃貸人の基本的な義務は信義誠実の原則に従って（BGB242条）、その限界をどこに見出すのかという問題が重要である。契約変更が原告Xにとって受け入れがたい理由となる被告Y2からY4の人柄については、原告Xはしかしながら説明しなかった。

被告Y2からY4は、賃貸目的物に対する占有を、原告Xが契約変更のための承諾を義務付けられているこれまでの賃借人から承継しているため、原告Xの引渡請求は、理由がない。正しい名宛人に対して原告Xの解約告知の意思表示が行われたのかどうかは明らかにされていない。原告Xの解約告知は、いずれにせよ、理由がない。なぜなら、賃貸物使用の譲渡は、原告Xが賃貸借関係への受け入れに承諾しなければならない譲渡であり、不適法ではないからである。

3. …被告Y2からY4は、訴訟物の住居の賃借人ではなかった。上記で述べられたように、原告Xは、賃借人の交代に承諾する義務を負っている。原告Xがこれまでの賃借人の要求に承諾すると、これまでの賃借人が賃貸借関係において自己の地位を取り上げられる内容の契約変更が生じる。

原告Xは、その中で、そのような契約変更に承諾しなかった。1989年ま

でにどの程度まで説得力のある態様によって契約変更が有効となったのかは、明らかとなっていない。いずれにせよ、1989年3月23日の訴訟代理人の書面によれば、原告Xは、明白に、原告Xがシェアハウスの構成員の交代に同意しなかったことが明らかである。それ故、同意された契約変更は生じなかった。

原告Xが、これまでの賃借人の代わりに賃貸借関係への被告Y2からY4の加入に承諾する義務を負っている状況は、しかしながら、明渡訴訟に関する判決で明らかにされたように、法的帰結である。承諾の意思表示をするという法的な義務は、しかしながら、この意思表示を不要とはしない。意思表示はそれ自体、単にZPO894条1項に基づき既判力のある判決に置き換えられない。そのような判決は出されていないため、これにより被告Y2からY4によって賃借人となる契約変更は、実行されていないのである。

[連邦憲法裁判所の決定]

1991年5月10日のカールスルーエ地方裁判所判決に対する憲法異議の訴えの手続きにおいて、連邦憲法裁判所の第1部の第1法廷は1991年9月5日に全員一致で決定した。すなわち、憲法異議の訴えは認められない。なぜなら、十分な理由が認められないからである。

[決定理由]

批判されている判決は、基本法14条1項に反しない。異議を主張する者が、憲法違反と非難する所有権の制限は、その者が自ら選んだのである。なぜなら、彼は、まだ全員そろっていない学生のシェアハウスに住居を賃貸したのであり、その他の構成員の選択を賃借人に委ね、シェアハウスの構成員の変更を何年も異議なく受け入れてきたからである。彼が賃借人の継続的な交代をその観点から原則として受け入れたと地方裁判所が解釈する場合、それ故、憲法の観点から異議は認められない。

異議を主張する者は、基本法101条1項2文により、法定裁判官に自己の権利を侵害されてもいない。地方裁判所は、賃借人が第三の共同賃借人を参加させる義務を契約で負っているという賃貸借契約条項23条における個別の契約上の合意を、契約の解釈の際に特別な意義を有すると評価している。それ故、どの対象が提起となりうるかという典型的でしばしば繰り返される

条項の存在は否定されている。この観点から、仮定された提起義務を怠ることはいずれにせよ、恣意的ではない。

この判決は、不服申し立てできない。」

この憲法裁判所の決定のすぐ後にも、学生のシェアハウスの賃貸の際に、疑わしい場合には、賃借人の交代に関する黙示の承諾がなされているという決定が再び示されている[66]。

III　終わりに

ドイツでは、賃借権の移転については、その法律構成について様々な方法が提示されている。BGB540条で定められている事例及び賃借人が賃貸借契約に基づいて第三者に賃借権を譲渡する事例にまず区別される。さらに、契約に基づく賃借権の譲渡についても、賃借人が離脱する場合と、旧賃借人がそのまま新賃借人とともに賃貸借契約関係に残る場合がある。この場合、賃貸人の承諾を伴って旧賃貸借人と新賃借人とが契約を結ぶことも可能であるし、また賃貸人も含めて三者間で契約を結ぶこともまた認められる。

企業が建物を賃借している場合、賃借人の個人という性格よりもその企業に意味がある場合には、賃貸人の承諾を必要とせずに営業の譲渡の場合に賃借人が交代することも認められている。また、賃借人が組合である場合にも、組合員が加入あるいは脱退しても、賃貸借関係には影響を及ぼさない。つまり、賃貸人の承諾を必要としない。

シェアハウスについても、一人の主たる賃借人との間で賃貸人は契約を締結し、それ以外の構成員は転貸借を締結するという構成が考えられる。この場合は、転借人の交代の際には、原則として賃貸人の承諾が必要であるが、黙示で承諾していたという解釈が認められることが多い。連邦憲法裁判所に憲法異議の訴えが提起された事案も、同様の解釈が行われている[67]。これとは別に、構成員全員が賃貸人と賃貸借契約を締結することもまた可能である。この場合、シェアハウスの全構成員が一人を除いて引越しした場合、残され

---

(66) BverfG 28.1.1993, WuM 1993, 104; Michael Martinek, a.a.O., S.14.
(67) BVerfG, 5.9.1991 LG Karlsruhe, WuM 1992, 45.

た一人は全賃料を負担する責任を負う。しかし、場合によっては、転貸借するためのもしくは新しいシェアハウス設立のための賃貸人に対する承諾請求権を有する。

　以上から、シェアハウスにおける賃借人の交代については、その法律構成により賃貸人の承諾を必要とするのかは異なるが、承諾を必要とする法律構成であっても、黙示の承諾があったと解釈される傾向があるように思われる。

　わが国においても、業者を介さずに直接、賃貸人と賃借人とが賃貸借契約を締結する場合には、同様の問題が生じる可能性がある。一人の主たる賃借人との間で賃貸人が契約を締結し、それ以外の構成員が主たる賃借人との間で転貸借を結ぶ場合には、転借人の交代の際には、ドイツのように賃貸人の黙示の承諾があったとする解釈を認める必要があると思われる。全ての構成員が賃貸人との間で賃貸借契約を結んだ場合には、賃借人の一人が引越しして出ていったとき、これにより、残された賃借人が賃借料の増加を負担しなければならないと思われる。[68]しかし同時に、残された賃借人は、転貸借をするためのまたは新しいシェアハウス設立について承諾するよう賃貸人に対し求めることができると解する必要があろう。なお、「民法（債権関係）の改正に関する要綱案」[69]において、賃貸人の地位の移転については改正案が示されているが、賃借人の地位の移転については改正案が示されていないことから、現行法と同様に賃貸人の承諾が必要である。

　本稿では、ドイツの賃借権の移転についてシェアハウスを中心に紹介するにとどまり、企業や組合が賃借人である場合との比較及び日本法への示唆を十分に行うことができなかった。今後の課題としたい。

---

(68)　大判大正 11・11・24 民集 1・670

(69)　法務省：「民法（債権関係）の改正に関する要綱案」（平成 27 年 2 月 10 日決定）
　　　http://www.moj.go.jp/shingi1/shingi04900244.html

保証契約の成否並びに民法446条2項における「書面」の解釈

堀 川 信 一
Shinichi HORIKAWA

Ⅰ 問題の所在
Ⅱ 保証契約の成立並びに「書面」の解釈
Ⅲ 結語

Ⅰ 問題の所在

1 出発点 —要式行為化の趣旨—

　民法446条2項は「保証契約は、書面でしなければ、その効力を生じない」と規定する。平成16年改正において保証契約が要式行為とされた趣旨について立法担当者は、「保証を慎重ならしめるため、保証意思が明らかになっている場合に限り法的拘束力を認める」ものであると説明しており、書面の警告機能を重視した改正であることがここから伺える。そしてそうした警告機能を重視するならば、保証意思とは何を主たる債務とするかの観念を伴うはずであり、そうした観念と無関係に抽象的な保証意思の記載さえあれば足りるとみるべきでなく、その発生原因ないし種類及び債務額、その当事者である主債務者と債権者が（不完全であっても）書面に明記されていなければならないとするべきであろう。

---

(1) 筒井健夫・吉田徹編著『改正民法の解説 [保証制度・現代語化]』（商事法務、2005年）13頁。その他学説においても「保証人に債務負担意思を明確に認識させて確認させるため」とされている（潮見佳男『債権総論［第四版］』（信山社、2012年）603頁等多数）。
(2) こうした事項を明記すべき理由として山本教授は「保証人の責任の大きさは、第一次的に主たる債務の内容（とくに債務額）によって決まり、それが書面に明記されて保証人の面前にあればこそ、書面は保証のリスクについての警告として機能し、軽率な保証の防止という役割を担いうるからである」とされる（山本②・後掲注（3）264頁、265頁）。

2 保証否認における書面要件の問題点

しかしそれでもなお民法446条2項は極めてシンプルな条文であり不明な点が多い(3)。そこで本稿では、従来から、保証をめぐる争いのうちの一つの柱ともいえる保証否認の場面において、同条同項の「書面」が果たす役割について検討する。具体的には次の問題を扱う。

まず、上記の立法趣旨からすると、「保証意思」が書面上表れていれば、その書面は同条同項の「書面」と認められることになりそうである。では、書面上の文言が不明確な場合（たとえば、「私が責任をとります」といった文言）、あるいは保証に関する記載が存在しない場合、書面外の事情を考慮し契約内容を解釈により確定することには限界はないのだろうか。というのも書面外の事情を考慮し、書面に拠り所のない意思に解釈によって効力を与えることは、保証契約の書面性に反するとも思えるからである。さらに、解釈の際、書面の警告機能を重視するならば、書面の作成主体の違い（保証人か債権者側か）がそうした解釈の限界づけに影響を与えるのではなかろうか。また、実務においては保証否認の場面でしばしば保証意思の不存在の主張がなされるが、その際、書面の真正性の否定と意思欠缺との関係も不明確である(4)。そこで本稿ではこうした一連の問題について検討することにしたい(5)。なおここでの書面に関しては、申込と承諾が別々の書面でなされている場合なども考えられ

---

(3) 例えば、保証意思に係る部分だけでなく付随的条項にも書面性を要求するべきか、保証に類似する他の制度（併存的債務引受や損害担保契約）においても書面性を要求すべきか、またこれと関連して保証が書面性を充たさず無効である場合、無効行為の転換を認めるべきか、書面によらない保証を履行した場合の効力についてどのように考えるかなどの問題である（これらの問題につき中田裕康『債権総論［第3版］』（岩波書店、2013年）471頁、山本宣之「ドイツ法における保証の書面性と民法446条2項」産大法学45巻2号（2011年）63頁以下（以下、山本①とする）、同「民法446条2項の保証の書面性について（上）」産大法学47巻3・4号（2014年）265頁以下（以下、山本②とする）参照）。

(4) 保証否認に関して「保証意思は、そもそも表意者の内心の問題である。内心の意思において保証意思を欠いていたとしても、外形的には保証の意思表示があり、その合致があれば保証契約は成立する。例えば、保証意思が全くないにもかかわらず契約書に連帯保証人の肩書での本人による署名があるような事例では、内心の保証意思はなくとも、外形的には保証の意思表示がなされていると言わざるを得ないであろうから、これは本来の成否の問題ではなく、効果意思の欠缺による心裡留保無効の問題になるはずである」との指摘がある（新潟弁護士会編『保証の実務［新版］』（新潟弁護士会、2012年）14頁）。

(5) これらの問題についてはすでに、前掲注（3）山本①及び山本②が検討するところではあるが、筆者の考えはこれとやや異なることから改めて本稿において検討することとする。

るが、以下では一通の契約書が作成された場合を念頭に置き検討を進めていくこととしたい。(6)

II　保証契約の成立並びに「書面」の解釈

1　保証否認事例の整理

まず保証契約について契約書などの書面があるにもかかわらず、保証契約の成否が争われる場合には、①契約書を保証人本人が作成していないなど、契約書の真正な成立を争う場面、②契約書に署名捺印したことは認めるが、保証意思がなかったとして保証契約の成立を争う場面（契約が成立したとは認められない特段の事情がある）、③作成された書面の文言等の解釈を争い、保証の趣旨ではないと主張する場合などがあるとされる。(7)

これについて意思表示の成立に関する表示主義の立場からすれば、①は表示行為の有無の問題、②は意思欠缺（もしくは瑕疵）の問題、③は意思解釈すなわち契約内容の確定の問題であることになる。(8) そこで、上記の問題意識に従い①と③についてみていくことにしよう。

2　文書の真正性と表示行為の有無

（1）いわゆる二段の推定と保証意思

保証契約が成立するためにはその合意がそもそも存在しなければならない。その際、平成16年改正以前の合意であれば、口頭による成立を主張し得るのに対して、平成16年改正以後は少なくとも保証人とされる者の意思

---

(6)　上記、警告機能に鑑みれば、保証人となるべき者からの申込については書面を要する点については争いはないものの、債権者側からの承諾に関しては、これを必要とする立場と不要とする立場があり得る。詳しくは木納敏和「保証契約の書面性（民法446条2項）をめぐる実務的問題に関する一考察」小林一俊ほか編『債権法の近未来像』（酒井書店、2010年）137頁以下。

(7)　加藤新太郎編『民事事実認定と立証活動第Ⅱ巻』（2009年、判例タイムズ社）205頁[滝澤孝臣発言]。

(8)　下村眞美「判批」リマ46号（2013年）124頁。

(9)　平成16年改正以前は、保証契約は諾成不要式の契約であった。しかし、保証契約を口頭でなす場合は実際には少なく、また仮に何らかの約束が存在したとしても特段の事情が無い限り保証契約の成立は認められていなかった（この点を指摘するものに井上繁規『保証の無効・取消・制限』（新日本法規、2001年）17頁以下）。否定例として東京地判昭和50年8月28日金法777

表示が書面によってなされ、それに基づいて契約が成立したことを立証しなければならない。

ところで当該書面上の印影が名義人の印章によって顕出されたものであることに争いが無い場合には、反証が無い限り、印影が名義人の意思に基づいて顕出されたことが推定され、その結果、保証契約書全体の成立の真正（真正とは作成者とされている者の「意思」に基づいて文書が作成されたことをいう[10]）が推定される。いわゆる二段の推定である[11]。そして446条2項にいう「書面」は処分証書であることから、この「書面」が真正である場合には、それに基づいて法律行為の成立が認定されることとなる。他方、上記推定を覆す事実としては、印影が名義人のものとは異なっていた場合などがあるが、その他に諸般の事情から署名押印が名義人本人の「意思」に基づいていないことが認定されることがある[12]。例えば東京高判平成23年9月28日金法1943号126頁は、保証契約書の保証人欄の押印部分の印影が保証人名義Yの実印によって顕出されていた事案について、実印の保管状況、収入などの諸般の事情から、保証名義人に保証意思があったとまでは推認できないとし、「契約書のY作成部分が真正に成立したものと認めることはできない」として保証契約の成立を否定した。

このように実務において保証意思の不存在を契約の不成立の問題とするのは、契約書面への押印が本人の意思に基づくかどうかを判断するための補助

号34頁及び大阪高判昭和41年2月14日金法441号14頁は書面が存在しない以上、たやすく保証意思の存在を認定しえないとする。肯定例として東京高判昭和32年9月26日金法156号2頁は金銭消費貸借契約書に保証人の記載がないが、契約締結時の事情から保証契約の存在を認定し、最判昭和39年5月1日集民73巻443頁もやはり同様の方法により黙示の保証契約の成立を認める。

(10) 例えば伊藤眞『民事訴訟法［第4版補訂版］』（有斐閣、2014年）403頁。
(11) 最判昭和39年5月12日民集18巻4号597頁
(12) たとえば最判昭和57年3月12日判時1084号3頁は保証契約締結時とされる時期、あるいは意思確認されたとされる時期に、当の本人がその場におらず、別の場所にいた事例について証書の真正性を否定する。そのほか二重の推定を破る事実の類型として①盗用型（東京地判昭和44年1月30日金法541号34頁、大阪地判昭和60年4月19日判タ565号127頁、東京高判昭和61年4月17日金法1134号46頁、東京高判昭和62年2月25日金法1190号31頁など）、②委託違背型（大阪地判昭和48年12月19日判時742号85頁）、③保管者冒用型がある（大阪地判昭和48年12月19日判時742号85頁(控訴審　大阪高判昭和50年6月24日金判491号36頁)）がある（信濃孝一「印影と私文書の真正の推定」判タ1242号（1987年）12頁）。

事実が、契約成立に必要な意思表示そのもの有無を推認させる間接事実となっていることが少なからずあり、そのため、本人の意思に基づく押印かどうかを判断するまでもなく、そのような間接事実から有効な意思表示の存在が推認できたり、推認できないことが明らかになるからであるという[13]。

(2) 文書の真正性とそこでの作成者の「意思」の中身

しかし、保証意思の核をなすものは効果意思であるところ、効果意思を欠く意思表示がなされた場合については、意思欠缺の各規定がこれに対応している。意思欠缺の各場面においては表意者及び相手方の認識等によりその効果にも違いが表れるのであり（たとえば錯誤と心裡留保）、必ずしも効果意思の不存在のみによって無効が導かれるわけではない。

また、効果意思が無いにもかかわらず名義人の印が押されている場合については印鑑の盗用、冒用と言った書面の名義人の表示行為自体が存在しない場合に加えて、名義人が完全に意思の自由を失っている場合もあり得る[14]。後者の場合には行為意思を欠くことを理由に表示行為自体が存在しないというべきであろう[15]。

したがって、保証意思の不存在が認定し得たとしても、そこから直ちに不成立を導くことは妥当ではなく、不成立を導くことができるのはそこからさらに表示行為の不存在も認定しうる場面となるのではなかろうか。東京高判

---

(13) 須藤典明「文書成立の真正の推定」ジュリ増刊『「判例から学ぶ」民事事実認定』（有斐閣、2006年）60頁、下村・前掲注（8）124頁。
(14) 保証期間の成否が問題となった事例ではないが、抗拒不能の状態に陥れて手形振り出しをさせた場面について「手形行為の外的要件すら備えないもの［不成立※筆者］ないしは無効なものというべきである」とした判例がある（東京高判昭和52年5月10日判時865号87頁、その他最判昭33年7月1日民集12巻11号1601頁等）。なおこのような場面を意思無能力の場面として説明する見解もあるが、これに対する批判として須永淳「判批」民法判例百選I総則・物権［第四版］（1996年）54頁がある。
(15) もちろん行為意思概念を認めるべきか否かがそもそも問題となり得るが、これまでも、行為意思概念は表示行為の定義の中に含まれていた。例えば我妻博士は「表示行為というためには、①意識ある挙動であることを要するから、睡眠中や抵抗することのできない強制を受けている間の挙動は、行為ではなく、したがって②表示行為たる価値はない」とするが（我妻榮『新訂民法総則［民法講義I］』（岩波書店、1965年）240頁）、下線①の部分はまさに行為意思を要求する部分である。そして②の部分は、客観的には表示行為と見える行為の「価値」を否定している部分であるから、表示の意味を表意者に帰責（あるいは帰属）させることを否定する部分である。

昭和43年3月27日民集23巻9号1690頁は「連帯保証人」の肩書で署名押印はあるものの、連帯保証人になるよう依頼されたことも、そのような趣旨で署名押印をしたものでもないとして、不成立・錯誤無効を争った事案について「Xは本件公正証書作成方の委任を受けるにあたりA会社代表取締役Bから同会社の右公正証書上の債務につき連帯保証人となることの依頼を受けたことなく、したがつて、同会社の代理人として公正証書に署名するに際しては自らが同会社のため連帯保証人となるなどとは夢想だにしていなかったものと認められる」として保証意思の不存在を認定しつつも、「しかし、それにしても、特定の契約関係を表示した文書に署名した以上文書記載のとおりの契約関係に従う意思を表示したものといわざるをえず、連帯保証条項のある契約書の「連帯保証人」の肩書のある箇所に署名した以上連帯保証人となる旨の意思を表示したものと解せられてもやむをえないのである」（上告審最判昭和44年9月18日民集23巻9号1675頁ではこの点は争われていない）とし、契約の成立を保証意思の存否の問題から区別して論じているが正当である。

3　解釈問題と方式問題の分離の可否

　次に、仮に書面が真正なものであったとしても、その内容が保証の趣旨であるか、そうだとしてもその内容に不明確な点が無いかが問題となる。例えば、本人の署名押印は存在するが「保証人」の肩書及び保証条項が存在しない場合などがこれにあたる。平成16年改正以前の事案ではあるが、東京高判昭和53年12月22日金判573号23頁は損害賠償につき債務者Y1の夫Y2が「できる限り責任を取らせてもらう」「自分が何が何でも協力して8月31日までに支払う」などの発言をし、主債務者の署名のわきに連署した事案につき、保証に関する条項が存在しないことから、単にY1の資金の準備についての表明に過ぎないとして保証契約の成立を否定した。これを平成16年以後の事案として見た場合、仮にY2の発言が書面に記載されていた場合について考えてみると、まさにこのY2の約束の文言を保証の文言と解釈できるかが問題となっていると言える。そして解釈の際には契約締結時の諸般の事情から保証の趣旨なのか否かを判断することとなる[16]。本件はこうした

性質決定の事案として位置づけることができよう[17]。

(1) 分離説

ところでドイツの判例・学説は、内容確定の場面である解釈問題と確定された内容の方式適合性の審査（方式問題）を区別し、前者については書面外の事情を考慮し当事者の真意を探求するのに対して、後者においてはその探求された意思が書面に拠り所を有するか否かを判断するものとして区別する立場をとる（以下「分離説」という）[18]。我が国においてこのような区別が判例において自覚的に論じられることはないが、学説上、遺言や保証について分離説をとる見解がみられる[19]。我が国においてこれを支持する論者は性質決定の段階では、いまだ、保証契約か否か確定していない以上、外部的資料の利用に制限を加えるべきでないことをその理由とする[20]。

---

(16) 本判決では必ずしも契約締結過程に関する詳細な事実認定がなされたわけではないが、同書面が「控訴人Ｙ１の債務の存否及びその支払方法・時期につき関係当事者が最終的に確認した趣旨を記載した書面である」（下線筆者）ことが重視され、そこに保証、連帯債務に関する条項が存在しないことをもって上記のような解釈をしている。

(17) なお山本②・前掲注（３）278頁は、こうした場面を内容確定のレベルの問題として位置づけ、後述の示唆理論から本判決の結論を正当化する。なお山本②・前掲注（３）274頁は、ある行為を保証契約と性質決定する際には「書面外の事情を考慮に入れて当事者意思を解釈せざるをえず、書面の記載だけに依拠して解釈を行うという方法では対処できない」として示唆理論の適用を否定する。

(18) 相続の判例であるが、分離説を初めて明らかにした判例として、BGHZ86,41Urt.v.8,12,1982がある。同判決は、証書の中に現れていない事情を考慮しないで要式行為を解釈する解釈方法は、表示の方式適合性の問題を不当に解釈に持ち込むものであり、むしろ逆に、表示の内容が解釈によって探求されて初めて、それが遺言の中に十分な根拠があり、方式に従って表示されていると言えるかが問題となると判示した。同判決ならびにその後の判例について詳しくは拙稿「遺言の解明的解釈の方法と限界について」大東法学第18巻２号（2009年）91頁。

(19) 遺言については、浦野由紀子「遺言の補充的解釈（１）（２）完」民商115巻１号（1996年）31頁、115巻２号（1996年）50頁以下、保証については山本①・前掲注（３）63頁以下及び山本②・前掲注（３）274頁。なお中田教授は金銭借用証の債務者の署名の欄の隣に「証人」として署名した場合や金銭の借主が支払担保のために振り出した約束手形に保証の趣旨で裏書をした場合につき保証契約は成立するかという問題について（後者につき最判平２・９・27民集44巻６号1007頁、中田裕康「判批」法協109巻１号（1992年）166頁）、①そもそも保証契約の合意はあったのか、②書面性を満たすかという二段階の判断をすべきとし、16年改正の趣旨に鑑み①②ともに厳格に解釈されるべきである。そして②の判断に際しては贈与契約の書面性についての分析視角によれば、書面に内在する要素（債権者・債務者・保証人の名、被担保債権、保証する旨の表示）と外在する要素（作成過程、作成後の書面の取り扱い）が考慮されるとする（中田・前掲注（３）470頁、瀧澤泉「研究会」判タ1255号（2008年）23頁）。

(20) 山本①・前掲注（３）274頁。

(2) 分離説批判

しかしこの分離説はドイツでも、例外が存在することが学説上主張されていることに加え[21]、そもそもこうした見解に反対する立場も存在する。それによると、分離説は、書面の外に存在する資料を用いて広く内心的意思の探求を行うが、結局、書面に拠り所のない意思は表示されていない意思として妥当しないこととなるから、主張する者にとっても裁判官にとってもこうした解釈手順は無駄手間になると[22]。

批判説の言うように、分離説によれば、解釈問題においては書面に依り所のない意思を書面外の事情を通じて探求することを意味するが、しかし、書面に依り所のない意思とはすなわち純粋に内的な意思であり、そもそも表示の要件を充たしておらず（例えば契約書の草案にあった保証条項の一部を書き落としたことが明らかな場合）、また仮に書面に拠り所を有しない意思が確認し得たとしても、それは最初から方式適合性を充たさないことが明らかである。また性質決定の段階においては、保証契約の成立を主張する者は、「書面によって保証名義人とされる者が意思表示したこと」を証明しなければならないはずであり[23]、したがって表意者が「書面の文言」によって何を言おうとしたのかが探求されるべきなのであって、書面に何らの文言上の拠り所もない意思を探求することはやはり初めから意味がないというべきである。解釈の目的が「法的に基準となる内容の確定」にあるとすれば、表示されていない意思が「法的に基準となる内容」となることはあるまい。

また、確かに同じ要式行為である消費貸借においては、物の交付によって契約が成立するところ、「物の交付」のみではその行為が消費貸借の成立要

---

(21) たとえばSchererは方式が第三者の保護を目的としている場合には、善意の第三者に対しては証書の客観的な内容が通用すると主張するが（Scherer,Andeutungsformel und falsa demonstration beim formbedürftigen Rechtsgeschäft in der Rechtssprechung des Reichsgerichts und des Bundesgerichtshof,1987,S.92）、ということはつまり、解釈問題においては証書外の事情を用いて解釈することに制限を加えることになる。この点から分離説には再考の余地があり得ることが指摘されている（滝沢昌彦「要式行為の解釈についての西ドイツの諸学説」一橋論叢第104巻1号（1990年）77頁）。

(22) MünchKomm zum BGB/Leipold zu §2084, [2013] Rn.13., Leipold, Wille, Erklärung und Form, in ;FS Wolfraum Müller-Freienfels,1986,S.438.

(23) 木納・前掲注（6）143頁。

件としての引渡を意味するのか、それともその他の行為の単なる履行を意味するのか明らかとはならず、必然的に、引渡以前の合意の存在が「物の交付」の性質を決定するうえで重要な意義を有する。しかし、保証の場合には、まさにその書面そのものが表示行為なのであるから、書面以前の何らかの合意が存在することは当然であるとしても、それ自体は契約の成立には直接の意義を有しない。書面の有する合意の最終性・確定性という観点からも事前の合意に強い意義を認めることはできない。したがって分離説は採用しえない[24]。

4 解釈の限界について

(1) 示唆理論

では解釈の限界をどのように考えるべきか。これについてドイツでは、従来から示唆理論(Andeutungstheorie)が唱えられている。示唆理論とは、要式行為においては解釈によって探求される表示の意味は不完全にでも証書自体の中に拠り所を有するものでなければならないとする理論であり、ドイツの判例・通説となっている理論である[25]。前述の分離説をめぐる議論の中で、解釈の対象を書面の文言へと制限すべき見解を支持したが、これがまさにこの「示唆理論」である。

同説に対しては、①方式目的から示唆理論を導き出すことができないこと[26]、②示唆理論が明確な基準を示しておらず法的安定性を害すること、③示唆理論と「誤表は害さず」が矛盾することなどの批判がなされている[27]。

このうち②については、書面に何ら根拠を有しない制限のない自由な解釈

---

[24] 以上については、(遺言についてではあるが)拙稿・前掲注(18)108頁以下。
[25] 滝沢・前掲注(21)69頁以下、浦野・前掲注(19)・(1)31頁以下、(2)50頁以下、拙稿・前掲注(18)91頁、保証については山本①・前掲注(3)63頁以下及び山本②前掲注(3)274頁。
[26] ドイツでは示唆理論の根拠として書面の証明確保機能(Beweis (sicherungs) funktion)が重視されているところ、遺言の錯誤の事例では遺言に現れていない動機も考慮されることとなり、その点で遺言書の証明確保機能は貫徹しえないことが批判の根拠とされている(Brox, Der BGH und Andeutungstheorie, JA,1984,553ff.)。ただしわが国における保証契約の要式行為化の根拠は警告機能を重視したものであることは先にみたとおりである。
[27] Brox, a.a.O (Fn.26),553ff. なおBroxの見解によると、方式適合性の判断は、表意者が方式を順守しようとした意欲で十分であるとする(S.558)。

を認めることのほうが法的安定性を害するとし、③については、表意者が選択した言葉が一般的意味と異なる意味において用いられるとしても、認定された事実に基づき表意者が意欲していたことが確信を持てるような形で探求されたのであれば、「誤表は害さない」と示唆理論は矛盾しないとする。ただし、Leipold はこうしたことはまれであり、通常「誤表」とされるような場面でも、それは日常的な一般的言語慣習である場合が多く、そうした場合はむしろ一般的言語使用方法の範囲内に属し、いわゆる「誤表」ではないとする（例えば家族間で夫の妻を「かあさん」と普段から呼んでおり、それに基づき法律行為上の書面に「かあさん」と記載した場合、夫の「母」という意味が通用するのではなく、客観的意味として「夫の妻」が通用する）。我が国の表示主義の立場にも同様の見解がみられる。

以上のドイツの議論を参考に山本教授は「各種の事情を丁寧に斟酌しようとする観点から書面外の事情に目を向けることは、書面性の判断の基準をもたないままでは危険であり、書面性が要件とされた意味を損なうおそれが強い」とし、①書面に多義的・不明確な表現があるときは示唆理論に従い「書面の記載自体から当事者意思を導ける具体的可能性があるかどうか」を問題とすべきとし、②書面に誤った表現がある場合についてはいわゆる「誤表は害さず」準則の適用が問題となるが、ここでも示唆理論にしたがい、書面の記載自体から当事者意思を導ける具体的可能性の有無を検討すべきとして示唆理論を支持する。判例の立場は明らかではないが、実務においても書面の

---

(28) StaudingerKomm zum BGB/Otte,Vorbem.zu §§2064ff.［2013］Rn.30a., Leipold, JZ 1983,712.
(29) MünchKomm zum BGB/Leipold zu §2084,［2013］Rn.18f.
(30) MünchKomm zum BGB/Leipold zu §2084,［2013］Rn.18f.
(31) 我妻博士は、意思表示のなされた当該の事情は意思表示そのものを組成する要素であるとする（我妻・前掲注（15）249 頁以下）、そこでの解釈においては（しばしば批判説により攻撃されるような）表示の「客観的」（たとえば辞書的）意味が常に帰責されるわけではなく、諸般の事情から推断される表意者の真の意味が「客観的意味」の名のもとに通用されるのである（この点を指摘するものとして滝沢昌彦「表示の意味の帰責について—意思表示の解釈方法に関する一考察—」法学研究（一橋大学）19 号（1989 年）181 頁、同「見抜かれた心裡留保 – 意思表示成立の問題に寄せて – 」川井健傘寿記念『取引法の変容と新たな展開』（日本評論社、2007 年）48 頁、沖野眞已「契約の解釈に関する一考察（1）」法協 109 巻 2 号（1992 年）247 頁）。
(32) 山本②・前掲注（3）276 頁。
(33) 山本②・前掲注（3）278 頁。

文言を離れた解釈を志向するものではないように思われる。[34]

（2）明確性・一義性を要求する立場

ところで民法550条の書面は比較的緩やかに解されてきた経緯があるが（最判昭60年11月29日民集39巻17号19頁）、保証と贈与では書面性を要求する趣旨が異なることから厳格に解すべきとの見解が多い。[35] そこで書面が要求される他の場面についてもみていくと、貸金業法17条2項に関して、いわゆる17条書面といえるためには、内閣府令記載事項を含む全部の事項を網羅した書面であることを要し（最判平16年2月20日金判1191号14頁）、「一通の」書面の中にこうした記載がされ、かつ記載内容の正確性・明確性・一義性が要求されている（名古屋高判平成8年10月23日金判1008号11頁、東京地判平成10年1月21日金判1052号49頁、東京高判平成13年1月25日金判1128号42頁）。もちろん、適用場面が全く異なるが、[36] 17条書面も支払いの任意性を確保する前提として、自己の残債務額等を認識させるために要求される書面であり、そうした点では、保証における書面によって主債務の内容を知らせる点、及び、両者とも債務者となる者に一種の警告をするために要求された書面である点で共通する。

また（またしても場面がことなるものの）、借地借家法38条2項書面における二重の書面性について、最判平24年9月13日民集66巻9号3263頁は、賃借人の認識の有無及び程度等といった個別具体的な事情を考慮することなく形式的・画一的に取り扱うのが相当であるとしたが、こうした立場も保証の場面において参考になり得るとの指摘もある。[37] このように場面は異なるものの書面に明確性・一義性を求める場面が民法においては存在し、また、実務

---

(34) たとえば加藤新太郎判事は、曖昧な肩書の例について実務ではその肩書の通常使用されている意味を探求することが必要であるとされており、表示的解釈が行われているとし、肩書が無く署名押印されている場合にも署名押印するまでの経緯のほかに「本文にはどのような記載があるのかという事情によって、保証の趣旨であるか否かが決まる」とする（加藤新・前掲注（7）225頁。
(35) 平野裕之「保証規定の改正について」法教294号（2005年）17頁、野村豊弘ほか「座談会 保証制度の改正」ジュリ1283号（2005年）55頁〔平野裕之発言〕、小賀野昌一・原田真希「新しい個人保証制度について」金判1204号（2005年）5頁。
(36) なお小賀野昌一・原田真希「保証契約の書面性」金判1218号（2006年）5頁は、趣旨の違いから、貸金業法の判例理論のすべてをそのまま持ち込むことはできないとしつつ、貸金業法の規定が保証人が法人であるか個人であるかを区別していない点は参考になるとしている。
(37) 小野秀誠『債権総論』（信山社、2013年）475頁。

家からは保証契約における書面においても記載内容が明確かつ一義的でなければならず、そうでないものは無効とすべきとの見解も示されている[38]。

(3) 書面の作成者との関係

こうした明確性・一義性を要求する立場に対しては、民法446条2項が貸金業法17条の書面のように記載すべき事項を規定するものではない以上、その適格性を厳格に解する解釈は採用しえないとの批判がある[39]。この点は保証人となろうとする者が主として書面を作成したときは確かに首肯し得るが、しかし、債権者側が書面を作成した場合であってもそのように言うことができるだろうか。これについて東京高判平24年1月19日金法1969号100頁は、民法446条2項は「保証契約を成立させる意思表示のうち保証人になろうとする者がする保証契約申込み又は承諾の意思表示を慎重かつ確実にさせることを主眼とするものということができる」としたうえで、「<u>保証人となろうとする者が保証契約書の作成に主体的に関与した場合その他その者が保証債務の内容を了知した上で債権者に対して書面で明確に保証意思を表示した場合に限り、その効力を生ずることとするものである</u>」とした(下線筆者)。

上記平成24年判決は「保証人となろうとする者が保証契約書の作成に主体的に関与した場合」と「その他」の場合を区別し、特に後者においては「保証債務の内容を了知した上で債権者に対して書面で明確に保証意思を表示」することを要求する。本件は書面の真正性が争われたケースであり、後半部分は盲判や印章の冒用の場面に係る判示部分であるが、こうした作成主体の違いは、書面の解釈にも影響を与えるのではなかろうか。というのも、保証名義人が書面の作成に主体的に関与した場合には、仮に不明確な書面であっても書面の有する警告機能は果たされていると解するべきであるが、これに対して、債権者側によって作成され提示された書面については、書面に不明確な点が存在する場合には、そうした警告機能は十分果たされていないと考

---

(38) 平成24年判決以前にすでに実務家(裁判官)からは、「契約文言自体に曖昧な部分があるような場合には、原則として、あるいは特段の事情が無い限り、有効な保証契約が締結されたとものとは認められないと考えるべきではないか」との意見も示されていた(加藤・前掲注(7)232頁[村田渉発言])。

(39) 木納・前掲注(6)137頁。

えうるからである。
ア．債権者側の作成に係る場合

　そこでまず、実際上は原則的なケースであると思われる債権者側の作成に係るケースについてみていくと、上述のように書面性を要求した趣旨が書面が有する警告機能にあるのだとすれば、債権者側が主として作成した書面に署名押印する場合には、その書面から保証名義人が負う債務の内容や原因等について明確になっていなければ、警告機能を果たしたとは言えない。したがって、書面は一見して明確かつ一義的でなければならない。不明確な文言を含む書面は書面性の要件を満たさないものと解するべきである。

　こうなると、同じく要式行為である遺言の場合と解釈の態度が大きく異なることとなるが、遺言においては変造を防止するため遺言の方式が定められている反面、遺言者の遺言を残そうとした意思の尊重という要請も強い。しかし、遺言についてはこれが問題となるときには、遺言者はすでに死亡しており、広い解釈を認めると意図しない遺言の変造のリスクが生じる。そこで、学説では遺言書の証明確保機能を重視し、解釈に限定を付すべく示唆理論に従うべきことが主張されている。しかし、保証の場合については、遺言と同様に解するべきではない。というのも、第一に保証の場合、書面性を要求されているのが「保証意思」という保証の核となる部分についてのみであること、第二に保証において書面性を要求する趣旨は書面が有する警告機能を重視したものであり、遺言の場合のように証明確保機能を重視したものではないからである。そして遺言の場合には遺言者意思の尊重と証明確保の双方の要請の妥協として示唆理論が支持し得るのに対して、保証の場合には、要式

---

(40) もちろん、ここでの警告機能を書面への署名押印という心理的障壁を超えさせることを通じて保証人となろうとする者を慎重ならしめることと解すれば、書面を要求した趣旨は必ずしも保証人となろうとする者に正確な認識を与える趣旨ではないとも考えることができる（山本②・前掲注（3）265頁以下はこの点を重視する）。しかし、従前から口頭による保証契約の成立は特段の事情が無い限り認められておらず、ほとんどの場合が書面による保証契約であったのであり、仮に書面を要求した趣旨を上記のように解し得たとしても、それでは改正の意義が失われるのではないか（実際に平野裕之「保証制度の見直し」消費者法ニュース65号（2005年）143頁は、保証契約の要式化によっては「保証人保護には何も前進はないとさえ言ってよい」と指摘する）。
(41) 判例はどちらかといえば、遺言者の意思の尊重を重視し、主観的解釈を行う傾向がある（拙稿・前掲注（18）82頁）。またそうした遺言意思の尊重の結果、無効行為の転換が認められている。
(42) 浦野・前掲注（19）、拙稿・前掲注（18）82頁以下。

行為化の趣旨として安易な保証の成立を制限する意図がある以上は、むしろきわめて明確で確たる意思が存在する場合にのみ保証を成立させるべく限定を付す要請が強いのではなかろうか。よって書面はむしろ画一的・形式的に解釈されるべきであり、不明確な点があれば不成立無効とすべきであると考える。

これについて大阪高判平 20 年 12 月 10 日金法 1870 号 53 頁は民法 446 条 2 項が保証契約について書面を要求する趣旨を「保証を慎重ならしめるため」であるとしたうえで「Y は、A 等から依頼されて、A の X に対する債務を保証する意思で、金銭消費貸借契約書の借主欄に署名押印をしたというのであるから、これによって、主債務者である A と同じ債務を連帯して負担する意思が明確に示されていることに違いはなく、保証意思が外部的に明らかにされているといえる」とした。

本件に対しては、判旨と同様の理由から保証意思が外部に表示されているとし、かつ、保証人として責任を負う意思で金銭消費貸借契約書の貸主欄に署名押印しておきながら、保証契約に関する書面ではないからと言って被告に法的責任を免れさせるのが相当ではないとの評価や[43]、名義貸しの事例であることからすれば、いわば「大（消費貸借の借主本人との表示）は小（保証人であることの表示）」を兼ねる」とでもいうべき保証契約の成立を認めてもよいとの評価がある一方[44]、Y は連帯債務意思を有していたとみることもできなくはないが、保証意思を有しているとみることはできず、保証契約を無効にすべきとするとの批判や[45]、一連の経緯からすると保証意思を外部に表示した書面とも評価できなくはないが、「X が Y に対して保証契約の履行を求める手続きとして当該書面を評価するときには、Y が借主とされた本件書面は、法が求める様式を順守していない」との批判も存在する[46]。

平成 20 年判決の事案は、当事者は双方とも真に保証契約を締結する意思が存在する事案であるから、内心の意思の合致は存在するにもかかわらず、

---

(43) 木納・前掲注（6）139 頁。
(44) 田髙寛貴「今期の主な裁判例［担保］（民法判例レビュー）」判タ 1305 号（2009 年）16 頁。
(45) 椿久美子「判批」リマ 40 号（2010 年）38 頁。
(46) 北居功「判批」金判 1336 号（2010 年）142 頁

それと異なる表示が意図的に選択されている場面であるという意味で、意識的誤表の場面であると言える。したがって、いわゆる「誤表は害さず」に従い、保証契約の成立が認められるか否かが問題となるはずである。平成20年判決は必ずしも「誤表は害さず」という表現は使ってはいないものの、保証意思の存在を重視して契約の成立を認めている。しかし、本判決を批判する学説は、そうした内心の意思の合致を問題とすることなく、保証の不成立を導こうとしており、そうした点では極めて客観的な解釈が行われていると言ってよい。[47]こうした解釈方法は、本稿における筆者の立場からも支持し得る。

イ．保証名義人が書面作成に主体的に関与した場合

前述のように、保証名義人が書面の作成に主体的に関与した場合には、すでに、書面の警告機能は果たされている以上、先の債権者側によって作成された場合のような厳格な解釈をとる必要はない。ただし、保証契約が書面によって表示することを要求された行為である以上、書面外の資料を「書面」の解釈に利用することができたとしても、書面外の表示に効力を与えることはできないのは前述のとおりである。よってここでは示唆理論に従い書面性を判断するべきである。木納判事は、作成主体を特に区別せずに、保証人において主たる債務の内容を認識したうえで、保証人となる旨の意思表示を当該書面によってしている以上、本質的要素である主たる債務の内容を特定する記載が十分でなかったとしても、その書面は本条項の「書面」に該当するとするが、[48]こうした解釈は保証名義人が書面作成に主体的に関与した場合に限られるべきであろう。

III 結語

以上の検討の結果をまとめ結語としたい。まず、446条2項の「書面」について証書の真正性の判断において保証意思の不存在をもって証書の真正性を否定し、保証契約の不成立を導く判例やこれを支持する見解が存在した。

---

(47) なお本判決については、示唆理論に拠ったとしても、表示に拠り所が無く保証契約の成立は否定されることとなる（山本②・前掲注（3）276頁）。
(48) 木納・前掲注（6）137頁。

これについては、証書の「真正」の意味における作成者の「意思」とは正にそうした書面を作成しようとした意思であり、保証意思の不存在は意思の欠缺の問題として、あるいは、行為意思の不存在を認定し得る場合につき、それを理由とした表示行為自体の不存在として扱うべきであると解する。そのうえで、書面の解釈においては、保証契約が要式行為である以上、その書面の文言によって表意者が何を言おうとしたかが解釈の対象であり、解釈問題と方式問題を区別すべきでないこと、また、書面要件を定めた趣旨である警告機能を重視し、書面の作成に保証名義人が主体的に加わっている場合には示唆理論に従い、債権者側によってもっぱら作成された書面である場合には、書面の内容に明確性・一義性を要求し、不明確あるいは多義的な書面は方式適合性を有しないとして無効とすべきである。

ところで、本稿において論じた問題に関連して、上記のような厳格な解釈をする際には、保証人とされる者の署名捺印が代理方式・代行方式、あるいは使者の場合、代理人への授権の場合、この授権の書面にどこまでの記載がなされれば「内容を了知した上で・・・書面で明確に」意思表示をしたと言えるのか（前掲平成24年判決）という問題や、この要件を厳格に解すると全く授権ができない場合も生じうるのではないかとの懸念も示されている[49]。こうした個々の問題については今後の課題としたい。

---

(49) 新潟県弁護士会・前掲注（4）20頁。

金銭消費貸借論の課題

小野秀誠
Shusei ONO

Ⅰ　はじめに
Ⅱ　諾成契約性と他人の物の貸借
Ⅲ　利息の態様と利息の制限
Ⅳ　むすびと課題

Ⅰ　はじめに

　金銭の消費貸借に関連する問題は多い。古くは、その要物契約性であり、民法の起草時においても争われ、立法例も分かれている。また、金銭ではない他人の物の貸借については、他人の物の売買と同じ問題がある。さらに、個別の議論には、旧民法と現行民法とに連続している問題が多数ある。
　消費貸借の重要事項に、利息制限の問題があり、立法例には、民法典に取り込む例もある。わがくにでは、現行民法典はこれを特別法に委ねている。[1]旧民法も、利息制限に違反した場合の効果のみを規定した。いずれも、明治10年(1877年)の旧利息制限法の存在が予定されていたからである。すなわち、「元金100円以下ハ1ケ年ニ付100分ノ20（2割）、100年以上1000円以下100分ノ15（1割5分）、1000円以上100分ノ12（1割2分）以下」である。ただし、同時に、「若シ此限ヲ超過スル分ハ裁判上無効ノモノトシ各其制限ニマテ引直サシムヘシ」と規定されていたことも周知のところである。
　本稿では、金銭消費貸借にまつわる諸論点につき、その沿革と議論の推移を簡単に概観する。従来あまり注目されていない旧民法の規定をも検討しよう。個々の問題は相互に影響することもあり、一面的な発展理論によっては

---

(1) もっとも、民法の起草者は、むしろ利息制限法を廃止しようとしていたのである。民法起草時の議論については、拙著・利息制限法と公序良俗（1999年）216頁以下、219頁参照。

解決されないことが示されよう。古くから要物性と消費貸借の予約が係わることは指摘されるが、ほかにも、たとえば、要物性が契約の成立だけではなく、利息制限にも係わり、特殊な解除権も、利息制限に係わることなどである。

なお、消費貸借の対象は、「金銭その他の物」（587条）であるが、以下では、主として金銭を対象に考察する。実際性から金銭が重要と思われるからである。ただし、古い時代に、金銭以外の「代替物」（旧民法・財産取得編178条）、「金銀塊」（同184条）の貸借がなお重要な意義を有していたことはいうまでもない。金銭以外の場合には、同一の性質（種類）、重量（数量）、品格（品質）での返還が義務づけられ、担保責任の問題が生じる点に特徴がある（同184条）。

II 諾成契約性と他人の物の貸借

1 消費貸借の諾成契約性

（1）序

現行法の消費貸借は、要物契約として構成されている（587条）。これに対し、消費貸借の予約が可能であること（556条1項、559条、589条）、587条は任意規定にすぎないことから、諾成的消費貸借を肯定する学説が古くから有力である。しかし、判例は、とくに利息の制限の一環として、要物契約性を肯定することが多く（要物性を理由として、とくに天引のさいの高利を制限をしようとしたものは多い。たとえば、大判昭6・12・3民集10巻1159頁、最判昭29・4・13民集8巻4号840頁などである）、そこで、要物性は、一定の社会的機能を果たしてきたものと考えられる。とくに、違法な利息を元本に組み込むことを制限する法理として重要である（法律の制限を超過する利息の定めが「裁判上無効」にとどまる旧利息制限法の下での数少ない超過利息の制限理論となっている。大判昭6・4・16民録23輯644頁、大判大3・10・14民録20輯772頁、大判昭12・2・13民集16巻100頁など）。

---

(2) 早くに、鳩山秀夫・増訂日本債権法各論（下・1924年）396頁は、石坂、末弘、神戸を挙げて、自分は諾成的消費貸借そのものには反対とするが、同時に、貸主に目的物を交付する債務を生じ、交付後はその法律効果を認めるものとする。我妻栄・民法講義 V2（1873年）354頁は、これを肯定。また、末川博・契約法（下・1958年）77頁、来栖三郎・契約法（1974年）257頁など。梅謙次郎・民法要義（3・1912年）583頁（587条）は、予約が有効なことから、要物契約の「結果ハ殆ド理論上ニ止マ」とする。

準消費貸借の基礎になることだけではなく、更改も制限される。違法な利息を更改によって元本に組み入れても無効となるからである（大判明39・5・19民録12輯877頁）。更改契約も「新債務カ適法ニ発生スルカ為メニハ、之ニ因リテ消滅スヘキ旧債務ノ有効ニ成立シタルコトヲ必要」とするから、旧債務が利息制限法に違反することによって成立しない場合には、新債務もその限度で無効とされる（大判大8・3・7民録25輯405頁）。さらに、債権者から相殺をすることも（超過部分の利息債権を自働債権としてする場合）、当事者間で、相殺の予約をすることも無効とされる（「利息制限法超過ノ部分ノ債権ト将来布海苔ノ売却ニ因リ生スヘキ代金ノ債権トヲ相殺スヘキ旨ノ予約」に関して、大判大2・3・27民録19輯173頁）。超過利息の支払を強制することになるからである。利息制限法の潜脱を防止する意味があったものといえる。現在でも、仕組み金融により、元本額が不明確にされる場合の対抗策としては、充当理論と並んで効果的である。みなし弁済の規定（利息1条旧2項）がなくなったとはいえ、過払利息に対する不当利得の返還請求権には、時効の適用があるから、元本があれば充当し、元本も完済となれば、独自に新債務を否定する必要があるからである。

(2) 要物性

ローマ法やフランス法は、消費貸借を要物契約とした。これによって利息制限をする理由があったからである。旧民法（第8章「消費貸借及ヒ無期年金権」の第1節「消費貸借」である）176条は、「消費貸借ハ当事者ノ一方カ代替物ノ所有権ヲ他ノ一方ニ移転シ他ノ一方カ或ル時期後ニ同数量及ヒ同品質ノ物ヲ返還スル義務ヲ負担スル契約ナリ」とし、文言上は、必ずしも要物契約であったか明確ではない。所有権の移転が観念的なものであれば、「金銭の交付」と同じとはいえないからである。もっとも、起草者の説明によれば所有権の取得も占有の取得と同じく交付であり、所有権の移転があれば物の引渡があったとみることができるからであるとする。[3] これに対して、現行法の起草

---

(3) 法典調査会・民法議事速記録・法務図書館版10冊255頁（5節、589条は、268頁から）、商事法務版4冊187頁以下（5節、589条、200頁）〔消費貸借の部分の起草担当は、富井政章であった〕。ちなみに、そのあとが、利息制限法を廃止するための乙号議案であった（法務図書館版281頁、商事法務版213頁）。当初、消費貸借の部分の審議においても、議論が利息制限法廃止の是非に集中し進展がなかったことから（明治28年＝1895年5月31日・90回）、利息制限法

者は、端的に要物契約としたのである(4)。
(3) ドイツ法
　ドイツ法上の消費貸借の定義は、必ずしも日本法と同じではない。消費貸借契約にもとづいて、貸主は、借主に対して、合意された限度で金銭を利用させる義務をおい、他方、借主は、義務のある利息を支払い、利用した金額を期限に返済する義務をおう（現488条1項）。すなわち、諾成契約である。
　スイス旧債務法329条は、古くから諾成契約の構成に従っており、現行法も同様である（現312条）。
　ただし、ドイツの旧法（1900年のオリジナル法）は必ずしも明確ではなかった（旧607条）。「金銭または他の代替物を消費貸借として受領した（empfangen hat）者は、貸主に対し、受領したのと同種、同質、同量の物を返還する義務をおう」とする。原案589条の審議において、フランス民法典1892条以下、旧民法財産取得編178条、ドイツ民法典第1草案453条や第2草案547条に従い、消費貸借契約を要物契約としたことが説明されている(5)。
　消費貸借を諾成契約とするか、要物契約とするかは、ドイツ民法典の制定・発効時（1900年）にあたっても、問題がなかったわけではなく、鋭い見解の対立の結果、要物契約とする主義が採用されたのである(6)。1900年の民法典の文言は、現代化法（2002年法）の前まで維持されていたが（旧607条）、無名契約としての諾成的消費貸借の可否については、学説上争いがあった。
　さらに、学説では、売買と同様に消費貸借をも諾成契約とするべしとの見解が従前から強く、現代化のさいに、これに従ったのである(7)。

　の廃止案を乙号議案として、次回の明治28年6月4日（91回）会議に譲ったのである。これにつき、小野・利息制限法と公序良俗（1999年）216頁以下、219頁（以下、【利息】と略する）。
（4）梅・前掲書は、要物契約性は「旧慣ニ従」ったものともする。
（5）ド民1草453条、Wer Geld oder andere vertretbare Sachen als Darlehen empfangen hat, ist verpflichtet... ド民2草547条も同じである。
（6）Vgl. Mugdan, Die gesamten Materialien zum Bürgerlichen Gesetzbuch für das Deutsche Reich, Bd.II, 1899, S.169, Mülbert, Das verzinsliche Darlehen, AcP 192 (1992), 447, 485ff.
（7）Schmidt-Ränsch, Maifeld, Meier-Göring, Röcken, Das neue Schuldrecht, 2002, S.582ff., S.582; Dauner-Lieb (Reiff), Schuldrecht, 2002, S.636 (§§488), S.638; Schulze (Ebert), BGB, 4.Aufl., 2005, (§§488), S.610. ほかに、vgl. Jauernig (Berger), BGB, 10.Aufl., 2003, S.578 (§§488); Palandt, BGB (Putzo), 63.Aufl., 2004, S.677ff. (§§488).

（4）予約

　消費貸借の予約は、金銭の交付前に、将来の消費貸借の成立のための債務を肯定するものである。しかし、売買の一方の予約とは異なり、合意のほか物の交付を必要とする消費貸借の本契約を締結する義務をおわせるものである。そこで、借主が予約権を行使しても、物の交付がなければ本契約は成立しない。訴訟により、本契約の成立を強制することはできるが、それでは予約を認めた意味の大半は没却される。目的物の交付が必要である点が、諾成的消費貸借契約と異なり、要物性をすべて否定するものではない。

　逆に、諾成的消費貸借契約では、金銭の交付前に、借主に信用を危殆化させる事情が生じたときには、融資を実行しないことが必要となるが、そのための貸主の解約権の存否が問題となる。

　また、金融機関には、融資の期間と枠を定めて、その範囲内で自動的に融資をうけられる契約をすることがあるが、要物性や利息制限法との関係が問題となることから、特定融資枠契約法（1999年）の下では、企業など一部の法人を借主とする融資の一部（2条1項の手数料）について用件を緩和し、利息制限法（3条のみなし利息の部分）の適用を除外している（3条）。利息制限法を骨抜きにすることから、むやみに拡大するべきではあるまい。

2　他人の物の貸借
(1) 旧民法

　旧民法・財産取得編181条では、他人の物の貸借は無効とする。他人の物の売買では、フランス民法は、これを無効とし（1599条）、旧民法・財産取得編42条も、無効とした。また、財産取得編46条は、売主には所有権の移転義務を認めたが、同56条において、買主は売買無効の判決を求めることが可能とした。しかし、旧民法やフランスの学説においても無効が必ずしも絶対的なものとされていないことから、現行法では、これを有効なものと改めたのである。[8]

　貸借に関する旧民法・財産取得編181条の規定は、この売買の規定を前提

---

(8)　高橋眞・新版注釈民法（5・1993年）191頁参照。

とする。消費貸借においては、貸借目的物の所有権の移転を伴うことから、この売買と同じ扱いをしたのである。しかし、現行法は、物権と債権の峻別を前提とするから、こうした扱いは克服されたものといえる（555条に、売主の財産権移転義務）。

　ちなみに、旧民法でも財産取得編182条は、借主が善意で消費したり、所有者が認諾したときには有効としていた。このうち、前者は、現行477条に受け継がれているが、真の所有者に対抗できるものではなく（債権行為のみの有効）、後者の認諾は、所有者の物権行為の追認がある場合である。

(2) 立法者

　梅・要義585頁によれば、消費貸借においても、貸主は、借主に物の所有権を移転する義務をおう。外国の立法ではこれを明言することもあり、旧民法でも、消費貸借の要物契約であることをいわずに、所有権の移転で成立するものとした。しかし、所有権は、176条、401条2項の規定により、当事者間では特定時からただちに借主に移転するが、消費貸借が要物契約であることから、借主が受領しなければ成立せず、また、貸主は、所有権を移転する義務をおうが、必ずしも物の引渡時に移転することを必要とせず、貸主が消費貸借を予約によって負担した義務を履行することを妨げず、さらに、192条の適用がある場合などに、借主が所有者の請求にあうことなく、消費貸借の成立を妨げない場合に、物の引渡によって消費貸借が成立することから、現行法は、所有権の移転についてふれなかったのである。[9]

3　返還の時期と場所

(1) 時期

　旧民法・財産取得編179条は、返還の時期と返還の場所に関する規定である。

　返還の時期については、1項において、返還の時期を定めなかったときに、「裁判所ハ当事者ノ意思ヲ推測シ且事情ヲ斟酌シテ之ヲ定ム」とした。裁判所の裁量権が大きい。

　これに対し、現591条は、当事者が返還の時期を定めなかったときには、

---

[9]　587条については、梅・要義（3巻、前注2参照）582頁以下。

貸主は、相当の期間を定めて返還の催告をすることができるとする（1項）。債権総論の412条3項（いつでも請求でき、請求時からただちに遅滞の責任）はそのままでは適用されず、相当の期間の経過によって初めて返還義務（遅滞の責任も）が生じる。判例によれば、貸主が催告に期間を定めなかった場合や、期間が相当でなかった場合でも、催告後相当の期間を経過すれば、借主は遅滞となる（大判昭5・1・29民集9巻97頁）[10]。

借主は、いつでも返還することができる（同条2項）。利息付の消費貸借でも、時期の定めがある場合とは異なり（期限前の弁済となる）、その時までの利息をつければたりる。

（2）場所

返還の場所に関しては、財産取得編179条2項が規定する。無利息の貸借では、貸主の住所で、利息つきの貸借では、借主の住所で返還するとする。有償の場合は、取立債務とするのが特徴である。

これに対し、現行法の消費貸借には特有の規定はなく、債権総論中の現484条は、特定物の引渡以外の弁済は、債権者の住所でするとする。持参債務で一貫させたのである。

4　担保責任

（1）旧民法

旧民法・財産取得編182条は、賃借物に借主は了知しないが、貸主が了知する隠れた瑕疵がある場合には、無利息の貸借では、貸主は責任なしとした（1項本文）。ただし、貸主に詐欺があったり、加害の意思があったときにはこの限りではない（同項但書）。無償の場合には、無責任とし、たんに故意や害意がある場合のみの責任にとどめたのである。

利息つきの貸借で、貸主が了知しない隠れた瑕疵がある場合にも、これを了知すべき場合には、貸主の責任が生じるとする（2項）。有償契約の場合には、貸主の責任を加重したのである。この無償の場合と有償の場合との、区別は基本的には、現行法にも受け継がれている。

---

[10] この昭5・1・29判決について、我妻栄・判民昭5年・22頁。

(2) 現行法

現行法では、利息付の消費貸借においては、貸主の交付した目的物に隠れた瑕疵があったときには、貸主の担保責任が生じる（590条1項）。売買の担保責任に類似したものであり、契約の有償性にもとづく。貸主は過失がなくても責任をおうが（無過失責任）、借主は善意無過失でなければならない。もっとも、目的物に瑕疵がある場合というのは、金銭以外の消費貸借において意味があるにすぎない。

担保責任の内容として、貸主は、①あらためて瑕疵のない物を交付しなければならない。また、②損害賠償の義務も生じる（同条1項但書）。

無利息の消費貸借にあっては、原則として、貸主の担保責任は発生せず、借主は瑕疵のある物の価額を返還することができる。贈与の担保に類似するものである。ただし、貸主が目的物にその瑕疵があることを知りながら借主に告げなかった場合には、利息付の消費貸借と同じ担保責任が生じる（590条2項）。

5 為替に関する規定

(1) 通貨

金銭では、借用物の返還不能はほとんど問題とならず、通貨の廃止がおもな論点となる。これについて、現行法では、債権総論の402条において、債務者がその選択に従い、各種の通貨で弁済できるものとする（同条1項本文）。ただし、特定の種類の通貨の給付を債権の目的としたときは、この限りではないが（同項但書）、債権の目的である特定の種類の通貨が弁済期に強制通用の効力を失っているときには、債務者は他の通貨で弁済することになる（402条2項）。

以上の規定は、おおむね旧民法の規定を受け継ぐものである。すなわち、財産編463条によれば、金銭債務では、債務者の選択で強制通用力のある通貨で弁済できる。同条がいう弁済が可能な「金若クハ銀ノ国貨」は今日では無意義であろう。そして、464条でいう、「諸種ノ貨幣ノ為替相場」から生じる相互の高低に関する合意の規定にも意味がない。465条1項では、金銀貨で金額を指定されているときに、他の貨幣で弁済する場合には、債務者の

みが為替相場の損益の負担をおうとする。これも通貨による実質的な相違が生じる場合の規定である。466条では、補助貨幣では法の定めまでしか利用できないとするが、これは旧貨幣法の対象である。これらの規定は、財産取得編183条によって（財産編463条から466条）、正貨または強制通用の紙幣の消費貸借に準用されている。

また、旧民法・財産取得編180条は、不可抗力で借用物の返還が不能になったときに、不能になった日と場所の相場で価額を返還するとする。

(3) 不能

特定の通貨による返還の不能に準じるのは、外国通貨による返還の場合である。外国で消費貸借契約をした場合のように、弁済地が日本であれば、返還は、外国通貨ですることが不能ではないとしても、為替相場に従って日本の通貨ですることが便宜である。現行法では、403条が、債務者は履行地における為替相場により、日本の通貨で弁済できるとする。法文は、「債務者」による日本通貨での支払を認めたものであるが、判例は、「債権者」も、日本の通貨での請求ができるとする（最判昭50・7・15民集29巻6号1029頁）。この場合には、為替相場と時期が問題となり、同じ判例は、事実審の最終口頭弁論期日における外国為替相場によって換算した金額をもって、日本の通貨による債権額を定めるとする。

旧民法・財産編465条3項は、外国の通貨で弁済する合意があるときには、債務者は、自分の選択する法律上の貨幣によって、その外国の貨幣の価額を弁済できるとした。前述の465条1項の規定によれば、債務者のみが為替相場の損益を負担するので、相場の基準時は、債権者の選択によることになろう。

---

(11) 貨幣法は1988年に廃止され、同年施行の通貨の単位及び貨幣の発行等に関する法律（強制通用力に関する7条参照）がこれに代わった（額面価格の20倍まで）。
(12) 貨幣価値の下落や改鋳による債権者の不利の問題は事情変更の原則や国際取引、経済学上も重要問題であるが、本稿では立ち入りえない。後者については、A・スミス・法学講義（水田洋訳、2005年）230頁が詳細であり、興味深い。貨幣が4オンス（銀30グラム）で1ポンドの場合、100ポンド借りた。のちに、2オンスで1ポンドになった。新鋳貨で100ポンドを支払うか200ポンドかという問題について、1703年に、フランス政府は、1000万フランの借入につき実質的に500万フランで支払い、政府がこれにより差額を手にいれた例がある。私人もこれと同じで、新鋳貨で支払うなら、新鋳貨で100ポンドだけ支払えばよいとする。名目主義である。

Ⅲ 利息の態様と利息の制限

1 利息の定め
（1）利息

現行法にはとくに明文規定はないが、借主は、とくに利息を支払う約束をしなければ、利息を支払う義務をおわない。しかし、商人間の金銭の消費貸借では、当然に、利息付となる（商法513条1項）。利率について約定がなければ、民事では5分、商事では6分となる（404条、商法514条）。おおむね、旧民法の伝統を受け継ぐものである。

（2）旧民法

旧民法・財産取得編185条は、金銭、日用品または商品の借主は、使用の報酬として、利息の名目で、借用物の割合による金額を約束できるとする。有償の消費貸借について、当然の規定であり、現行法には対応規定はない。

また、財産取得編186条、利息は約束しなければ、請求できないとし、利息の合意があっても、額の定めがないときには、法律上の利息によるものとする。さらに、約束されていない利息を、法律の制限内で任意に弁済した借主は、取戻しも、元本充当もできないとした。これは、非債弁済の趣旨である（現行705条）。ちなみに、フ民1235条は（Section I.- Du paiement, Paragraphe 1.- Du paiement en général の冒頭部分）、弁済は、債務を予定するとし、任意に支払った自然債務の返還請求は、認められないとした。

2 利息の制限
（1）沿革

現行法の消費貸借に関する規定は、債権各論の587条以下のほか、債権総論、特別法である利息制限法、出資法、貸金業法にまたがり、見通しの悪いものとなっている。民法の本体には、利息制限に関する規定は一切存在しない。

旧民法（明23年法）においても、利息については、明10年の利息制限法が存在していたことから、これを前提としている点では異ならないが、消費貸借の規定中にも、利息の規定はあった。明10年の利息制限法には、フラン

ス法の影響がみられるが（フ民1907条）、旧民法についても同様である。

すなわち、財産取得編187条1項（ボアソナード原案882条）は、合意上の利息は、法律上の利息（法定利率、les intérêts légaux）を超えることができるが、法律上の制限を超えられないとし、2項は、法律上の（利息）制限を超えて、「顕然」（ostensiblement）に定められた利息は、法律上の制限に限縮し、超過利息は、元本に充当し、取戻もできるとする。さらに、3項は、元本を偽ったり、「不正当」の利息を「隠秘」したとき（dissimuler）には、債務者は弁済する必要がなく、弁済しても取戻すことができるとする。

ボアソナードは、フランス法（1807年9月3日法、1850年12月19日法、1886年1月14〔2〕日法）にならって、しかしそれに修正を加え、その規定を置いたのである。もっとも、フランス民法典自体は、約定利息を制限する規定を置いていない。[13]

原案882条の原則は、最高利率の制限を超えることを禁じることにあるが、それを修正・改廃したときでも、それによって民法の条文を修正する必要がないように、このような体裁をとったのである。[14] 利息制限法による禁止がないときには、約定によって法定利率を超えることができる（一項）。また、伝統的にみられた、約定（最高）利率と法定利率の密接な関係を示唆するものでもある。

(2) 現行法

現行民法典の起草者は、ボアソナードとは逆の立場を採用しようとした。すなわち、民法典の制定にあたって契約自由の原則を採用し、利息制限法をまったく廃止しようとしたのである（民法典の審議は、明治28年）。[15] もっとも、

────────

(13) フランス法の利息制限については、立ち入らないが、19世紀には約定最高利率に対する制限であったが、その後は、わがくにとは異なり、確定した率による制限は廃止され、法定利率を沿革とする暴利を禁止する方法となっている。

(14) Boissonade, Projet de Code civil pour l'Empire du Japon, III, 1888 (1983), p.779, p.814 (n° 675). 法定利息とは、合意なくして法律上課せられる利息（たとえば、遅延利息 intérêts moratoires）である（Ib., 1°）。

(15) 法典調査会・民法議事速記録〔学振版〕28巻103丁（法務図書館版第十冊255頁以下、商事法務版4の187頁以下）。第5節（消費貸借）の起草担当は、富井政章である。すでに、消費貸借に関する節の最初の説明のさいに、「唯タ一ツ消費貸借ニ付キマシテ頗ル大ナル改正ヲ加ヘマシタ。夫レハ利息制限法ヲ廃スルト云フ精神ヲ以テ書イタノテアリマス」として、廃止が提案されている（同）。

利息制限法の廃止案は、明治28年5月31日（第90回）の審議で未了・延期となり、第589

起草担当者・富井政章は、上述のような旧民法の審議のプロセスを知らなかったので、旧民法＝ボアソナードも、「初メハ」利息の制限を設けない趣旨であったとしている。

(3) 受領

さらに、財産取得編188条では、貸主が、支払時期の到来した利息につき異議をせずに、元本を受領したときには、利息を受領または放棄したものと推定する。反証が可能であるとする。当事者の意思の推定規定であり、現行法では、元本の充当の規定に近い（491条参照）。利息が先に弁済されることを予定している。ただし、利息が放棄されたことまで推定するのは、ボアソナードの保護思想によるものである。

同190条は、186条から189条（利息やその制限に関する規定）の規定は、消費貸借から生じる義務を除き、金銭または定量物の義務および合意上、法律上の利息に適用するとする。現行法では、より一般的に、準消費貸借の規定があるが（588条）、これは、利息の規定に限定されるわけではない。

3 弁済権、解約権

(1) 特則

現行法にみられない特別な解約権が、旧民法・財産取得編189条にはみられた。すなわち、10年以上の利息つきの貸借では、借主は、反対の合意があっ

条（現587条）が審議された。そして、6月4日（第91回）の審議で、第590条（現589条）の審議のまえに、乙第21号議案「利息制限法ハ之ヲ廃スルコト」、として再提出されたが、結局、多数をえられずに廃案となった。つまり、利息制限法は廃止されないことになったのである（同152～165、166丁、前掲・法務図書館版281頁、商事法務版213頁）。

(16) 「既成法典ハ初メハ『ボアソナード』氏ノ意見ニ依テ少シモ利息ニ制限ヲ設ケナイト云フ精神テ出来テ居リマシタ併シ確定議ニ於テ矢張リ明治十年九月ノ利息制限法ヲ存スルト云フコトニ極ツテ其精神ニ依テ取得編ノ百八十七抔ガ置カレテ居リマス」（同）。民法典の原則は契約の自由であるとし、債務者の保護は、特別法にゆだねればたりるとの考え方である。

同様の考慮は、消費貸借以外に賃貸借においてもみられる。たとえば、賃料・小作料の減免請求権について、起草者は、「貧民保護ノ政略」は、民法典ではなく、特別法によるべきものとして、現行の規定（609条・610条）をおいた（小野「収益の減収と賃料・小作料の減免請求権（remissio mercedis）」商論55巻1号17頁〔Ⅰ・232頁所収〕）。起草者は、この減免請求権を、たんなる衡平上の権利としかみなかったからである。

利息制限法に関する民法審議の特徴は、民法の審議にさいして、特別法である利息制限法をも廃止してしまおうとした点である。

ても、10年後には弁済することができるとする。これは、旧民法・財産取得編の消費貸借に、通常の消費貸借のほかに、無期年金権の規定があったことと関係する。

無期年金権とは、貸主が元本の返還請求をせずに、年金で受領することを約する契約である（191条）。私的な年金の趣旨である。これに類似した制度としては、ほかに、旧民法には終身年金権もあったが、内容は異なる。

無期年金権は、あくまでも消費貸借の返還の仕方にすぎないから、一括弁済も可能であり、借主である年金の債務者は、10年を経過した後には、つねに受領した元本の返還をすることができる（192条1項、2項）。不動産譲渡の対価とする無期年金もあるが（164条以下）、これも、年金の資金が不動産だというだけであり、年金の総額は、不動産価格によって決定される。

終身年金権は、これとは異なり、射幸契約の一部である（第7章157条以下、賭博、賭事と同列である）。つまり、動産もしくは不動産を元本として、これらを譲渡し、その対価として設定するものである（164条1項。同条2項による無償の場合もある）。終身年金上の債務者の義務は、文字通り、年金権の設定された者の生存中存続し（171条）、その者の死亡によってのみ消滅する（177条）。年金の総額は不確定であり、受領者が長生きすれば増大し、早く死亡すれば、給付者＝債務者には望外の利益となる。射幸契約たるゆえんである。

これに対し、無期年金は、弁済の方法にすぎないから、年金の弁済は、当事者の評定する元本によって行い、評定がなければ法定利率による割合に従い計算した元本によって行うとされている（194条）。そこで、当事者の寿命によって、受領する金額が異なる終身年金とは異なり、射幸契約とはされないのである。

（2）射幸性

わがくにも、リバースモーゲージがあるが、いずれも確定した元利を予定した契約となっており、射幸性の高いものは否定されている。ラテン系の終身定期金や虚無の所有権（nuda proprietas, Nuda Proprieta）とは異なる。生命保険はその例外であるが、その場合でも、貯蓄性の高いものが愛用され、契約の売買も否定されている。[17]

---

(17) 拙稿「虚無の所有権、終身年金、保険売買と射幸契約」契約における自由と拘束（2008年）116頁、124頁。東京地判平17・11・17金判1230号11頁参照。

4　解約告知権、撤回権・クーリングオフ権
(1) 告知権

消費貸借における特殊な告知権はドイツ法にみられ、1867年11月14日の北ドイツ連邦法に遡る。同法は、連邦構成諸ラントのすべてにおいて、利息制限に関する法規を撤廃したが（同法1条）、その代償として、つぎの告知権を認めた。すなわち、1867年法は、高利規制の撤廃として著名であるが、必ずしも利息に関する規制を全面的に廃止したわけではない。[18]

第2条「債権者に年利6％よりも高い利率を承認しまたは約束した者は、半年間の期間をもって契約を告知することができる。ただし、債務者は、契約の成立後ただちにではなく、半年間の経過ののちにはじめて、この権利を取得する。

この規定を債務者の不利に制限しまたは否定する契約上の定めは、無効とする。（3項は省略）」

本条の告知権の趣旨は、1900年のドイツ民法典247条（1986年以降は609a条）にも受け継がれた。この規定の適用の結果、債務者は、1年以上（半年の経過後、さらに半年の告知期間をおかなければならないから）年利6％を超える利息を支払うことは、理論上は免れることができるのである。

ただし、1986年改正後は、形式的に6％の利率を超える場合の告知権ではなく、利率の合意ができない場合の告知権とされ（旧609a条）、[19]一面では拡大され（6％以下でも、合意できない場合には告知できる）、他面では縮小された（6％以上でも、合意があれば告知できない）。形式的な制限基準よりも、合意の効力が尊重されたのである。これが現代化法にも受け継がれた。

(2) ドイツ法

2002年の現代化法による解約告知権は、2つある。

第1は、借主のための、通常の告知権である（489条）。これは、さらに、固定利率の場合と変動利率の場合に分けられる。3か月の告知期間をもって解約するとの、おもに旧609a条に相当する部分である。詳細は、別稿にゆ

---

(18) 拙著・契約における自由と拘束（2008年）255頁以下、260頁。
(19) Gesetz zur Änderung wirtschafts-, verbraucher-, arbeits- und sozialrechtlicher Vorschriften, 1986,7,25, BGBl.I, S.1169.

する。[20]

　第2は、貸主および借主のための、特別の解約告知権である（490条）。490条1項は、一種の不安の抗弁であり、借主の財産関係、または消費貸借のために供した担保の価値がいちじるしく悪化し（eine wesentliche Verschlechterung）、あるいは悪化するおそれがあり、それにより、担保を換価しても貸金の返済が危うくなる場合の規定である。貸主は、貸金の払渡（Auszahlung）前にはつねに、払渡後でも、原則として〔解約のための〕告知期間を定めることなく（fristlos）、消費貸借契約を解約告知することができる。信用の低下にもかかわらず消費貸借を行うことには問題があり、不安や過剰信用の防止という趣旨からは参考に値いしよう。

(3) 撤回権

　さらに、撤回権があり、495条は、借主に、355条による撤回権を与えている（1項）。491条以下の消費者保護の中心ともいえる。経済的な意義の大きさと、消費者消費貸借契約の重要性から、性質上、考慮期間が付与され、借主は、14日の期間内に契約をやめることができるのである。利息制限法と消費者保護法規の結合の観点は、示唆的であろう。

Ⅳ　むすびと課題

　近時の改正論議にも若干ふれておくと、中間試案では、消費貸借の成立、予約、準消費貸借、利息、貸主の担保責任、期限前弁済が扱われている（第37。時間的に要綱仮案には立ち入りえない）。

1　成立

　消費貸借の成立では、「消費貸借は，当事者の一方が種類，品質及び数量の同じ物をもって返還をすることを約して相手方から金銭その他の物を受け取ることによって」効力を生じるとし、要物契約である（587条1項）。ただし、2項において、書面でする消費貸借は、諾成契約とされている。また、消費

---

(20)　前掲書（前注18）261頁参照。

貸借がその内容を記録した電磁的記録によってされるときには、書面によってされたものとしている（3項）。

書面要件の具備は容易であり、2項があれば1項の意味は没却されるから、両者を併存させるのは奇妙な規定であり、妥協のようにみえながら、実際には原則の転換である。現行法の要物契約が、実際上は、とくに高利の制限に意味のあることを無視したものであり不当である。少なくとも消費者消費貸借には、1項が適用されることを明示するべきである[21]。

そして、これら書面または電磁的方法によってされる場合（諾成契約のとき）には、消費貸借の借主は、貸主から金銭その他の物を受け取るまで、その消費貸借の解除をすることができるとし（4項）、また、借主が貸主から金銭その他の物を受け取る前に当事者の一方が破産手続開始の決定を受けたときは、その効力を失うとする（5項）。4項は、諾成的な消費貸借を認めるのであれば、目的物引渡し前に資金需要がなくなった借主に契約の拘束力から解放される手段を与えるからであり、5項は、諾成的な消費貸借の当事者の一方が目的物引渡し前に破産手続開始の決定を受けた場合に関する規律を定めるものであり、民法589条と同旨とする。

2 予約

消費貸借の予約では、書面によることが必要とする（589条1項）。587条の場合と同じく、電磁的記録によってされたときは、その消費貸借の予約は、書面によってされたものとみなしている（2項）。また、消費貸借の予約は、その後に当事者の一方が破産手続開始の決定を受けたときは、その効力を失う（3項）。消費貸借の予約について書面を要求するのは、諾成的な消費貸借については目的物の引渡しに代えて書面を要求することによって軽率な消費貸借の締結を防ぐのと同じ趣旨とされる。3項は、現行の589条と同様である。予約後、本契約までは、これが適用され、本契約が成立した後、目的物が引渡されるまでは、587条5項が適用される。

---

(21) たとえば、東京弁護士会編・民法（債権関係）の改正に関する中間的な論点整理」に対する意見書（2011年）393頁（全体版）は、消費貸借を諾成契約とすることに慎重たるべきものとする。

3 準消費貸借

準消費貸借では、金銭その他の物を給付する義務をおう者がある場合において，当事者がその物を消費貸借の目的とすることを約したときは，消費貸借は，これによって成立したものとみなすとしている (588条)。現行588条は「消費貸借によらないで」と規定するが，消費貸借にもとづく債務を旧債務とする準消費貸借の成立を認める判例 (大判大2・1・24民録19巻11号) を明文化するとする。ただし、この判例には疑義もあり、違法な利息による元本の組み込みを制限する法理として、「消費貸借によらないで」には意味があるが、この点には立ち入らない。[22]

また，準消費貸借は，諾成的な消費貸借とは異なり，契約に基づく目的物の引渡しを予定していないため，目的物の引渡しに代えて書面を要求することにより軽率な消費貸借の締結を防ぐという趣旨が妥当しないし，準消費貸借については書面を要求していないとするが、この点も、利息計算の正確性を確保する点では疑問がある。

4 利息

利息では、利息の定めがある場合には，借主は，貸主から金銭その他の物を受け取った日から起算して利息を支払う義務をおうとする。利息の合意がある場合に限り利息の支払債務が生ずるという解釈上異論のないところを明文化するとともに，利息は元本の受領日から生ずるという判例法理 (最判昭33・6・6民集12巻9号1373頁) を明文化するものである。この点は、とくに論じる必要はない。

5 担保責任

貸主の担保責任では、以下の区別をおいている。

(a) 利息付きの消費貸借において，引渡された目的物が当該消費貸借契約の趣旨に適合していない場合における貸主の担保責任については，売主の担保責任に関する規定を準用するとする。

---

(22) 中間試案は、おおむね学者の産物であり、要物性からの利息制限の保持につき消極的である。しかし、より慎重たるべきであろう。

(b) 無利息の消費貸借において，引渡された目的物が当該消費貸借契約の趣旨に適合していない場合における貸主の担保責任については，贈与者の担保責任に関する規定を準用するとする。

この (a) (b) は，現行の590条1項および2項後段の規律を改めて，利息付消費貸借の貸主は売主の担保責任，無利息消費貸借の貸主は贈与者の担保責任と同様の責任をおう旨を定めたとする。消費貸借は貸主が借主に目的物の所有権を移転させる点において、売買や贈与と共通することから，消費貸借の目的物が消費貸借契約の趣旨に適合しない場合における貸主の担保責任については，売主や贈与者の担保責任の規律と整合的である必要があることを理由とする。同条の「瑕疵」という用語についても，売主の担保責任の見直と合わせて，契約の趣旨との適合性を問題としている。

(c) また、利息の有無にかかわらず、借主は，消費貸借契約の趣旨に適合していない引渡された物の価額を返還することができるとする。この(c)は，民法590条2項前段の規定と異なり、利息の有無を問わずに適用されるものと修正している。同項前段は無利息の消費貸借に関する規定であるが，利息の有無によって異なる取扱いをしないことを理由とする。利息付消費貸借であっても、引渡された瑕疵のある物の返還以上の責任をおう必要はないであろう。

もっとも、現行法の590条2項の解釈においても、利息付消費貸借において、借主は、瑕疵がある物の価額を返還することができると解される。担保責任を果たさせて、瑕疵のない物に交換し、瑕疵のない物の価額を返還する代わりに、瑕疵のある物を受容してその価額を返還することの選択を否定するべきではないからである。

6 期限前弁済

期限前弁済では、以下の区別がおかれている（民法591条2項，136条2項）。

(a) 当事者が返還の時期を定めなかったときは、借主は，いつでも返還をすることができるとされる。この (a) は，現行591条第2項の規定を維持している。同項は，同条1項に続いて返還時期の定めのない消費貸借について定めた規定であるとされている。

(b) 当事者が返還の時期を定めた場合であっても，借主は，いつでも返還をすることができるものとする。この場合において，貸主に損害が生じたときは，借主は，その損害を賠償しなければならないとされる。この (b) は，民法第136条2項の規定について，とくに消費貸借に関する特則を設けたものであり、内容を変更する趣旨のものではないとされている。

このうち、(b) には疑義がある。利息制限に違反するような高利の約定では、債権者の期限の利益は認めるべきではないから、たんに制限外の利息の約定のみを無効とするだけではたらず、制限内の利息についても、期限前に弁済されたときには（高利を慮って弁済，あるいは充当計算上弁済された場合など)、貸主の賠償請求を認めるべきではない。もっとも、この解釈は、貸主の「損害」を否定することによっても可能である。[23]

---

[23] 期限前弁済について、大規模取引では、貸主に対する損害の賠償の問題が生じるのに対し、消費者取引ではこれを否定するという差異がありうる。たとえば、東京弁護士会（前注3の399頁）では、期限前弁済そのものには賛成し、借主の損害賠償には反対している。

財産の安全配慮義務

松 本 克 美
Katsumi MATSUMOTO

Ⅰ 安全配慮義務と財産の保護
Ⅱ 財産の安全配慮義務の発生根拠と主体
Ⅲ 個別具体的な財産の安全配慮義務
Ⅳ 抽象的な財産の安全配慮義務（財産それ自体の安全配慮義務）
Ⅴ 結びに代えて

Ⅰ 安全配慮義務と財産の保護

1 判例における安全配慮義務論の展開

今から40年前に最高裁として初めて「安全配慮義務」概念を認めた最判昭和50・2・25民集29・2・143）は、次のように判示している。

「国は、公務員に対し、国が公務遂行のために設置すべき場所、施設もしくは器具等の設置管理又は公務員が国もしくは上司の指示のもとに遂行する公務の管理にあたって、公務員の生命及び健康等を危険から保護するよう配慮すべき義務（以下「安全配慮義務」という。）を負っているものと解すべきである。」（傍点引用者—以下同様）

当該事案は陸上自衛隊の隊員が車両を整備中に誤って轢かれて死亡するという公務災害の事案であった。民間企業であれば労働災害の事例である。日本における安全配慮義務論は1960年代に進んだ労働現場での合理化に伴う安全コストの削減などを背景に多発した労災・職業病分野において労災保険給付の低水準を克服するために意識的組織的に取り組まれてきた極めて実践的な概念である。その労災民事責任法理の到達点が結晶したのがこの最判昭和50年と言えよう。[1]

（1） 安全配慮義務論については、下森定編『安全配慮義務法理の形成と展開』（日本評論社、

ところで、この判決は、国が上述のような安全配慮義務を負う根拠を次のように説明した。「けだし、右のような安全配慮義務は、ある法律関係に基づいて特別な社会的接触の関係に入った当事者間において、当該法律関係の付随義務として当事者の一方又は双方が相手方に対して信義則上負う義務として一般的に認められるべきものであつて、国と公務員との間においても別異に解すべき論拠はなく、公務員が前記の義務を安んじて誠実に履行するためには、国が、公務員に対し安全配慮義務を負い、これを尽くすことが必要不可欠」である。

　このように最高裁が安全配慮義務を当該事案で問題となった労務提供を目的とする国と公務員の間ないし民間であれば使用者と被用者の間にだけ認められる義務ではなく、「ある法律関係に基づいて特別な社会的接触の関係に入った当事者間」に信義則上広く一般的に認められるべき義務と性格づけたことは、その後、安全配慮義務概念が学校事故、スポーツ事故、運送契約上の事故、売買契約の目的物により発生した事故等々の様々な事故領域で活用されるようになる判例上の根拠を与えることになった。[3]

　1988年）、奥田昌道「安全配慮義務」『石田喜久夫・西原道夫・高木多喜男先生還暦記念論文集・中巻・損害賠償法の課題と展望』(日本評論社、1990年)、高橋眞『安全配慮義務の研究』(成文堂、1992年)、同『続・安全配慮義務の研究』(成文堂、2013年)、宮本健蔵『安全配慮義務と契約責任の拡張』(信山社、1993年)、新美育文「安全配慮義務」山田卓生編『新・現代損害賠償法講座1 総論』(日本評論社、1997年) 223頁以下、淡路剛久「日本民法の展開(3) 判例の法形成―安全配慮義務」広中俊雄・星野英一編『民法典の百年I 全般的考察』(有斐閣、1998年)、岡林伸幸「安全配慮義務」名城法学54巻1・2号(2004年)283頁以下、円谷峻「安全配慮義務」山田卓生他編『分析と展開 民法II[第五版]』(弘文堂、2005年)以下等の多数の研究がある。日本における安全配慮義務概念の発展史は30年以上前に筆者が書いた修士論文のテーマでもあり、筆者の研究の原点である (修論を発展させた論稿として、松本克美「戦後日本における安全配慮義務論の理論史的検討―労災責任論の展開とのかかわりを中心に―(一)〜(三)完」早稲田大学大学院法研論集38号95頁以下, 40号275頁以下, 43号243頁以下 (1986年, 1987年))。
(2)　円谷峻は、最判平成50年が「社会的接触」という言葉を使ったことは「不適切」であり、そのために「本判決は、その射程を超えて評価された」とする (円谷峻『債権総論―判例を通じて学ぶ―[第2版]』(成文堂、2010年) 119頁。また平野博之は、「昭和50年判決の暴走」を指摘し、「この基準に従えば、安全配慮義務を越えて債務不履行責任の拡大が津波のように乗り越えてくる可能性」を問題点として指摘している (平野博之「判批」NBL955号 (2011年) 22頁)。筆者は「社会的接触」というよりも債務不履行責任の法的効果を帰責する接触であるから、「契約的接触」と言い換えた方が妥当であると考えるが、同判決が「社会的接触」という言葉を使ったことがその後の判例法理の展開を豊富化する契機となった点は積極的に評価する。
(3)　淡路・前掲注(1) 456頁以下は、判例における安全配慮義務の適用領域として、雇用契約、在学契約、宿泊契約、各種施設の利用契約、旅行契約、イベント事業、旅客運送契約などの安全

2 安全配慮義務・保護義務の対象に財産を含める見解

ところで、上記最高裁が信義則上相手方に配慮すべきという「生命及び健康等」の「等」には何が含まれるのか。学説の中には、安全配慮義務概念を「相手方の生命・身体・財産の安全を配慮する義務」と定義し、財産の安全配慮も含まれるとする見解がある[4]。また法制審議会民法(債権関係)部会(以下、単に部会と呼ぶ)が2013年3月に公表した「中間試案」では、「保護義務」として次のような規定を民法典に導入することが提案されていた[5]。

「契約の当事者は、当該契約において明示又は黙示に合意されていない場合であっても、当該契約の締結又は当該契約に基づく債権の行使若しくは債務の履行に当たり、相手方の生命、身体、財産その他の利益を害しないために当該契約の趣旨に照らして必要と認められる行為をしなければならないものとする。」

この提案でも、生命、身体と並んで、財産の保護が問題とされている。この保護義務規定の明文化の提案については、これと別の付随義務規定の明文[6]

配慮義務裁判例を検討している。安全配慮義務の適用領域に関する筆者の分析として、松本克美『時効と正義―消滅時効・除斥期間論の新たな胎動』(日本評論社、2002年) 28頁以下。なお雇用契約上の安全配慮義務は、労務を受領する債権者である使用者が債務者である労働者に負う債務である点で、他の安全配慮義務と異なる性質を持つことから、雇用契約上の安全配慮義務と他の安全配慮義務とは区別すべきことを主張するものとして、岡林・前掲注 (1)。岡林説の指摘は重要な指摘であるが、筆者は契約類型ごとの安全配慮義務の特性として整理すれば良いと考える。「他の契約についても研究が蓄積されれば、その契約に固有の安全配慮義務がある、ということも考えられよう」とする伊藤浩「安全配慮義務論と労働契約論における安全配慮義務論」淡路剛久先生古稀祝賀『社会の発展と権利の創造―民法・環境法学の最前線』(有斐閣、2012年) 116頁の指摘に賛同する。

(4) 下森定は、「契約の相手方の生命・身体・財産等を害しないように配慮すべき安全配慮義務は、給付義務としての安全配慮義務と保護義務としての安全配慮義務に二分化して把握し、両者の併存を認めることが妥当である」とする (下森編・前掲注 (1) 239頁。初出は『国家補償法大系2』(日本評論社、1987))。また、北川善太郎は、付随義務のうち、「給付価値実現そのものに向けられたものではなく、相手方の生命・人格・身体や財産の保護を目的とした付随義務」があり、「保持義務、注意義務、安全義務、保護義務、安全配慮義務といわれるものがこれである」とする (北川善太郎『注釈民法 (10)』(有斐閣、1987) 325頁)。奥田昌道は、最判昭和50年などの安全配慮義務を論じる判例が保護の対象を「生命及び健康等」としていることが、下森説のように「相手方の財産を害しないことも義務内容に含めている」(傍点・原著者!) ことの根拠になりうることを示唆している (奥田・前掲注 (1) 30頁)。

(5) 「第26 契約に関する基本原則 3 付随義務及び保護義務」の (2) (商事法務編『民法(債権関係)の改正に関する中間試案 (概要付き)』別冊NBL143号 (2013年)) 118頁。

(6) 前掲注 (5) 記載の「第26」の (1) で次の提案がなされている。「(1) 契約の当事者は、当

化とともに、部会内でこの規定の設置を強く主張する積極論と、義務の根拠・範囲が不明確であり予測可能性に問題が生ずるとの消極論があり、また中間試案に対するパブリックコメントでも産業界から過重な負担が課されることになるのではないかという反対論も出され、2014年8月に公表された要綱仮案の段階では、保護義務規定の条文化は見送ることにされた。

　なおこの点に関して次の2点にも触れておきたい。安全配慮義務の適用領域は前述のように拡大をしてきたが、その中心をなすのは、依然として雇用契約である。2007年12月に制定され、2008年3月1日に施行された労働契約法は、その第5条で安全配慮義務の規定を置いた。今回の民会改正論議においても、民法の雇用契約の中にも安全配慮義務を規定すべきかどうかが部会の検討課題とされた。しかし、そもそも民法と労働法の関係をどうするかという大問題もあるためか中間試案の段階で安全配慮義務の民法典への明文化は見送られた。

　また付随義務や保護義務と重複する場合もあり得ると思われる契約締結過程における情報提供義務を明文化するかどうかも検討課題とされ、2013年

　該契約において明示又は黙示に合意されていない場合であっても、相手方が当該契約によって得ようとした利益を得ることができるよう、当該契約の趣旨に照らして必要と認められる行為をしなければならないものとする。」(前掲注(5)118頁)
(7)　法制審議会民法(債権関係)部会第84回(平成26年2月25日)議事録52頁。なお同部会の議事録・部会資料は法務省のHPに掲載されている(http://www.moj.go.jp/shingi1/shingikai_saiken.htm)。「要綱仮案」も同HPで公表され、またNBL1034号に掲載されているほか、同部会幹事によるこの案の解説として、潮見佳男『民法(債権関係)の改正に関する要綱仮案の概要』(金融財政事情研究会、2014年)。
(8)　労働契約法(2007年12月制定、2008年3月施行)は、その第5条で(労働者の安全への配慮)の見出しのもと、次のように定めている。「使用者は、労働契約に伴い、労働者がその生命、身体等の安全を確保しつつ労働をすることができるよう、必要な配慮をするものとする。」ここでも「等」がつけられていることが注目される。
(9)　『法制審議会民法(債権関係)部会資料＜詳細版＞・民法(債権関係)の改正に関する検討事項』(民事法研究会、2011年)644頁。
(10)　民法学の側からこの問題を検討したものとして、髙橋・前掲注(1)『続』のII「民法改正と安全配慮義務」、山田希「民法(債権関係)部会における安全配慮義務をめぐる審議状況―中間試案の公表を契機に」法と民主主義477号(2013年)62頁以下。労働法学からの債権法改正の検討としては、労働法学会のシンポジウム「債権法改正と労働法」日本労働法学会誌123号(2014年)、「特集・債権法改正と労働法」労働法律旬報1811号(2014年)6頁以下等参照。
(11)　部会第49回(平成24年6月12日)では情報提供義務の明文化の是非、その内容の議論の中で山本敬三幹事が先物取引に置ける利益相反関係が生じる可能性が高い取引になる危険性につ

3月に公表された中間試案では明文化の提案もなされていたが、これも結局、慎重論も多く、要綱仮案では削除されている。このままだと、結局、付随義務、保護義務、安全配慮義務、情報提供義務をめぐる解釈は今までと同様に判例・学説の展開に委ねられることになる。

3　本稿の検討課題

さて前述のように財産の安全配慮義務を肯定する考え方がある一方で、実際の紛争では、財産の安全配慮義務それ自体が争点となった裁判例はあまり（あるいは全く？）知られていない。このことは＜財産の安全配慮義務＞という概念がそもそも意味を有しないのか、それとも、＜財産の安全配慮義務＞として論じられるべき問題が、既に違う形で論じられてきたのかという検討すべき課題を内包しているように思われる[12]。また、後者の場合に、あらためて＜財産の安全配慮義務＞という概念を確立・発展させることがどのような意味を持つのかといったことも論じられるべきであろう。本稿は、こうした問題意識から、従来余り論じられてこなかった財産の安全配慮義務概念の意義と必要性を、特に注目すべき後掲の二つの最高裁判決（建築瑕疵に関する別府マンション事件・最判平成19年及びその再上告審である最判平成23年、出資取引被害に関する関西興銀事件・最判平成23年）を手がかりに検討するものである。

その前に、財産の安全配慮義務が問題となる場面を、誰が何を根拠にこの義務を負うのかという観点から整理しておこう。

いての情報提供義務にふれ、「そのような取引が実際に行われると、財産が実質的には奪われる可能性が高い以上、このような情報については、何はともあれ告げなければならない。このような義務が、生命、身体、健康だけでなく、財産についてもあり得る」と指摘している点が注目される（部会第49回議事録10頁）。

(12)　筆者は、別稿で「財産の安全配慮義務」という概念の必要性・有用性を示唆したことがある（松本克美「『安全』配慮をめぐる義務論の新展開」市民と法72号（2011年）1頁、同「財産の安全と消滅時効」先物取引被害研究40号（2013年）1頁、同「先物取引被害に対する債務不履行責任に基づく損害賠償請求権の消滅時効期間と起算点」立命館法学344号（2012年）2581頁。本稿はその問題意識を発展させたものである。

II 財産の安全配慮義務の発生根拠と主体

「財産の安全」配慮という場合、どのような契約（的接触）関係においても当事者双方に信義則上認められるべき保護義務が生ずる場合と、当該契約（的接触）関係の性質に起因して契約の特定の一方当事者が他方当事者に対して負う安全配慮義務が生ずる場合の二つの問題領域を設定することができる。

1 「保護義務」としての安全配慮義務

ドイツ民法典241条2項は、債務の中に相手方の権利、法益を顧慮する義務（Rücksicht auf die Rechte, Rechtsgüter und Interessen）が含まれることを規定し、また、この債務関係は、契約交渉の開始（die Aufnahme der Vertragsverhandlungen）や契約勧誘（die Anbahnung eines Vertrags）、それに類似する法律行為的接触（ähnliche geschäftliche Kontakte）によって生じうることを規定する（311条）。このような「相手方の権利、法益を顧慮する義務」は、判例・学説上、その義務の実現目的が当該契約の給付利益の実現そのものに向けられるときは主たる給付義務（Hauptleistungspflicht）、それを補完する義務を付随義務（Nebenpflicht）、給付利益とは独立の相手方の生命・身体・所有権などの完全性利益（Integritätsinteresse）の保護や財産それ自体（das Vermögen als solches）の保護に向けられる場合は保護義務（Schutzpflicht）と呼ばれている。[13]

日本では、ドイツ民法典のような保護義務に関する明文の規定はないが、契約ないし契約的接触関係に入った両当事者には、信義則上、相手方の権利、法益を侵害しないように配慮する義務があることは学説上認められている。そして、この法益には「財産」が含まれると解されている。[14]

保護義務が発生するのは、契約的接触関係があることによって、それがない場合と比べて当事者間に相互の法益に影響を与える可能性が高まるからで

---

(13) Grüneberg/Palandt, BGB,Aufl.74.,SS.260（2015）.
(14) 前掲注（4）の下森説、北川説参照。その他、宮本・前掲注（1）136頁以下、奥田昌道『債権総論[増補版]』（悠々社、1992年）18頁以下。契約の履行過程における完全性利益保護の問題を詳細に検討したものとして、潮見佳男『契約規範の構造と展開』（有斐閣、1991年）146頁以下。

ある。従って、どのような契約的接触関係においても、両当事者双方に生じる義務と言える。例えば、不動産の売買契約の交渉のために、買主となる者が売主となる者の家を訪問中に、その家の失火で火事が発生し、買主となる者が負傷し、持参していた高価な時計や鞄も使い物にならないくらいに毀損してしまったような場合、或はこれとは反対に売主となる者が買主となる者の家を訪問中に同種の被害に合った場合、どちらの場合でも相手方に生じた損害について、保護義務違反の債務不履行責任を負うことになろう（なお、軽過失の場合の不法行為責任を免責する失火責任法は、債務不履行責任には適用されない――最判昭和30・3・25民集9・3・385）。

不法行為上の過失の前提となる注意義務は、不法行為が発生した具体的な状況に応じて内容・程度が定まるので、この事例では、契約交渉のために相手方の家を訪問していたという事情も過失の前提となる注意義務の内容・程度を評価する際に考慮されるとすれば、保護義務と不法行為上の注意義務とは重なることにもなる。

ただ、保護義務違反の責任を契約ないし契約的接触関係において生じた責任なのであるから、債務不履行責任、契約責任と捉えるべきと解した場合、時効期間が権利行使可能な時から10年間となり（民法166条1項、167条1項）、損害及び加害者を知った時から3年間（民法724条前段）という不法行為責任の損害賠償請求権よりも被害者に有利であるといういわゆる＜時効メリット＞がある。筆者はこのような時効メリットは保護義務違反を契約責任と構成し得る場合に現行法上排除する合理的理由はないと考えるが、この＜時効メリット＞については、そもそも同一の事故につき法的構成が異なると損害賠償請求権の起算点と期間が異なることの方が問題であるとして、統一的な

―――――――――――
(15) ドイツではカナーリスが契約交渉段階、契約締結、契約終了後を貫徹する統一的な保護関係 (einheitliches Schutzverhältnis) において、相互の法益に対する高められた影響可能性 (gesteigerte Einwirkungsmöglichkeit) が生ずることを根拠に保護義務を論じており (Canaris, Ansprüche wegen „positiver Verletzung" und „Schutwirkung für Dritte" bei nichtigen Verträgen—zugleich ein Beitrag zur Vereinlichung der Regeln über die Schutzpflichtverletzungen, JZ 1965,475)、宮本・前掲注（1）20頁以下がこの説を詳細に紹介・検討している。なお潮見・前掲注（14）149頁以下は、「取引的接触」と「事実的接触」を区別し、前者の場合の完全性利益保護のための保護義務違反は債務不履行責任を帰結し得るが、後者の場合は「本質的に不法行為法上で処理されるべき」とする（153頁）。筆者の保護義務も単なる事実的接触を根拠とするのではなく、契約的接触を前提とするので、潮見説でいえば「取引的接触」の場合にあたろう。

起算点、期間が望ましいとし、保護義務違反の責任に安易に契約責任を拡張すべきではなく不法行為責任として捉えるべきという見解も有力である。[16]

なお現在法制審議会民法（債権関係）部会で審議されている民法改正の議論においては、債務不履行責任と不法行為責任の損害賠償請求権の消滅時効起算点・期間の統一論は後退し、民法724条は現状維持、債権の消滅時効は、原則、権利行使可能な時から10年、権利行使可能な時を知った時から5年とすることが要綱仮案で提案されている。[18] 判例は長年にわたり請求権競合論の立場から同一事故について債務不履行責任の要件が充足されれば債務不履行責任に関する時効規範を適用し、不法行為責任の追及がされた場合は不法行為責任に関する時効規範を適用してきた。このような実務の定着をふまえたとき、両責任の消滅時効起算点・期間をにわかに統一することは反対論や疑念も大きいとして断念されたのである。[19]

---

(16) 筆者はそもそも日本の現行民法には、ドイツ民法203条のような交渉中の時効の進行停止規定のような普遍的に使い得る停止事由がなく、また、紛争が生じた場合に容易に提訴できるような司法アクセスの整備や法文化の問題、契約的関係にある方がすぐに相手を提訴しにくい場合もある（典型的には被用者が使用者に損害賠償請求する場合や、学生・生徒が学校を相手に損害賠償請求するような場合）ので、時効期間が不法行為の損害賠償請求権より長いことには合理性もあると考えている。この点については、松本・前掲注（3）53頁以下参照。

(17) 奥田昌道は「時効についても、同じ事故についての責任の追及につき法律構成の違いによって、何故、三年と一〇年という大差を是認しうるのか疑問がないわけではない」とする（奥田・前掲注（14）168頁）。円谷は、「人身損害が問題となるときには、法的救済の簡明化という点で統一的な解決が望ましい」とし、「一歩譲って167条が適用されるとしても」「本来は安全配慮義務違反による損害賠償請求権の消滅時効についても不法行為規範［724条］が適用されるように思われる」とする（円谷・前掲注（2）124頁）。青野博之は「保護義務は不法行為法上の注意義務（過失の前提となるもの）であるとして、債務不履行法の肥大をとめるか、少なくとも不法行為的な色彩を与えて、『不法行為的債務不履行』とすべき」と提唱する（青野博之「契約なき債務不履行―契約ある不法行為との関係も含めて―」中川淳先生還暦祝賀論集『民事責任の現代的課題』（世界思想社、1989年）176頁）。新美は「同じ事故についての損害賠償請求権がレッテルを貼り替えるだけで扱いを異にされるというのはおよそ不自然」とする（新美・前掲注（1）253頁）。しかし私見からすれば、「レッテルを貼り替えるだけ」なのではなく、債務不履行責任と不法行為責任とのそれぞれの成立要件を満たすならば、それぞれの法的効果を与えるべきなのであって、債務不履行責任の効果に不法行為責任の効果を与えることこそが「不自然」である。

(18) 前掲注（7）の要綱仮案の第7消滅時効の項目参照。

(19) この点の議論については、松本克美「民法724条後段の20年期間の起算点と損害の発生―権利行使可能性に配慮した規範的損害顕在化時説の展開―」立命館法学357・358号（2015年）1809頁以下でも検討しているので、そちらを参照されたい。また時効期間の統一化・短期化に対する筆者の批判は、松本克美『続・時効と正義―消滅時効・除斥期間論の新たな展開』（日本評論社、2012年）第3部「時効法改革の基本視点と課題」を参照されたい。

2　契約の一方当事者が負う給付義務ないし付随義務としての安全配慮義務

　保護義務が契約的接触関係に入った当事者双方が負う義務であるのに対して、同じく、相手方の安全を配慮する義務でも、契約関係の特定の一方当事者が信義則上相手方に負う義務である場合を、保護義務と区別される安全配慮義務と位置づけるべきだとする考え方があり[20]、私見もそれを支持する。

　例えば、雇用契約関係上の信義則から生ずる安全配慮義務は、契約当事者双方が相手方に負う義務ではなくして、使用者が被用者に対して負う義務である点で、保護義務とは区別される。同様に、在学契約の信義則上の安全配慮義務も、学校が生徒・学生に対して負う義務であるし、また、売買契約の信義則上の安全配慮義務も、売買目的物の安全性に対して売主が買主に対して負う信義則上の安全配慮義務である。

　このような契約関係上の信義則に基づく安全配慮義務は、上記の判例の表現を借りれば、契約の一方当事者が相手方の「生命及び健康等を危険から保護するよう配慮すべき義務」であり、従来、「生命及び健康」の侵害が主として論じられてきたが、この「等」の中から「財産」を排除する理由はないと考えられる。

　例えば、最判昭和59・4・10民集38・6・557は、被害者が一人で会社に宿直勤務中に、会社の商品を盗みに入った同僚に殺害された事案である。被害者の遺族は、相続した生命侵害についての逸失利益と慰藉料、葬祭費、弁護士費用について、使用者に安全配慮義務違反の債務不履行に基づき損害賠償請求した。ここでは原告の請求は生命侵害に対する賠償賠償請求に限定されている。しかし、殺害された被害者が現金やカードを奪われ、そのことにより財産的損害を被っていたような場合に、使用者の安全配慮義務の保護法益は、これらの財産的損害には及ばないと解す合理的理由があるとも思われない。なぜなら、本件で最高裁が判示した安全配慮義務の具体的内容は、「宿直勤務の場所である本件社屋内に、宿直勤務中に盗賊等が容易に侵入できないような物的設備を施」すことなどであると解しているのであり、このような物的設備が施されていれば、盗賊等が侵入し、被害者の財産が奪われることもなかったのであり、雇用者が信義則上負うべき債務の中には、被用者の

---
(20)　前掲注（4）の下森説、北川説、前掲注（1）の宮本説、前掲注（14）の奥田説など。

生命、身体、健康の安全以外に、その財産の安全への配慮も同時に含まれると解すことができるからである。[21]

なお商法は客の来集を目的とする場屋の主人は客から寄託された物品の滅失又は毀損に付き不可抗力を証明できなければ損害賠償責任を負う旨を定め（594条1項）、また、客から特に寄託されない物品であっても客が場屋中に携帯した物品が場屋の主人又はその使用人の不注意により滅失又は毀損した場合は場屋の主人が損害賠償責任を負う旨規定している（同条2項）。これらの規定は、場屋の主人の客に対する契約上の財産に対する安全配慮義務を規定したものと位置づけることができよう。

3　具体的な財産の安全配慮義務と抽象的な財産の安全配慮義務

2で述べた「財産の安全」も、保護義務で問題となるような個別具体的な財産に生じた滅失・毀損等の物理的損害の賠償責任に関わるものである。他方で、安全配慮義務の場合の「財産の安全」には、具体的な財産の侵害というよりも、当該契約によって他方当事者が不当な経済的損失を被る場合に問題となる「財産の安全」、いわゆる「純粋財産損害」の次元で問題となる「抽象的な財産の安全」、ないし「財産それ自体の安全」への配慮を含みうるのではないだろうか。

以下、これらの二つの次元における「財産の安全配慮義務」の固有の意義を後掲の二つの最高裁判決の検討を通じて論ずることにする。

---

(21)　法制審議会民法（債権関係）部会における保護義務規定の明文化の要否の議論の中で、山本敬三幹事が次のような発言をしていることが注目される。「例えば医療契約や雇用契約、あるいは学校契約、幼児保護委託契約、さらに運送契約、警備保障契約などなど、そのような契約は正に相手方の生命、身体、財産等が害されないことが契約上当然に要請されている場合だろうと思います。だからこそ、保護義務が特に認められるべき場合だと考えられます。」（部会第48回（平成24年6月5日）議事録51頁）。ここでは、当該契約の性質から一方当事者が負うべき保護義務が例示されているので、本文で述べた安全配慮義務としての保護義務ということになろう。なお平井宜雄『債権総論・第二版』（弘文堂、1994年）52頁も、旅客運送契約・宿泊契約・保育委託契約等では契約の解釈として保護義務が認められるとする。

III 個別具体的な財産の安全配慮義務

1 別府マンション事件・最判平成19・7・6民集61・5・1769

　賃貸マンションを経営するために2棟続きのマンションを購入したところ、多数の瑕疵があったとして、建築施工者等に不法行為責任に基づく損害賠償請求をした事案である。1審の大分地判平成15・2・24は被告の過失により修補が必要な瑕疵が生じたとして、約7400万円の損害賠償請求を認容したが、2審の福岡高判平成16・12・16は、建築施工者が直接契約関係のない建物の買受人に対して不法行為責任を負うのは、違法性が著しい場合に限り、本件ではそのような事情がないとして不法行為責任の成立を否定し、原告の請求を棄却した。これに対する上告審が上記最判平成19年である。同判決は、次のように建築施工者等は建物の基本的な安全性を損なう瑕疵がないように配慮する注意義務を負うとする画期的な判断を示し、原審を破棄差戻しした。[22]

　「(1) 建物は，そこに居住する者，そこで働く者，そこを訪問する者等の様々な者によって利用されるとともに，当該建物の周辺には他の建物や道路等が存在しているから，建物は，これらの建物利用者や隣人，通行人等（以下，併せて「居住者等」という。）の生命，身体又は財産を危険にさらすことがないような安全性を備えていなければならず，このような安全性は建物としての基本的な安全性というべきである。

　そうすると，建物の建築に携わる設計者，施工者及び工事監理者（以下，併せて「設計・施工者等」という。）は，建物の建築に当たり，契約関係にない居住者等に対する関係でも，当該建物に建物としての基本的な安全性が欠けることがないように配慮すべき注意義務を負うと解するのが相当である。

　そして，設計・施工者等がこの義務を怠ったために建築された建物に建物としての基本的な安全性を損なう瑕疵があり，それにより居住者等の生命，

---

(22) 本判決の筆者による詳細な検討は、松本克美「建築瑕疵に対する設計・施工者等の不法行為責任と損害論 ―最判2007（平成19）・7・6判決の差戻審判決・福岡高判2009（平成21）・2・6を契機に―」立命館法学324号（2009年）313頁以下に譲る。

身体又は財産が侵害された場合には，設計・施工者等は，不法行為の成立を主張する者が上記瑕疵の存在を知りながらこれを前提として当該建物を買受けていたなど特段の事情がない限り，これによって生じた損害について不法行為による賠償責任を負うというべきである。」

2　最判平成19年の安全性配慮義務の法的性質

筆者は、本判決が最高裁として初めて判示した「建物としての基本的な安全性が欠けることがないように配慮すべき注意義務」を従来の判例で形成されてきた安全配慮義務とさしあたり区別する意味で建物の<安全性配慮義務>と呼んでいる。この安全性配慮義務は、当該事案では不法行為上の注意義務として論じられている。しかし重要なのは、本判決が設計・施工者等は「契約関係にない居住者等に対する関係でも」このような安全性配慮義務を負うと述べている点である。裏を返せば、この判示の文言は、設計・施工者等は<契約関係にある者>に対しては、当然に、建物の安全性配慮義務を負っていることを示唆していると言えよう。そして、建築請負人である設計・施工者等が建築の注文者に対して不法行為上の注意義務として建物の安全性配慮義務を負っていると解す場合には、この安全性配慮義務は単に不法行為上の注意義務であるばかりでなく、建築請負契約において信義則上請負人が注文者に対して負うべき安全配慮義務と重なる義務であると解せるのではないか。なぜなら、既に最判昭和50年が判示したように、「安全配慮義務は、ある法律関係に基づいて特別な社会的接触の関係に入った当事者間において、当該法律関係の付随義務として当事者の一方又は双方が相手方に対して信義則上負う義務として一般的に認められるべきもの」だからである。

---

(23)　この点にかかわって最判平成19年の調査官解説は、本判決が「建物の居住者等には、建物の基本的な安全性の確保によって守られるべき一般的な保護法益があることを承認」したものであることを指摘し、その部分の注に、契約上の「保護義務」について論じている奥田説を引用している点が注目される（高橋譲「判解」『平成19年度最高裁判所判例解説・民事篇』(2010年) 1386頁）。すなわち、最判平成19年は、安全配慮義務論が不法行為責任の領域にも影響を及ぼしていることを物語っているともいえるからである。なお石橋秀紀は最判平成19年が不法行為法上の保護法益として「建物としての基本的な安全性」が欠けることによって買主の信頼が失われた場合に侵害が認められる法益を新しく認めたと評価し、これを「安全性信頼利益」と呼ぶ注目すべき見解を唱えている（石橋秀紀「建築士および建築施工者の不法行為責任 —判例の到達

但し、建築請負人が注文者に対して負うべき仕事の目的物である建物についての安全配慮義務は、保護義務のように契約当事者双方が負う義務ではなく、仕事完成義務を負う請負人が注文者に対して負う付随義務としての安全配慮義務と位置づけられよう。

そして、最判昭和50年が前述のように安全配慮義務を「生命及び健康等を危険から保護するよう配慮すべき義務」として財産の安全配慮については「等」に含めたと推測されるものの明示はしていないのに対して、最判平成19年は、建物の安全性配慮義務違反の結果「居住者等の生命、身体又は財産が侵害された場合」には損害賠償責任が生じることを明言している点が注目される。

そしてここでいう「財産」には、建物の安全性を損なう瑕疵（安全性瑕疵と呼ぶことにする）によって当該建物が倒壊し、隣地上の建物に損害を与えたり、雨漏りにより建物所有者や賃借人の財産に被害が生じたような拡大損害だけでなく、安全性瑕疵のある建物自体を修繕する費用も含まれることについては、最判平成19年の差戻審の再上告審である最判平成23・7・21判時2129号36頁が明言したところである。(24)すなわち、従来の安全配慮義務違反に基づく損害賠償請求権は、安全配慮義務違反の結果として生命、身体、健康が現実に侵害され、そのことによって発生した損害の賠償請求権と観念されているのに対して、安全性瑕疵に対する損害賠償請求権は、そのような瑕疵があることによって修補を余儀なくされるという＜財産上の出捐が必要な状態になっていること自体＞を財産上の損害と捉えているのである。

点と新たな法益の生成—」立命館法学324号（2009年）380頁以下）。こうした捉え方は、建築施工者等が注文者に対して負う債務不履行責任にも親和的かもしれない。なお、荻野奈緒は、最判19年が従来の安全配慮義務に関する議論とどのような関係にあるのか検討課題であることを指摘する（荻野奈緒「判批」同志社法学60巻5号（2008年）2210頁）。

(24) 平成23年の再上告審判決は、「建物の所有者が、自らが取得した建物に建物としての基本的な安全性を損なう瑕疵がある場合」には、「設計・施工者等に対し、当該瑕疵の修補費用相当額の損害賠償を請求することができる」とする。再上告審判決の詳細な検討は、松本克美「建物の安全性確保義務と不法行為責任 —別府マンション事件・再上告審判決（最判2011（平23）・7・21）の意義と課題—」立命館法学337号（2011年）1373頁以下に譲る。

3 具体的な財産の安全配慮義務の固有の意義

具体的な財産の安全配慮義務には、更に内容的に次の2つの類型を考えることができる。

① ＜滅失毀損型＞ 寄託契約や運送契約、使用貸借契約、賃貸借契約など、他人の財物を預かったり、運んだり、使用した後に返却する場合に、受寄者、運送人、使用借人、賃借人等は、目的物が滅失したり、毀損したりしないようにする債務を負う。この義務は、個別具体的な財産の安全配慮義務と言い換えることもできよう。但し、この場合は、財産の安全配慮義務と位置づけても、当該契約の目的物を安全に配慮して預かる、運ぶ、借りること自体が当該契約の債務の内容に含まれるのだから、そのような債務の不履行として論ずれば足りるので、義務の性質を整理する以上に、とくに財産の安全配慮義務概念に固有の意義があるわけではないとも言える。

② ＜安全性瑕疵型＞ 最判平成19年で問題となった建築瑕疵のような場合の財産の安全配慮義務は、目的物に安全性瑕疵がないように配慮する注意義務であり、目的物を滅失・毀損してはならない注意義務とは内容が異なる。売買契約や売買契約の規定が準用される賃貸借契約などの有償双務契約における売主や賃貸人が負う瑕疵担保責任、請負契約上の請負人が負う瑕疵担保責任は、財産上の安全配慮義務違反の責任と重複するところがある。

そして安全配慮義務違反の債務不履行責任が過失責任であるのに対して、瑕疵担保責任は無過失責任である。従って、安全性瑕疵に由来して損害を被った買主や注文者などは、債務者に帰責事由がないから免責されるべしとの抗弁が問題となり得る財産の安全配慮義務違反の債務不履行責任の追求よりも、無過失責任である売主、請負人の瑕疵担保責任を追求する方が有利であることから、この場合も財産の安全配慮義務概念の固有の意義は少ないようにも見える。

但し、瑕疵担保責任を追及したり、或は不法行為上の安全性配慮義務違反の不法行為責任を追及しようとする場合に、それぞれの除斥期間（売主の瑕疵担保責任の場合、瑕疵を知った時から1年・民法570、566条3項、請負人の瑕疵担保責任の場合、建築物ならば、引渡しから建物の種類により5年ないし10年・民法638条1項）ないし時効期間（損害及び加害者を知った時から3年）を越えているような

場合に、契約上の信義則に基づく財産の安全配慮義務違反の債務不履行責任を追及できれば、権利行使可能な時から10年（民法166条1項、167条1項）という、いわゆる＜時効メリット＞がある。この＜時効メリット＞をめぐる議論は前述したのでそちらにゆずる。

なお瑕疵担保責任と債務不履行責任をめぐっては、瑕疵担保責任の法的性質の捉え方によっては、債務不履行責任の成立を認めないという見解もあるが、筆者は、売主の瑕疵担保責任については契約責任説にたち、また、請負人の瑕疵担保責任も含めて、無過失責任である瑕疵担保責任と別に債務者に帰責事由があることを理由に債務不履行責任を追及することを排除すべき条文上の根拠も合理性もないと考えている。

Ⅳ　抽象的な財産の安全配慮義務
（財産それ自体の安全配慮義務）

1　関西興銀事件・最判平成23・4・22民集65・3・1405

これに対して抽象的な財産（財産それ自体）の安全配慮義務を措定することは、契約の締結にだけ焦点を合わせるのではなく、契約締結後も当該契約の信義則から認められる義務として財産状態の安全配慮義務を措定し、その違反に債務不履行責任の効果を付与する点に固有の意義がある。この点に関連して最高裁判決を検討したい。

XらはY信用組合に500万円を出資した出資者である。ところが、Y信

---

(25) この点の筆者の見解は紙幅の都合上、松本克美「欠陥住宅被害における損害論」立命館法学280号（2002年）1583頁以下参照。なお、円谷峻は、財産の安全配慮義務論の観点から最判平成19年を論じるものではないが、最判平成19年によって従来過大な役割を担わされてきた請負契約上の担保責任について、「本判決は、請負における債務不履行責任と担保責任の関係にも、再考を促すもの」と指摘する（円谷峻「判解」ジュリスト1354号（2008年）90頁）。なお、民法改正要綱仮案は瑕疵担保責任に基づく損害賠償請求につき、無過失責任ではなく、帰責事由がない場合に免責する債務不履行に基づく損害賠償請求に統一することを提案している（30売買5損害賠償の請求及び契約の解除）。しかしこのような提案は従来の瑕疵担保責任の法的効果を大幅に後退させる結果になりかねず疑問である。なお後掲注（36）も参照のこと。

(26) 本事件の概要・背景とそれをめぐる数々の訴訟、最判平成23年の評価などについて詳細に論じたものとして、石井教文・桐山昌己「信用組合関西興銀訴訟事件の概要」金融法務事情1928号（2011年）29頁以下。

用組合は債務超過により破綻をきたし、Xらが投資した出資金は無駄になってしまった。そこで、XらはXらが取引をしたYのA支店長はYが早晩債務超過により破綻する恐れがあるにもかかわらずその事実を説明せずにXらを勧誘し、本件契約を締結させたものであるとして、不法行為責任に基づく損害賠償請求、詐欺取消し、錯誤無効、出資契約上の債務不履行責任に基づく損害賠償請求などをした。

1審は不法行為責任、詐欺取消し認められるとしてもそれぞれ消滅時効にかかっているとし、他方で原告の一部については、債務不履行責任に基づく損害賠償請求権が成立し、権利行使可能な時から10年の消滅時効はまだ完成していないとして、Xらの請求を一部認容した。2審も同様の判断をして、Yらに債務不履行責任を認め、Xらの請求を一部認容した。

これに対する上記上告審判決は、次のように判示して債務不履行責任の成立を否定し、Xらの請求を棄却した。

「契約の一方当事者が，当該契約の締結に先立ち，信義則上の説明義務に違反して，当該契約を締結するか否かに関する判断に影響を及ぼすべき情報を相手方に提供しなかった場合には，上記一方当事者は，相手方が当該契約を締結したことにより被った損害につき，不法行為による賠償責任を負うことがあるのは格別，当該契約上の債務の不履行による賠償責任を負うことはないというべきである。

なぜなら，上記のように，一方当事者が信義則上の説明義務に違反したために，相手方が本来であれば締結しなかったはずの契約を締結するに至り，損害を被った場合には，後に締結された契約は，上記説明義務の違反によって生じた結果と位置付けられるのであって，上記説明義務をもって上記契約に基づいて生じた義務であるということは，それを契約上の本来的な債務というか付随義務というかにかかわらず，一種の背理であるといわざるを得ないからである。契約締結の準備段階においても，信義則が当事者間の法律関係を規律し，信義則上の義務が発生するからといって，その義務が当然にその後に締結された契約に基づくものであるということにならないことはいうまでもない。

このように解すると，上記のような場合の損害賠償請求権は不法行為によ

り発生したものであるから、これには民法724条前段所定の3年の消滅時効が適用されることになるが、上記の消滅時効の制度趣旨や同条前段の起算点の定めに鑑みると、このことにより被害者の権利救済が不当に妨げられることにはならないものというべきである。」

2 契約成立後の＜抽象的財産＞ないし＜財産それ自体＞の安全配慮義務

フランスの学説において、情報提供義務を契約締結の判断に必要な情報を提供する義務（契約の締結に関わる情報提供義務）と、契約の履行のために必要な情報を提供する義務（契約の履行に向けられた情報提供義務）とに2分し、前者の情報提供義務違反は合意の瑕疵を理由にした契約の取消し、ないし不法行為責任を発生させ、後者の情報提供義務違反の場合には、債務不履行責任が発生すると捉える見解があることが紹介され、義務内容と義務違反の効果を明確化する上で、この区分が合理性を有することが指摘されている[27]。

こうした区分からすると、最判平成23年は、当該事案で問題となった説明義務を契約の締結に関わる義務として捉え、債務不履行責任ではなく不法行為責任のみの成立を認めたとも評価できよう。

それゆえ契約の締結にかかわる説明義務違反だけでなく、契約成立後の種々の債務の不履行があった場合には、最判平成23年の射程距離は及ばないと解すべきであろう[28]。

また最判平成23年の千葉勝美裁判官の補足意見は、「〔1〕素人が銀行に対して相談や問い合わせをした上で一定の契約を締結した場合に、その相談や問い合わせに対する銀行の指示に誤りがあって、顧客が損害を被ったときや、〔2〕電気器具販売業者が顧客に使用方法の指示を誤って、後でその品物を買った買主が損害を被ったとき」などのような「適切な指示をすべき義務」は「締結された契約自体に付随する義務」とみることもでき、「その違

---

(27) 横山美夏「契約締結過程における情報提供義務」ジュリスト1094号130頁以下。なお池田清治は「成立に関わる説明と履行に関わる説明を一義的に区別できるかは疑問」とする（池田清治・判解・ジュリスト1440号75頁）。なお情報提供義務論の現状と課題については、後藤巻則『消費者契約と民法改正』（弘文堂、2013年）232頁以下。
(28) 筆者は先物取引被害との関係でこの点を論じた（松本・前掲注（12）立命館法学344号2581頁）。

反がたまたま契約締結前に生じたものではあるが，本来，契約関係における当事者の義務（付随義務）といえるもの」で、「その義務の内容も，類型的なものであり，契約の内容・趣旨から明らかなもの」だから、「これを，その後契約関係に入った以上，契約上の義務として取り込むことは十分可能」とする。その上で、最判平成23年の事案で問題となった「説明義務は，そもそも契約関係に入るか否かの判断をする際に問題になるものであり，契約締結前に限ってその存否，違反の有無が問題になるもの」であるとして、上述の適切な指示をなすべき義務とは区別されることを強調する。

しかしこのような理解は、債務超過により破綻する恐れの有ることの説明義務を＜契約締結に当たっての説明義務＞に限定しているその前提から生じる帰結ではなかろうか。

最高裁自身も、商品先物取引が成立した後に、個々の取引きが委託者と受託者の利益相反行為となり得ることを説明しなかったことにつき債務不履行責任を認めている（最判平成21・7・16民集63・6・1280）。基本契約を締結する前に、契約締結後になされる個々の取引に置いて利益相反行為が生じ得ることの説明がなされていたのであれば、そもそも当該商品先物取引の基本契約を締結しなかったかもしれないのであるから、説明を尽くしていればそのような契約を結ばなかったような説明義務違反があったとしても、それだけを捉えて債務不履行責任の成立を否定すべきではなく、問題は契約締結後の債務不履行の有無ということになろう。また千葉裁判官も示唆するように、契約締結前の説明義務が契約締結後にもなされるべき説明義務であれば、契約締結後にあらたな説明義務違反がなかったとしても契約上の債務の不履行が

---

(29) 小笠原奈菜は、最判平成21年の事案のように契約を締結すべきか否かを判断するための「自己決定基盤の保護」に向けられた説明義務の違反と、「その後に締結された契約に基づく」「契約目的達成に向けられた」説明義務違反が競合する場合があり、この場合には債務不履行責任が生じるとする（小笠原奈菜「判例研究」現代消費者法15号（2012年）87頁）。山口雅裕も「今後は当該説明義務が契約の成立に関してのみ問題となるべきものであるのか、契約の履行に関するものとしても問題となり得るものかという点について、個々の契約の類型毎に検討すること」の必要性を指摘する（山口雅裕「契約締結前の説明義務違反の法的性質について」判例タイムズ1384号（2013年）51頁）。また、中田裕康は、最判平成23年の示した「背理」論は形式的に過ぎ、「説明を要するような契約」においては、説明が当該契約の内容と関連性が深いので、説明せずに契約が締結された場合も債務不履行責任が成立すると解して良いのではないかと指摘する（中田裕康『債権総論・第三版』（岩波書店、2013年）127-8頁）。

前倒しであったとして債務不履行責任を成立させると解される。[30]

　翻って顧みれば、債務超過により破綻する恐れがあることの情報は、契約締結にあたってはもとより、契約締結後も提供すべき情報提供義務とは考えられないのか。なぜなら、出資契約上の信義則に基づき出資を受ける側は出資をなす相手方の財産の安全に配慮すべき義務があり、相手方の出資が無意味となる事態が明らかであるのにそれを秘匿したまま放置することは信義に反するからであるというような解釈が成り立ち得るのならば、＜契約を締結させたことの不法行為責任＞とは別に、＜契約上の財産の安全配慮義務違反の債務不履行責任＞を論ずることも可能だからである。[31]

　確かに、契約が成立した以上、契約上の履行責任を尽くすのが本来の契約責任であって、契約から相手方を離脱させることに通ずるような債務を観念することは、契約責任とは矛盾するように見えるかもしれない。しかし、矛盾するように見えるのは、契約上の本来的な給付義務との関係であって、説明義務が本来の給付義務とは異なり、先物取引の委託契約を通じて契約的関係に入った受託者に不当な損失を生じさせないように配慮する義務（財産上の安全配慮義務）の側面を持つとすれば、契約からの離脱をさせる義務であったとしても矛盾しないと考えられる。従来、この点は、投資取引における専門家としての忠実義務に起因する取引終了の助言義務などとして論じられることがあったが、[32]この忠実義務の内容は、財産総体にリスクを及ぼさないよ

---

(30) 円谷峻も、「例外的に説明が明らかに締結される契約の先行行為として、締結される契約と一体的な内容となっていると評価される場合には、説明義務違反は契約上の義務違反と構成することが可能であろう」とする（円谷・前掲注（2）128頁）。

(31) 宮下修一は投資先の財務状況に関する情報は投資をしようとする者にとって、契約の成否にかかわる情報であるにとどまらず、まさに「契約内容の根幹を構成するもの」であり、財務状況が「非常に厳しいことを秘匿したと評価できるような場合には、むしろ不法行為責任として処理するよりも債務不履行責任として処理をする方が自然であろう」とする（宮下修一・判批・国民生活研究51巻2号（2011年）63頁）。

(32) 村本武志「投資事業者の忠実義務と専門家責任」立命館大学人文科学研究所紀要71号(1998) 103頁は、事業者は「顧客の意向、投資経験、資力等に適合した投資が行われるよう十分配慮」しなければならず、顧客から指示を受けた場合であっても「過大な取引が顧客に適合しないものとの判断に至れば、忠実義務の履行として積極的にそのような取引のリスクを重ねて説明すべきであろうし、そのリスクの理解力・判断力が顧客に存しないとの判断に至れば顧客に対して、取引の終了を助言すべきであろう」とする。なお、ドイツの判例上も、投資取引において、業者に顧客に対し取引を思いとどまるよう忠告、場合によっては拒絶すべき義務を認めた判例がある点につき、角田美穂子『適法性原則と私法理論の交錯』（商事法務、2014年）165頁参照。フラ

うに配慮するという意味での「財産の安全配慮義務」的側面から再構成することも考えられる[33]。

Ⅴ 結びに代えて

本稿では、従来余り正面から論じられてこなかった財産の安全配慮義務論を、義務の発生根拠と義務主体を基準に、契約的接触関係に入った契約当事者双方が負う「保護義務」と、当該契約の性質から信義則上成立する一方当事者が負う給付義務ないし付随義務としての「狭義の安全配慮義務」に区別できることを整理した。

また財産の安全配慮といっても、＜個別具体的な財産の安全配慮＞が問題となる場合と＜抽象的な財産の安全配慮＞ないし＜財産それ自体の安全配慮＞が問題となる場合の2類型が有ることを論じた。

更に、＜個別具体的な財産の安全配慮＞が問題となる場合にも個別具体的な財産の物理的な滅失毀損が問題となる場面での安全配慮（滅失毀損型）と、契約の給付目的物において充たすべき安全性が足りない場合に問題となる安全配慮（安全性瑕疵型）とがあり、前者は、給付義務の債務不履行の問題に吸収されるので、義務の性質が個別具体的な財産の安全配慮にあるという性質を有すること以上に安全配慮義務概念の独自の意義は薄いが、後者の安全性瑕疵型では、瑕疵担保責任や不法行為責任とは別に安全配慮義務違反の債務不履行責任を問う法的根拠を明らかにすることによって、とくに時効メリッ

スでも金融機関が融資につき顧客に思いとどまらせる助言義務を認める裁判例があることにつき、後藤巻則『消費者契約の法理』（弘文堂、2002年）104頁以下参照。
(33) なお近時、情報提供義務の目的を基準に3種に類型化し、「自己決定基盤の保護」のための情報提供義務違反は不法行為責任を、「契約目的達成」および「完全性利益の保護」のための情報提供義務違反は債務不履行責任を導き（後者はマンションの防火戸の操作方法等を買主に説明しなかったことにより、延焼を止められず被害を被った買主に対する売主の債務不履行責任を認めた最判平成17・9・16判時1912・8をその例にあげる）、「完成性利益の保護に向けられた情報提供義務の場合は、安全配慮義務違反と同様に考えることができる」ことを指摘する小笠原奈菜の指摘が注目される（小笠原菜々「情報提供義務の対象と法的性質」松本恒雄先生還暦記念『民事法の現代的課題』（商事法務、2012年）720頁）。筆者の問題意識と重なるところがあるが、筆者の見解は、完全性利益だけでなく、財産それ自体の保護のための安全配慮義務論を展開する点で異なっている。

トを実現する固有の意義があることを論じた。

　従来、投資取引などにおいて多大な損失を得た契約の一方当事者に対して、説明義務や適合性原則など、契約の＜自己決定＝自己責任論＞の前提をなす自己決定が真になされていたのかという観点から、被害者救済の法理をさぐるアプローチ（自己決定アプローチ）がされてきた。筆者としてはこうした観点の重要性それ自体を否定するつもりは全くないが、＜抽象的な財産の安全配慮義務＞ないし＜財産それ自体の安全配慮義務＞概念は、それとは異なり、当該契約の性質から信義則を媒介にして一方当事者が相手方の財産それ自体の安全配慮を尽くすべき義務があることを論じるアプローチであり、＜自己決定アプローチ＞のみからは十分にくみ尽くすことのできないような財産の安全配慮の問題に迫ることを可能にすると考えている。[34]とりわけ高齢者の資産をねらった投資取引の勧誘や詐欺的商法、不要な物を過大に買わせる過大取引やリフォーム詐欺などが横行する[35]昨今、被害者となる者の＜自己決定＝自己責任＞論とは別に、被害者の自己決定ではなく被害者の財産の安全に焦点を合わせ、その観点から契約勧誘者の側の行為規範を導く財産の安全配慮義務論の形成の必要性は大きい。かくして「財産の安全配慮義務」論は今後、理論的にも実務的にも深化発展させるべき領域と考える。[36]

（付記）筆者は1993年9月から1年間ドイツ南西のフライブルク大学で在外

---

(34) 潮見佳男は、自己決定基盤の整備に資する情報提供義務は「あくまでも、リベラルな私的自治・自己決定権の枠内で認められるもの」であり、「こうしたリベラルな私的自治・自己決定権保護とは異質の原理に基づく保護要請に対しては、右の意味での情報提供義務による解決は無力」であることを指摘し、ドイツではこうした問題に対処するために情報提供義務とは異質なものとして、民法242条（信義則）を用いた行為義務が設定されていることを指摘する（潮見佳男『契約法理の現代化』（有斐閣、2004年）214頁以下）。

(35) 高齢者の消費者被害については、坂東俊矢「消費者被害としての高齢者問題」中田邦博・鹿野菜穂子編『基本講義消費者法』（日本評論社、2013年）200頁以下。また角田・前掲注(32)は投資取引被害を消費者被害の観点から検討している。

(36) なお、法制審議会民法（債権関係）部会が発表した要綱仮案では、売主の瑕疵担保責任の概念につき、「瑕疵」という用語（あるいは概念？）を条文から廃棄し、それに代えて「引き渡された目的物が種類、品質又は数量に関して契約の内容に適合しない」という用語（概念？）に変えることが提案されている（第30売買3売主の追完義務(1)）。「契約の内容に適合しない」かどうかが争点となるとしたら、財産の安全配慮に向けてどのような行為（作為・不作為）が当該契約から要請されているのかを問題にする財産の安全配慮義務という契約（的接触関係）上の義務論の深化がますます要請されることになるのではないか。

研究の機会を得た。その間の一時期に円谷峻先生と（やや無理をすれば）徒歩圏のご近所に住んでいたことがあり、それ以来、先生には学会や研究会等で何かと親しくお声をかけていただいている。そもそも円谷峻先生は、契約責任の安易な拡張にはかねがね慎重論を唱えておられる。本稿の財産の安全配慮義務論は、ある意味、契約責任の拡張を提唱しているので、円谷先生からはまだまだ勉強が足りないねと失笑されてしまうかもしれない。しかし円谷先生の学問的人格的な度量の広さにかねがね信服している筆者としては、形成途上ではあっても筆者の考えるささやかな試論を呈示させていただき、ご指導ご鞭撻を賜りたいということでご容赦願う次第である。

不動産取引における双方仲介と利益相反取引

椿 久 美 子
Kumiko TSUBAKI

Ⅰ　はじめに
Ⅱ　双方仲介に関する議論状況
Ⅲ　仲介業者の善管注意義務・忠実義務・誠実義務と利益相反取引
Ⅳ　おわりに

Ⅰ　はじめに

1　双方仲介を巡る問題状況

（1）不動産取引における仲介契約をめぐる問題として最も多いのが、当然のことながら不動産取引の仲介業者の権利としての報酬請求権をめぐる問題である。たとえば、委託者が直接取引、他業者への依頼あるいは自己発見取引をした場合、仲介により成立した売買契約について履行が完了されていない場合、あるいは債務不履行解除・手付放棄解除・合意解除がなされた場合における報酬請求権の問題等が論じられている[1]。

他方、仲介業者の義務・責任を問う裁判例も近年目立つ。たとえば、平成17年に、最高裁は売主のみならず宅地建物取引業者も信義則上の説明義務を負うと判示する（最判平成17・9.16判時1912号8頁[2]）など、仲介業者の義務・責任が問われる場面が増えてきている[3]。

---

[1] 履行の未完了や解除の場合における報酬請求権の問題については、拙稿「仲立・仲介・媒介契約」NBL933号（2010年）65頁以下、拙稿「仲立・仲介・媒介契約と典型・非典型契約との関係」椿寿夫＝伊藤進編『非典型契約の総合的検討』（商事法務、2013年）147頁以下参照（この論考は前記NBL掲載論考を大幅に書き換えたものである。以下、「仲介契約と典型契約」として引用）。多数の仲介に関する文献についても上記拙稿を参照されたい。

[2] 同判例は、売主が売買契約上の付随義務として買主に対して説明義務を負う場合には、宅地建物取引業者も、買主に対して説明すべき信義則上の義務を負うとする。

[3] 西垣道夫「宅地建物取引業者の取引と不法行為」（上）NBL208号32頁以下、（中）210号26頁以下、（下）211号35頁以下、工藤祐巌「宅地建物取引主任者の責任」川井健『専門家の責任』（日本評論社、1993年）373頁以下参照、渡辺晋＝布施明正『不動産取引における瑕疵

以上は不動産仲介をめぐる問題の一端を示しただけであって、他にも多くの検討すべき多様な問題があるが(4)、それらの中で本稿は、「不動産取引における双方仲介と利益相反取引」について検討する。

（2）双方仲介（双方媒介・双方仲立・両手媒介）(5)とは、同一の仲介人・仲立人が、委託者と委託者の相手方当事者双方の仲介人・仲立人になり、両者の仲介（媒介）行為をすることである。双方仲介は、「両手」と呼ばれ、一業者が両者から報酬を得ることができることから不動産仲介業ではよく行われる仲介形態であって、委託者に対する善管注意義務に反するものでないとの理由で業界慣行として認められているが、そうした慣行に合理性があるのだろうか。

　双方仲介は、仲介業者にとってはメリットのある取引形態であるが、委託者にとってはどこまでメリットがあるかは疑問であり、むしろ以下のような問題が双方仲介には内在していると思われる。すなわち、双方仲介により仲介業者は、報酬を早く得たいがために仲介による契約成立を急ぐなど委託者の利益よりも自己または委託者の相手方当事者の利益を優先させる可能性があることから、双方仲介は利益相反取引としてなんらかの制限を受けるべきではなかろうかという問題である。また、双方仲介は、仲介業者の委託者に対する善管注意義務（民644条）、忠実義務または誠実義務（宅建業31条）に反しないのか、双方代理の原則的禁止（民108条）の立法趣旨が双方仲介にも妥当し、同条の類推適用または同条の法意により原則的禁止として扱うべきなのか、双方代理の場合と同様に委託者の事前の同意・許諾があれば双方仲介は許容されるのか、どのような内容の同意・許諾であれば双方仲介は許容されるのか、許諾を得ないでなされた双方仲介の法律効果はどのようなものなのか等、様々な問題が双方仲介では検討されなければならない。以下では、

　　担保責任と説明義務」』（大成出版社、2010年）467頁以下参照。
(4)　最近の仲介契約の問題については、債権法改正の議論の中で媒介契約の新設が提案されたことが重要である。それらについては、拙稿「特殊の委任—媒介契約に関する規定」円谷峻編『民法改正案の検討（第3巻）』（成文堂、2013年）310頁以下参照（「媒介契約」で引用）。
(5)　双方仲立と双方的仲立契約とは異なる。双方的仲立契約とは、「受託者は契約の成立につき尽力する義務を負い、委託者は契約の成立に対して報酬を支払う義務を負う」仲立契約のことである（西原寛一『商行為法』（有斐閣、1962年）281頁）。双方仲立・仲介と異なる概念として共同仲介（媒介）があり、これは一つの不動産取引に複数の仲介業者が関与している場合のことをいう。

それらの問題点について順次検討していく。

2 双方仲介における利益相反の視点
（1）これまで不動産取引の双方仲介について間接的に関連した問題として、判例・学説でとりわけ論じられてきたのは、不動産仲介業者が委託者の相手方当事者である非委託者に対して、媒介契約を締結していないにもかかわらず報酬請求権を有するかという問題である。判例は、黙示の仲介契約が認められるか（最判昭和43・4・2民集22巻4号803頁は商法512条の適用を認めた。）、あるいは仲介業者が客観的に非委託者のためにする意思をもって仲介行為をしたか（最判昭和50・12・26民集29巻11号1890頁）などの法的構成により報酬請求権の可否を判断した。だがその前提として、判例・学説は、双方仲介がそもそも利益相反取引として許されないのではないか、という原則的問題の当否に入らずに、双方仲介を認めた上で、非委託者に対する報酬請求権がどこまで認められるのかという法解釈論を緻密に展開しただけであった。[6]

このような双方仲介を許容する社会的思想的背景として、前記の判例が出現した1960年代から70年代にかけては、現在ほど利益相反行為が問題にならなかったということと関係があるようである。

ところが、2000年代に入ると、利益相反問題が様々な分野で意識されるようになってきたのである。例えば、筆者が関係する病院の倫理委員会や大腸肛門病学会でも、2000年代に入り患者の人権擁護のために医師と製薬会社との関係を厳格に審査するための利益相反委員会が創設された。また、金融取引における利益相反が問題になり、金融機関がM＆A業務で売手と買手双方のアドバイザーになる場合がその一例として論議されている。[7]

---

(6) 商事仲立における非委託者に対する報酬請求権について、判例・通説は商法550条2項の解釈から認めているが、洲崎はこれに批判的である（洲崎博史「仲立法制の在り方」森本還暦『企業法の課題と展望』（商事法務、2009年）438頁、同「代理商・仲立人・問屋」NBL935号（2010年）45頁）。
(7) 森下哲朗「金融取引と利益相反についての基本的視座」金法1927号（2011年）57頁以下。利益相反研究会編『金融取引における利益相反 [各論編]』（商事法務、2009年）3頁以下参照。同書では金融取引分野においては、M＆A、エージェント業務、シンジケート・ローンと利益相反、信託業務と利益相反その他が問題となっている。利益相反関係が生じる場合、判例は、商品取引員は委託者に対し説明・通知義務を負うとする（最判平成21・7・16民集63巻6号1280頁）。

このように社会が利益相反行為に厳しい目を向けるようになってきている現在、双方仲介だけがその例外になるとは言えず、利益相反の視点から双方仲介の問題を考える必要性が一層強まってきているのではなかろうか。とりわけ、不動産仲介の委託者が消費者である場合には、不動産取引の専門的知識が乏しく仲介業者を信頼するしかない状況に立たされていることから、委託者は、双方仲介が自己の利益を害することになるのかどうかもよくわからず、仲介業者はそのことを説明せずに、業界慣行として当然のように委託者の相手方当事者とも媒介契約を締結するということが行われている。仲介業者は、委託者の相手方当事者と媒介契約を締結する前に、委託者に同意ないし許諾を求めることもなく、また、第2の媒介契約を締結した旨の通知や情報開示をすることもない。このようなことがなされないのは、仲介業者がすでに媒介契約を締結している自社の顧客からのみ売買契約の相手方を探すということが多いからである。

　同一の仲介業者が両者の間に立って交渉する双方仲介が通常の形態であるかのように仲介業者は対応するが、不動産仲介の経験に乏しい消費者である委託者にとっては、双方仲介が利益相反取引になり、不利益に扱われるかもしれないとの認識さえ持つことができないのである。

　こうした双方仲介の問題は、すでに1994年に稲本が、両手という考え方だけでいくと指定流通機構による迅速な取引という狙い自体が実現できなくなり、将来は片手を原則とせざるを得ないと主張し、双方仲介の問題が今後の大きな課題であると述べていた。[8]

（2）翻って、ドイツ民法654条は、民事仲立人が契約に反して相手方のためにも行動したときは、双方行動（Doppeltätigkeit）として仲立料および費用償還を請求することができないと定め、原則として双方民事仲立は禁止されている（後述Ⅱ5）。アメリカにおいても、一方当事者の仲介業者は「利害の対立する相手方のためにも尽力することは道義的に不可能だとし、相手方からも報酬をえることは原則としてできない[9]」とされているそうである。もっ

---

(8)　稲本洋之助発言「<座談会>不動産媒介契約制度の現状と課題」ジュリ1048号（1994年）24頁。
(9)　明石三郎『不動産仲介契約論』（信山社、1994年）153頁。同頁でさらに明石は、アメリカでは、「仲介業者が自由裁量を用いず、特別な信頼も受けておらず、双方のために活動している

とも、ドイツもアメリカも双方仲介の禁止は原則であって、とくに不動産仲介に関しては例外的に認められる場合がある。

（3）以上のように前述1の双方仲介をめぐる問題点を検討するにあたり、本稿ではとりわけ利益相反の視点から考察することとする。

本稿では、仲介取引の対象がますます多様化し拡大している（たとえば、請負、企業提携、Ｍ＆Ａ、金融取引[10]、結婚仲介等）現状において、その中でも従来からとりわけ問題になっている不動産仲介に限定して双方仲介の問題の検討を行う。ドイツ民法654条の立法経緯、立法趣旨および同条をめぐる判例・学説はわが国の双方仲介の問題を考える上で参考となるけれども、本稿では紙幅の関係上、導入部分を概括的に述べるにとどめ、次稿の課題としたい。

なお、文献を引用する場合に、そこで使用されている用語をそのまま引用するので、仲介、媒介、仲立というようにさまざまな表現となる[11]ことをお断りしておく。

Ⅱ　双方仲介に関する議論状況

1　双方仲介を許容する見解

双方仲介は、不動産仲介業の業界慣行であって、委託者に対する善管注意義務に反するものでないとして許容する見解がある。

公益財団法人不動産流通近代化センターの説明[12]は次のようである。双方代理の場合、代理人は本人に代わって意思表示・意思決定を行うので、いずれかの当事者の利益を害する可能性があるとして双方代理が禁止されている。これに対して、不動産仲介業者による媒介は契約の成立に向けて尽力する行為であって、意思表示・意思決定を行うのは本人であるから、本人の利益を害することにはならない。過去の議論で識者が双方媒介はどちらかの利益を

ことを双方が知っており、双方から委託を受けているという要件を充たしているときは、双方から報酬をえられると解されている」という。
(10)　金融仲介業者の利益相反規制については、神作裕之「金融業務における利益相反」金法1927号（2011年）36頁以下参照。
(11)　仲立・仲介・媒介契約の各概念の整理と相互関係については、拙稿・前掲注（1）「仲介契約と典型契約」142頁以下参照。
(12)　http://www.kindaika.jp/archives/1613.

害するから禁止すべきであるという意見を出したが、これは全く見当はずれの見解である。双方それぞれに媒介業者が付いているものは、業者同士の主張が対立するのに対し、一業者が間に入ったほうが解決は早い、と。

信託銀行は不動産仲介業務を両手仲介により行っているが、それを次のような理由で肯定する見解がある。すなわち仲介のように売主・買主である当事者間に重大なコンフリクトがあるとまではいえない場合には、両手仲介を否定しても依頼者の利益の保護にはつながらないこと、仲介業務は媒介ないし紹介的な要素が多い業務で、契約の意思決定をするのは当事者自身であること、を挙げる。そして、依頼者に対して契約の相手方や取引対象に関する十分な情報開示や公正な取引価格の提示を行っていくことが、重要な利益相反管理であるとされる。[13]

学説では、不動産仲介の先駆的研究者である明石による肯定説の影響が大きい。それによると、日本の慣習として仲介業者は両当事者より委任をうけたものとして、平分して報酬を受くべきものと考えられ、取引業法もそれを予想しているから、一方だけを代理した場合のほかは誠実義務違反の問題は生じないが、その代わり両当事者の利益を公平に考慮すべき義務がある、として双方仲介を許容する。[14]

2 双方仲介を許容しない見解

稲本は許容しない理由を次のようにいう。双方から支払いを受けるのが当然のことと考えられたのは、不動産業が、「周旋業」であったことの帰結であったが、今は「取引業」さらには契約交渉へと変化している。専任媒介契約等の指定流通機構への登録の義務化によって、両手志向の業態に不可逆的変化が生じつつある状況のもとで、両手の媒介が現行法上なお合法的であるかを確認する必要がある。専任性、専属性が強い媒介契約の登場は、業者が依頼者の立場に立って努力することの依頼者の期待を前面に押し出す契機となり、両手志向との論理的不具合が生じる。両手媒介は利害を異にする契約当事者の双方を代理するがごとき行為で、正当化の余地がない、と述べ、指定

---

(13) 一徹「仲介業務における利益相反管理」金法 1865 号（2009 年）64 頁。
(14) 明石・前掲注（9）「不動産仲介契約論」40 頁。

流通機構を介した共同媒介の原則の確立を主張する(15)。

山野目も、「相手方発見業務に重点が置かれていた時代」には、両手仲介でも問題は生じていなかったけれども、「売主と買主の利害は表裏をなすのであるから、一人の業者が同時に両者の利害を配慮する立場に立つことは、業務に困難を生ぜしめ、ひいては公正な交渉関係の形成・維持を阻害する」として、共同仲介の原則、すなわち両手でなく片手による取引を原則とすべきであると説く(16)。

岡本＝宇仁によると、両手仲介の当否について、これまで議論すること自体に抵抗があった原因は収入が半減するという仲介業者の経営的基盤に係わることにあり、両手仲介が正当な取引慣行であるとの見解に反論される。すなわち、両手仲介によって利害対立する契約当事者の間に立った仲介業者が、両委託者に対して中立性、公平性を保持し適正な取引を遂行できるかは疑問である。「両手仲介は、現在、宅建業法で明示的に禁止されていないものの、適正な取引を進めるうえで望ましくない仲介の形態であり」、原則的に禁止するか、両手仲介の意味を理解した委託者の書面による同意がない限り、これを許さないとする原則を設けるべきだとされる(17)。

大阪弁護士会は、民事仲立については原則として双方媒介を禁止し、委託者の同意があった場合には双方媒介を認める規定を置くべきだと主張する(18)。

3　双方代理と双方仲介
(1) 双方仲介では、仲介業者は忠実義務を負うので第一委託者の利益を図ろうとすると、委託者の相手方当事者である第二委託者の利益を害することになり、反対に自己の利益や第二委託者の利益を図ろうとすると第一委託者の利益を害することになるなど、関係者間に利益相反関係がみられる。そこで、民法108条の類推適用、あるいは同条の趣旨・法意を考慮して、双方仲介の原則的禁止を導くことができるかが検討されなければならない。

---

(15)　稲本洋之助「不動産取引における業者の役割」ジュリ1048号（1994年）26頁以下参照。
(16)　山野目章夫「不動産媒介契約制度と指定流通機構」ジュリ1048号（1994年）32頁。
(17)　岡本正治・宇仁美咲『［詳解］不動産仲介契約』（大成出版、2008年）43頁以下。
(18)　大阪弁護士会『実務家からみた民法改正——「債権法改正の基本方針」に対する意見書』（商事法務、2009年）243頁以下。

また、双方仲介も、双方代理と同様に（民108条ただし書）委託者の同意・許諾でもって許容されるのかが問題となる。

（2）　まず、代理と仲介の違いを考えると、それは契約締結権限が代理人にあるか、委託者にあるかである。この違いから、前述したように代理人が意思表示・意思決定を行う場合には、いずれかの当事者の利益を害することがありうるので双方代理が禁止されているが、仲介は委託者が意思表示・意思決定を行うので、仲介業者が両委託者の利益を害することにはならず、よって双方仲介は許容されているとの見解が導き出される。たしかに、双方代理の禁止の理由として「代理人が事実上ひとりの裁量で契約をすることになるために、本人あるいは当事者の一方の利益が不当に害されるおそれがある」[20]ことが挙げられている。

　しかしながら仲介では委託者自らが契約を締結する点で代理とは異なるものの、契約締結の判断の前提となる情報は仲介業者から提供されるものであり、仲介業者が自己の利益または委託者の相手方当事者の利益を図る目的で情報提供をする場合には、委託者は判断を誤るおそれがある。

　したがって、委託者自らが仲介による契約を締結したからといって、双方仲介を許す理由にはならないであろう。

　問題は、代理権のない仲介業者に代理規定である民法108条の類推適用が認められるかである。さらに、同条の類推適用を肯定するのに躊躇する理由の一つは行為の効力を否定する効果の強さにある。つまり、双方仲介により仲介業者が重大な忠実義務違反をし、その結果、委託者の利益が害された場合には、債務不履行により委託者は媒介契約の解除や損害賠償請求をすることができると解するが、媒介により成立した契約を無効とすることまでできるかが問題となる。

　民法108条の立法趣旨は、代理人は忠実義務を負うけれども本人の利益と自分の利益が衝突するときには自分の利益を考えやすいので、本人の利益を

---

(19)　問屋の双方的受託について、判例は問屋と委託者との間には民法の委任および代理に関する規定が準用される（商522条2項）として、民法108条の準用も肯定する（大判大正4・9・30民録21巻1536頁）。

(20)　河上正二『民法総則講義』（日本評論社、2007年）449頁以下。

保護する（大判大正8・12・26民録26巻2429頁）ために置いたとされる[21]。双方代理は、本人の利益を図ろうとすると、契約の相手方の利益を害することになり、「代理人の忠実義務が全うされない危険があるために、代理の面で利益相反行為を禁止したものである」と説明されている[22]。

仲介業者が、忠実義務を負うかどうかについては後述（Ⅲ2、3）するが、仮に忠実義務を負うとすると委託者の利益を守らなければならないという双方代理禁止の立法趣旨は双方仲介にも妥当すると考えられる。また、民法108条は判例・学説により拡張的適用がなされていること（大判昭和7・6・6民集11巻1115頁）、民法改正法案108条2項[23]では、新設規定として代理人の利益相反行為を規定していることも類推適用を肯定する理由の一つとなろう。

民法108条の類推適用が認められれば仲介による契約は無効となるが、相手方当事者が利益相反行為であることを知らなかったか、知らなかったことにつき過失がなかった場合には、委託者は無効を対抗することができないと解せよう。

私見は、双方仲介につき民法108条の類推適用を認める立場であるが、仲介と代理の関係を考察した上で、改めて私見を述べたい。

4 債権法改正論議における双方仲介の問題

債権法改正論議の過程で双方仲介の問題は取り上げられたのであろうか。

民法（債権法）改正検討委員会による試案は媒介契約の新設を提案し、法制審議会の審議を経て、中間的論点整理ではパブコメが求められたが、実務界からの反対意見が強かったこともあって、媒介契約を新設するという提案は中間試案で削除され、要綱仮案にも民法改正法案にも再登場することはなかった。私は、媒介契約の新設について、実体的権利関係を明確にするために一般的規定を民法に設けるべきである等その他の理由を挙げて、賛成の私

---

[21] 於保不二雄編『注釈民法（4）』（有斐閣、1967年）75頁［椿寿夫］。
[22] 四宮和夫＝能見善久『民法総則［8版］』（弘文堂、2010年）305頁。
[23] 民法改正法案（平成27年3月31日）108条2項は、「代理人と本人との利益が相反する行為については、代理権を有しない者がした行為とみなす。ただし、本人があらかじめ許諾した行為については、この限りでない。」として、代理人の利益相反行為を無権代理人による行為とする。

見を別稿で発表し、またパブリックコメントを提出した。

このように媒介契約の新設については議論がなされたものの法制審も中間的論点整理も、双方仲介の論点については提示しなかった。それにもかかわらず、パブコメでは、双方仲介について賛否両論の意見が提出されたのである。

大阪弁護士会と日弁連は双方媒介の原則禁止と同意がある場合には認めるとの意見、堂島弁護士事務所有志は委託者からの書面による同意が必要であるとの意見、最高裁は忠実義務のあり方について検討する必要があるとの意見を示した。私見は、前記論考でもパブコメでも双方仲介の原則的禁止規定を設けるべきであると主張した。

不動産仲介の業界は、媒介契約の定義について、両手媒介（双方仲介）が利益相反取引に該当するかのような印象を与えると批判し、両手媒介が実務上一般的であることに留意すべきであるとの意見を表明していた。

5　ドイツ法における双方仲立

ドイツ法では仲立人の双方仲立（654条）がどのように規制されているのかをごく簡潔にみていこう。

不動産取引の双方仲立については、双方仲立を原則として禁止するドイツ民法654条の適用をめぐって、立法時から現在に至るまで双方仲立の許容すべき範囲をどのように解するかについての争いが続いている。

（1）　ドイツ民法654条は、仲立人の重大な忠実義務（誠実義務）違反（Treuepflichtverletzung）による報酬請求権の喪失について規制する。同条は、

---

(24)　私見は、拙稿・前掲注（4）「媒介契約」318頁以下参照。
(25)　媒介契約について「当事者の一方が他方に対し、委託者と第三者との法律行為が成立するように尽力することを委託する有償の準委任である。」と定義する。詳細は、拙稿・前掲注（4）「媒介契約」311頁以下参照。
(26)　ド民654条「仲立人が契約の内容に反して相手方のためにも行動したときは、仲立料および費用償還を請求することができない。」
(27)　Reuter,Staudingers kommentar zum BGB, §652-656 (Maklerrecht), Neubearb., 2010,S.231ff.; H.Roth,Münchener kommentar zum BGB,Bd.4.,Schuldrecht Besonderer Teil 2, 5. Aufl.,2009, §654,Rn.7ff..: Schwerdtner/ Hamm, Maklerrecht, 5.Aufl.,2008, Rn.713ff.; Sailer/ Kippes/ RehKugler, Handbuch für Immobilienmakler und Immobilienberater, 2.,Aufl.,2011,S.670ff..

仲立人の許されない双方行動（unerlaubte Doppeltätigkeit des Maklers）についてのみ直接に適用される。[28]

　仲立契約は、特別の信認関係（Treueverhältnis）を両当事者に発生させ、信認関係から特別の忠実義務である様々な付随義務が生じる。忠実義務は、信頼関係（Vertrauensverhältnis）が緊密になればなるほど、それだけ厳格になる（例えば信頼仲立人（Vertrauensmakler））。忠実義務について個々の場合に基準となるのは当該取引の経済的意義や委託者の未経験である。仲立人による忠実義務違反の法律効果は、積極的契約侵害（ド民280条1項）の要件のもとでの損害賠償請求権である。[29]

（2）仲立人は、期待できる範囲内で委託者の利益を守る義務を負う。仲立人が、双方のために行動してもよい双方仲立人（Doppelmakler）の場合には、厳格な公平さ（Unparteilichkeit）でもって釣り合いのとれた利益擁護（gleichmäßige Interessenwahrung）義務を負う。すなわち付随義務としての仲立人の通知義務および説明義務その他多様な義務が問題になる。[30]

　ブロックス[31]によれば、不動産取引において仲立人は、売主と売買の利害関係人のために同時に活動するという合意がしばしばなされるが、このような双方仲立人（Doppelmakler）は厳格な客観性を義務づけられる（ド民654条）という。

（3）報酬請求権喪失の要件の第1は、仲立人の重大な忠実義務違反である。仲立人が契約上の重大な義務違反により委託者の利益に著しく背いたということが客観的に必要である。主観的には仲立人の重過失（故意またはこれに近い著しく軽率であること）が必要である。背信により委託者に損害を生じさせたかどうかは重大でない。[32]

　要件の第2は背信的双方行動（Treuwidrige Doppeltätigkeit）である。すなわち仲立人の許されない双方行動が客観的に必要である。

---

(28) Mansel, Jauernig Bürgerliches Gesetzbuch Kommentar,12.,Aufl.,2007, Rn.1.
(29) Jauernig/ Mansel, a.a.O., Rn.3.
(30) Jauernig/ Mansel, a.a.O., Rn.4, 5.
(31) Brox/ Walker, Besonderes Schuldrecht, 35.,Aufl.2011,Rn.71.
　　Staudinger/Reuter, § 654 Rn.5ff.
(32) Jauernig/ Mansel, a.a.O., Rn.10.

双方行動は、仲立人に全面的に禁止されているわけではなく、一部では普通になされている場合もある（例えば不動産仲立人の場合）が、この場合には仲立人の許される双方行動（erlaubte Doppeltätigkeit des Maklers）が要件となる。すなわち契約によって許されている（両委託者の承諾（Einverständnis）が必要である）か、または利益対立（Interessenkollision）がないかである。例えば、売主のための媒介仲立人（Vermittlungsmakler）は許されていなくても買主のための紹介仲立人（Nachweismakler）になることができるが、それに対して信頼仲立人と媒介仲立人の組合せはない。許される双方委託（Doppelauftrag）においても、双方仲立人が公平義務（Pflicht zur Unparteilichkeit）に違反する場合には背信的双方行動が常に存在する。たとえば、一方当事者のための価格交渉において片寄った介入をすることである。当事者双方の仲介仲立人にあっては、当事者双方において双方委託が少なくとも認識できていなければならない。
(33)

(4) 法律効果として、仲立人には報酬請求権および費用償還請求権は生じず、ドイツ民法254条（双方過失）は適用されない。仲立人には返還義務、事情によっては損害賠償義務、あるいは仲立契約の取消可能性が生じる。
(34)

(5) 以上の簡潔なドイツ民法654条の紹介から、仲立人の許されない双方行動と許される双方行動があり、前者の場合は両委託者の承諾がない場合や利益対立がある場合であり、仲立人の重大な忠実義務違反と重過失が認められれば、ドイツ民法654条の適用により仲立人は報酬請求権や費用償還請求権を喪失する。後者は両委託者の承諾がある場合や利益対立がない場合であり、同条が適用されないが、この場合でも双方仲立人が公平義務に違反する場合には背信的双方行動とみられる。

---

(33) Jauernig/ Mansel, a.a.O., Rn.11.
(34) Jauernig/ Mansel, a.a.O., Rn.12.

III 仲介業者の善管注意義務・忠実義務・誠実義務と利益相反取引

1 利益相反取引の制限

（1）ドイツ民法では、仲立契約により特別の信認関係が両当事者に生じ、その関係により仲立人は忠実義務を負うと解され、仲立人が委託者の利益に著しく背くという重大な忠実義務違反をした場合には、委託者に損害賠償請求権が生じるとする。両委託者の承諾があるか、利益対立がないとされる場合には双方仲立は許されるが、その場合、仲立人は忠実義務だけでなく公平義務も負うとする（前述Ⅱ5）。

わが国では仲介業者は受任者として善管注意義務を負う（民644条）が、さらに忠実義務も負うのか、委託者の利益に反する双方仲介は忠実義務に反する行為となるのではないか、が検討されなければならない。

（2）利益相反行為とは、当事者の間で利益が相反する内容の行為をいう[35]。一般社団・財団法人の理事が利益相反取引をしようとするときは、社員総会・理事会において、当該取引につき重要な事実を開示し、その承認を受けなければならない（一般法人84条1項2号3号・197条）。承認を得ないでなされた利益相反行為の効果は多様である[36]。

株式会社の取締役の利益相反取引は、株主総会・取締役会において、当該取引につき重要な事実を開示し、その承認が必要とされ（会社356条1項2号3号・365条）、承認を得ないでなされた取引は無効となるが、会社は第三者の悪意を立証しなければ無効を主張しえない（最判昭43・12・25民集22巻13号3511頁）。取締役は会社の利益を犠牲にして自己の利益を図ることは任務違反であり、受任者（取締役）は委任者（会社）に対して債務不履行責任を負う[37]。

仲介業者の利益相反取引とは、委託者の利益と仲介業者の利益が相反する

---

[35] 金子宏ほか編『法律学小辞典（4版補訂版）』（有斐閣、2012年）1239頁。
[36] 詳細は四宮＝能見・前掲注（22）126頁以下参照。
[37] 龍田節『会社法大要』（有斐閣、2007年）74頁以下参照。

取引であり、一仲介業者が委託者と委託者の相手方当事者との間に立って契約交渉をする双方仲介がそうである。双方仲介は、仲介業者が委託者の利益の実現をはからず、自己あるいは委託者の相手方当事者の利益をはかる可能性があることから、仲介業者の誠実義務違反ないし忠実義務違反が問題になる。そこで以下では、誠実義務と忠実義務について検討しよう。

2 仲介業者の誠実義務と忠実義務の関係

（1）不動産仲介業者には、「取引の関係者に対し、信義を旨とし、誠実にその業務を行わなければならない」という誠実義務（宅建31条1項）が課せられている。この誠実義務の規定の文言は、取締役や理事の忠実義務の規定（会社355条、一般法人83条）と異なり「忠実」という文言が入っていないことから、誠実義務を忠実義務の規定と解することができるかが検討されなければならない。

明石は、宅建業法の誠実義務を訓示的な意味での信義誠実の原則を示し、善管注意義務の一環をなすものと解する。ドイツでの誠実義務は、仲介人が依頼者の利益を害すべき行為を実行してはならないなど仲介人が依頼者のみの受任者という観念が強いが、こうした考え方はわが国での両当事者から依頼をうける一般的慣習と相容れないという。明石は、「仲立人は代理権まで与えられた場合は別として、一般には対立する利害を調整して両者を結びつける調停員の役をするもの」であり、結婚の仲介人と同様に仲介謝礼を両当事者から受けることは一般の慣行であって、不動産売買の仲介もそうであるから、相手方からも委託を受けることは誠実義務違反にならないと説く。

不動産取引の実務書によると、誠実義務は、業者が信義誠実の原則に従って業務を行うことが、特に強く要求されることから設けられたもので、業務処理の原則として宅建業法の中でも極めて重要な意味を持つ規定であり、この趣旨を受けて誇大広告の禁止（宅建32条）等の規定が置かれているとする。

---

(38) 明石三郎『不動産仲介契約の研究』（一粒社、1977年）30頁、202頁（「仲介契約の研究」と引用）。
(39) 明石・前掲注（38）「仲介契約の研究」10頁。
(40) 国土交通省不動産業課〔監修〕不動産取引研究会〔編〕『宅地建物取引の知識』（住宅新報社、2008年）755頁。

明石説も実務書も誠実義務の規定は信義則の規定であって忠実義務の規定であるとは解していない。

（２）海老塚は、仲介業者は仲介契約に特有の義務として誠実義務を負うべきだが、一般に双方仲介が予想されるので、依頼者との明示の特約で禁止されない限り、双方仲介は誠実義務違反にはならないとする。誠実義務は仲介業者の意識的な背信行為から、善管注意義務は過失による背信行為から依頼者を保護する役割を果たすとして、両者の義務を区別する[41]。

岡本＝宇仁説は、仲介業者が「仲介の趣旨に沿って最善を尽くし委託者の利益を最大限に実現すべき義務を負い」、これを誠実義務だとし、善管注意義務と区別する[42]。

これらの説は誠実義務を忠実義務と同じようにとらえ、善管注意義務と区別しているようである。

（３）誠実義務の意義の解釈と忠実義務との関係について、参考になる保険仲立人の法規定をみてみよう。山下によれば、保険仲立人は、慣行として報酬を保険者からのみ受けるので、顧客の利益よりも、保険者の利益を優先する危険があり、利益相反に関する規制として誠実義務（保険299条）や手数料等の開示義務（保険297条）が定められているとする[43]。保険仲立人は、独特の利益相反関係から、顧客の利益を優先させるという忠実義務を負うのであり、保険業法の定める「誠実義務はこの忠実義務を監督法的な観点から規定したものということができる」とする[44]。

保険業法と宅建業法の誠実義務の規定を対比すると、両方とも「忠実」の文言はないが、保険業法299条は「保険仲立人は、顧客のため誠実に保険契約の締結の媒介を行わなければならない。」と定める。保険業法は「顧客のため」と規定していることから忠実義務の規定と解せるが、宅建業法31条１項にはそれがなく、「取引の関係者に対し」となっており、また、「契約の締結の媒介」でなく「業務」となっているという違いがあり、宅建業法のほ

---

(41) 海老塚和衛「宅地建物取引業者と依頼者との間の不動産仲介をめぐる法律関係について」判タ136号（1962年）３頁以下は、誠実義務違反の効果にも言及する。
(42) 岡本＝宇仁・前掲注（17）229頁以下参照。
(43) 山下友信『保険法』（有斐閣、2005年）163頁。
(44) 山下・前掲注（43）165頁。

うが誠実義務の範囲は広いものの、保険業法と同様に利益相反に関する規制として誠実義務が定められていると解することができよう。

結局、宅建業法の定める誠実義務の規定は、単なる訓示規定とみるのは妥当でなく、保険業法と同様に忠実義務を監督法的な観点から規定したものととらえるのが妥当であると解すべきである。

3 仲介業者の善管注意義務・忠実義務と利益相反取引

（1） 双方仲介と利益相反取引の問題を検討するために仲介業者の忠実義務についてさらに考えてみたい。

忠実義務は、代理人、親権者等、理事、取締役または受託者が、本人、未成年者等、法人、会社または受益者の利益のために行動すべきであり、自己や第三者の利益のために行動してはならず、本人、未成年者等、法人、会社または受益者の利益と自己の利益が衝突するような地位に身を置いてはならないという義務である。[45]

民法には忠実義務の規定はないが、具体化されたものとして双方代理・自己契約の禁止（民108条）や親権者等の利益相反の禁止（民826条、851条4号、860条、876条の7第3項）の規定が置かれている。

民法と異なり、理事（一般法人83条）、取締役（会社355条）あるいは信託の受託者等（信託30条）には忠実義務が直接定められている。

（2） 善管注意義務と忠実義務の関係について、取締役についての議論をみていこう。取締役は、善管注意義務（会社330条、民644条）とは別に、「株式会社のため忠実にその職務を行わなければならない。」という忠実義務を負う（会社355条、402条3項、419条2項）。この忠実義務について、通説・判例（最判昭和45・6・24民集24巻6号625頁）は、善管注意義務を敷衍し、かつ、一層明確にしたにとどまるのであって、善管注意義務とは別個の、高度な義務を規定したものでないとして、どちらも同じだとみる同質説をとる。[46]

これに対して、取締役の忠実義務は、会社の利益と自己又は第三者の利益

---

(45) 四宮＝能見・前掲注（22）201頁。
(46) 龍田・前掲注（37）90頁は、会社法355条がとくに忠実義務を規定しているけれども、受任者が委任者の利益を優先させるべきことは当然であり、善管注意義務に含まれるとする。

が相反したときは会社の利益を優先すべきであるとするものであって、善管注意義務とは異なる義務だと解する異質説がある。[47]

次に、理事の忠実義務の規定（一般法人83条）についてであるが、理事はその地位を利用して自己の利益のために法人の利益を犠牲にすることを禁ずる趣旨であると解されている。[48]

前述の同質説を採る最判昭和45・6・24を批判し、同判例は忠実義務の考え方が浸透していなかった時代の判例であって、現在では両者の区別が承認されてきており、また、義務違反の効果という点でも両者に違いがあることから判例の立場は改めるべきである、との有力説がある。[49]

（3） 私見もこの有力説に賛成である。会社法や一般法人法では取締役や理事の忠実義務（会社355条等、一般法人83条）を善管注意義務（会社330条、一般法人64条、民644条）とは少し離れた所に規定し、忠実義務の規定の次に忠実義務の具体化である利益相反取引の制限規定（会社356条1項2号・3号、一般法人84条1項2号・3号）が置かれていること、善管注意義務違反の効果は損害賠償義務であるが忠実義務違反の効果はそれだけでなく、忠実義務の具体化である利益相反取引をした取締役や理事の任務懈怠を推定し（会社423条3項、一般法人111条3項）、承認を受けない利益相反取引では民法108条により当該取引の効力を否定する（会社356条2項、一般法人84条2項）など多様な効果の発生を認めていることからも、異質説が妥当だと解する。[50]

（4） では、仲介業者の善管注意義務および忠実義務はどのように位置づけるべきであろうか。通説・判例は、仲介（媒介）契約を準委任と解している[51]ことから、仲介業者が委託者に対して善管注意義務を負う（民644条）とすることでは一致しているが、それとは別に忠実義務を負うかどうかは、民法

---

(47) 金子・前掲注（35）860頁。
(48) 新公益法人制度研究会編『一問一答公益法人関連三法』（商事法務、2006年）54頁以下。
(49) 忠実義務違反と善管注意義務違反との対比については四宮＝能見・前掲注（22）124頁以下参照。
(50) 法人法84条1項2号および3号の利益相反取引の内容とその効果については、四宮＝能見・前掲注（22）127頁以下参照。なお、信託法30条は受託者の忠実義務を定め、同31条は利益相反行為とその効果として行為の無効または取消しを定める。
(51) 私見は、拙稿・前掲注（1）「仲介契約と典型契約」146頁において、仲介契約を準委任と解さず準典型契約と解する。

の委任規定には忠実義務の規定がないことから明らかでない。

　私見は、受任者については、特別の信認を受けて事務処理を引き受けたのであるから、一般的な善管注意義務には包摂されない委任者の利益のために行動し、自己や第三者の利益のために行動すべきでないという委任者の利益擁護をとくに重視する忠実義務を負うと解すべきであるとする。[52]

　同様に、私見は、仲介業者も受任者として、委託者から特別の信認を受けて事務処理を託された者として「委任的事務処理関係の基礎となる重要な義務[53]」である忠実義務を負うと解すべきであるとする。もっとも、次述のように媒介契約のタイプにより委託者との信認関係に強弱があることから、仲介業者の負う忠実義務にも強弱があり、そして、前述のように忠実義務は誠実義務の規定（宅建31条1項）を根拠とすべきであると考えている。

Ⅳ　おわりに

1　双方仲介の原則禁止

　媒介契約は、委託者（第一委託者）の負う義務のレベルに応じて3タイプがある。(a)を「他業者への依頼」、(b)を「自己発見取引」とすると、委託者は、専属専任媒介契約では(a)も(b)もできないが、専任媒介契約では(a)はできないが(b)はでき、一般媒介契約では(a)も(b)もできる。このように三段階の強弱の義務が第一委託者に課せられることは、その義務に対応して仲介業者との信認関係にも仲介業者の忠実義務にも強弱が生じ、専属専任では信認関係が強く、忠実義務も強いと解せよう。

　他方、仲介業者は指定流通機構に物件を登録する義務が課せられるものの、委託者の相手方当事者（第二委託者）との媒介契約の締結については制限されていない。だが、これでは第一委託者と仲介業者という両者の義務のバランスがとれていないのではなかろうか。仲介業者は、いずれの媒介契約であっ

---

(52)　柳勝司「受任者の忠実義務」法政論集201号（2004年）432頁以下は、委任における受任者の忠実義務、その内容、要件およびその違反の効果について論じている。民法改正と受任者の忠実義務については、長谷川貞之「信認関係と忠実義務―信認型契約の創設を構想する立場からの提言―」円谷峻編『社会の変容と民法典』（成文堂、2010年）310頁以下参照。

(53)　四宮＝能見・前掲注（22）124頁。

ても、これらの契約に基づく信認関係により忠実義務を負うことには変わりはなく、したがって、仲介業者は忠実義務違反となる利益相反取引である双方仲介は原則として許されないと解すべきである。ただし、信認関係と忠実義務の強弱に応じて、双方仲介が例外的に許される要件に違いを生じさせることで両者のバランスをはかるのがよいと考える。

そこで、次に媒介契約のタイプに応じて、双方仲介が許されるための要件を考えてみる。

2 双方仲介の例外的許容

（1）代理人、理事、取締役による代理権を有する者の利益相反取引が本人の許諾、社員総会等や取締役会等の承認により許容されていることの均衡上、仲介業者についても、委託者の許諾により、例外的に利益相反取引が許されると解するのが妥当であろう。

そのためには第一段階として、どの媒介契約のタイプにあっても、仲介業者は第一委託者との媒介契約締結時に、第二委託者と媒介契約を締結することは、双方仲介として利益相反取引になり、第一委託者が不利益を負うリスクがあること、仲介業者は第二委託者の利益も考慮しなければならない公平義務を負うことを予めきちんと説明し、委託者の理解を得ることが必要である[54]。

（2）その上で、専属専任媒介および専任媒介の場合には、第二段階として、仲介業者は第二委託者との媒介契約締結前に、第一委託者に対して第二委託者との報酬等取引内容の重要事実を開示し、説明することで第一委託者の許諾を得ることが必要である。説明と許諾のレベルと内容については専属専任と専任の場合とで忠実義務に強弱があることから、それに対応したものを考慮しなければならないであろう。

一般媒介の場合は、第二段階として、仲介業者は、第一委託者に対して、第二委託者との媒介契約締結前後に、第二委託者との媒介契約と報酬等取引内容の重要事実を開示し、説明することにより遅くとも仲介による契約交渉

---

(54) 森下・前掲注（7）57頁は、「利益相反管理の最善の対応策は、顧客との関係で金融機関が負う義務を明確化し、…利益相反の可能性を事前に開示して同意を得ておくこと」であるという。

に入る前に第一委託者の許諾を得ることが必要である。

　また、仲介業者は、第二委託者に対しても、媒介契約のタイプに対応して、前述の第一委託者に対するのと同様の説明と許諾を得なければならないと解する。

　こうした事前の取引情報の開示と説明とを受けることで両委託者が媒介契約を締結または存続するかどうか、仲介による契約交渉に入るかどうかを事前に考慮する機会が与えられ、利益相反関係にある両委託者の不利益を防ぐことができよう。[55]

（3）この三タイプの媒介契約においては、許諾を得ずに双方仲介取引がなされた場合には、忠実義務の強弱の違いに応じて効果にも強弱を与えることも考えられる。前述の承認を得ないで利益相反取引をした場合の効果論を参考にして、仲介により成立した契約の無効・取消、報酬請求権および費用償還請求権の喪失、損害賠償責任等の効果が考えられる。その場合、仲介業者の重大な忠実義務違反や悪意・重過失の主観的要件も考慮しなければならない。

　以上の仲介形態と異なり、仲介による契約成立を要件とせずに、情報提供だけで報酬が得られる仲介（紹介仲介と呼ぶ）では、第一委託者との媒介契約締結時に双方仲介による利益相反の意味と公平義務について説明し同意を得ることだけで、双方仲介が認められてよいであろう。

3　改正の要望と今後の課題

（1）双方仲介が取引慣行になっている現在、仲介業者間の市場競争が激しくなっても、一仲介業者内での顧客の囲い込み[56]がなくならない限り、この不合理な取引慣行がなくなるとは思われない。委託者の許諾により双方仲介が許容された場合、仲介業者は契約交渉における取引情報の開示と両委託者の利益を公平に考慮する義務を遵守し契約成立に向けて行動しなければならな

---

(55)　落合誠一「商事代理・取次ぎ・仲立ち（3・完）」法教300号（2005年）110頁以下は、商事仲立人の利益相反問題について、委託者の不利益を防止するために、仲立人に善管注意義務の一部として委託者の最善の利益を実現するよう行動する義務を課し、委託者の相手方当事者から受け取る報酬の額・仕組みを委託者に事前に開示する義務を仲立ち契約に規定することを提案する。
(56)　両手仲介の実情と問題点について、週刊ダイヤモンド2015年3月7日号56頁以下参照。

いと考える。

　以上のように共同仲介を原則的形態とすべきであると考えているが、仲介業は成功報酬であるため契約を早期に成立させようとして、複数の業者間での委託者の利益を考慮しない妥協が行われることもあるのではないかと危惧する。

　利益相反取引である双方仲介を原則として許されないとした上で、第一委託者に対しても第二委託者に対しても、前述のような双方仲介の利益相反性の説明と取引内容の重要事実の開示をした上で、許諾という手続きを経ることは、仲介業者にとってそれほど難しいことではないのではなかろうか。理事、取締役、受託者等忠実義務を負う者について利益相反取引の制限規定が設けられているように、とりわけ不動産という高額物件の売買を仲介する業者は、委託者から特別の信認・信頼を受けていることから、利益相反取引の制限規定を設けることは、時代の趨勢であり、標準媒介契約約款の改正か、あるいは宅建業法の改正が望まれる。

　以上、委託者と仲介業者との信認関係と忠実義務の段階的な強弱に対応して双方仲介の許容も段階的に考えるのが合理的であるとの私見を述べた。

（2）今後の課題として、ドイツ法の不動産取引における双方仲介の禁止と許容の要件および違反の効果についての検討を行い、また、ドイツ民法は仲介・仲立契約の規定を置いていることから、立法過程も含めた基礎的研究の必要性を感じている。さらには、仲介と代理の関係についてのより深い検討を加え、また、商事仲立および民事仲立における仲立人の非委託者に対する報酬請求権に関する法解釈論の展開を検討することは、いわゆる多角的取引の問題解明に役立つと考えており、これらについては研究会報告等を予定している。

〔後記〕
　本稿は明治大学社会科学研究所個人研究の研究成果である。

フランチャイザーの競合回避義務

高田　淳
Atsushi TAKADA

Ⅰ　問題提起
Ⅱ　ドイツにおけるフランチャイザーの義務の理解
Ⅲ　フランチャイザーの競合回避義務をめぐる見解
Ⅳ　検討
Ⅴ　まとめ

Ⅰ　問題提起

　フランチャイズ契約については、確定的な定義はなく種々の定義の試みがあるが、つぎの定義が代表的なものである。すなわち、「フランチャイズとは、事業者（『フランチャイザー』と呼ぶ）が、他の事業者（『フランチャイジー』と呼ぶ）との間に契約を結び、自己の商標、サービス・マーク、トレードネーム、その他の営業の象徴となる標識、および経営のノウハウを用いて、同一のイメージの下に商品の販売その他の事業を行う権利を与え、一方、フランチャイジーはその見返りとして一定の対価を支払い、事業に必要な資金を投下してフランチャイザーの指導および援助の下に事業を行う両者の継続的関係をいう」。この定義によって示される商品・サービス提供のための流通組織がフランチャイズチェーンないしフランチャイズシステムであり、これを形成するための契約がフランチャイズ契約である。
　このようなフランチャイズシステムにおいて、既存のフランチャイジーの

---

(1)　詳しくは、川越憲治『フランチャイズシステムの法理論』（2001年）3頁以下、金井高志『フランチャイズ契約裁判例の理論分析』（2005年）12頁以下、小塚荘一郎『フランチャイズ契約論』（2006年）36頁以下参照。
(2)　これは日本フランチャイズチェーン協会が採用する定義である（日本フランチャイズチェーン協会編『新版　フランチャイズ・ハンドブック』（2012年）22頁）。

店舗の近隣に、フランチャイザーが、新規に、別のフランチャイジーと新店舗開設を内容とする契約をし、または、直営店を開設し、これにより当該地域における顧客の奪い合いが生じて、既存のフランチャイジーの売上・利益が低下するという問題が生じることがある。[3,4]

いうまでもなく、フランチャイジーのためのいわゆるテリトリー保護（領域保護）が契約上明示的に規定されていれば、これによってフランチャイジーの利益は保護される。しかし、さらに進んで、そのような明示的な契約上の規定がない場合でも、既存のフランチャイジーと競合しうるような店舗展開ないし商品展開を行わないフランチャイザーの義務を認めるべきではないか、は検討に値する問題ではなかろうか。フランチャイザーのこのような競合行為をめぐる紛争は実際に生じているだけに、検討の必要性は高いといえる。[5]

（3）　そのような指摘として、日本弁護士連合会消費者問題対策委員会編『フランチャイズ事件処理の手引』（2012年）40頁以下、金井高志「フランチャイズ契約を巡る課題と留意点」会社法務ＡＺ・2013年12月号18頁、中村昌典「日本のフランチャイズの現状と課題」自由と正義65巻3号（2014年）44頁。

（4）　類似の問題は、既存のフランチャイジーと同じ品ぞろえ・店構えの店舗を展開するのではないが、フランチャイザーが、既存のフランチャイジーと競合する商品・サービスを、直営店やインターネットを通じた直接販売、ショッピングセンター・百貨店内への、限定的な品ぞろえの店舗展開によって提供することでも、起こりうる。

（5）　カー用品のフランチャイズ契約における、フランチャイザーによる直営店の出店をめぐる紛争が報告されている（激流22巻9号（1997年）66頁以下）。記事によれば、フランチャイザーが、フランチャイジーの店舗と競合する地点への直営店の展開を企図し、そのために、フランチャイジーの顧客名簿を無断で利用してダイレクトメールを送付し、かつフランチャイジーの顧客が在住する地域で宣伝チラシをまいたという。フランチャイジー側は、フランチャイズ契約の不履行にあたるとして、フランチャイザーを訴えたという。また、新規店舗の開設は関係しないケースであるが、つぎのような例もある。複雑なチェーン構造（まず、全国を統括する「総本部」があり、この総本部と「地域本部」が「地域本部契約」を結んで、後者が一定の地域（当該事案では九州地域）を統括していた。つぎに、この地域本部と、都道府県単位の地区を担当する「地区本部」が「地区本部契約」を結び、前者が後者に、地域内の地区（当該事案では鹿児島県）の統括を委ねていた。さらに、地区本部が「加盟店」と契約し、弁当店経営のノウハウ提供、指導援助、食材の調達配送を行い、加盟店が実際の店舗経営を行っていた。当該事案は、地域本部と地区本部の間の紛争である。総本部を除けば、フランチャイザー・サブフランチャイザー・フランチャイジーの三段階のシステムである。）をもつフランチャイズシステムにおいて、契約上の明文がないにも関わらず、フランチャイジーの事業活動と競合する契約をフランチャイザーが行うことは禁じられると解した裁判例がある。すなわち、鹿児島地決平成12・10・10判例タイムズ1098号179頁は、当該チェーンにおいて、フランチャイザーにあたる「地域本部」とフランチャイジーにあたる「地区本部」の間の紛争において、「明文の条項はなくとも、当然に、債権者（地区本部＝フランチャイジー――筆者注）のテリトリーとして定めた鹿児島県内において、債務者（地

ドイツでは、既存のフランチャイジーと競合しうるこのような店舗展開ないし商品展開を行わないフランチャイザーの義務は、Konkurrenzschutzpflicht（以下、「競合回避義務」(6)の語をこれにあてる。）と表現され、議論の対象となっている。この問題を扱う裁判例はようやくあらわれはじめたばかりであるが、解釈論議では、競合回避義務を、フランチャイザーがノウハウ提供義務、経営支援義務を負っていることを根拠として、一定の場合に肯定する議論が進んでいる。

　ドイツのこのような議論は、上記のように同様の問題が生じている日本における解釈論を考えるときも、大いに参考になるものと思われる。本稿の目的は、この問題に関するドイツの解釈論を紹介し、日本における同様の問題の解釈論にとって示唆を得られるかを検討することにある。

域本部＝フランチャイザー——筆者注）が債権者と競合関係に立つことは予定されておらず、債務者が、地区本部（フランチャイジー——筆者注）を介することなく、直接加盟店契約を締結することは禁止されていると解すべきである」とした。さらに、清掃用品レンタル事業のフランチャイズチェーンにおいて、つぎのような紛争も生じている（週刊ダイヤモンド2001年5月26日号33頁）。記事によれば、あるフランチャイジーが、フランチャイザーからの商材の卸価格やフランチャイザーの「直営店志向」に不満を持ち、当該フランチャイズチェーンからの離脱を表明したところ、フランチャイザー側から顧客名簿の提出を要求され、これをフランチャイジーが断ると、フランチャイザーは、「オートバイ部隊を編成」してフランチャイジーの営業車両を追跡し、顧客洗い出しを行い、これによって把握した顧客に対して、直営店を通じて従来商品の40～60パーセントの値引きを提示し、フランチャイザー自身との契約に乗り換えることを勧誘したという。

（6）　ここで、「競業避止義務」の語はあてないこととする。その理由はつぎのとおりである。競業避止義務は、一般に、一定の者が、他人に対して負う義務であって、その他人の営業の部類に属する取引を、自己または第三者のために行わない義務であると定義されている（石井照久＝鴻常夫『商法総則（商法Ⅰ）』（第3版、1975年）90頁以下、大隅健一郎『商法総則』（新版、1978年）154頁、服部栄三『商法総則』（第3版、1983年）287頁、鴻常夫『商法総則』（新訂第5版、1999年）174頁。また、神作裕之教授は、競業避止義務を、広く「義務者が権利者以外のため——すなわち、自己または第三者のため——におこなう経済活動を制限する不作為義務」と捉えながらも、そのうち「権利者の営業と同一性ないし類似性をもつ行為だけを禁止する類型」こそが「真正の競業避止義務」であるとされる（神作裕之「商法における競業禁止の法理（一）」法学協会雑誌107巻8号（1990年）1189頁以下）。）。フランチャイザーが直営店を設置することで既存のフランチャイジー店舗と競合するときは、この競業避止義務の定義に収めることもできるが、フランチャイザーが新規にフランチャイジーと契約をすることで、その新規のフランチャイジーと既存のフランチャイジーの店舗が競合するときは、競業避止義務の定義に収めるのは難しいように思われる。後者の場合、新規のフランチャイジーとの契約によってフランチャイザーが契約上負担する給付は、そのフランチャイジーに対する指導援助・ノウハウ提供であるが、この給付を行うことは、直接には、既存のフランチャイジーの営業と競合しないと考えられるからである。

本稿は、以下、つぎのような構成で検討を進めていく。まず、ドイツにおける競合回避義務の議論を紹介するための前提作業として、フランチャイズ契約における当事者の義務をどのように捉えるべきかについての議論を整理する。競合回避義務は、フランチャイザーが契約上負っているとされる義務との関連で論じられているからである。そのつぎに、競合回避義務をめぐる各見解を、肯定説、肯定説と結論を同じくしつつも理論的根拠を異にする説、否定説に分類して紹介する。その後、二つの裁判例を取り上げたうえで、ドイツにおける議論を総括する。最後に、ドイツの議論状況を参考にしつつ、フランチャイザーの競合回避義務について検討を行う。

II ドイツにおけるフランチャイザーの義務の理解

1 当事者の義務

一般に、フランチャイズ契約が標準的に備えている要素として、つぎのものが指摘されている[7]。すなわち、フランチャイザーがフランチャイジーに対し、営業の象徴となる標章の使用を許諾し、事業経営のためのノウハウを提供し、店舗運営のための指導・援助を提供し（これらフランチャイザーから付与ないし提供される、標章、経営ノウハウ、指導援助の知的財貨ないし給付を総称して、「フランチャイズパッケージ」という用語が用いられる[8]。）、フランチャイジーは、これに対して対価を支払い、同時にフランチャイズパッケージを利用する義務を負う。

ドイツでは、当事者のこれらの給付の中に、類型としてのフランチャイズ契約の法的性質を決定づける主要義務がどのように見いだせるかが論じられ、つぎのような整理がされている[9]。

第一に、多くの見解で、フランチャイジーは、主要義務として、販売促進

---

(7) 小塚荘一郎・前掲書44頁以下、同54頁、西口元ほか編『フランチャイズ契約の法律相談』（第3版、2013年）13頁（神田遵執筆）。
(8) 川越憲治・前掲書83頁以下、小塚荘一郎・前掲書37頁。
(9) ドイツにおけるフランチャイズ契約当事者の義務の理解およびその法的性格づけの議論については、拙稿「フランチャイズ契約の法的性質（総論的考察）」法学新報121巻7＝8号（2014年）（以下、「法的性質」として引用。）218頁以下参照。

義務〔Absatzförderungspflicht〕を負うとされている。販売促進義務とは、店舗経営を通じて可及的に多くの顧客を獲得すること、および、販売のために継続的に努力しなければならないことである。

第二に、これも多くの見解によれば、フランチャイザーは、主要義務として、経営体開設・編入義務〔Betriebseingliederungspflicht〕および経営支援義務〔Betriebsförderungspflicht〕を負うとされている。経営体開設・編入義務とは、店舗開設までにフランチャイザーが行うすべての措置を指し、経営支援義務とは、店舗開設後にフランチャイジーの経営を指導援助するためのすべての措置のことである。

第三に、いくつかの見解は、フランチャイザーが、上記の経営支援義務とは別に、フランチャイジーの店舗経営のために、排他的保護を伴う知的財産権以外の、「ノウハウ」「コンセプト」「システム」と呼ばれる知的財貨の使用許諾が行っている点を重視するべきとし、その使用許諾義務を主要義務と位置づけている。

2 フランチャイズ契約の法的性質

当事者の義務に関するこのような整理を受けて、フランチャイズ契約の法

---

(10) Giesler, in: Giesler/Nauschütt (Hrsg.), Franchiserecht (2. Aufl., 2007), 463;Martinek, Moderne Vertragstypen Bd II (1992), 68. 具体的には、経営実行義務、宣伝義務、研修受講義務、報告・検査受忍義務、最低引取義務、在庫保持義務、展示義務、コンセプト遵守義務、店舗・店舗外面をフランチャイザーの計画を考慮して構築することがこの義務の内容である (Giesler, in: Giesler/Nauschütt (Hrsg.), aaO., 464;Höpfner, Kündigungsschutz und Ausgleichsansprüche des Franchisenehmers bei der Beendigung von Franchiseverträgen (1997), 64)。

(11) Martinek, aaO., 67f.; Höpfner, aaO., 61f. 経営体開設・編入義務には、店舗の初期設備・内装、商標・サービスマーク・特許のライセンス、営業秘密の付与、ノウハウの指導、従業員研修などが属する。経営支援義務は、通常、地域横断的な宣伝、研修、店舗営業の内容に関する助言、販売システム・帳簿管理などに関する中央管理的業務をその内容とする (Martinek, aaO., 67f.; Canaris, Handelsrecht (24. Aufl., 2006), 300 (なお、Canaris はこの義務を単に支援義務〔Förderungspflicht〕と呼んでいる。); Höpfner, aaO., 62.)。

(12) 法律上排他的保護が与えられる知的財産権についての使用許諾が行われるときは、その要素にライセンス契約の性格があることには異論がない。Giesler, in: Giesler/Nauschütt (Hrsg.), aaO., 419f.。

(13) なお、ここでいう「コンセプト」「システム」とは、ノウハウをも包含した、店舗運営のために利用される経験・知識・組織的メリットの総体を意味している。

(14) Canaris, aaO., 310; Forkel, ZHR 153(1989), 537ff. その他の見解も含め、詳細は、拙稿「法的性質」224頁以下、239頁以下参照。

的性質がどのように理解されているかを、簡潔に整理しておく(15)。

　第一に、多数説によれば、フランチャイジーが主要義務として販売促進義務を負うことから、同契約には、フランチャイジーを事務処理者とする雇用契約的事務処理契約の性質がある(16)。

　第二に、多くの見解が説くところでは、フランチャイザーが主要義務として経営体開設・編入義務および経営支援義務（以下、経営支援義務等と呼ぶ）を負うことから、同契約は、フランチャイザーを労務給付者とする、「単純な独立的雇用契約」の性質を有する(17)。これに対し、Gieslerは、フランチャイザーの経営支援義務等を、単純な独立的雇用契約の性質を有するものと、雇用契約的事務処理契約の性質を有するものに分け、後者に、助言・指導の給付など多くのフランチャイザーの給付を位置づけている(18)。

---

(15)　なお、労務給付を目的とする契約に関するドイツ民法（以下、BGBと表記する。本文においても同じ。）の扱いについて、次の点を補足しておく（詳しくは、拙稿「法的性質」218頁以下参照。）。

　BGBは、委任契約を無償のものに限り、有償の委任契約を契約類型として認めないという立場を採用しており、したがって、結果発生を契約内容としない労務給付契約のうち、無償のものが委任契約〔Auftragsvertrag〕に位置づけられ、有償のものは、すべて、労務給付義務者の独立性の有無に関わらず、雇用契約〔Dienstvertrag〕に位置づけられている。そして、ドイツ法では、雇用契約は大きく二つに分けられている。一方で、雇用契約の中でも労務給付義務者（労働者）に従属性があるものは、労働法の適用を受ける労働契約〔Arbeitsvertrag〕として位置付けられる。他方で、労務給付義務者が独立性を有する労務給付契約は、労働法の適用がない雇用契約（独立的雇用契約〔selbstständiger (unabhängiger)Dienstvertrag〕）として労働契約と区別されている。

　独立的雇用契約は、さらに二つに分かれる。すなわち、独立的雇用契約にあたる場合において、労務給付義務者がBGB675条1項にいう事務処理（狭義の事務処理）を引き受けているときは、BGB675条1項に基づき、委任契約の規定の一部が準用される、事務処理を目的とする雇用契約（本稿では、以下、「雇用契約的事務処理契約」と呼ぶ。）に該当する。判例によれば、狭義の事務処理が認められるためには「事務委託者の利益を擁護するための、経済的性質のある独立的活動」の引受けがなければならないという。この雇用契約的事務処理契約は、同じ独立的雇用契約であるもののBGB675条1項の適用を受けない雇用契約（以下、本稿では、「単純な独立的雇用契約」と呼ぶ。）と区別されている。

(16)　Canarisは、販売促進義務は「BGB675条1項、611条の意味での事務処理契約・雇用契約の性質をもつ。なぜなら、この義務は、フランチャイザーの利益のために（も）規定されているからであり、かつ、結果の招来ではなく活動の単なる実行を目的としているからである」とする（Canaris, aaO., 300）. So auch Martinek, aaO., 69f.; Giesler, in: Giesler/Nauschütt(Hrsg.), aaO., 464. 詳しくは、拙稿「法的性質」221頁以下、234頁以下参照。

(17)　Canaris, aaO., 301; Martinek, aaO., 69; Höpfner, aaO., 63. 詳しくは、拙稿「法的性質」223頁以下、234頁以下参照。

(18)　Giesler, in: Giesler/Nauschütt (Hrsg.), aaO., 389ff., 398ff. 詳しくは、拙稿「法的性質」228頁

第三に、フランチャイザーによる知的財貨の提供、とりわけノウハウの提供があることを重視するべきとする立場は、この要素を他の要素を凌駕する枢要な本質的特徴とみるべきか否か、この要素の法的性質を、ライセンス契約と捉えるべきか用益賃貸借と捉えるべきか、をめぐって種々の議論を行っている。[19]

Ⅲ　フランチャイザーの競合回避義務をめぐる見解

以上のように、ドイツでは、フランチャイザーが主要義務として負っているのは、経営支援義務およびノウハウ提供義務であると理解されている。これを前提として、一部の見解（Liesegang, Flohr, Giesler, Prasse）が、これらの義務に関連させつつフランチャイザーの競合回避義務を論じている（以下、この立場を「肯定説」と呼ぶ）。Metzlaff も同様の競合回避義務を認めるが、理論的根拠を信義則に基づく忠実義務に求める。これに反し、Fritzemeyer は、フランチャイザーが経営支援義務やノウハウ提供義務を負うことは認めながらも、だからといってそのことから競合回避義務が認められるわけではない、として肯定説を批判している（以下、この立場を「否定説」と呼ぶ。）。

1　肯定説
（1）Liesegang の見解

この問題に関する嚆矢にあたる論稿において、Liesegang は、つぎのように論じて、フランチャイザーのノウハウ提供義務・経営支援義務を根拠として、内在的な契約上の義務としての競合回避義務を基礎づける。[20]

フランチャイズ契約に関する一括適用免除規則（委員会規則 4087/88）[21]におけるフランチャイズ契約の定義を参照にすると、フランチャイズ契約には、フランチャイジーへのノウハウ移転の要素、フランチャイジーに対する支援の要素が含まれ、これらは、フランチャイジーの給付能力の向上、成果の達

　　以下参照。
(19)　詳しくは、拙稿「法的性質」224 頁以下、239 頁以下参照。
(20)　Liesegang, BB 1999, 858f..
(21)　一括適用免除規則とは、ＥＵ機能条約 101 条（またはその前身のＥＣ条約 81 条）1 項の適

成を目的としている。この「フランチャイザーの主要義務は、フランチャイジーにフランチャイズ店舗のための経済的存立基盤〔wirtschaftliche Existenzgrundlage〕を提供するということであるが、これが含意するのは、フランチャイジーに、付与されたノウハウを利用するため、市場における機会が十分に与えられなければならない、ということである。」「フランチャイザーのこの主要義務から、直接に、フランチャイザーは、自身が、たとえば、フランチャイズ店舗の近隣に支店を開設することによって、フランチャイジーとの競争関係に立ってはならない、ということが帰結される。そのような行為は、フランチャイザーの主要義務の履行を不可能にしてしまうであろう。…すなわち、フランチャイザーは、継続的なノウハウ移転によってフランチャイジーに約束した市場浸透を、不可能にしてはならないのである。」

フランチャイザーが、フランチャイジーがノウハウを市場において使用することを不可能にするような態様で競合行為をしたときは、「フランチャイザーは、同時に、自身に課せられたノウハウ給付義務、支援義務、配慮義務を不可能にすることになる。フランチャイザー自身は、積極的契約侵害を理由として、フランチャイジーに対して、損害賠償義務を負うこととなろう。」

ノウハウの提供は市場における成功裏の店舗経営のために行われるのだから、フランチャイザーが競合回避義務を負うのは、競合行為により「フランチャイジーの売上利得機会が許容できない程度に害されるとき」である。それがどの程度かは個別の事案において具体的事情に基づいてしか決しえないものの、「少なくとも、フランチャイジーにとって、投資の償還と適正な事業者利得獲得が可能でなければならない。」適正な事業者利得には、「事業者的リスクに対する適正な等価的代償〔Äquivalent〕」も含まれる。フランチャ

用される合意・協調行動のうち、一定の類型のものに対して、同条約101条1項の禁止が適用されないことを宣言するものであり、対象となるのは、典型化による規制になじむ種類の、共通的事実類型ないし類比可能な事実類型を伴う合意である。同条約101条3項自体が、所定の要件のもと適用免除を得られるものとして、個別の合意・協調行動だけでなく、「一定類型の」協定・協調行動をも挙げており、これが一定類型に属する合意・協調行動が一括して適用免除を受けうる根拠となっている。EC委員会は、1988年に、1989年から1999年まで適用されるものとして、フランチャイズ契約に関する一括適用免除規則を制定していた（村上政博『EC競争法 [EC独占禁止法]』（第2版、2001年）68頁以下、小塚荘一郎・前掲書36頁以下。）。EU競争法および一括適用免除規則の概観については、拙稿「フランチャイズチェーンにおける購入利益を扱うための法的枠組 （2）」比較法雑誌47巻1号（2013年）17頁以下参照。

イズ店舗に認められるべき利得機会は、同様の地位にある管理者の報酬額を30パーセント以上超えるものでなければならない。そのような利得機会が競合行為により不可能となれば、フランチャイザーの競合回避義務違反が認められる。

(2) Flohr の見解

Flohr も、次のように論じる。[22]

「フランチャイジーのために、フランチャイズ店舗のための経済的存立基盤を構築することが、フランチャイザーの主要義務であるとするならば、フランチャイザーには、競合回避義務も生じる。フランチャイザーは、付与されたノウハウを市場において利用し実行することがフランチャイジーにとって不可能にするような態様で、自己のシステムを用いて、フランチャイジーと競合関係に立ってはならない。フランチャイザーのこの義務は、契約上規定がされていない場合にも生じる。その限りにおいて、競合回避義務は、内在的契約義務である。ここでいう競合回避義務は、フランチャイザーによる競業店舗の開設に及び、フランチャイザーが認証した第三者による店舗開設にも及ぶ。」

この競合回避義務の「要件は、フランチャイザーの競業的活動によってフランチャイジーの経済的存立基盤が非一時的に〔nachhaltig〕危殆化することである。」

(3) Giesler の見解

Giesler は、つぎのように論じて、雇用契約的事務処理契約の性質がある経営支援義務から、フランチャイザーの競合回避義務が導かれる、と主張する。[23]

同義務肯定説に対する批判として、競合回避義務はフランチャイザーに結果保証を義務づけることにつながるとの指摘もあるが、「競合回避は保証〔Garantie〕ではない。フランチャイザーはなにも保証しない。フランチャイザーが負うのは、理論的には可能な（そして、フランチャイザーには義務づけられない）フランチャイジーの経済的成功を、積極的には害しない、という不作為義務にすぎない。」

---

(22) Flohr, Franchise-Vertrag(4.Aufl., 2010), 120f.; ders., ZVertriebsR 2012, 176f..
(23) Giesler, in: Giesler/Nauschütt (Hrsg.), aaO., 444f..

競合回避は、混合契約理論を基礎にすれば、とりわけ、事務処理契約の要素から生じる。「フランチャイジーは、フランチャイズ契約の締結によって、店舗を運営し、利益を実現するという目的を求める。したがって、フランチャイジーのこの目標は、（フランチャイザーの目標から生じるほかの目的と並んで）契約目的に属する。フランチャイザーの経営支援義務は、この契約目的に向けられる。すなわち、この目標の達成の際、フランチャイジーを支援することに向けられる。もちろん、この際、フランチャイザーは、結果の発生を義務付けられることはない。それゆえ、競合回避は、経営支援義務に属する。経営支援は、助言、情報提供、宣伝による支援だけでなく、積極的な目的挫折行為を行わない、ということをも意味する。」

「契約目的を挫折させる行為を行わない義務は、すべての債権関係で認められる保護義務である。正確な見解によれば、競合回避義務は、フランチャイザーに不作為を義務づける契約内在的な保護義務である。」この義務は、信義則に依拠させることもできるが、（おそらくこちらがより適切な見解と思われるが）BGB241条2項の真正の付随義務として認めることもできる。

しかし、Gieslerは、つぎのように、フランチャイザーが実際にこの競合回避義務違反を問われるのは、ごく限られたケースであることも強調している。[25]

競合回避義務には厳格な限界が設定されるべきであり、同義務違反が認められるのは、フランチャイザーの競合行為が「既存店舗の直近の場所」で行われ、これによって「そこに存したフランチャイジーの経済的存立基盤が、非一時的に害される」場合に限られる。「すべての場合において、競合回避は例外である。すなわち、事前的な評価において、フランチャイジーの店舗がその存立において害されうるときのみに適用される例外である。別店舗が近くに開設されることによって一般的に生じる、通常の売上減少については、当該フランチャイジーは甘受しなければならない。」

（4）Prasseの見解

Prasseは、つぎのように論じる。[26]

---

(24) BGB241条2項とは、債権関係はいわゆる保護義務を内容としうる旨を定める条項である。

(25) Giesler, in: Giesler/Nauschütt (Hrsg.), aaO., 445.

(26) Prasse, MDR 2004, 257.

混合契約としての「フランチャイズ契約の雇用契約・事務処理契約の要素から生じるフランチャイザーの主要義務は、助言義務・指導義務・経営支援義務である。」フランチャイザーがこれらを履行すると、フランチャイジーに、リスク減少という形で利益が生じる。「このリスク減少の達成は、フランチャイジーにとって、フランチャイズ契約締結の主要動機の一つである、なぜなら、システムに属することで、存立基盤形成の挫折という事業者としての一般的なリスクが相当程度減少するからである。」

フランチャイザーの主たる給付義務は、「フランチャイジーに経済的存立基盤を得させること」にある、とされている。ここから、契約上の規定がなくとも、フランチャイザーは、「利益を生むようにフランチャイズ店舗を運営することを、フランチャイジーに不可能にする」競合行為をしてはならないということが帰結される。[27]

2　信義則に基づく忠実義務として競合回避義務を認める説

Metzlaff も、肯定説と同様の競合回避義務を認めるが、これを経営支援義務によってではなく、信義則に基づく忠実義務〔Loyalitätspflicht〕によって基礎づけるべきであるとする。Metzlaff によれば、つぎのとおりである。[28]

契約内在的な義務として競合回避義務を基礎づける上記の Liesegang の見

---

[27]　もっとも、より近時の論考では、Prasse は、競合回避義務をフランチャイザーの主要義務（経営支援義務）から帰結する立場からはやや遠ざかり、原則として契約上の定めに基づかない競合回避義務は認められないが、例外的に信義則に基づいてフランチャイザーの競合行為が禁じられることがあり、フランチャイザーの経営支援義務は、信義則の適用の際の利益考量の考慮要因として作用する、という見解を示している。Prasse は、つぎのように述べる（Prasse, ZGS 2005, 385）。

フランチャイザーが負う経営支援義務は、契約上規定がない場合の競合回避義務の問題に対して、解決の糸口を与える。「すべてのフランチャイズ契約に内在する領域保護を認めようとすることは、契約自由に反するであろう。狭義の領域保護は、したがって、それが明示的に合意されたときのみ、認められる。」しかし、複数のフランチャイズ権を与えるとき、フランチャイザーには、BGB242条（信義則の規定）による限界が設定される。「フランチャイザーが、フランチャイジーが積極的な事業成果を達成することを、完全に不可能にするところを限度として、受忍期待可能性の範囲を設定するべきであろう。」242条の請求権は、個別的評価を必要とするが、「両当事者の利益を考量する際に、全てのフランチャイズ契約に、フランチャイザーの経営支援義務が内在しているということが考慮されるべきである。」

[28]　Metzlaff, in: Metzlaff(Hrsg.), Praxishandbuch Franchising(2003), §8 Rn. 46.

解は、理論的には疑問がある。継続的債権関係であるフランチャイズ契約には、フランチャイザーの一定の忠実義務が内容として含まれている。フランチャイザーの競合行為によってフランチャイジーの経済的存立基盤が非一時的に危殆化するときは、フランチャイジーに法的保護が与えられるべきであるが、これは、忠実義務に基づくものである。この忠実義務は、「契約内在的な競合回避義務にまで高められることはなく、せいぜい、個別の事例において、一定の行為義務をもたらしうるだけである。フランチャイザーによる競合は、フランチャイジーのノウハウ利用自体を困難にするものではない。」

3 否定説

Fritzemeyer は、例外的にフランチャイザーの忠実義務が競合行為を禁じる余地は残しつつも、肯定説をつぎのように批判する。[29,30]

Liesegang が主張するのとは異なり、一括適用免除規則の定義からフランチャイザーがフランチャイジーの給付能力の向上・成果の達成を課せられることはない。フランチャイザーの経営支援義務は、「フランチャイザーの経済的・技術的方法論の利用に関係する」のであり、競合からの保護とは関係しない。フランチャイザーの経営支援は、「フランチャイズ契約で合意された措置を実施することを内容とし、フランチャイジーが統一的外観をもつための基本的手段を与えることに限定される。」

Liesegang が主張する、競合回避により、投資の償還に加え、事業者リスクに対する補償も与えられるべきであるという議論も疑問である。なぜなら、「他のすべての事業者も負担しなければならないのと同じ事業リスクを、なぜフランチャイジーは原則として負わされるべきでないのかは、明らかでは

---

(29) Fritzemeyer, BB 2000, 473ff..
(30) Böhner は、基本的に Fritzemeyer の説を支持しつつ、独自のネットワーク理論を加味した主張を行っている。この立場によれば、フランチャイザーの競合行為が禁じられるか否かは、個別事案における事情に基づいて、ネットワークの利益と両当事者の利益を考慮すると、信義誠実の原則に従えばどの範囲で競合行為の抑制が求められるか、で決するべきであり、その際、ネットワークの利益を優先的な考慮事項とするべきであるという。Böhner, Die Konkurrenzschutzpflicht des Franchisegebers –im Verhältins zum Franchisenehmer ohne Gebietsschutz, in: Flohr(Hrsg.), FRANCHISING IM WANDEL GEDÄCHTNISSCHRIFT FÜR WALTHER SKAUPY(2003), 26ff.. なお、Böhner のネットワーク理論については、拙稿「フランチャイズチェーンにおける購入利益をめぐる法的処理」法学新報 120 巻 11 = 12 号（2014 年）21 頁以下を参照。

ないからである。」

　しかし、フランチャイザーが、例外的に競合回避義務を負うということはありうる。「フランチャイズ契約は継続的債権関係として形成されているのであるから、フランチャイズ契約は忠実義務を生じさせる。忠実義務の違反は、積極的債権侵害を理由とする損害賠償請求権をもたらしうる。しかし、この請求権は、フランチャイジーが損害との因果関係と、フランチャイザーの過失の証明に成功したときのみ成立しうる。この請求権が成立する場合としては、たとえば、不当に大規模なフランチャイズ付与をフランチャイザーが行った場合で、それによって極端に高度となった競争が原因となって、長期のフランチャイズ利用がすべてのフランチャイジーにとって明らかに不可能になる場合が考えられる。」

4　裁判例

　裁判例としては、つぎの二つを挙げることができるが、両者とも契約規定に明記されない場合でも競合回避義務が認められるかどうかについては、判断を留保し、仮にそのような義務が認められるとしても、そのための要件が満たされないため、いずれにせよ、当該事案では、競合回避義務違反は認められない、との結論に至っている。

（1）OLG Celle, OLGR Celle 2009, 158（2008.8.28）

　当該契約では、フランチャイジーに、契約地域内での独占的フランチャイズが与えられていたところ、当該事案において、フランチャイザーは、フランチャイジーに与えたのと同じフランチャイズを第三者に与えてはいなかった。争点となったのは、フランチャイザーが、フランチャイジーに契約上与えた給付の一部を第三者に提供することが、フランチャイザーの義務違反となるか、であった。[31]フランチャイジーが、契約上の定めがなくとも、フランチャイザーは契約内在的な競合回避義務をも負うのであり、本件フランチャイザーはこれに違反したと主張したのに対し、本判決はつぎのように判断した。

---

[31]　本判決は、「フランチャイザーが、フランチャイジーに契約上与えた給付の一部を、第三者に提供すること」は、本件契約においてフランチャイジーに与えられた独占的フランチャイズを害するものではないと判断した。本判決は、その判断から進んで、契約に明記されていない競合回避義務が存するというフランチャイジー側の主張の当否についても判示をしたのである。

「フランチャイザーが契約上の規定によるものだけでなく、競合回避義務をも負うということを認める場合において」、フランチャイザーが契約で定めた給付の一部だけを第三者に提供したときでも、フランチャイジーの主張が認められるかということは判断する必要がない。「なぜなら、そのような内在的な競合回避義務の要件は、少なくとも、フランチャイザーの競合的活動によって、フランチャイジーの経済的存在基盤が非一時的に危殆化することであるからである。」そのような要件は、証明されていない。

（2） OLG Düsseldorf, ZVertriebsR 2012, 174（2012.2.10）

当該事案において、フランチャイジーは、フランチャイザーと、ハンブルク中央駅の商業施設において、鶏肉製品のファーストフードレストランを経営するためのフランチャイズ契約を締結した。そのレストランは、15の席とテイクアウトカウンターを備えるものであった。フランチャイザーは、フランチャイジーの店舗の約150メートルの距離のところに、100席を超える座席のある大きな別のレストランを開設することを計画した。フランチャイジーは、仮処分手続きにより、フランチャイザーを相手どり、ハンブルク中央駅において、フランチャイジーのレストランの近くに別のレストランを開設することを差し止める請求をした。フランチャイジーが契約内在的なフランチャイザーの競合回避義務の存在およびそれへの違反を主張したのに対し、本判決はつぎのように判断した。

フランチャイジーが主張する契約内在的な権利は、存しない。「フランチャイザーの競合回避義務が、そもそも、契約上の規定によるものだけでなく法原理に基づいて生じるかどうか、および、それに対応する契約内在的な差止請求権を基礎づけるかどうかは、判断する必要がない。」「というのは、そのような内在的な競合回避義務とそれに伴う契約内在的な差止請求権の要件は、少なくとも、フランチャイザーの競合的活動によって、フランチャイジーの経済的存立基盤が非一時的に危殆化することであるからである。」そのような要件は、証明されていない。

5　小括

以上の状況を、競合回避義務を基礎づける理論的根拠、同義務違反を認め

るための基準の観点から整理する。

(1) 理論的根拠

　肯定説・否定説とも、フランチャイズ契約に、フランチャイジーの店舗経営のためのノウハウ提供義務、経営支援義務が主要義務として含まれることに異論はない。

　肯定説は、この義務の目的は、フランチャイジーがノウハウや指導援助という給付を受けて、これを利用することによって店舗経営における経済的存立基盤を構築・維持し、店舗経営による利益獲得ができるようにすることにあるとし、この目的達成を妨げるフランチャイザーの行為は禁じられるべきであって、競合行為はこれにあたると主張する。理論的根拠に関して、LiesegangおよびFlohrは、競合回避義務をもって、ノウハウ提供義務・経営支援義務の一内容ないし一部であり契約内在的な義務であるとするのに対し、Gieslerは、かなり近い立場に立ちつつも、保護義務としての位置づけを示している。

　これに反し、否定説は、ノウハウ提供義務・経営支援義務によってフランチャイザーが負うのは、給付内容それ自体（ノウハウ提供・指導援助の実施）に限られるとする。競合行為が行われたとしても、ノウハウ利用や経営支援自体は不可能になるわけではないから、ノウハウ提供や経営支援が義務であるからといって、これらに競合回避義務まで含まれない、というのである。また、肯定説への疑問として、フランチャイザーの競合回避義務を認めることは、フランチャイジーが負うべき事業者としてのリスクを免除してしまうことになるのではないか、との問題提起もされている。

　このように、両者の理論上の主要な対立点は、フランチャイザーのノウハウ提供義務・経営支援義務は、ノウハウ提供・経営支援だけを内容とすると捉えてフランチャイザーの競合行為とは関係のないものとみるべきか、または、それらの義務が「店舗経営における経済的存立基盤を構築・維持し、フランチャイジーによる店舗経営による利益獲得を可能にすること」という契

---

(32) この点は、否定説のFritzemeyerに加えて、結論的には肯定説と同じ帰結をとるMetzlaffも指摘している。

(33) FritzemeyerのLiesegang説に対する批判にその旨の指摘がある。Böhnerも、同様の指摘をする（Böhner, in: Flohr(Hrsg.), aaO., 16）。

約目的のためにあることを重視し、契約当事者（フランチャイザー）に、この契約目的を害する行為をすることを禁じる必要もあると考えるべきか、という点にある。

（2）競合回避義務違反の判断基準

各説を、どのような基準でフランチャイザーによる競合回避義務違反を判断するべきとしているかの点で整理すると、つぎのとおりである。

もっとも広く競合回避義務違反を認める Liesegang の見解によれば、同違反は基本的に個別の事情によって判断されるが、最低限、フランチャイジーにとって投資の償還と適正な事業者利得獲得が可能でなければならないとしたうえ、そこに事業者的リスクに対する適正な等価的代償をも含ましめ、[34]そのような利得機会が競合行為により不可能となれば、同義務違反が認められるという。

Liesegang 以外の肯定説は、「フランチャイジーの経済的存立基盤が非一時的に危殆化すること」を競合回避義務違反の基準として挙げる。理論的根拠は異にするが、Metzlaff も同じ基準を採用する。さらに、本稿で取り上げた二つの下級審判決も、そもそも契約に明記されていない競合回避義務を認めるべきか否かという点の判断は留保しながらも、仮にそのような義務が認められるとした場合の要件として、同じ基準を示している。

否定説の Fritzemeyer は、ごく限定的な例外のみを認める。同説が例外が認められる場面として挙げるのは、「不当に大規模なフランチャイズ付与をフランチャイザーが行った」ことにより「長期のフランチャイズ利用がすべてのフランチャイジーにとって明らかに不可能になる場合」である。

Ⅳ　検討

私見は、基本的に、「フランチャイジーの経済的存立基盤が非一時的に危殆化する」ときに競合回避義務を認める肯定説を支持したい。この問題につ

---

(34) 　上述のように、Liesegang は、「事業者的リスクに対する適正な等価的代償」の額として、「同様の地位にある管理者の報酬額を 30 パーセント以上超える」という基準を挙げる。しかしながら、このような具体的な基準が何に由来するのかは明らかではない。

いて、第一に、否定説が主張するようにフランチャイザーの負担は給付内容それ自体に限られるべきかという点、第二に、一定の競合回避義務を認めるとしてそれがどのように基礎づけられるかという点に分けて検討する。

1 フランチャイザーの負担は契約上明記された給付内容に限られるか

否定説が強調するのは、フランチャイザーがノウハウ提供・経営支援義務として負担するのは、契約上特定的に明記された給付内容自体のみであるということであり、これは、一般化すれば、契約上の義務は契約書面上規定されたものに限定するべきであるということ、契約上明確に規定されていない義務を課すことは、合意に基づかない義務を創設してしまう（あるいは、対価に裏打ちされない負担が押し付けられることになってしまう）ので不当である、ということであろう。競合行為を行った方がフランチャイザーにとって効率的なチェーン拡大を実現できる場合においても、これが禁じられるとすれば、フランチャイザーはその経済的活動に大きな制約を受けることになる。そのような制約を受けないように、フランチャイザーは契約書面上に競合回避義務を明記しないことが多いのであり、明記されていない競合回避義務が認められることは、予想外の追加的負担を課されることになってしまう、とも考えられる。

確かに、当事者が契約上負担する給付は、原則として、契約上明確に合意されたものに限られるべきである。しかし、その給付がフランチャイジーの店舗経営という経済的存立基盤を形成・維持することを契約目的としていることは明らかであり、フランチャイザーもそのことは十分認識している。このように、給付と契約目的が密接に関係し、両当事者がそのことを知悉している場合は、契約当事者は、契約目的を害しないように相手方の利益に配慮する義務があると解するべきではなかろうか。

もっとも、そのような配慮の義務は無限定ではありえない。無限定だとす

---

(35) 筆者は、以前の論稿で、この点を、「フランチャイジーの契約目的は、営業コンセプトおよびチェーン成果への参加、および、そこから生じる店舗による利潤の実現化にある。」と表現した（拙稿「法的性質」二五三頁）。

(36) 認識しているどころか、契約締結時は、そのような契約目的を宣伝・強調してフランチャイズ契約を勧誘することが多いと推測される。

れば、契約上両当事者が引き受ける負担を、契約上明確に合意された給付に限定する（契約上明確に合意された給付以外の負担を当事者に負わせない）という契約の基本的機能が失われてしまう。したがって、契約目的を害しないように相手方の利益に配慮する義務は、当事者に、予定外の不利益・制約を付加的に負わせるものであってはならない。否定説は、競合回避義務を肯定することは、まさに「予定外の不利益・制約」を課すものであると主張しているものと考えられる。

　しかし、（Liesegangを除く）肯定説が認めるフランチャイザーの義務は、無限定な競合行為回避義務ではなく、フランチャイジーの経済的存立基盤を害するような競合行為をしないという、いわば最低限の制約である[37]。このような最低限の義務をも認めないとすれば、フランチャイザーは、一方で、ノウハウ提供・指導援助給付の対価としてのロイヤルティを契約上の権利として得ておき、他方で、その給付の経済的活用を事実上奪う行為をすることができてしまう。これは、フランチャイジーから見れば、ロイヤルティ支払義務を対価として負担することで、ノウハウ提供・指導援助給付を得、これによって店舗経営における経済的存立基盤を形成・維持しようとする契約目的の実現を目指しているところ、この目的実現を直接に妨害される行為である。対価を得て契約上の給付を約した契約当事者は、その給付の経済的活用を明らかに奪う行為を控えるべき義務も、契約上の義務として負うと解するべきではなかろうか。このように解したとしても、フランチャイジーの経済的存立基盤を害するような競合行為をしないというフランチャイザーの負担は、もともと契約上負担しているノウハウ提供・指導援助給付に不可分に随伴するものであると考えられ、不当に付加的負担を課すものではないであろう。また、その負担内容も、「競合行為をしない」という消極的不作為を求めるものにすぎず、フランチャイジーの利益獲得という結果達成を支援実現するという積極的な義務を負わせるものでもない[38]。

---

(37)　フランチャイジーの経済的存立基盤を害するような競合行為のみを禁ずる、最低限の競合回避義務を認めるべきであるという立場からは、Liesegang が主張する同義務違反の判断基準は、義務違反が認定される範囲が広すぎるように思われる。
(38)　この点は、Giesler が特に強調している。

このように、競合行為一般を禁じるものではないが、フランチャイジーの経済的存立基盤を害するような競合行為をしないというフランチャイザーの義務は、契約上の明確な合意の有無にかかわらず、契約上の義務としてこれを肯定するべきであると解する。

2 競合回避義務の基礎づけ

このような競合回避義務を認めるべきだとして、この義務は、どのようにして基礎づけられるであろうか。肯定説のうち、Liesegang および Flohr は、競合回避義務を、ノウハウ提供義務・経営支援義務の一内容ないし一部として位置づけられる、契約内在的な義務であると論じている。Giesler は、ほぼ同じ構成をとりつつも保護義務としての位置づけを示している[39]。

私見は、競合回避義務は、ノウハウ提供義務・経営支援義務に伴う一種の「付随義務」として位置づけられると解する[40,41]。まず、競合回避義務をノウハウ提供義務・経営支援義務そのもの（ないしその一部）として位置づけることは、適切でないと考える。ノウハウ提供・経営支援はロイヤルティ支払と直接の対価関係に立つと考えられ、したがって、いわゆる「主要義務」ないし「主たる給付義務」にあたると考えられるところ[42]、競合回避義務にそのような位

---

(39) 金井高志弁護士も、日本法の議論として「契約上そのような規定はないが、本部の新規出店が信義則に反する（信義則上の保護義務違反）というものがあります。」と指摘される（前掲「フランチャイズ契約を巡る課題と留意点」18頁）。

(40) 日本弁護士連合会消費者問題対策委員会編・前掲書41頁は、すでに、フランチャイザーの競合行為に関連して、「本部には、加盟店に対する指導援助義務があるのであるから、その指導援助義務の一内容として、あるいはこれに付随して、加盟店の経営を害することがないよう配慮すべき義務があるというべきである。」と論じている。小塚荘一郎・前掲書180頁以下も参照。

(41) 競合回避義務を「付随義務」として基礎づけるならば、本来、付随義務や債権関係における義務構造論をめぐる従来の議論状況を詳細に整理・検証し、そこで明らかとなった枠組のなかで自説を展開しなければならない。しかし、筆者は、現在そのような作業を完了していないため、将来の課題としたい。本文における付随義務としての競合回避義務の基礎づけは、暫定的な試論である。義務構造論における付随義務をめぐる基本的研究として、北川善太郎『契約責任の研究』（1963年）349頁以下、潮見佳男『契約規範の構造と展開』（1991年）52頁以下、林良平「契約責任の構造——その素描——」林良平・甲斐道太郎編『谷口知平先生追悼論文集 第二巻 契約法』（1993年）所収1頁以下がある。

(42) 契約において、対価関係を構成する主要な給付（契約の類型を決定する要素）の内容は、当事者だけが決定できると解される。これに対し、本稿で構想している競合回避義務は、このような位置づけをもってはいない。

置づけを与えるのは適当ではないと思われるからである。

　主要な給付の具体的内容は、契約上の義務の発生・内容確定を検討する際の基本方針にあたる。この基本方針は、契約当事者だけが決定できる。もっとも、契約内容は当事者が決定するというのは、契約上の義務の発生・内容確定を検討する際の基本方針を当事者が決定することを意味すると捉え、かつ、その基本方針は契約目的の実現を目指すものであることを重視すれば、その最終的目的（契約目的）実現のために必要な権利義務を、契約上の明確な合意がなくとも認めていくことが要請されるのではなかろうか。[43]

　このことを、主要な給付を通じた契約目的の確保・危殆化回避のために信義則に基いて補完的義務が生じる、という法律構成によって受け止めることが適当であると考える。主要な給付が目指す契約目的達成の確保・危殆化防止のための補完的義務が契約で合意されることもありうるが、ここでいう信義則上の補完的義務は、当事者の明確な合意に基づかずに生じるものとして構想している。しかし、その効力は、契約に由来するものと考えたい。すなわち、信義則上の補完的義務は、その効力の根拠を、契約の基本方針が実現されるべきであるという規範的要求（当事者意思）と、その基本方針がその目的も考慮したうえで貫徹されるよう、信義に適った行為がなされるべきであるという規範的要求（信義則）とにもつと考えたい。このような信義則上の補完的義務は、従来、「給付義務の存在を前提として、この給付義務を債務の本旨にかなって実現すべく配慮すること、および給付結果ないし給付利益（債務者の給付を通して債権者が獲得しようとしている利益）の保護へと向けられた注意義務」として、付随義務ないし付随的注意義務と呼ばれてきたものとして整理される。[44]

　一般にこのような付随義務が認められるということを前提として、競合回

---

(43) このように考えられるとすれば、「契約内容は当事者が決定する」ということと、当事者が明確に合意したと認定できるもの以外の義務を認めることとは、場合によっては両立しうることとなる。

(44) 奥田昌道『債権総論〔増補版〕』（1992年）17頁。奥田昌道教授は、「附随的注意義務」の語を用いられる。このほか、同様な意味での付随義務を論じるものとして、林良平（安永正昭補訂）＝石田喜久夫＝高木多喜男『債権総論』（第3版、1996年）107頁、112頁以下、北川善太郎『債権総論（民法講要Ⅲ）』（第3版、2004年）16頁以下、29頁以下。

避義務は、「主要義務」ないし「主たる給付義務」であるノウハウ提供義務・経営支援義務に付随する義務として、基礎づけられると解する。[45]

V　まとめ

　以上のように、フランチャイジーの経済的存立基盤を害するような競合行為をしないというフランチャイザーの義務は、その内容の契約上の明記がなくとも、付随義務として認められると解する。

　このような義務を認めるとすると、つぎに、今後の課題として、経済的存立基盤の侵害の有無を判断する基準をどのように立てていくか、その基準を証明する際の困難にどのように対処するべきかという問題に取り組まなければならない。また、本稿では、フランチャイザーの競合行為について、他のフランチャイジーに同一チェーンの店舗営業を認める態様による場合とフランチャイザーが自ら同一チェーンの店舗（直営店）を展開する態様による場合（直接流通の場合）とで区別せずに論じたが、ドイツでは、後者に関しては、いわゆる特約店契約において、誠実義務により、供給者は、直接流通を禁じられるという判例が確立している。[46] そして、この法理は、フランチャイズ契約にも適用があると解されている。[47] このような解釈論と本稿で論じた競合回避義務がどのような関係に立つか等も、今後検討していかなければならない。

（2015年1月脱稿）

---

(45)　私見はGiesler説に近いが、同説における競合回避義務の「保護義務」としての理解に賛同することには躊躇を覚える。保護義務は、一般に、「相手方の生命・身体・所有権その他財産的利益を侵害しないように配慮すべき注意義務」であり、その保護法益は、いわゆる「完全性利益」であるとされ、そのように理解された保護義務は、給付利益の保護へと向けられた付随義務とは区別されているからである（奥田昌道・前掲書18頁、北川善太郎・前掲書16頁、30頁、奥田昌道編『新版　注釈民法　10（Ⅱ）　債権（1）　債権の目的・効力（2）』（2011年）115頁以下（北川善太郎＝潮見佳男執筆））。

(46)　拙稿「特約店契約およびフランチャイズ契約の特徴とその解消について　（二）」法学新報105巻10＝11号（1999年）88頁以下、92頁以下参照。

(47)　Metzlaff, in: Metzlaff(Hrsg.), aaO., §8 Rn. 49; Böhner, in: Flohr(Hrsg.), aaO., 23.

店頭デリバティブにおける
時価評価に関する説明義務

川 地 宏 行
Hiroyuki KAWACHI

I 問題の所在
II ドイツの法状況
III 説明義務に関するわが国の法状況
IV 最高裁平成17年判決
V 最高裁平成25年判決
VI 時価評価に関連する裁判例
VII 時価評価に関する説明義務をめぐるわが国の学説
VIII 適合性原則違反等
IX オプション売り取引の実態
X 私見

I 問題の所在

　近時、店頭デリバティブ（金利スワップ、通貨スワップ、通貨オプション等[1]）ならびに仕組商品（仕組債・仕組投信[2]）をめぐり銀行や証券会社による不当勧誘が問題となっている[3]。店頭デリバティブと仕組商品（以下、両者の総称として「店

---

(1) 店頭デリバティブのうち、為替デリバティブ（通貨スワップ、通貨オプション等）に関しては、佐藤哲寛『為替デリバティブ取引のトリック』（ＰＨＰ研究所、2011年）（佐藤①）、同『為替デリバティブ取引のトリック②』（ＰＨＰ研究所、2013年）（佐藤②）。本杉明義『「為替デリバティブ」リスクを回避する方法』（ＰＨＰ研究所、2011年）（本杉①）。金利スワップに関しては、永野良佑「金融商品取引と自己責任（1）～（4・完）」金法1997号42頁以下、1998号48頁以下、2002号76頁以下、2003号52頁以下。
(2) 仕組商品に関しては、村本武志「投資取引におけるリスク管理と適合性試論」東経大現代法学25号75頁以下（村本①）。村本武志「金融商品のリスク回避と適合性原則」東経大現代法学26号239頁以下（村本②）。桜井健夫「市場から見た仕組商品訴訟」東経大現代法学26号135頁以下（桜井①）。桜井健夫「仕組債被害救済の実務」現代消費者法18号79頁以下（桜井②）。青木浩子「仕組債に関する裁判例の動向と考察」金法1984号92頁以下。
(3) 店頭デリバティブ等の仕組みとリスクに関する総合的な分析として、清水俊彦「デリバティブ損失問題の深相（1）～（21）」ＮＢＬ915号29頁以下～940号64頁以下。浅田隆＝上柳敏

頭デリバティブ等」と記す）は、取引所に上場された金融商品を業者が取り次ぐのではなく、業者と顧客間における「相対取引」であり、かつ、取引対象である金融商品の構造が複雑であることから、業者と顧客との間の情報格差により、顧客にとって一方的に不利な内容の契約が締結される危険性がある。既に数多くの裁判例が積み重ねられており、平成25年には単純な構造の金利スワップ事案において最高裁判決が登場するに至っているが、最高裁は同判決において銀行の説明義務の範囲を狭く解した。これに対して、同様の問題が生じているドイツでは、最高裁にあたる連邦通常裁判所（BGH）が、複雑な構造の金利スワップ事案に関して2011年に下した判決において、銀行の説明義務（助言義務）の範囲を広く捉え、顧客にとってネガティブな契約締結時の市場価格（マイナスの時価評価額）についての説明義務を銀行に課している。

筆者はすでに別稿において、店頭デリバティブ等における契約締結時のネガティブな市場価格についての銀行の説明義務に関してドイツの判例学説を分析し、わが国との比較を試みている[4]。本稿では、店頭デリバティブ等において時価評価に関する説明義務を銀行等に課すべきかという問題をめぐるわが国の近時の判例学説を考察する。

II ドイツの法状況

1 銀行の助言義務に関する判例法理

ユニバーサルバンキング制度がとられているドイツでは銀行が証券業務も行っているが、銀行が顧客に対して不当な投資勧誘を行った場合、銀行は助言義務違反により損害賠償責任を課せられるという判例法理が形成されている。銀行の助言義務は銀行と顧客との間における「黙示の助言契約」から導出される。BGH（ドイツ連邦通常裁判所）1993年7月6日判決（BGHZ123,126）（ボ

郎＝神作裕之＝福島良治＝森下哲朗＝和仁亮裕「座談会・デリバティブ取引に関する裁判例を考える（上）（中）（下）」金法1984号66頁以下、1985号44頁以下、1986号72頁以下。
（4）拙稿「店頭デリバティブと仕組債における説明義務と適合性原則（1）（2・完）」法律論叢（明治大学）87巻1号49頁以下、87巻2・3合併号123頁以下参照。

ンド事件判決）によって採用された法律構成であり、ボンド判決ルールと呼ばれている。

　情報力の格差に伴い顧客が銀行に信頼を寄せる状況があれば、銀行と顧客間に黙示の助言契約の成立が認定され、助言契約に基づき銀行に助言義務が課される。先物取引業者等の投資仲介者には信義則に基づき説明義務が課されるにすぎないが、銀行は黙示の助言契約構成により、投資助言者として説明義務よりもワンランク上の助言義務を負う。助言義務は「投資家に適した助言義務」と「投資対象に適した助言義務」に分けられる。

　投資家に適した助言義務とは、顧客の知識、経験、投資目的、財産状態に適した金融商品を推奨する義務を意味し、適合性原則を行為義務として捉えたものといえる。投資対象に適した助言義務には、銀行が顧客に推奨した金融商品の内容とリスクに関する説明義務にプラスして、当該商品についての評価を示すことも義務の内容に含まれる。助言義務の中に説明義務も包摂されている。

2　ネガティブな市場価格と利ざやの説明義務

　構造が非常に複雑でハイリスクを伴うＣＭＳスプレッドラダースワップの事案に関するＢＧＨ 2011 年 3 月 22 日判決（BGHZ189,13）、ならびに、株価連動の仕組債事案に関するＢＧＨ 2011 年 9 月 27 日判決（BGHZ191,119）によって、以下のような判例法理が形成された。「スワップ取引と仕組債取引においても銀行は黙示の助言契約の認定により助言義務を負う。スワップ取引と仕組債取引は取引対象が自社製品（スワップ取引）か他社製品（仕組債）かの違いがあるものの、いずれも銀行と顧客との間の相対取引であり、銀行が取引において利益を追求するのは自明のことであることから、原則として銀行は取引から得られる利益（利ざや）について説明義務を負わないが、例外として、銀行が意図的にリスク構造を顧客の負担になるように仕組んだ場合は、顧客

---

(5)　角田美穂子『適合性原則と私法理論の交錯』184-186 頁（商事法務、2014 年）（角田①）。拙稿「（1）」・前掲注（4）51-52 頁。
(6)　山下友信「事業者に対する複雑なデリバティブ取引の勧誘と金融商品取引業者等の責任」石川正先生古稀記念『経済社会と法の役割』913 頁以下（商事法務、2013 年）。角田①・前掲注（5）233-239 頁。拙稿「（1）」・前掲注（4）58-69 頁。

が認識し得ない重大な利益相反状態となり、スワップ取引の場合は顧客にとってネガティブな契約締結時の市場価格について、仕組債の場合は利ざやについて、銀行は説明義務を負う」。

Ⅲ 説明義務に関するわが国の法状況

1 金融商品販売法（金販法）

業者は顧客に対して、金利、通貨の価格、金融商品市場における相場その他の指標に係る変動を直接の原因として元本欠損あるいは当初元本を上回る損失が生ずるおそれ（価格変動リスク）があるときは、（イ）元本欠損あるいは当初元本を上回る損失が生ずるおそれがある旨、（ロ）当該指標、（ハ）当該指標に係る変動を直接の原因として元本欠損等が生ずるおそれを生じさせる当該金融商品の販売に係る取引の仕組みのうちの重要な部分について説明する義務を負う（金販法3条1項1号、2号）。説明は、顧客の知識、経験、財産状態、投資目的に照らして、当該顧客に理解されるために必要な方法及び程度によるものであることを要する（3条2項）。説明義務に違反した業者は損害賠償責任を負う（5条[8]）。

2 金融商品取引法（金商法）

業者は、契約締結前に交付される書面において、手数料、報酬、費用その他いかなる名称によるかを問わず金融商品取引契約に関して顧客が支払うべき手数料等の種類毎の金額もしくはその上限額またはこれらの計算方法、当該金額の合計額もしくはその上限額またはこれらの計算方法について記載しなければならない。ただし、これらの記載をすることができない場合にあっては、その旨及びその理由を記載すれば足りる（金商法37条の3第1項4号、金商業等内閣府令81条1項[9]）。書面に記載すべきこれらの事項について顧客の知識、経験、財産状況、契約締結目的に照らして当該顧客に理解されるために

（7） 角田①・前掲注（5）239-240頁。拙稿「（1）」・前掲注（4）70-76頁。
（8） 桜井健夫＝上柳敏郎＝石戸谷豊『新・金融商品取引法ハンドブック（第3版）』293-306頁（日本評論社、2011年）。
（9） 桜井＝上柳＝石戸谷・前掲注（8）103-104、115-116頁。

必要な方法及び程度による説明をすることなく契約を締結する行為は禁止されている（金商法38条7号、金商業等内閣府令117条1項1号[10]）。

3　金融庁の監督指針

金融庁はデリバティブ取引の販売・勧誘態勢の適正化を図るために、平成22年4月16日に、「金融商品取引業者等向けの総合的な監督指針」（金商業者監督指針）、「主要行等向けの総合的な監督指針」（主要行監督指針）等を一部改正した。これにより、店頭デリバティブ取引（金商業者監督指針Ⅳ－3－3－2（6））、ならびに、与信取引に伴うデリバティブ取引（主要行監督指針Ⅲ－3－3－1－2（2））に関して業者が説明すべき事項等が明示された[11]。

具体的には、最悪のシナリオを想定した想定最大損失額、顧客が許容できる損失額、当該損失額が顧客の経営又は財務状況に重大な影響を及ぼすおそれ、許容額を超える損失を被る可能性がある場合はその原因、中途解約（中途売却）ができない場合はその旨、中途解約ができる場合は解約清算金（中途売却の場合は損失見込額）の内容（最悪シナリオを想定した試算額等）、顧客が許容できる解約清算金の額（損失見込額）、取引がヘッジ目的の場合には有効なヘッジ手段として機能すること等について顧客が理解できるように説明することが求められている。

また、仕組商品について、個人顧客との関係でトラブルが増加したことから、店頭デリバティブに準じて同様の説明が求められるとともに（金商業者監督指針Ⅳ－3－3－2（6））、顧客に販売する商品としての適合性（合理的根拠

---

(10) 記載すべき事項の詳細は、金融庁「『金融商品取引法制に関する政令案・内閣府令案等』に対するパブリックコメントの結果等について」（平成19年7月31日）246-260、299-300頁。なお、金融審議会金融分科会第一部会報告「投資サービス法（仮称）に向けて」（平成17年12月22日）16頁においても、顧客から業者に直接・間接に支払われる手数料については、その額の多寡によって顧客へのリターンに直接影響するものであるから、幅広く開示を義務付けることが適当であるとされている。

(11) 金融庁監督局証券課『金融商品取引業者等向けの総合的な監督指針』（平成26年6月）121-125頁。金融庁『主要行等向けの総合的な監督指針』（平成26年7月）161-165頁。松尾直彦「金融機関のデリバティブ取引の販売・勧誘態勢の強化―監督指針の改正（4月16日）を踏まえて―」金法1898号78頁以下。桜井＝上柳＝石戸谷・前掲注（8）414-415頁。岩原紳作「金融商品の販売における金融機関の説明義務等に係る監督法的規制」金融法務研究会報告書24号『金融商品の販売における金融機関の説明義務等』5-23頁（金融法務研究会、2014年）。

適合性）の事前検証、ならびに、商品のリスク特性や顧客の性質に応じた勧誘開始基準を適切に定め、当該基準に従い適正な勧誘を行うことが要請されている（金商業者監督指針Ⅳ－3－3－2 (10)）。[12]

4 証券取引等監視委員会の検査マニュアル

証券取引等監視委員会が定めた「金融商品取引業者等検査マニュアル」[13]では、金融庁の監督指針と同様に、店頭デリバティブ等の勧誘に際して、中途解約（中途売却）時の清算金や最悪のシナリオを想定した想定最大損失額を説明することが業者に求められている。また、取引価格の適正確保、合理的な価格算定、契約成立後における顧客のポジションに関する適切な時価情報の提供なども要請されている。

Ⅳ 最高裁平成17年判決

金商法40条1号（旧証券取引法43条）は、金融商品取引業者が「顧客の知識、経験、財産の状況及び金融商品取引契約を締結する目的に照らして不適当と認められる勧誘を行」うことを禁止している。最判平成17年7月14日民集59巻6号1323頁は、適合性原則違反に基づく損害賠償請求が可能であることを認め、そのための要件を提示した（ただし、当該事案では損害賠償請求は否定された）。[14]顧客会社Xが証券会社Yとの間でオプション売り取引を中心に日経平均株価オプション取引を多数回繰り返した事案において、最高裁は以下のように判示した。

①証券会社の担当者が、顧客の意向と実情に反して、明らかに過大な危険

---

(12) 監督指針の私法上の効力については、岩原・前掲注（11）16-26頁。拙稿「(2)」・前掲（4）156-158頁。

(13) 証券取引等監視委員会事務局『金融商品取引業者等検査マニュアル』（平成26年6月）142-145頁。なお、すでに金融監督庁が平成11年7月に定めた『金融検査マニュアル』において最悪のシナリオを想定した説明をするように業者に指導が行われていた。村本②・前掲注（2）258-262頁。

(14) 評釈、宮坂昌利・最判解民事篇平成17年度361頁。黒沼悦郎・重判解平成17年度119頁。潮見佳男・リマークス33号66頁。川島いづみ・商法（総則・商行為）判例百選（第5版）180頁。松井智予・金融商品取引法判例百選40頁。

を伴う取引を積極的に勧誘するなど、適合性原則から著しく逸脱した証券取引の勧誘をした場合、当該行為は不法行為法上も違法となる。

②オプション売り取引の勧誘が適合性原則から著しく逸脱しているか否かを判断するにあたり、単にオプション売り取引という取引類型における一般的抽象的なリスクのみを考慮するのではなく、当該オプションの基礎商品は何か、当該オプションは上場商品とされているかなどの具体的な商品特性を踏まえて、これとの相関関係において、顧客の投資経験、証券取引の知識、投資意向、財産状態等の諸要素を総合的に考慮する必要がある。

③オプション取引の仕組みを理解することは容易ではなく、とりわけ、オプション売り取引は、利益がオプション価格の範囲に限定される一方で、損失が無限大あるいはそれに近いものとなる可能性があり、各種の証券取引の中でも極めてリスクの高い取引類型であることは否定できず、その取引適合性の程度も相当に高度なものが要求される。

④しかしながら、日経平均株価オプション取引は、より専門性の高い有価証券店頭オプション取引などとは異なり、証券取引所の上場商品として広く投資家が取引に参加することが予定されており、値動き等は一般紙にも掲載されているなど、投資家保護のための制度的保障と情報環境が整備されている。日経平均株価オプションの売り取引であるという理由だけで当然に一般投資家の適合性を否定すべきではない。

⑤日経平均株価オプション取引の商品特性を踏まえつつ、X社側の投資経験、証券取引の知識、投資意向、財産状態等をみると、Y社の担当者の行為が適合性原則から著しく逸脱するものであったということはできず、Y社の不法行為責任を認めることはできない。

なお、才口裁判官は補足意見として、手数料を取得することを業とする証券会社は、顧客の取引内容が極端にオプション売り取引に偏り、リスクをコントロールすることができなくなるおそれが認められる場合には、これを改善、是正させるため積極的な指導、助言を行うなどの信義則上の義務を負うとしている。

V 最高裁平成25年判決

　顧客会社XはY銀行から短期プライムレートに0.75％を加えた変動金利で1億5000万円の融資を受けた。Yの従業員Bは、Xが本件借入の他にも複数の銀行に対して変動金利による多額の貸金債務を負っていることを知り、Xの代表取締役Aに対し、Xの変動金利借入金のうちの一部を対象とするマクロヘッジとして構造が単純なプレーンバニラ型の金利スワップ取引を勧めた。BがAに交付した提案書には、契約締結後に短期プライムレートが上昇しても調達コストが実質的に一定となり金利上昇リスクをヘッジできるという金利スワップ取引のメリットの他、将来において変動金利が低下してもその利益を享受できず実質調達コストが割高になるという金利スワップ取引のデメリットも記されていた。さらに、提案書には原則として中途解約ができないこと、やむを得ない事情により中途解約がなされた場合にはYが定めた方式で算定した解約清算金を支払う必要がある旨の記載もあった。Bは後日に再度AならびにXの顧問税理士に対して説明を行い、その際に、契約成立後すぐに取引を開始する「スポットスタート型」と契約成立の1年後に取引を開始する「先スタート型」を提案した。Aは当面変動金利の上昇はないと予測して先スタート型を選択する旨をBに伝え、Bは1年先スタート型の提案書をAに交付して再度説明をした。最終的にXY間で先スタート型の金利スワップ契約（本件契約）が締結された。本件契約の内容は、想定元本が3億円、取引期間が6年間、XがYに支払う金利は年2.445％の固定金利、YがXに支払う金利は年率が指標金利（3か月TIBOR）プラス0％の変動金利であり、固定金利と変動金利の差額を3か月毎に支払うこととされた。契約締結後、Xが支払う固定金利がYが支払う変動金利を上回る状態が続き、XがYに支払った5回分の金利の差額の合計は約883万円に達した。Xは損害賠償を請求したが、一審は請求を棄却。原審（福岡高判平成23年4月27日判タ1364号158頁）は一審判決を変更し、説明義務違反を認定して請求を認容した。[15]

---

(15) 評釈、青木浩子・金法1944号72頁。木村真生子・金融商品取引法判例百選60頁。二宮正一郎・金判1400号8頁。

Yが上告したところ、最判平成25年3月7日判時2185号64頁は以下の理由により原判決を破棄し、請求を棄却した一審判決を支持して、控訴を棄却した。
(16)

(a) 原審は以下のように判示した。「Yは、Xに対し、契約締結の是非の判断を左右する可能性のある、①中途解約時において必要とされるかもしれない清算金の具体的な算定方法、②先スタート型とスポットスタート型の利害得失、③固定金利の水準が金利上昇のリスクをヘッジする効果の点から妥当な範囲にあることについて、説明しておらず、Yの説明は、極めて不十分なものであった」。「Yの説明義務違反は重大であってXに対する不法行為を構成する」。

(b) 原審は、Yが上記の①〜③の事項について説明しなかったことを問題とする。しかしながら、本件提案書には、本件契約がYの承諾なしに中途解約をすることができないものであることに加え、Yの承諾を得て中途解約をする場合にはXが清算金の支払義務を負う可能性があることが明示されていたのであるから、Yに、それ以上に、清算金の具体的な算定方法について説明すべき義務があったとはいい難い。

(c) また、Yは、Xに対し、先スタート型とスポットスタート型の2種類の金利スワップ取引について、その内容を説明し、Xは、自ら、当面変動金利の上昇はないと考えて、1年先スタート型の金利スワップ取引を選択したのであるから、Yに、それ以上に、先スタート型とスポットスタート型の利害得失について説明すべき義務があったともいえない。

(d) さらに、本件取引は単純な仕組みのものであって、本件契約における固定金利の水準が妥当な範囲にあるか否かというような事柄は、Xの自己責任に属すべきものであり、YがXに対してこれを説明すべき義務があったものとはいえない。

(e) そうすると、本件契約締結の際、Yが、Xに対し、上記の①〜③の事

(16) 評釈、青木浩子・NBL1005号30頁。天谷知子・ジュリ1459号123頁。岡本雅弘・金法1977号71頁。加藤新太郎・金判1431号8頁。黒沼悦郎・民商149巻3号324頁。三枝健治・判評661号155頁。古田啓昌・民事判例Ⅶ2013年前期106頁。松浦聖子・法セ705号110頁。森下哲朗・判例セレクト2013［Ⅰ］16頁。山本宣之・重判解平成25年度87頁。吉岡伸一・リマークス48号50頁。拙稿・現代消費者法20号69頁。

項について説明しなかったとしても、Yに説明義務違反があったということはできない。

VI 時価評価に関連する裁判例

1 時価評価が問題となる局面

ドイツと同様、近時ではわが国の学説においても、店頭デリバティブ等の契約締結時におけるマイナスの時価評価額の説明義務について議論がなされている。[17]ドイツにおいては銀行が店頭デリバティブ等に組み込んだ自身の利ざやについて説明義務を負うのかという問題に関連させて契約締結時のネガティブな市場価格についての説明義務が論じられているが、わが国でも店頭デリバティブ等に組み込まれた銀行等の業者の利ざや、あるいは、「隠れた手数料（コスト）」についての説明義務の問題と絡めて契約締結時におけるマイナスの時価評価額の説明義務が議論されている。

デリバティブ取引における時価評価額は取引の残存期間中のキャッシュフローの期待値を推計して評価時点での現在価値に割り引くことによって求められる。[18]清水俊彦によると、デリバティブ取引では、通常、技術的に時価評価額の測定が随時可能である上に、①契約当事者の財務的な健全性のチェック、②契約途中終了の場合の清算、③顧客の契約履行を確保するための業者による担保取得など各種の観点から実際に随時の測定が必要となるので、時価評価は比較的頻繁になされている。店頭デリバティブ等の時価評価額は取引自体の価値を表すだけではなく、担保額や解約清算金の算定においても参照されている。[19]

以上により、時価評価額の説明義務に関する裁判例を分析するにあたっては、銀行等の「利ざや」や「手数料」についての説明義務、「担保差入額」や「解約清算金」についての説明義務を扱った裁判例も対象に含めることが

---

(17) 清水俊彦「デリバティブ紛争と2つの最上級審判決」銀法760号1頁。本杉明義「デリバティブ紛争をめぐる各国の実務と理論の最新動向」NBL1004号37-38頁（本杉②）。桜井②・前掲注(2) 90頁。
(18) 古田・前掲注(16) 108頁。
(19) 清水「(5)」・前掲注(3) 919号89-90頁。

必要となる。これらの裁判例は直接的または間接的に時価評価額の説明義務について言及していることになるからである。この意味では、解約清算金の算定方法ならびに固定金利がヘッジ効果を果たすために妥当な水準にあることの説明義務を否定した最高裁平成25年判決は時価評価額の説明義務に否定的な判例といえる（逆に、最判と異なる見解を示した原審判決は時価評価額の説明義務に肯定的な裁判例といえる）。本稿ではこれ以降、契約締結時におけるマイナスの時価評価額、担保差入額、解約清算金、業者の利ざやあるいは手数料に関する説明義務を総称して「時価評価に関する説明義務」と記し、下級審裁判例ならびに学説を分析することにしたい。

2 時価評価に関する説明義務に肯定的な裁判例

時価評価に関する説明義務に肯定的な下級審裁判例のうち代表的なものを二件取り上げる。[20]

（1）東京地判平成24年11月12日判時2188号75頁[21]

参照対象銘柄とされた10銘柄の株式の中1銘柄でも株価がノックイン価格を下回るとノックイン事由が発生して損失の計算対象となり、最終評価日の株価が当初株価に回復していなければ損失が確定するというノックイン・エクイティリンク債（EKO債）と呼ばれる特殊な株価連動債の事案。10銘柄の株価を予測するという難しさに加え、複数の銘柄についてノックイン事由が発生すると償還額がゼロになるというハイリスクを伴う。地裁は、このような株価連動債の本質について、複数の参照株式のプットオプションの売りポジションにより構成された債券であり、預託する債券元本は経済的実質において利子を得るための資金運用元本としての性質がほとんどなく、損失を負担する顧客の資力を予め担保することに主たる意義を見出すことができるにすぎず、また、顧客が受けるクーポンは経済的意味における利子（資金運用の対価）の性質がほとんどなく、オプション取引によって損失を負担するリスクを負うことによる対価の一部（そのようなオプション取引を実質的に仲介す

---

(20) それ以外の肯定的裁判例として、東京地判平成21年3月31日判時2060号102頁（金利スワップ）。大阪地判平成23年10月12日判時2134号75頁（通貨オプション）。大阪地判平成24年2月24日判時2169号44頁（フラット為替取引）。拙稿「（2）」・前掲注（4）130-155頁。
(21) 評釈、角田美穂子・金法2001号63頁〔角田②〕。

る証券会社や発行体の手数料相当額を差し引いたもの）に相当するとした。そして、オプション取引により顧客が負担するリスクは金融工学に基づき評価することが可能であり、実際に取引された本件株価連動債の2ヶ月前に販売された類似の株価連動債についての理論価格は元本の76.82％と見積もられるにすぎず、本件株価連動債においても債券の償還元本の期待値は相当低いと解した。そのうえで、オプションの売り取引という実態に合わせた説明義務を証券会社に課した。具体的には、オプション取引のリスクの特性と大きさを金融工学の専門家として熟知している証券会社は、金融工学の常識に基づき、他の金融商品とは異なるオプション取引のリスクの特性及び大きさを十分に説明し、かつ、そのようなリスクの金融工学上の評価方法を理解させたうえで、オプション取引によって契約時に直ちにしかも確定的に引き受けなければならない将来にわたる重大なリスクを適正に評価する基礎となる事実であるボラティリティ、ノックイン確率ないし確率的に予想される元本毀損の程度等について、顧客が理解するに足る具体的でわかりやすい説明をすべき信義則上の義務を負うとした。さらに、オプション取引が賭博ではなく金融商品である所以は、単なる偶然に賭けるのではなく、その極めて大きなリスクが金融市場において適正に評価され取引がされるからであるとし、証券会社や発行体が、実質的なオプション取引の仲介等を通じ、顧客にノックインプットオプションの売り取引による損失リスクを負担させる見返りないし対価としてオプションの買い手からどの程度の金額のオプション料相当の金員を受け取るのか、あるいは、その中から証券会社ないし発行体が手数料相当分としてどの程度の利益を得るのか等の見込についての説明がなかった点も問題とした。以上の理由により金販法上の説明義務違反が認定された。

　ところが、控訴審（東京高判平成26年4月17日金法1999号166頁）は、原判決を変更し、本件株価連動債にはオプション取引の実態がないとして、オプション取引に関するリスクの説明を不要とした。また、金融工学上のリスク管理に関する分析には様々な手法があること、分析結果が過去のデータに基づいていることから、分析手法や結果を顧客に理解させる必要もないとし、これらに関する説明義務を否定した。

（2）東京高判平成26年3月20日金判1448号24頁[22]

　契約期間が15年、銀行のドル支払額と顧客の円貨支払額について最初の3年は固定レートであるが、それ以降は94円よりも円高が進むと顧客の支払額が急激に増大する反比例方式の増額条件が付いた通貨スワップの事案において、一審（東京地判平成24年9月11日判時2170号62頁）は顧客の銀行に対する損害賠償請求を認容した[23]。高裁は基本的に一審の判決理由を踏襲して、以下のように判示した。

　顧客は銀行に対して時価評価額を基準として担保を預託する義務を負い、中途解約により清算が行われる場合に解約清算金は時価評価額を基準に決定されるが、本件取引の増額条件と契約期間の長さにより、本件取引の時価評価額は他の取引と比べて変化の程度が相当大きなものとなる。それ故、銀行は顧客に対して、①時価評価額の変動要因（実勢為替レートの変動、ボラティリティ、日米の金利差等）及び要因の変動の時価評価額への影響の程度や、②交換レートの反比例方式が他の取引要素（交換金額の増額、長期間の取引等）及び時価評価額の変動要素と相まって、時価評価額を大きく変動させることを具体的に説明する義務を負う。銀行は顧客に対し、担保の差入に関して、時価評価額が実勢為替レートの変動、ボラティリティ、日米の金利差の影響により変動する旨の説明をしていたが、それらの要素がどのような要因で変動して時価評価額に具体的にどのような影響をもたらすかなどについての具体的な説明を行わず、交換レートに反比例方式が組み込まれているために、他の取引要素及び時価評価額の変動要素と相まって、時価評価額が大きく変動することを説明しなかったことも十分推認できる。さらに、顧客に交付した提案書に記載されたシミュレーションの時価評価額と実際の時価評価額が大きく異なっており、リスクについて顧客に誤解を与えかねない内容になっていた。以上の理由により説明義務違反が認定された。

---

(22)　評釈、渡辺宏之・金判1448号2頁（渡辺①）。
(23)　評釈、松尾直彦・ジュリ1461号106頁。座談会「（中）」・前掲注（3）44-56頁。

Ⅶ　時価評価に関する説明義務をめぐるわが国の学説

1　時価評価に関する説明義務に否定的な見解[24]

松尾直彦の見解[25]。業者が顧客に対してデリバティブ取引等の本質的要素である「株価、為替相場や金利水準などの参照指標の将来の変動により収益性や損失性が左右されるリスクがある」ことについて説明をして、顧客が自覚的に参照指標の将来を予測して商品選択することを確保することこそが重要である。私的自治の原則の下では、契約当事者は、他方の契約当事者に対して、契約対象となる財やサービスに係る原価や収益を開示する義務はなく、裁判所は、過度の後見的見地から、当事者間の契約内容や一方契約当事者の原価・収益に過剰に介入すべきではない

福島良治の見解[26]。金販法3条に規定された説明事項からプライシングの内容や過程を示す必要があるとは読み取れない。店頭デリバティブ取引自体の価格およびオプション料や受払金利等のキャッシュフロー自体は手数料ではなく、そこに織り込まれているであろう金商業者等の手数料、すなわち純粋な利益相当額を算出するためには、金商業者等の諸コストや様々なリスクプレミアムを正確に分離する必要があるが、それは困難である。店頭デリバティブ取引のリスクとは支払キャッシュフローが受取キャッシュフローを上回ることをいい、店頭デリバティブ取引のプライシングに組み込まれている手数料を正確に算出・区分して明示することまでもが、投資家のリスク判断に必要な重要事項に含まれるとは必ずしもいえない。また、金商業者等にとって手数料の計算方法や内訳は同業他社との競争上、企業秘密にすべきものであり、契約自由の原則からしても私法システムとして開示義務を認めることは難しい。金商法37条の3第1項4号及び金商業等府令81条において手数料

---

(24)　列挙したもの以外の否定的見解として、座談会「(上)」・前掲注(3) 70、75-77頁（浅田、神作各発言）。座談会「(中)」・前掲注(3) 49-52頁（浅田、和仁各発言）。
(25)　松尾直彦「店頭デリバティブ取引等の投資勧誘の在り方」金法1939号76-78頁。同「店頭デリバティブ取引に係る時価評価主張への疑問」金法1976号24-25頁。
(26)　福島良治「店頭デリバティブ取引のプライシングや手数料の説明に関する補論」金法1978号71-74頁。

等を記載した書面の交付が金商業者等に義務付けられているが、81条1項但書によると手数料等を記載できない場合はその旨及びその理由の記載で足りるとされており、店頭デリバティブ取引の実務ではそのような扱いをしている。また、金融庁の監督指針には店頭デリバティブ取引の手数料に関する具体的な記述は現時点では見当たらない。

青木浩子の見解。原価や利潤などの時価関連情報は、同じリスクについて業者の利潤が大きければその分リターンが少なくなるので顧客の投資判断に影響しうるが、時価関連情報について説明義務を課すべきかは疑わしい。説明義務を否定する実質的な理由として、①歴史・慣行を踏まえての常識（一般に金融商品につき利潤開示は求められていない。明確な根拠がなければ義務付けできない）、②実効性（利潤とか原価とかいっても定義が技術的に難しく、仮に法令で義務を課す場合には限定的にならざるを得ない）、③経済的合理性（経済活動の自由が害され勤労意欲が殺がれ社会が沈滞する）、④有用性（顧客は本当にそれを投資判断に使うか）等の点が挙げられる。また、説明すべき内容か否かという当否の問題を措くとしても、このような説明義務を課した裁判所の真意が高利潤の金融商品の販売を実質的に禁止することにあるならば、高利潤の金融商品が横行する原因はわが国の金融商品市場の閉鎖性に根ざしているのであるから、銀行等に利潤についての説明義務を課しても高利潤の商品はなくならず、手法として問題がある。

2 時価評価に関する説明義務に肯定的な見解[28]

佐藤哲寛の見解[29]。賭博とは異なり、デリバティブ取引が合理的、経済的な取引とされるのは時価が算定されるからである。顧客は契約時においてすでに評価損（含み損）を抱えている。契約時の時価評価額のマイナスが大きい

---

(27) 青木浩子「金融商品取引業者の新規な説明義務」落合誠一先生古稀記念『商事法の新しい礎石』793-801頁（有斐閣、2014年）。同「リテール顧客向けのデリバティブ関連商品販売における民事責任」金融商品取引法研究会記録第46号1頁以下（日本証券経済研究所、2014年）。

(28) 列挙したもの以外の肯定的見解として、和田聖仁「韓国における KIKO（デリバティブ）訴訟と日本への示唆」消費者法ニュース102号176頁以下。なお、黒沼悦郎は金融商品取引法研究会における青木報告に対する発言で時価評価に関する説明義務に肯定的な見解を表明している（同研究会記録・前掲注（27）28-29、37-38頁）。

(29) 佐藤②・前掲注（1）17-36頁。

ほどデリバティブ取引によって利益を得る期待値は低くなり、リスクヘッジ効果が期待できなくなる。デリバティブ取引の時価評価は契約条件から期待される経済効果を合理的に見積もった結果を表している。デリバティブ取引は契約条件の設定如何によってキャッシュフロー発生の条件やタイミングを自由に設計することが可能であり、しかも、契約条件の有利不利、リターンとリスクの予測などは、デリバティブ取引の契約書を見ただけでは容易に判断がつかない。それ故、時価評価は重要な意義を有する。デリバティブ取引の時価評価はキャッシュフローのやりとりを行う様々な取引を共通の尺度で評価し、そのリスクとリターンに関する情報を提供する。時価評価の情報がなければ、リスクとリターンを適切に判断できず、投資判断に賭博の要素が入り込む。会計と税制においてすでに時価主義が採用されている。金商法37条の3には、業者は手数料、報酬その他の、顧客が支払うべき対価に関する事項を、契約前にあらかじめ書面に記載して顧客に交付しなければならないと記されているが、契約時点で銀行には時価評価益が生じており、顧客には同額の時価評価損が生じている。それ故、顧客に生じた評価損は顧客にとっては「支払うべき対価」に当たり、契約締結前に書面に記載して顧客に交付しなければならない。

　桜井健夫の見解。[30]金融商品はトータルで支出額より多い価値を得ることを目指す商品であるが、仕組商品のようにコストが隠れている金融商品の場合は組成時の時価または隠れたコスト（取引価格と時価の差額）のいずれかが明らかにならないとスタート位置がわからない。契約するか否かの判断をするに際しては、当該金融商品の契約時の時価を知ることが必要である。コストが大きいとリターンが少なくなるという関係にあるが、リターンに重要な影響を与える「隠れたコスト」が大きいにもかかわらずその存在や大きさに気づきにくいという商品特性があることから、仕組商品への投資にあたっては隠れたコストに関する情報を得ることが不可欠である。隠れたコストに関する情報の開示につき、自動車について仕入価格や原価の説明がされていなくても問題がないことやその説明義務がないことと対比して否定する議論があるが、そもそも自動車販売に際しては、仕入価格どころが、購入後の価値増

---

(30) 桜井①・前掲注 (2) 174-180頁。桜井②・前掲注 (2) 87-93頁。

減のリスクや転売可能性についても説明義務はないので、無意味な対比である。実質をみても、自動車は安全に走ることが効用であるのに対し、仕組商品はその価値そのものが効用なので、取得時の価値（＝価格－隠れたコスト）に関する情報が重要である。

　本杉明義の見解[31]。デリバティブ取引の時価の算出は金融工学の高度な専門知識がなければできないが、金融のプロである金融機関は時価評価に必要な情報をリアルタイムで入手でき、一般に売買されているデリバティブ取引であればマーケット価格もついている。金融機関が一般顧客に店頭デリバティブ取引の条件提示をする際、マーケット価格に金融機関のコストや利ざやを上乗せすることは一般的に行われている。しかし、一般顧客はどの程度コストや利ざやを上乗せされているかを知らない。契約時点でのマイナス時価評価は金融機関が設定したものであり、金融機関は知っているが一般顧客は知らない。店頭デリバティブ等において、対象となる指標は将来の不確実な予想でしかなく、要するに賭けを行っているが、賭けの条件が最初から顧客に不利になっていて、それを設定したのは金融機関で、そのことを顧客が知らなかったとすれば、その賭けはアンフェアである。契約時にマイナスの時価評価であれば、その旨を示したうえで販売すべきである。

　渡辺宏之の見解[32]。取引のリスクとリターンが均衡しているならば、契約時点の時価評価額はほぼゼロとなるはずであり、時価評価のマイナスは少なくとも潜在的な損失といえる。デリバティブ取引において当初時価の開示が問題とされるのは、デリバティブ取引において銀行等が相当の「手数料」を取っていることが多くそれが当初の時価に反映されるからである。顧客が合理的な投資判断を行うためには、契約時の時価評価を知り、取引のリスクとリターンがどれだけ不均衡であるかを知っておくべきである。この点について取引の仕組みが単純か複雑かは重要ではない。時価評価概念が中核となることは金利スワップを含むデリバティブ取引全般に共通しているからである。デリバティブ取引には参照指標が存在するため、期日未到来のキャッシュフロー

---

(31)　本杉①・前掲注（1）49-50頁。本杉②・前掲注（17）40-41頁。
(32)　渡辺①・前掲注（22）4-6頁。渡辺宏之「『契約条件からは分からない』デリバティブ取引の本質」消費者法ニュース102号173-175頁（渡辺②）。

分についても評価時の市場実勢に基づく市場価格が存在する。そして、デリバティブ取引の時価評価は「契約残存時間内の各キャッシュフローの現在価値の総和」として算定され、この点が他の取引と根本的に異なるために本質的な理解を困難なものとしている。デリバティブ取引において契約時時価そのものを開示すべきかどうかはともかくとして、「時価の基本的な構成要素と変動要因」は説明されるべきである。時価が存在すること、ならびに、時価算定方法の基本的な仕組みを顧客が知らずして「当該金融商品の基本的な仕組み」を理解したとはいえず、合理的な投資判断も困難である。株式における株価に相当するものがデリバティブ取引における時価であり、デリバティブ取引の時価は顧客の損益把握のために必須である。契約時の顧客側時価評価額のマイナス分は結果的に「業者利鞘」に相当することになるが、それは契約時に「当該商品を市場で売却（したと想定）した場合の顧客の損失」であり、すなわち「市場を介した顧客の損失」である点が、相対取引での業者利鞘の問題とは「質的に全く異なる」ことの理解が重要である。デリバティブ取引に時価が存在することと、時価の基本的な算定方法について銀行等に説明義務を課すべきである。また、時価評価は中途解約清算金の算定の基礎にもなるが、事前に詳細かつ適切なシミュレーションを行うことが困難であるとしても「推定最大損失」と「その依拠する前提」について契約時に顧客に説明する義務を銀行等に課すべきである。

　永野良佑の見解。「原価の不透明さ」が共通しているからといってデリバティブや仕組債を一般の消費者が手にする製品・商品と同一視することは誤りである。製品・商品には内在する機能があり、他人に見せることで虚栄心を充たしたり、鑑賞の対象とすることで精神を充実させるという意味での「価値」がある。また、製品・商品は陳腐化や摩耗によりいずれ価値がなくなることをわかっていながら購入される。これに対して、デリバティブや仕組債には内在する機能や製品・商品と同じような価値はない。換言すれば、製品・商品には「原価」とは別の「価値」があり、消費者はその物がもたらす「価値」に対価としての代金を支払っているが、その価値はいずれなくなり、主

---

(33)　永野・前掲注 (1)「（1）」48-51 頁、「（2）」57-64 頁、「（4）」57-62 頁。

観的なものであることを承知している。その一方で、デリバティブや仕組債では「原価」を保つこと以外に取引・購入の動機はない。内在的主観的な価値が存在しないのであるから原価にもっと関心を持ち、情報の非対称性を解消することが必要となる。デリバティブや仕組債だけが原価を問題にされるのは、デリバティブ等では原価そのものが価値だからである。デリバティブ等では銀行等の業者と顧客との間の専門性に差があるだけではなく、利益相反が生じているが、顧客は利益相反の存在に気付いていない。銀行等の業者は顧客との間に利益相反があり、自身のもうけを開示したうえで、自らの商品説明等の信頼度が低いことを顧客に示唆すべきである。デリバティブ等において業者が価格等に織り込んだ手数料は株式の取引所取引におけるブローカー手数料と経済的な違いはなく、金商法への改正時に寄せられたパブリックコメントに対する金融庁の回答を見ても手数料等を価格等に織り込んでも手数料の開示が不要となるわけではないとされている。デリバティブ等における業者の実質的な手数料はその額の多寡によって顧客へのリターンに直接影響を及ぼすものであるから、幅広く開示を義務付けるべきである。仕組債は理論的価格が額面を大きく下回るものであり、そのような仕組債を額面で販売するということは、金融商品の「質」について事実と異なることを告げているのに等しく金販法上の説明義務に違反している。業者が利益を上げるとその分、本来の水準よりも不利な立場で取引を開始せざるを得ない顧客の不公平感を解消するためにはデリバティブ等においても手数料の開示が必要である。デリバティブ等においても業者はその手数料もしくは利益について開示や説明をする義務を負うと解すべきである。

　鈴木英司の見解。金利スワップに関する最高裁平成25年判決は、リスクを指標となる金融指数の変動との事後的な結果論だけから捉えてリターンとの関係を全く無視している点で問題がある。金融商品取引が合理性のある経済取引でありうるのは、リスクに見合ったリターンの組み合わせを選択する取引だからである。ギャンブルや賭博とは異なり、経済合理性のある金融商品取引は客観的で公正妥当なリスクとリターンの取引であり、金融商品の「基

---

(34) 鈴木英司「デリバティブ商品や仕組債等の金融商品販売における説明義務」NBL1039号29-35頁。

本的な構造ないし原理」は当該金融商品が販売時に内包していた事前的で客観的なリスクとリターンに関するものであることを要する。また、適合性原則について判示した最高裁平成17年判決は説明義務の問題においても重要な意義を有する。同最判は上場デリバティブと店頭デリバティブを区別しており、また、「商品の特性を踏まえる」ことの重要性を述べていることから上場デリバティブとは比べものにならないほど複雑でリスクの高い店頭デリバティブや仕組債取引においては金融商品の進化・複雑化に見合った判断が求められる。つまり、「投資者の保護のための一定の制度的保障と情報環境の整備」がない場合や、あったとしても一般投資家の知識や情報との間に著しい格差がある場合は、業者がそのような状況を補完することが顧客に自己責任を問いうる条件であり、このような補完的な説明義務は助言義務ということができる。鈴木説は、時価評価に関する説明義務について直接には言及していないが、販売時に内包していた客観的なリスクとリターンが金融商品の基本的構造であるとし、説明義務よりもワンランク上の助言義務を業者に課すべきとしていることから、時価評価に関する説明義務を肯定する趣旨と推察される。

3 折衷的な見解

山下友信の見解[35]。ドイツ判例を参照して複雑なデリバティブにおいて利益相反を根拠に当初の市場価値がマイナスであることの説明義務を課すべきという評価には慎重であることを要する。その一方で、業者の自己計算による取引であっても業者が不透明な態様で利益を得ることについて何の制限もなくてよいかは別問題である。金商法体系の中で考えれば、誠実・公正義務（金商法36条1項）の問題と位置付けることができる。この問題は今後の検討課題であるが、見通しとしては、自己計算取引への介入はあくまでも限定的なものになるのであって、デリバティブ取引の複雑性の程度、業者の得る利益の大きさ・異常さ、投資者の業者に対する信頼の強さに着目して決定すべきである。山下説はマイナスの時価評価額の説明義務には消極的であるが、手

---

(35) 山下・前掲注(6) 944-945頁。

数料や利ざやの透明性の確保は必要と解しており、時価評価に関する説明義務を完全に否定しているわけではない。

前田重行の見解。(36)通貨スワップや通貨オプション取引において取引の時価評価額についてその変動要素の具体的内容も含め説明義務を課す裁判例や、取引の時価評価額や担保金額についてその算定方法を含めかなり詳細な説明義務を課す裁判例があるが、一般投資家にとってそのような専門的かつ詳細な説明が行われても十分理解できるかどうか疑問であり、むしろ取引の時価評価額や担保の必要性の意味とそれらがリスクにどのように結びつき、それらの変化がリスクの変化に結びつくのかについては、分かりやすく、具体的な説明が必要であるが、特段の事情がない限り、時価評価額や担保額の算定方法等の細部にまで説明義務は及ばないと解しうる。前田説は、特段の事情がない限り、時価評価額の算定方法などの細部について詳細な説明は不要としているが、その一方で、時価評価額の意味とリスクとの関係については説明を必要としている。

Ⅷ 適合性原則違反等

本稿では時価評価に関する説明義務の問題に焦点を当てているが、店頭デリバティブ等に関しては、適合性原則違反の認定によって販売自体を規制すべき場合がありうるとする見解が有力に主張されていることを看過すべきではない。(37)

---

(36) 前田重行「金融機関の投資勧誘における適合性原則および説明義務について」金融法務研究会報告書24号『金融商品の販売における金融機関の説明義務等』77頁（金融法務研究会、2014年）。

(37) 森下哲朗「デリバティブ商品の販売に関する法規制の在り方」金法1951号17-19頁。本杉明義「金融ADRの現状と今後の課題」金法1951号26-27頁。志谷匡史「デリバティブ取引に係る投資勧誘の適法性」商事1971号10-12頁。桜井②・前掲注（2）82-85頁。村本②・前掲注（2）305頁（村本は瑕疵担保責任の可能性も示唆する。同286頁以下）。拙稿「（2）」・前掲注（4）175-176頁。これに対して、適合性原則により処理すべき問題の範囲を限定し説明義務違反の有無によって紛争の解決を図ることを重視する見解として、和仁亮裕「デリバティブ取引と紛争解決」金法1951号32-36頁。

IX　オプション売り取引の実態

　店頭デリバティブの種類は多岐に亘るが、表面上はオプション取引とは無関係に見えるものでもその多くには密かにオプション売りが組み込まれていることが従来の分析から明らかにされている。仕組債も同様であり、顧客が取得する高額の利子がオプション料に相当し、顧客による仕組債購入代金の支払はオプションが行使された場合に発生する顧客の債務の履行を確保するための担保の提供と捉えることができるので、オプション売りが組み込まれているといえる。最高裁平成17年判決も指摘するように、オプション売り取引は極めて危険性が高い取引であり、そのオプション売りが組み込まれた店頭デリバティブや仕組商品もハイリスク商品となる。以上のように、店頭デリバティブ等においてオプション売りが組み込まれているという実態を重視して説明義務や適合性原則の問題を考えるべきであり、時価評価に関する説明義務の問題についても取引の構造が複雑か否か、店頭デリバティブか仕組商品かという区別に重きを置くべきではないと思われる。

X　私見

1　店頭デリバティブにおける利ざや（手数料）の意義

　私見としては、時価評価に関する説明義務を銀行等の業者に課すべきであり、学説において最も激しく争われている契約締結時のマイナスの時価評価額についても説明義務を課すべきであると解する。

　契約締結時におけるマイナスの時価評価額（ネガティブな市場価格）について銀行等の業者は説明義務を負うのかという問題は、ドイツでは「利ざやの

---

(38)　清水が連載（前掲注（3））の随所において指摘している。特に、清水・前掲注（3）「（6）」921号92-94頁、「（9）」924号88-93頁。佐藤①・前掲注（1）58-92頁。渡辺②・前掲注（32）175頁。

(39)　桜井①・前掲注（2）137-154、180-186頁。桜井＝上柳＝石戸谷・前掲注（8）438-443頁。

(40)　志谷匡史「投資者保護の現代的課題」商事1912号9-10頁。齋藤雅弘「東京高判平成23年11月9日判批」リマークス46号64頁。角田②・前掲注（21）66頁。

説明義務」、わが国では「隠れた手数料の説明義務」の問題と関連させて議論されてきた。

　自動車などの通常の商品売買契約において、大きな利ざやを価格に上乗せした業者Ａの販売価格は利ざやを低く抑えた業者Ｂの販売価格より高くなるが、利ざやの大きさは商品の内容に何らの影響も及ぼさないので、顧客はＡとＢのいずれから商品を購入しようと、同じ性能と品質を備えた商品を購入することができる。また、同じ内容の商品であれば安価で購入できる方を選ぶのが合理的なので、顧客はＢから商品を購入するであろう。そして、ＡはＢに対抗するために利ざやを低く抑えて販売価格を引き下げようとするので、ＡＢ間の競争により利ざやは必然的に低く抑えられる。つまり、通常の商品売買契約では「利ざやの大きさは商品の内容に影響を及ぼさず、競争原理により利ざやは低く抑えられるので、顧客は利ざやについて知らなくても不当な不利益を受けない」。

　ところが、店頭デリバティブでは同様のことが当てはまらない。店頭デリバティブにおける利ざやは業者の利益であると同時に顧客にとっての損失となる。業者の利ざやを上回る価格変動が生じなければ顧客は利益を得られないので、10万円の利ざやを上乗せした場合と、20万円の利ざやを上乗せした場合とを比較すると、後者の方が前者よりも顧客のリスクが高くなり、リスクとリターンの不均衡が著しくなる。10万円の利ざやを上乗せした金融商品と比較して、20万円の利ざやを上乗せした金融商品はよりリスクの高い商品となる。以上のように、店頭デリバティブでは「利ざやの大きさが商品の内容に影響を与えるので、顧客は利ざやについて知らなければ不当な不利益を受ける」。

　店頭デリバティブでは、利ざやはリスクとリターンの関係に大きな影響を及ぼし、リスクとリターンの不均衡というかたちで金融商品の内容を変質させる。この点で、利ざやの大きさが商品自体の内容に影響を及ぼさない通常の商品の場合とは異なる。通常の商品売買と店頭デリバティブでは「利ざや」の位置付けが大きく異なるので、通常の商品売買において業者が利ざやについて説明義務を負わないことを理由に店頭デリバティブにおいても業者は利ざやについて説明義務を負わないとする主張は説得力に欠ける。わが国にお

いて議論の対象となっている「隠れた手数料」についても利ざやと同じことが当てはまる。

2　契約締結時におけるマイナスの時価評価額

前述のように、店頭デリバティブにおける利ざや（手数料）は金融商品におけるリスクとリターンの不均衡を生じさせることから、利ざや（手数料）について業者に説明義務を課すことが必要となるが、店頭デリバティブは金融工学を用いて組成され、その過程で利ざや（手数料）が組み込まれるので、通常の商品のように原価と利ざや（手数料）を区別することが難しい。そこで、時価評価額に注目する必要がある。店頭デリバティブでは金融工学に基づいて時価評価額が算出され、中途解約における解約清算金の額を決定する際、あるいは、担保差入額を算定する際に参照される。そして、契約締結時におけるマイナスの時価評価額（ドイツにおける「ネガティブな市場価格」）は、利ざや（手数料）等の組込により生ずるリスクとリターンの不均衡を金額で表したものであり、利ざや（手数料）の説明義務に代わるものとして、契約締結時におけるマイナスの時価評価額についての説明義務を業者に課すべきかが問われることになる。

3　商品特性としてのマイナスの時価評価額

契約締結時におけるマイナスの時価評価額は店頭デリバティブにおけるリスクとリターンが不均衡であることを表している。顧客はゼロサムゲームにおいてマイナスからスタートしていることになり、相場や金利が自分にとって有利に展開しても当初のマイナス分を上回るほどの有利な変動がなければ顧客は利益を得られず損失を被る（ヘッジ商品の場合はリスクヘッジ機能が果たせない）。リスクとリターンが不均衡の場合は、リスクとの関係で相対的にリターンが低くなるので、表面上は「ハイリスクハイリターン」の金融商品であるようにみえても実際には「ハイリスクミドルリターン（あるいはローリターン）」であることが契約締結時におけるマイナスの時価評価額によって判明する。「ハイリスクハイリターン」と「ハイリスクミドルリターン（あるいはローリターン）」では金融商品としての性質が全く異なるので、契約締結時におけ

るマイナスの時価評価額は店頭デリバティブにおける金融商品の特性を表しているといえる。

ここで注目すべきは、適合性原則に関する最高裁平成17年判決が「具体的な商品特性を踏まえて、これとの相関関係において、顧客の投資経験、証券取引の知識、投資意向、財産状態等の諸要素を総合的に考慮する必要がある」と判示した点である。これによると、業者は特定の金融商品が顧客に適合しているか否かを判断するに際して、顧客の属性等と商品特性を総合評価することが要求されている。そして、契約締結時におけるマイナスの時価評価額は店頭デリバティブの商品特性を具体的に金額で表したものであることから、店頭デリバティブ取引を行う業者はマイナスの時価評価額を算定したうえでこれを考慮に入れて当該取引の顧客適合性を判断しなければならない。説明義務の有無以前の問題として、すでに適合性原則との関係において、業者は契約締結時におけるマイナスの時価評価額を算定した上で当該金額に注意を払うことが必要となる。

4　マイナスの時価評価額の説明義務

契約締結時におけるマイナスの時価評価額は、店頭デリバティブ取引における商品特性を表すものとして、適合性原則において業者が考慮すべき事項であると同時に、説明義務の対象にもなる。適合性原則は特定の金融商品について顧客の適合性を判断する義務を業者に課すが、これは顧客自身による適合性判断を否定するものではない。顧客は最終的な投資決定の前段階において自らも適合性の判断を行う。そして、顧客自身の適合性判断に不可欠な情報を提供するのが業者に課された説明義務の役割である。顧客は自身の知識、経験、投資目的、財産状態と具体的な商品特性を総合的に考慮して自らの適合性判断を行ったうえで投資決定に至るので、そのために必要な情報として商品特性について業者に説明義務が課される。そして、店頭デリバティブ等の商品特性を具体的に金額で表したのが契約締結時におけるマイナスの時価評価額であることから、銀行等の業者は契約締結時におけるマイナスの時価評価額について信義則上の説明義務（金販法制定前から判例法理として認められていた説明義務）を負う。

契約締結時におけるマイナスの時価評価額についての説明義務は現行法においても正当化される。わが国において「隠れた手数料」の説明義務をめぐり議論の対象とされている規定は金商法37条の3第1項4号と金商業等内閣府令81条1項である。それによると、業者は契約締結前に顧客に交付する書面において、金融商品取引契約に関して顧客が支払うべき手数料等の種類毎の金額もしくはその上限額またはこれらの計算方法、当該金額の合計額もしくはその上限額またはこれらの計算方法について記載しなければならない。例外として、金商業等内閣府令81条1項但書によると、これらの記載をすることができない場合にあっては、その旨及びその理由を記載すれば足りるとされている。

　隠れた手数料の説明義務を肯定する論者は、上記規定を法的根拠としているが、手数料の説明義務を否定する論者は、店頭デリバティブにおける手数料は金商業等内閣府令81条1項但書の「記載することができない場合」に該当するとして手数料の説明義務を否定している。たしかに、店頭デリバティブの性質上、そこに組み込まれた手数料（利ざや）を原価と分けて記載することは困難であるかもしれない。しかしながら、契約締結時におけるマイナスの時価評価額であれば記載が可能である。金商業等内閣府令81条1項但書は契約締結時のマイナスの時価評価額についての説明義務を否定する根拠にはならない。手数料に相当するものとして契約締結時のマイナスの時価評価額を書面に記載するとともに、説明義務の対象とすべきである。

　また、金販法3条も法的根拠となる。同条は金融商品販売取引の仕組みのうちの重要な部分について説明する義務を課しているが、契約締結時におけるマイナスの時価評価額は店頭デリバティブにおける商品特性を表しているので、取引の仕組みのうちの重要部分に該当すると解される。

5　マイナスの時価評価額の説明義務が課される取引類型

　契約締結時におけるマイナスの時価評価額の説明義務は、店頭デリバティブ取引全般において課されるべきである。契約締結時におけるマイナスの時価評価額はリスクとリターンの不均衡という商品特性を表しているが故に説明義務の対象とされるのであり、構造が複雑か単純か、ヘッジ目的か投機目

的かは重要ではない。また、この説明義務は仕組商品の事案においても業者に課されるべきである。店頭デリバティブと仕組商品はオプション売りが組み込まれているなど構造が実質的に同じであり、共通の問題点がある。契約締結時におけるマイナスの時価評価額が有する意義についても店頭デリバティブか仕組商品かで違いはないと思われる。

6 利益相反構成の有用性

ドイツの判例法理はネガティブな市場価格（マイナスの時価評価額）あるいは利ざやについて説明義務を課す場合の法的根拠を重大な利益相反に求めている。わが国でも、商品先物取引の差玉向かいの事案であるが利益相反に関する説明義務を業者に課した最判平成21年7月16日民集63巻6号1280頁があり[41]、契約締結時におけるマイナスの時価評価額の説明義務を正当化する法的根拠を利益相反に求めることは十分に可能であると思われる。しかしながら、利益相反構成は「自明の利益相反である利ざやに関する説明義務は原則として否定される」という原則論から出発し、顧客が認識し得ない重大な利益相反が生ずる場合のみ「例外的に」利ざやについての説明義務を課すという構成であり、時価評価額の説明義務があくまでも例外と位置付けられる点で不満が残る。私見では、契約締結時におけるマイナスの時価評価額はリスクとリターンが不均衡であるという商品特性を表すもので、適合性の審査において業者が考慮すべき事項であるとともに、顧客自身の適合性判断に資するために説明義務の対象にもなるものと考えられるので、契約締結時におけるマイナスの時価評価額の説明義務は「原則として」肯定されるべきである。もっとも、利益相反構成が説明義務の正当性をより強固なものとする点は確かであることから、契約締結時におけるマイナスの時価評価額の説明義務を正当化する補強的な法的根拠の一つとして利益相反構成を挙げることは意義があると思われる。

7 助言義務概念導入の必要性

ドイツとわが国の裁判実務において時価評価に関する説明義務について対

---
(41) 絹川泰毅「判解」最判解民事篇平成21年度559頁。

応が異なる原因の一つとして、ドイツでは説明義務を超えた助言義務を銀行に課している点が挙げられる。時価評価に関する説明義務はその前提として取引に対する評価が必要となることから、単なる情報の提供を超えた助言的要素があることは否定できない。それ故、説明義務の範疇を超えた義務を銀行等に課すことになるとの批判を受けるおそれがあるが、銀行等が助言義務を負っていると解するならば、そのような批判は回避される。それ故、時価評価に関する説明義務をめぐる論争に終止符を打つためには、銀行等の業者に説明義務よりもワンランク上の助言義務を課すことが最善の策であると解する。

　助言義務はわが国の判例法理において全く無縁な概念ではなく、最高裁平成17年判決における才口裁判官の補足意見にみられ、また、近時の学説においても助言義務を課すことに積極的な見解が有力に唱えられている[42]。ドイツの判例では適合性原則が投資家に適した助言義務と捉えられており、わが国でも適合性原則を助言義務のレベルで把握するのであれば、「投資対象に適した助言義務」は、適合性原則と説明義務の中間に位置する行為義務と解することができる。そして、従来から銀行等の業者は適合性原則の遵守義務と説明義務を課せられているのであるから、適合性原則と説明義務の中間に位置する「投資対象に適した助言義務」を銀行等に課すことは理論的に可能であると思われる。

　店頭デリバティブや仕組商品の登場により、顧客の情報収集力の不足を補う説明義務だけでは顧客を十分に保護することができず、顧客の情報分析力の不足を補う助言義務を銀行等に課すことが求められる。そのうえで、銀行等の助言義務の一つとして時価評価に関する説明義務（助言義務）を正当化すべきである。もっとも、助言義務という新たな概念の導入が難しいのであれば、次善の策として、説明義務概念の中に助言的要素を盛り込むという手法でもよいと考えられる。

---

(42)　後藤巻則「金融取引と説明義務」判タ1178号41-43頁。潮見佳男「適合性の原則に対する違反を理由とする損害賠償」民事判例Ⅴ 2012年前期17-19頁。鈴木・前掲注（34）30-35頁。

福祉サービス契約における事業者の責任

平田　厚
Atsushi HIRATA

I　はじめに
II　給付義務の履行責任
III　付随義務に関する責任
IV　安全配慮義務違反に基づく事業者の責任
V　まとめ

I　問題の所在

1　福祉サービス契約の意義

　福祉サービス契約の意義についてはさまざまな見解が存するが、社会福祉基礎構造改革によって社会福祉サービスの提供方式が措置から契約へと転換され、従来の福祉においてあまり関心の対象とならなかった私法的規律が脚光を浴びることとなった。そうだとすると、社会福祉基礎構造改革によって契約化された分野、すなわち高齢者に関する介護保険制度及び障害者に関する総合支援制度を取り上げて本稿の検討対象としたい。

　もっとも、福祉サービスの提供方式がいまだ契約化されてはいない児童の保育所入所に関しても、市町村の入所措置という行政処分に基づくものであるとはいえ、保育所と園児の親との関係は、幼児保育委託契約またはこれに準じる法律関係と解することができるとし、その法律関係の付随義務として、

---

(1) 福祉契約に関する論考には、額田洋一「福祉契約論序説」『自由と正義』7月号（2001年）14頁、品田充儀「福祉サービスの利用方式」日本社会保障法学会編『講座社会保障法第3巻　社会福祉サービス法』（法律文化社、2001年）54頁、笠井修「福祉契約論の課題」『著作権法と民法の現代的課題』（法学書院、2003年）661頁などがある。また、福祉契約における契約責任全体の考え方については、笠井修「福祉契約と契約責任」新井誠・秋元美世・本沢巳代子編著『福祉契約と利用者の権利擁護』（日本加除出版、2006年）所収23頁以下がある。

児童の生命、身体及び健康等を危険から保護するよう配慮すべき義務を負っていると判断する判決例もあり、介護保険法及び総合支援法などに基づく契約化の考え方は広く影響を及ぼしていると評価することができよう。

2 社会福祉基礎構造改革の考え方

したがって、まず、社会福祉構造改革の基本的な考え方を示しておくこととする。平成9（1997）年から検討が開始された社会福祉基礎構造改革では、その基本的な方向として、①サービスの利用者と提供者の対等な関係の確立、②個人の多様な需要への地域での総合的な支援、③幅広い需要に応える多様な主体の参入促進、④信頼と納得が得られるサービスの質と効率性の確保、⑤情報公開等による事業運営の透明性の確保、⑥増大する費用の公平かつ公正な負担、⑦住民の積極的な参加による福祉の文化の創造、などが挙げられた。

この①の対等性の確立を実効化するための方法として、福祉サービスの提供に関する契約制度の導入が図られることとなり、介護保険法と障害者自立支援法が制定されることとなったのである。介護保険制度が開始されたのが平成12（2000）年4月であり、障害者自立支援法が制定されたのは平成17（2005）年10月であるが、平成15（2003）年4月から契約制度を導入した支援費制度が開始していた。障害者自立支援法は、平成24（2012）年に障害者総合支援法（正式名称は「障害者の日常生活及び社会生活を総合的に支援するための法律」）に改正されて現在に至っている。

II　給付義務の履行責任

1　給付義務の法定と履行責任

介護保険法及び障害者総合支援法に基づくサービスについては、契約の給付内容が運営基準等の法令によって詳細かつ直接的に規定されており、給付

---

(2) 東京地八王子支部判平成10年12月7日判例地方自治188号73頁
(3) これらの議論の流れについては、社会福祉法令研究会編『社会福祉法の解説』（中央法規、2001年）19頁ないし42頁を参照。

とその対価の関係について問題は比較的少なかったと評してよいであろう[4]。しかし、詳細かつ直接的に規定されている給付内容が確実に履行されてきたかというと、それは別問題である。特に、現行制度の報酬体系のもとでは、サービス提供の現場で適切な人材を確保するのが困難であり、運営基準どおりのサービスを提供すること自体が困難となっていることに注意すべきであろう。

もっとも、福祉サービス契約における給付義務の履行責任が果たされていないとしても、その責任追及が訴訟という形で現われることはほとんどない。なぜなら、公的な社会保険や社会福祉に基づくサービスにおいては、サービス提供の対価である報酬の大部分が税金や社会保険料で賄われているため、事業者の給付義務が不履行となったとしても、拡大損害等が存在しない限り、利用者自身が負担する部分だけが損害となるのであって、時間とコストのかかる訴訟で争うインセンティブが少ないからである。

2 履行責任の追及と苦情解決制度

したがって、福祉サービス契約における給付義務の履行責任を追及する場合は、社会福祉法に定められている苦情解決制度に依拠することが多くなるであろう。苦情解決制度には、事業者段階のものと都道府県段階のものとがある。事業者段階の苦情解決制度は、社会福祉事業の経営者がその提供する福祉サービスについて利用者等からの苦情の適切な解決に努めなければならないとするものである（社会福祉法第82条）。締結された福祉サービス契約上の給付義務が履行されていない場合、利用者は事業者に対して苦情を申し出る権利が保障されているのであり、事業者はこれに対応する努力義務を負っているのであって、事業者段階の苦情解決制度を通じて事業者の責任追及がなされることもある。

都道府県段階の苦情解決制度は、都道府県社会福祉協議会に運営適正化委

---

[4] 岩村正彦「社会福祉サービス利用契約をめぐる法制度と課題」岩村正彦編『福祉サービス契約の法的研究』（信山社、2007年）7頁。ただし、入所契約に関するホテルコストの徴収については、異論もありうるところである。その点については、拙稿「ホテルコスト徴収の意義と留意点」（全国社会福祉協議会、2005年『月刊福祉』12月号）を参照。

員会を設置し（社会福祉法第83条）、利用者の苦情相談に応じて助言などをし、苦情解決のあっせんを行うことによって紛争解決を図ることを目的としている（社会福祉法第85条）。平成25年度都道府県運営適正化委員会事業実績報告によれば、平成25年度における全国の運営適正化委員会に受け付けられた苦情の総数は3,790件であるが、そのうちの691件（18.2%）がサービスの質や量に関する苦情であり、293件（7.7%）が権利侵害に関する苦情であって、それらの苦情の中には事業者の給付義務の不履行に対する責任を追及するものが含まれていると思われる。

Ⅲ 付随義務に関する責任

1 福祉サービス契約における付随義務

福祉サービス契約における付随義務に関しては、安全配慮義務、説明義務、守秘義務、記録作成保存義務などが挙げられるであろう。福祉サービス契約は、情報が非対称で判断能力も不十分なことが多い利用者に対する準委任契約という法的性質を有しているため、信認関係に類似する要素を多分に有していると考えることができよう。ただし、他の信認関係においては受任者が高度の専門性を保有していることに基づいて情報の非対称性が生じているのとは異なり、福祉サービス契約において情報の非対称性が生じているのは、措置以来の複雑な制度枠組み自体が原因だとも考えられる。そうだとすれば、福祉サービス契約においては、他の信認関係よりもなおいっそう情報提供義務や説明義務を重視すべきであるように思われる。

---

(5) 社会福祉法人全国社会福祉協議会「苦情受付・解決の状況 平成25年度都道府県運営適正化委員会事業 実績報告」（全国社会福祉協議会、2014年）5頁, 11頁

(6) 樋口範雄『フィデュシャリー[信認]の時代』（有斐閣、1999年）142頁以下によれば、代理法・パートナーシップ法・信託法においては、信認関係として、守秘義務・情報提供義務・記録具備義務と本人の閲覧・検査権が認められるとされているのが参考になる。ただし、信認関係においては、忠実義務も重要な要素となっているが、主として経済的利益の帰属が問題とされているのであって、福祉サービス契約において考慮する必要はないであろう。なお、準委任契約において、このような信任関係を認めることができるかについては、大村敦志「現代における委任契約」『新しい日本の民法学へ』（東京大学出版会、2009年）所収71頁以下（初出は、中田裕康・道垣内弘人編『金融取引と民法法理』（有斐閣、2000年））を参照。

これらの付随義務のうち、守秘義務や記録作成保存義務については、福祉サービス提供事業者の指定基準である運営基準に明記されており、それらの付随義務を遵守していない限り、福祉サービスの提供事業者となれないのであって、間接的な形であるものの付随義務の履行責任が保障されていると評価できるであろう。説明義務に関しては、関連法令で契約前の重要事項説明と説明書交付義務は明記されているが、契約後の付随義務としての説明義務は法制化されていない。これは、説明義務が付随義務として認められないという趣旨ではなく、苦情解決制度の中で解決すべき問題と考えられたからであろう。現に、平成25年度都道府県運営適正化委員会事業実績報告でも、平成25年度における苦情総数3,790件のうち、説明・情報提供に関する苦情が473件（12.5%）となっている。[7]

2　付随義務の適正化と履行状況

　安全配慮義務や説明義務などの付随義務を含む契約内容の適正化については、介護保険法及び障害者総合支援法では、契約条件等を法令によって強制するのではなく、岩村正彦教授が指摘しているように、「全国社会福祉協議会が作成するモデル契約書・重要事項説明書によって、契約内容についての事実上の画一化を図るという行政手法」すなわち「一種のソフト・ロー的アプローチ」が採用されている。[8] 全国社会福祉協議会が作成したモデル契約書では、付随義務を条文化しているため、福祉サービス契約に付随義務の内容を明記する場合も多くなっており、その場合には、あえて付随義務なのか契約上の義務なのかを論ずる必要はなくなってきている。

　しかし、説明義務などの履行状況については、必ずしも十分に達成できているとは評価しえない。事業者段階や都道府県段階で出されている苦情を検討すると、①職員の態度や言葉遣いが悪い、②職員の技術が未熟すぎる、③説明が不十分である、というものが当初から一貫して非常に多いのであり、苦情解決制度を通じた正常化作用が働いていないからである。特に安全配慮義務については、契約上の義務あるいは付随義務として認められることが介

---

(7) 前掲注（2）「実績報告」11頁
(8) 岩村・前掲注（4）12頁

護事故に関する多くの下級審判決例で示されており、安全配慮義務違反に基づく事業者の責任は、介護事故に対する損害賠償請求訴訟という形で表面化する。以下では、介護事故に関する判決例によって、安全配慮義務の履行状況を検討することとしたい。

Ⅳ 安全配慮義務違反に基づく事業者の責任

1 安全配慮義務違反の法的構成

　介護事故に関する安全配慮義務違反という法的構成は、福祉サービス契約の付随義務違反という位置づけであるため、債務不履行構成になる。債務不履行責任は契約当事者である社会福祉法人等が直接に負うこととなって、通説・判例によれば、担当職員は社会福祉法人等の履行補助者という取扱いになり、履行補助者に過失があれば信義則上社会福祉法人等も責を負うこととなる。もっとも、請求権競合論に立つ限り、安全配慮義務に違反した不法行為という構成も認められており、その場合には、担当職員の不法行為に対して社会福祉法人等が使用者責任を負うこととなる。使用者責任の場合も、担当職員に過失があれば、社会福祉法人等が代位責任を負うこととなるが、近年は、履行補助者責任が使用者責任よりも厳格であることの理論的根拠が明確でないなどの批判もある。

　いずれにしても、介護事故に対する損害賠償請求訴訟の場合、担当職員に過失があったかどうかが主たる争点の一つとなり、担当職員に過失があったかどうかについては、当該事故に関する予見可能性があったことを前提として、当該職員が結果回避義務を尽したかどうかによって判断されることとなる。

2 介護事故裁判例の検討

　介護事故の場合、福祉サービス利用者の心身機能が低下しているからこそ

---

(9) 円谷峻「履行補助者の過失」星野英一・平井宜雄・能見善久編『民法判例百選Ⅱ［第5版］』（有斐閣、2001年）所収20頁を参照。最判平成7年6月9日民集49巻6号1499頁は、医療機関における医師を履行補助者と位置づけている。

介護が必要なのであり、介護事故が生じてしまう可能性が非常に高い状態からスタートしている。そうすると、福祉サービスを提供する以上、当初から介護事故が発生する蓋然性は高いことになる。そして、福祉サービスが、人間としての尊厳に関わる本質を有していること、及び、税金や社会保険料をもって提供体制を整えて高い公共性を有していることに基づいて、福祉サービス事業者に対して、介護事故を避ける努力を要請する社会的期待も高い。

したがって、介護事故に関する裁判においては、福祉サービス事業者の責任が厳しくチェックされることとなり、福祉サービス事業者が裁判に勝訴する割合はあまり高くはないことになる。しかし、福祉サービス利用者が敗訴して事業者が勝訴する裁判例は、多くはないものの相当数存在している。そうだとすれば、介護事故に関して、福祉サービス事業者の責任がどのように考えられているかを考察するに当たっては、介護事故に対する損害賠償請求訴訟において、事業者が勝訴した裁判例などを参考にすることが有効だろう。そこでまず、予見可能性がなかったとして事業者の責任を否定した裁判例と、予見可能性があったとまではいえないが事業者の責任を肯定した裁判例を、次に、結果回避義務違反がなかったとして事業者の責任を否定した裁判例を検討することとする。

(1) 予見可能性がなかったとして事業者の責任を否定した裁判例

［裁判例1］福岡高判平成19年1月25日判タ1247号226頁
（事案）

この判決の事案は、次のとおりである。平成9年5月から特養に入所していたA（当時82歳）は、ほとんど全盲の状態で認知症の症状もあり、昼間の徘徊癖もあった。平成14年12月13日午前7時50分ころ、職員らが朝食の準備をしていたところ、Aが特養内で転倒し、左大腿骨頸部内側骨折・左拇指基節骨骨折の傷害を負い、翌14日、病院に搬送されて入院後手術を受け、さらにその後脱臼したため、手術を受けて転院したが、平成15年1月8日に肺炎によって死亡した。

この訴訟では、Aの相続人が被告法人や担当職員に安全配慮義務違反があったとして、2,000万円の損害賠償を請求した。第一審の福岡地小倉支判平成18年6月29日は、「Aには徘徊の性癖があったとしても、本件事故当

時は朝食の準備のため繁忙な時間帯であったことや、Aが居室を出てから食堂に自力歩行して転倒するまでは短時間であったことに照らすと、担当職員を含め被告老人ホームの職員が本件事故を予見し、かつ回避する可能性があったものと認めるのは困難である。」と判断して、原告の請求を棄却した。
（判旨）
　福岡高裁は、「確かに、Aは、高齢でほぼ全盲ながら自力歩行が可能であり、徘徊の性癖があったものである。しかしながら、Aは、介護者との意思疎通は可能であり、前日までの食事の際には、介護職員の指示に従わないで居室を離れたことはなく、本件事故当日の朝食の際にも、担当職員の指示に従わないような様子は窺えなかったのであるから、Aが上記指示に従わずに居室を離れ、本件事故が発生する具体的なおそれがあったということはできないのであって、担当職員を含め老人ホームの職員が本件事故の発生を予見することが可能であったということはできない。」と判断した。
　また、福岡高裁判決では、本件事故発生当時、①6階の約40名の入所者に対し、介護職員3名、看護師1名（ただし、2階から6階を通じ全体で一人であった。）の態勢であり、しかも朝食の準備のための繁忙な時間帯であり、食堂のほか居室で食事をとる入所者が少なくなかったこと、②Aが居室を出てから食堂に自力歩行して転倒するまでは短時間であったこと、③介護・看護態勢が介護保険の指定の配置基準を満たしていないとはいいがたいこと、④指定介護老人福祉施設の運営基準で身体的拘束その他入所者の行動を制限する行為を行ってはならないとされていること、という4つの補充的な理由を付けくわえ、老人ホームの職員に注意義務違反があったということはできないとして、遺族の控訴を棄却した。

［裁判例2］東京地判平成24年7月11日（平成23年（ワ）第13821号）
（事案）
　この判決の事案は、次のとおりである。被告株式会社の運営する介護付老人ホームに、Bは、平成21年7月31日から体験入居していたところ、同年8月28日午後5時30分ころ、被告の従業員が夕食に行く準備をするようにBに声をかけた後、他の入居者に対して同じく夕食の準備のための声かけを

するためにBの居室を離れた間に、Bが自力で居室から出たところで転倒し、右大腿骨骨折の傷害を負った。いつもは、夕食の準備の声かけ（「そろそろ、お食事ですから準備してお待ちください。」）をした後、他の車椅子の利用者を先にエレベーターに誘導して、その後にBに再度「行きますよ。」と声かけをして、車椅子の利用者と一緒のエレベーターで食堂に移動していたようである。

　この転倒事故に対してBは、被告が入居契約に基づく安全配慮義務を怠ったことによって、施設内で転倒し重傷を負い、歩行機能が大幅に低下した旨主張し、被告に対して、債務不履行に基づき、884万円余の損害賠償金等の支払を求めた。被告の責任原因としては、この事件でも安全配慮義務違反が主張されている。

（判旨）

　被告がBの転倒事故を予想できたかどうかについては、それを検討する前提事実として、東京地裁は次の4点を事実認定している。①被告が本件施設に体験入居させるための申込みをする際、Bの長男は、アンケート用紙に、Bが要介護度2の認定を受けていること、日常生活動作には「一部介助」が必要であるところ、具体的には着脱衣に「一部半身介助」が必要であること、食事は「自立」していること、入浴は「一部半身介助」が必要であること、移動は「時間を要するが自立」していることを記入していること、②長男らBの家族は、本件契約を締結する際に、被告に対し、Bの歩行が不安定であり、転倒の危険がある旨を伝えていないこと、③Bは、本件施設に入居するまでの間、病院に入院しており、同病院の紹介によって本件施設に入居することになったのであるが、同病院からBの歩行が不安定であり転倒の危険がある旨の情報は伝えられていないこと、④Bは、本件施設に入居してから本件転倒事故が起こるまでの間、本件施設内で転倒したことはないこと。

　そして、東京地裁の判決では、「本件全証拠によっても、被告において、Bの歩行が不安定であり、Bが転倒することを予見させるような事情が存在していたと認めることはできない」と判断した。したがって、損害額については判断する必要もなく、「被告が、本件契約に基づき、Bの主張する安全配慮義務を負うと認めることはできない」と結論を出している。

[裁判例 3] 神戸地判平成 24 年 3 月 30 日判タ 1395 号 164 頁
(事案)
　この判決の事案は、次のとおりである。C は、平成 22 年 7 月 21 日に相続人らに付き添われて、被控訴人が経営する介護付き有料老人ホームに入居した。C は、1 日目、2 日目ともむせたり誤嚥を疑わせたりするようなことはなかったようであるが、3 日目の 7 月 23 日午前 7 時 50 分ころ、職員が C をベッドから降ろして車椅子に座らせ、サイドテーブルにロールパンを含む朝食を配膳し、C がそのまま一人で朝食を摂っていたところ、午前 8 時 10 分ころ、ホームの職員が車椅子上で頭を後ろに反らせ昏睡状態となった C を発見したため、直ちに救急通報を行い、午前 8 時 20 分ころ、C は救急車で病院に搬入されたが、午後 7 時 45 分に窒息によって亡くなった。その死因は、ホームから提供されたロールパンを誤嚥して窒息したものとされている。
　C の相続人らは、ホームの従業員が見回りを十分に行わなかったなど C に対する安全配慮を欠いたことによるものであると主張し、被控訴人に対し、それぞれ債務不履行または不法行為に基づき、合計 1,300 万円弱の損害賠償と遅延損害金の支払を求めた。

(判旨)
　神戸地裁は、次の 6 つの理由を挙げて、有料老人ホーム側が C の誤嚥事故を予見することは困難であったと判断した。① C の症状が軽快したため病院を退院したこと、② C が自立して食事をすることができ、ホーム入居後も食事中に誤嚥のおそれをうかがわせる具体的症状が見られなかったこと、③ C の主治医から特別な食事を提供すべきなどの注意を受けていた事実は認められないこと、④ ホーム入居申込書の食事等の希望・要望には何らの記載もないこと、⑤ C の家族との面談においては、もっぱらうつ病の症状への対処が問題とされていたこと、⑥ C の既往歴にある食道裂孔師ヘルニアによる嘔吐は食後嘔吐であって食事中の誤嚥との直接的な関連性は極めて低いこと。

　以上のように、これらの裁判例では、介護事故につながるような情報を福

祉サービス事業者が事前に得ておらず、福祉サービスを開始した後の本人にもそのような兆候がなかった状態で介護事故が発生した場合には、予見可能性がなかったという結論を導いているものと思われる。確かに、福祉サービス利用者である本人に介護が必要な状態にあるからといって、すべての介護事故の可能性を事前に予見すべきであるとすることは不可能であり、また、そのような予見義務を過度に課してしまうと、無用な身体拘束などを惹起させてしまうおそれもある。したがって、何らの情報も兆候もない状態で介護事故が発生した場合には、予見可能性がなかったと評価されることは認められてよいであろう。

(2) 予見可能性があったとはいえないが事業者の責任を肯定した裁判例

[裁判例4] 岡山地判平成22年10月25日判タ1362号162頁

(事案)

この判決の事案は、次のとおりである。老人保健施設に入所していたDが、平成19年12月29日午後1時ころから2時ころまでの間に、施設2階の北東側浴室に入り込み、自ら給湯栓を調整して湯を満たした浴槽に入り、心肺停止状態に陥った。Dは、同日午後3時20分に職員によって、上衣スウェット、帽子及びズボンを浴室内に放置し、下着シャツ及び紙おむつを着用し、左体側部を下側にしてほぼ完全に水没した状態で発見され、看護師によって心肺蘇生法を施されたものの、午後3時45分、医師によって死亡が確認された。Dの死因は、溺死ではなく、「致死的不整脈疑い」とされている。

Dの相続人は、老健を運営する社会福祉法人に対して、逸失利益（老齢基礎年金）や慰謝料など合計1,160万円余の損害賠償を請求した。Dの相続人は、被告法人に動静注意義務、施設管理義務、原因調査義務などの違反があったと主張したが、被告法人はそのような抽象的な義務違反の指摘ではなく、浴槽内で死亡したことに関する具体的な注意義務違反が特定されるべきである、Dが浴槽内に湯水を入れて入浴するようなことを想定することは非現実的である、などと反論した。

(判旨)

岡山地裁は、「被告としては、適正な数の職員を配置し、入居者の動静を見守る努力を傾注するとともに、本件施設中、入居者が勝手に入り込んで利

用するようなことがあれば、入居者の生命身体に危険が及ぶ可能性がある設備ないし場所を適正に管理する責任を免れないというべきである。もっとも、この危険性は、抽象的にとらえるべきではないけれども、浴室は、認知症に陥っている入居者が勝手に利用すれば、濡れた床面で転倒し骨折することもあるし、急激な温度の変化により血圧が急変したりして心臓に大きな負担がかかるのみならず、湯の温度調整を誤ればやけどの危険性もあり、さらには利用者が浴槽内で眠ってしまうことにより溺死するなどの事故が発生するおそれも認められるのであるから、具体的な危険性を有する設備に該当するというべきである。」と判断した。

そして、「本件浴室と隣接する浴室との間の扉は施錠されておらず（なお、同扉は本件浴室側からしか施錠できない。）、脱衣室から本件浴室へ入る扉も施錠されていなかった。仮に、これらのどちらかの扉が施錠されていたとすれば、本件事故は発生しなかったことは明らかである。そして、たとえ本件事故発生前において、Ｄが勝手に浴室に入ろうとしたことがなく、これまで同種の事故がなかったことを前提としても、徘徊傾向を有する入居者が、浴室内に進入することは予見可能であったというべきである」として、「被告には原告ら主張の施設管理義務違反が認められるといえる」ため、「Ｄの死亡の結果につき、過失責任があると認めるのが相当である。」と判断した。最終的には、過失相殺の規定も準用して、合計441万円余の損害賠償責任を認めている。

［裁判例５］大阪高判平成25年5月22日判タ1395号160頁
（事案）
　この判決は、前掲［裁判例３］の控訴審判決である。
（判旨）
　大阪高裁は、神戸地裁の判断を覆し、病院の紹介状や主治医の伝達内容から、Ｃに誤嚥が危惧されることを感得すべきであって、協力医療機関と連携を図り、少なくとも医療機関の初回の診察・指示があるまでの間は、Ｃの誤嚥防止に意を尽すべき注意義務があったと解するのが相当である、と判断した。

また、Cを居室において食事させていれば、異状が生じても気付きにくいという事情があったのであるから、このような状況下においては、食事中の見回りを頻回にし、ナースコールの手元配置等を講じるなどして誤嚥に対処すべき義務があるというべきであるとして、ナースコールを入所者の手元に置くことなく、見回りについても配膳後約20分も放置していたのであるから、Cの誤嚥防止に対する適切な措置が講じられたということはできず、Cの身体に対する安全配慮を欠いた過失があるというべきである、と判断した。そして結論として、大阪高裁は、控訴人一人につき300万円余の損害賠償を認めている。

以上のように、［裁判例1］ないし［裁判例3］のように、事前の情報や兆候がなかった場合には予見可能性がなかったとする裁判例がある一方、他方で、［裁判例4］及び［裁判例5］のように、そのような場合であっても予見すべきであったとする裁判例がある。これらは一貫しているものではないように見えるが、共通の基礎があるのではないかと思われる。［裁判例4］は、入浴による死亡事故、［裁判例5］は、誤嚥による死亡事故であって、いずれも福祉サービス利用者の生命の安全に直接的に関わる予見義務を問題にしている。これに対し、［裁判例1］及び［裁判例2］の事業者の責任を否定する裁判例では、転倒による骨折事故という福祉サービス利用者の身体の安全に関わる予見可能性を問題にしているという差異がある。身体能力が衰えてきた福祉サービス利用者にとって、入浴中や食事中は、移動中と違い、一般的に死に対する危険性が高い。しかも人には、加齢によって、心臓麻痺や嚥下能力の低下などによる生命の危険性が必然的に生じるのである。そうだとすれば、入浴や食事に関しては、事前の情報や兆候がなかったとしても、事業者は生命の危険に常に配慮しておくべきであるし、その注意を怠ってはいけないと考えることができよう。

したがって、生命に対する危険性という結果の重大性に基づき、入浴や食事に関しては、事業者に重い注意義務が課されていることとなり、移動中など必ずしも生命に対する危険性という結果の重大性が想定されない場合には、逆に身体拘束による人格に対する侵害などの弊害を避ける意味で、事業

者に重い注意義務を課すべきではないと判断しているのではないであろうか。つまり、結果の重大性と事業者の注意義務の程度とを相関的に判断していることとなり、生命の危険という結果の重大性が想定される場合には、事業者に重い予見義務が課されており、生命の危険という結果の重大性が想定されない場合には、事業者に重い予見義務を課すべきではないと考えるのが妥当であろう。

(3) **結果回避義務違反**がなかったとして**事業者の責任を否定した裁判例**

次に、結果回避義務違反がなかったとして福祉サービス事業者の責任を否定した裁判例を検討してみることとする。介護を必要とする人に対する日常的な世話を担当している以上、結果の予見可能性があるにもかかわらず、事業者の回避義務違反を否定した裁判例は多くない。利用者の生命・身体等の安全に関わるサービスを提供している以上、一定の高度な注意義務が課されたとしてもおかしくないであろう。

しかし、福祉サービスの現場が離職率の高い苛酷な労働現場であるにもかかわらず、過度の結果回避義務を課すこととなると、福祉サービスの労働現場の崩壊を招きかねない危険性も存在している。それは主として社会福祉サービス全体を含めた立法論として検討すべき課題である。また解釈論としても、過度の結果回避義務を課すこととなると、身体拘束などに基づく結果回避措置を横行させてしまう危険性が存在している。それは前述したように、本末転倒な結果を導くこととなる。

したがって、結果回避義務違反があったかどうかを検討するに当たっては、まず、身体拘束などの人格を著しく害する措置が禁止されていることを前提とし、現在の法令に基づく人員基準や設備基準に照らして、社会福祉サービスの現場職員が現実的に対応しうる回避措置を行ったかどうかを問題にせざるをえないものと考える。

[裁判例6] 横浜地判平成22年3月25日（横浜地裁平成20年（ワ）第1359号）
(事案)

この判決の事案は、次のとおりである。知的障害者であるEは、被告が経営する知的障害者更生施設に平成16年4月から入所していた。被告施設

の人員体制は、国指定の施設運営基準を上回っており、夜間も宿直ではなく夜勤で対応していたところ、平成17年10月2日午前4時50分ころ、Eがトイレに入っていくのを見たため、夜勤職員が急いでトイレに駆けつけたところ、Eは洋便器の前にかがんで手を汚水に入れていた。夜勤職員がEの後ろから両手で抱きかかえて立たせたところ、Eは出入り口のある本件洗面台方向に向かって小走りで進んでいった。Eは、つかまれ続けたり手をつながれ続けたりするのを嫌う傾向にあったこともあって、夜勤職員はEがトイレから出て行くのを見守っていたが、Eは、洗面台付近を右折しようとしたものの、足がついていかず、右前額部を洗面台またはその周囲の手すりにぶつけて転倒して打撲した。Eは、右前額部を打撲して裂傷を負い、午前8時過ぎに病院に搬送されて手術を受けたものの、この打撲の後遺症が残った。

Eには、平成19年9月26日、横浜家庭裁判所小田原支部で成年後見開始審判がなされており、成年後見人らが原告となり、被告に対し、主位的請求として不法行為による損害賠償請求権に基づき、予備的請求として知的障害者入所更生施設サービス利用契約の債務不履行（安全配慮義務違反）による損害賠償請求権に基づき、金1億4000万円弱等を請求した。

（判旨）

横浜地裁は、「被告は、知的障害者入所更生施設として、開放的処遇を通じて、利用者が通常人と同じ生活をしていくというノーマライゼーションの実現を目標にする一方、病院と比較して人員も限られていることが認められ、Eに対しては、被告が施設運営基準に基づいて設定する人員配置において、可能な限りの安全配慮義務を負ったにすぎないものというのが相当である」とし、「夜勤の職員がEの問題行動を制止し得たとしてひとまず安堵するのはやむを得ないことであるし、Eは手をつながれ続けたり、つかまえ続けられたりすることを好まないのであって、これを行えばEにストレスが生じて新たな問題が生じる可能性もあるから、夜勤の職員が、さらにEの手を取ったり、腰に手を添えて付き添うなどして歩行を介助する義務があったとまで認めることはできない」としました。

そして、そのような義務を認めると、「Eが多動性の活動を行っている間、介助を行うために同人を常時ついて回ることを意味しかねないのであって、

被告の人員配置上不可能を強いることになる一方、被告において、Eや同様の状態にある知的障害者の受入れを困難にし、これら知的障害者に対して、被告施設の利用、ひいては開放的処遇を通じた成長や社会適応の途を実質上閉ざすことにもなりかねないのであるから、相当ではない」と判断し、原告らの請求を棄却した。

［裁判例7］東京地判平成24年5月30日（東京地方裁判所平成23年（ワ）第31251号）
（事案）
　この判決の事案は、次のとおりである。被告株式会社の運営するショートスティを利用しているF（本件事故当時84歳）は、平成21年11月21日午後8時50分ころ入眠したものの、同日午後10時ころから翌22日午前2時30分ころにかけて5回にわたり、離床して徘徊するなどしてセンサーを反応させたため、職員はセンサーが反応するたびに、Fの居室に行き、Fを誘導してベッドやソファに臥床させた。22日午前4時にもFは下着を脱いで失禁するなどしたが、午前6時ころにはふたたび睡眠した。しかし、午前6時20分ころ、Fの個室のセンサーがふたたび反応し、その約15秒後、「ドスン」という物音があって、職員はFがベッド脇に右側臥位で倒れているのを発見した。このようにベッドから離床後転倒したと思われる状況で、Fは左大腿骨転子部骨折と診断され、頭部打撲による脳挫傷（両側前頭葉に挫傷）と診断されたため、Fの成年後見人（Eの長女）が訴えを提起したものである。
　被告の責任原因としては、安全配慮義務違反が主張されており、債務不履行または不法行為に基づく損害賠償として1982万8732円が主張されている。
（判旨）
　東京地裁は、被告施設側に安全配慮義務違反があったと認めるに足りる証拠はないとして、成年後見人の請求を棄却した。この事故では、Fが転落あるいは転倒する可能性は十分に予想できる状態にあったため、この裁判の争点は、もっぱら被告施設側がそのような事故を避ける努力を尽くしていたかどうかに絞られている。
　東京地裁は、「本件施設の職員体制及び設備を前提として、他の利用者へ

の対応も必要な中で、原告の転倒の可能性を踏まえて負傷を防ぐために配慮し、これを防ぐための措置を取ったといえる」と結論づけた。その理由としては、次の６つの点を挙げている。
　①個室に離床センサーを取り付けて原告がベッドから動いた場合に対応することができる体制を作っていたこと
　②被告の職員が夜間そのセンサーが反応する都度、部屋を訪問し、原告を臥床させるなどの対応をしていること
　③被告の職員は、夜間、少なくとも二時間おきに定期的に巡回して原告の動静を把握していること
　④被告は、原告の転倒を回避するために、原告の介護支援専門員に対し、本件事故前に退所させることや睡眠剤の処方を相談していること
　⑤原告の居室のベッドには、転落を防止するための柵が設置されていたこと
　⑥被告の職員２名は、本件事故直前のセンサー反応後、事務所にて対応していた別の利用者を座らせた上で原告の居室に向かっていること

　これらの裁判例は、身体拘束等に基づく弊害を適切に考慮しながら、穏当な結論を導いていると評することができる。［裁判例７］における被告側の対応は、東京地裁判決が理由をいくつも掲げているように十分なものであったと評価できる。しかし、この判決が掲げる理由の④は、転倒事故回避のための措置として「退所」や「睡眠剤の処方」を挙げているが、事故のおそれがあるからといって退所させる（正当な理由のないサービス提供の拒否に該当する。）ことを検討するのは妥当ではなく、睡眠剤などの薬剤を処方して無理やり眠らせるのは、薬剤による身体拘束に該当するため、双方とも許されない対応であろう。また、⑤の転落防止柵も場合によっては身体拘束に該当しかねないものである。東京地裁の事案では、40センチ程度の高さのベッドで、転がり落ちるのを防止する程度の柵だったため、必ずしも身体拘束には該当しないが、わざわざ⑥のような理由を挙げる必要はないであろう。私見としては、①②③⑥の４つの理由だけで被告側は介護事故回避義務違反がないと評価していいと考える。

また、[裁判例6]における夜勤職員の対応は、Eがトイレの中の汚水に手を突っ込んでおり、それを放置することはEの衛生面にもよくないのは明らかであるから、Eを抱えて立たせたのは妥当な措置である。しかしその後、Eが逃れるように動いたのであれば、Eを制止しようとするとかえってEが暴れ出してしまうことも考えなければならない状態であったことが認められる。そうなった場合には、本件事故よりももっとひどくEが転倒してしまうことも考えられる。そうだとすると、横浜地裁の事案において、夜勤職員が取った見守り措置はやむを得ない範囲のものだったと評価していいのではないかと思われる。

V　まとめ

以上のように、福祉サービス契約における事業者の責任については、給付義務の内容が指定事業者の基準として法定されており、間接的にその履行が保障されているところから、付随義務の履行が中心争点となる特殊性を有している。そして、付随義務の一部についてもやはり指定事業者の基準として法定されており、法定されていない安全配慮義務の履行責任が介護事故に対する損害賠償請求訴訟として裁判で争われることとなる。

近年の裁判例では、契約上の義務あるいは付随義務としての安全配慮義務を認め、介護事故に対する安全配慮義務違反の有無については、予見可能性の判断を柔軟に解しているといえよう。生命の安全という重大な法益が問題となる局面では、事業者の予見義務を重視して安全配慮義務違反を肯定する傾向が強く、転倒事故のような身体の安全という法益が問題となる局面では、事前の情報や兆候がなかった場合には予見可能性がなかったとして安全配慮義務違反を否定する傾向が強いように思われる。

次に、結果回避義務違反の有無を検討するに当たっては、福祉サービス利用者の人格を尊重するという視点から、身体拘束の禁止を前提とし、そのうえで可能な限りの結果回避義務を課すという傾向が強いといえよう。現実に介護事故の結果を生じている場合に、結果回避義務違反がなかったとする裁判例は必ずしも多くないが、現在の法令に基づく人員基準や設備基準に照ら

して、社会福祉サービスの現場職員が現実的に対応しうる回避措置を行ったかどうかを基準として、穏当な結論を導く裁判例が現われてきていると評することができるものと考える。

保険者の助言義務に関する一考察

松 谷 秀 祐
Shusuke MATSUTANI

I 問題の所在
II VVG 第 6 条
III 保険者の助言義務の内容
IV ドイツ法からの示唆
V 今後の課題

I 問題の所在

1 我が国における保険者の助言義務をめぐる状況

　保険契約の成立の際には、保険契約者が申込みを行い、それを保険者側が承諾するという形式がとられるのが一般的であるとされる。すなわち、保険仲介人が顧客を突然訪問して、保険商品を紹介したのが保険契約締結のきっかけであっても、それは「申込みの誘引」にすぎないとされる。[1]

　それでは、保険仲介人の訪問から保険者側の承諾までの間のやり取りは、契約の効果としては何ら保護されず、単に不法行為責任が成立するのみであろうか。この点保険のように内容が複雑な商品においては、勧誘段階における商品内容についての説明が顧客の商品購入の判断に決定的な影響を与えることが多く、そのような重要性からしてもたとえ契約申込み前であっても、一定の契約上の保護を与えるべきであると考えられている。また、勧誘の際に虚偽の説明をした場合、あるいは説明が不十分であった場合、保険契約の効力に影響を及ぼしたり、保険者に損害賠償責任が生ずることがある。

　これらの点については、「保険法」の立法化の際に、保険者の情報提供義

---

(1) 山下友信ほか『保険法〔第3版〕』（有斐閣・2010年）56頁。

務規定の新設について検討された(2)。しかし、情報提供義務規定は、保険法には設けられないこととなった。その理由として、情報提供義務の内容、情報提供義務違反の要件および効果を確定することが困難であることが理由として挙げられている(3)。また、保険契約の当事者・関係者の信義則上の協力義務に関する規定の新設も見送られた。その理由として、民法上の信義則規定に加えて、保険法にも独自の信義則規定を新設することの可能性・必要性について、議論されるべき問題点が残されていることが挙げられている(4)。

この点、ドイツ保険契約法（Versicherungsvertragsgesetz、以下単にVVGという。）には助言義務、ならびに情報提供義務に関する明文の規定が設けられ、解釈論上の蓄積もみられる。この点、保険商品の特殊性、消費者保護の点からしても、わが国においても、保険者の助言義務に関する問題についてより詳細に検討することが必要となっていると言われている。

そこで、本稿では、以上のような問題意識に立ち、保険者の助言義務の法的構造について考えてみたい(5)。

考察の順序は、以下のとおりとする。まず、この点に関し明文の規定が設けられている、ドイツにおける議論を紹介し、助言義務が認められるための要件、助言義務に違反した場合の効果について考察し、日本法への示唆を得ることとする。

II　VVG 第6条

1　VVG 第6条規定の内容

保険契約者は、とりわけ契約締結に際し、保険者からの助言を受けるべき

---

(2)　荻本修（編著）『一問一答保険法』（商事法務、2009年）37頁参照。
(3)　前掲注(2) 37頁参照。
(4)　前掲注(2) 37頁参照。
(5)　なお、本稿と同様の問題意識にたったものとして、清水耕一「ドイツ保険契約法における情報・助言義務に関する保険募集規定とわが国の動向」保険学雑誌第606号（2009年）153頁以下　清水耕一「保険募集に関わる損害賠償責任の内容」保険学雑誌第607号（2009年）159-178頁、坂口光男「ドイツ新保険契約法における保険者の助言義務」法律論叢第82巻1号（2009年）293-315頁がある。本稿ではこれらの先行研究についても適宜参照した。

である。この点に関し、VVGでは、保険者の助言義務に関し第6条で明文の規定を置いている。ドイツ保険契約法第6条は以下のとおり規定している。
① 保険者は、提供する保険を判断することの難しさに応じて、または、保険契約者の属性およびその状況に応じて、その理由（Anlass）が存在するときには、保険契約者の要望および必要性を質問しなければならず、かつ助言の費用と保険契約者によって支払われる保険料との相応な関係の考慮のもとにおいても助言しなければならず、かつ保険者は、保険契約者に対し、特定の保険のために与えられたすべての助言の根拠を告げなければならない。保険者は、提供される保険契約の複雑性を考慮して、書面化しなければならない。
② 保険者は、契約締結前に、保険契約者に与えた助言とその根拠を明確にかつ理解できるように書面で伝達しなければならない。保険契約者が望むか保険者が暫定的に填補する場合に限り、口頭で告げてもよい。その場合には、契約締結後、遅滞なく保険契約者に書面で説明が提供されなければならない。ただし、契約が成立しなかった場合ならびに義務保険の場合に暫定的に填補する場合はこの限りではない。
③ 保険契約者は、放棄が保険者に対する第5項に基づく損害賠償請求を主張するときに不利な影響を及ぼす可能性があることを保険者から明確に示された上で、第1項および第2項による助言がなされることおよび書面が交付されることを特別な書面による意思表示により放棄することができる。
④ 保険者が保険契約者の質問ならびに助言に関する理由を知りうる限り、第1項第1文による義務は契約締結後の保険期間中にも存在する。保険契約者は場合により助言を受けることを書面による意思表示により放棄できる。
⑤ 保険者が第1項、第2項あるいは第4項に規定する義務に違反するとき、保険契約者にそれにより生じた損害の賠償義務を負う。ただし、義務違反につき保険者に責めに帰すべき事由がないときはこの限りではない。
⑥ 第1項から第5項の規定は保険契約法施行法第10条第1項第2文の意味での巨大危険に関する保険契約には適用されず、さらに、保険契約者との契約が保険仲介人により媒介されたとき、または民法典第312b条第1項

（6） Oliver Meixner/Dr.René Steinbeck,Allegemeines Versicherungsvertragsrecht,2.Auflage,S.22.

および第2項の意味での非対面契約であるときにも適用されない。

すなわち、第1項において保険者の質問義務、助言義務、助言根拠について説明する義務について規定した上で（1文）、これらについての記録を作成する義務について規定している（2文）。第2項においては、助言ならびに助言の根拠について契約締結前に書面で伝える義務を規定し（1文）、この伝達は口頭により伝達することができるが（2文）、口頭による伝達の場合には契約締結後に書面で伝達内容を送付すべきことを規定している（3文）。一方で、第3項において、保険契約者は第1項および第2項所定の助言ならびに記録を放棄することができること、第4項においては、契約締結後にも第1項1文の義務は存続すること（1文）、保険契約者は契約締結後も助言を放棄することができること（2文）、第5項においては、第1項、第2項、第4項の義務に違反した場合の保険者の損害賠償責任、第6項においては1項から5項までの規定の適用が除外される契約について規定している。

2 立法理由

保険者の助言義務の明文化は、2008年VVG改正の中心的課題であったと評されている(7)。このように助言義務を明文で規定した理由については、保険契約者は、契約締結に際して自由に判断できなければならないが、一方で保険者側から保険契約者に対し、助言をさせることは保険契約者の保護に役立つことが挙げられている(8)。

また、VVG第6条が規定された理由として、以下の点も挙げられている。すなわち、保険仲介に関する2002年12月9日付EC指令2002／92により、仲立人および代理商は保険契約者に対して助言義務を負うとされたために、ドイツにおいても、保険仲介者の助言義務は、VVG第59条以下に規定された。しかし、営業主である保険者にではなく、仲介者のみに助言義務を課すことは首尾一貫しないため、保険契約法の改正によって、助言義務は保険者にも拡大されたものである(9)。

（7）　Meixer,a.a.O(Fn.6).,S.22.
（8）　BT-Drucks.16/1935,S.25.
（9）　Langheid／Wand(Hrsg.),Münchener Kommnentar zum Versicherungsvertragsgesetz,Band1,S.

Ⅲ 保険者の助言義務の内容

1 契約成立前の保険者の助言義務
(1) 保険者の助言についての理由の存在

VVG第6条で規定されている保険者の助言義務というのは、実際には①保険契約者への質問義務、②保険契約者への助言義務、③質問および助言に関する記録作成義務の3つからなるものである。しかしながら、これら保険者の質問義務・助言義務・記録作成義務は、それ自体単独で存在するものではなく、助言について保険契約者に理由（Anlass）が存在する場合に初めて発生するものである。すなわち、保険契約者に「理由」が存在しなければ、保険者には助言義務は発生しないこととなる（どのような場合に理由が存在するのかは後述する）。この点、2008年のVVG改正前は、学説上、保険者の質問義務・助言義務・助言根拠の説明義務・記録作成義務は自発的な義務なのかという点について見解が分かれていたが、改正後のVVGは、これらの義務は自発的な義務ではないとする立場に立つことを明らかにした。

(2) 保険者の助言についての理由が存在する場合とはどのような場合か

まず、保険者の助言義務の根拠となる諸事情は、保険者にとって認識可能なものでなければならない。保険契約者側の理由について保険者が認識できないときには保険者に責めに帰すべき事由は存在せず、保険者の助言義務は発生しないと解されている。

それではどのような場合に助言についての理由が存在すると解されているのであろうか。助言についての理由が存在する場合として主に以下の2つの要素が挙げられている。すなわち、理由が存在するかどうかは、当該商品を判断することの困難性という客観的基準および保険契約者の人物という主観

676(Armbrüster).
(10) Meixer,a.a.O(Fn.6).,S.23.
(11) Langheid,a.a.O(Fn.9).,S.695(Armbrüster).
(12) Meixer,a.a.O(Fn.6).,S.25.
(13) Meixer,a.a.O(Fn.6).,S.25.

的基準の両面から判断される。以下これら2つの基準についてみていく。

　第一に、保険契約者に提供される保険について保険契約者が自ら判断することが困難な場合である。ここで重要な要素となるのは、①当該保険契約が全体として複雑であるかどうか、②個々の条項が複雑であるかどうか、③契約の形態が複雑であるかどうか、④法律上の規定を理解することが困難であるかどうかということが要素として挙げられている。

　第二に、保険契約者の個々の状況である。その際には、平均的な保険契約者が標準とされ、特に保護を必要とする保険契約者に対しては助言義務は強化され、これに対し、保険契約者が自らの専門的知識を駆使できる場合には助言義務は軽減される。この点、保険契約者の属性または置かれている状況に基づく助言義務が典型的に認められる場合として、自動車保険におけるヨーロッパ条項（Europaklausel）というものがある。この条項は保険保護が与えられる地理的範囲をヨーロッパ圏に制限するものであり、たとえば、トルコ国民である保険契約者が、帰国のために移動することは非ヨーロッパ圏（アジア圏）への旅行と推定され、当該移動は保険保護の対象外となる。そのような場合には、自動車保険契約の締結に際しては、ヨーロッパ条項に関して保険者が助言する義務が認められるとされる。

(3) 保険者の義務の内容

　前述のとおり、保険者は、保険契約者の要望（Wünschen）および必要性（Bedürfnissen）について質問し、保険契約者に助言を与え、助言の根拠を説明し、すべてこれらについて記録を作成する義務を負うとされるが、では、それぞれどのような義務を負うのかが問題となる。

ア．保険者の質問義務の内容

　保険者の質問は、保険者の助言の基礎となるべきものである。保険者の質問義務は、保険契約者の主観的な要望および保険契約者の客観的な必要性の

---

(14) Langheid,a.a.O(Fn.9).,S.698(Armbrüster), Looschelders/Pohlmann,VVG-Kommentar,2.Aufl. S.325(Pohlmann).
(15) Looschelders,a.a.O(Fn.14).,S.325(Pohlmann).
(16) Langheid,a.a.O(Fn.9).,S.700-703(Armbrüster).
(17) Langheid,a.a.O(Fn.9).,S.703(Armbrüster).
(18) Langheid,a.a.O(Fn.9).,S.706,727(Armbrüster).
(19) Langheid,a.a.O(Fn.9).,S.709(Armbrüster).

両方に関係している[20]。保険者の質問は、実務においては、書面でなされるのが一般的である。

　保険者の質問義務の範囲は保険契約の種類および複雑さによって異なる[21]。たとえば、締結しようとしている保険契約が単純な自動車保険なのか、複雑な生命保険なのかによって質問する内容が異なってくる。また、保険契約者からの回答が十分である場合には、助言義務の基礎となりうるが、一方で保険契約者からの回答の内容が不明確、不十分、不確実である場合には、保険者は再質問しなければならない[22]。

イ．保険者の助言義務の内容

　どの程度の助言が必要かということは具体的な保険商品の種類、範囲、複雑性によって異なってくる[23]。より具体的には、保険契約者が単に標準的な保険商品を求めているのかあるいは複雑な契約を求めているのかということが重要である。

　保険者は、保険者からの質問に対する保険契約者の回答に基づいた助言を与えなければならないし、そしてその際には与えた助言の根拠も説明しなければならない。さらに保険者は、保険商品それ自体、特に危険除斥について説明しなければならない[24]。

　また、保険者の助言義務は、VVG第6条1項1文に基づき保険契約者が支払うべき保険料にも及ぶ。この点、支払われる保険料が低額である場合の助言義務の内容について争いがある。まず、保険料が低額である場合には通常は保険商品もあまり複雑ではないこと、特に年間保険料が60ユーロ程度の保険商品については保険者の助言は必要ないとする見解もある[25]。しかし、一方で、たとえば低額な保険料である責任保険であっても保険者の助言義務が重要であるということに変わりはないのであり、たとえ保険料が低額の保

---

(20)　Langheid,a.a.O(Fn.9).,S.709-710(Armbrüster).
(21)　Langheid,a.a.O(Fn.9).,S.710(Armbrüster).
(22)　Langheid,a.a.O(Fn.9).,S.710(Armbrüster).
(23)　Meixer,a.a.O(Fn.6).,S.27.
(24)　Langheid,a.a.O(Fn.9).,S.711(Armbrüster).
(25)　Vgl.Meixer,a.a.O(Fn.6).,S.28.

険契約の場合であっても保険者の助言義務は存在するとする見解も主張されている。[26]

ウ．保険者の記録作成義務

保険者は質問ならびに助言の結果について記録を作成する義務を負う（VVG第6条1項2文および2項）。この義務は2つの機能を有する。第一に、助言の内容が書面の形で残ることで助言の質が向上するという機能である。第二に、記録が作成されるということは助言の理由および内容につき争いが生じたときに保険契約者の立証を軽減させるという機能である[27]。また、保険者の記録作成義務違反は、保険契約者の立証を軽減する。すなわち、助言義務に違反した保険者は、保険契約者の損害は仮に適切な助言が行われたとしても発生したであろうということについて立証責任を負い、さらに保険者は義務違反について帰責事由がないということについても立証責任を負う[28]。この見解は、記録作成義務の規定は保険契約者が助言義務と記録作成義務を負う保険者の帰責事由を立証することは困難であるという事情を考慮して、保険契約者の保護のために設けられた規定であると解している[29]。

そして、質問および助言の結果は保険契約者に文書の形で契約締結前書面として伝達されなければならない[30]。すなわち、助言記録は「書面」で保険契約者に伝えられなければならず、かつ、助言記録は「契約の締結前に」保険契約者に伝えられなければならない。この点、条文上、伝えることの対象は「助言」とされているので、「質問」についての記録作成は必要ではないのではないかという問題が生ずる。しかし、VVG第6条1項2文は、それら("dies")について書面化しなければならないと定めているので、質問についても記録作成義務が認められるとされる[31]。この見解によると、保険者は行った質問についても記録を作成すべきこと、それによって保険契約者のために立証責任

---

(26) Vgl.Meixer,a.a.O(Fn.6).,S.28.
(27) Langheid,a.a.O(Fn.9).,S.714(Armbrüster),Meixer,a.a.O(Fn.6).,S.30.
(28) Langheid,a.a.O(Fn.9).,S.761ff(Armbrüster).
(29) Langheid,a.a.O(Fn.9).,S.762(Armbrüster).
(30) Meixer,a.a.O(Fn.6).,S.29.
(31) Looschelders,a.a.O(Fn.14).,S.341,342,357(Pohlmann).

の軽減が図られることになる。

　書面は明瞭かつ理解可能なものでなければならない[32]。理解可能とは、たとえば、ドイツ語または当事者が合意した言語で作成されることが必要である。仮に保険契約者が希望するならば、口頭によって助言することもできる（VVG第6条2項2文）。しかし、この場合であっても、助言記録を契約締結後遅滞なく書面で保険契約者に伝えなければならない（VVG第6条2項3文）。

2　契約期間中の保険者の助言義務

　保険契約者には契約期間中も保険者の質問および助言により契約変更の理由や新たな保険契約締結の可能性を示されるという相当な利益が存在している[33]。たとえば、危険増加、危険減少、保険事故の発生が例として挙げられている。そこで、VVGは、契約期間中も保険者に助言義務を課している（VVG第6条4項1文）。ただし、契約成立前の助言義務と異なり、保険者の義務は常に存在するものではなく、保険者が「助言の理由を認識しうる限り」（VVG第6条4項1文）においてのみ保険者は助言義務を負うとされている。すなわち、契約期間中に保険者に助言義務を課すためには保険者に助言が必要であると認識しうる理由が客観的に存在していなければならない。なお、契約期間中は、保険者は、質問義務、助言義務、助言の根拠を説明する義務を負っているが、記録を作成する義務は負っていない[34]。

　契約期間中の助言義務の例として、①事実上の危険の変更、②普通保険約款の変更、③法改正などの法的状況の変化が挙げられている[35]。

3　保険者の損害賠償責任
（1）義務違反の要件

　保険者が助言義務に関し課せられている義務に違反した場合には、損害賠

---

(32)　Meixer,a.a.O(Fn.6).,S.29.
(33)　Meixer,a.a.O(Fn.6).,S.26.
(34)　Langheid,a.a.O(Fn.9).,S.734(Armbrüster). なお、保険契約者は、VVG6条3項の場合と同様、書面によって助言を放棄することもできる。もっとも最初から放棄することは認められないので、保険契約者が個別に放棄の意思表示をすることを要する。
(35)　Langheid,a.a.O(Fn.9).,S.736-737(Armbrüster).

償責任を負うことになる。すなわち、保険者は、VVG第6条第1項、第2項所定の質問義務、助言義務、助言根拠の説明義務、記録作成義務に違反した場合、あるいは第4項に基づき負担する義務に違反した場合には損害賠償義務を負わなければならない。義務の違反が存在する具体例として、①客観的に、助言についての理由が存在しているにもかかわらず、保険者が保険契約者の要望および必要性を調査しないか不十分な調査しかしないこと、②不適切または不十分な保険保護を助言すること、③助言について根拠を示さないこと、④助言について不正確な記録を作成する場合が挙げられている。ただし、義務違反について保険者は責めに帰すべき事由がないときは保険者は損害賠償義務を負わない。

(2) 義務違反の効果

助言義務の違反の効果として、保険者は保険契約者に対して損害賠償義務を負い、また適切な助言がなされていたならば保険契約者が有していたであろう法的地位が保険契約者に与えられなければならない[36]。しかし、仮に適切な助言がなされていたならば、保険契約者はどのように行動していたのかは必ずしも明らかにはならない。特に、保険契約締結前の助言が十分でなかった場合に仮に適切な助言がなされていれば、保険契約者はそれでも同一の保険契約を締結したか、あるいは、同一の保険者または他の保険者と他の保険契約を締結したか、あるいはそもそも保険契約を締結しなかったかということは必ずしも明らかにはならない。そこで、判例上、保険契約者には保険契約の解除または原状回復の選択権が認められている[37]。

まず、保険契約者の損害が不利な保険契約を締結させられたという点にある場合には、保険契約者は保険契約の解除を請求することができる。この場合、保険事故発生前に限り、保険契約者は保険料の返還ならびに保険契約の締結に際して支出した費用について賠償請求ができる[38]。また、保険契約者は、適切な助言がなされていたならば十分な填補を受けられる他の保険契約を締結したであろうということも主張することができる。この場合には、保険契

---

(36) Langheid,a.a.O(Fn.9).,S.751(Armbrüster).
(37) Langheid,a.a.O(Fn.9).,S.751(Armbrüster).
(38) Langheid,a.a.O(Fn.9).,S.751(Armbrüster).

約者は、適切な助言がなされていたならば有していたであろう法的地位を有することができる。たとえば、適切な助言がなされていたならば保険契約者は一部保険契約を締結しなかったであろう場合には、保険者は一部保険であることを主張できない。

　保険者と保険契約者の立証責任の分配の問題に関しては、以下のように考えられている。義務違反の存在については保険契約者が立証責任を負い、保険契約者は、客観的に助言についての理由が存在すること、保険者はVVG第6条に定められている質問義務・助言義務・記録作成の義務に違反したということについて立証責任を負う。ただし、記録作成義務違反がある場合には、保険契約者のための立証責任の軽減が行われる。助言についての記録が作成されず、またはあやまった記録が作成されている場合には、適切な助言が行なわれていないとの推定がなされる。

4　質問、助言および記録の放棄

　保険契約者は、希望する場合には、VVG第6条1項および2項の助言および記録を放棄することができる（VVG第6条3項）。ただし、この放棄は書面によって行われなければならない。書面においては保険契約者が自署をなすことが必要であるが、当該書面が独立した書面でなければならないのかについては争いがある。

Ⅳ　ドイツ法からの示唆

　以上VVGにおける助言義務について検討してきた結果、以下の点が示唆的であると考える。すなわち、第一に、助言義務を明文で規定している点、第二に、助言義務の前提として質問義務を認めている点、第三に、契約期間中も助言義務は継続するとしている点、第四に、助言義務違反の場合の損害

---

(39) Langheid,a.a.O(Fn.9).,S.751(Armbrüster). ただし、この場合に保険契約者は一部保険と全部保険の保険料の差額を支払うことを要するとされる。
(40) Langheid,a.a.O(Fn.9).,S.736-737(Armbrüster).
(41) Looschelders,a.a.O(Fn.14).,S.345(Pohlmann),Meixer,a.a.O(Fn.6).,S.31.
(42) Looschelders,a.a.O(Fn.14).,S.345(Pohlmann).

は何かという点である。以下、具体的に検討していく。
1. 助言義務を明文で規定している点
　助言義務を明文で規定していることは示唆に値する。また、常に助言義務を認めているのではなく、「保険契約者の属性またはその状況に応じてその理由の存在するときは」と一定の要件を設けていることは参考に値すると思われる。
2. 助言義務の前提として質問義務を認めている点
　単に助言義務を認めるのではなく、その前提として質問義務を認めている点が示唆に値する。単に必要そうな助言を行うのではなく、保険契約者が必要としている助言は何かということを積極的に導き出そうとする規定ぶりは参考に値する。
3. 契約期間中も助言義務は継続するとしている点
　契約締結時の義務としての助言義務を認めるだけではなく、契約期間中も状況の変化に応じて助言義務が存続するという点は示唆に値する。契約締結前の義務、契約期間中の義務と時間的に区切るのではなく、連続性をもたせてあわせて「助言義務」としている点はきわめて興味深い。
4. 助言義務違反の場合の損害は何かという点
　助言義務違反の場合に、契約解除権を認めるだけではなく、契約の改訂権も認めている点は示唆に値する。単に契約の解消を認めるだけではなく、本来あるべき契約の状態に適合させようとしている点、しかもそれらの権利に関し、保険契約者に選択権を与えている点は参考に値する。

V　今後の課題

　今後は、①保険者の助言義務に関するドイツの判例、裁判例について詳細な分析・検討を行うこと、②助言義務と情報提供義務（VVG第7条）との異同の検討を通じて、助言義務の法的構造をより明らかにすること、③助言義務を個々の保険商品ごと、たとえば、物保険、責任保険、生命保険、傷害保険、疾病保険ごとに考察することを課題とする。

第3次不法行為法リステイトメントにおける
予見可能性の機能

柴 田　　龍
Ryo SHIBATA

Ⅰ　はじめに
Ⅱ　従来のアメリカ不法行為法における予見可能性の機能
Ⅲ　第3次不法行為法リステイトメントにおける予見可能性の取り扱い
Ⅳ　おわりに

Ⅰ　はじめに

　アメリカ法律協会は、製造物責任、責任分配に続き、2010年に「第3次不法行為リステイトメント：物理的損害および精神的損害」(以下、第3次リステイトメントという)の第1巻を公刊し、2012年には作為義務を含む第2巻を公刊した。これらは第2次不法行為法リステイトメント（以下、第2次リステイトメントという）から大幅な変更を為すものであり、本稿は、そのなかでも、ネグリジェンスにおける予見可能性の機能について検討する。これは、わが国の民法709条の不法行為責任とアメリカのネグリジェンス (negligence) 責

---

(1) RESTATEMENT (THIRD) OF TORTS: PRODUCT LIABILITY (1998) ; RESTATEMENT (THIRD) OF TORTS: APPORTIONMENT OF LIABILITY (2000). リステイトメントの意義については、松浦以津子「リステイトメントとは何か」星野英一・森島昭夫編『現代社会と民法学の動向　下』(有斐閣、1992年) 497頁参照。
(2) RESTATEMENT (THIRD) OF TORTS: LIABILITY FOR PHYSICAL HARM, vol.1 (2010) [hereinafter RESTATEMENT THIRD]. 第3次リステイトメントにおける義務の起草過程において、義務排除論と義務擁護論の間で行われた議論については、野々村和喜「過失不法行為における『義務』論の存在意義—第3次不法行為法リステイトメント計画をめぐる論争—」同法56巻6号459頁(2005年)参照。また第3次リステイトメントのシンポジウムを紹介するものとして松浦以津子「シンポジウム『第3次リステイトメント：財産の損害および精神的損害についての責任についての検討』」米法2012年2号343頁(2013年)がある。
(3) RESTATEMENT (THIRD) OF TORTS: LIABILITY FOR PHYSICAL HARM, vol.2 (2012).

任では、後述するように要件などの面で多くの違いがあるものの、わが国の不法行為法が大阪アルカリ事件(4)をはじめ、ハンドの定式(5)などアメリカ法の影響を受けているからである。

またわが国の不法行為責任において、予見可能性は、従来、過失において機能してきた。そこでは、主観的要素から客観的な義務違反へと展開するさいに、過失概念をどう捉えるのかという流れのなかで、予見可能性は、議論されてきたといえる(6)。そのため、予見可能性の対象が何であるかについては必ずしも議論がされてこなかった(7)。また損害賠償の範囲について、判例はイギリス法の影響を受けた民法416条を類推適用し(8)、その限りで予見可能性が問題となった。このように予見可能性は、個別的に検討されており、予見可能性それ自体についてはあまり議論がなされていない。

本稿では、まず第3次リステイトメント公刊前のアメリカ法においてネグリジェンスの3つの要件について予見可能性がどのように機能してきたかを考察する。次に第3次リステイトメントでは、実際にどのような変更がなされたのかを示し、その意義を考察する。この作業を通じて、本稿は、わが国における予見可能性の機能を相対化するための視座を得ようとするものである。

---

(4) 大判大正5年12月22日民録22輯2474頁。当時東京帝国大学で英米法の教鞭をとっていたHerry T. Terry の影響を受けた裁判官によって判決が下されており、この点については、瀬川信久「危険便益費用による過失判断―テリー教授から、ハンドの定式と大阪アルカリ事件まで―」中川良延他編『日本民法学の形成と課題 下』(有斐閣、1996年) 811頁以下参照。

(5) ハンドの定式とは、1947年の連邦控訴裁判所 (United States v. Carrol Towing Co., 159 F. 2d 169 (2d Cir. 1947)) において、Hand 裁判官が示した過失の判断に関する公式である。具体的には、B (損害を回避するための負担) < P (損害の蓋然性) × L (損害の大きさ) の場合に過失があると判断する。この点については、平井宜雄『債権各論Ⅱ 不法行為』(弘文堂、1992年) 30頁。また同判決については、藤倉皓一郎「過失の判定式」藤倉皓一郎他編『英米判例百選 (第3版)』(弘文堂、1996年) 16頁。

(6) 議論の流れについては、潮見佳男『民事過失の帰責構造』(信山社、1995年) 239頁以下参照。

(7) 潮見佳男『不法行為法Ⅰ (第2版)』(信山社、2009年) 295頁は、予見対象としての結果は、損害ではなく、権利とする。

(8) 大判大正15年5月22日民集5巻386頁。またイギリス法の影響については、平井宜雄『損害賠償法の理論』(東京大学出版会、1971年) 146頁以下参照。

II 従来のアメリカ不法行為法における予見可能性の機能

　アメリカの大多数の州において、ネグリジェンスの立証は、5つの要素からなる。義務、義務違反、事実上の因果関係、近因、損害である。不法行為における権利侵害（違法性）要件が存在しない代わりに、義務要件が存在する点で、アメリカとわが国では異なる。また各要件を判断する者が裁判所と陪審に分かれており、この点もわが国とは異なる。なお、原則として義務要件だけが裁判所の判断対象であり、それ以外は、陪審の判断対象となる。[9]

　予見可能性は、ネグリジェンスの要素のうち、3つを決定するさいに用いられてきた。すなわち、義務、義務違反、近因である。まず、この3つの分野で予見可能性がどのように機能してきたのかを概観する。このうち、第3次リステイトメントでは、義務が最も議論がなされたところであるため、義務違反、近因、義務の順で以下では検討する。

1　義務違反の場面における予見可能性

　被告が義務を負っており、裁判官が陪審に対して「注意基準」の名のもとにその義務の広い輪郭を裁判官が説示した場合、陪審は、被告の行為がその基準に従っていなかったかどうかを判断することとなる。[10]義務違反は、義務要件の影響を受けず、独立した要素として存在している。つまり、被告が当該状況で注意義務を負っているが、その義務に違反していない場合、被告はネグリジェンスと認定されない。同様に、行為が不合理であったが、合理的に行為する義務を負っていない場合、被告は、責任を免れることができる。[11]それゆえ、裁判所は、独立した分析を行わなければならず、義務についても義務違反についても独立した結論に達しなければならない。

　第2次リステイトメントは、過失の行為を次のように定義づける。すなわ

---

(9)　DAN B. DOBBS, THE LAW OF TORTS, §149, at 355 (2000).
(10)　Id. §115, at 270 (2000).
(11)　W. PAGE ET AL., PROSSER AND KEETON ON THE LAW OF TORTS §30 at 164 (5th ed. 1984) [hereinafter PROSSER & KEETON]; RESTATEMENT (SECOND) OF TORTS §282 (1965) [hereinafter RESTATEMENT SECOND].

ち、「合理人として行為者が、他人の利益を侵害する不合理な危険を含むと認識しなければならないような行為」をいう[12]。この基準は、他人に当該行為が損害を引き起こすと合理人が予期しなければならなかったかどうか、と説明される[13]。また不合理かどうかの判断については、危険の大きさ（magnitude of risk）と行為の有用性（utility of conduct）を比較して、前者が後者を上回る場合に当該危険は不合理である、と判断される[14]。

注意しなければならないのは、義務違反要件では、原告が現実に被った特定の損害の予見可能性が検討されるのではなく、生じうる損害の予見可能性が検討される[15]。現実に生じた損害に関する予見可能性については、次の近因が扱う問題とされる。

2　近因の場面における予見可能性

被告が義務を負っており、当該義務に違反し、違反が実際に原告の損害を惹き起こしたと判断された場合、生じた具体的な結果について被告に責任を負わせるかどうかが検討される。これは、「近因」[16]「法的原因」[17]と呼ばれる。それゆえ、近因は、被告の不合理な行為と原告に生じた損害とのつながりの性質や程度に焦点をしぼり[18]、「被告の過失から生じる被害が責任を課すのに不合理、あるいは少なくとも実際的でないほど、創出された危険の外側に明白にある場合」[19]、責任を課さない。

このように近因の目的は、明白である。しかし、それを具体的に示す手段についてはさまざまであり、実際上近因を定義づけることは非常に難しい。しかし、多くに共通していえることは、何らかの予見可能性を検討している

---

(12) *Id.* §284 (a).
(13) *Id.* §281 cmt. c, ilus. 2.
(14) *Id.* §291. この点については、瀬川・前掲注 (4) も参照されたい。
(15) DOBBS, *supra* note 9, §143, at 335.
(16) PROSSER & KEETON, *supra* note 11, §41 at 263. 近因に関する詳細な分析をする文献として、平井・前掲注 (8) 101頁以下、水野謙『因果関係概念の意義と限界』（有斐閣、2000年）29頁以下がある。
(17) RESTATEMENT SECOND, *supra* note 11 §281 (c).
(18) PROSSER & KEETON, *supra* note 11, §41 at 264.
(19) DOBBS, *supra* note 9, §180, at 443.

ことである(20)。少なくとも、上述した目的に照らして、ここでの予見可能性の対象は、特定の原告が被った特定の損害である。

　義務違反において作用する予見可能性と近因において作用する予見可能性の具体的な相違については、The Wagon Mound（No.1）事件(21)が参考になる。事案は、次のとおりである。Wagon Mound 号は、シドニー湾に停泊していた。船員が燃料を注入中にオイルが漏れ、湾内に流出してしまった。オイルが水上に広がった場合、引火する危険を予見できないが、埠頭での作業に邪魔になるなどの危険は、予見可能であった。この危険を指摘して、裁判所は、船員の行為が不合理であり、それゆえ、被告が注意義務に違反している、と結論付けた(22)。しかしながら、義務違反が認定される根拠となった危険は、実際に生じた損害とは異なっていた。なぜなら、現実に生じたことは、油膜の下に漂う破片の上に載っていた綿の一部が、溶接工のブローランプの火花から着火し、湾内に漂っている油に点火し、原告所有の造船台が焼かれてしまったからである(23)。裁判所は、次のように理由づけた。すなわち、被告の行為は、義務違反の認定を行うのに十分な予見可能な危険を創出した。しかし、原告の現実の損害は、予見不能であり、それゆえ、被告の行為は非難性を帯びたものであるけれども、被告が責任を負うべきではない結果である(24)。

　以上のように、義務違反において機能する予見可能性は、非難性と結びつき、被告の行為だけで判断され、当該行為の現実の結果に左右されないが、近因においては、そうではないことがわかる。

3　義務の場面における予見可能性

　被告が合理的な注意義務を負っている場合のみ、被告は不合理な行為につ

---

(20)　Id. §181, at 444.;MARC A. FRANKLIN, ROBERT L. RABIN & MICHAEL D. GREEN, TORT LAW AND ALTERNATIVES 401（8th ed. 2006）[hereinafter FRANKLIN & RABIN].
(21)　Overseas Tankship（U.K.）, Ltd. v. Morts Dock & Engineering Co., Ltd.[1961] App. Cas. 388（P.C. 1961）同判決を詳細に検討する邦語文献として、芦川豊彦「英国不法行為法（過失）における因果関係に関する一考察―ワゴンマウンドを中心として―」愛知学院大学法学研究4巻2号1頁（1963年）、田井義信『イギリス損害賠償法の理論』（有信堂、1995年）58頁以下などがある。
(22)　Id. at 406.
(23)　Id. at 391.
(24)　Id. at 403.

いて非難されることになる。したがって、不合理に行為した被告が当該状況で責任を負うべきかどうかは、被告が義務を負っている場合のみ問題となる。それゆえ、義務は、義務違反とは別に、固有の分析が必要とされた。

　被告が義務を負っているかどうかの判断は、裁判官が行い、被告が義務を負うと判断されれば、裁判官は、注意義務という形で、その義務の範囲を定義づけなければならない[25]。しかし、裁判官が義務の背景において何を判断し、どのように判断するかは、長い間議論の対象となってきた。

　なぜなら、ある者が他者に物理的損害を積極的に惹き起こさないような義務を一般的に負っている、という一般的原理に多くの裁判所が従っているため、義務判断がほとんど無内容に思われるからである。この一般的な原理は、ある者が別の原因によって創出された危険について人に警告をしたり、保護をしたり、救助する義務を一般的に負わないことも意味する[26]。しかしながら、この「救助義務不存在」準則に対して多くの例外（すなわち義務が課される場合）が存在するため、やはり裁判所の判断内容は議論の的にならざるを得なかった。

　このような義務要件のもと、予見可能性は、その欠如を根拠として義務を否定するために、あるいは予見可能性があるとして作為義務を課すために、機能してきた。実際上争点となるのは、予見可能な範囲にある原告、被害の予見可能性、公共政策の3点であり、以下で順次検討する。

(1) 予見可能な範囲にある原告

　被告が予見可能な範囲にある原告に対してのみ義務を負うという考え方は、義務について関係性に基づいてアプローチするものといえる。このように注意義務が義務を負っている人々との関係でのみ理解されるかどうかについて、長年にわたってかなりの議論がなされた。関係性がないという見解によれば、裁判所は、そのような義務が誰に向かってのものかという問題を考慮せず、公共政策や共同体の基準に基づいてのみ、注意義務を課す[27]。したがって、この見解によれば、特定の原告が被告の義務違反によって創出された危

---

(25) RESTATEMENT SECOND, *supra* note 11, §328B; DOBBS, *supra* note 9, §149, at 355.
(26) RESTATEMENT SECOND, *supra* note 11, §314; DOBBS, *supra* note 9, §149, at 355.
(27) たとえば、PROSSER & KEETON, *supra* note 11, §53 at 357.;Oliver W. Holmes,Jr., *The Theory of Torts*, 7 AM. L. Rev.652, 661 (1871) .;Richard A. Posner, *A Theory of Negligence*, 1 J. Leg. Stud.29, 38 (1972) などがある。

険の範囲内であるかどうかは、近因の問題となる。

　他方で、義務を関係性の観点から考える見解は、義務付けがそれ自体が独立して存在しえないことを前提とする。すなわち、「義務付け」あるいは「義務」という概念は、ある人々との関係なくしては、不完全である。それゆえ、関係性アプローチは、被告が構成員である層の人々が原告を含む層の人々に対して義務を負っているかどうかを考える。

　このような義務の関係性に関する議論は、Palsgraf v. Long Island Railroad 事件における Cardozo 裁判官の法廷意見と Andrews 裁判官の反対意見が有名である。著名な事件であるが、簡潔に述べれば以下のとおりである。駅のホームで立っている間に落ちてきた秤によって怪我を負った鉄道の乗客による損害賠償請求事件である。秤は、ホームの反対側で起こった爆発の力によって倒れた。爆発は、鉄道会社の被用者が出発する電車に乗ろうとする乗客を誤って助けたときに乗客の手から落ちた花火から生じた。Cardozo 裁判官は、被告鉄道会社が当該状況下で原告に義務を負っていないという根拠に基づいて、原告勝訴の陪審評決を破棄した。義務を負っていないという根拠は、鉄道会社の被用者の行為がホームの反対側の原告に対する損害を惹き起こしたことについて、予見不能であることに求められた。しかしながら、反対意見を述べた Andrews 裁判官は、本件の争点を近因とし、鉄道会社の被用者が急いでいる乗客の手から包みを不合理に落とした場合、被用者は、「他者の安全を不合理に脅かしうる行為を差し控える」普遍の「義務」に違反したとする。Andrews 裁判官は、法律問題として、原告の損害が被告の義務違反と近因にはないとは言えないと述べ、陪審の評決を支持した。

　裁判所が原告と被告とのつながりを近因の問題として捉えるか、義務の問

---

(28) Goldberg & Zipursky, *The Moral of MacPherson*, 146 U. Pa. L. Rev.1733, at 1820 (1998) .
(29) 162 N.E. 99（N. Y.1928）. 同判決を紹介・解説する邦語文献として我妻栄「"Negligence without Fault"―アメリカ法における一つの無過失責任論」浅井清信編『民事法の諸問題』（有斐閣、1953 年）25 頁以下、平井・前掲注（8）116 頁以下などがある。
(30) *Id.* at 99-101.
(31) *Id.* at 103.
(32) *Id.* at 105.

題として捉えるかは、結局のところ、裁判所が当該原告に対して責任を負うと判断するべきかどうかという点では、同一である。しかしながら、実際に判断をするのは、近因の問題であれば陪審であり、義務の問題であれば、裁判所であり、この点で異なる。

また Palsgraf 事件は、Cardozo 裁判官が法廷意見を書いていることから、義務に関する判例として扱われるべきところ、多くの教科書では、近因の章に配置されていることは注目に値する[33]。

(2) 被害の予見可能性

裁判所は、生じた被害の種類あるいはその方法の予見可能性を検討する。たとえば、Bryant v. Glastetter 事件[34]において、カリフォルニア州控訴裁判所は、被告が死者に対して義務を負っていたかどうかを検討した。事案は、飲酒運転で逮捕された被告の車を移動させようとした原告レッカー車の運転手が第三者に轢き殺されたというものであった。被告の行為（飲酒運転）が明白にある被害の危険（交通事故）を創出し、それゆえ不合理であるけれども、現実に生じた被害の種類と方法（被告の押収された車を移動させる間に第三者が轢くこと）は、予見不可能であったために、裁判所は、被告がこのような損害を惹き起こさない義務を負っていないと判断した[35]。

被害の予見可能性は、生じた被害を検討するものである以上、義務違反の問題としては考えられなくとも、上述した近因での判断内容と類似する。

(3) 公共政策

原告の予見可能性および被害の予見可能性は、被告に義務を課さない場合に用いられる[36]のに対し、被告に義務を課す場合に予見可能性が用いられる場合がある。特に問題となるのは作為義務である。あるカテゴリの行為者に一定の行為を義務付けることは、多分に政策の問題を含むことになる。

このような政策を裁判所が義務要件で使用するものとしてソーシャルホス

---

(33) たとえば、FRANKLIN & RABIN, *supra* note 20, 425; RICHARD A. EPSTEIN, CASE AND MATERIALS ON TORTS 519（9th ed. 2008）などがある。
(34) 32 Cal. App. 4th 770, 774（Cal. Ct. App.1995）.
(35) *Id.* at 779.
(36) Patrick J. Kelley は、裁判所が義務を否定する根拠として、政策の代わりに予見可能性を用いているとする。Patrick J. Kelley, *Restating Duty, Breach and Proximate Cause in Negligence Law: Descriptive Theory and the Rule of Law*, 54 Vand. L. Rev. 1039, 1045（2001）.

トの責任がある(37)。すなわち、ゲストによる酩酊状態で起こした交通事故の被害者がソーシャルホストに対して損害賠償を請求するものである。まず裁判所は、ソーシャルホストが第三者である事故被害者に対して義務を負っているかどうかを判断することになる。多くの場合、ソーシャルホストに義務が課されることはない。しかし、裁判所は、被告に予見可能性がある場合に義務が課されるとする。具体的には、ソーシャルホストの立場にある合理人がゲストの酩酊後に行う危険な行為を予見可能であったかどうかが検討される。たとえば、Langle v. Kurkul事件において(38)、ヴァーモント州最高裁は、ソーシャルホストは、ゲストが明らかに酒に酔い、その後に車を運転するであろうと予見可能である場合には、注意義務を負う(39)、と述べている。したがって、ゲストの飲酒運転についてソーシャルホストに予見可能性がある場合に、裁判所は義務を課すことになる。

　ニュージャージー州最高裁は(40)、まさにこのような事案について興味深い判断をなしている。事案は、被告の家で、被告が提供したアルコールを飲んだ者が車を運転して帰宅中に、原告と正面衝突の交通事故を起こし、原告が重傷を負ったというものである。ゲストが車で帰宅する際に、被告は見送っており、ゲストの飲酒運転を知っていた。裁判所は、被告が原告に対して義務を負っていたと判断した。しかし、その根拠は予見可能性ではなく、政策的考慮であることを認めたのである。そのため、裁判所は、第三者に対して義務を課すことによってかなう政策的考慮が反対の立場を主張する政策的考慮にまさるがゆえに、ホストに第三者に対する義務を認めた(41)、と述べる。さらに、裁判所は、「義務が存在するかどうかは、究極的には公平の問題である。この調査は、当事者の関係、危険の性質、提案された解決策における公的利

---

(37)　ソーシャルホストの責任に関しては、水野・前掲注（16）227頁以下が近因の問題として詳細に分析・整理している。

(38)　510 A.2d 1301 (Vt. 1986)．なお、ソーシャルホストの責任について本判決では広く検討がなされているが、事案は、被告ホストが原告ゲストに酒を提供し、酩酊後、被告宅のプールに入る準備をしている際にプールの手すりが壊れ、プールに落ち、首を負傷し、四肢麻痺に陥ったというものである。

(39)　Id. at 1306.

(40)　Kelly v. Gwinnell, 476 A.2d 1219 (N.J. 1984)．

(41)　Id. at 1224.

益を考察する必要がある」と述べ、この調査が「対立する利益のバランスに究極的には左右される」とする。

　このように政策的考慮を前面に出して、義務を判断するものは少ない。多くは、予見可能性という言葉を用いている。しかしながら、かりにアルコール提供による危険が予見できず、ソーシャルホストがいかなる場合にも当該危険を減少させることができないと判断するのであれば、裁判所は、本来陪審が判断すべき義務違反の問題を判断しているといえる。またアルコール提供による危険が予見できたとしても（つまり義務違反があったとしても）、本来的にはゲストが責任を負うべきであると判断するのであれば、裁判所が近因の問題を判断しているようにもみえる。

III　第3次不法行為法リステイトメントにおける予見可能性の取り扱い

　このように、義務違反における予見可能性の機能については争いがないものの、近因や義務における予見可能性の機能については争いがある。しかし、近因については、予見可能性の対象を義務違反との違いによって理解することができる。すなわち、予見可能性の対象を起こりうる損害とするか、現実に生じた損害とするかである。そのため、現在の判例における予見可能性の機能を正しく理解するためには、義務がどのような役割を本質的に有しているかが問題となる。

　当初第3次リステイトメント起草過程においても、そもそも義務要件がどのような要素としてネグリジェンスに位置付けられているのかが激しく議論

---

(42)　Id. at 1222. ソーシャルホストの事案ではないが（被告の公営住宅に配達に来た原告が強盗に襲われた事案）、Goldberg v. Hous. Auth., 186 A.2d. 291,293（N.J. 1962）を引用している。
(43)　Id. 精神的損害に関する事案のPortee v. Jaffee, 417 A.2d. 521,528（N.J. 1980）を参照している。
(44)　W. Jonathan Cardi, *Purging Foreseeability: The New Vision of Duty and Judicial Power in the Proposed Restatement (Third) of Torts*, 58 Vand. L. Rev. 739, 762（2005）．政策的な判断については、本来立法府の役割であるため、裁判所はこの判断に消極的であり、これを隠すために予見可能性を用いていると指摘する。また水野・前掲注（16）233頁参照。
(45)　Id. 764.

された。なぜなら、上述したように、一般的な義務（ある者が他者に物理的損害を積極的に惹き起こすことを避ける義務を一般的に負っている）がほとんど無内容であるため、そもそも義務要件を排除してしまおうとする動きがあったからである。

また義務要件が裁判所によって判断されるのに対し、それ以外の要素が陪審によって判断されることから、裁判所と陪審の権限についても問題となった。

このような過程を経て、両者の問題にかかわる予見可能性がどのように扱われるようになったのか、以下でそれぞれ検討する。

1 義務違反

3条において、「ある者が、あらゆる事情のもとで合理的な注意を行使しない場合、その者は過失で行為をしている。ある者の行為が合理的な注意を欠いているかどうかの確定において考慮される主要な要素は、その者の行為が損害を引き起こすであろうことの予見可能な可能性（foreseeable likelihood）、続いて生じるであろうあらゆる損害の予見可能な重大さ（foreseeable severity）、および損害の危険を除去あるいは低減する予防措置の負担である。」と規定する。

本条は、明確にハンドの定式を確固たるものにするものといえる。第2次リステイトメントでも、比較衡量アプローチが用いられていたが、そこでは、第1次リステイトメントから引き継がれた危険と行為の有用性との比較であった。また第2次リステイトメントでは、合理的に慎重な者の概念を規定したうえで、この比較衡量アプローチとの関係についても述べていた。第3次リステイトメントでは、同様に、この点について触れており、複数にまたがっていた規定を本条に集約したとみることができる。また「危険」概念が従来のリステイトメントでは不明確であったところ、2つの要素（損害を生じ

---

(46) この点について詳細に分析するものとして野々村・前掲注（2）参照。
(47) RESTATEMENT THIRD, *supra* note 2, §3（2010）.
(48) RESTATEMENT SECOND, *supra* note 11, §§291,293.
(49) コメントaで合理的に慎重な者の概念について触れ、コメントeで比較衡量アプローチについて述べる。RESTATEMENT THIRD, *supra* note 2, §3 cmt.a&e.

させる予見可能性と起こりうる損害の予見可能な重大さ）によって示している。

興味深いことに、本条はハンドの定式という比較衡量アプローチとともに、そのなかに「予見可能性」を組み込んでいる。すなわち、ハンドの定式の3つの変数のうち、蓋然性（P）、損害の重大さ（L）の2つに予見可能性が組み込まれている。負担（B）に予見可能性が組み込まれていないため、予見可能な危険に先んじる容易な予防措置が存在するのであれば、たとえ予防措置をとる負担がかなり低いと予見できなかったとしても、この予防措置をとらないことは過失になるおそれがある。この点につき、第3次リステイトメントで指摘する記述は見られないため、明らかではないが、黙示的に負担（B）にも予見可能性が組み込まれている、と理解することもできる。[50]

2 責任の範囲

第2次リステイトメントが「近因」を拒絶し、「法的原因」という言葉に置き換えたように、第3次リステイトメントも、「近因」という用語を拒絶し、代わりに「責任の範囲」という用語を選択した。[51]「近因」や「法的原因」は、その修飾語が何を意味するのかが問題となり、また事実的因果関係との相違を不明確にするため、この点について長い間議論がなされてきた。これに対して、「責任の範囲」については、そのような修飾語がなく、まさに問題となる点について述べている。すなわち、損害を引き起こした義務違反が存在すると証明されたなら、どんな損害が責任の範囲に含まれるのか、である。しかし、「責任の範囲」という言葉は、その規定の仕方如何によっては、単なるトートロジーになりかねない。

29条は「不法な行為に対する責任の制限」というタイトルで、「ある行為者の責任は、その行為者の行為を不法たらしめた諸危険により生じた物理的損害に制限される。[52]」と規定する。これは、いわゆる危険準則と呼ばれるも

---

(50) このように解するものとして、Benjamin C. Zipursky, *Foreseeability in Breach, Duty, and Proximate Cause*, Wake Forest L. Rev.1247,1257（2009）がある。また David G. Owen, *Figuring Foreseeability*, Wake Forest L. Rev.1277, 1292（2009）は、「予見可能な」予防措置の負担よりも、「予期された」予防措置の負担とした方がよいと指摘する。

(51) RESTATEMENT THIRD, *supra* note 2,Ch.6 492-493.

(52) *Id.* §29. また事実的因果関係と従来近因と呼ばれている責任の範囲を明確に区別することを表明している。

のを採用したことを示す。リステイトメントで挙げられている例を簡潔に述べると次のようなものである。すなわち、父が弾を装填した銃を子供に与え、その子供が不注意にも原告の足に銃を落としてしまい、原告が負傷したというものである。原告は、子供に弾を装填した銃を与えた過失があり、この過失により負傷したと主張するが、この主張は、失敗に終わる。なぜなら損害は、行為を過失たらしめた危険から生じたのではないからである。すなわち、行為を過失たらしめた危険は、子供が事故で銃を撃ってしまう危険であり、被った損害は、子供に弾を装填していない銃を手渡した場合でも生じるものである。

したがって、第3次リステイトメントでは、責任の範囲に関する基準は、予見可能性ではないことになる。しかし、従来近因において予見可能性基準が用いられてきたことを認めたうえで、予見可能性基準が「本条に規定される基準と本質的には一致している」と述べる。たしかに、かなりの程度重複すると考えられるが、危険の範囲と予見可能性では全く同じものを意味するものではない。それにもかかわらず、いずれの基準も、「十分に予見できなかった被害を排除する」ものであるという。すなわち、過失（3条）が予見可能な危険に合理的な注意の要件を制限するため、行為者を過失たらしめる危険は、予見可能な危険に制限されるからである。いずれの基準も本質的に一致するのであれば、従来から用いられてきた予見可能性基準を用いるべきともいえるが、「何を、誰が、いつ、予見しなければならないのかについて」不明確として危険の範囲基準を採用する旨を述べている。

また前述した子供に銃を手渡す事例で、それぞれの基準は異なる結論を導くようにみえる。危険の範囲基準については、上述したとおり、原告の請求は失敗に終わることになる。他方で、従来用いられてきた予見可能性基準によれば、子供が誰かの足に銃を落とすことは、予見不能とはいえないため、

---

(53) Robert E. Keeton, Legal Cause in the Law of Torts, 9-10（1963）など多く存在するが、論者により、若干の相違がある。
(54) RESTATEMENT THIRD, supra note 2, §29 cmt.d, illus 3.
(55) Id. §29 cmt.j.
(56) Id.

原告の請求は成功するようにみえる。しかし、指摘されているように、「何を、誰が、いつ、予見するか」を明確にしない場合、それ自体では、いずれの結論もありうる。

3 義務

7条（a）は、「行為者の行為が物理的損害危険を創出する場合、行為者は、通常、合理的な注意を行使する義務を負う。」と規定し、続く7条（b）は、「例外的な場合において、明瞭な対抗するような原理あるいは政策からすると、特定の種類の事件において責任を否定、あるいは制限することが当然である場合、裁判所は被告が義務を負わない、あるいは合理的な注意を払うべき通常の義務の修正が必要であると判断することができる。」とし、例外的に義務不存在あるいは義務の修正を行うことができる、とする。

注目すべきは、7条のコメントiである。コメントiは、「予見可能性の適切な役割」というタイトルのもと、「義務不存在の決定において予見可能性がしばしば用いられるけれども、本リステイトメントは、この実務を是認せず、義務不存在準則の根拠のより透明性のある説明を促進し、事実認定者たる陪審の伝統的な機能を保護するために、言葉に表された政策や原理に義務不存在準則を制限する」と述べる。したがって、7条（a）により、原則として義務の存在が推定されるものの、義務不存在準則を持ち出すことは可能である。しかし、義務不存在の根拠として予見可能性の使用を否定する。これは、作為義務が問題となる場合についても、同様であり、予見可能性は、不作為の背景において義務を認定する根拠とはなりえないとされた。

---

(57) Zipursky, *supra* note 50, at 1254.
(58) RESTATEMENT THIRD, *supra* note 2, §7.
(59) *Id.* cmt.i. 7条のリポーターによるノートは、Cardi, *supra* note 44, 801 を引用しており、Cardi の論文に基づいていることがわかる。*Id.*, reporter's note cmt. j, at 110. また実務を否定している点を非難するものとして Benjamin C. Zipursky, *supra* note 50, 1263 がある。これは、リステイトメントにどのような意義を認めるかに関わるが、この点については、松浦・前掲注（1）509頁参照。また第3次リステイトメントのリポーターの1人を務めた Michael D. Green, *Introduction: The Third Restetement of A Crystal Ball*, 37 Wm Mitchell L. Rev. 993, 1002(2011) は、リステイトメントという言葉が誤解を招いている、と述べる。Green の論文については松浦・前掲注（2）も参照されたい。
(60) RESTATEMENT THIRD, *supra* note 3, §37 cmt.f. なお、作為義務が課される場合につい

このことから、裁判所は、義務を否定するため、(あるいは作為義務を課すために、)予見可能性という言葉ではなく、原理や政策を用い、かつ、この原理や政策についても直接かつ明瞭に述べることが要求される。これは、次の2つの理由によると考えられる。第1に、義務で判断されるべきことは、特定のカテゴリの者に義務を課すかどうかの判断であり、具体的な被告だけに義務を課すかどうかの判断ではない。たとえば、訴えられているソーシャルホストだけに義務を課すかどうかではなく、ソーシャルホストというカテゴリの者に対して義務を課すかどうかの判断である。第2に、予見可能性は、特定の事件に特有の事実に左右されるものであり、予見可能性で判断すべきことは、法律の問題ではなく、事実の問題として陪審に判断されるべき事項といえるからである。

Ⅳ　おわりに

以上のように、従来、予見可能性の名のもとに、義務・義務違反・近因の3つの要素が判断されてきた。裁判所は、義務の問題として予見可能な範囲にある原告や被害の予見可能性を判断してきた。第3次リステイトメントは、義務要件から予見可能性を排除することにより、これらの問題が義務違反あるいは責任の範囲(近因)で判断されるべきものとする。また義務要件に関しては、これを特定のカテゴリにある者に対して義務を課すかどうかの判断とし、具体的な事実の判断を排斥し、政策や原理によって判断すべきとする[61]。

このように義務要件で裁判所が政策的判断を為すことは、ややラディカルな提案である。政策的判断は、本来立法府の役割であり、義務の判断において政策的判断を取り込むことがどの程度裁判所に浸透するかについては、明らかではない。また予見可能性という裁判所にとって便利な道具を奪うリス

ては、38条〜44条に具体的な規定がなされている。これらの規定について判断をするさいに、7条(b)と同様の原理や政策が適用可能とされる。Id. cmt.g.
(61)　Owenは、政策や原理(公平・正義・社会政策など)に基づいて義務不存在準則を用いることは、実質的意義を有し、究極的に人の意思に基づく予見可能性に基づいて用いられるよりも、不透明である、と非難している。Owen, supra note 50, 1306.

テイトメントの提案にどれだけの裁判所から賛同が得られるかは、現時点では不明であり、今後の判例の動向を注視していきたい。

　このように第3次リステイトメントがどの程度現実の判例に影響するかは、不透明ではあるが、予見可能性の問題点を指摘・整理し、改善しようとした点は評価できるのではないだろうか。すなわち、予見可能性は、その焦点を何にあわせるかにより、結論を左右させることができる。このような予見可能性の不透明性のために、裁判所が判断すべき義務要件のもとで予見可能性を用いる場合、本来陪審が判断すべき義務違反や近因についても判断することとなり、結果として陪審の権限を侵害することになる。そのため、第3次リステイトメントにおいて、予見可能性がなるべく排除される方向で規定されていることがわかる。

　また裁判官と陪審の権限については、アメリカ法特有の問題といえる。しかし、この予見可能性の不透明性については、わが国にも同様のことがいえる。また予見可能性が複数の要件において機能する場合、ある要件における予見可能性をどのように解するかによって、別の要件が影響を受けることがわかる。たとえば、義務違反における予見可能性の対象がどの程度抽象化あるいは具体化されるかによっては、責任の範囲（近因）の判断と区別することは難しくなる。わが国においても、予見可能性が過失だけでなく、損害賠償の範囲においても機能すると理解される場合、同様の問題が生じる。また過失だけに予見可能性の機能を限ったとしても、そこでの対象がどの程度の抽象化を必要とされるのかは、過失責任がどのような根拠に基づいて課されるものかという問題に関連する。これらの点については、第3次リステイトメント公刊以降の議論にも注視しつつ、今後の課題としたい。

民法上の正当防衛における第三者の救済
――侵害者の責任――

鈴 木 清 貴
Kiyotaka SUZUKI

I　はじめに
II　現在の通説
III　幾代説
IV　幾代説に対する疑問
V　現在の通説に対する疑問
VI　おわりに

I　はじめに

　民法上の正当防衛の規定である民法720条1項は「他人の不法行為に対し、自己又は第三者の権利又は法律上保護される利益を防衛するため、やむを得ず加害行為をした者は、損害賠償の責任を負わない」が、「被害者から不法行為をした者に対する損害賠償の請求を妨げない」としている。この規定が扱う場面としては、以下の4つの場面が想定されている。①防衛者が自らを防衛するために侵害者に対して反撃をする場面、②他人を防衛するために防衛者が侵害者に対して反撃をする場面、③侵害者の攻撃を避けようとして防衛者が第三者（被害者）に損害をもたらす場面、④侵害者の攻撃から第三者を防衛する（避難させる）ために防衛者がまた別の第三者（被害者）に損害をもたらす場面、である。
　これから検討を進めていきたいのは、「避難タイプ」あるいは「転嫁型」とも呼ばれる③と④の場面における被害者の損害の回復のあり方である。つ

---
(1)　澤井裕『テキストブック事務管理・不当利得・不法行為〔第3版〕』（有斐閣・2001年）164頁の図表でなされている整理に従った。
(2)　澤井・前掲注(1)164頁では、①と②を反撃タイプ、③と④を避難タイプとして区別されている。幾代通「正当防衛・正当行為など（上）―避険行為」〔日本不法行為法リステイトメント⑭〕ジュリスト901号85頁（1988年）の整理に従うと、①と②は反撃型避険行為、③と④は

まり、民法上の正当防衛における防衛者からの加害行為によって第三者に発生した損害に関する公平妥当な分担についての考察である。後に詳しく述べるように、通説は、防衛者が侵害者に対して反撃をして損害を与えた場合だけではなく、第三者（被害者）に損害をもたらした場合にも正当防衛が成立し、防衛者が第三者（被害者）に対して責任を負わないことを認める。このとき③と④の場面は区別されない。民法720条1項本文で「自己又は第三者の権利又は法律上保護される利益を防衛するため」と規定されているためである。そして第三者は民法720条1項ただし書によって正当防衛行為を引き出す原因となった侵害者に対して損害賠償を請求することとなる。

　この論考が焦点を当てようとするのはこの侵害者の責任である。通説やそれに対する異論を確認しながら、さらにそれらに批判的検討を加えて、侵害者の責任の性質を明らかにすること、そして第三者の救済を図るための解釈論を構築することを目標に議論を展開していきたい。

II　現在の通説

　侵害者の攻撃を避けようとした防衛者の加害行為によって被害者となった第三者の損害はどのように回復されるか。現在の通説は、以下のように考えている。各要件に分けて説明する。

1　他人の不法行為
　まず、民法720条1項の「他人の不法行為」である。この要件については、「他人に不法行為の成立要件としての責任能力や故意過失があることは必要

　　転嫁型避険行為ということになる。
（3）　民法学における正当防衛・緊急避難の議論に対しては、刑法学からの関心も寄せられているところである。主なものとして、曽根威彦「刑法からみた民法720条」早稲田法学78巻3号105頁（2003年）〔『刑事違法論の展開』（成文堂・2013年）所収、231頁以下〕、同『刑法の重要問題〔総論〕第2版』（成文堂・2006年）128頁以下、井上宜裕『緊急行為論』（成文堂・2007年）11頁以下、67頁以下などがある。ただしここでは刑法学の観点からの議論にはまだ立ち入らないこととしたい。本論考の目的は民法の論理の中で突き詰めて考えるべき問題がまだ残されているという観点から、これまでの議論を点検し批判的に考察することにあるからである。
（4）　加藤一郎『不法行為〔増補版〕』（有斐閣・1974年）136頁（1957年の初版136頁から変更

ではなく、その行為が客観的に不法な場合であればよい」とされる。これに対して、通説の説明は、違法性と過失を峻別するドイツ民法的発想に従うものであるが、日本民法はこのような発想を採る理論的根拠を欠いている、さらに通説の解釈は、正当防衛の要件ではなくして不法行為の不成立について述べることに帰着するものであるから実務上意味を有するか疑わしい、ということを理由として、通説のように限定を付することに反対する(すなわち不法行為の成立要件を充たすことを要求する)立場もあるが、支持する学説はまだ少数である。

2 加害行為(防衛行為)

次に、民法720条1項の「加害行為(=防衛行為)」についてである。同項からは侵害者だけではなく第三者に対する加害行為であっても正当防衛が成立し防衛者は第三者に対する責任を免れるかどうかは必ずしも明確ではない。通説は「防衛行為は、加害者に対してなされるのが普通であるが、強盗への危険をさけるために隣へ逃げ垣根をこわした場合のように、第三者に損害を与えることもある。この場合にも、正当防衛であれば、防衛者は被害者たる第三者への損害賠償責任を免れる」とする。

がない)。同旨の学説として、加藤一郎・前掲書以降で主なものを挙げておく(同書以前の学説については後述する)。加藤一郎編『注釈民法(19)』(有斐閣・1965年)331頁〔徳本鎮執筆〕、前田達明『民法Ⅵ₂(不法行為法)』(青林書院新社・1980年)110頁、松坂佐一『民法提要 債権各論(第五版)』(有斐閣・1993年)299頁、幾代通=徳本伸一〔補訂〕『不法行為法』(有斐閣・1997年)101、102頁、四宮和夫『不法行為』(青林書院・1998年〔初版7刷〕)367頁、澤井・前掲注(1)163頁、加藤雅信『新民法体系Ⅴ 事務管理・不当利得・不法行為(第2版)』(有斐閣・2005年)304頁、前田陽一『債権各論Ⅱ 不法行為法〔第2版〕』(弘文堂・2010年)69頁、橋本佳幸ほか『民法Ⅴ 事務管理・不当利得・不法行為』(有斐閣・2011年)161頁〔橋本佳幸執筆〕。

(5) 加藤一郎・前掲注(4)136頁では「客観的に不法」という表現がされているが、以降の学説は「不法」を例外なく「違法」と表記している。そうすると今度はその「違法」の意味が問題となるが、四宮・前掲注(4)367頁では「不法行為の要件としての『違法性』とは意味内容を異にする」とされている。このことについては、藤岡康宏『民法講義Ⅴ 不法行為法』(信山社・2013年)147頁も参照。

(6) 平井宜雄『債権各論Ⅱ 不法行為』(弘文堂・2000年〔初版6刷〕)95、96頁。

(7) 潮見佳男『不法行為法Ⅰ〔第2版〕』(信山社・2009年)451頁。

(8) 加藤一郎・前掲注(4)136頁。同旨を明確に述べるものとして、前田達明・前掲注(4)112頁、松坂・前掲注(4)299頁、幾代=徳本・前掲注(4)101頁、四宮・前掲注(4)368頁、平井・前掲注(6)94、95頁、澤井・前掲注(1)163頁、加藤雅信・前掲注(4)305頁、窪田

3 被害者の損害賠償

民法720条1項ただし書については次のように説明される。第三者の「被害ははじめの不法行為との間に因果関係があるから、被害者ははじめの不法行為者に対して損害賠償の請求をすることができる」。さらにこれを発展させて、第三者とはじめの不法行為者（侵害者）の「関係は中間者のやむをえない行為によって因果関係の連なったところの（無責の中間者をいわば道具に使っての）、通常の不法行為の問題である‥‥。ゆえに当初の『不法行為』者が現実に賠償義務を負うためには、その者につき不法行為の成立要件のすべて（通常は、故意・過失、責任能力など）が備わることを必要とする」と説明するものがあり、一定の支持を得ている。

4 その他の要件

その他、正当防衛が成立するためには、「自己又は第三者の権利または法律上保護される利益を防衛するため」と「やむを得ず」という要件が充たされる必要がある。「やむを得ず」という要件に関しては、侵害者に対する加害の場合と第三者に対する加害の場合とを区別して、第三者に対する加害の場合には、第三者保護の見地から、正当防衛の成立について慎重に判断するという見解がある。

充見『不法行為法』（有斐閣・2007年）248頁、潮見・前掲注（7）452頁、前田陽一・前掲（4）69頁、橋本ほか・前掲注（4）161頁、藤岡・前掲注（5）143頁。
(9) 加藤一郎・前掲注（4）136頁。
(10) 幾代＝徳本・前掲注（4）103頁。
(11) 同旨のものとして、前田達明・前掲注（4）112頁、四宮・前掲注（4）369頁、潮見・前掲注（7）452頁（第三者（被害者）は侵害者の不法行為による一種の間接被害者であるとされる）。この他にも、近江幸治『民法講義Ⅵ　事務管理・不当利得・不法行為〔第2版〕』（成文堂・2007年）147頁では、被害者は最初に不法行為を行った者に対して、「連鎖的な因果関係を通して、一般の不法行為責任を問うわけだから」、最初の不法行為者の不法行為については、「通常の不法行為要件を満たしていなければならない」とされている。橋本ほか・前掲注（4）162頁では、第三者が侵害者に過失があるかぎり、侵害者の不法行為責任を追及することができるとされている。
(12) 平井・前掲注（6）96頁、澤井・前掲注（1）164頁、吉村良一『不法行為法〔第4版〕』（有斐閣・2010年）62頁、前田陽一・前掲注（4）69頁。

5 小括

以上をまとめると、他人からの不法行為を避けるために防衛者が第三者に損害をもたらす場合に民法720条1項を適用するための条件とその結果に関する通説による理解は次のようなものとなる。すなわち、侵害者に不法行為の成立要件としての責任能力や故意・過失があることは必要ではなく、その行為が客観的に不法な場合であればよく、その不法行為を避けるために第三者に被害をもたらした場合にも正当防衛は成立し、防衛者は責任を負わないことがある。その場合には、被害を受けた第三者は最初の不法行為者（侵害者）に対して損害賠償を請求することができる。ただし、その損害賠償請求権が成立するためには侵害者に責任能力や故意・過失などの不法行為の成立要件のすべてが備わっていることが必要となる。なぜならば、第三者（被害者）の侵害者に対する損害賠償請求は侵害者の第三者（被害者）に対する不法行為責任に基づくものとして考えられるからである。

Ⅲ 幾代説

幾代通博士は、「民事上の正当防衛・緊急避難と第三者被害」[13]という論文で、比較法や立法趣旨の検討を踏まえて、正当防衛や緊急避難により第三者に損害がもたらされる場面について詳しく論じられ、民法720条1項が侵害者からの攻撃を避けるため防衛者が第三者に損害をもたらした場合においても、防衛者が責任を免れるということを認めていること（そしてそれを支持する通説）に対して批判を加えられた。幾代博士の言葉を借りて述べると次のようになる。民法720条が「有責原因者が存在しない場合の転嫁型緊急行為は原則として不免責としながら、有責原因者が存在する場合の転嫁型緊急行為は（反撃型緊急行為におけると同じく）これを免責とする」ことは「立法論としては疑問を抱かざるをえ」ず、「転嫁型緊急行為は基本的にはこれを不免責とすることが立法論としては妥当である」[14]。有責原因者が存在する場合と存在しな

---

[13] 幾代通「民事上の正当防衛・緊急避難と第三者被害」法学48巻3号1頁（1984年）（以下「第三者被害」として引用する）。

[14] 幾代・前掲注（13）「第三者被害」26頁。

い場合を区別することなく、いずれの場合も転嫁型緊急行為を不免責とすることを主張されたのである。なお、ここでいわれる「緊急行為」とは「自己または第三者の法益が侵害されるおそれがあるという緊急の事態において、この侵害を阻止・回避するために、やむをえず他人の法益に対して為される加害行為」[15]のことである。

幾代博士は上記のように主張をされるその理由を、民法720条の立法理由を批判的に検証されることにより展開される。以下ではその要旨を紹介する。

これから、法典調査会における各委員の発言を引用していくことになるが、その前に、議論の対象となった草案を確認しておきたい。法典調査会において議論された現行民法720条の原案は草案第728条である。旧民法には同様の規定は存在しなかった。草案第728条は次のような規定である。第1項が「他人の不法行為に対し自己又は第三者の権利を防衛する為め已むことを得すして加害行為を為したる者は損害賠償の責に任せす但被害者より不法行為を為したる者に対する損害賠償の請求を妨けす」というものであり、第2項は「前項の規定は他人の物により生したる急迫の危難を避くる為め其物を毀損したる場合に之を準用す」とされていた[16]。これは2004年に現代語化される前の民法720条と同じ文言である。

1 立法の理由とそれに対する幾代博士の批判①

さて、幾代博士が立法理由の第一として挙げられるのは、「他からの不法行為の被害者となりかかった（そして緊急行為を行なった）者は、そうでない事情によって緊急状態におかれた者よりも、より厚く保護されて然るべきである、とする価値判断」[17]である。その論拠として、富井政章起草委員と梅謙次郎起草委員の法典調査会における以下のような発言を指摘される。以下、引

---

(15) 幾代・前掲注（13）「第三者被害」2頁。
(16) 法務大臣官房司法法制調査部監修『日本近代立法資料叢書5　法典調査会　民法議事速記録五』（商事法務研究会・1984年）409頁。なお旧字体を新字体に、カタカナをひらがなにあらためた（以下、同様である）。現行民法720条に関する起草者の見解を検討するものとして、ここで取り上げている幾代論文のほか、錦織成史「違法性と過失」星野英一編集代表『民法講座6　事務管理・不当利得・不法行為』（有斐閣・1985年）133頁（民法720条に関しては147頁以下）がある。
(17) 幾代・前掲注（13）「第三者被害」26頁。

用をする。

　富井委員発言「一は他人が自分の権利を害しやうと云ふ不法行為がある場合一は天災と云ふ危難がある場合で其場合に如何に自分を防衛する為めとは言へ人の権利を害しても宜いと云ふことは理屈に於てひどいことはないかと云ふことで十分に考へて其場合を漏したのであります[18]」。

　梅委員発言①「第一項の場合は只他人の不法行為であるから第二項の場合よりも押広めて其場合よりももう一歩進んで他人の不法行為が原因になったときに限って第三者の物を壊はしたときでも矢張り不法行為と見ないと云ふ丈が違う‥‥物より生じたる急迫の危難と云ふ事実がないのでありますから偶然の事実である第一項の場合は他人の行為があるので其場合は第二項の場合よりいっそう保護を強くしてあると云ふただけであります[19]」。

　梅委員発言②「他人の不法行為でも何んでもない只天然の危難に遭遇して洪水とか火災とか云ふ時に自分の生命が惜しい為めに自分の財産を他人の家に投込んで他人に損害を加へたそんな場合に於ては無論七百十九條〔筆者注＝現行の民法709条〕の範囲内に於て是は損害を賠償して宜いのである御蔭で以て自分の財産が助かった自分の生命が助かったのである其為めに他人に加へた損害は賠償して善い筈である自分の財産を助ける為めに他人の財産を減らしても宜いと云ふことはない‥‥‥只今のやうな場合に損害賠償をしなければ見様に依ては不当利得をする自分の財産を保護する為めに他人の財産を減じても宜いと云ふことはどうしても理屈がないと思ひます[20]」。

　梅委員発言③「**本条の大体の精神は如何に自分が急迫の危難に遭遇したりとも急迫の危難に遭遇すればどんなことをしても宜いと云ふことではない只危難の原因となる者を取り除くに付ては他人に損害を掛けても宜いと云ふの**

---

(18)　前掲注（16）『法典調査会　民法議事速記録五』413頁。
(19)　前掲注（16）『法典調査会　民法議事速記録五』416頁。
(20)　前掲注（16）『法典調査会　民法議事速記録五』414、415頁。

が本案の主義である……不法をした人だけを殺したそれに害を加へたのは責がないとしても第三者に対して加へた損害は何ぜ償なはなければならぬかと云ふ御論が出るろじっくだと出る元来此場合は自分を防衛する為めに第三者に疵を附けた固より其人の行為に依て生じたには違ひないが其原因に遡ぽって見るとそれは他人である他人が不法行為をした為めに已むを得ず斯う云ふことをやったのである、故に仮令ひ此但書はなくても此場合に於て他人の不法行為の原因となった人間此処に謂ふ正当防衛を為した人間から不法行為を為した人間に対する賠償の権利と云ふ者は無論ある仮令ひ其人を殺しても自分の受けた損害を償ふに足らなければ向うを殺して置いても尚ほ此方は損害の賠償を求めることが出来る況んや其場合は第三者に疵を附けた、若し其第三者から防衛者に向って賠償を求むるの権ありとすれば、其結果必ず防衛者と云ふものは賠償を求むるの権利あることは疑ひを容れぬと思ふさうすれば畢竟は其不法行為が賠償の負担をすべきものであって手数も二重になってさうして動もすれば諸君が保護したい所の防衛者が先に立替へなければならぬと云っては大変不利益である此場合は元々第三者の不法行為と云ふことが一番初めの原因であるから此場合は第二項の場合には一層防衛者を保護すべき理由がある天災ではない不法行為が原因であるそれで其場合には現実の被害者が防衛者に対して賠償を求め防衛者から不法行為者に対して賠償を求める代りに被害者から直接に不法行為者に対して訴へる便法を設けて置いたのである」。

幾代博士は、他からの不法行為により防衛行為をした者は、そうでない事情によって緊急状態におかれた者よりも、より厚く保護されるべきであるという価値判断は、被害者の立場からすれば、なんら関係のない事柄であって、自己の責めに帰すべからざる原因によって不測の損害を受けるという点では同じであるとして批判される[22]。つまり、緊急行為の原因が誰かの不法行為にある場合とそうではない場合とで、転嫁型緊急行為を免責とするか不免責と

---

(21) 前掲注(16)『法典調査会 民法議事速記録五』418、419頁。重要な発言であるため幾代博士による引用より大きく引用をした。施線部が幾代博士が引用された部分である。
(22) 幾代・前掲注(13)「第三者被害」27頁。

するかの区別をすることには理由がないということになる。

2 立法の理由とそれに対する幾代博士の批判②

幾代博士が立法理由の第二として挙げられるのは、「被害者Qは原因者(不法行為者)Pに対する損害賠償請求権を認められること(720条1項但書)から、Qの救済には実質的に欠けるところはないし、また、そこでの転嫁型防衛行為者Dを免責することは、まずDがQに賠償をし、ついでDがその損害(当該賠償額)をPに向って賠償請求をするというところを一段・一回で処理するという合理性」[23]である。これは前出の梅委員発言③の後半部分にこうした記述がある。さてこうした立法理由に対しても幾代博士は批判を加えられる。原因者Pが責任無能力者である場合、被害者QのPに対する賠償請求は法律上不可能でありQは泣き寝入りをするほかなくなるし、またPが無資力であることはより実際にありそうな事態であるとされて[24]、この制度では第三者の保護に欠けるといわれるのである。

以上の批判的検討から、幾代博士は「妥当な立法政策としては、有責原因者Pが存在する場合であっても、緊急行為者Dには、一般原則どおりの不法行為責任を認めるべきである」[25]との提言をされたのである。

Ⅳ 幾代説に対する疑問

幾代博士の提言はこれからも検討され続ける価値のあるものであると考える。しかしながら、そこでなされた立法理由に対する幾代博士の批判にはいくつか疑問がある。どちらの批判も、避難タイプ・転嫁型の正当防衛において被害を受けた第三者の救済が不十分であるという観点からの批判である。

第一の批判について検討しよう。その批判によれば、現行法は、他人からの不法行為を避けるために第三者に加害行為をした者(防衛者)に免責を与えることで、天災を避けるために第三者に加害行為をした者よりも保護してい

---

(23) 幾代・前掲注(13)「第三者被害」27頁。
(24) 幾代・前掲注(13)「第三者被害」27頁。
(25) 幾代・前掲注(13)「第三者被害」28頁。

るが、被害を受けた第三者からするとその区別は正当化できないとされるのである。しかし、第三者の救済の具体的な手段である損害賠償ということを考えてみると、他人からの不法行為の場合には第三者（被害者）はこの者（侵害者）に損害賠償を請求することのできる立場にあるし（民法720条1項ただし書）、天災の場合には直接の加害行為者に対して第三者（被害者）は損害賠償を請求することができるのである。いずれの場合も損害賠償を救済を受けることはできるのである。はたして幾代博士のいわれるように第三者の保護に欠けているといえるだろうか。侵害者からの攻撃を避けた防衛者を保護することを否定しないと第三者の救済が不可能になるというわけではないのである。

　次に第二の批判である。こちらのほうが第一のものよりも問題をはらむものであると思われる。第二の批判に対する疑問を述べるために、前出の梅委員発言③を詳しく検討してみよう。梅委員の説明から理解されるのは、他人の不法行為を避けるために第三者に対して加害行為をした者（防衛者）が責任を負わないことは、論理からの帰結ではなく、草案728条1項但書という「便法」を設けたことによるものであるということである。それは天災を避けるために第三者に対して加害行為した者よりも他人の不法行為を避けるために第三者に対して加害行為をした者を保護するためである。論理に従うと、他人の不法行為を避けるために第三者に加害行為をした者（防衛者）は不法行為責任を負い、その損害を最初の不法行為者に請求するということになる（防衛者にはその権利も認められる）。しかしそれでは手間が増えるし、加害行為者（防衛者）はまず賠償の負担を立て替えるということにもなり不利益を被ることになる。そこで草案728条1項但書を設けることで、最終の被害者である第三者から最初の不法行為者に対して直接に損害賠償の請求をすることを可能にして、その代わりに、加害行為者（防衛者）は第三者に対する責任は負わないとしたということである。まさに穂積委員の趣旨説明にある通り、「直接に加害行為を加へました者に責がないと云ふことを明かに示す為めに

---

(26)　この違いが生じる理由に関連して、窪田・前掲注（8）248頁では、民法が「最初の危険が不法行為によるものであることを要求するのは」、この場合には、「直接の加害者の責任を否定しても、当初の不法行為者の責任を追及することが可能」であるのに対し、「危険が自然現象によって生じたというような場合、不法行為責任を否定することは、当該被害者が終局的な損害負担者になるということを意味し、適当ではないという判断による」ためであるとされている。

此但書が這入った(27)」ということなのである。

　幾代博士の分析では、侵害者が責任無能力者であったり無資力であったりした場合に第三者が侵害者に責任を追及することができなくなる点を問題視されているが、民法720条1項にただし書が設けられたその理由、つまり侵害者に対して第三者(被害者)から直接に損害賠償請求することを認めたので、その代わりに、論理上は責任を負うはずの防衛者が第三者に対して責任を負わないものとしたということにはあまり重点がおかれていないように思われる。このように立法の理由を受けとめるならば、幾代博士の批判のように侵害者に対して損害賠償を請求することは実際には不可能なことがあると嘆いて第三者(被害者)の救済のために防衛者の免責を認めないとすることよりも、侵害者に対する損害賠償請求権を活かす方策を考えるほうがより立法の理由に沿ったものになるのではないかと思われる。

Ⅴ　現在の通説に対する疑問

　侵害者に対する第三者(被害者)損害賠償請求権を活かそうとする場合に、なおここでさらに考えなければならないのは、前出の梅委員発言③にある「便法」の意味である。これは「便法」として侵害者(最初の不法行為者)に対して第三者(被害者)から直接の「不法行為責任」を追及することを認めると

---

(27)　前掲注(16)『法典調査会　民法議事速記録五』409、410頁。穂積陳重起草委員は法典調査会で現行の民法720条にあたる草案第728条の趣旨説明をしている。1項但書については次のように説明している。「但書が最も多くの適用のあります場合であります。他人から不法にして且つ急迫なる攻撃を受けて自分が已むを得ずして防禦致します場合に誤って第三者に疵を附けるとか誤って第三者の財産を害しますとか脇に立って居る人に杖の先が当ったとか或いは屋台店を転覆したと云ふやうなことは幾らもあります。それは防衛者の行為に非ずして其原因を為した所の攻撃者の行為にありますから其場合には直接に加害行為を加へました者に責がないと云ふことを明かに示す為に此但書が這入ったのであります」(同書同頁)。

(28)　幾代・前掲注(13)「第三者被害」27頁で「転嫁型緊急行為を免責すべきか否かの問題は、有責原因者Pから究極的な損失塡補を得られないというリスクを、緊急行為者Dと、その被害者Qとの、どちらに負担させるのが妥当か、という問題に帰着する」とされるが、それは有責原因者から損失塡補を得られないという前提に立たれているからそのような判断になるだけで、もし有責原因者から損失塡補を得られるという前提に立てばそのようなことにはならないはずである。例えば、侵害者に責任能力がないときには、民法714条によるとする主張もなされているのである（戒能通孝『債権各論』（厳松堂・1943年）454頁）。

いうことなのだろうか。第三者（被害者）から侵害者（最初の不法行為者）に対して損害賠償を請求することができるとしても、その請求は、いかなる性質を有するものなのかということである。法典調査会・民法議事速記録からは、そのことまでは明らかとはならない。また民法修正案理由書においても「加害行為を為したる者か自己に不法行為を加へたる者以外の第三者に損害を加へたる場合に於ても其責に任せさる点に於ては往々疑義を生することなしとせす」、それゆえ「加害行為者は何人に対しても損害賠償の責に任せさる旨を明にし殊に但書の規定に依りて被害者は加害者をして損害を加ふるに至らしめたる者即ち加害者に対し不法行為を為したる者に対して損害賠償の請求を為すことを妨けさる旨を示せり」とされるだけでその性質までは明らかではない。「不法行為」をした「他人」に対する被害者からの損害賠償請求であるのだから、その責任は不法行為責任であるとするのが当然ということのようでもある。現在の通説が「不法行為責任」として考えていることについてはⅡで示した。以下では、侵害者の第三者（被害者）に対する責任が不法行為責任であるという通説が形成される過程について簡単に検討をした後、通説に対して疑問を提起し、簡単ながら私見を明らかにしたい。

1　通説の形成
(1) 判例

まず判例を紹介しよう。通常この問題に関する判例として取り上げられるのは、大判明治31年（1898年）5月27日民録4輯91頁の一件である。この判決は、「民法施行前のもので、かつ抽象論ではあるが―正当防衛行為の被害者の不法行為者に対する損害賠償請求（720条1項但書）に関する」判例として位置づけられている。

事実関係は次のようである。鉄道工事が不完全であったために強雨により鉄道線路東側の低地にため池状に水が停滞したところ、線路が壊れてその水

---

(29) 廣中俊雄編著『民法修正案（前三編）の理由書』（有斐閣・1987年）682、683頁。
(30) 我妻栄編（四宮和夫著）『体系民法判例Ⅵ　事務管理・不当利得・不法行為』（有斐閣・1968年）359頁。上流で線路を破壊した住民と下流の被害者が別主体であることを当然のこととされているため、民法720条1項但書の例として整理されたものと思われる。しかし本判決では線路を破壊した住民も下流の被害者も同じく被上告人として扱われていることに注意が必要である。

が奔流し線路西側の川の下流に連なる土地に水害がもたらされた。被害住民Xらが鉄道布設者である逓信省Yに対して損害賠償を請求した事案である。Yは、原審において、線路は上流でXらによって破壊されたと主張し、それが原因で生じた下流における被害についてYには責任がないとした。これに対し、原判決は線路の工事が不完全であったために線路は水の勢いで破壊されたと認定している。Yは上告理由で「原判決は間接の事項に対し損害賠償の責任を負担せしめたる不当の判決」だとしたが、大審院は以下のように判示した。

　鉄道工事を設計するにあたっては、時として遭遇する強雨出水のような仮にも人の予想しうるものであれば、この地形で強雨出水に遭遇したならば、どのような変状を来すことになるかについて考量し、水害を防止するのに足るべき完全な方法を定めて築造すべきは工事担当者の当然の責務であるところ、本件のような何人も予想しうべき強雨出水の場合をおもんぱからず、通常平水の場合を標準としてみだりに水路を変更したちまち他人に損害を及ぼすような工事を為すにおいては実に不注意のはなはだしいものといわなければならない。そして「X等か鉄道線を破壊したるは危害の生命財産に及ふ為め止むを得さるに出てたる正当防衛の行為なりとすれは破壊を為すに至らしめたる危害の原因即ち鉄道工事の不完全は延て下流者被害の直接原因となる可き筋合なり殊に原判決は其前段に於て明に鉄道線は全く水勢の為めに破壊したるものにしてX等の所為にあらさる事実を認定しありて今Yの攻撃する原判決理由は仮定を以て為したる付加の理由に過きす旁々本論旨は其理由なし」とした。Yは下流の被害者（これもXらである）に対して損害賠償の責任を負うものとされたことから、侵害者に対する被害者の損害賠償請求権を認めた例として挙げられている判例ということになる。

（2）学説

　民法制定期そして制定後20年くらいまでの間、学説では、民法720条1項本文の「他人の不法行為」という要件には条件が付されることもなく、特

なお、森山武市郎編『学理的分類　判例債権法（各論）』（松華堂・1935年）819頁は、この判決を、因果関係の項目のもと、「因果関係存在の例」のうち、「其他の原因の競合介入する場合」のひとつとして分類整理されていることが関心を引く。

に説明が加えられないことも少なくなかった。現在の通説のように、故意・過失、責任能力といった要件が充たされていなくても客観的に違法な行為であれば「他人の不法行為」であるという説明が明確に見られるようになってくるのは、川名兼四郎博士が責任能力のない者（幼児）に対しても正当防衛が成立するとして、ここでの不法行為とは厳格な意味の不法行為ということはできず、「不法行為と云ふは不法なる行為の意味にして、其侵撃か不法なる場合乃ち法律の規定に違反する場合のみを意味するものと考ふ」とされてからのことである。これが以降の学説に受け継がれて通説が固まった。

　さて、この議論は民法720条1項ただし書の解釈にも影響を与える。ただし書では被害者が「不法行為をした者」に損害賠償を請求するからである。現在の通説はその損害賠償請求権が成立するためには「不法行為をした者」に責任能力や故意・過失などの不法行為の成立要件のすべてが備わっていることが必要となると解している。既に紹介したように初期の学説は同条1項本文の「他人の不法行為」という文言について特に条件を加えていなかった。このため、ただし書の「不法行為をした者」にも条件は加えられず、正当防衛から生じた損害は「自己の不法行為の客観的範囲に帰すへき部分の結果」であるとか、正当防衛によって生じた損害は「不法行為者の行為に基因」したものであるとか、その損害はむしろ侵害者の「所為より生じたるものと視る」とか、さらには、損害賠償を請求することができるのは「素より当然である」といった説明がなされていた。

---

(31) 学説として、岡松参太郎『注釈民法理由　債権編』（有斐閣書房・1897年）497頁、菱谷精吾『不法行為論』（清水書店・1912年）226頁（「現実の不法行為者」であるとされる）、梅謙次郎『民法要義　巻之三』〔大正元年版の復刻版のオンデマンド版〕（有斐閣・2001年）910頁、横田秀雄『債権各論』（清水書店・1915年）894頁を参照した。
(32) 川名兼四郎『債権法要論』（金刺芳流堂・1915年）747頁。
(33) 末弘厳太郎『債権各論』（有斐閣・1918年）1055頁、鳩山秀夫『日本債権法各論』（岩波書店・1922年）887頁、我妻栄『事務管理・不当利得・不法行為』〔1937年刊行のものの復刻版〕（日本評論社・2004年）148頁。さらにこれらを引き継ぐ学説として、戒能通孝・前掲注（28）453頁、勝本正晃『債権法概論（各論）』（有斐閣・1949年）287頁などがある。Ⅱで紹介をした加藤一郎・前掲注（4）136頁以降の学説も、これらの先行する学説を受け継いだものであるといえる。
(34) 菱谷・前掲注（31）232頁。
(35) 横田・前掲注（31）895頁。
(36) 梅・前掲注（31）910頁。

学説の転換が始まったのは、末弘博士が「第三者は不法行為者に不法行為要件完備せるに限り」[38]損害賠償を請求することができるとされてからである。末弘博士の見解が引き継がれて、現在の通説に至っている[39]。「他人の不法行為」という要件に条件が付されたことと連動して、第三者が「不法行為をした者」にする損害賠償請求権が成立するためには不法行為の要件がすべて充たされるということが必要とされるようになったのであり、これによりその責任は不法行為責任であると理解されることが確実となった。

2 疑問そして私見

しかし、通説は「他人の不法行為」の意義と民法720条1項ただし書の成立要件とその責任の性質を明確にしたことで、かえって隘路に嵌まったといえるのではないか。それは侵害者（不法行為をした者）が第三者（被害者）に対して直接に不法行為責任を負うことの筋道をめぐる以下のような苦しい説明に表れている。すなわち、第三者と初めの不法行為者（侵害者）の「関係は中間者のやむをえない行為によって因果関係の連なったところの（無責の中間者をいわば道具に使っての）、通常の不法行為の問題である」[40]とされるのである。はたして中間者（防衛者）は道具とみなすことのできる存在であろうか。中間者（防衛者）の行為は「その自由な意思に基づいて選択」されていると考えることもできるのである[41]。この構成は他人を機械とする不法行為の構成に通じると思われるが、それによるとすると、ここでの中間者（防衛者）の行為が、中間者の独立の意思によってなされ、初めの不法行為者（侵害者）の意思には少しも影響を受けないときには、初めの不法行為者（侵害者）の責任は成立しないこととなろう[42]。比喩であっても道具というならば、その結果は侵害者の意図した結果ないしは予見し予見可能であった結果ということに

---

(37) 岡松・前掲注 (31) 496頁。
(38) 末弘・前掲注 (33) 1056頁。なお、川名・前掲注 (32) 750頁では、「不法行為をした者」に不法行為の成立要件が充たされることを要求する記述はなされていない。
(39) 鳩山・前掲注 (33) 889頁、我妻・前掲注 (33) 148頁、戒能・前掲注 (28) 454頁など。
(40) 幾代＝徳本・前掲注 (4) 103頁。同旨のものとして、我妻・前掲注 (33) 149頁、前田達明・前掲注 (4) 112頁、四宮・前掲注 (4) 369頁、潮見・前掲注 (7) 452頁。
(41) 幾代・前掲注 (13)「第三者被害」28頁。
(42) 我妻・前掲注 (33) 113頁の記述を参考にした。

ならなければならないと考えられるが、正当防衛の場合、防衛者が侵害者に反撃をするのか、第三者に対して加害行為をするのか、そのようなことまで意図しあるいは予見することはできないと思われるのである。

翻って考えてみると、前出の梅委員発言③によれば、民法720条1項ただし書は、第三者（被害者）の損害を加害行為者（防衛者）が賠償し、その損害を侵害者が加害行為者（防衛者）に対して賠償するということを避けるための「便法」なのである。そこには二つの不法行為があることが想定されているのであり、これを前提とした場合、侵害者の第三者（被害者）に対する直接の損害賠償責任（民法720条1項ただし書）が不法行為責任となるということは、理論的にはいえないはずである。

では、侵害者の責任が不法行為責任ではないとしたら、その責任はいかなる責任ということになるのか。ここまでくると、民法720条1項ただし書は、侵害者の不法行為責任を規定したものではなく、「便法」として、侵害者の責任を当然の責任として特別に法定したものであるという見方が立ち上がってきてもおかしくはないであろう。こうした民法720条1項ただし書を活かすという観点からの解釈こそが、第三者の救済を図ることに資するのではないかと思うのである。

Ⅵ　おわりに

不法行為者（侵害者）の第三者（被害者）に対する直接の不法行為責任は、本来認められないはずのものである。民法720条1項ただし書は、その認められないはずの不法行為者（侵害者）の責任を民法709条の成立を待たずに認める特別の規定である。こうした考え方は通説とは異なる。しかし、第三者（被害者）に対する直接の加害行為者（防衛者）の行為が正当防衛にあたり、この者が責任を負わないとする以上、不法行為者（侵害者）の責任を認めることが求められるときに、その責任の成立を容易にする構想もありうるのではないかと考えて検討を進めてきた。こうした構想を結論として提示するには、まだその構想自体が未熟であるということは十分に承知しており、ここでは今後の展望を示したということになる。この構想は、民法709条に基づ

く一般的な不法行為責任と比べ、侵害者には厳格な責任を課し、被害者となった第三者を保護することにつながるが、そのことをどのように正当化するのか、この論考ではまだ明らかにすることができていないからである。

　ところで、不法行為者（侵害者）の責任の成立を容易にするという構想は、第三者（被害者）に対する直接の加害行為者（防衛者）の責任が正当防衛であり、この者は責任を負わないということを前提としてきた。これに対し、直接の加害行為者の行為が正当防衛であるとされてもなお、この者は第三者に対して賠償義務を負担すべきであるという見解がある[43]。もしこうした見解によって立つことができるとすると、この賠償義務と不法行為者（侵害者）の責任との関係ということを考える必要が生じる。またこの論考では、正当防衛者が損害賠償責任を負担しなくてよいとするのはなぜかという「根本の問題」[44]についても十分に検討をするところがなかった。こうした問題を今後も明らかにしていきたい。

---

(43)　幾代・前掲注 (13)「第三者被害」31 頁。
(44)　藤岡・前掲注 (5) 151、153 頁。

損害賠償事案における症状固定概念の
意義・役割と今後の課題

円 谷　　順
Jun TSUBURAYA

Ⅰ　損害賠償事案における症状固定概念の意義・役割
Ⅱ　症状固定概念の限界と課題
Ⅲ　おわりに

Ⅰ　損害賠償事案における症状固定概念の意義・役割

1　症状固定の意味

（1）症状固定は、労働者災害補償保険法（以下、「労災保険法」という。）に基づく傷害補償制度の概念を準用するものであり、労災保険法の「治ゆ」と同解釈をされている。このため、症状固定概念は、医学上の概念ではなく、法律上の概念である。

仮に症状固定の判断がされた場合であっても、その対象が人間である以上、当該症状については一定程度の快復や増悪は当然あり得ることであり、かかる一定程度の快復や増悪が症状固定後に発生した、または症状固定前後に存在したとしても、直ちに症状固定を否定することは、訴訟経済や被害の早期回復という観点からしても妥当ではない。具体的に言えば、頚椎捻挫にて後遺障害等級第14級9号の後遺障害を負った場合、理論的に言えば当該頚椎捻挫はその症状が消失することはないはずであるが、数年経過することにより、その症状が消失することはむしろ当然といっても過言ではない。また、その他の例としては、高次脳機能障害患者がジョブコーチによるトレーニングを受けることにより、機能が快復し、一定の就労が可能となるケースも多数認められる。

このため、仮に、「症状固定」が、後遺障害の発症前と同じ健康状態に戻っ

たことを意味する「完治」であることが必要とすれば、いつになっても損害の算定が不可能となり、加害者及び被害者の双方にとって必ずしも合理的な結果とならない。

以上のとおり、症状固定といえるためには、仮に完全なる症状の確定がない場合であっても、負傷又は疾病に対して、医学上一般に認められた医療を行っても、その医療効果が期待し得ない状態に至ったものであり、負傷にあっては創面が癒着し、その症状が安定し医療効果が期待できなくなったとき、疾病にあっては急性症状が消退し、慢性症状は持続してもその症状が安定し、医療効果がそれ以上期待できない状態であれば足りるものである[1]。

（2）そのように定義される症状固定概念が、現代の損害賠償理論において重要な概念となっていることは言うまでもない。詳細については後述するが、後遺障害を伴う人身損害の損害賠償事案においては、症状固定概念は、損害区分及び時効の起算点としての意味を有する。

本稿においては、損害賠償実務において、伝統的に用いられてきた症状固定概念の意義・役割を再確認するとともに、現在直面している問題について一考察をする。

2 損害算定における症状固定概念の意義・役割
（1）損害区分としての症状固定概念

損害賠償実務において、後遺障害を伴う人身損害は、傷害分及び後遺障害分に分類される。傷害分及び後遺障害分の損害は、大きく以下のとおり分類される。なお、詳細な損害費目については、公益財団法人日弁連交通事故相談センター東京支部編「民事交通事故訴訟　損害賠償額算定基準」を参照されたい。

　A：傷害分
　　a：入通院治療費

---

[1] この点について、福永政彦大阪高裁判事（当時）は、「実務では、訴訟の促進、被害者の早期救済の観点から、この点をそれほど厳格には考えずに、症状が完全に固定せず将来における治療の余地が幾分残っていても、事故後に残っている症状を後遺症に準じて把握して後遺症による逸失利益を認めているものといえる」と解説する（『新版注解交通損害賠償法2』青林書院122頁）。

b：休業損害
　　c：入通院慰謝料
　　d：その他（介護費用、交通費、入院雑費等）
　B：後遺障害分
　　a：逸失利益
　　b：後遺障害慰謝料
　　c：将来介護費用
　　d：その他（家屋改造費、将来治療費等）

　上記のうち、A傷害分は症状固定日以前の損害であり、B後遺障害分は症状固定日以後の損害である。裁判その他紛争解決の場面においては、被害者は、A傷害分の損害は具体的に発生した損害額を算定し、B後遺障害分の損害は将来発生する蓋然性が認められる損害額を算定することが通常である（もちろん、裁判においても症状固定日と訴状提起日や事実審の口頭弁論終結日との間には一定の時間が必要である以上、後遺障害分の損害についても現に発生している損害があることは当然である。）。

　そして、B後遺障害分の損害については、現に損害額が確定しているものではなく、将来発生する蓋然性がある損害を請求することとなる以上、その算定方法が重要となる。損害賠償実務においては、逸失利益は、労働能力可能年齢を67歳までとして、症状固定日から67歳までの期間（計算上は、同期間に対応したライプニッツ係数となる。）に、後遺障害等級表・労働能力喪失率記載の労働能力が喪失したものとして、労働能力喪失割合を乗じて、算出がされる。また、将来介護費用は、症状固定日から平均余命年数までの期間（計算上は、同期間に対応したライプニッツ係数となる。）に、年間の介護費用を乗じて、算出がされる。

　なお、逸失利益及び将来介護費用の基準点を症状固定日とすることは、同時点から中間利息を控除し、事故発生時から症状固定日までについては中間利息を控除しないこととなり、加害者にとって過大な損害賠償義務を負担さ

（2）　損害賠償実務において、ライプニッツ係数が採用されていることについては、井上繁規他「交通事故による逸失利益の算定方式についての共同提言」（判例タイムズ1014号62頁）を参照されたい。

せる可能性があることを背景に、逸失利益及び将来介護費用の中間利息控除の基準時を症状固定日ではなく、事故時または紛争解決時とする見解も主張されている。しかしながら、大阪高裁平成21年3月26日判決(自保ジャーナル1780号2頁)が「抽象的には不法行為日である本件事故日に損害が発生しているとはいえるものの、後遺障害による損害である逸失利益は症状固定時に具体化するものであること、被害者における利殖可能性を理由とする中間利息控除の基準時と加害者における債務の履行遅滞を理由とする遅延損害金の発生時とは必ずしも厳密な論理的関連性があるとはいえないこと、遅延損害金は単利で計算されるのに対し、中間利息控除は複利で計算していること及び治療費や休業損害については実務上中間利息控除を行っていないこと等を考慮すれば、本件において症状固定時を基準として中間利息を控除しても、損害の公平な分担という不法行為法の理念に背馳するとまではいえず、一定の合理性を有しているということができる。」と判示している内容等から、て、原則として中間利息控除の基準時を症状固定日とし、例外的に損害の公平な分担が担保できない場合(具体的には事故時から症状固定日まで長期間が経過した場合など)、中間利息控除の基準時を事故時とする取扱いをすることが相当である。

(2) 差額説・労働能力喪失説との関係

上記のとおり、症状固定概念は現在の損害賠償実務においては、損害区分としての意義・役割を有しているが、上記の逸失利益の損害算定方法からわかるとおり、現在の損害賠償実務は、労働能力喪失率により逸失利益の算定をしている(労働能力喪失説)。

これに対し、我が国の判例は、大審院以来、差額説を採用しているとされており、たとえば、最高裁昭和39年1月28日第1小法廷判決(民集18巻1号136頁)は、「思うに、民法上のいわゆる損害とは、一口に云えば、侵害行

---

(3) この点についての詳細な解説は、浅岡千香子『民事交通事故訴訟 損害賠償額算定基準下巻(講演録編)2007(平成19年)』171頁を参照されたい。

(4) なお、最高裁平成22年9月13日第1小法廷判決(民集64巻6号1626頁)は、「一般に、不法行為の時から損害が現実化する時までの間の中間利息が必ずしも厳密に控除されるわけではないこと」を、労災保険給付や各種年金給付が損害賠償金の元本に充当されることの理由の一つとしている。

為がなかったならば惹起しなかつたであろう状態（原状）を（a）とし、侵害行為によって惹起されているところの現実の状態（現状）を（b）とし、a－b＝x そのxを金銭で評価したものが損害である。」と判示しているところ、上記判示内容自体は差額説そのものである。また、最高裁平成5年3月24日大法廷判決（民集47巻4号3039頁）は、「不法行為に基づく損害賠償制度は、被害者に生じた現実の損害を金銭的に評価し、加害者にこれを賠償させることにより、被害者が被った不利益を補てんして、不法行為がなかったときの状態に回復させることを目的とするものである。」と判示し、差額説を前提としていることが認められる。

　他方、最高裁昭和42年11月10日第1小法廷判決（民集21巻9号2352頁）は、「交通事故による傷害のため、労働力の喪失・減退を来たしたことを理由として、将来得べかりし利益喪失による損害を算定するにあたって、上告人の援用する労働能力喪失率が有力な資料となることは否定できない。しかし、損害賠償制度は、被害者に生じた現実の損害を填補することを目的とするものであるから、労働能力の喪失・減退にもかかわらず損害が発生しなかつた場合には、それを理由とする賠償請求ができないことはいうまでもない。」と判示し、労働能力喪失率を損害算定の根拠とすることについての一定の理解を示す。また、最高裁昭和56年12月22日第3小法廷判決（民集35巻9号1350頁）は、「かりに交通事故の被害者が事故に起因する後遺症のために身体的機能の一部を喪失したこと自体を損害と観念することができるとしても、その後遺症の程度が比較的軽微であって、しかも被害者が従事する職業の性質からみて現在又は将来における収入の減少も認められないという場合においては、特段の事情のない限り、労働能力の一部喪失を理由とする財産上の損害を認める余地はないというべきである。」と判示しつつも、同時に、「現状において財産上特段の不利益を蒙っているものとは認め難いというべきであり、それにもかかわらずなお後遺症に起因する労働能力低下に基づく財産上の損害があるというためには、たとえば、事故の前後を通じて収入に変更がないことが本人において労働能力低下による収入の減少を回復すべく特別の努力をしているなど事故以外の要因に基づくものであって、かかる要因がなければ収入の減少を来たしているものと認められる場合とか、労働能

力喪失の程度が軽微であっても、本人が現に従事し又は将来従事すべき職業の性質に照らし、特に昇給、昇任、転職等に際して不利益な取扱を受けるおそれがあるものと認められる場合など、後遺症が被害者にもたらす経済的不利益を肯認するに足りる特段の事情の存在を必要とするというべきである。」と判示し、特段の事情がある場合には、実損が発生していなくとも、損害を認めることを明らかにしている。さらに、最高裁平成8年4月25日第1小法廷判決（民集50巻5号1221頁）は、「労働能力の一部喪失による損害は、交通事故の時に一定の内容のものとして発生しているのであるから、交通事故の後に生じた事由によってその内容に消長を来すものではなく、その逸失利益の額は、交通事故当時における被害者の年齢、職業、健康状態等の個別要素と平均稼働年数、平均余命等に関する統計資料から導かれる就労可能期間に基づいて算定すべき」と判示しており、人身損害について、差額説から労働能力喪失説に傾きつつあるという評価がされよう。

　実際の案件において、たとえば、後遺障害別等級表・労働能力喪失率記載の労働能力喪失率が35％の場合（後遺障害等級第9級相当）であっても、現実の収入には減少が認められないことも少なくない。ただし、そのような場合であっても、現在の就職先が被害者の就業状況に配慮することにより、従前と同様の業務が実施できているために、減収がないだけの可能性もあり、転職等の事情により、減収が顕在化することもある。このため、後遺障害を負った被害者に減収がないことから直ちに、当該被害者に逸失利益がないと判断することは相当ではない。このような場合には、裁判実務上、後遺障害等級を一段階変更し、後遺障害等級第9級相当ではなく、後遺障害等級第10級相当の労働能力喪失率により、逸失利益が算定されることもある。

3　時効の起算点としての症状固定の意義・役割
（1）不法行為による損害賠償請求権の時効の起算点

　民法第724条は、「不法行為による損害賠償の請求権は、被害者又はその法定代理人が損害及び加害者を知った時から三年間行使しないときは、時効によって消滅する。不法行為の時から二十年を経過したときも、同様とする。」と規定する。症状固定概念との関係においては、「損害を知ったとき」がい

つであるかが問題となる。

　この点についての学説は、①事故時において予見可能な損害かどうかで区別し、事故時に予見可能な損害は事故時を起算点とする見解、②症状固定の診断を受けた日を起算点とする見解、③症状固定日を起算点とする見解に大別される。[5]

　裁判例として、最高裁昭和42年7月18日第3小法廷判決（民集21巻6号1559頁）が上記①の見解を採用しているかの如くの判示をしたものの、最高裁平成16年12月24日第2小法廷判決（集民215号1109頁）は、「前記の事実関係によれば、被上告人は、本件後遺障害につき、平成9年5月22日に症状固定という診断を受け、これに基づき後遺障害等級の事前認定を申請したというのであるから、被上告人は、遅くとも上記症状固定の診断を受けた時には、本件後遺障害の存在を現実に認識し、加害者に対する賠償請求をすることが事実上可能な状況の下に、それが可能な程度に損害の発生を知ったものというべきである」と判示し、時効の起算点を症状固定の診断を受けた日としている。[6]

　被害者は医療の素人であり、主治医から症状固定の診断を受けない場合に、「後遺障害の存在を現実に認識し、加害者に対する賠償請求をすることが事実上可能な状況の下に、それが可能な程度に損害の発生を知った」と判断することは、自然な解釈ではない。また、症状固定により後遺障害分の損害の

（5）　この点についての詳細な解説は、来司直美『民事交通事故訴訟　損害賠償額算定基準2002（平成14年）』336頁を参照されたい。

（6）　同最高裁判決は、「被害者が不法行為に基づく損害の発生を知った以上、その損害と牽連一体をなす損害であって当時においてその発生を予見することが可能であつたものについては、すべて被害者においてその認識があつたものとして、民法七二四条所定の時効は前損害の発生を知った時から進行を始める」と判示しつつ、「受傷時から相当期間経過後に原判示の経緯で前記の後遺症が現われ、そのため受傷時においては医学的にも通常予想しえなかつたような治療方法が必要とされ、右治療のため費用を支出することを余儀なくされるにいたつた等、原審認定の事実関係のもとにおいては、後日その治療を受けるようになるまでは、右治療に要した費用すなわち損害については、同条所定の時効は進行しないものと解するのが相当である。けだし、このように解しなければ、被害者としては、たとい不法行為による受傷の事実を知ったとしても、当時においては未だ必要性の判明しない治療のための費用について、これを損害としてその賠償を請求するに由なく、ために損害賠償請求権の行使が事実上不可能なうちにその消滅時効が開始することとなって、時効の起算点に関する特則である民法七二四条を設けた趣旨に反する結果を招来するにいたるからである。」と判示している。

算定が可能となるにもかかわらず、症状固定の診断がされない場合に時効の進行を認めることは、被害者に対してとりあえずの訴訟提起を強いることとなり、その結果、加害者にも無用な応訴負担を掛けることとなり、訴訟経済上も問題がある。このため、傷害分及び後遺障害分のいずれの損害についても症状固定の診断を受けた日を時効の起算点とすることが合理的である。[7,8]

　ただし、実際の損害賠償実務においては、症状固定の診断を受けた日と症状固定日は同一であることが通常である。

　また、傷害分と後遺障害分の損害の時効の起算点を異にすることも不合理である。実際の損害賠償請求事件においては、被害者は傷害分と後遺障害分との損害を合計して、損害賠償請求をすることが通常であるし、訴訟経済上も合理的である。また、事故発生から症状固定まで3年間以上かかる事例も決して珍しいものではない。特に若年者の高次脳機能障害等にはその傾向が顕著である。傷害分の損害と後遺障害分の損害の時効の起算点を異にすると、このような場合、症状固定が未了であるにもかかわらず、被害者に傷害分の損害のみについて請求を強いることなり、現実的ではない。さらに、訴訟物理論からも、傷害分と後遺障害分の損害の時効の起算点が異なることは、不合理である。すなわち、最高裁昭和48年4月5日第1小法廷判決（27巻3号419頁）は、「同一事故により生じた同一の身体傷害を理由とする財産上の損害と精神上の損害とは、原因事実および被侵害利益を共通にするものである

---

(7)　大阪地裁平成11年1月28日判決（交民集32巻1号228頁）、大阪地裁平成14年2月26日判決（交民集35巻1号280頁）、東京地裁平成14年7月22日判決（交民集37巻3号705頁）等

(8)　なお、大分地裁平成20年7月18日判決（判タ1300号270頁）は、症状固定日から症状固定の診断を受けた日までに約8ヶ月間が経過した事案において、「本件最高裁判決（筆者注：最高裁昭和48年11月16日第2小法廷判決）の事案は、症状固定日と症状固定の診断書が出された日が同一であったものであって本件とは事案を異にする上、『遅くとも上記症状固定の診断を受けた時』との記載に照らせば、必ずしも症状固定の診断を受けた日よりも前に消滅時効が進行することを排除するものではないと考えるのが相当である。むしろ、消滅時効の起算日に当たっては、民法724条の文言に従い、原告が、加害者に対する賠償請求をすることが事実上可能な状況の下に、それが可能な程度に損害及び加害者を知ったのはいつなのかについて、具体的に検討する必要がある」と判示し、症状固定の診断を受けた時よりも前の時点を時効の起算日としている。上記大分地裁判決の事案は、頸椎捻挫及び腰椎捻挫の傷害により3年以上も通院した特殊事案であり、一定の価値判断により、症状固定の診断を受けた時よりも前の時点を時効の起算日としていることが窺われる。

から、その賠償の請求権は一個であり、その両者の賠償を訴訟上あわせて請求する場合にも、訴訟物は一個であると解すべきである。」と判示しているところ、傷害分の損害と後遺障害分の損害はあわせて1個の訴訟物にもかかわらず、各々で時効の起算点が異なるとすることには無理があろう。

なお、同様の理由により、長期間の治療により、結果、後遺障害が発生しなかった場合も、時効の起算点は、症状固定の診断を受けた日とすることが相当である。

（2）保険代位による時効の起算点の変動の是非

現在、自動車保険契約には、人身傷害補償保険が付されていることが通常である。人身傷害補償保険は、被保険者が自動車事故により人身損害を被った場合、保険者である保険会社が保険約款に従い算出される保険金を支払うことを内容とする保険契約である。保険会社が被保険者に対し、人身傷害補償保険金を支払った場合、保険会社は、保険法第25条1項に基づき、被保険者が加害者に対して有する損害賠償請求権に代位する（いわゆる保険代位である。）。

近時、人身傷害補償保険金の代位取得の範囲について、下級審にて判断が分かれていたが、最高裁平成24年2月20日第1小法廷判決（民集66巻2号742頁）及び最高裁平成24年5月29日第3小法廷判決（集民240号261頁）が、いわゆる訴訟基準差額説（被害者が、人身傷害補償保険金と損害賠償金により、訴訟基準損害額を確保することができるように解するとの見解）を採用したことにより、上記の議論に決着が付いている。

上記のとおり、人身傷害補償保険金の代位取得の範囲については、訴訟基準差額説が採用されているが、その場合、人身傷害補償保険金を支払った保険会社（以下、「人傷社」という。）の加害者に対する求償請求の時効の起算点が問題となることがある。すなわち、訴訟基準差額説が採用される以上、交通事故に被保険者（＝被害者）の過失が認められる場合には、人身傷害補償保険金は当該過失相殺分に充当される結果、人傷社が加害者に対し請求できる損害の範囲が不確定となる。また、被保険者（＝被害者）に先んじて、人傷社が加害者に対し、求償請求をした場合、加害者の過失分の限度において、当該求償請求は認められることになろう（被保険者（＝被害者）に損害賠償金を

支払っていないことは、加害者の抗弁事由にはならないと思われる。）。かかる結果は、人傷社及び被保険者（＝被害者）ともに望むものではないため、現実の損害賠償実務においては、被保険者（＝被害者）が加害者に対し、損害賠償請求をした後に、人傷社が加害者に対し、求償請求をすることが多い（求償請求訴訟を提起し、損害賠償請求訴訟と併合審理をすることが多い。）。

上記の実務からは、求償請求の訴訟提起時には、症状固定日から３年間が経過することがあり得ることとなり、人傷社の加害者に対する求償請求の時効の起算点が問題となる。この点について、東京地裁平成23年9月20日判決（判時2138号75頁）は、「人身傷害補償保険金が支払われた時点で、法律上当然に、被保険者（被害者）から保険会社へ、加害者に対する損害賠償請求権が権利の同一性を維持しつつ移転するというべきであり、このことは、保険代位の範囲について訴訟基準差額説を採るか否かによって左右されるものではない」、「被害者の加害者に対する損害賠償請求権の消滅時効は、被害者がその損害及び加害者を知った時から進行するのであって、権利の同一性を維持したまま保険会社に移転した損害賠償請求権について、被害者側が締結した保険契約に基づく人身傷害補償保険金の支払という加害者が何ら関与していない事情によって、その消滅時効の起算点がこれより遅れると解すべき理由は見当たらない」と判示し、保険代位による求償請求であっても、時効の起算点は変更されない旨を明らかにした。

上記東京地裁判決については、批判的な見解もあるが、保険代位が法定代位であり、権利の同一性を維持したまま保険会社に被保険者の損害賠償請求権が移転する以上、やむを得ないと思われる。保険会社としては、人身傷害補償保険金を支払った場合には、速やかな求償請求をすることが必要とされる。

---

(9) 山下典孝「人身傷害補償保険に関する一考察」阪大法学61巻3・4号757頁以下。
(10) ただし、被害者に先んじて、人傷社が加害者から人身傷害補償保険金相当額の支払いを受けた場合、結果として人傷社が過剰に被害者の損害賠償金の一部または全部を取得してしまうケースがある。保険約款上、「当会社（＝保険会社）は、その損害に対して支払った保険金の額の限度内で、かつ、被保険者の権利を害しない範囲内で」しか代位が生じない制限があるため、上記の過剰に取得した金額は被保険者（＝被害者）との関係では不当利得とならざるをえない。

Ⅱ　症状固定概念の限界と課題

1　当時の医療水準等では後遺障害の有無が判断できない場合

（1）これまで述べてきたとおり、症状固定概念には、損害区分としての意義・役割と時効の起算点としての意義・役割が認められる。

しかしながら、そのいずれにしても、症状固定はある特定の症状に対して判断されるものである以上、当該症状自体についての認識可能性は必要である。ところが、かつては当該症状が見逃されていたが、現代医学の進歩により後に当該症状が後遺障害であることが判明する事案も存在する。その典型例が、脳外傷による高次脳機能障害である。

脳外傷による高次脳機能障害とは、外傷により脳が損傷されたために、記憶・記銘力障害、集中力障害、遂行機能障害、判断力低下などの認知障害や、感情易変、不機嫌、攻撃性、暴言・暴力、幼稚、羞恥心の低下、多弁（饒舌）、自発性・活動性の低下、病的嫉妬、被害妄想などの人格変化等を典型的な症状とする障害であり、仕事や日常生活に支障を来す。また、半身の運動麻痺や起立・歩行の不安定などの神経症状を伴うことがあるとされている。

自賠責保険（共済を含む。以下、同様）での脳外傷による高次脳機能障害に関する後遺障害認定については、平成12年から自動車保険料率算定会（当時。現在の損害保険料率算出機構。以下、「損保料率機構」という。）において検討を開始し、認定システムを確立するとともに、平成13年より実施、運営してきた。

このため、それ以前については、実際には高次脳機能障害の後遺障害を負っていたとしても、後遺障害としては認定されていなかった事例も十分にありえることとなる。このように、当該高次脳機能障害の症状が「後遺障害」として認識されていない以上、「後遺障害の存在を現実に認識し、加害者に対する賠償請求をすることが事実上可能な状況の下に、それが可能な程度に損害の発生を知った」と評価することができず、時効の起算点としての症状固定概念が揺らぐこととなる。

この点について、近時注目すべき裁判例が下されている。東京地裁平成26年4月14日判決（判時2233号123頁）は、乳幼児期に頭部外傷を受けた者

が20年以上経過後に高次脳機能障害が顕在化（原告らの主張によれば、平成16年7月に脳外傷による高次脳機能障害が発症し、平成23年9月20日発症の脳出血により右上肢の機能全廃等の後遺障害が発生している。）した場合の時効の成否について判断をしている。同東京地裁判決は、「民法724条前段にいう『損害を知った』とは、不法行為の被害者が、損害の発生だけでなく、発生した損害が不法行為により生じたものであることを含めて認識することをいうものと解される。そして、不法行為に基づく損害賠償請求権は、違法な行為により損害を被った者の救済を図るために損害を填補する手段として認められるものであるところ、同条前段所定の期間の経過によって請求権が消滅したものとされ、その行使が不可能となることに鑑みると、時効期間の進行が認められるためには、被害者がその請求権を行使することができる程度に具体的な認識が必要なものと解するべきであって、現在生じている損害の原因の一つとして過去に行われた事実・行為が考えられるという程度の抽象的なものものでは足りず、損害と不法行為との間の因果関係について具体的に認識することを要するものと解するのが相当である。」、「脳外傷に起因する後遺障害として高次脳機能障害が広く認知されるようになったのは平成12年頃からとされており、また、幼児や児童が受傷した場合には、症状固定の判断を行うまでに相当の期間を要するだけでなく、就学や就労の場面に至って初めてその障害が顕在化する場合があるとされている。原告Ｘ1は、小学校・中学校を通じて、学習面の成績が著しく劣っていたことは否定できないにせよ、生活面で特別な問題があったという指摘は受けておらず、専門学校を卒業後、就労し社会生活を営むようになってから問題行動を起こして解雇に至り、そのことをきっかけに医師の検査・診察を受けるようになったという経過からすれば、正しく、就労の場面に至って初めてその障害が顕在化した場合と捉えるのが相当であって、原告Ｘ1及び原告両親のいずれにおいても、平成21年3月に医師の診断を受けるまでは、高次脳機能障害を認識できる状況になかったというべきである。」と判示し、時効の主張を排斥している[11]。症状固定を、

---

(11) なお、同判決においては、除斥期間の成否も問題となっており、「損害の性質上加害行為が終了してから相当の期間が経過した後に損害が生じる場合として、その損害の全部又は一部が発症した時が除斥期間の起算点となる」との判示をしている。

医学上一般に認められた医療を行っても、その医療効果が期待し得ない状態に至ったものとする以上、平成16年7月に発生した高次脳機能障害については、本来は、裁判所が時効の起算点とする平成21年3月以前に症状固定状態となっていたように思われる。(12)それにもかかわらず、時効の起算点を平成21年3月としたのには、まさに判旨にあるとおり、被害者が「平成21年3月に医師の診断を受けるまでは、高次脳機能障害を認識できる状況になかった」ためであり、このような場合には、時効の起算点としての症状固定概念が修正されていると評価されることが相当であろう。(13)

（2）実務上、被害者が通院を拒絶することにより、症状固定の診断をいつまでも受けない事例も見受けられる。この場合には、被害者を保護すべき必要性は少なく、また、被害者自身も自己の症状を認識していることが多く、医師の症状固定の診断はなくとも、医療記録等から症状が固定した時期を症状固定日として認定することとなる。(14)

2　症状固定後の治療費の取扱い
（1）症状固定後の治療費が認められる場合
ア　通常の損害賠償事案において、症状固定以降の治療費は、行為との間に相当因果関係が認められないことが一般的である。公益財団法人日弁連交通事故相談センター東京支部編「民事交通事故訴訟　損害賠償額算定基準」は「症状固定後の治療費」について、「一般的に否定的に解される場合が多いであろうが、その支出が相当なときは認められよう。リハビリテーションの費用は症状の内容、程度による。」とする。

イ　症状固定後の治療費が損害賠償の範囲に含まれるかは、損害賠償の基準となる被害者の当該後遺障害に対する治療の内容により、判断されることが相当である。

---

(12)　同判決は、平成16年7月に発生したと認定した高次脳機能障害分の逸失利益を、平成16年7月を始期として算定をしているところ、この算定方法は症状固定時期を平成16年7月とした場合の算定方法である。
(13)　なお、同種の観点としては、じん肺の時効の起算点の問題がある（最高裁平成6年2月22日第3小法廷判決（民集48巻2号441頁）等）。
(14)　東京地裁平成24年3月16日判決（自保ジャーナル1871号1頁）等

すなわち、症状固定後の治療の目的は、①症状の改善、②症状の悪化防止、③疼痛の緩和に大きく分類できる。具体的には、①症状の改善としては、再生治療等、②症状の悪化防止としては、人工呼吸器等、③疼痛の緩和としては、神経ブロック療法及び薬物療法等が挙げられる。

　①症状の改善のための治療費については、損害賠償の対象とすることはできない。損害賠償金は症状固定日時点における後遺障害を前提として算定がされている。このため、当該後遺障害の程度が快復することはむしろ当該算定の根拠を喪失させることとなる。この観点から、損害賠償の対象となる将来の治療費は症状の改善に使用されることは予定されてはいないものと思われる。

　この点に関連し、症状が改善した場合に、既払いとなった損害賠償金の取扱について、若干の問題が生じる。逸失利益や介護費用についての切断説と継続説との争いにおいて(15)、切断説が採用された場合には、過払いとなった損害賠償金について不当利得返還請求が可能であるかとの議論がされており、症状の改善についても同様の問題が生じる。仮に四肢麻痺により1級相当の後遺障害が認定され、同等級を前提とした損害賠償金を受領した以降に、再生治療等により四肢麻痺から脱却した場合、加害者としては不当利得を主張できるのかという問題である。症状固定後に事故とは無関係の理由により死亡した被害者について、死亡後の介護費用について判断した最高裁平成11年12月20日判決（民集53巻9号2038頁）は切断説を採用し、同最高裁判決について、河邊義典最高裁調査官（当時）は、「一般的には、判決が前提とした事実と異なった事実経過が判決後に生じたというだけでは、既判力の基準事後に新たに生じた事実とはいえず、請求異議事由に当たらないと解され、また、執行終了後の不当利得返還請求もできないと解されてきた」（最判解民平成11年度（下）1047頁）と説明する(16)。症状の改善もこれと同様に解すべきで

---

(15)　逸失利益について、最高裁平成8年4月25第1小法廷判決（民集50巻5号1221頁）・最高裁平成8年5月31日第2小法廷判決（民集50巻6号1323頁）が継続説を採用し、介護費用について、最高裁平成11年12月20日第1小法廷判決（民集53巻9号2038頁）が切断説を採用している。

(16)　なお、同最高裁判決において、井嶋一友最高裁判事は、「事実審の口頭弁論終結後に至って被害者が死亡した場合には、確定判決により給付を命じられた将来の介護費用の支払義務は当然

あろう。

　②症状の悪化防止のための治療費については、損害額算定の根拠となる後遺障害の程度の維持を前提とする以上、必要性、相当性、蓋然性の要件を充足する以上は認定されることが相当と思われる。[17]

　問題は③疼痛の緩和のための治療費である。この事例としては、CRPS 等における疼痛治療がある。CRPS（complex regional pain syndrome）とは、複合性局所疼痛症候群といわれるものであり、骨折、組織障害や神経損傷などによって引き起こされる感覚神経、運動神経、自律神経、情動系及び免疫系の病的変化によって発症する慢性疼痛症候群である。CRPS の発生機序等は、必ずしも明らかではないが、CRPS が後遺障害として認定されるためには、疼痛のみならず、①関節拘縮、②骨の萎縮、③皮膚の変化（皮膚温の変化、皮膚の萎縮）という慢性期の主要な三つのいずれの症状も健側と比較して明らかに認められることが必要である。[18]

　CRPS に対する治療としては、神経ブロック療法、薬物療法、リハビリテーションなどがある。[19] このうち、神経ブロック療法及び薬物療法は疼痛の緩和を目的とする治療であるが、このような疼痛治療は二つの側面を有している。

に消滅するものではない。この場合には、確定判決に対する請求異議の訴えにより将来の給付義務を免れ、又は不当利得返還の訴えにより既払金の返還を求めることができるか否かが問題となる。私は、少なくとも、長期にわたる生存を前提として相当額の介護費用の支払が命じられたのに、被害者が判決確定後間もなく死亡した場合のように、判決の基礎となった事情に変化があり、確定判決の効力を維持することが著しく衡平の理念に反するような事態が生じた場合には、請求異議の訴えにより確定判決に基づく執行力の排除を求めることができ、さらには、不当利得返還の訴えにより既に支払済みの金員の返還を求めることができるものとするのが妥当ではないかと考える」との補足意見を付している。

(17)　名古屋地裁平成 17 年 8 月 26 日判決（交民集 38 巻 4 号 1147 頁）は、「症状固定時以降の治療費は、原則として後遺障害に基づく損害として考慮するのが相当であると考えられるが、被害者の症状の内容、程度、治療の必要性及び内容等より、症状の悪化を防ぐなどの必要がある場合には、症状固定後の治療費は、後遺障害に基づく損害を超える損害であると考えられることから、後遺障害に基づく損害とは別に認められることもある」と判示する。

(18)　東京地裁平成 19 年 11 月 7 日判決（交民集 40 巻 6 号 1479 頁）、名古屋地裁平成 17 年 8 月 30 日判決（自保ジャーナル 1623 号）、その控訴審である名古屋高裁平成 18 年 5 月 17 日判決（自保ジャーナル 1665 号）、東京地裁平成 20 年 5 月 21 日判決（自保ジャーナル 1747 号）、大阪高裁平成 21 年 9 月 10 日判決（自保ジャーナル 1818 号）、東京高裁平成 23 年 10 月 26 日判決（自保ジャーナル 1863 号）等

(19)　CRPS についての詳細な説明は、眞下節外編集「複合性局所疼痛症候群　CRPS（complex regional pain syndrome）」真興交易株式会社医書出版部による。

すなわち、一つは、疼痛治療により後遺障害の箇所を動かすことができ、これにより実質的には後遺障害がない状態と同等レベルまで快復が可能となる側面であり、もう一つは、CRPS は当該後遺障害の部位から他の部位に波及する可能性があり、この可能性を食い止める側面である。前者についてはそもそも後遺障害として認定されている状態を改善させるものであり、①症状の改善に準じて考えてしかるべきである。他方、後者については、損害賠償金算定にあたっては他の部位の CRPS は考慮されていないため、必要性、相当性、蓋然性の要件を充足する以上は認定されることが相当と思われる。なお、他の箇所に CRPS が波及した場合、他の箇所の後遺障害については別途の考慮が必要となる場合も皆無ではなかろうが、CRPS は、第 1 期（急性期）、第 2 期（亜急性期）、第 3 期（慢性期）に分類されるところ、被害者が主張する CRPS の症状が慢性期後の場合には、果たして真に CRPS の波及であるかを慎重に検討すべきである。

（2）**症状固定後の治療費**について健康保険組合からの求償がされる場合

現在、ほぼすべての健康保険組合の収支は赤字であるとされているが、そのことを背景に健康保険組合が第三者行為による事故についての症状固定後の治療費を、加害者及び加害者を被保険者とする保険会社（以下、「加害者ら」という。）に対して求償請求する事例が増加している。仮に症状固定後の治療費が第三者行為と相当因果関係があるとしても、保険者である健康保険組合は治療費を支出している限り永遠に第三者である加害者等に求償をし続けなければならないのであろうか。[20]

健康保険法第 57 条は、第三者行為による損害賠償請求権の代位を規定するが、同条の代位は法定代位であり、被害者の損害賠償請求権は同一性を維持したまま健康保険組合に移転することとなる。

私見としては、後遺障害は症状固定日における状態であるところ、被害者にとって、症状固定の診断を受けた時点で後遺障害の状態が判明している以上、症状固定後の治療費の算定は可能である。このため、症状固定の診断を受けた日から症状固定後の治療費についても時効が開始しない理由はない。

---

[20] 判決や裁判上の和解により生じる既判力で遮断できる場合は特段問題とならないが、一部請求や裁判外の示談等の場合に問題となることがある。

結果として、仮に健康保険組合が代位をしたとしても、加害者らは被害者が症状固定の診断を受けた日から3年が経過した以降は、時効を援用することにより、支払いを拒絶することができると考える。実際にも、仮に時効が成立しない場合、理論上は被害者が死亡する等の事由により症状固定後の治療費が不要となるまで、健康保険組合は加害者等に求償することができることとなるが、そのような半永続的な状態を法が予定しているとは考えられない。

Ⅲ　おわりに

　症状固定概念は損害賠償実務に携わる実務家にとっては必須の概念であり、これを理解することなく、日々の業務を行うことはできない。

　しかしながら、本稿において、記述したとおり、症状固定概念とは損害賠償実務のための擬制の概念であり、形式的にこれを適用することは必ずしも結果の合理性を招致しないこともある。

　このため、損害賠償実務に携わる実務家としては、症状固定概念の意義・役割を十分に理解しつつも、具体的な事案に応じて、症状固定概念を当該事案の結果の合理性のために修正することも必要となろう。

間接被害者論の展開

加藤　雅之
Masayuki KATO

I　問題の所在
II　間接被害者論をめぐる議論の推移
III　東京高裁平成25年10月10日判決の検討
IV　結びに代えて

I　問題の所在

　不法行為による法益侵害があったとき、法益侵害を被った直接の被害者自身だけでなく、被害者と一定の社会的、経済的ないし法的関係にある第三者が損害を被る場合がある。こうした第三者は間接被害者とよばれ、間接被害者からの損害賠償請求の成否、ないしその理論的枠組みが議論されて久しい。わが国の不法行為法は包括要件主義に立つことから、多くの不法行為類型の解決が、一般条項たる民法709条の規定によって解決されている。また、

（1）　間接被害者論に関する先行研究として、西原道雄「間接被害者の損害賠償請求」鈴木忠一・三ヶ月章監修『実務民事訴訟講座3　交通事故訴訟』213頁（日本評論社・1969年）および好美清光「間接被害者の損害賠償請求」判タ282号22頁（1974年）がある。このほかに、議論を概観するものとして、徳本伸一「間接被害者の損害」吉岡進編『現代損害賠償法講座7交通事故』287頁（日本評論社・1975年）、同「間接被害者からの損害賠償請求」鈴木忠一・三ヶ月章監修『新・実務民事訴訟講座4不法行為訴訟I』265頁（日本評論社・1982年）、中井美雄「間接被害者」星野英一編『民法講座別巻2』319頁（有斐閣・1990年）などがある。近時の研究として、山口成樹「不法行為に起因するPTSD等の精神疾患と損害賠償責任（一）～（六）－間接被害論・賠償範囲論の一機能的考察」都立大学法学会雑誌42巻2号～44巻2号、法学新報113巻1・2号（2002年～2006年）、同「不法行為の間接被害者と損害賠償請求権」『平井宜雄先生古稀記念　民法学における法と政策』571頁（有斐閣・2007年）、伊藤雄司「間接被害者の賠償請求に関する覚え書き－代表者の受傷による個人会社の損害を念頭に－」専修法学論集98号139頁（2006年）がある。
（2）　比較法的にはフランス不法行為法に近似するとされ、様々な不法行為類型が独立の訴訟原因

損害賠償請求権者を格別に限定する規定をもたないことから、間接被害者からの損害賠償請求を以下に画するかは、不法行為法の要件論ないし効果論にゆだねられる。そもそも、間接被害者からの損害賠償請求については、これを不法行為法上いかに位置づけるか自体について、見解が分かれている。大まかに言えば、不法行為の成立要件レベルの問題として把握するか、効果論上において検討するかというものである。もっとも、一概に間接被害者からの損害賠償請求といっても、多様な事例があり得るのであり、現実の裁判例も様々である。そこで、「間接被害者」と直接の被害者との関係や、問題となっている損害に応じた類型的考察が有力に主張されている[3]。各類型によって一応の裁判例の蓄積はあるものの、この問題の理論的位置づけが必ずしも明確になっているわけではないこともまた指摘されている[4]。

不法行為法の主要な目的の一つは損害の公平な分担をいかに実現するかというものである。包括要件主義に立つわが国の不法行為法においては、判例が提示する判断枠組みがかかる目的との関係で妥当か否かをつねに検討する必要がある。この点で、間接被害者の問題は具体的な事案の解決とともに、その理論構成の妥当性も繰り返し論じられてきた。こうした中、間接被害者論にかかわりうる興味深い最近の裁判例があらわれている。同判決は、不法行為の直接の被害者と契約関係にあった者が、不法行為を契機に契約関係が解消されたことによって喪失した利益を不法行為の加害者に対して請求した事案である。

以下では、これまでの議論の到達点を確認したのち、当該東京高裁判決の検討を通じて、間接被害者論の新たな展開の可能性について論じることとする。

となっている英米法および原則として絶対権侵害によって不法行為の成立が認められるドイツ法と対比される。円谷峻『不法行為法・事務管理・不当利得‐判例による法形成　第2版』6頁（成文堂・2005年）。
（3）　潮見佳男『不法行為法』182頁（信山社・1999年）。
（4）　平野裕之『間接被害者の判例総合解説』10頁（信山社・2005年）。この問題に関する判例が必ずしも確立しているとは言えないとする一方で、一定の事例について「学説上も、結論的にどう異なることになるのかその議論の実益は疑問視できないではないが、議論が紛糾している（最近は議論自体少ない）」という。

II 間接被害者論をめぐる議論の推移

1 民法起草者の見解 —権利侵害要件をめぐる議論から—

現行民法の起草者は間接被害者からの損害賠償請求の可否を、第一に権利侵害要件の問題として位置付けていたと考えられる。すなわち、不法行為法における「損害」は財産上の損害に限定されず、非財産的損害も含まれる。そこで、たとえば親が殺された場合に親自身につき権利侵害があることは間違いがないが、その子からの損害賠償請求を認めるべきか否かが問題となる。これに対して、起草者の一人穂積陳重はこうした場合には扶養権の侵害があれば子が損害賠償請求権を取得するとしている。そこには、権利侵害要件での絞りをかけることによって、損害賠償責任が成立する範囲を限定する意図があったと思われる。

これでは被害者が死亡した場合にその遺族が精神的損害を被った場合であっても、権利侵害要件があるためにその賠償を認めることが困難になりうる。一方で、被害者と近い関係のある者の精神的損害を考慮する必要性も否定できないことから、現行民法711条が設けられ、遺族固有の慰謝料請求権について明文規定を設けることで、権利侵害要件による賠償請求権者の範囲への制限とのバランスをとっているといえる。

もっともここで留意すべきは、現行民法709条の要件に権利侵害を導入する際の議論においては、直接の被害者以外の者に損害が波及した事例を挙げて、これを制限するために権利侵害要件を基準としているが、このことは間接被害者からの損害賠償請求を一律に否定する趣旨ではなかったと考えられ

---

(5) 法務大臣官房司法制調査部監修『法典調査会民法議事速記録第5巻』302頁(商事法務研究会版・1984年)。
(6) もっとも起草過程の議論では、権利侵害要件において債権侵害による不法行為の成立を否定していないことから、財産的損害を権利侵害要件によって限定することは予定されていなかった点について、山口・前掲(1)16頁。
(7) 民法711条の立法過程については、吉村良一「民法七一〇条七一一条」『民法典の百年III』(有斐閣・1998年)559頁。
(8) 他方で、親族が被った葬儀費用等の損害については、損害賠償の範囲の問題と位置付けていると思われる。

る点である。損害賠償の範囲が広がりすぎることを制限する必要性に言及する際に間接被害者の事例を挙げることはあっても、権利侵害の成立は直接被害者に限られるとする準則を立てるまでは至っておらず、原則として間接被害者の損害賠償請求を否定していたわけではない。その意味で、わが国の不法行為法は間接被害者からの損害賠償請求が広く認められる基礎を有していたと評価することができよう。

2　議論の進展

（1）1960年代における下級審裁判例の増加

1960年代に入り交通事故訴訟の増加に伴い、交通事故の直接の被害者以外の者からの損害賠償請求がなされる事案が下級審裁判例に現れたことを契機として、間接被害者をめぐる議論が活発となった。問題となったのは、交通事故による被害者の近親者からの損害賠償請求がされた事例と、取締役または従業員など会社構成員の受傷によって事業の執行に支障をきたすなど収益が減った場合にその収益の喪失分について会社から加害者に対して賠償請求をする事例、いわゆる企業損害事例であった。

裁判例の傾向は、間接被害者の損害賠償を認めることに基本的に否定的である。近親者からの賠償請求については、民法711条が規定する近親者固有の慰謝料の範囲内でのみ救済を認め、それ以外の財産的損害について賠償を認めることを否定していた。企業損害の賠償についても基本的には否定的であり、取締役の死傷事例について、いわゆる個人会社である場合には、取締

---

(9)　比較法的には、イギリス法やドイツ法が原則として間接被害者からの損害賠償請求を否定する立場にあるとされる。もっとも、ドイツ法においても実質的には直接被害者の損害の効果として、間接被害者の損害賠償が認められる場合もあり、全面的に間接被害者の救済が否定されている訳ではない。これに対して、フランス法では間接被害者の救済について、とくに制限していない。間接被害者論の比較法的位置づけについて簡潔にまとめるものとして、山口成樹「間接被害者の損害賠償請求権」私法72号186頁以下（2010年）。

(10)　交通事故の被害者の近親者が、その交通事故を契機に固有の財産的損害を被った場合に、かかる損害賠償の請求を認めることは「わが民法の予定しないところと解するのが相当である」と明確に述べる東京地判昭和46年10月16日判タ271号231頁がある。

(11)　もっとも、近親者からの損害賠償請求については、被害者死亡事例において判例が相続構成説を採用していることから、近親者固有の損害について間接被害者からの損害賠償請求という構成をとる必要性がないことに留意する必要がある。判例に対しては、遺族固有の扶養請求権に対

役に対する不法行為とこれを理由とする会社の損害との間に相当因果関係を肯定して賠償を認めたものはあるものの、損害賠償を否定される例が多い。その構成は相当因果関係を否定するのが一般的であるが、第三者の債権侵害の法理を参考に、侵害された利益についての賠償を認めるためには強い違法性を必要とするものもあった。

これに対する学説の反応は、主に企業損害の事例を念頭において、損害賠償を否定する結論自体には肯定的であったといえるが、その理論構成として相当因果関係を用いる点には批判がなされる。こうした批判はドイツ法の立場をもとに、相当因果関係一般の問題とは区別して、賠償権利者の範囲という独自の問題設定の方向を主張した。かかる主張によれば、相当因果関係概念を賠償請求の確定に援用することは、「本来の制度目的を逸脱するもののみならず、実際上も判断基準として一義的たりえない」として、請求主体の問題を相当因果関係論と区別し、別個の明確な基準を立てることを主張する。

(2) 企業損害に関する最高裁判例

こうした中、この問題についてのリーディングケースとされる最高裁昭和43年11月15日判決民集22巻12号2614頁があらわれる。同判決は、有限会社Xの取締役Aが交通事故で負傷したことによって会社に生じた損害を加害者Yに請求した事例について、取締役と会社が経済的に一体をなしていることを根拠に、会社の逸失利益の賠償を認める。同判決は「X会社は法人とは名ばかりの、俗にいう個人会社であり、その実権は従前同様A個人に集中して、同人にはX会社の機関としての代替性がなく、経済的に同人とX会社とは一体をなす関係にあるものと認められるのであって、かかる原審認定の事実関係のもとにおいては、原審がYのAに対する加害行為と同人の受傷に

する侵害を基礎に損害賠償請求を基礎づけるとする扶養構成による学説からの根強い批判がある。潮見一雄「相続構成と扶養構成」山田卓生編『新・現代損害賠償法講座5』210頁（日本評論社・1997年）。
(12) 東京地判昭和42年12月8日判時513号57頁。もっとも、個人会社であることを認定しつつも賠償を否定する裁判例もある。東京地判昭和44年11月26日判タ242号277頁、東京地判昭和44年12月10日判タ244号266頁等。
(13) 裁判例について、平野・前掲註 (1) 27頁以下。
(14) 徳本伸一「間接被害者の損害賠償請求権」法学33巻3号1頁、4号33頁 (1969年)。
(15) 好美・前掲註 (1) 24頁。

よるＸ会社の利益の損失との間に相当因果関係の存することを認め、形式上間接の被害者たるＸ会社の本訴請求を認容しうべきものとした判断は、正当である」としている。ここでの経済的一体性基準はあくまで相当因果関係を判断する要素である。したがって、不法行為の要件論の次元においては、直接被害者に対する不法行為責任の成否が検討されるのであり、学説の主張する賠償請求権者の範囲による限定という理論構成を採用したものではない。[16]
同判決は、間接被害者からの損害賠償請求を原則否定しつつ、例外的に経済的一体性がある場合についてのみ賠償請求を認容する点でそれまでの下級審裁判例の流れに沿うものであった。

同判決により、企業損害事例については一応の決着をみたといえ、これ以降の裁判例は基本的に最高裁判決の枠組みに基づき、企業からの損害賠償請求については原則として相当因果関係を否定しつつ、被害者に会社の構成員としての代替性がない場合に例外的に経済的一体性の基準を用い賠償を肯定する。これに対して、学説にはなお間接被害者の問題を損害賠償の範囲ではなく、賠償請求権の主体の問題として位置づけるべきという見解が有力に主張された。もっとも、見解は対立しつつも、根底には間接被害者からの損害賠償請求を広く認めるべきでない、という価値判断は概ね共通していたように思われる。その上で、より明確に賠償請求権者の広がりを限定しうる理論構成として賠償請求権者の主体論が展開されたとみることができる。[17]

3　議論の現状 ―問題の位置づけを中心に―
（１）真正間接被害者と不真正間接被害者との区別
まず、間接被害者に生じた損害といっても、真の意味で間接被害者に固有の損害と、直接の被害者に生じた損害を第三者が肩代わりした場合とが区別される。[18] たとえば、子の受傷による入院治療費を親が支払った場合などが後

---

(16)　このような構成に対しては、すでに紹介した批判のほか、企業損害事例における相当因果関係判断が極めて裁量的であるという指摘もある。倉田卓次『民事交通訴訟の課題』63頁（1970年）。
(17)　こうした見解の中には、「故意または過失」によって自己の「権利」を侵害された者が損害賠償請求権の主体になるのが原則であり、この「故意過失による主体決定の原則」に対する例外として間接被害者の問題を位置づけるものがある。四宮和夫『事務管理・不当利得・不法行為下巻』492頁以下（青林書院・1985年）。
(18)　平井宜雄『債権各論Ⅱ不法行為』186頁（弘文堂・1992年）。

者の場合であるが、この場合には主に損害の金銭的評価の問題と位置付けられ、あわせて賠償者代位の可否が問題となる。

その上で、真正間接被害者の問題について、これを請求権主体の問題とみるのか、賠償の範囲の問題とみるかで見解が別れる。

(2) 請求権主体という問題設定 —間接被害者論の解消—

間接被害者論を請求権主体の問題と位置付ける場合、そこでは「間接被害者」自身に対して直接に不法行為の成立が認められるかが問われることとなる。この見解で問題となるのは、権利・法益侵害要件であり、直接侵害行為を受けていない者がどのような権利を侵害されているのかを確定する必要がある。

この点、企業の損害を債権侵害と捉える見解がある。会社の構成員の死傷事例においては、会社の労務給付請求権が侵害されたとみることとなる。もっとも、債権侵害の伝統的枠組みに従うと、加害者に故意がなければ間接被害者からの損害賠償請求は否定されることとなる。また、債権侵害と構成せずに、企業の営業利益・経済的利益が法的保護に値するかどうかを検討すべきとして、間接損害構成をとることを明確に否定する見解もある。

以上の見解は、間接被害者の救済を積極的に認める方向性を主張するものではなく、むしろ債権侵害構成にあっては、判例同様に間接被害者からの損害賠償請求を原則否定する方向に向かっている。

これに対して、企業損害の事例について、企業損害を直接損害として構成した上で、企業損害の成立をより広い肯定を主張する見解がある。すなわち、社会経済的にみた企業組織における人的要素の重要度を考慮して、企業の物的要素と同等に保護が与えられるべき旨が主張されている。この見解によれば、企業は企業活動の継続について、独立の法的利益を有していて、かかる利益には不法行為上の保護が認められるべきであることから、企業組織の人

---

(19) 以下の議論は主に企業損害事例を中心に論じられているものであるが、間接被害者一般にも妥当しうる。
(20) 債権侵害という構成は擬制的であるという批判もある。前田達明『民法Ⅵ 2 不法行為』287頁(青林書院・1978年)。
(21) 潮見・前掲註(3) 185頁。
(22) 夏目明徳「間接被害者の損害」塩崎勤、園部秀穂編『新・裁判実務大系5 交通事故訴訟法』221頁(青林書院・2003年)。

的要素に対する侵害が過失に基づく者であっても、直接的に不法行為の成立を認めることとなる。[23]

　間接被害者の問題を請求権主体の問題とする見解はすでにみたように、相当因果関係理論に対する批判的見解として、とくに間接被害者からの損害賠償請求に対してより厳格に限界を画することを志向していたものであったのに対し、近時の見解が賠償請求権の主体構成に依拠しつつ、間接被害者の広い救済を図ろうとする点は注目に値する。

（3）賠償範囲という問題設定 ―わが国の不法行為法の構造から―

　一方、間接被害者の問題をなお損害賠償の範囲としてとらえる見解の多くは、これが我が国の民法の不法行為法の構造に適合的であることを指摘する。こうした見解によれば、起草過程からも明らかなように、不法行為法が直接被害者と間接被害者とを区別していないことから、原則として間接被害者の損害賠償請求を否定するドイツ法と同様の構成を取る必要がないとして、結局は賠償範囲の問題として処理することが妥当であるとする。[24]

　この点、ドイツ法とわが国の不法行為法の差異として、裁判官の裁量に対する信頼に言及する見解が興味深い。これによれば、ドイツ民法が間接被害者を請求権者の範囲から明示的に排除する立法主義を採択したのは、当時の裁判官に対するドイツ国民の不信感にあり、わが国では、これに対して、権利侵害要件で足りないところは、因果関係に関する「賢明な裁判官の判断」に任せるべきであると起草者が考えていたことを指摘する。[25]

Ⅲ　東京高裁平成25年10月10日判決の検討

1　「ドーベルマン事件」の概要

（1）事実の概要

　2011年5月、都内の高級マンションに居住するYら夫婦が居室内で飼育していたドーベルマンが、共用部分において別の居室の居住者Aにかみつい

---

(23) 夏目・同223頁。
(24) 中井・前掲註 (1) 374頁。
(25) 山口成樹・前掲註 (1)「不法行為の間接被害者と損害賠償請求権」590頁

て負傷させた。この事故のため、Aら家族は同マンションに居住し続けることが困難になり、同年6月末をもって賃貸人であるXとの賃貸借契約を合意解約した。Aらは2004年10月からこのマンションに居住していたところ、この咬みつき事故の時点では期間を2010年10月1日より3年間とする賃貸借契約が締結されていた。本件で問題となったのは、XY間の賃貸借契約が定期建物賃貸借契約であったところ、同契約が半年ほどで解約されたことにより、残りの賃料収入の喪失がXに生じた点であった。また、および同契約において賃借人は2か月の予告をもって解約の申し入れをすることができ、これに代えて解約違約金として二か月分の賃料相当額を払うことにより賃借人が即時解約できる旨の特約があったところ、XがAに対して解約違約金の支払いを免除したこともXの損害と評価できるかが問題となった。XからYに対して賃料収入の喪失分等合計約5220万円余を不法行為に基づいて請求した。

（2）第一審東京地裁平成25年5月14日判決（判時2197号49頁）

第一審は、Xの請求を一部認容し、385万円について損害賠償責任を認めた。

第一審では、Xの請求の可否を検討するにあたり、問題となる不法行為の被害者および被侵害利益の把握について、間接損害構成と直接損害構成の可能性があることを指摘して、請求の前提としてこの点を検討している。

間接損害構成では、本件における不法行為は直接被害者A、被侵害利益をAの身体として構成し、不法行為成立要件としての過失はAの身体を侵害したことについての注意義務が問題になるにすぎないとする。一方で、Xの賃料収入の喪失は上記不法行為の間接損害であり、加害行為との相当因果関係の成否によって賠償の可否が決せられるとする。

その上で、本件のドーベルマンによる咬傷事故は民法718条1項が典型的に想定する場面であり、Yらに免責事由を認める余地もないことから、不法行為の成立自体を肯定する。Xの請求、すなわち間接損害の賠償の可否について以下のように判示する。まず間接損害の賠償に関し、「合理的な賠償の

---

(26) なお、Xはマンションの区分所有者より賃貸管理を委託されている会社であり、マンションの所有者ではなく、したがってXY間には直接の契約関係はなかった。

範囲を画するためには、自らに生じた損害の賠償を請求する者は、自らの権利・法益に侵害に向けられた故意又は過失を主張立証して、直接損害の賠償を求めることを本則とするのが相当である」とする。

そして、「不法行為の被侵害利益の法主体Aと、賠償を求める損害の法主体Bとが、別人格となる、いわゆる間接損害の事案において、当該損害がBに固有の損害である場合には、原則として、Aに対する加害行為とBの当該損害との間に相当因果関係を認めることはできず、例外として、AとBとが経済的に一体関係にあると認められる場合に限って、Bに発生した損害についての相当因果関係が肯定され、その賠償請求が認められるにとどまると解するのが相当である」とする。[27]これに対して、「Bに生じた損害が、Bに固有の損害ではなく、Aに生じた損害をいわば肩代わりした反射的損害といえるような場合（講学上のいわゆる不真正間接損害の場合）には、AとBの法主体の違いを理由に、加害者の賠償義務を免れさせる理由はなく、民法422条の類推適用により、当該損害の賠償請求を認めるのが相当である」とした。

こうした判断枠組みに基づき、Xの賃料収入喪失分はXに固有の損害であるところ、XとAとの間に経済的な一体関係があるわけではないことから、かかる損害の賠償を認めることはできないとした。他方、本件賃貸借契約の賃料2か月分に相当する解約違約金についてのみ、不真正間接損害として民法422条の類推適用により賠償を肯定した。

以上の間接損害構成に対して、直接損害構成に立った場合の判断は以下の通りである。まず、民法718条1項に基づく責任については、Xの損害が動物の行動と因果関係のある損害と捉えることは難しいとして、否定する。民法709条については、Xの被侵害利益を、賃料債権ないし不動産賃貸業に係る営業利益であるとしたうえで、これら権利・法益の侵害の回避に向けられた具体的な注意義務違反の有無を検討した上で、本件ドーベルマンによる咬傷事故においてかかる権利・法益侵害に向けられた注意義務違反を認定することはできないとして、これもまた否定している。このように、東京地裁判決では、直接損害構成による不法行為の成立を認めなかった。

---

(27) この部分について、前掲最判昭和43年11月15日を参照する。

(2) 東京高裁判決

　これに対して、東京高裁判決は原判決を一部変更し、請求のうち1725万円余について請求を認めた。本判決はYの責任の根拠を民法718条1項のほか、民法709条に求め、以下のように述べる。

　「本件マンションの居住者は、この禁止規定（注、本件マンションの建物使用細則における動物の飼育を禁止する規定）に違反してはならず、これに違反して動物を飼育する場合には、本件マンションの居住者その他の関係者の生命、身体、財産の安全等を損なうことがないように万全の注意を払う必要があり、飼育する動物が専有部分や共用部分の一部を毀損するなど、財産的価値を損なう行為をして専有部分の区分所有者その他の権利者が有する財産上の利益を侵害したときは、民法718条1項による損害賠償責任を負うほか、上記注意義務に違反したと認められるときは、同法709条による損害賠償責任も免れず、いずれにしても専有部分の区分所有者その他の権利者が財産上の利益に関して受けた損害を賠償する責任があるというべきである。そして、動物の飼育者が上記注意義務に違反したために飼育する動物が本件マンションの共用部分において居住者に対して咬傷事故等を惹起し、被害者が恐怖心等により心理的に本件マンションの居室に居住することが困難になって賃貸借契約を解約して退去したときは、本件マンションの区分所有者、居住者その他の関係者の生命、身体、財産の安全を確保し、快適な居住環境を保持するという共同の利益が侵害されたといわざるを得ず、これによって発生する損害について不法行為による損害賠償責任を免れないところ、これを被害者に居室を賃貸していた賃貸人についていうならば、賃貸借契約解約に伴い次の賃貸借契約が締結されるまでの間通常生じ得る空白期間だけでなく、その影響がさらに及び、次の賃貸借契約が締結されるまで相当の期間を要することとなり得ることを否定することはできないから、飼育する動物が専有部分や共用部分の一部を毀損するなど、財産的価値を損なう行為をして専有部分の区分所有者その他の権利者が有する財産上の利益を侵害したときと同様に、相当因果関係が認められる範囲で損害を賠償する責任があるというべきである。

　以上のとおり、本件マンションの居住者が上記禁止規定に違反して動物を飼育し、飼育する動物が本件マンションの区分所有者、居住者その他の関係

者の生命、身体、財産の安全を確保し、快適な居住環境を保持するという本件マンションの区分所有者、居住者その他の関係者の共同の利益を侵害する行為をして専有部分の区分所有者その他の権利者が有する財産上の利益を侵害し、民法718条1項及び709条により損害賠償責任を負うべきときは、上記共同利益が侵害されて財産上の利益を侵害された者は不法行為の直接の被害者に当たるものと解するのが相当であり、動物にかまれた被害者の間接被害者にあたると解するのは相当ではない。」

この上で、賃料相当額の損害賠償について以下のように判示した。

「本件賃貸借契約の解約は、賃借人の都合によるものではなく、本件事故のために被害者が本件マンションに居住し続けることが困難な精神状態に陥ったためであり、その結果、本件賃貸借契約を継続させることができなくなったためであって、Xにとっては、Yの不法行為により本件賃貸借契約の終了を余儀なくされたということができる。このような場合にまで本件賃貸借契約が前提としていた賃借人の自己都合による解約と同視することは相当ではなく、本件事故により通常生ずべき賃料相当額の損害が生じたものと解することが公平の理念にかなうというべきである。まず、本件賃貸借契約が定める二カ月分の賃料額に相当する解約違約金に係る損害の発生は肯定すべきである」とした上で、「Xが受けた上記以外の損害を算定するに当たっては、区分所有者、居住者その他の関係者の生命、身体、財産の安全が確保されているはずの本件マンションにおいて、本件犬による咬傷事故が発生したという事態を軽視することはできず、このことは、その後本件犬の飼育が中止されたことのみで直ちに解消されるものではなく、本件事故の特質、態様、被害者の受けた被害の程度、本件マンションの特質等を考慮すると、上記の予告期間程度で新たな賃貸借契約を締結することが可能になるということは通常困難であり、更に相当期間の経過が必要であると考えられる。また、本件賃貸借契約の合意解約後に到来する、一般的に新たな賃貸借契約締結が比較的見込まれる時期までの期間も考慮するのが相当である」として、咬傷事故の被害者が退去した2011年7月1日から2012年3月末日まで9カ月分の賃料相当額が本件事故と相当因果関係のある損害であると認定した。

2 東京高裁判決の検討
(1) 間接被害者論との関係
　第一審判決が提示する間接損害構成および直接損害構成は、これまでの間接被害者論に関する裁判例の立場と整合的であるようにみえる。すなわち、間接損害構成において、真正間接損害と不真正間接損害とを区別して、真正間接損害について相当因果関係による判断枠組みを用いている点である。もっとも、一般論として、自らの権利法益侵害に向けられた故意過失を立証する必要があるとする点については、間接被害者の問題を請求権主体の問題する権利侵害構成の影響をみることもできる。[28]

　これに対して、東京高裁判決は明確に間接被害者構成を否定して、本件マンションの「共同利益が侵害されて財産上の利益を侵害された者は不法行為の直接の被害者」になると判示することで、従来の裁判例とは異なり、この問題を賠償請求権の主体の問題、すなわち権利侵害要件の問題と位置づける。有力に主張されていた見解に与するものと分析が可能であるが、一方で前述のようにこうした構成を主張する見解は主に間接被害者の損害賠償請求を否定する傾向があったことからすれば、直接の不法行為という構成を採用しつつ、賠償範囲説よりも間接被害者の広い救済を与えている点が興味深い。このことは、「間接被害者」という問題設定をする限り、その損害賠償請求が否定されやすいことから、結論として賃料収入の喪失についての賠償を認めるために、間接被害者という構成の解消に至ったのではないか、と考えられる。

(2) 判決の妥当性
　もっとも、このように従来の間接被害者論を克服する形で、東京高裁判決が賃料収入の喪失についての賠償を認めた背景は十分明確でない。本判決に対して指摘されているように、マンション区分所有者等の「財産上の利益」の中に賃料債権が当然に含まれるかは問題であり、とりわけ、所有権等の絶

---

[28] 大久保邦彦「本件判批」判例時報2217号162頁（2014年）は、この判示部分がドイツ民法と同じく「故意過失による主体決定の原則」を採用していると読むことが可能であるとする。第一審は、賃料収入の喪失についての賠償を否定していることからすれば、原則として間接被害者の賠償請求を否定する論拠を、因果関係の判断においても援用することで、相当因果関係判断を補強していると考えられる。

対権とそれ以外の権利・法益を区別していない点には疑問を提起しうる。また、賃料債権に対する利益およびそれを喪失するリスクは本来的に賃貸借契約の中で問題とされるべきである。賃貸借契約解除ののち、新たな賃借人が表れないリスクは原則として賃貸人が負うべきものであり、これら純然たる契約リスクを不法行為の加害者に転嫁するには、加害者に故意やそれに準じる高度な違法性が必要になると思われる。

(3) 小括

私見では本件東京高裁判決の結論には疑問が残るが、こうした結論を導くために間接被害者構成を否定して、権利侵害構成を採用した点は、現代の不法行為法学の流れをみると理解しえないことではない。本稿で概観したように、間接被害者をめぐる議論は、いかなる法律構成に立つにせよ、その賠償を否定する方向になりがちであった。損害賠償の範囲という問題設定自体が、従来から賠償範囲を「制限」するための理論であり、また、権利侵害要件も伝統的には実際に生じた損害について救済を認めるための機能を有していた。

しかし、近年、権利侵害要件をめぐっては新たな議論の展開がみられる。新しい法益の不法行為法上の保護が問題となる中で、権利侵害要件に着目し、その内容を問い直す試みである。民法の現代語化改正によって、民法709条に「法律上保護される利益」の文言が加わったことも、こうした潮流の中で理解することができる。そして、不法行為法上の保護法益について、契約から切り離された債権そのものの保護ではなく、契約関係の保護という観点からの再構成を提言するものもある。こうした議論は、従来の間接被害者論のうち、とりわけ企業損害に対する賠償をより広く認める論拠となりうる。もっとも、東京高裁判決の検討からは、法益侵害の認定が容易になりすぎることも懸念される。問題となる損害について、いかなるリスク分担が妥当かを見極める必要があろう。

---

(29) 大久保・前掲註(29) 163頁。
(30) 本判決の妥当性については、拙稿「本件判批」現代民事判例研究会編『民事判例IX2014年前期』99頁(2014年)。
(31) 議論の全体像について、吉村良一「不法行為法における権利侵害要件の「再生」」立命館法学321号・322号569頁以下(2008年)。
(32) 橋本佳幸「不法行為法における相対財産の保護」法律論叢164巻1=6号404頁(2009年)。

Ⅳ　結びに代えて

　これまでの間接被害者論は、損害の公平な分担を図る観点から、賠償の対象が広がりすぎるためにいかなる理論構成をとるべきかが中心課題であった。この点、相当因果関係基準の曖昧さを批判し、より厳密な基準としての役割が期待された請求主体論ないし権利侵害構成が、権利侵害要件の拡大によって、かえって間接被害者の救済の可能性を高めることになりうることが分かった。そうであれば、むしろ損害賠償範囲の問題ととらえる構成によって、因果関係判断における裁判官の裁量に委ねるのが妥当であるのか、といえば、権利法益侵害要件が柔軟化しつつある昨今においては、そうとも言い切れないように思われる。

　間接被害者論をめぐる議論の展開からは、権利ないし法律上保護される利益要件が時代の流れの中で変容し、その要件としての重要性が高まっていることを指摘することができる。このことは、不法行為法の体系的理解の転換につながることを示唆しているように思われ、こうした中で改めて間接被害者の位置づけを再構成することができよう。

土地利用規制をめぐる物権的合意の可能性
――環境地役権の可能性――

平野 裕之
Hiroyuki HIRANO

I　はじめに
II　建築基準法上の建築協定
III　建築基準法の要件を充たさない私的協定(自主協定)
IV　終わりに

I　はじめに

1　無名の物権的合意をめぐって
(1)　無名の物権的合意の可能性と限界

　物権法においては、①物権法定主義が採用され(民法185条[以下、特に断りのない限り条文は民法である])、②物権法の規定は原則として強行規定であると考えられている。土地利用規制は民法と行政法の融合領域であり、本稿では土地の利用をめぐる合意による調整を、①②の2つの観点から改めて検討してみたい。

　物権法定主義の帰結として、法律に規定のない隣接地の利用を規制する物権を設定することはできない。また、土地利用にかかわる所有権の内容、限

---

(1)　フランス物権法改正準備草案は、物権法(担保物権は含まない)の規定は原則として強行規定であると宣言する規定を置こうとしたが、反対が強くこれは撤回され、最終的には同規定は削除された。

(2)　生活環境整備をめぐっては、私的利益と公共的利益とが交錯し、私法・公法の総合的な考察がされるようになっている(例えば、秋山靖浩「まちづくりにおける私法と公法の交錯」吉田克己編著『環境秩序と公私協働』[2011]139頁)。篠塚昭次「日照権から日照法へ」同『論争民法学4』(成文堂・1977) 272頁では、相隣関係法と建築法とが「環境法」という新しい法体系に止揚されていくと主張していた。

界を規定した相隣関係の規定については、物権法規定は強行規定だとすれば、これらの規定の内容を変更する物権的合意は認められないことになる。ただし、契約自由の原則の妥当する債権契約により土地利用をめぐっていかようにも合意をすることができるが、物権法規定と抵触してもよいのであろうか。

①囲繞地通行権は、約定の通行地役権が設定されていない場合の補完的制度に過ぎないので、これを制限する合意はできないとしても、この要件を充たさない通行権を認める合意は、通行地役権の設定として有効と考えられる。

②それ以外の規定（建築基準法も含めて）、例えば、境界付近での建物建築につき境界から50cm以上離さなければならないという規定（234条1項）は、一方で土地所有権を制限し他方で隣接地の土地所有権の効力を拡大する規定であるが、これを修正する物権的合意は可能であろうか。制限の拡大・縮小の両者で問題になり、所有権の内容を変更する物権的合意はできず、債権的合意のみが検討されるべきであろうか。当事者間の私的利益の調整のための規制にすぎなければこれと異なる債権的合意は自由であろうが、防火等都市計画的な公益的要素が含まれているのであれば、拡大（例えば1m以上離す）は可能だが縮小（例えば、20cmまで認める）は認められないというべきであろうか。

③更には法律による規制がない事項について、反対解釈として土地所有権の行使は自由であり、私人間の合意で法律にない制限を土地所有権に付与することは許されないのであろうか。例えば、奇抜な色の建物を建築しない合意、境界から1m以内には高い木を植えない合意、更には、土地利用の制限、例えばパチンコ屋営業をしない合意も、所有権の内容を制限――他方、隣接する土地所有権の効力を拡大――する合意として、物権的合意としては認め

---

(3) 建物の区分所有者間の相隣関係については、区分所有法6条に規定がされている他、管理規約の規律に任される。区分所有者を団体と構成して、その団体についての管理規約という形で規律がされている。

(4) 梅謙次郎『改訂増補民法要義巻之二物権編』（有斐閣・明治44年版復刻版）264～265頁も明言するところである。

(5) 通行地役権が認められる範囲内での合意については、法定の権利である囲繞地通行権の内容を具体化する合意（物権的合意）なのか、それとも、合意による場合にはすべて通行地役権の設定と考えるべきなのであろうか。囲繞地通行権の合意は登記ができないので公示ができないことになり地役権よりも不利になる。このことも考えて、囲繞地通行権の要件を充たさない内容の場合についてのみ、通行地役権の設定の合意と考えるべきである。

られず、債権的合意としての効力を考えるしかないのであろうか。

(2) 債権契約と物権契約の差

　契約当事者間の自主規範を作り上げる債権契約は、原則として当事者が自由に内容を決定でき（契約自由の原則）、その飽くまでも当事者で自由に合意できる事項について補充規定があっても、それと異なる合意をすることができる。これに対し、物権法は全市民との権利関係を規律する法律であり、私人が法律を作れないのと同様に、全市民との権利関係を規律する法律の内容を私人が勝手に変更することはできない。第三者も含んだ法的規律を規定する物権法を、私人が創設また既存の法律を変更することはできないはずである。

　しかし、他方で、所有者はその所有権に関して処分権を有しており、所有権を全面的に処分することも、その一部だけを処分することも、財産権の「処分」という観点からは自由なようにも見える。物権法定主義の認否が議論されているフランスでは、このような所有権の自由という観点からアプローチをして、判例は無名の物権の創設を認めている。

　いずれにせよ、債権契約が自由に合意できるので、物権的合意を否定しても何ら不都合はないようにも思える。しかし、土地所有権の絶対、建築の自由に対して所有権自体が義務・制約を伴うことを認める学理的な意味はあり（無権利の法理により、譲渡人は自分の権利以上の権利を移転させることはできない）、また、実益としても、契約当事者間に債権・債務を負担させるだけでは、目的物の譲渡があれば契約は債務の履行不能により終了してしまうのを回避できる。また、法律関係は債権関係ではなく物権関係（義務は債務ではなく物権的義務）として規律されることになる。物権的効力を認める解決策はいくつか考えられる。

　①まず、立法による解決策が考えられ、ⓐ最良の解決策は、社会の要請に対応して立法により新たな物権関係を認め、第三者への対抗力を付与することである。ⓑ同じく立法による解決にも、債権契約に第三者対抗力・承継を

---

(6) 土地の「利用」に関わる有形的・恒常的形態の作出を禁止する限度で問題となり、工場を夜8時以降は操業しない等の騒音、臭気、光などを発する行為それ自体に関する禁止は、単純な行為規制として債権契約になりうるにすぎない考えるべきである。
(7) 拙稿「『財の法』と個人意思」比較法研究76号（2014）118頁以下参照。

認めることも考えられる。②これらに対し、立法によらない解決として、ⓐまず、現行の民法その他の物権関係の法規定を拡大的に運用することが考えられる。しかし、物権法定主義を原則とする以上、解釈により拡大は慎重になされるべきではないのかといった疑問がある。ⓑそこで、最も大胆な解釈として、法にない物権的合意を一定の要件のもとに解釈上認めることも考えられるが、第三者対抗力について、公示との関係で問題が残される。

2　本稿の検討対象

まず、1 (2) に述べた①を実現する立法として、建築基準法による建築協定制度がある。しかし、それが所有権自体の内容を変更する物権的合意を容認したものなのか（→ⓐ）、それとも、飽くまでも債権契約にすぎないのか（→ⓑ）、この点は条文では明確ではない。次に、建築協定の要件を充たさない場合には、②ⓐⓑのいずれかに依拠するしかない。ⓐの方法としては、地役権規定を拡大することが考えるべきである（後述の環境地役権）。地役権の要件たる「便益」は、いわゆる眺望地役権や日照地役権のように隣接地の利用を制限して自己の土地の眺望や日照利益を高めるのでもよく、建築協定は相互的に自己の土地の便益を高めているので、すべての土地を相互に承役地であり要役地とする地域全体の特殊な地役権（特殊な消極的地役権）の設定と理解する余地がある。

以下では、既に議論の蓄積がある建築協定（→Ⅱ）、そして、その要件を充たさない私的協定更には隣接所有者間の二当事者間の合意について（→Ⅲ）、その物権的合意（環境地役権）としての可能性を検討してみたい。

Ⅱ　建築基準法上の建築協定

1　建築協定についての規定

(1)　建築協定についての規定の導入

昭和25年に建築基準法（以下、条文引用では「法」とする）が制定され——前身は市街地建築物法（大正8年法律第37号）——、民法の相隣関係とは別に、行政法規として「建築物の敷地、構造、設備及び用途に関する最低の基準を

定めて」いる（法1条。本稿において条文等の引用における下線はすべて筆者が追加したものである）。建築基準法は、その制定の当初より「建築協定」制度を認めている[8]。団体的な規律を考え面積の3分の2以上の多数決によることも検討されたが[9]、財産権の制限を伴うものであるため全員の合意が必要とされ[10]、また、その属する地方自治体の建築協定を認める条例を必要とすることになった[11]。その後の改正により、宅地分譲会社が分譲前に行う一人協定制度も導入されている（法76条の3）。建築基準法に建築協定についての規定を置いた意義は、土地の譲受人への対抗力を認める点に求められている。

(2) 建築協定の第三者対抗力

「市町村は、その区域の一部について、住宅地としての環境又は商店街としての利便を高度に維持増進する等建築物の利用を増進し、かつ、土地の環境を改善するために必要と認める場合においては、土地の所有者及び借地権を有する者（……）が当該土地について一定の区域を定め、その区域内にお

---

(8) 建築協定をめぐっては、長谷川義仁「建築協定の私法上の意義」近法61巻2・3号（2014）81頁以下参照。建築協定制度は日本の完全にオリジナルな制度ではなく、英米の土地利用制限約款に類似しており、これを参照したのではないかと推察されている（長谷川貴陽史『都市コミュニティと法』[2005]69頁）。英米の土地利用制限約款は、日本とは異なり、建築物以外についても規制ができ、不動産登記と連動していること、住宅所有者団体は公共の目的であれば、個人の土地への立入り・調査権限を有している（長谷川・前掲書69頁～70頁またその引用文献参照）。
(9) 昭和22年1月4日の「建築法草案」は、土地面積の3分の2以上による多数決原理を採用していた。また、同草案には、地方長官が違反に対して是正命令を発することができるとされ、総じて公法的色彩が強かったが、現行法で「公法的色彩を失い、私法上の契約に類似したものへと変化した」と評されている（長谷川・前掲書69頁）。
(10) 主体は土地所有者に限らず、借地権者でもよい。その場合には、底地所有者には建築協定の効力は及ばないため、借地権が消滅した場合には、その土地は建築協定区域から除外されることになる（建築基準法74条の2第1項）。
(11) 建築協定は必ず期間を定めなければならず、更新も全員一致が必要とされる。そのため更新がネックになっており、「建築協定の欠陥は、第一に、それが団体規約としての性格を有しないことにある。そのため、協定の変更には、団体の多数決という方法が用意されておらず、従来の協定に代えて全く新しい協定を結ばなければならないという難題に逢着する。第二に、その性格が純粋に私的なものでもなく、また、純粋に公的なものでもない、中途半端なものであることにある」といわれる（小澤英明「建築協定の再生」土地総合研究8巻3号[2000]64頁）。他方で、昭和43年に「土地計画法」が制定され、都道府県の策定する「都市計画」による地域ごとの土地の利用規制が可能になっている。そして、昭和55年に創設された「地区計画」（12条の5）により、区域ごとの特性に応じた土地利用規制が可能になっており、全員一致を必要とする建築協定の更新が難渋する場合に、行政に働きかけ地区計画に移行する例がある（長谷川・前掲書223頁以下参照）。

ける建築物の敷地、位置、構造、用途、形態、意匠又は建築設備に関する基準についての協定(12)(以下「建築協定」という。)を締結することができる旨を、条例で、定めることができる」(法69条)。建築協定は、建築協定書を作成し、その代表者によって、これを特定行政庁に提出し、その認可を受けなければならない(法70条1項)。建築協定のための「建築協定書については、土地の所有者等の全員の合意がなければならない」(法70条2項)。認可申請を受けた特定行政庁は、当該建築協定の認可の申請が、「建築協定の目的となつている土地又は建築物の利用を不当に制限するものでないこと」(1号)、「第69条の目的に合致するものであること」(2号)などの条件に該当するときは、当該建築協定を認可しなければならない(法73条1項)。そして、特定行政庁は、建築協定を認可した場合には、遅滞なく、その旨を公告しなければならない(法73条2項)。「市町村の長は、その建築協定書を当該市町村の事務所に備えて、一般の縦覧に供さなければならない」とされており(法73条3項)、これとは別に特定行政庁のホームページ上で認可を受けた建築協定が公示されている

そして、建築協定の認可等の公告のあつた建築協定は、「その公告のあつた日以後において当該建築協定区域内の土地の所有者等となつた者(……)に対しても、その効力があるものとする」とされ(法75条)、不動産登記による公示も明認方法により掲示も必要とせず、第三者に対する効力が認められている。(13)

---

(12) 「敷地」については分割禁止、最低敷地面積の制限など、「位置」については、建築物の壁面から敷地境界や道路境界までの距離の制限など、「構造」については、耐火構造など、「用途」については、専用住宅に限るなど、「形態」については、高さの制限、建ぺい率や容積率の制限など、「意匠」については、色彩の制限、屋根形状の制限など、「建築設備」については、アマチュア無線アンテナ設置の禁止などである。

(13) 第三者が建築協定を知らなくても対抗できる(神戸地判平6.1.31判タ862号298頁)。類似の私人間の協定で行政の認可により譲受人に対抗できるものとして、緑地協定(都市緑地法45条以下、50条)及び景観協定(景観法81条以下、86条)がある。環境行政については、それ以前の絶対的土地所有権(建築自由の原則)に対する例外から、初めから土地所有権は相隣関係の規定を見れば分かるように生活環境に調和する限度で認められているにすぎないと見方が変わってくるのに応じて、行政法学においても生活環境を重視する方向に変化している(岩橋浩文『都市環境行政法論』[法律文化社・2010]及びその引用文献参照。簡単には、秋山靖浩『不動産法入門』[日本評論社・2011] 126頁以下参照)。絶対的所有権につき、吉田克己「フランス民法典第544条と「絶対的所有権」」乾昭三編『土地法の理論的展開』(法律文化社・1990) 192頁以下参照。

(14) 逐条解説建築基準法編集委員会編著『逐条解説建築基準法』(ぎょうせい・2012) 1065頁では、

2 建築基準法上の建築協定の法的性質
(1) 条文は明確ではない

　建築基準法上の「建築協定」は、「建築物の敷地、位置、構造、用途、形態、意匠又は建築設備に関する基準についての協定」である。建築協定が、相互に違反する建築をしないという債務を負担し合う債権契約なのか、それとも、所有権を制限する物権契約なのかは、この定義だけから推し量るのは難しい。前者が一般的理解といえよう。

　しかし、建築基準法の適用のある建築協定は、条例ではできない地域ごとの土地利用の規制を建築協定により補完させようとしたものであり、物権法定主義に対する例外として物権的合意を認めたものと考えるべきである。以下に建築協定の法的性質をめぐる学説を眺めていこう。ただし、学説の関心

　住宅地では、住宅しか建てない、2階建以上建てない、商業系の用途地域では、外壁の交替距離を定めて歩道部分を広くしたり、階数や高さを揃えて商店街としての景観を整える、工業系の用途地域では、その区域に集積している業種の工場にとって障害となるような特に公害を著しく発生させる用途の工場を制限するといった例が挙げられている。

(15)　建築協定は、住民全員の同意が得られなければ歯抜けの状態が出現してしまう（この点につき、大橋洋一「建築協定の課題と制度設計」同『都市空間制御の法理論』[有斐閣・2008（初出2001）]117頁以下参照。秋山・前掲書153頁は、立法論として多数決制を提案する）。

(16)　なお、民法上の地役権を公益目的で利用することがフランスでは認められている。公権力が、「行政地役権（servitudes administratives）」という形で、私的所有権に課す制限である。行政地役権は、フランス民法650条に、「公用のための地役権（servitude sur l'utilité publique）」として規定されているが、あくまでも一般的な利益のために設定されるものであり、特定の土地の便益のために設定されるのではなく、要役地さえも必要としない点で、本来の地役権とは性格が大きく異なる。各種の行政関係の法典によりに、様々な行政地役権が認められており、その1つに、都市計画法典R.126-1条の規定する都市計画地役権（servitude d'urbanisme）または公共用益地役権（servitudes d'utilité publique）がある（吉井啓子教授による）。私人が設定する地役権について、Cass.civ.,3e,13 mai 2009,D.2009.Pan.2306.obs.B.Mallet-Bricoutは、○○に居住している等の人についての種々の要件を充たした自然人に付与される権利であり、一身専属的な権利であり譲渡も相続による移転もありえない地役権と主張されたのを認めなかった。環境保護のため私人により設定される地役権を認める提案（英米法の保全地役権的なものといえわれる）があるが（G.-J. Martin,Pour l'introduction en Droit français d'une servitude contractuelle ou d'une obligation《propter rem》ayant pour objet la protection de l'environnement, RJenvir.sept.2008. p.33 s.）、それを採用しなかったのである。日仏環境法国際シンポジウム「環境と契約：日仏の比較研究」（2013年開催）におけるムスタファ・メキ「環境地役権」（齋藤哲史訳）も参照（近日刊行予定）。

(17)　その地域の住民による自治的団体の存在は建築協定の必須の要件ではない。しかし、通常は建築協定の運用団体として化運営委員会が存在しており、まれに運営委員会を置かない事例もあるが、そのような場合には建築協定は形骸化していることが多いといわれる（長谷川・前掲書81頁）。

は物権的合意か否かよりも、準条例的効力を認めるか契約か合同行為かという点にあるので、そのような議論の紹介にならざるをえないことを予めお断りしておく。

(2) 学説の状況

❶ 準条例説　　荒教授は、建築協定を「公法上の合同行為」と理解している。また、住民の人的結合である社団で行わせる点で建築協定には公共組合的性格を有し、「直接民主制――しかも全員の同意（完全な住民参加）――で行われる建築協定は、憲法の定める地方自治の本旨に沿った法律・条例の補完的立法を考えることができよう。換言すればこの建築協定は準法令的性格をもつといえる」という。また、条例制定権の個別化を協定に委ねたいわば再委任を法的に認めたものと考えている。少数説であるが、一部の支持を受けている。

❷ 公共組合説（特定行政庁を含む）　　金谷教授は、公共組合理論を構成して解決することを提案し、「建築協定とは、より良き町づくりのために、複数当事者が公法上の地役権ともいうべき財産上の作為・不作為債務を出資

---

(18) 荒秀「建築協定の実情とその問題点」ＮＢＬ 82 号（1975）16 頁。磯部力「『都市法学』への試み」成田頼明他編『行政法の諸問題　雄川一郎先生献呈論集（下）』（1990）21 頁は、フランスのオーリウの制度論によりつつ、「地域住民による『秩序形成的な法行為』があり、さらに規約にもとづき秩序を維持し違反行為を制裁するための内部的権力をも承認するところの『制度』的（規約的）法現象がある」と述べる。伊藤高義・中舎寛樹『自治体法学全集 3　自治体私法』（1990）232 頁も、「行政補完的機能をもつものであるがゆえに、立法に準じた法的効力を与えようとするものと理解すべきであろう」という。

(19) 荒秀・関哲夫・矢吹茂郎編著『建築基準法[改訂版]』（第一法規出版・1990）561 頁（荒秀）は、「建築に関する規制の沿革をみると、まず私的自治の原則に基づく相隣関係にまかされていたのが、漸次行政的規制にとりこまざるをえなくなり、その行政的規制を一律化することの妥当ではないことから法律・条例が建築協定にゆだねたのであるから、この建築協定をたんなる私的契約とみることには疑問が生じよう」と述べて、再委任を認めたものと考えている。また、建築協定は契約ではなく、「合同行為あるいは公法上の協定と呼ばれるものではないか」（同 563 頁）、「公共組合の設立と同質に扱ってよい」（同 564 頁）という。以上のように考えることから、建築協定は建築基準法や条例と同旨の規範と考え、同法 6 条の確認対象となり、9 条の措置命令や代替執行等の対象として考えてもあながち合理的根拠を欠くものではないという。また、同 565 頁～567 頁では、立法に際してなされた政府委員の説明は建築協定を条例的なものと説明していることも根拠としている。

(20) 亀田健二「建築協定の法的問題――私人間合意と行政との関係についての一考察」産大法学 17 巻 1.2 号（1983）1 頁以下がその 1 つであり、「建築協定の締結者（土地の所有者等）の意思表示は、建築協定の目的に向けられていると同時に、事故の権利が制限されること、および、他

して創設する組合」と構成し、「協定に違反する内容は、組合へ出資したことにより、個々の所有権から失われ、転売に際しても、その部分は転売されず、たとえ売主がそれを通知しなくとも、それはいわば他人の権利の譲渡とみなされるからこそ対世的効力が認められるのではあるまいか」という。更には、地方公共団体あるいは特定行政庁は、建築協定条例の制定及び認可という行為により、協定へ一当事者として参加するものとしこれを協定の当事者とする。[21]

❸ **集団的地役権説**　比喩の域を超えないが、「土地の利用の調節は、現在公私にわたってますますの重要度を増しており、その私的側面を担当する地役権は、益々重要な作用を営まねばなるまい」と指摘して、注目されるものの1つとして建築協定を取り上げ、これを「集団的な地役権設定の実質を持つものと言ってよかろう[22]」、建築基準法上の建築協定を、「集団相互的な地役権設定行為に特定承継人への効力を付与するための法律制度であって、地役権の観念の集団的公共的展開とみることもできる[23]」、と評する学説がある。決して地役権と断言したものではないが、この分析は後述の私的協定にもあてはまるため注目される。[24]

❹ **私法上の契約説（建築権行使制限契約説など）**　建築協定を債権契約と理解するのが一般的理解である。玉田教授は、建築協定の法律的効力は、分譲事業者が購入者との間で締結する建築権行使制限契約ないし、分譲事業

者の権利が制限されることを欲してなされることになる。これは、複数当事者の同一方向の意思表示の合致つまり合同行為であるとも理解しうるし、また、協約締結者の1人と他の1人との関係では互いが他者に対する権利・義務を負うという互いに対立する2個以上の意思表示の合致とも理解しうる」という（12頁）。そして、契約と構成しないため、1人協定もこれにより説明しようとしている（13頁）。また、「建築協定は建築協定条例と一体化したものとしてとらえ、建築協定そのものに条例に準ずる正確を認めてよい」とし、建築主場の確認対象とし、また、違反に対して、委員会が特定行政庁に対して措置命令等の権限行使を要求しうると考えている（14～15頁）。
(21)　金谷重樹「建築基準法上の建築協定について」『建築関係法令の研究・10』（日本建築学会建築計画委員会建築規準小委員会・1981）40頁以下。
(22)　我妻栄（有泉亨補訂）『新訂物権法（民法講義Ⅱ）』（1983）408頁、409頁。
(23)　稲本洋之助『民法Ⅱ（物権）』（青林書院新社・1983）374頁。
(24)　地役権の相互的な設定であれば、隣接地所有者が建築協定に参加するには全員との合意が必要になるが、この点は、建築基準法は「建築協定区域隣接地制度」を創設し、一方的意思表示により建築協定に加入することを可能としている（建築基準法75条の2第2項）。

者のイニシアチブにより購入者相互間で締結する建築権行使制限契約と類似ないし同様なのではないかとして、準条例と考える学説には反対する。建築協定について「純然たる対物的な建築規制ではなく、いうなれば対人的な建築権行使に対する規制である」、「建築協定は純然たる民間レベルでの建築権行使制限契約と異なるものではない」ともいう。物権契約か債権契約かの性質決定については明確に述べられていないが、「建築権行使制限契約」ということからは、不作為債務を負担させる債権契約と考えているように思われる。ただし、法的性質はこう理解しても、立法論としては、建築協定を基礎付ける条例に、協定違反に対する地方自治法14条5項で定める限度内での刑事罰および秩序罰を規定することは何ら妨げないという主張されている。建築協定による人的結合体は、民法上の組合的なもの、契約＝結合体的なものと把握し、建築協定を「強められた効力」をもつ私法上の契約と評する主張もある。

(3) 検討

以上のように諸説があるが、❸をどのように評価してよいか迷うところであり、❶❷は準条例的効力を認める必然的帰結として条例同様に所有権自体を制約するものと考えることになろう。しかし、❶❷は異説であり通説ないし議論に参加していないサイレントマジョリティの理解は❹の債権契約に過ぎないという理解であることは、後述の私的協定についての議論から窺われるところである。

私見としては、先に見たように、建築基準法は建築協定に民法や建築基準法の規定する所有権の利用規制とは異なる利用規制を認めるものであり、そ

---

(25) 玉田弘毅「建築協定の法律的特色」玉田ほか「建築協定の実態とその法的性格（下）」NBL 292号（1983）32頁。逐条解説建築基準法編集委員会・前掲書1063頁の「一種の契約による自主規制であるといえる」というのも、債権契約にすぎないという趣旨ととれよう。
(26) 不作為債務を負担する債権契約であるとしても、競業避止義務とは異なり、その土地の所有者の所有権の行使の制限という土地所有権と密接不可分に結びついた債務である（伊藤・中舎・前掲書231頁以下参照）。この点も考慮して、建築協定は、ウェーバーのいう「身分契約」、オーリウのいう「制度」、セルズニックのいう団体・社団に近い「団体的・関係設定的な側面をもつ」と評されている（長谷川・前掲書54頁）。
(27) 玉田・前掲論文33頁。
(28) 森田寛二「建築協定論、そして公法上の契約論（1）」自治研究66巻1号（1990）8頁。

れは要するに土地所有権の内容を私人が合意により決めることを認めるものであり、物権的合意を認めたものと考えている。確かに建築基準法は行政法であるが、民法206条の「法令の制限」条項を介して所有権の内容を規定するものであり、建築協定についてはその区域すべての土地の所有権を制限し、その区域の土地所有権の価値を高める特殊な地役権（いわば環境地役権）を認めその公示方法と対抗力を規定するものと考えるべきである。しかし、物権的合意を認める立法だからといって、準条例として建築確認や是正命令の対象となることが帰結されるものではなく、立法論としても、あまり強い効力を建築協定に認めると、全員の同意が得られずいわゆる歯抜けの状態になる危険性もあるので、準条例としての効力までは否定すべきである。

3 違反の効力

建築協定に違反する建築がされた場合に、建築協定の効力として当事者は違反する工事の中止、既になされた工事の撤去を求めることができることにつき異論はない。ただ、建築協定の法的性質をどう考えるかにより、その権利の性質が異なってくる。①建築協定を物権的合意と認めれば、上記請求権は物権的請求権と構成され、他方、協定に違反する内容の建築をしないという不作為債務を負担する債権契約に過ぎないと考えれば、上記請求権は債権的請求権にすぎないことになる。物権か債権かにより消滅時効の有無、違反による損害賠償が債務不履行による損害賠償か物権侵害による不法行為による損害賠償請求か、といった差は生じよう（私見は物権的合意を肯定する）。団体的な規律を認めるかは、建築協定の他に地域団体としての合意・取決めがなされているか否かにより、一概には決められるものではない。そのような団体的な規律がない限り、全員が権利行使をすることが可能である。

---

(29) 否定するのが通説である（長谷川・前掲論文91頁、秋山・前掲書145頁など）。実際には、運営委員会の委員長が、文書等によって違反者に遵守・是正を求め、釈初頭に行政指導を要請するなどなるべく話し合いで解決を図ろうとして、訴訟になるのはそれでも解決が図れない場合に限られる。

(30) 建築協定にあまり強力な効力を結びつけると、合意を得ることが難しくなるという難点を生じることが危惧されている（松本博「建築協定の意義の効力」塩崎勤・安藤一郎編『新・裁判実務大系2建築関係訴訟法〔改訂版〕』[青林新社・2009]351頁）。

III 建築基準法の要件を充たさない私的協定（自主協定）

1 認可・公告されていない私的協定（自主協定）の効力

建築基準法の建築協定として認可・広告されていない建築にかかわる土地所有者間の協定（以下、私的協定と呼んでおく）は、どのような法的性質の合意であり、その効力をどう考えるべきであろうか。認可のための実体的要件は充たしていても、行政庁の認可を受けて公告がされていなければ、私的協定にすぎない。

(1) 判例の状況

判例は少ないが、建築協定は物権的合意とは認められないことを当然視した上で、私的協定に基づく差止めや原状回復請求を容認している。

❶ 神戸地裁伊丹支判昭 45.2.5 判時 592 号 41 頁 X₁の請求について、「かかる分譲住宅地を買求めて移り住むすべての買主においては、住宅環境の向上を望みつつその悪化をおそれて、かかる特約を進んで承認し、買主相互間においても、この特約を遵守し、その存在に信頼して生活しているものである」ことから、本件特約に法的効力を認める。但し、「かような特約に基づく土地所有権内容の制限は、対世的効力すなわち物権的な効力を有するものでないことは、物権法定主義（民法175条）からみて、当然の帰結ではあるけれども、……その内容に従つた効果すなわち債権的効力の生ずる」と、

---

(31) 長谷川・前掲書50頁注114は、自主協定と呼ぶ。
(32) 建築協定は、「法の予想しない規制の手法（例えば、建築物から発生する騒音を直接規制すること）を用いることはでき」ないといわれており（逐条解説建築基準法編集委員会・前掲書1065頁）、もし認可された建築協定にこのような内容の条項が含まれていたとしても、その部分は無効であり建築協定の効力は認められない。
(33) X₁は武庫山第四期住宅地の中心部に位置する分譲地をX₂ら（4人）及びAらに販売し、その際に、買主は住宅建築に当って、アパートまたは三階建以上の建築あるいは付近の住宅に迷惑を及ぼすような建築を禁ずる特約が付けられていた。ところが、Aの子Yが建築主となってAの取得した土地上に鉄筋コンクリート造三階建マンションを建築しようとしたため（実質的にはAが建築主と認められている）、Xらが建築の差止めを求めた（YからXらへの妨害行為の禁止請求もされている）。特約は売主であるY₁とそれぞれの買主との間になされているが、Y₂らからは、Y₂らから第三者（他の買主）のためにする契約との主張がなされた。Yはこの特約は分譲地を売出すための宣伝文句に過ぎず、効力を有しないと争う。本判決の評釈として、篠塚昭次「判批」『公害・環境判例』別冊ジュリスト43号149頁、山口和男「判批」判タ247号95頁。

債権的効力に止めている。[34]

❷ **東京地判昭56.5.29判時1007号23頁** Xは、Y（学校法人）が昭和51年12月に校舎の建築工事を始めたため、周辺住民20数名が中心となって同町五丁目の生活環境の向上と保全を図る目的で同年12月12日に設立された団体である。XとYは交渉を重ね、昭和52年4月12日にXとY間で「Yは本件建物の屋上を使用しない。」旨の条項を含む協定が成立した。ところが、Yがその後に屋上の使用を開始したため、XがYとの合意に基づきYに対し屋上の使用禁止を求めた。裁判所は、事情変更の原則また権利濫用の主張を退け、Yに対して屋上部分の使用を禁止する判決を出している。

❸ **名古屋高判昭55.6.12判時985号91頁**[35] Xは、○○宅地159・34平方メートルを昭和44年7月29日Yに分譲するにあたり、Yが同地上に居宅を建築する場合には、北面隣地の日照等の関係から2階建等の高層建築をしてはならない旨の特約を付した。ところが、Yは、本件土地上の平家建居宅を上記特約に反して2階建建物にすべく増改築工事に着手したため、Xが増築が差止めを求めた事例である（隣地の土地所有者は請求していない）。裁判所は、「右認定事実に徴すると、本件のような規模、目的の宅地の分譲において右特約に合理性がないとはいえず、従ってYはXに対し右宅地上に2階建建物を建築してはならない旨の不作為義務を負っているものというべく、Yがこれに違反するときは、Xは右特約の効力としてYの行為の差止請求をなしうる」と述べて、Xの請求を認容する。[36]

---

(34) X₂らの請求については、「ある契約が第三者のためにする契約であるとするためには、第三者に対し単なる事実上の利益を与えるだけでは足らず、直接権利を取得させる趣旨が、明示ないし黙示的にその契約内容となっていなければならないところ、本件特約にあつては売買契約書……の記載からみて、申請人に対して直接特約上の権利を取得させる趣旨が必ずしも明らかではな」いとして、第三者のための契約ということを否定した。しかし、日照、通風その他の住宅環境に対する侵害は、「土地の利用権に対する侵害として、その排除ないし予防を請求しうる」として、建築差止請求を認める。篠塚・前掲判批148頁は、広い意味ではやはり第三者のためにする契約の一種と認定してよかったと評している。他方、山口・前掲判批98頁は、分譲者X₁が特約につき特に出捐したと認める余地がないとして、本件特約は、買主間には「相互に事実上の利益を与えるに過ぎず、請求権まで与えたものでないと解するのが妥当である」と、本判決に賛成する。

(35) 評釈として、平井一雄「判批」判タ472号80頁（同『民法拾遺第2巻』[信山社・2000]429頁に収録）、高島平蔵「判批」判評371号[判時1007号]27頁がある。

(36) ❶判決で問題とされた、近隣土地所有者による請求の可能性については、「売主を一種の仲

❹ **福岡地判平 8.5.28 判タ 949 号 145 頁**(37)「単なる紳士協定であるなどと解するのは決して相当なことではない。しかし、右協定が建築基準法上の建築協定のような効力を有しないことも明らかであって、せいぜい本件決議に賛成した組合員ら同士の間において、債権契約としての効力を有するにとどまるものと解すべきである」とする(38)。そうすると、土地の譲受人には建築協定を対抗できなくなりそうであるが、本件団地の土地所有者により「組合」が設立されており、Yがその組合員となり組合決議において建築協定の改正に賛成していることから、「Yは、現行規約の建築協定につき、債権契約としての拘束を受けるものと結論すべきこととなる」とした。そして、次のように判示し、X組合のYに対する本件建物の3階以上の部分の取壊請求を認容している。

「ある一定の行為を禁止する合意には、その合意の効力として、違反があった場合に原状回復する旨の合意が当然に内包されているというべきであるし、当初の建築協定には、違反した場合の是正措置も規定されていたところ、右建築協定が、昭和49年に規約に取り込まれた際、右是正措置が脱落したのであるが、X組合員にとっては、右脱落の前後により、建築協定の規制内容が変化したとは認識されていないことが認められる」。「右によれば、現行規約の合意内容についても、当初の建築協定と同様、違反行為に対しては原状回復措置を求めることができるものと解すべきである」。

(2) 学説の状況

(a) **債権的効力説** 学説も私的協定は債権契約であることを当然視している。例えば、「物権法定主義により第三者に対する対世的効力は認めら

介者として、各買主が不特定の相手方（他の各買主）に対して表示したとみとめられる意思にもとづき、買主相互間に合意が成立したことを承認」する見解がある（高島・前掲判批 176 頁、平井・前掲判批 82 頁が賛成）。

(37) その他に、浦和地判平 1.3.16 判タ 702 号 185 頁は、2 階建の建築をしない旨の周辺住民との協定がされたが、その土地所有者が 2 階建て建築を始めた事例で、協定の期間も定められていないことから事情変更の原則を適用して、もはや本協定は失効したものと認めている。

(38) 区分所有法に基づいて、「A住宅団地」内の土地所有者を構成員とし、組合員の共有物等の管理並びに団地内住宅の建築協定の締結その他住宅管理に必要な業務を行うことを目的としてX組合（「A住宅管理組合」）が結成され、同団地内の住宅についての建築協定が作られ、2 階建て以上の建物の建築が禁止されたが、同土地内の土地を買い受けたYが3 階建ての建物を建築したため、X組合が 3 階部分の除去を求めた事例である。

れないが、債権的効力は認められる」、「土地の利用方法や建築に関する制限があってもそれが単なる債権的合意にとどまる場合には、かかる合意を買受人に対して主張することは通常は困難であろう」と述べられている。なお、第三者に対抗できないが、第三者からの一方的な参加を認める提案がなされている。

　(b)　**物権的効力を認める学説**　　他方で、あくまでも物権的合意とは考えずに債権的合意であることを前提とした上で（物権法定主義が根拠）、第三者への対抗を肯定する主張がある。まず、悪意の譲受人に対して主張することを認める主張がある。次に、平井一雄教授は、「粗雑な議論ではあるが」と断りつつ、「一定地域の環境保全のため土地利用方法［を］規制する特約は、土地使用権ないし利用権に伴い爾後その土地についてのかかる権利を取得した者に承継されてゆくという立論は考えられないものであろうか」と述べている。

　(3)　**地役権（環境地役権）の可能性**

　筆者としては、建築基準法によらない私的協定についても、特殊な地役権（環境地役権）として構成できると考えたい。統一的な町並みは住民全員の利益であり、いわば相互的ないし総合的な特殊な地役権（環境地役権）の設定を考える余地がある。全員が相互に自己の土地を承役地としかつ要役地とし、良好な住宅環境という他の土地の利益を提供しかつ他の土地に対して同様の

---

(39)　長谷川・前掲書50頁（注114）。
(40)　高橋寿一『地域資源の管理と都市法制』（日本評論社・2010）233頁。第三者に主張しえないことは当然視されている（松本・前掲論文350頁、鵜野和夫『改訂増補・都市開発と建築基準法』[清文社・2002]243頁）。
(41)　長谷川・前掲論文96～97頁。協定成立後の土地所有者等との関係では、協定は第三者のためにする契約と構成する。
(42)　篠塚・前掲判批147頁は、法定通行権（囲繞地通行権）と契約による通行地役権とが外観上競合しているかにみえる係争事件では、法定通行権が存在していてそれを契約や判決で確認したに過ぎない場合があるのと同様に（篠塚・前掲判批126頁）、環境保全の特約が法定の日照権の「確認」にすぎない場合には、「物権と同様の効力をみとめられてよい」という。そして、その場合には、囲繞地通行権と同様に、特別の登記なくして対抗しうるという。
(43)　高島・前掲判批31頁。篠塚・前掲判批147頁は、対抗力について悪意または過失ある第三者が排除されることを主張するが、債権契約に第三者対抗力を認めることはそれ自体が問題となる。そのためか、結論は明確にはされていない。
(44)　平井・前掲判批82頁。

利益を享受することになる。地役権は、「他人の土地を自己の土地の便益に供する権利」であり（280条）、「便益」には「通行」、水道水の給水、生活排水の排水、農業用の用水といった利用を越えて、日照や眺望の享受も含むものと考えられている。(45) 中世の封建的な物権関係への反動として役権は近代において制限されたが、地役権の土地利用規制を担う意義が見直されている現在、これを拡大的に有用することが容認されて然るべきである。

　調和した街並みといった景観利益は精神的ないし人格的利益に過ぎないが、人格的利益に止まらず資産価値を高めることにもなり、その区域の土地全部が相互にそのような「便益」を享受し合う関係になる。(46) 私的協定では公示・第三者対抗力の問題が残されるが、環境という特殊性からして、登記がなくても客観的に明らかな状況になっている事例においては、第三者への対抗を認める余地がある。しかし、地役権が成立するとしても、合意した者の所有地にしかその物権的効力は及ぶことはない。建築協定について参加するか否かを自由とする全員一致主義を採用している以上、歯抜け部分の土地所有者に「景観利益」を有無を言わさず押し付けることができたのでは、参加の自由の保障を無視することになる（協定の有無を問わない最低限度の景観利益の主張は認めてよい）。(47) 地区計画制度もある以上、それによるしかない。

---

(45) 梅・前掲書264頁は、「地役権とは土地の利益の為めに他人の土地を用ふるもの」と「用ふる」＝「利用」を問題としつつ、観望権も含めている。同264頁は、「地役権の種類は千差万別にして之を限定することを能はざるが故に本章に於ては唯一般の規定を設け如何なる種類の地役権も皆之に従うべきものとし」たと、多様な地役権の可能性を認めている。他人の土地の使用について、消極的地役権も使用なのかについて、眺望権といった「禁令権」でもよいと考えられている（岡松参太郎『註釈民法理由上巻』（有斐閣・1897）283頁）。現在では、我妻（有泉補訂）・前掲書406頁は、「地役権は、ある土地（用役地）の利用価値を増すために、他の土地（承役地）の上に支配を及ぼす権利であ」ると、「支配を及ぼす」ものであることを要求するだけである。イギリス法の地役権（easement）も積極的地役権（positive easement）と消極的地役権（negative easement）があるが、捺印証書（deed）による譲与によって設定される必要があり、眺望権やプライバシー権といった曖昧な権利は譲与の対象とならず地役権の設定は認められない（南部あゆみ「イギリスの土地利用における地役権について」ソシオサイエンス14号[2008]143頁）。消極的地役権としては、①採光地役権・②通風地役権・③支持地役権・④人工水路の水の流れに対する障害を制限する権利が認められているが、消極的地役権はしばしば承役地の開発を阻害することになるため，裁判所は新しい権利の認定を控える傾向にあるといわれている（南部・同前145頁）。ただし、ある土地に対して不作為義務を課す不動産権である制限的約款（restrictive covenant）があり、例えば，住宅地内の土地にビルや工場や大型店を建設しないといった義務であり、地役権では認められない広範な消極的請求を制限的約款で認めることが可能となる（同152頁）。

2　二当事者間の私的協定への地益権の拡大

　以上までに述べたのは、ある地域全体についての協定であるが、隣接する土地所有者間において相隣関係規定において規定されていない土地利用関係をめぐる合意をすることが考えられる。この点についての判例は皆無に等しいが、傍論として、隣接土地所有者間で二階建て以上の建物を建てないという合意があったと主張された事例で、「本件契約当時の本件建物の敷地及び本件隣接地の権利関係からみると本件隣接地が第三者へ売却されればたとい当時の所有者AとYとの間に木造二階建の建物しか建てない旨の約束があつたとしても、その債務が第三者に引き受けられないかぎり、第三者は本件におけるように鉄筋コンクリート造四階建専用住宅を建てる可能性は十分に存在した」ということを述べた判決がある（大阪地判昭61・12・12判タ668号178頁）。「債務」（不作為債務）を問題にしているので、物権的合意ではなく二階建以上を建築しない不作為債務を問題にしており、それ故に第三者には対抗できないものと考えていると評しうる。債権契約であり契約の相対効を貫くのである。物権法定主義があるため、物権的合意をすることはできないことは当然視されているといってよいであろう。

　筆者としては、地役権の「便益」の内容を拡大するのであれば二当事者間でも環境にかかわる地役権の設定が可能であると考える。地役権としては、

---

(46)　その内容は、個別的な行為規制は債権契約における債権・債務の対象にしかなりえないため（騒音を出さない等）、恒常的な態様にかかわる土地の利用でなければならない。

(47)　景観利益についての文献は多いが、牛尾洋也「景観利益の保護のための法律構成について」龍谷38巻2号（2005）1頁以下、同「景観保護における違法性論の展望」『現代市民法学と民法典』（日本評論社・2012）295頁以下、吉川日出男「景観利益侵害に対する不法行為の成否」札法25巻1号（2008）121頁、富井利安「景観利益判決を超える地平」修道32巻2号（2010）57頁、坂和章平『眺望・景観をめぐる法と政策』（民事法研究会・2012）参照。景観は個々人の問題ではなく地域全体に係わる問題であるため、日照権や眺望権とは異なり、景観権については、「私法＝司法で形成できるものではなく、行政法規によって形成すべきものである」という主張もある（阿部泰隆「景観権は私法的（司法的）に形成されるか」自治研究81巻2号[2005]4頁）。

(48)　フランスにおいては、地役権が拡大して運用されている（吉井啓子「地役権概念の再検討――フランス法からの考察」同法60巻7号[2009]293頁、武林悦子「フランス民法におけるSERVITUDES（役権）の研究（1）～（5）完」愛知学院大学論叢法学研究45巻4号、46巻1号、2号、3号、4号[2004～2005]参照）。①ガラス工場のために、鉱山から石炭を受け取る権利を地役権で設定することが認められている（Cass. civ., 9 janvier 1901, DP 1901, 1, 451, 1ère esp.）。②また、競業禁止の地役権（servitude de non-concurrence）が認められている。例えば、Cass. 3ème. civ., 15 juillet 1987, Bull. civ. III, n° 184は、自動車修理工場の経営者が、「競合禁止の地役権」によって隣地に自動車修理工場の設置を禁止した事例である。③分譲地の取得者につき、土地の

「一定の利用をしない不作為(……)の義務を負担する[49]」のでもよく、「義務」といっても土地と土地との関係における物的義務——ローマ法上「物上債務」obligation propter rem と呼ばれていた——であり債務のような対人的な義務ではない。これは通行地役権のように積極的な利用に対して認容すべき義務についても同様であり、債権のように特定人に対する義務ではなく、用役地の通行のための利用(通行するのは誰でもよい。ただし、違反に対して妨害排除を請求できるのは所有者)を認容すべき物的義務である。建物の建築態様等の制限のように土地の利用にかかわる内容であることが必要であり、また、憲法上の財産権保障があるので、過度の制限に対しては公序良俗による制限を考えることができる。

Ⅳ　終わりに

隣接地、更にはある区域の土地全体についての、良好な生活環境整備のための土地利用規制が、土地所有者間の合意によってなされる場合に、本稿では解釈論を中心としてこれをどう法的に構成すべきかを、物権法定主義また物権法の強行法規性という観点から考察をした。このような土地規制の合意は、物権法定主義が障害となって、従来は契約自由の下に債権契約に放逐されてきた。本稿では、土地所有権は絶対ではなく合意による任意的な規制の可能性を含んでいるものであり、相隣関係また建築基準法による土地規制とは別に、任意の自治的規制が推奨されるべきであり、これまで大きな注目を得て来なかった地役権を拡大することにより物権関係として実現することを提案した。日本の物権法における用益物権のメニューが制限的であり人役権

使用を居住に限定するなどの内容のいわゆるブルジョワ条項 (la clause d'habitation bourgeoise) は、地役権の性質を持ち、全ての者に対する対抗力 (une opposabilité erga omnes) が認められている。例えば、Cass. civ., 30 juin 1936, DP 1938, I, 65, note A. Besson; S. 1937, I, 161, note H. Vialleton ; RTD civ. 1936, p 883, obs. H. Solus は、「居住用の使用以外の使用を売却された土地に対してなされた」禁止は、「土地それ自体に、他の利害関係ある土地の全ての利益となる物的地役権を設定する」効果を認めている。フランスでは証書登記なので、売買契約書が登記されればそこに特約として盛り込まれているブルジョワ条項まで公示され、第三者対抗力が認められることになる。日本との大きな違いである。

(49) 我妻(有泉補訂)・前掲書 409 頁。

が認められておらず、立法論として人役権の導入が幾度となく提案されてきたが、その検討と並んで地役権制度の活用が今後は検討されるべきである。本稿は、半ば立法論的な提案であるが、全体的・相互的な特殊な環境地役権を認め、これを建築協定の法的根拠づけとして利用する可能性を探った次第である。

〔付記〕
円谷先生とは、ドイツ民法研究会においてドイツ民法改革委員会草案の解除グループでご一緒させて頂いた縁で、その後研究会などを通じてご教示を頂いてきた。円谷先生を代表とする科研により、アジアの消費者法を研究するため各地を一緒に訪問したのもよい思い出である。その先生が古稀ということで、ロースクールの時代の空白期間もあり、時の過ぎ去るのが早いと実感せざるを得ない。円谷先生には今後もお元気でご活躍をし、願わくば我々後輩にかつてのようにご指導をお願いしたい。

---

(50) 石田文次郎『全訂改版物権法論』(有斐閣・1945) 632頁、末川博『物権法』(日本評論社・1956)・前掲書350頁、我妻・有泉・前掲書408頁、近時のものとして、山野目章夫「物的義務の現代的再生」法学53巻6号[1990]210頁以下。

法定地上権制度の日韓法比較

中 川　敏　宏
Toshihiro NAKAGAWA

I　序―わが法制の固有性と韓国法制への着眼
II　韓国法制における法定地上権制度
III　韓国民法改正論
IV　結語

I　序―わが法制の固有性と韓国法制への着眼

　わが国では，土地と建物を別個独立の物として，別々の権利客体とする土地建物別個法制が採られている。したがって，西欧法のように，「地上物は土地に属する（superficies solo cedit）」の原則の下，建物が土地に付合し，土地の構成部分となることはない。この土地建物別個法制の採否をめぐっては，民法起草段階において慣習を根拠に土地と建物を別個の物とすべしとの意見と諸外国の立法例と同じく建物を土地の構成部分と捉えるべしとの意見が激しく対立し，激論の末に辛うじて前者の意見が多数を占めたのであった。[1]土地建物別個法制を当時の慣習により基礎付けられるかについては疑わしいところもあるが，かかる法制の採用を前提とした上で，土地に対する抵当権の効力は建物には及ばないとされ（370条本文），また法定地上権制度（388条）と土地建物一括競売制度（389条）が必要とされることとなった。とりわけ法定地上権制度をめぐっては，抵当権設定時に土地と建物が同一の所有者に属するという要件（以下，「土地建物同一所有者要件」という）との関係で数多くの判例が積み上げられ，学説上の議論も錯綜している状況である。また，実務

---

[1]　民法起草段階での議論については，松本恒雄「民法388条（法定地上権）」広中俊雄＝星野英一編『民法典の百年〈2〉個別的観察I総則編・物権編』（有斐閣，1998年）645頁以下に詳しい。

的な面から言えば，法定地上権はそれが物権であること・登記請求権を有していること・譲渡性が高いことから，債権である賃借権に比べると価値が高く，不動産競売において，賃借権よりも10％程度高い権利割合をもって評価されていることから，土地所有権者の側からみて法定地上権の成立は大きな負担になる。その意味で，法定地上権制度は，その改廃論にも及ぶ多くの問題点と課題を内在する[2]。

わが国と同じような現象が韓国においても生じている。日本による植民地支配の過程を通じて日本法の影響を強く受けている韓国の法制の下でも，土地と建物は別個の不動産とされ，わが国におけると同じ上記の諸制度が置かれており，法定地上権制度をめぐっては，数多くの判例と学説上の議論が積み上げられている。土地建物別個法制に特異な法定地上権制度は，西欧法などとの比較法的考察が難しい領域であるが，本稿は，同じく土地建物別個法制を採る韓国法制に比較法的にアプローチすることによって，新たな視角を得ることができるのではないかと期待するのである[3]。

韓国の法定地上権法制はわが国のそれと極めて類似し，また同国の学説・判例もわが国の学説・判例の強い影響を受けているとみられる面がある一方で，韓国法固有の発展を現している面がある。とりわけ韓国法の固有性を浮かび上がらせているのが，元々同一所有者に帰属していた土地及び建物が後に異なる所有者に帰属するに至るという事象に広く適用されている「慣習上

---

(2) 法定地上権の改廃を考えるに当たり，例えば自己借地権制度導入のように法定地上権制度の有する制度上の欠陥を修正するにとどめるのか，それともさらに踏み込んで土地建物の分離を制限する方向での制度的転換を図るのかなど様々な方向性がありうる。田中克志「法定地上権制度の改廃問題と土地・建物の一体化（1）」法経研究35巻1号（1986年）99頁以下参照。

(3) 本稿では考察できないが，同じく土地建物別個法制を採った上で法定地上権制度が定められている中華民国（台湾）法制の状況も興味深い。台湾で施行されている中華民国民法は，抵当権実行による土地建物所有者の分裂の場合において地上権の設定を擬制する法定地上権制度を有している（876条）。また，強制競売による土地建物所有者の分裂の場合についても，地上権の設定を擬制する規律が2010年物権編改正に際して新設されている（同法838条の1）。そのほか，韓国法上の傳貰権に類似した性格をもつと言われる典権が同一人の所有に属する土地又は建物に設定された場合において，賃貸借関係の存在を推定する規律が2010年物権編改正に際して新設された（同法924条の2。最高法院の判決を受けている）。さらに，同一人の所有に属する土地と建物が売買・贈与等の任意譲渡により所有者を異にするに至った場合において，賃貸借関係の存在を推定する規律が1999年債権編改正に際して導入されている（同法245条の1。最高法院の判決を受けている）。このように，一般にわが国固有であるといわれる土地建物別個法制およびそれを前提とした法定地上権制度等が韓国と台湾でも存在している。

の法定地上権」という判例法理である。抵当権実行の場合の法定地上権制度（韓国民法366条）でカバーできない事象をこの判例法理は包括的に対象とする。この法理を通じて，強制競売・公売などの当事者の意思によらない所有者の分裂の場合のほか，売買・贈与などの当事者の意思による所有者の分裂の場合にまで，地上権の設定が擬制されている。本稿では，この韓国法固有の判例法理をめぐる議論を中心に考察を試みる。また，現在韓国は民法財産編全体に対する改正作業の途中にあるが，以上のような法定地上権制度もその対象とされており，制度改善に向けた活発な議論が展開されている。本稿では，かかる民法改正論についても考察を試みたい。

Ⅱ　韓国法制における法定地上権制度

1　法定地上権制度の概要

（1）法律の規定における法定地上権制度　韓国民法は，法定地上権制度を2つの場合について規律する。第一が，抵当権実行による土地建物所有者の分裂のケースである。韓国民法366条は，「抵当物の競売により土地とその地上建物が異なる者に属した場合には，土地所有者は，建物所有者に対して地上権を設定したものとみなす。ただし，地代は，当事者の請求により裁判所がこれを定める。」と規定し，わが民法388条と同じ趣旨の規定を置いているが，同一所有者帰属要件の判断基準が曖昧になっている点で文理上の違いがある。同要件との関連で，更地事例，再築事例，共有事例などが争われている。第二が，傳貰権の場合である。土地と建物が同一の所有者に属する場合に当該建物にこのような傳貰権が設定されたときは，その土地所有者の特別承継人は，傳貰権設定者に対して地上権を設定したものとみなされる（同法305条）。

その他，民法以外の法律で定められた法定地上権制度としては，立木に関する法律6条の場合と仮登記担保等に関する法律10条の場合とがある。前

（4）仮登記担保等に関する法律10条（法定地上権）土地とその地上建物が同一の所有者に属する場合，その土地又は建物に対して第4条第2項による所有権を取得し又は本登記が行われた場合には，その建物の所有を目的として，その土地の上に地上権が設定されたものとみなす。この場合，その存続期間と地代は，当事者の請求により，裁判所が定める。

者はわが国の立木法5条とおおむね同じ内容であるが，後者は，わが国の仮登記担保法10条と異なる点がある。まず，わが国では法定地上権ではなく法定借地権の制度を採っている。また，わが国では，建物側に仮登記担保が設定された場合には，予め仮登記担保権者の建物取得を停止条件とする用益権設定契約が可能であり，現実的に，融資をしてやる側の債権者は，設定者との合意を得ることが容易であることから，土地側に仮登記担保が設定された場合に限って法定借地権を認めているが，これに対して，韓国法では，建物又は土地のいずれに仮登記担保が設定された場合でも，法定地上権の成立を認めている。

（2）判例法による法定地上権制度　さらに重要なのが判例法により認められた法定地上権である。慣習上の墳墓基地権と称されるものと，慣習上の法定地上権と称されるものとがある。後者は，相当に広範な適用領域をもつ判例法理であって，この法理をめぐって学説上も活発な議論が展開されてきた。この慣習上の法定地上権の法理について，大法院1962年4月18日判決4294 민상1103は，次のように説示している。

> 「建物は，土地の利用関係を伴わずして存在しえないので，建物に建物としての効用を有する独立した不動産としての価値を認めようとするならば，土地の利用関係は建物のための不可分的関係であると言わざるを得ないであろう。そして，土地と建物が同じ所有者に属しているときには，建物のための土地の利用関係は土地所有権内に吸収され，土地と建物との利用関係を分離して考える実質的な利益と必要がないのであるが，両者の所有権者が異なるに至った瞬間，両者の合理的な利用関係を考えなくてはならなくなる。そのため，建物と土地を分離し独立した一つの不動産として認めているわが民法は，一定の条件の下における法定地上権を認めているが，民法で規定する要件を具備しなかったとしても，土地と建物が同じ所有者の所有に属していたが，その後その建物あるいは土地が売却又はそれ以外の原因により両者の所有者を異にするに至ったときには，特にその建物を撤去するという条件がない以上，当然に建物所有者は，土地所有者に対して，いわゆる慣習による法定（当事者の合意によるものでないという意味である）地上権を取得することになるのである。」

本法理の淵源や展開について以下で扱うが，本法理が土地利用関係の設定が現実的に可能な売買・贈与などの任意譲渡による所有者の分裂の場合にも地上権の設定を擬制するという点から，本来の法定地上権制度が想定している領域を超えた適用範囲を有していることに注目すべきである。

2 慣習上の法定地上権

（1）意義 同一人が所有していた土地及びその地上建物の所有者がその後分離して土地の所有者と建物の所有者とを異にするに至る事態は，日本民法388条・韓国民法366条が規律するような抵当権実行の場合に限られるものではない。強制競売・公売など，当事者の意思によらず強制的に分離する場合のほか，売買・贈与といった当事者の意思に基づく場合がありうる。後者の場合においては，任意譲渡契約に際して，利用権の設定の合意をすることが現実に可能である。韓国大法院判例が展開してきた慣習上の法定地上権の法理は，そのような可能性がある場合についても，地上権の設定を擬制し，その地上権について法定の最短存続期間を保障している。以下では，この法理の淵源と展開について考察する。

（2）慣習上の法定地上権法理の淵源と展開

[ⅰ] 淵源としての朝鮮高等法院判決　慣習上の法定地上権法理の淵源を探ると，日本の植民地統治下で設置された朝鮮高等法院の大正5 (1916) 年9月29日付けの判決を見いだすことができる。本判決の事案は，次のとおりである。強制競売により土地（本件土地）を取得したXが，その土地上に家屋（本件家屋）を所有しているYに対して，本件家屋の収去及び損害賠償を求めて訴えを提起した。これに対して，Yは，本件土地及び家屋はもともとAの所有であったが強制競売の結果本件土地はBに本件家屋はCに競落され，CからYが本件家屋を買い受けたものであり，Xは競売時に本件土地上に本件家屋が存在することを熟知しながらそれを競落したものであるから，その当時Xの意思としては家屋をそのまま存続させるつもりであった，そしてまた，「古来朝鮮に於ては家屋の存在する土地を買受けたるものは家屋の撤去を要求する権利なく家屋の所有者は依然該地上に其家屋を保有する権利

---

(5) 『朝鮮高等法院判決録3巻（上）』（雄松堂，2014年復刻版）722頁。

を有する慣習が存在する」と主張した。原審がXの家屋収去請求及び損害賠償請求の一部を認容したので，Yが上告した。上告審である朝鮮高等法院は，次のような理由で，Yの上告を容れて，原判決を破棄し事件を原審に差し戻した。

> 「同一人の所有に属する土地及家屋が任意売買に依り各其所有者を異にするに至る場合に其家屋の売買に付特に家屋を取壊ち之を撤去すべき合意の見るべきものなき限り当事者は何れも家屋を現状の儘にて其地上に存続せしむべき意思ありたるものと認むべきものなるが故に斯る場合に家屋の所有者は其土地に地上権を取得し土地の所有者は其権利に基き家屋の所有者に対して其撤去を強要するを得ざることは朝鮮に於ける一般の慣習にして如此慣習に依り取得したる地上権の期限及地代等に付ては先ず家屋の所有者と土地の所有者との協議に依り之を定むべく其協議整はざる場合に於て始めて裁判所に出訴し之れが確定を求め得べきこと是亦朝鮮に於ける一般の慣習なりとす。而して家屋は土地に定着することにより其効用を全ふし且其価額を保有するものなれば当事者に於て之が撤去の合意を為さず家屋として依然之を存続せしむるの意思あるものと認めらるる場合に土地所有者一方の意思に依り家屋の所有者をして之を取壊ち撤去せしむることは国家経済上より見るも頗る不利益にして如此場合に之を家屋として保存することは寧ろ公益に適応するものなれば前述の慣習は毫も公の秩序善良の風俗に反するものにあらざるは勿論法令の規定なき事項に関するものなるを以て之を朝鮮に於ける一の慣習法と見るに妨げなく且強制競売に依り従来同一所有者に属する土地及家屋が各別異の所有者に属するに至る場合に於ても前記慣習法の適用を除外すべき理由毫も存せざれば該慣習法は競売の場合に於ても其適用あること言を俟たざる所なりとす。」（引用に際して，原文の片仮名書きを平仮名に改め濁点を付し，その他，字体を一部書き改め，句点を付している）

本判決は，一般論として，同一人の所有に属する土地及び家屋が売買によりそれぞれ所有者を異にするに至った場合において，家屋収去合意の存在など特段の事情がない限り，当事者双方に「家屋を現状の儘にて其地上に存続せしむべき意思」があるとみられることから，家屋所有者はその敷地上に「地

上権」を取得し，土地所有者は家屋所有者に対して当該家屋の収去を求めることができないというのが「朝鮮に於ける一般慣習」であるという。その上で，この一般慣習は，強制競売により同一所有者に属していた土地及び家屋がそれぞれ所有者を異にするに至った場合にも妥当するとして，Xの家屋収去請求を認容した原判決を破棄し，家屋収去合意の存在など特段の事情の存否について審理するため，事件を原審に差し戻している。

［ⅱ］慣習調査から見る慣習　　上記の朝鮮高等法院判決における「一般慣習」の存在は，果たしてどのような資料から確認されたものであろうか。本判決の理由中の説示によると，Yの「家屋を保存するの権利ありとの抗弁」を基礎付けるものとして，「明治四十三年十二月分元法典調査局に於て調査したる民事商事に関する朝鮮慣習の概要別冊の通編纂の第三十四条地上権に関する慣習」が提出されたようである。これについては直接参照することができなかったが，本判決当時すでにそれまでの慣習調査をまとめた『慣習調査報告書』が朝鮮総督府取調局により公にされており，担当判事は本報告書を参照した可能性が高い。そこで，本報告書における関連項目を確認してみると，動産と不動産の区別のごとき物の区別があるかという「第十」調査項目において，次のような説明を見いだすことができる。[6]

　「朝鮮に於ては物なる語は普通有体物に付て用ひ又物件なる語を使用すること多し。而して物の区別に付ては十数年来漸く動産不動産の区別を認むるに至り土地及建物を不動産と称し其以外の物を動産と称し法令に於ても数年前より此区別を採用せりと雖も未だ一般には了解せられざるが如し。此他物の区別として見るべきもの殆どなく総て固有の名称に従へり。而して朝鮮従来の慣習として家屋と敷地とが同一所有者に属するときは家屋の譲渡又は典当は当然敷地に及ぶものとせり。是れ家屋と敷地とを併せて売買する風習なりしより遂に家屋の売買及典当には当然敷地を含むものと看做すに至りしものにして此点に於ては家屋を主たる物と視敷地を従たるものと視る感あり。故

---

(6)　朝鮮総督府取調局『慣習調査報告書』（1912 年）41 頁。『韓国併合史研究資料／慣習調査報告書・韓国最近事情一覧』（龍渓書舎，1995 年復刻版）を用いた。

に家屋のみを目的とし敷地を除外する売買，典当に在りては特に其旨を契約
書に明記するを例としたり。但光武十年〔1906（明治39）年―引用者〕十二
月土地家屋証明規則の施行以来土地と家屋とは各別に証明を為すこととなり
しより此慣習は漸次廃滅する傾あり」（引用に際して，原文の片仮名書きを平仮
名に改め濁点を付し，その他，字体を一部書き改め，句点を付している。）

　動産と不動産などの物の区別について説明する中で，家屋と敷地とが同一
所有者に属するときに家屋の譲渡または家屋に対する担保権の効力が敷地に
も及ぶ旨の注目すべき慣習の存在が指摘されている。それによると，かかる
朝鮮従来の慣習は，もともと家屋と敷地を併せて売買する風習から始まり，
遂には家屋の売買や担保権設定には当然敷地を含むものとみなすようになっ
たという。その点で，朝鮮では，家屋を主たる物，敷地を従たるものと見る
感があるという。⁽⁷⁾

［iii］慣習上の法定地上権法理の展開
（ア）日本統治下の朝鮮高等法院判決で認められた慣習上の法定地上権の法
理は，解放後，新たな裁判所制度の下に最上級裁判所たる大法院が設置され，
1960年に韓国民法が施行された後まもなく，承継された。例えば，同一所
有者に属する土地及び建物が任意譲渡によってそれぞれ所有者を異にするに
至った事案について，早くも大法院1960年9月29日判決42다9244は，「同
一人の所有に属していた土地及び家屋が売買によりそれぞれ所有者を異にし
たときには，その家屋売買において，これを撤去する旨の特約がない限り，
家屋所有者は，その家屋のためその地上に地上権を取得する」といい，贈与
事例である大法院1960年5月9日判決63다11も慣習上の法定地上権を認
めている。
　その後，この法理の適用領域は愈々拡大の傾向を見せる。大法院1974年
2月12日判決73다353は共有物分割の事例で，また当事者の意思によらな
い所有者分裂の場合として，大法院1967年11月28日判決67다1831が強

（7）　慣習調査で中心的な役割を果たした梅謙次郎は，かかる慣習は「韓国の習慣調査上最も珍ら
　　しく感じたる事なり」と述べたという（東京朝日新聞明治41（1908）年3月31日朝刊4面「韓
　　国の奇習（家屋は主土地は従）」という見出しの記事）。

制競売の事例で，大法院1967年11月28日判決67다1831が国税徴収法によ る公売の事例で慣習上の法定地上権を認めるに至っている。さらに，大法院1991年6月28日判決90다16214では譲渡担保権の実行の事例で，大法院1992年4月10日判決91다45356・91다45363では，担保目的での仮登記設定後，代物弁済として所有権譲渡がなされた場合において，慣習上の法定地上権が承認された。

（イ）この慣習上の法定地上権の法理においては，その成立要件をめぐり様々な問題が生じてきた。まずは，土地建物同一所有者要件の判断基準である。とりわけ強制競売の場合において，仮差押え→本差押え→買受人の売却代金の完納と手続が進行するが，どの時点をもって判断するかが問題となる。この点，かつての判例は売却代金の完納時をもって判断してきたが[8]，大法院2012年10月18日全員合議体判決2010다52140は，判例を変更し，成立要件の判断基準時を「買受人が所有権を取得する売却代金の完納時ではなく，その差押えの効力が発生する時」であるとするとともに，強制競売開始決定以前に仮差押えがある場合には，「当初の仮差押えが効力を生じる時」を基準とすべきであるとした。

（ウ）わが国におけると同様，共有事例が争われている。判例は，建物共有の場合では慣習上の法定地上権を肯定するようだが[9]，土地共有の場合には肯定例[10]と否定例[11]とがある。

（エ）土地と建物がともに売却されたが，土地についてのみ登記が経由された場合において，慣習上の法定地上権の成否が問題にされるが，判例は，韓国民法366条の場合と同じく，その成立を否定する[12]。また，未登記建物を土地とともに譲り受け土地についてのみ所有権移転登記を経たという場合でも，慣習上の法定地上権を否定するのが判例の立場である[13]。この点，わが国

---

(8) 大法院1970年9月29日判決70다1454；同1971年9月28日判決71다1631.
(9) 大法院1977年7月26日判決76다388.
(10) 大法院1967年11月14日判決67다1105；同1974年2月12日判決73다353 등.
(11) 大法院1988年9月27日判決87다카40 등.
(12) 大法院1975年3月25日判決75다175；同1983年7月26日判決83다카419・420；同1993年12月28日判決93다26687 등.
(13) 大法院1987年7月7日判決75다175；同1992年4月10日判決87다카869；同1998年4月24日判決98다4798；同2002年全員合議体判決2002다9660 등.

の判例の態度と異なるが，物権変動につき形式主義を採る韓国民法との相違から生じるものと考えられる。

(オ) 慣習上の法定地上権の法理では，当事者間の反対特約により法定地上権が排除される可能性が認められており，この点で，法定地上権排除特約の効力が否定的に解されている韓国民法366条の法定地上権と対照的である。[14] 判例の文言からは慣習上の法定地上権一般について反対特約による例外が認められているようであるが，この例外は，あくまで任意譲渡による所有者の分裂の場合についてのみ妥当するのであろう。

(カ) 以上のような成立要件を充たすことでひとたび発生した法定地上権は，約定地上権と同じような取扱いがなされ，民法上の地上権に関する規律の適用を受ける。その結果，地上権の存続期間については，最短存続期間が保障され，その期間がかなり長く規定されているが故に（韓国民法280条・281条），[15] 土地所有者に過度な負担を強要することとなり，法定地上権の負担のある土地の価値は大きく減じられたものとなってしまう。さらに，韓国民法の地上権に関する規律では，地上権者に更新請求権と建物買取請求権が認められ（同法283条），更新がなされたときにおいても，上記の最短存続期間が保障され（同法284条），ひとたび発生した法定地上権は強力な権利と化すことになる。

(キ) 最後に，韓国民法366条の法定地上権においてと同じく，慣習上の法定地上権を主張するのに登記を要するかが争われる。判例・通説によれば，慣習上の法定地上権成立時における地上権者は，登記なくして，土地譲受人に地上権を対抗することができる。また，慣習上の法定地上権成立時における地上権者から法律の規定により建物を譲り受けた者も，登記なくして土地所有者に対し地上権を対抗できる。これに対して，慣習上の法定地上権成立時における地上権者から法律行為により建物を譲り受けた者は，地上権に関する登記がなされていない限り，地上権を主張することができないのが原則である。もっとも，大法院1985年4月9日全員合議体判決84다1131・

---

(14) わが国の判例・通説と同じく，韓国民法366条の法定地上権制度の公益性を強調して，法定地上権排除特約の効力を否定するのが判例・通説である。

(15) 石造，石灰造，煉瓦造若しくはこれと類似した堅固な建物又は樹木の所有を目的とするときには30年，それ以外の建物の所有を目的とするときには15年，建物以外の工作物の所有を目的とするときには5年としている。

1132 は，登記なき建物譲受人に対する土地所有者の土地明渡請求を信義則に反するとして原則として許容しておらず，その結果，この場合においても登記は不要となる。このように，慣習上の法定地上権は，登記を要せず土地所有者に対して主張しえ，その結果，公示なき法定地上権が強く保護される状況となっている。

(3) 慣習上の法定地上権の法理に対する批判

以上で考察したように，朝鮮高等法院判決を淵源として，大法院が展開してきた慣習上の法定地上権の法理は，広範囲に及ぶ適用領域を有しており，かつ，内容的に不明瞭な面のある土地建物同一所有者要件がひとたび充たされると，地上権の存在が擬制され，その地上権は韓国民法上強い保護を受けている上に，ほとんどの場合において法定地上権を登記なくして土地所有者に対抗できるという内容であった。これは，土地所有者にとって大きな負担である。そのため，学説上，古くより慣習上の法定地上権法理に対する批判が展開されてきた。ここでの批判論拠は，以下の7点に整理できる。

(ア) 慣習の不存在　判例は，慣習上の法定地上権の根拠として「慣習」ないし「慣習法」を挙げているが，朝鮮高等法院が「朝鮮における一般慣習」を根拠に法定地上権を認めた後，現在に至るまで，このような一般慣習が存在するのか疑わしい。

(イ) 法意識との乖離　同一人の所有に属する土地と建物のうち建物のみを買い受けた場合，建物所有者がその土地上に地上権を取得し，土地の所有者が建物所有者にその収去を求めることができないということが，韓国国民の一般的な法意識であるとみることは到底できない。

(ウ) 要件の不明確性　慣習上の法定地上権を認める要件は不明確である。判例は，漸次的に慣習上の法定地上権を認める範囲を拡大してきたが，これは成立要件とくに土地所有者と建物所有者とが分離する原因を確定する客観的基準がないということに起因している。

---

(16) 古くは，순주찬, 지상권에 관하여, 저스티스 2권 3호 (1958년); 박우동, "판례가 인정하는 관습법상의 지상권", 법조 14권 9/10호 (1965년); 정범석, 대지에 관한 문제점, 법조 24권 3호 (1969년); 박우동, "판례가 인정하는 관습법상의 지상권", 법조 14권 9/10호 (1965년) 등。

(エ) 取引不安　　判例法理において認められる土地利用権は「法定」「地上権」であり，建物所有者は登記なくして，土地を転得し所有権移転登記まで経た第三者に対してその地上権を主張しうる。建物売買契約に直接関与した土地所有者がそのような不利益を甘受しなければならいのは自業自得であるが，そのような契約に直接関与する機会もなく，登記のみを見て土地を買い受けた第三者としては，法定地上権の存在を予測する可能性を持たず，そのような土地転得者が法定地上権の負担のある土地所有権を取得せざるをえないとするのは不合理であり，取引安全を大きく害する。

(オ) 自発的な契約機会の抑制　　任意譲渡により同一人が所有する土地と建物がその所有者を異にするに至った場合に，当事者はその契約に際して土地に関する約定利用関係を現実化しうるので，この場合に地上権の存在を擬制する必要はない。むしろ法定地上権を認めることで，当事者が自発的に用益関係を設定する動機を剥奪することになる。

(カ) 土地所有者に対する犠牲の強制　　当事者が約定利用権設定契約を結ぶ機会があったにもかかわらず，そのような措置を採らなかったときに，建物のための土地利用権を建物所有者のために認めるのは，土地所有者に一方的に犠牲を強いることになり不当である。

(キ) 権利濫用法理や不当利得法理などで解決が可能　　建物の収去による社会経済的な損失があまりに大きいと判断される場合には，土地所有者の建物収去請求を権利濫用法理により制限するのが妥当である。この場合に法定地上権を認めて民法上の長期に及ぶ存続期間を保障するのは，法の一般原則を無視して，土地所有者の権利をあまりに制限することになる。建物所有者の土地使用に対する対価は，不当利得返還法理により清算させることで当事者間の利害を調整できる。

III　韓国民法改正論

1　2004年国会提出法案とその挫折

1999年に設置された法務部・民法改正特別分科委員会は，民法財産編全体に対する改正に向けた作業に着手し，その中で，慣習上の法定地上権に関

して，地上権設定を擬制するのではなく，それを「推定」するにとどめる内容での仮案を示した。その仮案に対して，様々な問題点の指摘がなされたが，法務部・民法改正特別分科委員会に属さない学者有志から成る民法改正案研究会（黄迪仁ほか『民法改正案意見書』（三知院，2002年）に意見がまとめられている）は，地上権設定契約の推定という構成ではなく，建物所有者に地上権設定請求権を付与するという構成の規律を提示するとともに，(17) 強制競売や公売など建物所有者がその建物所有のための土地利用権を設定する時間的余裕がない場合には，現行366条の法定地上権が成立すると解すべきとの意見を示した。

以上の意見等を受けて，委員会での検討を続けられ，2004年6月14日，法務部公告第2004-25号により民法中改正法律（案）として立法予告がなされ，同年10月21日，政府法律案として国会に提出された。この2004年国会提出法案において，判例により形成されてきた慣習上の法定地上権の法理を明文化し，その成立を判例よりも制限することが提案された。(18) すなわち，売買・贈与等の「法律行為により」土地及び建物の所有者を異にするに至ったときには，建物所有者のため存続期間を定めない地上権設定契約が締結されたものと「推定」するとし，これに対して，法律行為によらず，「抵当物の競売以外の競売により」土地及び建物の所有者を異にするに至ったときには，抵当権実行の場合における法定地上権に関する規律を準用し，地上権の設定を擬制している。

5年余りの歳月をかけて作成された国会提出法案であるが，その後，国会での審議がなされることなく，国会議員の任期満了に伴い，本法案は破棄されてしまった。

---

(17) 修正試案289条の3（建物所有者の地上権設定請求権）①同一の所有者に属する土地及びその定着建物がその所有者を異にするに至るときには，建物所有者は，その当時の土地所有者に対して地上権の設定を請求することができる。
②第1項による地上権の存続期間は，第280条第1項の最短存続期間とする。
③第1項及び第2項は，当事者の意思表示により適用を排除することができる。

(18) 2004年民法一部改正法案279条の2（地上権の設定）①同一の所有者に属する土地及びその地上建物が法律行為によりその所有者をことにするに至ったときには，その建物所有者のため存続期間を定めない地上権設定契約が締結されたものと推定する。
②同一の所有者に属する土地及びその地上建物が抵当物の競売以外の競売によりその所有者を異にするに至ったときには，第366条を準用する。

2 新たな民法改正委員会による改正試案

一度挫折した韓国民法財産編の改正作業は，2009年に入り，新たな体制の下に再稼働した。法務部の傘下に新たな民法改正委員会が設定され，2009年からの5ヶ年計画で民法財産編の改正作業がなされることになった。新たな民法改正委員会は，1999年の民法改正特別分科委員会と同じく分科委員会方式を採ったが，年度ごとに各分科委員会の担当領域とメンバーを変更しつつ，多段階で進められてきている。2010年度の第3分科委員会は，用益物権の領域を担当し，その中で地上権関連規定の改正について議論され，第3分科委員会試案が示されている。[19] 同試案における改正点は，①地上権の最短存続期間の短縮化，②法律行為による所有者分裂の場合における地上権設定請求権の付与，③法定地上権の一般規定の新設の3点であるが，以下では，主に②③について見ることとする。[20]

（1）法律行為による所有者分裂の場合における地上権設定請求権

改正試案第289条の3（地上権設定請求権）
①同一人が所有していた土地及びその地上建物が法律行為によりそれぞれ異なる所有者に属するに至った場合，当事者の別段の約定がなければ，建物所有者は，土地所有者に対して，その建物の所有のための地上権設定を請求することができる。
②第1項の場合，建物所有者は，土地及び建物の所有者が異なった日から6箇月内に土地所有者に対して地上権設定を請求する訴えを提起しなければならない。この場合，地上権の存続期間及び地代は，当事者の請求により裁判所が定め，第280条〔存続期間を定めた地上権〕，第281条〔存続期間を定めなかった地上権〕及び第283条〔更新と存続期間〕は適用しない。
③第1項により地上権設定登記がされた場合には，土地及び建物の所有者が異なった時に地上権が設定されたものとみなす。
④第1項により登記された地上権は，建物の所有権に付従して移転し，建物の所有権と分離して譲渡し又は他の権利の目的にすることができない。

---

(19) 以下では，2010年度第3分科委員会の試案を考察対象とし，担当委員による解説である최수정，지상권의 개정，민사법학 60호（2012년）59면이하をもっぱら参照した。以下で「改正試案」というのは，第3分科委員会の試案である。その後，実務委員会での検討等を経て民法改正委員会試案が答申案として確定しているが，それについての情報取得が脱稿後であったため，本稿はそれを反映していない。なお，この点につき本稿末の【付記】も参照していただきたい。
(20) ①の点についても，簡単に触れておこう。約定地上権の存続期間は，当事者の合意による。

［ⅰ］地上権設定請求権の付与　　法律行為により土地と建物の所有者が異なった場合，改正試案は，建物の所有のための地上権を取得することができる可能性のみを付与している。当事者間に土地利用関係に関する合意や意思が見出されているときには，これが基準となる。しかし，意思的な要素を見いだせないときには，単純に土地利用権設定契約の存在を推定したり擬制したりするのではなく，建物所有者に地上権設定請求権を認めるのである。このように改正試案は，建物所有者に地上権設定請求権を与えて，一定期間内に地上権設定登記をしてはじめて地上権を取得しうるようにすることで，地上権の公示の実現を図っている。法律の規定により生じる法定地上権が原則として登記を要しないとされることと対照的である。改正試案289条の3の地上権設定請求権は，約定地上権と法定地上権の中間的な性質であるということができる[21]。

　もっとも，建物収去合意などの「当事者の別段の約定」があれば，地上権設定請求権は排除される。これは，慣習上の法定地上権の法理において認められてきたことを踏襲したものであり，同請求権が当事者の合理的意思を基礎に置いているからである。

［ⅱ］地上権設定請求権の行使期間制限　　改正試案289条の3が定める地上権設定請求権は，法律が建物所有者に与える債権的請求権であると性格づけられるが，建物所有者は土地と建物の所有者が異なった日から6箇月内に

　ただし，韓国民法の立法者は，日本の借地法2条1項及び満州国民法258条を参照して，次のように最短存続期間を強制した。すなわち，石造・石灰造・煉瓦造若しくはこれと類似した堅固の建物又は樹木の所有を目的とするときには30年（同法280条1項1号），その他の建物の所有を目的とするときには15年（同項2号），建物以外の工作物の所有を目的とするときには5年（同項3号）よりも存続期間を短縮することはできない。地上権設定契約の当事者がこの存続期間に及ばない期間を約定した場合には，その期間まで延長される（同法280条2項）。また，更新がなされた場合にも，上記の最短存続期間を強制する（同法284条）。このように現行法上，地上権はその存続期間の点で強化されているが，そのゆえに約定地上権が設定されることがほとんどないのが実状である（一方で，法定地上権について，判例・通説は上記の地上権規定を適用するので，ひとたび発生した法定地上権はその存続期間の点で強く保護される結果となる）。そこで，第3分科委員会は，地上権の最短存続期間の短縮化を図ることを提案する。すなわち，堅固・非堅固による区別をやめ，建物又は樹木の所有を目的とするときには10年，建物以外の工作物の所有を目的とするときには5年に短縮し，更新に際しては法定の最短存続期間を適用しない，とする。

(21)　최수정・前注（19）論文78면 주 39).

地上権の設定を請求する訴えを提起しなければならない。このように地上権設定請求権の行使期間制限を出訴期間としているのは，短期間のうちに地上権設定請求権を行使し，また登記を経由させようとしたためである。現行法のように，法律上当然に地上権が認められる状況では，土地所有者の建物収去請求に対して，建物所有者は，抗弁として法定地上権を主張することになる。これに対し，改正試案の規律によれば，建物所有者の側は，積極的に土地の利用に関する合意を求めることになり，また土地所有者の側においても，地上権という物権的負担を回避しようとする場合，建物所有者との合意に積極的に臨むようになる。

［iii］ 土地が譲渡された場合　改正試案289条の3第1項・第2項は地上権設定請求権の相手方を「土地所有者」と定めているが，これは地上権設定請求権成立時の土地所有者のみを指すのか。同請求権成立の後に土地が譲渡された場合において，その土地譲受人に対しても建物所有者は同請求権を行使しうるかが問題となる。同請求権が当事者の合理的意思に基礎を置く法定の債権的請求権であるとすれば，土地及び建物所有者が異なった時点，すなわち同請求権の成立時における土地所有者を指すと考えるのが論理的である。しかし，土地が譲渡された場合に，もはや所有者でない土地譲渡人を相手に地上権設定請求権を行使するのは無意味である。また，土地所有者が地上権設定請求を受けるのを回避して土地を処分することを許容すべきではあるまい。この点，たしかに悪意の土地譲受人に対してのみ例外的に地上権設定請求権を認めるという方途もありうるが，建物が存在する以上，土地譲受人が善意であるということはほとんどありえないことであろう。従って，地上権設定請求権の相手方を同請求権成立時の土地所有者とするのを原則とした上で，主観的要素を付加して例外的に土地譲受人への行使を認めるよりは，改正試案289条の3第2項の「土地所有者」とは地上権設定請求権行使時における土地所有者を意味するというのが改正委員の考え方である。そうであれば，改正試案289条の3第1項・第2項における「土地所有者」とは請求権行使当時の土地所有者を意味し，同条項は，地上権設定請求権を同請求権成立後の土地譲受人にも行使することができる法的根拠となる。

［iv］ 地上権の効力　建物所有者が地上権設定請求権を行使して地上権設

定登記がなされた場合，改正試案289条の3第3項は，土地と建物の所有者が異なった時に地上権が設定されたものとみなしている。建物所有者が地上権設定登記をする時までの土地利用権限を確保できるようにその効力を遡及させるのである。地上権設定請求権の行使により設定される地上権は，通常の約定地上権とはその効果を異にしていることが注目される。建物所有者が取得する地上権の存続期間と地代については，裁判所が建物の種類・耐久性・用途等の諸般の事情を考慮して定め，約定地上権の最短存続期間に関する民法280条・281条は適用されない。また約定地上権者の更新請求権や建物買取請求権を定める同法283条も適用されず，裁判所が定める期間終了後の土地利用関係はすべて当事者の合意による。

(2) 法定地上権の一般規定の新設

改正試案289条の4（法定地上権）
①同一人が所有していた土地及びその地上建物が競売，公売その他の法律行為以外の事由によりそれぞれ異なる所有者に属するに至った場合，土地所有者は，建物所有者に対して地上権を設定したものとみなす。ただし，地上権実行による競売においては，抵当権を設定した当時，土地及びその地上建物を同一人が所有していなければならない。
②第1項の場合，地上権の存続期間及び地代は，当事者の請求により裁判所が定め，第280条，第281条及び第283条は，適用しない。
③第1項の地上権は，建物の所有権に付従して移転し，建物の所有権と分離して譲渡し又は他の権利の目的とすることができない。

[ⅰ] 一般規定化　改正試案は，先にみた任意譲渡による所有者分裂の場合には地上権設定請求権の付与という構成を採り，これに対して，その他の当事者の意思によらない所有者分裂の場合については，地上権の設定を擬制する法定地上権の構成を採る一般規定を定めることとした。このような法定地上権の一般規定化に伴い，現行民法366条及び305条は削除されることになるが，抵当権実行による競売の場合とそれ以外の競売や公売の場合とでは，同一所有者帰属要件の判断基準時が異なることから，抵当権実行による競売の場合には，抵当権設定時をもって同一所有者帰属要件を判断する旨の定めが第1項にただし書として設けられている。

[ⅱ] 現行法との相違点　現行法の下における法定地上権制度と本改正試

案におけるそれとの大きな相違点は，ひとたび発生した法定地上権の効果の面に現れる。改正試案289条の4第3項は，先に見た任意譲渡による所有者分裂の場合の地上権設定請求権におけると同じく，法定地上権に関して，最短存続期間の保障を定める現行民法280条・281条及び地上権者の更新請求権等を定める同283条を準用しない。建物所有者が取得する地上権の存続期間と地代については，裁判所が建物の種類・耐久性・用途等の諸般の事情を考慮して定め，裁判所が定めた存続期間が経過しても，更新はなされないのが原則であって，更新するか否か，またその条件については，当事者間の合意に委ねられる。すなわち，改正試案における法定地上権も，現行法と同じく利用権限なき建物の収去を防止するための制度であるが，その効果はかかる目的に相応する限りにおいて認めれば十分であり，その意味で，「当事者が将来法律関係を創設しうるときまでの経過的な権能にすぎない」[22]という位置付けがなされているのである。

［ⅲ］登記の要否　　現行法上の法定地上権については，366条による場合であれ，慣習上の法定地上権法理による場合であれ，公示がなされないことによる取引安全上の問題を抱えているが，この問題は本改正試案では解決されておらず，従来からの判例上の法理が妥当する。

Ⅳ　結語

本稿の結びとして，韓国法制に特異なものといえる慣習上の法定地上権法理をめぐる議論をわが国の法状況と比較検討しつつ，最近の韓国民法改正論についても若干の検討を試みたい。

1　慣習上の法定地上権法理をめぐって

韓国判例は，広範な領域に及ぶ慣習上の法定地上権法理を形成している。同法理の適用領域のうち，強制競売，公売，仮登記担保の実行等の当事者の意思によらない所有者の分裂の場合については，わが国だと，民法388条の適用の可否をめぐる議論の末，立法的な解決を図ったのと対照的である。そ

---

[22] 최수정・前注 (19) 論文 89 면.

して，売買，贈与等任意譲渡，すなわち当事者の意思による所有者分裂の場合も，同じ法理の下に律される。任意譲渡の場合には，当事者間で土地利用関係を設定する現実的な可能性があるにもかかわらず，強力な法定地上権を擬制することに対しては，学説上の批判が強く，本稿Ⅲで考察した具体的な立法論にまで議論が展開してきた。

ところで，同一所有者に属する土地及び建物が任意譲渡により所有者を異にするに至ったという事例の処理は，わが国では法定地上権法理の下で規律されるものではなく[23]，そのため意識的な議論がほとんど行われてこなかった[24]。おそらく任意譲渡契約時における当事者意思の解釈（黙示的な土地利用権設定契約の存否）の問題として考えられてきたのであろう。もっとも，この事例について，少し立ち入った検討がなされたことがあった。最一判昭和41年1月20日民集20巻1号22頁を機にした議論である[25]。同判決は，BとCとがB所有地上に存する各所有建物について交換をし，その際，Cのために敷地使用権が設定されたと解される場合において，Cは交換前の建物をBの亡父Aから贈与を受けたものであり，Bは，Aの妾であったCを身内の者同様に扱い，Cに無償で土地を使用させる意思であった等の事情があるときは，その際の敷地使用権は使用借権と解するのが相当であると判示して，BC間に使用貸借関係があったものにすぎず，地上権又は賃借権の設定があったものとは認められないとした原判決の判断を正当なものとしたものである。本判決は，かかる結論を導くに際して，次のような一般論を展開した。「同一所有者に属する土地およびその地上の建物のうち建物のみが任意譲渡された場合には，当該建物の敷地に対する使用権の設定を特に留保するとか，譲

---

(23) このことは法定地上権制度の趣旨から当然のことと考えられていた感があるが，約定土地利用権の設定が現実的に可能な任意譲渡の場合に388条の類推適用は認められないであろう（この旨を指摘するものとして，柚木馨『担保物権法』（有斐閣，1953年）314頁のほか，東京高判昭和38年3月3日高民集6巻100頁，東京地判昭和38年6月3日判時342号24頁，大阪地判昭和38年6月18日判時342号26頁）。

(24) この問題を正面から検討したものとして，廣瀬武文「土地家屋の一方の任意譲渡と敷地利用権——同一人の所有に属する場合」同『借地借家法の諸問題』（日本評論社，1959年）112頁以下が唯一挙げられうる。また，我妻栄『債権各論　中巻（一）』（岩波書店，1973年）267頁以下は，建物売買の場合に売主の義務として借地権設定の義務を認めるべきであると指摘する。

(25) 本判決の判例評釈として，田中永司・最判解18巻4号92頁，玉田弘毅・民商55巻2号133頁，星野英一・法協83巻11=12号118頁。

渡の目的物が建物収去のためである等特段の事情がない限り，右敷地の使用権を設定する合意があったものと解するのが相当である」。土地使用権の設定留保や建物収去合意などの特段の事情がない限り，土地使用権の合意の存在を推断するとの理である。もっとも，この土地使用権の法的性質や内容については，当該事案の具体的状況に応じて様々であることから，具体的に賃貸借・地上権あるいは使用貸借権の存在まで推断させるものではない点で，韓国において展開された慣習上の法定地上権法理や民法改正案として示された地上権設定請求権構成とは大きく異なっている。

　このようにわが国では，同一人の所有に属する土地及び建物が任意譲渡によりそれぞれ異なる所有者に帰属するに至った場合の問題は，約定利用権の設定機会が現実的に存在することをもって，法定地上権論の枠外に位置付けられている[26]。そうなると，問題は，任意譲渡当事者の意思解釈を通じて，建物のための土地利用権が導かれるかにかかってくる。この意思解釈に際しては，同一所有者に属する土地及び建物のうち建物のみが譲渡された場合と，土地のみが譲渡された場合とをひとまず区別して検討されるべきであろう。まず，土地利用に関する具体的な合意なく建物のみが譲渡された場合，建物を譲渡した土地所有者は，建物の譲渡人であることから，建物譲受人が当該建物を使用できるようにする義務を負うのであって，建物を譲渡したことの反射的効果として，建物の譲受人が当該建物の敷地を利用することを容認したものと考えなければならないであろうし，建物を譲渡した土地所有者が土地利用に関する合意がないことを理由に建物の収去を求めることは信義則に反し許されるべきではなかろう。そして，この場合に土地所有者から建物譲受人に設定的に取得する敷地利用権は，土地所有者が建物譲渡当時に潜在的に有していたが自己借地権が認められないために顕在化しなかった敷地利用権そのものであると理解することも可能であろう[27]。このような理解は，かつて我妻榮が唱えた法定地上権制度に対する「潜在的利用権の顕在化」構成に

---

[26] なお，民法388条の適用の可否に関して，最判昭和51年10月8日判時834号57頁は，土地所有者と建物所有者が別人であるものの，その間に親族関係があるという場合であっても，両者の間で約定利用権の設定が可能であることを理由に，同条の適用を否定している
[27] 廣瀬・前注(24)論文115頁参照。

も通じるところがあり，また法定地上権制度廃止とともに提唱される自己借地権導入構想とも連続性があるものとして位置付けることができる。

　他方で，建物のための土地利用に関する具体的な合意なく土地のみが譲渡された場合には，どうか。取引観念上，土地譲受人が対象土地上に建物等の定着物が存在するかを調査すべきであって，そのような調査を怠り，あるいは地上建物が存在することを知りつつも建物収去に関する合意をしないで，土地を譲り受けた後，地上建物のための敷地利用に関する合意がないことを理由に，土地譲受人が建物収去を請求することは信義則に反すると考えられるし，土地譲渡当事者間で地上建物の収去につき具体的な合意をしなかった場合において，土地譲受人は土地譲渡人である建物所有者が引き続き地上建物を存置して当該土地を敷地として利用することを承認したものと考えることもできるであろう。そして，この際にも，上と同じように，建物所有者が土地譲受人から設定的に取得する敷地利用権は，建物所有者が土地譲渡当時に潜在的に有していたが顕在化しなかった敷地利用権そのものであると理解することも可能ではあるまいか。

　韓国における慣習上の法定地上権法理は，任意譲渡による所有者分裂の場合とその他の原因による所有者分裂の場合を同じ法理をもって対処し，しかも存続期間等の面で強く保護される地上権の存在を擬制していることについては批判を免れないであろうが，他面で，これら２つの場合における建物のための敷地利用権限の問題が連続した面で捉えられて議論されてきたことは，示唆的である。例えば，わが国における仮登記担保法10条では，土地側に仮登記担保が設定された場合に限って，法定借地権制度を定めている。これは，かかる場合に，あらかじめ，仮登記担保権者が実行により土地所有権を取得した場合に備えて，土地所有権取得を停止条件とした敷地利用権を設定することが論理的には可能なものの，現実的には，土地の仮登記担保権者が設定者＝建物所有者のために敷地利用権設定契約の締結に同意することは期待できないことから，法定賃借権制度が必要であると考えられたためである。他方で，建物側に仮登記担保が設定される場合には，予め仮登記担保

---

(28) 廣瀬・前注34論文120頁以下参照。

権者が建物所有権取得を停止条件とする敷地利用権設定契約の締結を設定者＝土地所有者に要求することが現実的に可能であって，法定賃借権制度は必要でないと考えられたのである。しかし，後者の場合であっても，現実的に敷地利用権設定契約がなされなかったときに，ただちに土地所有者からの建物収去請求が認められるということにはならないと考えられる。すなわち，賃借権の存在が擬制されることはないものの，当事者間の意思解釈を通じて，黙示的な敷地利用権設定契約が認められる可能性はあろう。このように考えると，既存の法定地上権法理で問題とされる領域と，当事者意思解釈を通じた約定利用権構成の限界が問題とされる領域とを，約定利用権設定の現実的な可能性の有無をもって切り分けることは，必ずしも適切な問題アプローチではないと思われる。

　なお，当事者意思解釈を通じた約定利用権構成を考える問題領域において，その敷地利用権が地上権であるのか，賃借権であるのか，それとも使用貸借権であるのかは，重要である。とくに，土地建物の所有者分裂原因が親族間贈与などの無償譲渡である場合，建物のための敷地利用関係が黙示的に認められるとしても，地代・賃料の合意や支払実態がないことから，使用貸借関係にすぎないと解釈される可能性があるが，そうなるとその敷地利用権に借地借家法の適用がなく，第三者対抗力が否定され，建物所有者は土地譲受人からの建物収去請求を甘受せざるをえないという結果となる。当事者の黙示的意思の解釈による解決にはその約定利用権の内容の確定の点で限界があり，韓国民法改正論で展開された地上権の推定準則や地上権設定請求権の構成は大いに参考となる。

2　暫定的・経過的な権能としての地上権

　韓国民法改正論に対する考察から，次のことが明らかになった。同一人の所有に属していた土地及び建物が任意譲渡により所有者を異にするに至った場合において，第3分科委員会案は，建物所有者に土地所有者に対する地上権設定請求権を付与するが，かかる請求権行使により設定される地上権について，通常の約定地上権とその効果を異にさせていることに注目すべきである。すなわち，建物所有者が取得する地上権の存続期間と地代については，

裁判所が建物の種類・耐久性・用途等の諸般の事情を考慮して定めるが，約定地上権について定められている韓国民法上の最短存続期間を適用させない。また約定地上権者の更新請求権や建物買取請求権を定める韓国民法上の規定も適用されず，裁判所が定める期間終了後の土地利用関係は，すべて将来的な当事者間の合意に委ねている。この意味で，地上権設定請求権の行使により設定される地上権は，長期的な存続が保障された約定地上権とはその性質を異にし，あくまでも当事者が将来自律的な権利義務関係を創設しうるときまでの暫定的・経過的な権能のみが建物所有者に与えられているのである。他律的な敷地利用権を暫定的・経過的に付与しておいて，一定の期間が経過したのちは，当事者の自律的な敷地利用関係の設定へと向かわせるインセンティブを与えていることは，立法論的に興味深いアプローチを提示していると思われる。

同じく，第3分科委員会案は，法定地上権に関する一般規定の新設を提案しているが，ここでもその存在が擬制される地上権の効力については，現行法下のように最短存続期間を保障するのではなく，存続期間と地代については，裁判所が建物の種類・耐久性・用途等の諸般の事情を考慮して定め，裁判所が定めた存続期間が経過しても，更新はなされないのが原則であって，更新するか否か，またその条件については，将来的な当事者間の合意に委ねられている。ここでも，他律的な敷地利用権を暫定的・経過的に擬制しておいて，一定の期間が経過したのちは，当事者の自律的な敷地利用関係の設定へと向かわせるインセンティブを与えている。わが国において，ひとたび認められた法定地上権については借地借家法が適用される結果，極めて強力な敷地利用権能が建物所有者に認められることになる。これは物権の法的擬制という効果と相まって，土地所有者にとって過度な負担となる場合が少なくない。この点でも，韓国民法改正論の考察から得られるアプローチは，わが国の法定地上権制度に対する立法論的な検討に際して示唆的である。

3 法定物権の不公示問題からの脱却——約定物権設定請求権付与構成

同一人の所有に属していた土地及び建物が任意譲渡により所有者を異にするに至った場合において，第3分科委員会案は，地上権の存在を擬制する慣

習上の法定地上権法理から脱却し，また地上権の存在を推定するだけでなく，建物所有者に土地所有者に対する地上権設定請求権を付与するという構成を採っている。そして，かかる請求権行使により地上権設定登記がなされた場合には，その効果を土地建物の所有者分裂時点にまで遡及させることで，建物所有者の敷地利用を保護し，敷地利用権である地上権の公示を実現しようとしている。その権利行使に公示を要しない法定物権の擬制という構成は，取引安全の面で問題があり，そこから離れて，約定物権設定請求権付与構成を通じた敷地利用権の公示へと向かうのである。わが国においても，法定地上権制度に内在する不公示の問題が指摘されるが，以上の第3分科委員会案が採るアプローチは，わが国の法定地上権制度の立法論的な見直しにあたって，一つの立法論的な選択肢として検討されてもよい。[29]

筆者は，以前，韓国における不動産留置権制度の改善をめぐる動向について考察した機会がある。[30] この考察の中で，最近の民法改正をめぐる動向として，公示を要さない不動産留置権から生じる問題を解決するため，不動産留置権を原則として廃止する方向で，それを一定の期間内のみ暫定的に認められるものにとどめた上で，その期間内に抵当権設定請求権を行使させて担保物権の公示を実現させることが立法提案として示されていることを明らかにした。そこでのアプローチと，本稿で考察した地上権設定請求権付与構成とには，類似性が認められる。公示を要さない法定物権の付与から，約定物権設定請求権の付与による公示の実現へ，という一つのパラダイム転換である。

【付記】

本稿で考察した第3分科委員会試案は，その後，実務委員会での検討等を経て，民法改正委員会試案（答申案）としてまとめられた。その間の経過において，法律行為による所有者分裂の場合における規律の修正が行われ，第3分科委員会試案が採った地上権設定請求権付与構成は排斥され，法定賃借

---

[29] もっとも，第3分科委員会案は，法定地上権の一般規定化にかかる規律においては，法定地上権の不公示の問題を解決しておらず，登記の要否の問題は従来の考え方を妥当させており，その意味で，立法政策的には不徹底といわざるをえない。

[30] 拙稿「不動産留置権の抵当権化の可能性——韓国の留置権制度改革に対する考察を通じて」専修大学法学研究所紀要39号『民事法の諸問題XIX』（2014年）80頁以下。

権構成が採られるに至っている。民法改正委員会試案は，賃貸借の章の中に，次のような新たな規律の新設を提案するが，土地利用権の公示の点で問題を残している。また，擬制される賃貸借の効力についても，第3分科委員会試案の規律よりも後退している（법무부・민법개정자료발간팀『2013년 법무부민법개정시안 조문편』185면；권영준，법률행위로 인한 관습법상 법정지상권 폐지와 법정임대차 도입, 민사법학 68권 [2014년] 3면）。

> 第622条の2（建物所有のための法定賃借権）①同一人が所有していた土地及びその地上建物が法律行為によりそれぞれ異なる所有者に属するに至ったときには，別段の約定がなければ，土地所有者と建物所有者がその建物の所有のための土地賃貸借契約を締結したものとみなす。
> ②第1項の場合，賃貸借期間は，土地と建物の所有者が異なった時より10年と定めたものとみなす。ただし，建物が撤去され又は滅失したときには，賃貸借は終了する。
> ③賃料は，当事者の請求により裁判所が定める。この場合には，第628条〔賃料増減請求権〕を準用する。
> ④第1項の賃借人は，賃貸人の同意なくその権利を譲渡し又は賃借物を転貸することができない。

＊本稿は，科学研究費補助金・基盤研究（C）「日韓民法の連続性と固有性に関する研究―日韓の法調和と学術交流の実質化に向けて」（2013-2015年度）（研究課題番号:253801）に基づく研究成果の一部である。

嫡出推定の制度的意義について
── 嫡出推定を肯定した2つの最高裁判断に焦点を当てて ──

松 尾　　弘
Hiroshi MATSUO

- I　序論──嫡出推定の適用基準の整合性
- II　性別取扱変更審判を受けた者の妻が懐胎した子の嫡出性
- III　科学的証拠により生物学上の父でないとする者に対する親子関係不存在確認請求
- IV　結論──嫡出推定の制度的意義の再考

I　序論──嫡出推定の適用基準の整合性

1　嫡出推定制度における戸籍上の父子関係と血縁上の父子関係の不一致問題

　民法は，実親子関係のうち，父子関係の有無を判断する基準として，嫡出推定の制度（772条～778条）と認知の制度（779条～789条）を設けている。このうち，嫡出推定制度は，嫡出推定と嫡出否認が一体となり，嫡出推定を覆しうる嫡出否認（774条）の要件（否認権者・否認方法・否認期間）を限定し（775条～778条），嫡出「推定」（772条）の実質を規定することにより，全体として嫡出推定制度を構成している。[1]その結果，妻が婚姻中に夫以外の第三者の子を懐胎し，出産したが，夫による否認期間内の訴えが提起されない場合，[2]戸籍上の父子関係と血縁上の父子関係が一致しない問題（以下，不一致問題という）が制度的に生じる。この不一致をどの範囲まで法的に維持すべきかが，

---

(1) この点につき，嫡出否認権の行使を当事者（夫）の意思に委ねる「民法の構造」として強調するのは，二宮周平「性別の取扱いを変更した人の婚姻と嫡出推定」立命館法学345=346号(2012) 586-589頁である。

(2) その理由は，①夫が妻と合意のうえ自分たち夫婦の子として育てようとして共同生活を継続する場合，②夫が妻と別居ないし離婚後も子に対する愛情から否認権を行使しない場合，③夫は否認したいと考えているが否認期間を経過した場合，④夫が別居中の妻の出産を知ったが無関心なまま放置する場合，⑤夫が復讐心や嫌がらせで否認権を行使しない場合等，一様でない。二宮周平『家族法（第4版）』（新世社，2014）160頁参照。

嫡出推定の適用自体の有無をめぐって争われることになる[3]。

不一致問題への嫡出推定の適用の有無が争われた事案において，当事者の主張は一様でない。【Ⅰ】戸籍上の父が同じく子に対して親子関係不存在確認請求する場合，【Ⅱ】戸籍上の父の相続人が子に対して親子関係不存在確認請求する場合，【Ⅲ】子が血縁上の父に対して認知請求する場合（これに対し，血縁上の父が子は戸籍上の父の子と推定されると主張する），【Ⅳ】子（妻）が戸籍上の父に対して親子関係不存在確認請求する場合，【Ⅴ】夫が妻の懐胎・出産した子について自己を父とする嫡出子の記載がされなかったことに対し，戸籍訂正の許可申立をする等があり，それぞれの場合における当事者の意思・利害も多様である（【図1】参照）。

【図1】不一致問題における当事者の主張

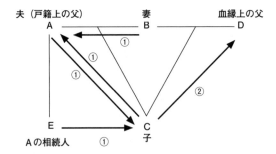

①親子関係不存在確認請求
②認知請求

2 判例法理と学説

(1) 最高裁の判断と判例法理

最高裁の判断は[4]，類型【Ⅰ】の事案で，戸籍上の父から子に対する親子関

---

[3] 一方では，嫡出推定自体が及ばなければ，否認要件を欠いても父子関係は否定されうるから，嫡出推定の解釈が前提問題になる。しかし，他方では，否認要件をどの程度厳格にするか緩和するかの解釈・立法が，嫡出推定の及ぶ範囲の解釈・立法にも影響を与える。

[4] 以下，〔最高裁①〕～〔最高裁⑦〕は裁判年月日の順による。〔最高裁①〕～〔最高裁⑤〕につき，前田陽一「民法722条をめぐる解釈論・立法論に関する2, 3の問題」判タ1301号（2009）60-63頁参照。

係不存在確認の訴えを却下する一方（最判平成 10 年 8 月 31 日家月 51 巻 4 号 33 頁〔最高裁③〕，最判平成 12 年 3 月 14 日家月 52 巻 9 号 85 頁〔最高裁⑤〕），類型【Ⅱ】の事案で，戸籍上の父の養子から同父の戸籍上の子（同養子の戸籍上の兄）に対する親子関係不存在確認請求を認容し（最判平成 10 年 8 月 31 日家月 51 巻 4 号 75 頁〔最高裁④〕），類型【Ⅲ】の事案で，子から血縁上の父への認知請求を認容する前提として，子は実質的に民法 772 条の推定を受けないとし，戸籍上の父からの否認請求を待たずに，認知請求できるとした（最判昭和 44 年 5 月 29 日民集 23 巻 6 号 1064 頁〔最高裁①〕，最判昭和 44 年 9 月 4 日判時 572 号 26 頁〔最高裁②〕）。これに対し，類型【Ⅳ】の事案では，子から戸籍上の父に対する親子関係不存在確認の訴えを却下する一方（最判平成 26 年 7 月 17 日裁時 1608 号 1 頁・6 頁〔最高裁⑦〕），類型【Ⅴ】の事案では，戸籍上の父が子について嫡出子の記載をすべく戸籍訂正を許可した（最決平成 25 年 12 月 10 日民集 67 巻 9 号 1847 頁〔最高裁⑥〕）。

　このうち，類型【Ⅴ】の事案は，①夫（戸籍上の父）が婚姻前に女性から男性への性別取扱いの変更審判を受けた者であり，かつ②婚姻後に妻が夫の同意の下に他の男性から精子提供を受け，人工授精によって懐胎し，子を出産した，という 2 点において，他類型とは異なる。ここでは夫・妻・子・血縁上の父に主張・意思・利害の対立が（少なくとも裁判時点では）現れていない点に特色がある。

　これに対し，類型【Ⅰ】～【Ⅳ】では，戸籍上の父，同じく子，その母（戸籍上の父の妻），血縁上の父，戸籍上の父の相続人の間に何らかの主張・意思・利害の対立があり，その調整基準が問題になっている。ちなみに，夫が妻と合意して民法 772 条 2 項の期間内に生まれた子を夫婦の子として養育し，否認期間内に否認権を行使しないときは，法律上の父子関係があるものと確定し，このことを嫡出推定制度は予定している。しかし，類型【Ⅰ】～【Ⅳ】のように夫と妻の間に養育の合意が成立しない場合，子に嫡出推定が及ぶか，父子間の親子関係不存在確認請求が認められるかは議論の余地がある。この

（5）　ただし，将来，子が血縁上の父を知りたいという意思をどのように考慮すべきか，という問題は残る。
（6）　二宮・前掲（注 2）160 頁。その典型例として，夫の同意を得て妻が第三者の提供精子によって懐胎・出産した場合を挙げる。

うち，類型【Ⅰ】～【Ⅲ】では，そもそも戸籍上の父が血縁のない子を養育する意思をもっていないが，類型【Ⅳ】では戸籍上の父が養育の意思をもつ（しかし，母はそれを拒絶する）点に特色がある。そして，類型【Ⅰ】～【Ⅲ】に関する〔最高裁①〕～〔最高裁⑤〕では，戸籍上の父から子に対する親子関係不存在確認請求を認めた例がない一方で，子から（血縁上の父に対する認知請求の前提として）戸籍上の父に対する親子関係の不存在を主張して否定された例もなかった。しかし，類型【Ⅳ】に関する〔最高裁⑥〕は，子から戸籍上の父に対する親子関係不存在確認請求を否定し，戸籍上の父の主張を認めた。これが従来の判例法理の中でどのように位置づけられるかがとりわけ注目される。

判例は，妻が民法772条2項の所定期間内に出産した子を懐胎すべき時期に「夫婦が事実上の離婚をして夫婦の実態が失われ，又は遠隔地に居住して，夫婦間に性的関係を持つ機会がなかったことが明らかであるなどの事情」がある場合は，嫡出推定が及ばないとの法理を形成した。この定式を明確にしたのは類型【Ⅰ】に関する〔最高裁⑤〕の判旨である。ちなみに，類型【Ⅲ】に関する〔最高裁①〕・〔最高裁②〕は戸籍上の父とその妻との「夫婦の実態」の喪失を血縁上の父に対する認知請求の認容理由とした。また，類型【Ⅰ】に関する〔最高裁③〕は戸籍上の夫が妻と別居後も性交渉の機会をもち，婚姻費用や出産費用の支払に応じた等の事情から「婚姻の実態」がなかったと

---

(7) なお，類型【Ⅱ】に関する〔最高裁④〕では，戸籍上の父が子との親子関係を積極的に否定はしていないが，子の出生後9か月足らずで血縁上の父と思われる者と養子縁組させ，以後，当該子とは没交渉となった。戸籍上の父は当該子が「自己の嫡出子であることを否定する意思を有していたと推認」されている（福田博裁判官の意見）。
(8) なお，戸籍上の父が血縁のない子を養育する意思をもつ点では，類型【Ⅴ】も同様である。
(9) もっとも，下級審では，戸籍上の父から子に対する親子関係不存在確認請求を認めた例がある。名古屋高判平成23年1月20日家月63巻9号67頁（確定）。事案は，A男と婚姻したフィリピン人の妻Bが婚姻後1年程度でA宅を出て行方不明となり，その後AがBと1度も会わないうちに，BがDと同棲してCを出産し，CがAの子として戸籍に記載されたという場合である。AはCの出生から約6年後にその事実を知り，それから1年以上経過後にCに対して親子関係不存在確認を請求した。原審は，AがCの出生を知ってから1年以上経過後に提起した訴えは不適法として却下したが，第2審は，原判決を取り消し，Aの請求を認めた。その際，〔最高裁⑤〕の定式を援用した。後掲注10該当本文参照。
(10) しかし，結論的には戸籍上の父から子に対する親子関係不存在確認の訴えを却下した。これに対し，判例法理のこの定式を適用し，戸籍上の父から子に対する親子関係不存在確認請求を認めたのが，名古屋高判平成23年1月20日家月63巻9号67頁（確定。前掲注9末尾参照）である。

まではいえないことを親子関係不存在確認の訴えの却下理由とした。これに対し，類型【Ⅱ】に関する〔最高裁④〕は妻が子を懐胎すべき時期に夫が「出征していまだ帰還しなかった」ことを親子関係不存在確認請求の認容理由とした。その際，福田博裁判長は意見で，「今日，形式的には民法772条の推定要件に該当するけれども，懐胎期間中に妻が夫の子を懐胎できないことが外観上明白な場合には，同条の嫡出推定が及ばないものと解することにほぼ異論はない」(傍点は引用者による)とした。そして，この後に出された前記〔最高裁⑤〕の提示した「夫婦間に性的関係を持つ機会がなかったことが明らかであるなどの事情」のある場合は嫡出推定が及ばないとの定式が，類型【Ⅴ】に関する〔最高裁⑥〕および類型【Ⅳ】に関する〔最高裁⑦〕でも援用されており，現在の判例法理を形成しているとみることができる。それはつぎにみる諸学説の中ではいわゆる「外観説」に属するものと解されている(後述(2)，注13および該当本文参照)。

問題は，この判例法理の定式における「夫婦間に性的関係を持つ機会がなかったことが明らかであるなどの事情」(傍点は引用者による)が何を意味するかである。それは，夫婦間で性的関係を持つ機会の有無という，夫と子との血縁の問題を超えるものを包含しうることを示唆している。それが何であるかを明らかにすることが本稿の目的である。その際，予め本稿の結論を提示すれば，嫡出推定が及ばないことの中心的理由は，妻が夫と血縁関係のない子を懐胎・出産し，その子の嫡出性が争われるに至るまでの妻および夫の行動を含む夫婦関係の態様の正統性の欠如ではないかということである。仮にそうであるとすれば，そのような夫婦関係の態様の正統性が嫡出子の概念および制度の実質を形成していると考えられる。

---

(11) また，同意見は，嫡出推定が排除される場合でも，父子関係の存否を争いうるのは，「原則として，当該家庭を構成している戸籍上の父，子，母，それに，新たな家庭を形成する可能性のある真実の父と主張する者に限定されるべきである」とし，「それ以外の第三者については，…特段の事情のない限り，親子関係不存在確認の訴えの提訴権者となり得ない」とした。そして，本件では戸籍上の父が子(被告)を出生後間もなく実父と思われる者の養子とし，以後44年余りも接触を完全に絶ったまま死亡し，その間幼い原告を養子とし，唯一の跡継ぎと考えて生活してきたことに鑑み，「限界的事例」として「特段の事情」ありと認め，親子関係不存在確認請求を認容した法廷意見を支持した。

(2) 学説の展開傾向

学説には，(a) 民法772条2項所定の期間内に妻が出産した子につき，妻がその子を懐胎すべき時期における「同棲の欠如という外観的に明瞭な事実」(失踪宣告を受けた夫の失踪中，出征中・在監中・外国滞在中，事実上の離婚の成立等) がある場合は嫡出推定が及ばない（他方，夫の生殖不能，血液型検査の結果による父子関係の不存在証明等，夫婦間の個人的事情の審査に立ち入って初めて判明する事情があっても，嫡出推定は及ぶ）とする外観説があり，前記判例も外観説に位置づけられる[12]。ただし，(b) 外観説を前提にしつつ，家庭の平和を守る利益の放棄について子・母・夫の間で合意がある場合は，合意に相当する審判（家事事件手続法277条）により，親子関係不存在確認の審判が行われるとする合意説がある[13][14]。

これに対し，(c) 血縁上の親子でないことが科学的・客観的に明確な場合は嫡出推定が及ばないとの血縁説[15]，それに加え，(d) 父母の離婚等，戸籍上の父子間の家庭が破綻し，守るべき秘密や平和が存在しない場合を嫡出推定が及ばないことの要件とする家庭破綻説[16]，さらにそれに加え，(e) 妻が子の血縁上の父と同居・再婚し，当該父が子の認知を約束する等，新家庭が形成されていることもその要件とする新家庭形成説等がある[17]。

こうしてみると，学説の展開には，(ⅰ) 戸籍上の父子に血縁関係の不存在を基礎づける科学的・客観的事実が存在しても，それが夫婦間の個人的事

---

(12) 我妻栄『親族法』（有斐閣，1961）221頁。家庭の平和を目的とする。
(13) 二宮・前掲（注2）162頁，小池泰「カッコウの卵」窪田充見＝佐久間毅＝沖野眞已編著『民法演習ノートⅢ——家族法21問』（弘文堂，2013）110-111頁，木村敦子「判批」民法判例百選Ⅲ（2015）56頁。もっとも，類型【Ⅱ】の〔最高裁④〕，および類型【Ⅲ】の〔最高裁①〕・〔最高裁②〕の各事案は，この後本文で述べる (e) 新家庭形成説の要件もまた満たしているものと解される。
(14) 福永有利「嫡出推定と父子関係不存在確認」加藤一郎＝岡垣学＝野田愛子編『家族法の理論と実務』（判例タイムズ社，1980）254頁。なお，水野紀子「判批」判時1521号（1995）215頁，床谷文雄「判批」私法判例リマークス22号（2001）81頁も参照。
　　家裁実務は合意説に近いとされる。二宮・前掲（注2）165頁，岡部喜代子「いわゆる推定の及ばない嫡出子の手続的側面」判タ1301号（2009）47-48頁。
(15) 中川善之助『新訂親族法』（青林書院新社，1965）364頁，泉久雄『親族法』（有斐閣，1997）196頁。
(16) 松倉耕作「嫡出性の推定と否認」法時45巻14号（1973）130頁，同「嫡出推定と子の福祉」吉川大二郎＝谷口知平＝山木戸克己編『末川博先生追悼論集　法と権利2』（有斐閣，1978）69頁。
(17) 梶村太市「嫡出否認の訴えと親子関係不存在確認の訴え」判タ934号（1997）35頁。

情の審査に立ち入って初めて明らかになるものであるときは，嫡出推定の制度趣旨を重視し[18]，なおも嫡出推定を及ぼすべきであるという考え方を基本に置く立場（前述（a），（b））と，（ⅱ）科学的・客観的な血縁関係の有無という事実を重視し，とりわけ戸籍上の父・子・母の家庭破綻，さらには血縁上の父・子・母の新家庭形成があるときは，プライオリティーを付与されるべき当事者の意思・利益，とくに子の利益に鑑みて[19]，嫡出推定を排除すべきであるという立場（前述（c），（d），（e））への，二系統の傾向が看取される。前者（ⅰ）は嫡出推定の制度趣旨を重視する制度論的志向が強いのに対し，後者（ⅱ）は血縁関係の事実を前提とする当事者のより直接的で主観的な意思・利益を尊重する志向が強い点に特色があるように思われる。

3 本稿の課題

これらの学説は，主として不一致問題に関する類型【Ⅰ】～類型【Ⅲ】をめぐって展開されたものである。しかし，医療技術の進歩，個人主義の進展等により，新たな不一致問題として類型【Ⅴ】が現れた現在，この類型も取り込んで，嫡出推定の及ぶ範囲の画定基準の整合性を再考する必要がある[20]。その際には，嫡出推定の制度的意義の再定式化までが必要になるかも知れない。そして，そのことを踏まえた嫡出推定制度および嫡出子概念が，その後新たに問題になった類型【Ⅳ】における嫡出推定の有無の判断にどのような影響を与えているかが問われる。以下では，類型【Ⅴ】に関する〔最高裁⑥〕について検討し，そこでの嫡出推定制度の意義を確認したうえで，類型【Ⅳ】に関する〔最高裁⑦〕の意義について考察する。

---

(18) 嫡出推定の制度趣旨につき，我妻・前掲（注12）221頁，後述Ⅲ3（2），注42および該当本文参照。
(19) もっとも，嫡出推定を及ぼすのと排除するのと何れが子の意思・利益に適うかは，一義的に明らかではない。ここでの子の意思・利益はひとまず法定代理人の判断に委ねられることになる。二宮周平「子の福祉と嫡出推定――外観説の射程」戸籍時報692号（2013）14-15頁。これに対し，前田・前掲（注4）63頁注32は，母が親権者の場合にどこまで子の実質的利益を代表しうるか（とくに戸籍上の父に対し，子を法定代理して親子関係不存在確認請求をする場合）疑問を提起する。
(20) 類型【Ⅰ】～【Ⅳ】と類型【Ⅴ】（前述2・注5該当本文に述べたように，夫・妻・子・血縁上の父の間で意思・利益の対立が生じていないという事情がある）は別問題とみるべきかも知れない。しかしなお，嫡出推定の制度的意義を探るという観点からは，両類型の関連性および両類型を架橋する法理の成立可能性も直ちに否定できず，検討の余地がある。

II 性別取扱変更審判を受けた者の妻が懐胎した子の嫡出性（最高裁平成25年決定）

1 事件の経緯

平成16年，X_1女は性別適合手術を受け，平成20年，性同一性障害者の性別の取扱いの特例に関する法律（以下，特例法という）3条1項に基づき，男性への性別取扱変更審判を受け（同審判発効日が戸籍記載），同年4月，X_2女と婚姻した。X_2は夫X_1の同意の下に，A男から精子提供を受け，人工授精によって懐胎し，平成21年11月，Bを出産した。平成24年1月，X_1は東京都新宿区長にBをX_1・X_2夫婦の嫡出子とする出生届を提出した。これに対し，同区長は，同年3月，X_1の戸籍に，Bの父欄を空欄，X_2の長男とし，Bの出生欄に許可日と入籍日を記載した。そこで，X_1・X_2は，Bの父欄に「X_1」，同出生欄の許可日・入籍日を消除し，届出日と「届出人　父」と記載する旨の戸籍訂正の許可を申し立てた（傍点は引用者による）。

第1審[21]は，戸籍記載上生殖能力を欠くことが客観的に明らかなX_1をBの父とする嫡出推定はできないとして，X_1・X_2の申立てを却下した。

第2審[22]も，戸籍記載上生理的血縁関係の不存在が明らかな場合は，民法772条適用の前提を欠くとして，X_1・X_2の抗告を棄却した。

そこで，X_1・X_2は特別抗告した。

2 最高裁判所の判断

最高裁（法廷意見）[23]は，つぎのような理由で，原判決を破棄し，自判した。

①特例法3条1項に基づいて男性への性別取扱いの変更審判を受けた者は「以後，法令の規定の適用について男性とみなされる」（特例法4条1項）から，

---

[21] 東京家審平成24年10月31日金判1437号18頁。渡邉泰彦「判批」速報判例解説12号（2014）121頁。

[22] 東京高決平成24年12月26日金判1437号17頁。梶村太市「性同一性障害者の夫婦による嫡出子出生届をめぐる法律問題（上）・（下）」法律時報84巻10号（2014）97頁，11号（2014）70頁，二宮・前掲注（注2）576頁。

[23] 前述I 2の類型【V】〔最高裁⑥〕。棚村政行「判批」医事法判例百選（第2版・2014）190頁，渡邉泰彦「判批」民法判例百選III（2015）72頁。

夫として婚姻できるほか，婚姻中に妻が子を懐胎したときは，民法772条により，当該子は当該夫の子と推定される（嫡出推定の適用承認）。

②たしかに，民法772条2項所定の期間内に妻が出産した子について，妻がその子を懐胎すべき時期に，事実上の離婚，遠隔地居住等，「夫婦間に性的関係を持つ機会がなかったことが明らかであるなどの事情」がある場合は，実質的に同条の推定を受けないとするのが判例である[(24)]。

③しかし，性別取扱いの変更審判を受けた者の場合，「一方で…婚姻することを認めながら，他方で，その主要な効果である同条による嫡出の推定についての規定の適用を，妻との性的関係の結果もうけた子であり得ないことを理由に認めないとすることは相当でない」。

3　検討
(1)　問題の所在

本判決（法廷意見）の特色は，女性から男性への性別取扱変更審判を受けた者と，その妻が第三者から提供を受けた精子の人工授精によって懐胎・出産した子との間には，血縁関係のないことが明白であるにもかかわらず，「夫婦間に性的関係を持つ機会がなかったことが明らかであるなどの事情」（傍点は引用者による）がある場合は嫡出推定が及ばないという判例法理をあえて引用しつつ（前述2②），本件夫婦がそれに当たらないことを明確に判示した点にある（前述2③）。このことは，嫡出子の意義が夫婦間で性的関係を持つ機会の有無という夫と子との血縁の問題を超えるものを包含することを示唆している。それが何を意味するかを探求する必要がある。

特例法4条1項は，性別取扱変更審判を受けた者は「民法…その他の法令の規定の適用については，法律に別段の定めがある場合を除き，その性別につき他の性別に変わったものとみなす」とする（傍点は引用者による）。この性別変更の擬制が及ぶ射程範囲をどのように解釈すべきかが問題の核心である。と同時に，それは嫡出子の意義をどう解釈するかという問題に波及する。

(a)　本最高裁決定における法廷意見は，特例法4条1項が民法の適用全般について男性の擬制を認める趣旨であると解し，性別取扱変更審判を受けた

[(24)]　前述Ⅰ2(1)，前掲注10〔最高裁⑤〕・注11〔最高裁④〕該当本文参照。

者による婚姻の効果は，夫婦間のみならず，妻が生んだ子を嫡出子とする効果にも及ぶとみる（前述 2 判旨③，寺田逸郎補足意見）。

　(b) これに対し，反対意見は，特例法は親子関係の成否については「それに関する法令の定め」によるという趣旨であり，それを定める民法 772 条は，妻が夫によって懐胎する機会があることを根拠とするから，生物学上明らかにその機会がない特例法の男性擬制者には適用されないとみる。したがって，その妻が出産した子は嫡出推定の及ばない子（前述 2 判旨②）の範疇に入るとする（岡部喜代子反対意見）。

(2) 嫡出子とは何か

　この意見対立の背景には「嫡出子」概念の相違が存在する。特例法が血縁関係と切り離された嫡出子を制度的に創設し，家族関係の形成を許容したとみる寺田補足意見（前述 (1) (a)）に対し，岡部反対意見（前述 (1) (b)）は，嫡出子とは夫婦間で性交渉が存在し，妻が夫によって懐胎した結果生まれた子であると解している。このように嫡出子概念自体が動揺しており，嫡出子の意義を根拠にして，そこから直ちに演繹的に結論を導き出すことは困難な状況になっているようにもみえる。

(3) 問題解決への視点

　本件の場合に関しては，(a) 原則として嫡出推定の適用を認めて父を確保しつつ（木内道祥補足意見），例外的に子に親子関係不存在確認請求の余地を残す方法と，(b) 子が男性擬制者から嫡出子の地位を強制されることを回避すべく，親子関係はないと解したうえで，親子関係を形成する方法が考えられる[26]。

　ちなみに，①妻が夫の同意を得て非配偶者間人工授精（AID）によって出産した子の場合にも嫡出推定が及ぶとする裁判例及び実務との整合性を考慮すれば，②本件の場合も (a) 説（法廷意見）支持に傾くとも考えられる[28]。し

---

(25) 寺田逸郎裁判官の補足意見はこの点に言及する。
(26) もっとも，そのためには，人工生殖子の出自確認の方途も検討する必要がある。羽生香織「判批」法セ 707 号（2013）17 頁参照。
(27) 東京高決平成 10 年 9 月 16 日家月 51 巻 3 号 165 頁（夫と妻が離婚したことに伴う親権者指定審判。夫の同意を得て第三者から人工授精が行われた場合，人工授精子は夫の子としての嫡出推定が及ぶことを認めつつ，子の福祉の観点から，結論的には母親が親権者に指定されるべきであるとした。確定）。
(28) 中川敏宏「判批」法セ 707 号（2013）114 頁参照。

かし，生殖補助医療による子とその父との親子関係の決定ルールが未整備であること（大谷剛彦反対意見参照）に加え，本件では夫が男性擬制者であることから，①裁判例は②本決定（法廷意見）に直結するとはいえない。

問題解決への視点として，法の整合性（integrity）の確保という観点から，法体系全体を視野に入れて，特例法の立法趣旨をどのように解釈すべきかが重要である。(29)この観点からは，特例法3条1項に基づいて男性への性別取扱いの変更審判を受けた者は「以後，法令の規定の適用について男性とみなされる」（特例法4条1項）という立法が，婚姻および婚姻後に妻が懐胎・出生した子に嫡出推定が及ぶ効果を付与することまでを含意していると解釈しうるかが問題になる。

その際には，①男性擬制者のリプロダクティブ・ライツを幸福追求権（憲法13条）としてどこまで認めるべきかという観点(30)と，②男性擬制者の妻が産んだ子の利益をどのように擁護すべきかという観点の双方から検討することが求められる。この問題について，②に配慮しつつ，①にプライオリティーを置くことが妥当であるとした場合,(31)法律が定めた手続を履んで女性から男性への性別取扱変更審判を受けた者が，法律の手続に従って婚姻し，かつその同意の下に妻が懐胎し，出産した子は，まさに法的な正統性を備えたプロセスを経て生まれた子として，嫡出推定が認められるべきであろう。(32)ここでは夫婦間の個人的事情の審査に立ち入ることなく嫡出推定が及ぶことを認める外観説の制度論的志向が再評価されうる。

こうして，本決定〔最高裁⑥〕は，嫡出子の意義を法的な正統性をもつ子として再定式化する意味をもちうるものであり，そのような子の法的地位を安定させるものとして嫡出推定の制度論的意義を新たに認めたものとして，

---

(29) 法の整合性（integrity），とくに立法の整合性および司法解釈による立法の整合性の確保・補完につき，Ronald Dworkin, *Law's Empire*, Harvard University Press, 1986, pp. 225-227（小林公訳『法の帝国』(未来社，1995) 352-355 頁）参照。
(30) 麻生多聞「判批」法セ713号 (2014) 112 頁参照。
(31) 二宮・前掲（注1）597-601頁。なお，最高裁の法廷意見は，基本的に，二宮論文の主張に沿うものである。
(32) もっとも，この一連の法的正統性のうち，AIDによる懐胎・出産については，なお疑問も提起されている。水野紀子「性同一性障害者の婚姻による嫡出推定」加賀山茂先生還暦記念『市民法の新たな挑戦』(2013) 607 頁。

極めて大きな意義をもつものといえよう[33]。はたして本決定が含意する嫡出子概念の再定式化および嫡出推定制度の適用対象の拡張は，類型【Ⅳ】の〔最高裁⑦〕に対し，何らかの影響を与えたであろうか。

Ⅲ 科学的証拠により生物学上の父でないとする者に対する親子関係不存在確認請求（最高裁平成26年判決）

1 事件の経緯
(1) 旭川事件

平成11年にY男と婚姻したA女は，平成20年頃からB男と性的関係をもち，平成21年に妊娠したが，Yには告げず，黙って病院でXを出産した。Aを探し当てたYは，Xの父がYでない旨を聞いたにもかかわらず，その後Xを養育した。平成22年，YとAはXの親権者をAと定めて協議離婚し，AはX及びBと生活するに到った。平成23年6月，AはXの法定代理人としてYに対して親子関係不存在確認の訴えを提起した。X側のDNA鑑定によれば，BがXの生物学上の父である確率は99.999998％とされた。

第1審は，Xの親子関係不存在確認請求を認容した。それは，新家庭形成説（前述Ⅰ2(2)(e)）に親和的な理由を付している[34]。

第2審は，第1審判決を認容した。理由については，血縁説および新家庭形成説（前述Ⅰ2(2)(c),(e)）に親和的な説明をしている[35]。

そこで，Yが上告受理申立てをした。

(2) 大阪事件

平成16年にY男と婚姻したA女は，平成19年頃からB男と性的関係をも

---

[33] 花本彩「判批」速報判例解説15号（2014）97頁は，本決定の法廷意見がAIDによる子は民法772条の推定を受ける嫡出子であると認めたことの意義は計り知れないとする。

なお，このことは，少なくとも法律上の手続を履んでもうけられたAIDによる子が法的な正統性をもつということであり，嫡出推定を受けない子が正統性をもたないことを意味するものではない。もっとも，判例は，任意認知をした戸籍上の父にも認知無効の主張を認めるに至っており（最判平成26年1月14日民集68巻1号1頁），認知制度と嫡出推定制度との関係および整合性についての検討は，今後の課題である。

[34] 旭川家判平成23年12月12日LEX/DB 25504637。
[35] 札幌高判平成24年3月29日LEX/DB 25504698。

ち，平成20年に妊娠し，平成21年にＸを出産した。その後も，ＹはＡとＸのお宮参り，保育園行事に参加する等していたが，平成23年，ＡとＢの交際を知った。平成24年，ＡはＸ及びＢと生活を始め，Ｙに離婚を求めたが調停不調となり，同年6月，離婚訴訟を提起するとともに，同年12月，Ｘの法定代理人としてＹに対して親子関係不存在確認の訴えを提起した。Ｘ側のＤＮＡ検査によれば，ＢがＸの生物学上の父である確率は99.99％である。

第1審は，戸籍上の父が3年近く子を愛情をもって養育してきた事実，そうした社会的事実をＤＮＡ鑑定の結果を突き付けて否定することの問題性も考慮しつつ，子が将来戸籍上の父との血縁関係の不存在を知った時の心身への悪影響，父として振る舞われることが酷となりうる等，主として子の利益に鑑み，Ｘの親子関係不存在確認請求を認容した。[36]

第2審は，むしろ，新家庭形成説に親和的な理由を挙げ，Ｘの請求を認容した。すなわち，①ＸＹ間に生物学上の親子関係が存在せず，ＹもＸの生物学上の父がＢであることを積極的に争っていないことに加え，②ＸがＢの自宅でＢおよびＡによって養育され，Ｂを「お父さん」と呼んで順調に成長していること，③この状況をＸの特別代理人が確認していることから，「嫡出推定が及ばない特段の事情があるものと認められる」と判断した。[37]

そこで，Ｙが上告受理申立てをした。

2 最高裁判所の判断

最高裁（法廷意見）は，つぎのような理由により，旭川事件についても，大阪事件についても，原判決を破棄し，自判した。[38]

---

(36) 大阪家判平成24年4月10日 LEX/DB 25504729。
(37) 大阪高判平成24年11月2日金判1453号29頁。二宮・前掲（注19）4頁。
(38) 前述Ｉ2(1)の類型【Ⅳ】[最高裁⑦]。旭川事件（最判平成26年7月17日裁時1608号1頁・判時2235号14頁①事件・金判1453号14頁①事件）につき，窪田充見「判批」ジュリスト1471号（2014）66頁，羽生香織「判批」新・判例解説 Watch [Web版] 民法（家族法）No. 77（2014），飛澤知行「判批」ジュリスト1474号（2014）112頁，小林史人「DNA鑑定と親子関係不存在確認請求事件——血か絆か，子の福祉とは何か」法セ721号（2014）15頁参照。大阪事件（最判平成26年7月17日裁時1608号6頁・判時2235号14頁②事件・金判1453号14頁②事件）につき，村重慶一「判批」戸籍時報716号（2014）73頁，木村・前掲（注13）56頁参照。両事件に関し，水野紀子「判批」法学教室411号（2014）42頁，木村敦子「法律のひろば」67巻12号（2014）62頁参照。

①夫と子の生物学上の父子関係の不存在が科学的証拠により明らかであり，かつ子が妻及び生物学上の父の下で生活している等の事情があっても，「子の身分関係の法的安定を保持する必要」が当然になくなるものではない。したがって，民法 772 条による嫡出の推定が及ばなくなるとはいえず，親子関係不存在確認の訴えをもって当該父子関係の存否を争うことはできない。

②妻が民法 772 条 2 項所定の期間内に出産した子を懐胎すべき時期に「夫婦が事実上の離婚をして夫婦の実態が失われ，又は遠隔地に居住して，夫婦間に性的関係を持つ機会がなかったことが明らかであるなどの事情」がある場合には，子は実質的に同条の推定を受けず，親子関係不存在確認の訴えをもって夫との父子関係の存否を争う余地がある。しかし，本件では，A が X を懐胎した時期にそのような事情は認められず，他に本件訴えの適法性を肯定すべき事情も認められない。

3　検討
(1) 問題の所在

本判決は，妻が婚姻中に懐胎・出産した子につき，科学的証拠によって夫が生物学上の父でないことが明らかでも，「子の身分関係の法的安定を保持する必要」から，民法 772 条の推定が及び，親子関係不存在確認の訴えによって夫との父子関係を争うことができないとした。その際，①子が夫と別居した妻および生物学上の父の下で生活していたり（大阪・旭川両事件），さらに，②妻が夫と離婚し，かつ妻が親権者として子を監護している（旭川事件）という事情があっても，妻が子の法定代理人として提起した親子関係不存在確認の訴えを不適法として却下した点に，本判決の意義が認められる。[39]すなわち，本判決は，嫡出推定が認められない例外法理として，前述 I 2 (2) (c) 血縁説をとらないのみならず，(d) 家庭破綻説および (e) 新家庭形成説をもとらないことを明らかにしたといえる。

問題は，①・②のような事情があっても，なおも子の身分関係の法的安定を保持する必要性を理由に，非血縁の嫡出父子関係を認めるべきか否かであ

---

(39)　木村・前掲 (注 13) 57 頁。

る。とりわけ，両事件について，法廷意見もそれを批判する見解も，ともに子の利益の擁護を根拠にしていることが注目される。

(2) 嫡出推定制度の趣旨

嫡出推定制度は，血液型さえ知られておらず，科学的に父子関係の存否を明確にできなかった事情の下で，①法律上の父子関係を速やかに確定し，②家庭内の秘密や平穏を保護するという趣旨で創設された。しかし，法廷意見は，DNA検査によってほぼ100％の確率で生物学上の父子関係の存否を確認できる現状況の下でもなお，父子関係を速やかに確定し，身分を安定化させて子の利益を図るという嫡出推定の制度的意義があることを再確認した。

(3) 嫡出推定制度の妥当範囲

嫡出推定制度の下でも，判例は民法772条2項が定める時期に夫婦が性的関係を持ちえない遠隔地居住等の事情がある場合は，嫡出推定が及ばないことを認めている。しかし，この判例法理は，旭川・大阪両事件において妥当しないものと考えられる。両事件において，妻Aは民法772条2項所定の期間に従って子Xを懐胎すべき時期に夫Yと同居していたからである。

もっとも，嫡出推定制度の趣旨（前述 (2)）に鑑み，①夫と子の生物学上の父子関係の不存在が科学的証拠によって明らかであることに加え，②夫婦関係が破綻して子の出生の秘密が露わになり，かつ③妻が夫と別居し，生物学上の父と共に子を養育し，新家庭を築いている事情があるときは，嫡出推定が及ばない特段の事情が認められるとの解釈もある。

しかし，嫡出推定が及ぶか否かの判断が，口頭弁論終結時における①・②・③に係る事実の認定に左右されるとすると，とくに③は評価的要素が多く，

---

(40) この点については，反対意見のように，子の利益・意思に適った養育者を確保すべく，嫡出推定の排除を認めるべきであったとの見解も有力である。木村・前掲（注13）57頁参照。
(41) 大阪事件・第2審を評価する二宮・前掲（注19）14-15頁参照。
(42) 櫻井龍子補足意見参照。民法772条はほぼ同文の旧820条に遡る。その立法経緯および立法趣旨につき，中川善之助編『注釈民法 (22) のⅠ』（有斐閣，1971) 89-90頁（高梨公之)，阿部徹「民法七七二条・七七四条（嫡出推定・嫡出否認)」広中俊雄＝星野英一編『民法典の百年Ⅳ』（有斐閣，1998) 54-61頁，梅謙次郎『民法要義 巻之四 親族編（明治45年版復刻)』（有斐閣，1984) 239-244頁参照。
(43) 前掲注10，注24および各該当本文参照。
(44) 新家庭形成説の立場がこれに当たる。前述Ⅰ2 (2) (e)，旭川事件第1審・第2審判決，大阪事件第2審判決参照。

事情の変化もありうることも考慮に入れると，嫡出子の地位が不安定事情に依存することになるといわざるをえない。しかも，どのような状態をもって新家庭の形成とみるべきかは，判断が容易でないことが予想される。法廷意見はこうした不安定要素によって子の身分関係の法的安定が図られない可能性も考慮に入れ，本件のように①・②・③に当たる具体的事情があったとしても，嫡出推定制度が妥当し，嫡出推定が及ばない特段の事情を認めるにはなおも十分ではないと判断したものと解される。ここからも，法廷意見の論拠が嫡出推定の制度的意義の承認にあるとみることができよう。

(4) 嫡出推定が及ぶ場合の問題点

しかし，それに対しては反対意見も付されている。反対意見は，もし本件のような場合において子に嫡出推定が及ぶとすれば，①子が成長するに従い，生物学上の親でない法律上の父との血縁関係に疑問を抱いたり，②法律上の父が死亡した場合に，生物学上の父でないことが明白であるにもかかわらず，当該子が相続権をもつ等，不自然な状況を生じさせることの妥当性を疑問視する(46)。

これら①・②の状況に対しては，今や前述Ⅰの不一致問題の類型【V】〔最高裁⑥〕（前述Ⅱの最高裁平成25年決定）が父親と血縁関係のない嫡出子が法律上正統に存在しうることを明らかにしたことの影響を，法的整合性の観点から無視することができないように思われる(47)。もっとも，【図1】の符号を用いて比較すれば，〔最高裁⑥〕では，当初から夫A・妻B・血縁上の父Dが合意したうえでAIDを実施し，子CとAの親子関係を承認している。これに対し，本件では，AC間の親子関係についてBがCを代理して承諾しているわけではなく，反対にAC間の親子関係を否定し，Cのために親子関係不存在確認を請求しており，ただちに同等に論じることはできない(48)。したがって，この問題点を考慮に入れてもなお前述した嫡出推定の制度的意義を維持

---

(45) 山浦善樹裁判官補足意見参照。
(46) 金築誠志・白木勇裁判官反対意見参照。
(47) その意義につき，前述Ⅱ3（3）末尾参照。
(48) もっとも，子Cが血縁上の父を知りたいと欲し，それを知ったうえで，血縁上の父と親子関係を形成したいという意思をもった場合の法的対応のあり方が問われうる点では，両事件に一定の共通要素も見出される。

すべきか否かが，この問題の帰結を左右することになる。

　ここで再確認すべきは，嫡出推定の適用範囲を画定する基準として形成された，いわゆる嫡出推定の及ばない子に関する判例法理が提示する「夫婦間に性的関係を持つ機会がなかったことが明らかである_・な_・ど_・の_・事_・情_・」（傍点は引用者による）の含意である。それは，本件では，①妻Bが夫Aと同居中に，第三者Dと性交渉をもって子Cを懐胎・出産したこと，②その後ABC間に同居の実態が存在すること，③AがCを自分の子とする意思をもつ旨を主張していることに鑑み，AC間に嫡出推定を適用し，親子関係を認めることの方に法的正統性があると判断したと解することもできるのではなかろうか。そうであるとすれば，判例法理のいう「などの事情」（前記引用傍点部分）として，BがAの子を懐胎しえなかった事情に加え，AB間の夫婦関係の態様それ自体も評価対象になるかも知れない。本件では，BがCの懐胎前後にAと旅行し（旭川事件），Cの出産後もAと一緒に養育し（旭川・大阪両事件），お宮参りや保育園行事に参加していた（大阪事件）等の事情も，CがAの嫡出子としての推定を認めるべきであるとするAの主張の肯否判断に影響することがありうるであろうか。この点は引き続き検討課題としたい。

Ⅳ　結論──嫡出推定の制度的意義の再考

　嫡出推定が及ばない子の範囲に関し，学説が（a）外観説・（b）合意説と，（c）血縁説・（d）家庭破綻説・（e）新家庭形成説とに分岐的に展開する一方で，判例法理は，①妻が夫の同意を得て非配偶者間人工授精（AID）によって出産した子に嫡出推定が及ぶとする裁判例および実務を契機に[49]，②女性から男性への性別取扱変更審判を受けた者が婚姻し，その妻が夫の同意を得てAIDによって出産した子（不一致問題の類型【Ⅴ】〔最高裁⑥〕。前述Ⅱ2法廷意見）に嫡出推定を肯定したことを経て，さらには，③妻が婚姻・同居中に夫以外の者との間にもうけた子（不一致問題の類型【Ⅳ】〔最高裁⑦〕。前述Ⅲ2法廷意見）にも嫡出推定が及ぶとする判断へと展開した。そうした中，法的正統性を中核概念とする嫡出子の意義の再定式化が行われ，それに基づいて嫡出推定の

---

(49)　前掲（注27）・東京高決平成10年9月16日家月51巻3号165頁（確定）。

制度的意義を再評価する傾向が現れているように思われる。このうち，〔最高裁⑥〕が〔最高裁⑦〕に何らかの影響を与えたか否かはなお定かでないが，今後〔最高裁⑥〕が社会にどのように受け入れられてゆくかにより，将来の解釈論および立法論が影響を受けることも予想される。今後は，判例法理が形成してきた法的正統性をもつ子としての嫡出子の意義に対する社会の反応を経て，学説および立法がどのような展開を示すか，その動向が注目される。[50]

---

(50) 本稿は，限られた紙幅および筆者の能力のゆえに，立法論に立ち入ることはできない。立法論上の課題としては，①嫡出子の意義，②嫡出子概念の維持の是非，これを前提に嫡出推定と父性推定の関係，③嫡出（父性）推定（擬制）の効果，④否認権者・否認方法・否認期間等がある。その際，妻がAIDによって出産した子の父の決定ルール，性別取扱変更審判によって男性擬制を受けた者が婚姻し，その妻がAIDによって出産した子の父の決定ルール，妻が夫以外の者の子を出産した場合の父子関係の決定ルールについて，なお解釈に委ねるか，明示的に立法すべきかが問題になる。
　嫡出推定制度に関する立法論に関しては，我妻・前掲（注12）222-227頁，窪田充見「実子法」中田裕康編『家族法改正──婚姻・親子関係を中心に』（有斐閣，2010）61-75頁，二宮周平「立法提案：改正の方向性」家族〈社会と法〉28号（2012）77頁，小池泰「実親子関係成立の在り方に関する問題点」大村敦志＝河上正二＝窪田充見＝水野紀子編『比較家族法研究』（商事法務，2012）139頁参照。

離婚後の子の共同監護に関する考察:
スウェーデン法からの示唆

千 葉 華 月
Kazuki CHIBA

Ⅰ　はじめに
Ⅱ　スウェーデンの社会及び家族をめぐる状況
Ⅲ　親子法とその沿革
Ⅳ　家事紛争の解決方法：監護、居所及び面会交流
Ⅴ　監護に関する基本原則
Ⅵ　離婚後の監護権の基本構造
Ⅶ　おわりに

Ⅰ　はじめに

　我が国の離婚件数は、平成14年の28万9836件になり、離婚率（人口千対）は2.30％に達した。近年は減少傾向にあり、平成24年の離婚件数は、23万5406件（離婚率は1.87％）、25年は、23万1383件（離婚率は1.84％）である[1]。平成24年の統計では、未成年の子がいる離婚は13万7334件で（離婚件数全体の58.3％）、親が離婚した未成年の子の数は23万5232人である。そのうち、「妻が全児の親権を行う」が、11万5195件（未成年の子のいる離婚件数に占める割合は83.9％）、「夫が全児の親権を行う」は1万7201件（同12.5％）であり、合計96％以上を占め、「夫妻が分け合って親権を行う」は、4938件（同3.6％）のみである[2]。

　我が国では、離婚の場合、父母の一方を親権者と定めなければならない（民法819条）。他方の親が、監護者になることはできるが、上記の統計から考え

---

(1) 厚生労働省：平成25年人口動態統計月報年計（概数）の概況（平成26年）。
(2) 厚生労働省大臣官房統計情報部：平成26年我が国の人口動態：平成24年までの動向（平成26年）。

ると、実態として、「夫婦が分け合って親権を行う」ことは少ないようである。離婚および認知後の子の監護において、子を監護すべき者、面会交流、養育費の分担その他の子の監護について必要な事項を定めるに当たっては、子の利益を最も優先して考慮しなければならない（民法766条（771条、788条が準用）。

我が国では、近年、離婚後の子の共同親権・監護権についてより一層活発に議論されている。共同親権・監護権を認めるべきかどうかについて様々な見解がある。共同親権・監護権を認める見解では、現行法の解釈で共同監護を認める見解や共同親権、共同監護を認めるべきとして立法論を展開する見解もある。また、離婚後の共同親権・共同監護を原則とするか、父母の協議事項とするかについても意見が分かれている。共同親権の導入については、親権者間の親権行使の調整を図るための基準と手続の整備が重要であるという問題意識が共有されている。

本稿では、スウェーデンにおける離婚後の子の共同監護について検討し我が国への示唆を得たい。我が国とスウェーデンでは、法制度が大きく異なるため、比較法研究をすることは難しく、スウェーデンの制度をそのままの形

---

(3) 「民法等の一部を改正する法律（平成23年法律第61号）」
(4) 棚村政行「離婚後の子の監護—面接交渉と共同監護の検討を中心として」（石川稔、中川淳、米倉明編『家族法改正への課題』（日本加除出版、1993年）231頁-271頁）。日弁連法務研究財団離婚後の子どもの親権及び監護に関する比較法的研究会編『子どもの福祉と共同親権—別居・離婚に伴う親権・監護法制の比較法研究』（日本加除出版、2007年）、許末恵「親権をめぐる法規制の課題と展望」家族〈社会と法〉24号（2008年）126頁-143頁、水野紀子「〈特集〉家族法改正—婚姻・親子法を中心に」ジュリスト1384号（2009年）58頁-74頁、山口亮子「離婚後の共同親権の可能性」『家族の法と地平—三木妙子・磯野誠一・石川稔先生献呈論文集』（2009年）71頁-97頁、犬伏由子「親権・面会交流権の立法的課題」家族〈社会と法〉26号（2010年）35頁以下、許末恵、犬伏由子、棚村政行、二宮周平、岩志和一郎「シンポジウム『家族法改正を考える』」戸籍時報659号（2010年）2頁-45頁、山口亮子「〈特集〉家族法改正研究会第2回シンポジウム Ⅳ共同親権・面会交流」戸籍時報673号（2011年）21頁-30頁、梶村太市「家族法の改正をめぐる諸問題」戸籍時報675号（2011年）42-51頁、窪田充見「親権」（大村敦志、河上正二、窪田充見、水野紀子編『比較家族法研究 離婚・親子・親権を中心に』）（2012年）41頁-53頁等。このほか、比較法研究も行われている。
(5) 久保野恵美子「親権（1）—『総則』『親権の喪失』を中心に」（大村敦志、河上正二、窪田充見、水野紀子編『比較家族法研究 離婚・親子・親権を中心に』）（2012年）235頁-272頁、236頁。
(6) 共同親権・共同監護について考察する上で児童虐待等といった監護権の行使に問題がある場合の公的介入のための法制度を明らかにすることは重要である。スウェーデンでは最終的には裁判所の介入、緊急の場合には行政の介入を行うための法制度（青少年の保護に関する法律）が整備されており、実態としても機能している。本稿では、この問題については執筆枠上検討しない。

で制度を導入することはできない。我が国が家族への公的援助・介入を最小限度にとどめてきたのとは対照的にスウェーデンでは、子の養育や最善の利益を確保するために家族への行政や裁判所等の公的援助や介入のための社会制度が整備され広く利用されている。

　スウェーデンは、家族形態の多様化や生殖補助医療の急速な発展に伴い、親子法は数度にわたり改正されてきた。離婚後の子の共同監護が原則とされてからの歴史は長く、法制度の違いがあるとしてもその経験から学べる事は多い。スウェーデンにおいて、離婚後の共同監護が導入された経緯、その内容を検討することは、我が国の離婚後の子の共同親権・共同監護権の問題への有益な示唆が得られるのではないかと考える。

Ⅱ　スウェーデンの社会及び家族をめぐる状況

　はじめに、スウェーデン社会及び家族をめぐる状況について明らかにする。スウェーデン統計局（SCB）によれば、2013年の人口は964万4864人、出生数は11万3593人（出生率1.89％）、死亡者数は9万402人である。未成年者養子数は、1万5152人であり、そのうち国内からの養子数は、1576人であり、国際養子数が多い。

　カップルが同棲することは一般的であり、サンボは増加している。過去10年において、新生児の50％から60％が未婚の母から出生しており、その大部分はサンボである。婚姻両親から生まれる子は、2009年で45％であり、1940年代の90％と比較すると著しく低下している。

　2013年の婚姻数は4万5703件、離婚数は2万5110件である。離婚率は、

---

(7)　水野紀子「家族法の弱者保護機能について」鈴木禄弥先生追悼『民事法学への挑戦と新たな構築』（創文社、2008年）651頁-684頁。

(8)　Statistiska Centralbyrån (http://www.scb.se/sv_/Hitta-statistik/). 上記統計は全てSCBによるものである。

(9)　サンボとは、2人の者がカップルとして永続的に同居し、共同して世帯を築いている者を意味する（サンボ法第1条）。

(10)　Anders Agell Margareta Brattsträm, Äktenskap Samboende Partnerskap, Femte upplagen, Iustus Förlag,2011 s.18.

(11)　姻数数にはサンボは含まれず、離婚数にもサンボの解消は含まれない。

約54.9％であり、これは、1970年の離婚率である約29.9％と比較すると、著しく増加していることが分かる。

2013年統計では、遺伝上の親による共同監護下にある子（未成年）が167万8837人で、全体の92.2％、遺伝上の親以外の共同監護下にある子が1万9843人で、全体の1.1％、母親の単独監護下にある子が11万984人で全体の6.1％、父親の単独監護下にある子が1万1152人で全体の0.6％、父及び母以外の単独監護下にある子が306人、不明が156人である。

遺伝上の親による共同監護下にある子のうち、婚姻夫婦の子は、97万6691人で、全体の53.6％であり、サンボ両親の子は、37万848人で、全体の20.4％であり、婚姻夫婦で母の実子が2万6277人で全体の1.4％、婚姻夫婦で父の実子が8077人で全体の0.4％、サンボ両親で母の実子が1万4711人で全体の0.8％、サンボ両親で父の実子が4216人で全体の0.2％、シングルマザーの子が20万9899人で全体の11.5％、シングルファーザーの子が6万8118人で全体の3.7％である。

スウェーデンには、個人の価値観に基づく多様な生き方を社会が認める土壌がある。婚姻内外で生まれた子の法的地位に違いはないこともあり、子が出生してもサンボを継続するカップルも少なくない。前記の統計からわかるとおり、非婚家族、ひとり親世帯、再構成家族も少なくない。婚姻両親が同性の場合もある。家族形態は多様化している。

Ⅲ　親子法とその沿革

スウェーデンの親族法の中心になるのは、婚姻法（Äktenskapsbalk（1987：230））及び親子法（Föräldrabalk（1949：381））であるが、判例（最高裁判決）も法源として重要な役割を果たす。親子関係の規律は、親子法で規定されるが[12]、婚姻法、サンボ法（Sambolag（2003：376））[13]といった同居生活に関する法

---

(12)　スウェーデン親子法について概観した論文として拙稿「スウェーデン」（床谷文雄・本山敦編『親権法の比較研究』（日本評論社、2014年））254頁-275頁。

(13)　サンボ法とは、いわゆる同棲婚法である。財産が共同利用のために取得された場合、サンボの共同住居及び共同家財は、サンボの共有財産（samboegendom）であり（同法3条）、サンボ解消時には、共同住居と共同家財が財産分与の対象となる。

律も深く関わる。婚姻法は性別に中立であり(14)、サンボ法も、異性愛カップルと同性愛カップル双方に適用される（サンボ法1条）(15)。

親子法では、親子関係、子の監護、子の行為能力、後見、裁判手続等について定められている。親子関係を規律する原則は、子の最善の利益であり、至高の考慮事項とされる（親子法6章2a条）。親子法の民事原則は、青少年の保護に関する法律（Lag (1990:52) med särskilda bestämmelser om vård av unga）等によって補完される(16)。以下では、親子法とその沿革について、特に親の監護権のあり方との関係で検討する。

1　親子法のはじまり

親子法が1949年に公布される以前、1920年前後には、すでに親子関係等を規律する複数の法律が存在していた(17)。当時は、1917年の嫡出推定に関する法律（Lag om äktenskap börd）、1920年の嫡出子に関する法律（Lag om barn i äktenskap）、1917年の非嫡出子に関する法律（Lag om barn utom äktenskap）、1917年の養子縁組に関する法律（Lag om adoption）、1924年の後見に関する法律（Lag om förmynderskap）等がそれぞれ独立して制定されていた。1920年前後の法律において監護権についてはじめて定められたとされるが(18)、当時の立法者には父が子を世話できるという理念はなく、離婚の場合には、原則として母が、子の監護権を与えられていた。1949年、1920年代の一連の法が1つの親子法として統一され、親子関係全体を規律する親子法が公布され(19)、1950年に施行された(20)。その後、親子法は、いくつかの大きな改正を経て現在に至る。

---

(14) 婚姻法は改正され（Lag (2009:253) om ändring i äktenskapsbalken）、同性のカップルに、婚姻と同じ法的効果を認めるパートナーシップ登録法（Lagen (1994:1117) om registrerat partnerskap）は、2009年に廃止されている（Lag (2009:260) om upphävande av lagen (1994:1117) om registrerat partnerskap）。

(15) Lag (2009:261) om ändring i sambOlagen (2003:376).

(16) Christina Ramberg,Civil Rätt,Liber,2012,s.304.

(17) SOU1946:49, prop.1949:93 och 1 LU1949:34,Åke Saldeen, Barn och Föräldrarätt, Iustus Förlag, 2009,s.13-14.

(18) Åke Saldeen Barn och Föräldrarätt, Iustus Förlag,2009,s.14.

(19) Åke Saldeen, Barn och Föräldrarätt, Iustus Förlag, 2009,s.13-14.

(20) SOU1946:49, prop.1949:93, 1LU1949:34.AKEs.1

2 親子法改正：監護権を中心に

(1) 1960年代から1980年代まで

1969年、非嫡出子に対する相続分が嫡出子の相続分と同じに取り扱われることになったため、非嫡出子の父性の確定に関するルールが変更されている。1973年には、婚姻法改正（SFS1973:645）に伴い、離婚後の監護の決定、変更、婚姻していない両親の監護の決定において、両親の合意と子の最善の利益が重視されるようになった。1976年には、嫡出子、非嫡出子という用語が法律の規定から削除され、非嫡出子を差別する規定が全面的に廃止された。父性の推定に関する規定の改正が行われ、例えば、父性否認の訴えにおいて、出訴期限制限規定や否認権喪失規定が廃止される等父性確定においていわゆる血縁主義が貫徹された。また、離婚後の両親又は婚姻していない両親に対し、子に対する監護の共同行使の可能性、裁判所の審理による共同監護が認められた。子の父母は、親として平等であるとされ、監護者としての母と同様に監護者としての父が考慮された。

1983年には、監護に関する原則が改正され、裁判所の特別な命令なしに離婚後の両親の共同監護が認められたほか、面会交流等に関する決定の強制履行に関する規定が設けられた。さらに、婚姻していない両親が共同監護を望む場合の簡易な手続きが導入された。

生殖補助医療の発展に伴い、1980年代に生殖補助に関する法律が制定され、親子関係に対応するために親子法等の改正も行われている。

(2) 1990年代

1991年には、子の監護及び面会交流に関する改正がなされ、監護と面会交流の問題において両親の合意による解決が促進された。改正法では、両親

---

(21) Prop.1969:124, Åke Saldeen, Barn och Föräldrarätt, Iustus Förlag, 2009,s.15.
(22) Prop.1973：32.
(23) 菱木昭八朗「スウェーデン親子法改正の問題点」専法28号25-68頁。
(24) 1976年親子法改正については、菱木・前掲注22）25-68頁。Prop.1975／76：170.
(25) Åke Saldeen Barn och Föräldrarätt, Iustus Förlag,2009,s.15 och s.159.
(26) Prop.1981／82：168, Lagutskotters betänkande LU1982/83:17.
(27) Lag（1984：1140）om insemination, Lag（1988:711）om befruktning utanför kroppen），現行法は、Lag（2006:351）om genetisk integritet m.m。詳しくは、拙稿（甲斐克則編『生殖補助医療と医事法』（信山社、2014年））233頁-252頁。
(28) Prop. 1990/91:8,Åke Saldeen, Barn och Föräldrarätt, Iustus Förlag, 2009,s.17-19.

は、共同監護の場合、子に関する全ての事項を共同で決定する権利があり、共同監護の要件として、父母双方が合意しなければならないとされた。しかし、当時は、多くの母は、共同監護に反対したため、実際には、共同監護はほとんど実現しなかったとされる。そのため、監護権における、父母間の平等は達成できなかった。共同監護に関する法改正の理由は、長い間父母間の平等と考えられてきたが、後に、子の最善の利益のためであると考えられるようになる。

1990年には子どもの権利条約が批准され[29]、1996年には子の意見を表明する権利が導入された[30]。その後、1998年の親子法改正では、監護、居所および面会交流に関する新しいルールが導入された。子が、監護、居所及び面接交流の事案、養子及び名前の変更といった事項において、子自身の見解を聴取され、かつ、その見解が尊重されるようになった[31]。共同監護は、一方の親の意思に反しても子の最善の利益に基づき決定できると定められ[32]、改正法により、共同監護がさらに促進された。

1998年親子法改正後も、政府は、法改正のための調査を継続しており、1999年に法務省調査報告書が出されている[33]。調査の第1の目的は、婚姻していない両親の自動的な（届出や公的機関の決定なしの）共同監護の導入に関する問題であった[34]。第2の目的は、婚姻していない両親の自動的な共同監護に関する規定の導入、親子法6章（監護、居所、面会交流）改正法の再検討であった。

(3) 2000年代

2005年にも、監護、居所、面会交流に関する調査が行われた[35]。親子法改

---

(29) proposition 1989/90:107 om godkännande av FN-konventionen om barnets rättigheter. Åke Saldeen, Barn och Föräldrarätt, Iustus Förlag, 2009,s.26-27.
(30) Lotta Dahlstrand, Barns deltagande i familjerättsliga processer, Juridiska fakulteten Uppsala Universittet2004,s.17.
(31) Prop. 1994/95:224.
(32) Prop. 1997/98:7, bet. 1997/98:LU12, rskr.1997/98:229.
(33) Justitiedepartementet, Gemensam vårdnad för ogifta föräldrar,Ds 1999:57.
(34) 婚姻していない両親への自動的な共同監護を導入するという問題は、これまでも政府の報告書で検討されてきた(SOU 1995: 79,Ds 1995: 2)。
(35) SOU 2005:43 Vårdnad - Boende - Umgänge. Barnets bästa, föräldrars ansvar.

正草案等が提出され、成立し、子の観点を強調することを目的とした親子法改正が行われた。監護、居所および面会交流に関する親子法改正が行われ、最善の利益は、子の監護、居所および面会交流に関する全ての決定において至高の考慮事項でならなければならないと明示された。また、法において子の被害のリスクの重要性が強調された。裁判所および社会福祉委員会は何が子の最善の利益であるか判定する際に、子や他の家族が虐待される危険性または子の不当な連れ去り、放置、その他、監護の著しい懈怠に特に重視しなければならないとされた。さらに、法改正において、裁判所が共同監護に対する一方の親の深刻な反対を考慮することの重要性が強調された。親により子や家族が虐待されている場合には、基本的にはその親は、監護権を共有しないことが最善であり、共同監護の決定に際し、重視されるべき事は、子に関する事項について「両親が協力する能力」であるとして明示の規定が設けられた。また、監護、居所および面会交流に関する事項において子の聴取される権利を改善するために、それが適切である場合には社会福祉委員会が子に聴取し裁判所に情報を提供することが定められた。そして、裁判所は、子の最善の利益に適う両親の合意に基づく解決を促進するために調停者を任命できるとされた。

　その後、2006年、政府は、高等裁判所所長判事に調査を依頼し、監護者らが子に関する諸事項について合意できない場合に共同監護下にある子に生じる不利益を分析し、その分析に基づき子の利益がより満たされ、共同監護責任を助けるための提案を提出する任務を与えた。調査報告書は、監護者の一方が、1つあるいは一定の決められた事項において彼（彼女）自身で決定を行う権利を与えられ、他方の監護者はそれに反対できないことが提案された。さらに報告書は、監護者が、監護権を何ら有しない親に子に関する情報を開示することを義務づけられるべきであると述べた。立法顧問院のレミスに付され、2009年に親子法改正草案が提出され、成立した。親子法改正

---

(36)　Prop. 2005/06:99.
(37)　Beslutanderätt vid gemensam vårdnad m.m.SOU 2007:52.
(38)　Justitiedepartementet , Lagrådsremiss ,Umgängesstöd och socialtjänstens förutsättningar att tala med barn,17 februari 2010.
(39)　Umgängesstöd och socialtjänstens förutsättningar att tala med barn,Prop. 2009/10:192,20

では、裁判所が、子と同居していない親との面会交流に関して決定する場合、子にとってそれが必要な場合、社会福祉委員会によって任命された者が面会交流を援助することを決定できるとされた。改正法では、子の監護の調査において、監護者の同意がなくても、監護者が不在であるとしても、調査者は、様々な調査のために子と話す権利を与えられるべきであるとされた。

3 今後の親子法改正

現在、2006年の親子法における監護権に関する改正に関する評価と検討が行われている。政府は、調査を依頼し、調査者は、新しいルールが実際に機能しているか、改革の目的、子の権利の観点を強調するための改革が達成されたかどうか調査している。調査の主要任務は、第1に、共同監護に関するルールが改正される必要があるかどうかについて、第2に、監護、居所および面会交流に関する事項において合意に至る親の能力がどのように発展され改善されうるかについて、第3に、どのように子の自身の意見表明権がより保障されうるかについて、第4に、子の被害等のリスクの判定が十分に行われかつ質が高いことを確保するためにどのような手段がとられうるか、第5に、深刻な家庭内暴力がある場合に監護権の移転に関する問題を改善し効果的に取り扱うためにどのような手段がとられるか、第6に、子と親が個人情報を保護するために特別のルールが導入される必要性があるかどうかについて、第7に、監護、居所および面会交流に関する問題を取り扱う能力を強化するための手段が必要とされるかどうかについて、調査することである。[41]

---

april 2010.
(40) Justitiedepartementet,En utvärdering av 2006 års vårdnadsreform, Dir. 2014:84,12 juni 2014.
(41) 調査者は、少なくとも2016年10月28日までに、報告書を政府に提出しなければならない。

Ⅳ 家事紛争の解決方法：監護、居所及び面会交流

スウェーデンにおける家事紛争の解決方法、特に監護、居所および面会交流についての解決方法について説明する。スウェーデンでは、コミューン（地方自治体）の社会福祉委員会が家族を支援し、家事紛争においても重要な役割を果たす。最終的には、裁判所への申立てが行われる。

1 家族に関する問題へのコミューンの責任と社会福祉委員会の責務

コミューンは、コミューン内の社会福祉サービスのうち、児童や高齢者といった個人と家族に関する問題に責任を有する（社会サービス法2章）[44]。コミューンの社会福祉委員会は、コミューンにおける社会福祉サービスに関する情報を提供し、良好な住環境を確保するのを助けるなどの任務を負い、家族と個人のためにケアとサービス、情報、相談、援助、財政的支援及び他の支援を提供する責任を有する（社会サービス法3章1条）。同委員会は、青少年、高齢者及び特定の援助を必要とする他のグループが安全で良好な環境で養育されることを確保するために、青少年のケアについて特別な任務を有する（社会サービス法3章2条）。

子の監護と関わる問題について、コミューンは、両親が監護、居所、面会交流に関する契約に至るよう支援する義務を負う（親子法6章17a条）[45]。子と監

---

[42] 子は、子と同居していない親との面会交流権を有する。子の両親は、同居していない親と子との面会交流の必要性が可能な限り満たされるようにする共同責任を有する（親子法6章15条）。子の監護者は、子と特に親しい者と子との面会交流についての子の必要性を満たす責任を有する（同法15条）。

[43] 社会福祉委員会とは、社会サービス法で定められる範囲内のコミューンの任務を遂行する委員会であり、援助を必要とする家族や個人に対し、ケア、サービス、情報提供及び助言、サポート、経済的支援及びその他の援助を行う責任を有する（Stefan Melin,Juridikens begrepp, andra upplagen, Iustus Förlag,2002,s363 och 3kap, Socialtjänstlag, 医療経済研究機構『スウェーデン医療関連データ集（2002年版）105頁』）。

[44] Socialtjänstlag（2001 453）. 社会サービス法は、国民の経済的安定、生活条件の平等、積極的な社会生活への参加の促進等を旨とする法律である（大阪外国語大学デンマーク語＝スウェーデン語研究室編（新装版）『スウェーデン・デンマーク福祉用語小辞典』（早稲田大学出版部、2001年）69頁。

[45] SOSFS2012:4,Socialstyrelsens allmänna råd om socialnämndens ansvar för vissa frågor om

護者は、社会福祉委員会からのサポートと援助を求めることができ、社会福祉委員会は、他の公的相談機関と連携する（親子法14条）。具体的には、両親は、監護、居所及び面会交流に関する問題について契約に至るために共同対話を求めることができ、コミューンは、両親が適切な専門家の支援よって共同対話を行い、契約に至るように支援する。両親が、子の最善の利益を考慮し、監護、居所及び面会交流に関して合意して契約を締結した場合、それが書面でなされ、且つ社会福祉委員会の承認を得た場合には、当該契約は、裁判所の決定と同様の強制力を伴う。

　子の監護、居所、面会交流に関する問題について社会福祉委員会等の家族支援の役割は大変大きい。

2　裁判所の役割

　子の監護、居所及び面会交流の問題について[46]、両親が契約に至らない場合には、地方裁判所に申し立てることができる。地方裁判所は、監護、居所及び面会交流について決定することができる[47]。

　裁判所は、共同監護の決定において、両親が協力して監護できるかを判断しなければならない（親子法第6章第5条第2項）。裁判所は、監護、居所および面会交流に関する問題について、社会福祉委員会から情報を得ることができるが、社会福祉委員会が、情報を提出する前に、必要な場合には、両親および子への聴取を行わなければならない（親子法6章第20条）。

V　監護に関する基本原則

　ここでは、離婚後の監護権の基本構造について論じる前提として、監護に関する基本原則について概観する。親子法6章では、監護、居所及び面会交

---

　　vårdnad, boende och umgänge. 一般的助言（allmänna råd）は、法律の執行部門である社会庁によって定められたものである。一般的助言は、法の実際の適用にあたり重要な意義を有する。
(46)　裁判所は、必要な場合には、社会福祉委員会が任命した者が面会交流援助を行う決定することができる（親子法6章15c条）。
(47)　裁判所は、両親が、子の最善の利益に適う合意に至るために調停者を任命できる（親子法6章18a条）。

流について定められている。子の最善の利益は、監護、居所及び面会交流に関する全ての決定において、至高の考慮事項である（親子法6章2a条）[48]。

子の最善の利益は、2人の親によって等しくケアを受ける子の権利として解釈されてきた。子の最善の利益が何かを判断する際には、その子が両親双方と密接で良好な接触をする必要性と同様に、子への虐待、又は、不法な連れ去り、ネグレクト等の子の危険性も重視しなければならならない（同法6章2a条）。また、子の年齢及び成熟性に応じて、子の意見と希望が考慮される（同法6章2a条）。

以下では、はじめに子の監護を受ける権利と監護者の責任について、次に共同監護と監護の変更について述べる。

1 子の監護を受ける権利と監護者の責任

子は監護を受ける権利、ケア、安全及び良好な養育に対する権利を有する。（親子法6章1条）。親子法では、親権者という言葉は用いられず、監護者（vårdnadshavare）という言葉が用いられる。

スウェーデンでは監護と後見の概念は区別される。監護は、子の身上監護への責任を意味し、子の財産管理は、後見制度により行われる（同法6章2条）[49]。

監護者は、子の私的事柄に関する問題について、決定を行う権利と義務を有する。監護者は、監護にあたり、可能な限り、子の年齢、成熟性の程度に応じて、子の見解と希望を尊重しなければならない（同法6章11条）。

監護者の義務は、子のケア、安全及び良好な養育が満たされるようにすることであり、監護者には、未成年者の福祉に関する責任がある。監護者は、子が、年齢、発育及びその他の環境に従い必要とされる監督を受けること、子の十分な生活及び教育の必要性を確保すること、及び、子が、監督下で、

---

(48) SOU2005:43. 子の最善の利益については、Anna Singer Barnets bästa om barns rättsliga ställning i familj och samhälle,sjätte upplagen, Norstedts juridik,2102 が詳しい。

(49) 子が、両親の共同監護下にある場合、両親は子の後見人（förmyndare）となる（親子法10章2条）。親子法第10章第1条の規定により両親の一方が後見人となることができない場合、又は後見人資格を剥奪されている場合、他の一方が子の後見人となる。両親の一方のみの単独監護下にある子は、その者が単独の後見人となる（親子法10章2条）。スウェーデンの成年後見制度については、拙稿「スウェーデンにおける高齢者をめぐる法制度」法律時報85巻7号（2013年）33頁-38頁。

他の者に損害を与えないよう対処する責任を有する（同法6章2条）。

2 共同監護の原則

子は、成人（18歳）になるまで又は婚姻するまでは原則として、両親又は一方の親の監護に服する（親子法6章2条）。両親が婚姻している場合には、出生の時から両親双方が子の監護権を有する。他方、両親が婚姻していない場合には、母親の単独監護に服する。両親が子の出生後に婚姻した場合には、子は婚姻と同時に両親の共同監護に服する（同法6章3条）。婚姻していない両親が一緒に父性確定の承認のために社会福祉委員会に報告し、税務当局での登録を行った場合等にも認められる（同法6章4条）。

共同監護の場合、子の私的事柄について決定する権利は、監護者双方によって行使される（同法6章13条）。例えば、監護者は、子の居所、学校の選択及び医療等といった事柄について、発達する子にとって最善の選択肢を共同で選択しなければならない。

両親双方が離婚後、子の監護に関する問題を争わない場合には、自動的に双方の監護権が保護される（同法6章3条）。

3 監護の変更

監護の変更は、共同監護でも単独監護でも、両親が合意できる場合には契約（同法6章6条）によって、合意できない場合には判決（同法6章5条）によって行われる。両親の合意が法的拘束力を有するためには、書面による契約と社会福祉委員会による承認がなければならない。監護の変更は、コミューンの社会福祉委員会の主導によって行われる（同法6章7条）。監護の変更に関する諸問題は、社会福祉委員会による申立てによって、又は、特別の申立てがない場合には、両親の離婚訴訟若しくは監護の変更等の訴訟において、審理される。訴訟の場合、一方の親により、又は両親により共同で、裁判所に申し立てられ審理される。子が、両親又は一方の親の監護に服し、かつ一方の親が監護の変更を希望している場合、裁判所は、共同監護又は単独監護を決定できる。裁判所は、両親双方が共同監護に反対する場合には、共同監護を命じることはできない。共同監護の解消の場合には、裁判所は、共同監護

が子の最善の利益ではない場合、職権で一方の親に子の監護を命じることができる（親子法6章5条）。

　子の監護権を行使する一方の親が、虐待またはネグレクトを行っている、又は、その他子の健康や養育にとって永続的危険をもたらす方法で子をケアしている場合には、裁判所は、監護者の変更に関する決定を行うことができる（同法6章7条）。[50]

　子が両親以外の家庭（里親）で長く同居している場合、裁判所は、社会福祉委員会の申立てにより、監護権を里親に変更できる。監護の変更の要件は、それが子の最善の利益であることである。裁判所は当該里親を特別監護者に任命できる（同法6章8条）。

Ⅵ　離婚後の監護権の基本構造

　離婚の制度について説明した上で、離婚後の共同監護を実現するための全体像を明らかにし、手続及び運用実態について述べる。

1　離婚制度について

　1915年以降、離婚においては、積極的破綻主義がとられ、配偶者の有責性、過失の存在は重要ではなく、配偶者の一方は、いつでも自由意思で離婚できる。ただし、配偶者の一方が16歳未満の子と同居しており、子の監護権を有する場合及び配偶者の一方が離婚に合意しない場合に、例外として6ヶ月の熟慮期間が必要である（婚姻法5章1条2条）。6か月の熟慮期間において、裁判所は、どちらの配偶者が共同の住居に住みつづけるか、熟慮期間に支払われるべき扶養料、子がどちらと同居するかを決定できる。夫婦は熟慮期間同居することもできる。6ヶ月の熟慮期間経過後は、当事者は、裁判所に離婚判決を請求しなければならない（同法5章3条）。ただし、2年間別居している場合には、いつでも離婚できる（同法5章4条）。

　スウェーデンでは協議離婚も認められているが、離婚を望む場合には、住

---

[50]　判例では、子の監護において、一方の配偶者に重大な協力上の問題がある場合に、子の最善の利益に基づき、監護の変更が認められている（NJA 2007s. 382）。

所地を管轄する地方裁判所に申立てを行わなければならない。申立ては、双方により共同で、離婚への合意がない場合には配偶者の一方により行われる。監護者は、離婚の申立て書において、未成年の子がいる場合には、共同監護か単独監護か、子の氏名等を記入しなければならない。

2　離婚後の共同監護

　前述のように、両親が離婚した場合、共同監護が解消されない限り、子は継続して両親双方の監護に服する（親子法6章3条）[51]。婚姻夫婦の離婚の場合とサンボの解消の場合にも子の法的地位に違いはない。最善の利益は、監護の決定における至高の考慮事項である。子の共同監護は、両親双方と子との面会交流を促進すると考えられている。

　両親が離婚後の共同監護に合意し契約した場合、それが明らかに子の最善の利益に反しない限り社会福祉委員会によって承認され、法的拘束力を有する。他方、両親が離婚後、単独監護に合意し契約した場合には、それが子の最善の利益である場合には社会福祉委員会に承認される。共同監護は子の最善の利益であると推定されるため、親が単独監護を望み、社会福祉委員会の承諾を得るためには、親は、共同監護が最善の利益に反することを証明しなければならない。しかし、実際には、その証明は困難であり、一方の親が明示に反対しても共同監護が決定される。

　他方、両親が子の監護について合意に至らない場合には、監護の変更の問題として裁判所で審理される。裁判所は、子の最善の利益を考慮し両親が共同監護であるべきか又は単独監護であるべきかを決定する（親子法6章5条）。裁判所は、一方の親が共同監護に反対しているとしても、子の最善の利益に基づき、共同監護を維持しうる。一方の親が虐待、不当な連れ去り、放置、監護の著しい懈怠等の危険性がある場合には、最善の利益の判断において重

---

(51)　養育費は原則としては扶養義務の履行の問題であるが監護権とも関係がある。単独監護の場合、子は、監護権を有しない親から養育費を受ける権利を有する。共同監護の場合、子が一方の親とのみ継続的に同居しているならば、他方の親は養育分担費を支払うことにより扶養義務を履行しなければならない。交替居所の場合にはどちらも養育分担費を支払うよう求められない（親子法7章2条）。扶養義務がある親が最小限の養育分担費を支払わない場合には、国が子と同居している親に養育費を立て替えて支給する養育費助の制度もある。

視する必要がある（親子法6章2a条）。法は、監護の決定において、子の意見表明権を尊重し、子の年齢や成熟性に応じて子の希望を考慮すべきであると規定する（親子法6章2a条）。

　子が両親の一方のみの監護に服し、かつ、両親が共同監護を望んでいる場合には、裁判所は、両親双方の申立てがなされたとき、共同監護がその子にとって相容れないものでない限り、共同監護を認めなければならない（親子法6章4条）。裁判所は、監護の決定の際に、両親が協力して監護を行う能力を重視する。両親双方が共同監護に反対する場合には、共同監護を命じることはできない。

Ⅶ　おわりに

　最後に、スウェーデン法における知見をもとに日本法への示唆を得たい。スウェーデンの家族形態は我が国以上に多様化している。同性又は異性の特定のパートナーがいる場合でも、婚姻、サンボといった様々な形態がある。離婚率・解消率も高く、再婚率も低くはない。どのような家族形態であろうと、子がいる場合には、子の法的地位に差異が生じないように法が整備されている。嫡出子・非嫡出子という言葉は使用されず婚姻していないカップルにも共同監護が認められるための簡易な手続きがある。

　スウェーデンにおいて親の監護権は、子の最善の利益を実現するために認められていると考えられる。監護権の帰属や在り方は、子の最善の利益の観点から制度設計されていることは注目に値する。親子法では、子の監護、居所、面会交流といった全ての決定において、子の最善の利益を至高の考慮事項として位置付ける。子の最善の利益は、2人の親によって等しくケアを受ける子の権利として解釈されており、離婚後も共同監護が原則である。監護権については、両親の合意に基づき契約書が作成され、社会福祉委員会の承認が得られれば子の監護者が決定される。社会福祉委員会も裁判所も子の最善の利益に基づき監護の決定を行う。裁判所の監護の決定において1つの基準となっている基準は、両親が協力して監護できるかを考慮しなければならないという事である。スウェーデンは、交替居所も多く、離婚後も両親が近

くに住むことが一般的であり、我が国とは状況は異なる。しかし、この基準は、我が国で共同親権・共同監護導入の可能性を認めるならば有用な基準なのではないかと思う。裁判所は、親の一方の意思に反して、共同監護を決定することができるが両親双方が反対している場合には共同監護を決定できない。また虐待等がある場合には、監護の決定における最善の利益の判断において重視される。

　スウェーデンでは、監護、居所、面会交流といった全ての決定において、子の年齢や成熟性に応じて、子の見解や希望も考慮される等、子の意見表明権が認められている事も大きな特徴だろう。子の見解は親の見解に強く影響を受ける場合もあり、子が、子の最善の利益に反する見解を表明した場合には子の見解や希望が認められるとは限らない。また親の見解と子の見解が対立することもあるだろう。しかし、子の意見表明権が親子法で明文化され、子の見解が考慮されることには大きな意義がある。子が自身の見解を表出する機会を得て、その見解が考慮されることにより、離婚後の監護のあり方を受容しやすいのではないだろうか。スウェーデンの子の見解と親の見解との調整のあり方や行政の関与のあり方が我が国に参考になるのではないかと思う。

　スウェーデンでは、面会交流は、子の親に対する面会交流の権利、子の権利として位置づけられる事に大きな意義があると考える。両親は共同して子と同居していない親との面会交流を確保する責任を有する。同居親は、子に関する一定の情報提供義務を負う。また、監護者は子と祖父母等との面会交流の必要性についても責任を有する。裁判所の決定により社会福祉委員会が任命する者が面会交流を援助する場合もある。面会交流は祖父母等の第3者にも権利が認められる。このように、両親以外の者が関わり援助することにより監護をめぐる紛争の予防にも効果があり、子の保護が必要な事態が生じた場合にも有益だろうと思われる。面会交流を子の権利として位置づけ親の責任とすること、祖父母や子と親しい者にも面会交流の権利が認められていることは、我が国における面会交流の実質的な保障や監護をめぐる紛争を減少させるために参考になる点があるのではないだろうか。

　コミューンの家族支援と援助は、スウェーデンの大きな特徴である。裁判

所の介入は最終的手段として位置づけられる。コミューンの社会福祉委員会や家族支援センター等は、未成年者だけではなく、家族への支援と援助を行う責務を有する。子の監護に関しては、コミューンは、親子法に基づき、監護、居所、面会交流に関し親が契約に至るよう支援する義務を負う。コミューンは、家族カウンセリングサービスや家族の共同対話等を通じて問題を解決する。子の監護、居所、面会交流の決定においてコミューンの家族への任意の支援と援助が果たす役割は拡大している。移民の増加による家族についての考え方の違いや文化の多様化もあり、今後ますます重要な役割を果たすことになるだろう。仮に我が国において今後離婚後の共同親権・共同監護を原則とすることが認められるならば、監護、面会交流、居所の指定等についての行政の家族支援の充実と行政・司法による家族への公的介入がしやすい制度の導入について議論する必要があるのではないかと思う。

　スウェーデンでは監護に関する親子法改正に向けた議論が続いる。今後も引き続き検討していきたい。〔本研究は、平成 26 年度法務省委託「各国の離婚後の親権制度に関する調査研究」（比較法研究センター、2014 年 12 月）の研究成果の一部である。〕

弁護士の執務における裁量

加藤　新太郎
Shintaro KATO

Ⅰ　はじめに
Ⅱ　弁護士・依頼者間の契約
Ⅲ　弁護士の執務における裁量
Ⅳ　弁護士の執務における裁量の規律
Ⅴ　むすび―考察と私見

Ⅰ　はじめに

　弁護士の執務には、訴訟追行、債権回収、法的助言の供与など依頼者が求める内容に応じてさまざまなものがある。

　例えば、ある法的問題の解決を依頼された場合には、弁護士は、①依頼者の事情聴取から始め、②データの収集と取捨選択の後、相手方と任意の交渉を開始するか、調停申立てをするか、訴訟提起に踏み切るか、問題解決の手段を選択する。訴訟を提起する方針選択をした場合には、③生の事実を法的にどのように主張として組み立てていくかを考え、④相手方の言い分・反論を突き合わせ、争点を認識し、⑤争点について、どのような証拠方法によってどのように立証していくか適切な立証計画を立て、さらに、⑥証拠調べを効果的に実施し、⑦実施された証拠調べの結果を評価（裁判官の心証を推測）し、⑧事案の見通し・当事者との意向との関連において、判決に赴くか、和解的解決に赴くかを選択することになる。[1]

　これに対して、一回型の法律相談であれば、弁護士としては、相談者から事情を聴取し、これを前提として然るべき法的助言をすることになる。できる限り相談者の言い分に事実の裏付けがあるか否かをチェックすることが望

---

(1)　加藤新太郎「民事訴訟における弁護士の役割」新堂幸司監修、髙橋宏志・加藤新太郎編集『実務民事訴訟講座〔第3期〕第1巻』325頁（日本評論社、2014）。

ましいが、場所的・時間的限界があるから、幅のある一般論としての法的助言となることはやむを得ないところであろう。しかし、その場合でも、選択肢の含まれている助言となることが多いと思われる。

　それでは、弁護士がその執務において、可能な措置として取り得る選択肢が複数ある場合にはどのような行為規範に基づいて活動するのが相当であろうか。どの選択肢をとっても格別の問題がない場合もあろうし、各選択肢にメリット・デメリットがあり甲乙つけがたい場合もあろうが、結論的には、弁護士の裁量に委ねられると解される[2]。弁護士の執務における裁量は、その執務の専門性と目的整合性・状況適合性に基礎づけられる。執務の対象としての状況が固定的なものではなく、変動する（変動が予測される）ことから、目的を達成すべく臨機応変に対応するために裁量性が要請されるのである。

　本稿は、弁護士の執務における裁量に焦点を当て、その規律のあり方を考察することを目的とする。弁護士の執務の実相に対して規範的観点からアプローチすることにより、執務の裁量性の内実と限界を明らかにしたいと考える。その構成としては、弁護士・依頼者間の契約を復習し（Ⅱ）、裁判例を中心として、弁護士の執務における裁量の内実を認識したうえ（Ⅲ）で、裁量の規律のあり方を検討する（Ⅳ）。そして、考察の結果をまとめて、むすびとする（Ⅴ）。

Ⅱ　弁護士・依頼者間の契約

1　弁護士・依頼者間の契約の法的性質

　弁護士と依頼者との間の契約の性質は、通常、委任ないし準委任（民法643条・656条）と解されている[3]。委任は法律行為を委託するもの、準委任は法律行為でない事実行為を含めた事務を委託するものである。

---

(2)　加藤新太郎『弁護士役割論〔新版〕』155頁（弘文堂、2000）。
(3)　我妻栄『債権各論中巻2』687頁（岩波書店、1962）、来栖三郎『契約法』505頁（有斐閣、1974）、幾代通＝広中俊雄編『新版注釈民法（16）』217頁〔中川高男〕（有斐閣、1989）、三ケ月章『民事訴訟法（法律学全集）』201頁（有斐閣、1959）、加藤・前掲『弁護士役割論〔新版〕』69頁・347頁。

委任契約は、その性質上、相手方の人格・識見・知能・技量等を信頼する精神的要素を中核とするものといわれる。弁護士・依頼者関係間の契約は、訴訟代理においても、その他の業務においても、まさしく、この委任契約本来の特色を持つものである。

　そうしたことから、弁護士・依頼者間の契約の法的性質は、委任説が通説となっている。

　これに対して、弁護士・依頼者関係間の契約には、委任・準委任のほかに、書類作成業務のような結果の実現を要する請負的要素の強いものもある（委任と請負の混合契約）し、社内弁護士のような雇用的要素の強いものもある（雇用と請負の混合契約）もあるから、一元的には説明できないという多元説もみられる。また、委任といわなくても法的役務提供契約という無名契約と解するべきであるという説もあり得る。

　近時は、樋口範雄教授のように、弁護士・依頼者関係について信認関係と捉えるべきであるとして、弁護士・依頼者間の契約を委任契約と解すること、契約構成で説明しようとすることについて疑問を呈する見解もみられる。樋口説では、司法書士・依頼者関係間の契約に対しても、信認関係と解することになろう。

　学説は、以上のような状況であるが、法的性質論としては、さしあたり、通説でいわれている委任、準委任と捉え、そこでの規律を判断枠組みとして考えていくことが、実態にも即し、思考経済にも適している。もっとも、そのように性質決定した場合においても、個々の条文の解釈・適用に当たっては、執務の実際に適合するよう一定の修正・調整が必要である。

---

(4) 多元説は、小林秀之「弁護士の専門家責任」専門家責任研究会編『専門家の民事責任』〔別冊NBL28号〕77頁・78頁（商事法務研究会、1994）、岡孝「弁護士の責任」川井健先生退官記念『専門家の責任』208頁（日本評論社、1993）。
(5) 樋口範雄教授は、医師・患者関係について、準委任契約であると解することに、いくつかの点から疑問を呈される。この点につき、樋口『医療と法を考える―救急車と正義』10頁（有斐閣、2007）。そして、同様に、弁護士・依頼者間の契約についても、契約構成とすること自体に問題があるとされる。この点につき、樋口「依頼者と弁護士」『テキストブック現代の法曹倫理』55頁（法律文化社、2007）。
(6) 加藤新太郎「弁護過誤を避けるために」判タ1321号8頁（2010）。

2 委任事務処理義務と善管注意義務

　弁護士・依頼者間の契約は、「善良な管理者の注意」をもってする委任事務処理義務を中核とした規律をする委任契約と解することが相当である。それでは、民法644条にいう「善良な管理者の注意」をもってする委任事務処理義務と債務との関係はどのようなものと考えるべきであろうか。

　条文の文言からは、「善良な管理者の注意」をもって委任事務処理義務の内容が確定するという構造とされているが、一般には、受任者には善管注意義務があるといわれる。しかし、正確にいえば、「善良な管理者の注意」は、委任者が負う行為義務である委任事務処理義務の具体的内容を確定するための基準である(7)。すなわち、委任契約において受任者の債務の内容として委任事務処理があるのであり、行為義務である委任事務処理義務と切り離した形で善管注意義務を観念することは意味が乏しい。もとより、善管注意義務違反というタームは定着しており、それを用いることは差し支えないが、それは、受任者が、「善良な管理者の注意」という基準により具体的に定まった行為義務である委任事務処理義務の内容に違反している状態であると認識することが必要である(8)。

3 弁護士の委任事務処理義務と裁量

　以上のような理解の下に、弁護士の委任事務処理義務の内容を考えると、その執務の性質上、専門的知識・技能を基礎とする高度で専門的なものとなる。委任契約の債務である委任事務処理の内容は、委任者（依頼者）と受任者（弁護士）との間の委任の本旨についての合意で定まるが、委任事務処理義務の具体的内容を確定するための基準である「善良な管理者の注意」についても、専門的知識・技能水準を有する弁護士のそれということになる(9)。す

---

(7) 道垣内弘人「善管注意義務をめぐって」法教305号39頁（2006）、潮見佳男『基本講義債権各論Ⅰ［第2版］』246頁（新世社、2009）。
(8) 道垣内・前掲「善管注意義務をめぐって」法教305号40頁。
(9) 加藤新太郎『コモン・ベーシック弁護士倫理』218頁（有斐閣、2006）。大村敦志教授は、「善良な管理者の注意」の具体的中身の不明確さについて、善管注意義務の白地性と呼び、委任の本旨によりその程度・内容の高度性の有無が規定されるとする。この点について、大村敦志「現代における委任契約」中田裕康＝道垣内弘人編『金融取引と民法法理』101頁（有斐閣、2000）。

なわち、弁護士の有する高度な専門的知識・技能を織り込んだ委任事務処理義務は、当該委任契約の債務になるのである。

ところで、依頼者は当面する法的問題を解決することを希望しているが、そのために、どのような活動をしたらよいか（適切な措置）を知らないことが通常である。もとより、依頼者類型も多様であり、例えば、専門的知識を有する企業法務担当者が、一定の措置を指示することはあり、こうした場合には、弁護士は指図に従って委任事務を処理することが債務の内容になる。(10)これに対して、依頼者が「お任せします」という意向である場合には、弁護士としては、依頼者の当面する法的問題を解決し、権利実現・利益擁護を図るために、自らの専門的知識・技能に基づき、相手方の出方も見極めつつどのような活動をしていくべきかを考え、「問題解決にふさわしい措置を選択すべき義務」がある。ここに、弁護士の裁量が要請される実質的根拠がある。(11)

III 弁護士の執務における裁量

1 学説の状況

弁護士の執務における裁量に関して、学説はどのように考えてきたかについてみてみよう。

弁護士の民事責任について論じた本邦でもっとも旧い論考は、末川博士のそれであるが、これはレオンハルト・ヒルシュの論考に基づきドイツにおける議論を紹介したものである。(12)その中で、末川博士は、事件そのものと事件の法律上の取扱いとに分け、「事件の法律上の取扱に関しては弁護士が自

---

(10) 依頼者からの指図が、弁護士の公益配慮義務、第三者に対する一般的損害発生回避義務に抵触するときには、公序良俗違反などを理由として委任契約それ自体の成否が問題となることがあるが、それは別の問題である。

(11) 弁護士職務基本規程 20 条は、「事件の受任及び処理に当たり、自由かつ独立の立場を保持するよう努める」と定める。弁護士の執務における、この自由・独立の観念は裁量性を導く原理的価値といえよう。

(12) 末川博「独逸における弁護士の私法上の責任」『民法における特殊問題の研究第 2 巻』503 頁（弘文堂書房、1952）〔初出は、法学論叢 1 巻 1 号、1919〕。なお、その後のドイツにおける弁護士の専門家責任につき、滝沢昌彦「ドイツ法における『専門家の責任』」川井健編『専門家の責任』133 頁（日本評論社、1993）、岡孝「弁護士の責任」川井編・前掲『専門家の責任』207 頁、浦川道太郎「弁護士責任法理の現在」自正 49 巻 4 号 50 頁（1998）など参照。

由に自己の信ずるところに従って決定し得る余地が残されて居るのであるから、弁護士は最も合目的的だと考える方法を探り得るのである」と論じる。この記述は、事件の法律上の取扱いに関しては、弁護士に裁量があることを述べるものにほかならない。

　また、米国の弁護士の執務規律に範をとってその民事責任を論じる、斎藤秀夫教授と桜田勝義教授の共著の論考にも、弁護士が訴訟追行をしている場合、大幅な自由裁量権を有するという記述がある[13]。すなわち、「たとえば、提出すべき証拠の取捨、証人の数、防禦方法等である。しかしこれらに対しては裁判所が弁護士の責任を追及することはまれである。何となれば、それは弁護士の裁量行為であり、闘争に伴いがちなものであると考えられているからである」という。これも、弁護士の訴訟活動における手段的なものは、状況適合性の観点から弁護士に裁量が認められていること、その民事責任を問うには裁量の範囲を逸脱したことを要することを述べるものである。

　医療の分野においても、医師は、医療水準に準拠した合理的判断に基づいて診断し、治療目的に照らして適正とみられる治療を実施することについて一定の裁量を有すると解されている[14]。その裁量は、医師による診断・治療方法の選択は、専門性が高いこと、個々のケースの具体的事情に依存するところが大きいことから導かれるものである。もっとも、医師の裁量は、患者の自己決定権との関係で議論される必要性が強調されており[15]、そのことも含めて、弁護士の執務における裁量の構造と類似していると考えられる。

　このようなことから、現在の学説において、弁護士がその執務において原則として裁量を有することに異論はみられない。

　弁護士が裁量の範囲内の執務を遂行していく場合においても、依頼者にな

---

(13) 斎藤秀夫＝桜田勝義「弁護士の職務執行に伴う私法上の責任―アメリカにおけるmalpracticeの法理」『中村古稀祝賀・民事訴訟の法理』729頁（敬文堂、1965）。なお、その後の英米における弁護士の専門家責任につき、飯塚和之「イギリス法における『専門家の責任』」川井編・前掲『専門家の責任』75頁、笠井修「アメリカ法における『専門家の責任』」川井編・前掲『専門家の責任』103頁など参照。
(14) 唄孝一『医事法学への歩み』70頁（岩波書店、1970）、稲垣喬「医療に関する医師の裁量と限界」『民事訴訟と医師の責任』2頁（有斐閣、1981）、中村哲「医師の判断（裁量）と患者の自己決定権について」『医事訴訟の実務的課題』191頁（判例タイムズ社、2001）など。
(15) 畔柳達雄「医師の裁量と医療倫理」『医療と法の交錯』215頁（商事法務、2012）、大島眞一「医療訴訟の現状と将来」判タ1401号39頁（2014）。

ぜそのようにするかについて説明ないし情報提供をすることの意義は大きい。この点に関して、弁護士は、その内容の確定した委任事務を処理するに当たり、選択した措置について依頼者に対して説明して承諾を得ることが必要かという論点がある。依頼者は法律の非専門家であるが、自己の当面する法的問題解決にとってどのような措置を選択するかにつき自己決定したいと考えることが通常であり、これは保障されるべきものである。そして、依頼者のそのような意思は、委任事務処理義務の内容になると解される。そうすると、委任事務処理義務の履行の一つとして、弁護士には、「依頼者が意思決定をするのに必要にして十分な説明をする義務」があることになる。弁護士の説明義務ないし情報提供義務には、①依頼者の自己決定の保障のほか、②依頼者の弁護士執務をチェックし監視する機能、③信認関係（信頼関係）を強化する機能もあるからである。もっとも、説明義務の性質は、（ア）契約を締結する段階（受任時）では、信義則上の義務であり、（イ）契約締結後（受任後）は、委任事務処理義務の一内容になると解するのが正確であろう。

なお、民法645条（受任者による報告）の文言上は、委任者が求めると初めて報告義務が発生するように読めるが、依頼者からの求めがなくても、適時に適切な報告をすることが必要であると解される。その根拠については、①民法645条を修正して解釈し、委任者の求めがなくても受任者は必要に応じて適時に報告をする義務を肯定する見解も考えられるが、②民法645条の報告義務を民法644条の受任者の注意義務の一内容と解し、適時報告義務は民法644条が根拠となるとみる見解が通説である。後に考察する【判例1】最三判平25・4・16（民集67巻4号1049頁、判時2199号17頁、判タ1393号74頁、金判1418号8頁）も、②と同様の理解を示している。

---
(16)　説明義務ないし情報提供義務の3つの機能については、樋口範雄『アメリカ代理法』116頁（弘文堂、2002）参照。
(17)　（ア）については、最二判平23・4・22（民集65巻3号1405頁）参照。なお、後掲【判例1】は、（ア）（イ）の区別につき明確さを欠くきらいがある。もっとも、田原睦夫裁判官の補足意見では、「委任契約締結過程における信義則上の義務の一環として、依頼を受けることとなる事務の内容に関して説明義務を負う」という。
(18)　幾代＝広中編・前掲『新版注釈民法(16)』237頁〔明石三郎〕、能見＝加藤編・前掲『論点体系判例民法6契約Ⅱ〔第2版〕』147頁〔後藤＝前田〕。

2　判例の動向
(1) 総説
　弁護士の執務における裁量については、判例でも肯定されている。【判例1】最三判平25・4・16（前掲）【判例2】千葉地判平9・2・24（判タ960号192頁）、【判例3】東京高判平25・12・16（判時2238号19頁）がこれである。判決言渡年月日の順にみることにしよう。
(2) 民事訴訟追行の打ち合わせ
　【判例2】は、上告事件を受任した弁護士が上告理由書を所定の提出期間内に提出しなかったため上告が却下され依頼者敗訴の判決が確定した場合について、控訴審判決が上告審において破棄される見込みがあったとはいえないが、依頼者は上告理由の有無が上告審の本案判決によって明らかになるまでは敗訴判決による不利益を回避することができたし、主張が最終的に排斥されることにより納得を得るという期待を奪われたとして、弁護士に対し慰謝料100万円の賠償を認めたケースである。[19]本件では、依頼者は訴訟状況報告義務違反、打ち合わせ義務違反などの主張もしたが、本判決は、それらの義務違反は認めず、弁護士の執務の裁量について、次のように定式化した。
　ア　弁護士が、民事訴訟を追行するに当たり、どのような主張立証を行い、いかなる訴訟行為を選択すべきかは、原則として、弁護士の専門性に基づく適正な判断により決すべき事項であり、特段の事情（判断が著しく不適正であったなど）のない限り、選択の適否が善管注意義務違反になることはない。
　イ　弁護士は、依頼者に対し訴訟経過につき適時適切に報告すべき義務があるが、経過の詳細や裁量の範囲に属する専門的事項については、逐一報告して指示を受ける必要はない。
　ウ　弁護士は、手続的・専門的事項のうち事件の終局結果に重大な影響を与える事項については、依頼者の自己決定権を保障するため、当該事項を報告し、必要な範囲で説明・打ち合わせをすべき義務がある。
　以上の定式化のうち、アが、弁護士の執務における裁量の命題化であり、イ・ウは、報告・説明義務との関係において、裁量のあり方を具体化し、敷衍したものと解される。

---
(19)　髙中正彦『判例弁護過誤』183頁（弘文堂、2011）。

(3) 債務整理

【判例1】は、弁護士に債務整理を依頼した依頼者の相続人が、弁護士に対し、債務整理の方針についての説明義務違反があったとして、債務不履行に基づき慰謝料等を損害賠償として求めた案件である。[20]本判決は、「債務整理に係る法律事務を受任した弁護士が、特定の債権者の債権につき消滅時効の完成を待つ方針を採る場合には、この方針に伴う不利益等や他の選択肢を説明すべき委任契約上の義務を負う」ことを規範として明示し、当該事実関係に当てはめをして説明義務違反を肯定した。債務整理契約に関して弁護士の委任事務処理義務（善管注意義務）としての説明義務に関する規範を明示し、弁護過誤を肯定したものとしては、最高裁判決として初めてのものである。

田原睦夫裁判官、大橋正春裁判官は、本判決の補足意見において、弁護士の説明義務との関連において、執務の裁量性につき明示的に述べている。

まず、田原補足意見は、弁護士「の受任する事務の内容は、一般に法律事務としての専門性が高く、またその事務の性質上受任者に一定の裁量権を伴うことが前提とされるところから、その受任時において、その委任契約の締結に伴う種々の問題点について説明すべき義務を負っているものというべきである」という。

また、大橋補足意見は、「法律事務を受任した弁護士には、法律の専門家として当該事務の処理について一定の裁量が認められ、その範囲は委任契約によって定まるものであるが、特段の事情がない限り、依頼者の権利義務に重大な影響を及ぼす方針を決定し実行するに際しては、あらかじめ依頼者の承諾を得ることが必要であり、その前提として、当該方針の内容、当該方針が具体的な不利益やリスクを伴うものである場合にはそのリスク等の内容、また、他に考えられる現実的な選択肢がある場合にはその選択肢について、依頼者に説明すべき義務を負うと解される」という。

---

(20) 評釈等として、加藤新太郎「判批」金判1427号10頁（2013）、佐久間毅「判批」平成25年度重判解説（ジュリ1466号）83頁（2014）、吉永一行「判批」民商149巻2号180頁（2013）、西島良尚「判批」私法判例リマークス48号34頁（2014）、小笠原奈菜「判批」現代消費者法21号82頁（2013）、岩藤美智子「解説」判例セレクト2013Ⅰ（法教401号付録）22頁（2014）、松浦聖子・「解説」法セミ59巻1号120頁（2014）、田原睦夫編『個別意見が語るもの』181頁〔吉野孝義〕（商事法務、2014）など。

このように両補足意見は、弁護士の執務における裁量の存在を明示しているが、法廷意見も、このことを前提にしていると解してよいであろう[21]。

(4) 債権回収

【判例3】は、投資関連の債権回収のための示談折衝事務及び内容証明の作成事務を受任した弁護士において、詐欺案件として対応することなく、債務者に債務承認書を作成させ、任意の支払を求める方法を選択したことは、弁護士の裁量の範囲であり、一部しか債権を回収できなかったとしても委任事務処理義務（善管注意義務）違反には当たらないとした事例である。

弁護士の執務の裁量については、【判例1】に依拠し、次のように判示した。

ア　弁護士が受任する事務の内容は、一般に法律事務としての専門性が高く、その事務の性質上、受任者に一定の裁量権を伴うことが前提とされることに鑑みると、弁護士は、法律事務の受任時において、依頼者に対し、委任契約に基づく善管注意義務の発現として、依頼を受ける事務の内容とともに、派生する種々の問題点について説明すべき義務を負う。

イ　本件委任契約受任時において、弁護士は、依頼事案を詐欺事案と即断するのは拙速であると判断し、債権回収手段として、未払配当金・未返済投資金について債務者に債務承認書を作成させ、返済すべき債務を認識させるとの方針を採る旨を説明しており、この判断は合理的な裁量の範囲内のものと解される。

ウ　上記の場合の債権回収手段としては、任意の支払を求める方法と法的手続により支払を求める方法とが考えられるが、本件委任契約時点では、債務者の対応がどのようになるか予想できない状況にあったから、任意の支払を求める方法を選択したことも、弁護士の裁量の範囲内のものとして許容される。

(5) 小括

以上のとおり、判例は、弁護士の執務における裁量性は、専門性と委任事務の性質から導かれるものであると判示しており、確立したものとなっている。

裁量のあり方の規律として、その先に論じられなければならないのは、弁

---

(21) 加藤・前掲「判批」金判1427号11頁。

護士がどのような法的措置を選択するのが裁量の範囲であるのかという問題である。この点について、【判例1】の田原補足意見は、時効待ち方針の選択が弁護士の執務における裁量の範囲を逸脱しているか否かという問題を論じている。

Ⅳ 弁護士の執務における裁量の規律

1 総説
本節では、裁判例を素材にして、弁護士の執務における裁量をいかに規律すべきかを考察する。【判例1】と【判例3】を中心とするが、その他の裁判例も11件ほど概観し、問題状況を検討する。

2 時効待ち方針選択の適否
（1） 問題の所在
【判例1】においては、時効待ち方針の選択と説明義務との関係が論点となった。

時効待ち方針とは、債権者が依頼者に対して何らの措置も採らないことを一方的に期待して残債権の消滅時効の完成を待つというものである。法廷意見は、時効待ち手法につき最終的解決が遅延するという不利益、提訴されると法定利率を超える高い利率による遅延損害金も含めた敗訴判決を受ける公算が高いというリスクがあることを指摘する。

大橋補足意見は、時効待ち方針の適切性について、貸金業者との関係にも配慮して、疑義を表明した。法廷意見と同じく、方針選択が疑問であることは説明義務をより強める方向に作用するものと捉えているのである。これに対して、田原補足意見は、時効待ち方針の選択が弁護士の執務における裁量の範囲を逸脱しているか否かという問題として捉えた。

弁護士の行為規範という観点から、法廷意見、大橋補足意見、田原補足意見を比較し、裁量の問題との関連を考えてみたい。

（2） 法廷意見
法廷意見の理路は、次のとおりである。

ア 【時効待ち方針の不利益・リスクの存在】

　債権者が依頼者に対して何らの措置も採らないことを一方的に期待して残債権の消滅時効の完成を待つという「時効待ち方針」は、最終的解決が遅延するという不利益、提訴されると法定利率を超える高い利率による遅延損害金も含めた敗訴判決を受ける公算が高いという＋リスクがあった。

イ 【現実的・オーソドックスな代替選択肢の存在】

　回収過払金を用いて残債務を弁済する方法によって最終的解決を図ることが現実的な代替選択肢があった。

ウ 【時効待ち方針を採用する場合の善管注意義務・説明義務】

　時効待ち方針をとる場合には、善管注意義務の一環として、その不利益・リスク、代替選択肢を説明する義務があったが、Ｙはそうした説明をしなかった（説明義務違反）。

　法廷意見は、依頼者が意思決定をするのに必要にして十分な具体的説明として、「時効待ち方針の不利益・リスク、代替選択肢の存在」が必要と明示した。この「時効待ち方針の不利益・リスク、代替選択肢の存在」の説明が意思決定をするために必要・十分なものであるから、そのような説明がされていない以上、依頼者が時効待ち方針を承諾していたとしても、その承諾には法的に意味がないと解したのである。

　法廷意見に代替する論理としては、時効待ち方針は専門家の方針選択としては不適切であり、それ自体を善管注意義務違反と評価することが考えられる。これは、すなわち、時効待ち方針の選択は弁護士の裁量の範囲を超えているという議論である。

（３）大橋補足意見

　大橋補足意見は、法廷意見を、次の点において敷衍している。

　第１に、弁護士の執務（委任事務処理）における裁量性を肯定した上で、時効待ち方針の適切性について、貸金業者との関係にも配慮して、疑義を表明している点である。もっとも、田原補足意見のように、時効待ち方針の選択が裁量の範囲を逸脱しているとまでは述べていない。

　第２に、受任時の説明に加えて、進行に応じた状況即応的報告義務のあること、説明義務も状況即応的報告義務も委任事務処理義務（善管注意義務）の

一環として認められるものであることを明示している点である。

第3に、弁護士職務基本規程36条（事件処理の報告及び協議）について言及している点である。本件の弁護士Yの行為は、民事責任を負うだけでなく、懲戒処分の可能性もあることについて注意喚起するものである。

(4) 田原補足意見

田原補足意見は、法廷意見を、次の点において敷衍している。

第1に、弁護士は、事案適合的な説明をすべき義務に基づき、各手続に要する時間・コスト、依頼者自らが行うべき事務等の負担の内容等、各手続のメリット・デメリットのほか、債務整理の依頼者層に特有の経済的困窮に対応すべき法律扶助手続の制度などの内容の説明をすることになるという点である。[22]

第2に、法廷意見は、本件で説明すべき事項は、「時効待ち手法の不利益・リスク、代替選択肢」とした。これに対して、田原補足意見は、「①債権額について債権者の主張する金額と弁護士が算定した金額との差異とその理由、②訴訟を提起される場合に負担することとなる最大額、③時効の成立まで相当期間掛りその間不安定な状態におかれること、④債権者が上場企業であって、時効管理について一定のシステムを構築していることが想定されるところから、『時効待ち』が奏功しない可能性が高いこと」について説明すべきであるとした。すなわち、田原補足意見は、時効待ち手法の不利益・リスクとして「時効待ちが奏功しない可能性が高いこと」まで含むことを明示する点に意義がある。

第3に、田原補足意見は、相手方に対する信義則上の誠実衡平対応義務[23]との関係で、時効待ち方針は、時効期間満了まで債務者を不安定な状態におき、その間に約定遅延損害金がかさむほか、差押えを受け経済的再生の支障をきたしかねないなどデメリットが大きく、原則不適切であるという。例外は、

---

(22) 『債務整理事件処理に関する指針』は、日弁連理事会が平成21年7月に議決した債務整理事件処理に関するガイドラインであるが、同3条（配慮すべき事項）は、平成22年3月に改正され、民事法律扶助の告知が追加されている。田原補足意見は、この点を意識したものと解される。

(23) 誠実衡平対応義務については、東京高判平9・6・10（高民50巻2号231頁、判時1636号52頁、判タ966号243頁、金判1037号16頁）参照。評釈として、鎌野邦樹「判批」判例評論478号24頁（判時1652号186頁）（1998）。

①債権者と連絡がとれず交渉が困難であったり、②債権者が強硬で示談の成立が困難であり且つ当該債権者の債権額や交渉対応からして訴の提起や差押え等債務者の再生の支障となり得る手段を採ることが通常予測されない等、特段の事情があると認められる場合であるとする。

　第4に、田原補足意見は、裁量の行使に当たり、平均的な法律専門職が通常考慮する要素を考慮せず、公益など社会的に許容される範囲を超え、その結果、「依頼者外の関係者の権利を侵害した場合に、善管注意義務違反が問われる」という[24]。

　第5に、田原補足意見は、本件の時効待ち方針の選択は、弁護士の裁量を逸脱するものであるという。その理由は、①受任弁護士としての債権者に対する誠実義務に反すること、②債権者が上場企業であり時効消滅は予測できないことに求める。

　これに対して、法廷意見は、時効待ち方針の選択そのものが弁護士の裁量の逸脱か否かには言及していない。本件ではXが説明義務違反をのみを債務不履行の理由にしていたことから、弁論主義の原則により、端的に時効待ち方針の選択の不適切を債務不履行の理由とすることはできなかったという事情があったことによる。法廷意見は、弁論主義の原則の下、その方針選択は裁量の範囲内であるかを問題とすることなく、当該方針には不利益とリスクがあるから説明義務ありとしていると解される。その限りで、田原補足意見は、法廷意見を超えたものになっており、田原裁判官のいわれる補足的意見とみるべきであろう[25]。

---

[24] 善管注意義務は法律専門職と依頼者との委任契約に基づく合意規範であるから、依頼者ではない第三者に対しては、善管注意義務違反が問われるのではなく、一般的損害発生回避義務ないし公益配慮義務を問われるというのが相当であろう。この点につき、加藤・前掲『コモン・ベーシック弁護士倫理』232頁。

[25] 田原裁判官のいわれる補足的意見とは、「判決の射程外の次の論理展開で問題となる論点について、補足意見の枠を超えて指摘するもの」である。この点につき、田原睦夫ほか「座談会金融法務の未来」金法1973号43頁〔田原発言〕(2013)。

3 債権回収の措置選択の適否
（1） 事案の概要
【判例3】は、次のような案件であった。

X（歯科医師）は、弁護士Yに投資により発生した債権回収に係る法律事務を委任した（詐取されたとする額は5798万円）。Yは、一部回収（300万円）したが、多くは未回収に終わった。そこで、Xが、Yに対し、委任契約上の善管注意義務に違反して、債務者の資産に対する仮差押命令の申立てを行わず、債権回収が不能になった旨主張して、①債務不履行に基づく損害賠償請求、②債務不履行を理由として委任契約を解除したとして不当利得返還請求、③委任契約の終了による委任事務処理費用返還請求などをした。

原審は、Xの請求のうち、③の一部を認容（2万円余）したが、その余の請求はいずれも理由がないとして棄却した。そこで、Xが控訴した。

（2） 本判決の意義

本判決は、上記Ⅲ・2（4）のとおり判示して、本件控訴を棄却した。その理由は、「(i) 弁護士Yは、投資関連の債権回収のための示談折衝事務及び内容証明の作成事務を受任した、(ii) Yは、詐欺案件として対応せず、債務者に債務承認書を作成させ、任意の支払を求める方法を選択した、(iii) これは、弁護士の裁量の範囲であり、一部しか債権を回収できなかったとしても委任事務処理義務違反（善管注意義務違反）には当たらない」というものである。

このケースでは、受任事務は債権回収であり、その方法としては、（A）任意支払を求める方法、（B）法的手続による方法とが想定された。任意の交渉による支払いが見込めるかどうかは、債務の内容、債務者の属性、それまでの経過などから予測することになる。投資関連の取引から生じたものであるが、かなりの高利の運用であり、債務者はある時期までは配当を含めて分割金を支払っていた。債務者が、預託金を実際に何で運用していたかは明らかでなく、本当に運用していたかも疑問がないわけではない。この点を重視すると、詐欺まがいの案件とみるべきであり、保全処分をかけた上で、民事訴訟を提起する方向が相当ということになろう。しかし、弁護士Yは、債務者に債務承認書を作成させて、任意に分割返済させる方針をとり、示談

折衝事務・内容証明作成事務を受任するにとどめた。その結果、実際にも、3回ほど分割金支払を得ているから、その選択が不合理であったとはいえず、裁量の範囲内のものと解される。このように当該状況において、（A）（B）という二つの方法があり、（B）を選択したが、結果論としては、（A）をとればよかったとしても、それは裁量の範囲内であるという理由で委任事務処理義務違反なしと評価されるわけである。[26]

また、本件で、委任契約の債務の内容を、「債権を回収すること」ではなく、示談折衝事務・内容証明作成事務に限定していることは、その事務処理から派生する問題点の説明の範囲についても考慮される結果になっている。これに対し、仮に、「債権を回収すること」を委任契約の債務の内容としていた場合には、弁護士としては、分割金支払いが滞った時期に速やかに依頼者に保証金を用意させ、保全処分をかけることを検討すべき義務があったと解される余地が広くなると解される。

4 関連裁判例の諸相

弁護士の執務における裁量に関連する先例をみると、次のものがある。
【判例4】東京地判昭和13・4・30評論27巻民法1009頁（責任否定）

弁護士が貸金の取立て・強制執行を委任され、債務者を事務所に呼んで示談による解決を促したが、債務者が執行の対象となる不動産に第三者の抵当権設定登記をする行為に及んだ結果、強制執行を申し立てたが取下げを余儀なくされた場合において、弁護士の善管注意義務違反はないとした事例。[27]

本件では、弁護士としては、（A）強制執行申立ての前に任意支払を求める方法、（B）直ちに強制執行申立てに及ぶ方法とが想定される。依頼者が、（B）を指図した場合は別として、執行費用をかけないように（A）の方法をとることは、弁護士の裁量の範囲内であるといえよう。ただし、債務者が執行免脱的行為に及ぶことが予測される場合に、（A）の方法をとることは、平均的な弁護士が通常選択しない拙劣な執務と評価され、裁量の範囲を超え

---

(26) 加藤・前掲「弁護過誤を避けるために」判タ1321号15頁参照。
(27) 加藤・前掲『弁護士役割論〔新版〕』92頁、髙中・前掲『判例弁護過誤』87頁。

るものと解されよう。

【判例 5】東京地判昭 49・3・25 判時 753 号 36 頁（責任肯定）

　弁護士が債権仮差押と差押・転付命令申請手続を委任され、仮差押決定を得た後、人的・物的担保を取ることなく決定取消申請をしたため債権回収ができなくなったことにつき、弁護士に債務不履行責任があるとした事例。(28)

　債務者の弁護士からの誤解を招きやすい言いぶりに幻惑されたという面もあるが、明確な委任事項を受任している場合において、平均的弁護士であれば行わないであろう仮差押決定取消申請をしたことが、裁量の範囲を超えたと解されたものである。

【判例 6】高知地判昭 58・4・14・30 判タ 530 号 208 頁（責任否定）

　弁護士の示唆により係争物件である山林の所有権を他人名義に登記して立木伐採搬出妨害禁止の仮処分をしたが、他人に山林を転売され山林所有者が損害を被った場合において、弁護士の義務違反はないとした事例。(29)

　本件では、弁護士の法的助言が違法行為を発生させる端緒となってはいるが、それを予測して断行の仮処分を中止するよう説得する措置をとるかどうかの判断は弁護士に任されるもので、「一見明らかに誤っていると認められるものでない限り」、その措置の適否を論じることは許されないとした。これは、法的助言の裁量の範囲とその当てはめを判示したものである。

【判例 7】大阪地判昭 58・9・26 判タ 533 号 185 頁（責任否定）

　手形債権取立てを受任した弁護士が、法的手段に訴えることなく、振出人の要望によって支払期日を延期するため書換えに応じ、その後書換え手形が不渡りになったため債権回収が一部不能になった場合において、弁護士の善管注意義務違反はないとした事例。(30)

　本件の依頼者は別の債権について暴力団を使って取り立てをしており、それに反発した債務者が支払いをしないという特別な事情があった。そこで、弁護士としてはこれを中止すれば直ちに任意支払いを受けられると判断して、あえて法的な手段に訴えることなく書換えにも応じたのである。これは、上

---

(28)　加藤・前掲『弁護士役割論〔新版〕』86 頁。
(29)　加藤・前掲『弁護士役割論〔新版〕』100 頁、高中・前掲『判例弁護過誤』93 頁。
(30)　加藤・前掲『弁護士役割論〔新版〕』93 頁、高中・前掲『判例弁護過誤』160 頁。

記のような事情が考慮されて裁量の範囲内の措置と判断されたものである。

【判例8】福岡地判平2・11・9判タ751号143頁（責任否定）

　弁護士が貸金返還請求訴訟の提起・追行を受任した場合において、依頼者に助言・説明して債権回収の具体的措置を講じる準備を整えておくべき義務に違反したとはいえないとした事例。[31]

　本件では、弁護士は保全処分・強制執行までは受任してはいない。【判例3】と同じく、委任契約の債務の内容が注意義務を画したケースということができる。

【判例9】大阪地判平5・9・27判時1484号96頁（責任肯定）

　弁護士が多数の不動産の所有権回復措置について法律相談を受けたが、①一部の不動産についてしか提訴しなかった行為、②土地明渡し断行の仮処分申請をしたものの、占有していることがうかがわれる第三者を相手方にしなかったため目的を達しなかった行為、③仮処分を受任しながら本案訴訟提起などの事件解決の方法を指導・助言しなかった行為は、弁護士の債務不履行になるとした事例。[32]

　本件の弁護士の行為は、いずれも委任の本旨との関係で問題があるうえ、②は拙劣な執務、③は不誠実な執務であり、裁量の範囲内のものとはいえないと評価される。

【判例10】東京地判平6・8・25判タ894号216頁（責任否定）

　弁護士が認知請求事件・親子関係存在確認請求事件の訴訟追行を受任し、当事者・利害関係人の代理人として訴訟上の和解を成立させた場合において、弁護士が和解案を説明しており、誤った相続税の説明もしていないとして債務不履行にならないとした事例。[33]

　本件は、依頼者が和解を了承していたものであるから、当然の結論といえよう。

【判例11】千葉地判平8・6・17判時1620号111頁（責任否定）

　弁護士が受任した仮処分異議事件において和解を成立させた場合におい

---

(31)　加藤・前掲『弁護士役割論〔新版〕』105頁、髙中・前掲『判例弁護過誤』46頁。
(32)　加藤・前掲『弁護士役割論〔新版〕』171頁、髙中・前掲『判例弁護過誤』50頁。
(33)　加藤・前掲『弁護士役割論〔新版〕』173頁、髙中・前掲『判例弁護過誤』55頁。

て、実体的に裁量を逸脱したものでなく、依頼者も了承していたとして債務不履行にならないとした事例。[34]

本件で、実体的に裁量を逸脱したものでないというのは、その案件であれば当該内容の和解をすることはあり得るものという意味である。また、依頼者が了承していた以上、【判例10】と同じく、裁量を論じるまでもなく、債務不履行は成立しない。

【判例12】東京地判平10・3・18判タ1013号170頁（責任否定）

弁護士が訴訟上の和解により支払いを受けた金員を第三者に交付したことは、依頼者の意向に従ったものであり債務不履行にならないとした事例。[35]

本件は、第三者が金員を費消してしまう結果になったことから、「依頼者が指図をしたときに弁護士は自ら金員を保管した方がよい旨の助言をすべき義務」が主張されたが排斥されたものである。

【判例13】東京地判平12・12・26判タ1069号286頁（責任否定）

貸金の返還及び根抵当権を設定した不動産の確保などの事件処理を受任した弁護士には、依頼者の意向を聴取し、関係記録を検討し、選択できる法的措置の見通し・利害得失を吟味した上で方針決定すべき善管注意義務があるところ、訴訟内容等について方針決定を誤ったとはいえず、善管注意義務違反はないとした事例。[36]

本件の依頼者は、老人ホーム建設名目で詐欺被害に遭った女性であるが、加害者の財産は限定されているという事情があった。選択肢としては、（A）民事保全をかけた上で提訴するか、（B）直ちに提訴するかであるが、保証金を用意できるかという問題もあり、弁護士として、その時点では当該提訴をしたことは裁量の範囲内であったと判断されたものである。

【判例14】東京地判平16・4・27判タ1187号241頁（責任否定）

依頼者の元妻が依頼者を連帯保証人として借り入れた債務について、保証債務の免責・軽減を図るため、元妻が所有不動産を早急に売却して売却代金を債務弁済に充当することを受任した弁護士が、当該不動産につき元妻から

---

(34) 加藤・前掲『弁護士役割論〔新版〕』173頁、髙中・前掲『判例弁護過誤』166頁。
(35) 加藤・前掲『弁護士役割論〔新版〕』171頁、髙中・前掲『判例弁護過誤』201頁。
(36) 髙中・前掲『判例弁護過誤』100頁。

の任意売買の申入れを断り、元妻につき破産宣告をさせ競売した場合において、当該事務処理方法が依頼者から事前に与えられていた裁量の範囲内にあったとして、委任契約の債務不履行に基づく損害賠償責任を否定した事例。[37]

本件は、弁護士が委任事項につき選択した措置に関し、その裁量の範囲内であって、依頼者の意向に反するものとはいえないとしたものである。依頼者に対する詳細な説明・報告をしていないうらみがあり、限界事例と位置づけられるものといえよう。

V　むすび―考察と私見

1　裁量の範囲の判断準則
(1) 裁量の領域

弁護士の執務と選択可能な法的措置との関係については、次のような場合分けが可能である。

A　ある法的措置を選択すべきでない場合
B　ある法的措置をどちらかといえば、選択しない方がよい場合
C　ある法的措置を選択してもしなくてもよい場合
D　ある法的措置をどちらかといえば、選択した方がよい場合
E　ある法的措置を選択しなければならない場合

ある法的措置をとるか否かは、基本的に、弁護士の裁量に委ねられる。Bの「ある法的措置をどちらかといえば、選択しない方がよい場合」からDの「ある法的措置をどちらかといえば、選択した方がよい場合」までが、裁量の領域である。

(2) 判断準則の定式化

弁護士の取り得る選択肢が複数ある場合には、裁量に委ねられるのが原則であるが、裁量の範囲内の執務であるかどうかの判断準則は、どのようなものであるべきか。

---

(37)　半田吉信「判批」私法判例リマークス33号34頁（2006)、高中・前掲『判例弁護過誤』61頁。

【判例1】において、田原補足意見は、この論点について、「①平均的な弁護士が通常考慮する要素を意識して判断したか、②公益的観点など社会的に許容されるかにつき配慮したか」がポイントになると述べる。これは、基本的に支持することができるが、さらに検討が必要である。

弁護士の裁量は、委任契約の債務の履行（委任事務処理）の場面における問題である。

この場面においては、第1に、弁護士としては、債務の本旨、すなわち委任事務を処理する目的に照らして整合的な法的措置を選択すべきであろう。当然のことながら、債務の本旨を規定する要素として依頼者の意思を重視することが相当である。その意味で、依頼者が指図する場合には、それが違法なとき、違法とまではいえないが公益の観点から問題視され得るときを別として、弁護士は指図に従うことになる。目的整合性という観点からは、委任事項が裁量の範囲を画する面があることに留意すべきであろう。

第2に、弁護士としては、相手方がある場合には、相手側の意向、属性、動き方などについて適切に見通したうえで、法的措置を選択すべきであろう。相手方の動向いかんにより、状況の変動が予測されるのが常であるから、弁護士の対応は、状況適合的であることが必要となり、委任事務処理の目的を達成するため臨機応変に対応することが求められる。状況適合性という観点からは、弁護士の事実調査のほか、依頼者からの情報提供が認識形成の基礎となるから、協働的関係形成が重要になるといえよう。

第3に、弁護士は、法的専門職として標準的・平均的なレベルをもって、目的整合性、状況適合性を考慮して法的措置を選択すべきである。法的専門職として拙劣と評価される選択は、裁量の範囲を超えるものと解されよう。

第4に、弁護士としては、委任事務処理を終了する段階では、依頼者の意思を確認することが必要である。これが裁量の限界ということができる[38]。例えば、訴訟上の和解については、弁護士は訴訟代理を受任するときに授権しておくのが通例であり、対外的には依頼者の意思確認をしていない和解でも

---

(38) 加藤・前掲『弁護士役割論〔新版〕』158頁、高中・前掲『判例弁護過誤』23頁。これに対して、和解など最終局面でも依頼者の意思を逐一確認する必要はないとする見解として、伊藤眞「弁護士と当事者」新堂幸司編集代表・上田徹一郎＝福永有利編『講座民事訴訟③当事者』127頁（弘文堂、1984）。

効力は問題にされることはないが、弁護士・依頼者関係の規律という観点からは、裁量があるからという理由で、依頼者の意思を確認することなく和解することは債務の履行として問題である。ただし、依頼者の意向の範囲であれば、推定的承諾ありと評価され、債務不履行とはいえないと判断されることはあり得よう。

以上の第1から第4に述べた命題は、弁護士の行為規範でもある。これを、裁量の範囲の判断準則として定式化すると、「①目的整合的であるか、②状況適合的であるか、③法的専門職として標準的・平均的なレベルといえるか」と整理される。また、最終局面で依頼者の意思確認をしないことは、裁量ゆえに債務不履行とならないとすることは困難である。

委任事項の類型でみると、訴訟案件では、一般的にその進め方についての弁護士の裁量の範囲は広いが、上訴提起を受任した場合の期間遵守には裁量の働く余地はない。これに対して、交渉案件・債権回収案件では状況適合性の要素から裁量の範囲の広狭が生じることになろう[39]。費用を要する法的措置の選択については、依頼者の負担能力により裁量の範囲の広狭が生じる。

(3) 時効待ち方針の選択と裁量

上記の判断準則により、「時効待ち方針は裁量の範囲を超えたものか」という論点について、考えてみよう。時効待ち方針は、弁護士は何もせずに債権者の不作為をアテにするというリスクの大きな方法であるから、目的整合的でも、状況適合的でもないと評価することが相当である。また、平均的な法律専門職が採用するにはお粗末にすぎるものである。したがって、時効待ち方針を選択することは、裁量の範囲を超えたものと解してよいであろう。

その先に、「弁護士が裁量を逸脱して方針を選択したこと自体を委任事務処理義務違反（善管注意義務違反）と評価することができるか」という論点がある。弁護士は、依頼者の当面する問題を解決するため、委任事務の履行に際して自らの専門的知識・技能に基づき、「問題解決にふさわしい措置を選択すべき義務」があり、裁量を逸脱した方針選択は、その義務違反となり、ひいては債務不履行というべきであるから、積極に解してよいであろう。

---

[39] 河野玄逸＝北川恵子「最近の弁護士実務から見た善管注意義務規範の諸相」『伊藤滋夫先生喜寿記念論文集・要件事実・事実認定論と基礎法学の新たな展開』378頁（青林書院、2009）参照。

2　評価規範モデルの定式化

　弁護士の執務における裁量と委任事務処理義務違反（善管注意義務違反）、説明義務違反との関係はどのようなものであるべきか。この点を、評価規範の形で整理しておくことにしよう。

　評価規範としては、次のような定式化ができるように思われる。[40]

　第1に、弁護士が委任事務について裁量を逸脱した方針を決定したと評価判断されるケースについては、端的に、それをもって、委任事務処理義務違反（善管注意義務違反）と評価される。したがって、弁護士としては、委任事務の目的を考え、目的整合的・状況適合的に手段を構想し、裁量の範囲を逸脱することにないよう配慮することが実践的な課題となる。

　第2に、弁護士の裁量を逸脱した方針決定か否かが明確でないグレーゾーンのケースについては、説明義務違反で規律される。したがって、弁護士としては、対応方針のメリット・デメリット、代替選択肢などにつき依頼者が理解できるように説明することが要請される。

　第3に、弁護士の方針決定が裁量の範囲内であるが、説明が十分でないケースについては、自己決定権の侵害として損害賠償の対象となることがある。したがって、弁護士としては、受任時のみならず、状況即応的に依頼者に対して報告・説明を重ねることが必要となる。

---

(40)　加藤新太郎『司法書士の専門家責任』357頁（弘文堂、2013）参照。

仲裁合意と保全命令事件の国際管轄
―― ドイツにおける議論からの示唆 ――

野 村 秀 敏
Hidetoshi NOMURA

- Ⅰ　はじめに
- Ⅱ　議論の前提
- Ⅲ　3つの裁判例とそれらをめぐる議論
- Ⅳ　日本法への示唆
- Ⅴ　結び

Ⅰ　はじめに

　仲裁は、ADRの1つとして、近時大いに注目を浴びているが、わが国では、仲裁事件の数の少ないことがしばしば指摘されてきた[1]。そして、その原因は種々考えられるが、その1つとして、仲裁に関わる法規が非常に時代遅れであることがあったと思われる[2]。もっとも、この点については、世界的な潮流に則り、UNCITRALのモデル法（以下、単に「モデル法」という）に依拠した現行仲裁法が平成15年に制定（平成16年3月1日施行）されたことによって事情が一変した。そして、この現行法の制定の前後から仲裁法ないし仲裁制度に関する研究の水準も徐々に上昇してきているように思われる。ただ、事件数が少ないために、その研究はどうしても比較法的手法に頼らざるを得ないことも指摘されている[3]。
　ところで、国家の訴訟手続に関して程ではないにせよ、仲裁手続にも一定

---

(1) 小島武司「仲裁法の制定と我が国の仲裁法制」小島武司＝高桑昭編『注釈と論点仲裁法』4頁（2007年）、中野俊一郎「仲裁法制の課題と展望」法時83巻7号45頁以下（2011年）等。
(2) 中野・前掲注（1）46頁、ピーター・ゴットウィン＝フローレンス・チョン「日本における国際仲裁のこれから」法時86巻2号47頁以下（2014年）参照。
(3) 小島・前掲注（1）4頁。
(4) 中野・前掲注（1）50頁。

程度の時間を要するから、これとの関連でも暫定・保全措置が必要とされる。そして、仲裁法制定前は、仲裁廷に暫定・保全措置の命令を下す権限が認められるかが最大の争点とされてきたが、仲裁法はこれを明文によって肯定するに至った（仲裁24条）。また、仲裁合意がある場合であっても国家の裁判所に保全処分の権限が認められることは仲裁法制定前から認められてきたところであるが、仲裁法はこれに関しても明文規定を置くこととなった（仲裁15条）。ところが、この仲裁廷の暫定・保全措置に関する事件や仲裁事件との関連における裁判所の保全処分に関する事件の数は、仲裁事件そのものの数に比べてもより一層少ないようである。

　しかしながら、わが国における仲裁手続の利用を盛んにし、とりわけ国際的な次元において多くの仲裁事件をわが国に呼び込むためには、とりあえずは前述のように比較法的手法を主とせざるを得ないにしても、仲裁法の研究をより広く、深く展開していくことが必要になると思われる。そして、このことは経済活動等の社会生活のスピードアップに伴い、仲裁手続における保全処分の問題にも強く妥当すると思われる。その際、わが国の場合、比較法と言えば、最も容易にその対象として思い至るのはドイツ法であることは間違いない。ドイツも、わが国に先立ち1997年にモデル法に倣った新仲裁手続法の制定（1998年1月1日施行）によって民事訴訟法中の関係規定を一新しているからには、益々そうである。事実、仲裁手続における保全処分に関しても、既に新仲裁手続法の下でのドイツ法の状況に関する紹介が存在する。しかし、それらは、なお保全処分一般か、せいぜい仲裁廷の暫定・保全措置

────────────

（5）　迅速性は、仲裁手続にとっても、それ程達成容易な目標ではないことの指摘として、小島武司『仲裁法』10頁（2000年）。
（6）　この点に関する重要な文献として、中野俊一郎「国際商事仲裁における実効性の確保（1）（2完）」神戸法学雑誌38巻1号29頁以下、2号353頁以下（1988年）、松浦馨「仲裁事件と仮救済（1）〜（3完）」JCAジャーナル37巻2号2頁以下、3号2頁以下、4号2頁以下（1990年）。
（7）　東京地判昭和29・7・19下民集5巻7号1110頁。
（8）　仲裁廷による暫定・保全措置の少なさの指摘として、出井直樹ほか「座談会・新仲裁法について（下）」JCAジャーナル50巻11号4頁〔三木浩一発言〕（2003年）、三木浩一＝山本和彦編・新仲裁法の理論と実務200頁〔中村達也発言〕（2006年）。
（9）　春日偉知郎「ドイツ仲裁法とその波及」仲裁とADR2号1頁以下（2007年）（ただし、オーストリア法との比較も含む）。

の執行の問題を概括的に考察するものに過ぎない(10)。無論、それらの研究はそれ自体としては有益なものであるが、そろそろ次の段階に進み、この領域における個別の論点に関するドイツ法における議論をより詳しく紹介、検討することが行われてもよいのではなかろうか。

以上のような問題意識から、筆者は幾つかの論点に関する研究を予定しているが、ここでは、「仲裁合意と保全命令事件の国際管轄」という論点を取り上げたい。すなわち、本案についての外国を仲裁地とする仲裁合意が保全命令事件の国際管轄にどのような影響を及ぼすか、の問題である。この論点に関しては、例外的にわが国にも1つの裁判例(11)が存在し、それ故、めずらしく活発な議論が展開されている(12)。しかし、そのほとんどは判例研究という形式で行われているためか、そこでは比較法的検討はあまり加えられていない(13)。これが最初にこの論点を取り上げる理由であり(14)、本稿では、この欠を塞ぎ、この論点に関するドイツ法上の議論を紹介し（Ⅲ）、併せて、そこから示唆を得て、日本法の解釈論としても1つの考え方を示したい（Ⅳ）。なお、そのような作業の前に、議論の前提となる法的な枠組みにおいて、ドイツ法と日本法とで異なる点を若干指摘しておかなければならない（Ⅱ）。

---

(10) 中野俊一郎「仲裁廷による保全命令の執行」JCA ジャーナル 49 巻 8 号 9 頁以下（2002 年）。
(11) 東京地決平成 19・8・28 判時 1991 号 89 頁＝判タ 1320 号 26 頁。
(12) 前注（11）掲記の裁判例の研究ないしこれを契機とする論文として、中野俊一郎「外国を仲裁地とする仲裁合意と仮処分命令事件の国際裁判管轄」JCA ジャーナル 55 巻 8 号 2 頁以下（2008 年）、酒井一「民事保全命令事件について、我が国の国際裁判管轄が否定された事例」判評 598 号（判時 2018 号）178 頁以下（2008 年）、竹下啓介「仮処分事件の国際裁判管轄と仲裁合意」重判解平成 20 年度 345 頁以下（2009 年）、古賀祐二郎「仮処分命令申立事件の国際裁判管轄」NBL 917 号 56 頁以下（2009 年）、河野正憲「外国の仲裁機関による仲裁の定めがある事件につき我が国で提起された保全命令事件の我が国の国際裁判管轄」判タ 1320 号 26 頁以下（2010 年）、新堂幸司「仲裁合意と保全命令事件の国際裁判管轄」鈴木（禄）追悼『民事法学への挑戦と新たな構築』1051 頁以下（2008 年）。
(13) 前注（11）の裁判例を契機とするものではないが、そのような中で、的場朝子「国際商事仲裁との関係での裁判所を通じた保全命令について」京女法学 1 号 51 頁以下（2011 年）は、シンガポール法との比較を行っており注目される。
(14) なお、暫く前に、筆者は、本稿におけるのと同様の問題関心から、保全処分のみならず略式訴訟一般と仲裁合意との関係に関する論考を公にしたことがある。野村秀敏「仲裁合意の抗弁と略式訴訟」青山古希『民事手続法学の新たな地平』301 頁以下（2009 年）。

II 議論の前提

1 EU民事訴訟法

(1) 言うまでもなく、ドイツはEUの最有力の加盟国であるが、EU域内における国境を越える事件に関する管轄の問題は、いわゆるブリュッセルI規則によって規律される。また、EU加盟国以外の第三国と関わりを有する事件に関しては、ドイツ独自の国際民事訴訟法が適用される。

(2) 前者に関し、ブリュッセルI規則31条は、「保全に向けられているものを含め、加盟国の法に定められている仮の処分は、その国の裁判所に対しその申立てをすることができる。本案の裁判について、他の加盟国の裁判所が本規則に基づいて管轄権を有する場合でも同様である。」と定めている。この規定は簡潔すぎて種々の解釈問題を生じさせているが、仲裁合意との関連においては、EU司法裁判所の著名な Van Uden 事件判決[15]が注目されるべきである[16]。

この判決の事案の要点は、次のようなものであった。すなわち、ロッテルダムに本拠を置くX社とハンブルクに本拠を置くY社との間の契約上の金銭支払義務をYが履行しないので、Xは、XY間の仲裁合意に基づいて、オランダで仲裁手続にとりかかった。ところが、Yが仲裁人の選任を遅滞し、またXの資金状況が悪化しているので、Xは、(kort geding という) 仮の権利

---

[15] EU司法裁判所1998年11月17日判決。Van Uden Maritime BK/Kommanditgesellschaft in Firma Deco-Line, Slg. I-1998, 7091. この判決については、筆者自身の手になるものも含め、次の紹介、研究がある。野村秀敏「ブリュッセル条約24条による仮の処分の命令管轄とその執行可能領域」野村秀敏=安達栄司編『最新EU民事訴訟法判例研究I』305頁以下 (2013年、初出2001年)、越山和広「ヨーロッパ民事訴訟法における国際保全処分の新動向」櫻井雅夫編・石川古稀記念『EU法・ヨーロッパ法の諸問題』474頁以下 (2002年)、同「ブリュッセル条約24条における保全処分について」石川明=石渡哲編『EUの国際民事訴訟法判例』155頁以下 (2005年)、的場朝子「欧州司法裁判所による保全命令関連判断」神戸法学雑誌58巻2号128頁以下 (2008年)、同「知的財産権に基づく侵害行為差止め仮処分の国際裁判管轄」特許庁委託平成20年度産業財産権研究推進事業 (平成20～22年度) 報告書9頁以下 (知的財産研究所・2010年)。

[16] 当該事件当時妥当していたのはブリュッセルI規則の前身であるブリュッセル条約であるが、その24条は前者の31条と同趣旨である。また、EU司法裁判所もリスボン条約以前の当時はEC司法裁判所である。しかし、ここでは、簡単のため、本文のように表記した。

保護の手続によって、オランダ裁判所にYに契約上の義務の履行を命ずるよう求めた。第3審のオランダ最高裁判所は、基本事件の手続を停止し、EU司法裁判所に対して、オランダ裁判所の仮の権利保護手続に係る国際裁判管轄の有無に関わる問題について先行判決を求めた。

　これに対するEU司法裁判所の回答を仲裁合意に関連しない部分を簡略化して示せば、以下のようになる。①ブリュッセルⅠ規則上本案手続について管轄権を有する裁判所は、他に何らの要件に依存することなく、仮の処分の手続に関しても管轄権を有する。②しかし、仲裁合意がある場合には、ブリュッセルⅠ規則上の本案裁判所は仮の処分ないし保全処分の管轄権を有しない。③ただし、各加盟国の裁判所は、ブリュッセルⅠ規則31条によれば、本案について仲裁廷が管轄権を有する場合であっても、それぞれの国内法が認める仮の処分の管轄権を有する。④もっとも、この31条と各加盟国の国内法により認められる管轄権は、仮の処分の対象と申立てを受けた裁判所の領域との間の現実的な結び付きを前提とする。⑤当該事案で問題となっていたような金銭仮払いの仮の処分がブリュッセルⅠ規則上の仮の処分と性格付けされうるためには、一定の要件を満たさなければならない。

　(3)　この判決については、仲裁合意に関わる部分に限っても種々の批判がある。たとえば、ドイツ学説は、EU法の次元でも、本案裁判所について後述のドイツ国際民事訴訟法の場合と同様に解すべきであるという[17]。それはともあれ、EU司法裁判所が仲裁合意がある場合にブリュッセルⅠ規則上の本案裁判所に仮の権利保護（保全処分）の管轄権を否定したことの背景には、そのようにしても、31条と各加盟国の国際民事訴訟法による管轄裁判所が存在し、権利者にとって国家裁判所による権利救済の途が閉ざされることにはならないとの考慮があったと思われる。

---

(17)　この点につき、野村・前掲注（15）310頁、越山・前掲注（15）『EUの国際民事訴訟法判例』161頁のほか、Steinbrück, Die Unterstützung ausländischer Schiedsverfahren durch staatliche Gerichte (2009), S.428 f. 参照。また、仲裁合意に関わる部分についてのそのほかの批判については、的場・前掲注（15）神戸法学雑誌58巻2号139頁参照。

2 ドイツ国際民事訴訟法

(1) そうすると、EU域内の事件であろうと、第三国との関係の事件であろうと、ドイツ国内法である国際民事訴訟法が適用されることになる。そして、ドイツにおいては、一般的に二国間または多国間条約が適用になる場合でない限り、民事訴訟法の国内土地管轄規定が同時に国際裁判管轄をも定めていると解されており[18]（いわゆる「二重機能説」）、このことは保全処分に関しても同様である[19]。

そこで、民事訴訟法のこの点に関する規定を見てみると、まず仮差押えに関し、同法919条は、「仮差押えの命令については、本案の裁判所並びに仮に差し押さえるべき目的物又は人的自由を制限すべき者の所在地の区裁判所が管轄する。」と規定する。また、仮処分に関しては、同法937条1項が、「仮処分の発令については、本案の裁判所が管轄する。」と規定し、さらに、同法942条1項が、「急迫の場合においては、係争物の所在地の区裁判所は、仮処分の適否に関する口頭弁論のために本案の裁判所に相手方を呼び出すべき期間を定めて、仮処分を命ずることができる。」と規定する[20]。要するに、それがドイツ法を継受したのであるから当然であるが、民事保全法制定前のわが国の旧民事訴訟法の規定（739条・757条1項・761条1項）と同趣旨の規律になっているわけである。

(2) これらのうち、仮差押えにおいては、目的物等の所在地の裁判所の管轄は本案裁判所の管轄と同列で併存的なものとなっている。それに対し、仮処分においては、係争物所在地の裁判所の管轄は本案裁判所の管轄に対して補充的なものとされており、急迫な場合にのみ認められるに過ぎない。そして、この942条1項に関連し、以下のように指摘される[21]。

①とりあえず、仲裁合意がある場合には、国家裁判所に保全処分の管轄は

---

(18) 安達栄司「ドイツにおける過剰管轄規制の動向」同『国際民事訴訟法の展開』25頁以下（2000年、初出1996年）参照。
(19) 安達栄司「ドイツにおける民事保全」同『民事手続法の革新と国際化』99頁以下（2006年、初出1996年）参照。
(20) 2項にも、仮処分に基づいて仮登記などがなされるべき場合に関する1項の特則規定があるが、省略する。
(21) Bandel, Einstweiliger Rechtsschutz im Schiedsverfahren (2000), S.281.

認められるが、国家裁判所はその本案裁判所には該当しないとの前提に立つこととする。そうすると、管轄は常に係争物所在地の裁判所に認められるべきことになるが、それが命じた仮処分の適否の審理手続が問題を生じさせる。すなわち、上記の前提からは、この審理手続を担当する本案裁判所は仲裁廷ということになるが、仲裁廷が審理を開始しうるまでには相当な時間を要することがありうる。とりわけ、仲裁人が選任されていない場合にはそうである。このことは、通常は短いものと予定されているであろう呼出しのための期間[22]と調和しない。その上、およそ仲裁廷が国家の裁判所の処分の審査権限を有するのかという問題もある。1041条1項により、当事者が仲裁廷から暫定・保全措置の権限を奪った場合には問題はより大きい（1041条1項は、わが仲裁法24条1項と同様に、当事者間が別段の合意によって、仲裁廷からこの権限を奪うことを認めている）。

②係争物所在地の区裁判所によって既に命ぜられた仮処分の審理手続はその存続の当否を判断するための手続であるが、その区裁判所自身はそれを扱う権限を有しない。区裁判所の管轄は本案裁判所の保全処分の管轄に依存し、そこから派生したものに過ぎない[23]。したがって、そもそも先のような前提に立つときは、係争物所在地の区裁判所の管轄も認められないはずであり、そうすると、およそ保全処分を管轄する国家裁判所が存在しないことになってしまう。

ドイツの裁判例や学説が、仲裁合意がある場合であっても、あくまで本案裁判所としての国家裁判所の管轄にこだわるのには、このような事情がある。

Ⅲ　3つの裁判例とそれらをめぐる議論

仲裁合意がある場合ど（この国）の裁判所が本案裁判所となるかの問題に

---

(22) Stein/Jonas/Grunsky, ZPO, 22.Aufl., Bd.9（2002），§ 942 Rdnr.8 は、仮処分は相手方の利益領域に大きく踏み込むから、当該期間は比較的短いものでなければならず、通常はせいぜい1週間程度としなければならないとする。
(23) Wieczorek/Thümmel, ZPO, 4.Aufl., Bd.11 (2014), § 942 Rdnr.4; Steinbrück, a.a.O.(Fn.17), S.430.

関して、ドイツにおいては、執行宣言裁判所（本案の仲裁判断について執行宣言を付する国家裁判所）説、仮定的本案裁判所（仲裁合意がなかったならば、本案について管轄権を有するはずの裁判所）説、仲裁地裁判所説、の3つの見解が主張されている[24]。以下、これらの見解を代表する下級審裁判例とそれらをめぐる議論を順次見ていくこととする。

1　ハンブルク高等裁判所1996年5月6日決定

(1)　最初に、執行宣言裁判所説を採用するハンブルク高等裁判所決定をとりあげるが、その事案は次のようなものであった[25]。すなわち、Xは、仮処分によって、ヤンゴン港への入港の際にある船舶とその積荷に生じた損害に関する情報を得るために、Yに対して、Xの代理人に、当該船舶に乗船して甲板日誌と機械運転日誌（Deck- und Maschinentagebuch）を閲覧することを認めるよう命ずることを求めた。Xは、ハンブルク地裁の管轄を、XY間の仲裁地をハンブルクとする合意からのみ導いたところ、ハンブルク高裁は、以下のような理由により、これを是認した。

①当事者は、仲裁合意によって、どこの国家裁判所が保全処分についての土地管轄を有するかの規律も行っていると見られる。②明示の仲裁地の合意は、仲裁との関係で場合によっては必要となりうる種々の裁判所の行為も場所的に特定の国家裁判所に集中させる点についての当事者の共通の利益を示すものである。③仲裁地に関する合意には、当事者の場所的な選好に関する判断が表れているから、仮定的本案裁判所説は説得的ではない。

この決定は①③からすると仲裁地裁判所説のように見えるが、結論的には、執行宣言裁判所説に賛成する旨を明言している。両説を同時に採用すること

---

(24)　本稿では国際裁判管轄を問題としているのであるから、厳密には、執行宣言裁判所説などではなく、執行宣言裁判所（所属）国説などと言うべきかもしれない。しかし、既述のように、ドイツでは一致して二重機能説がとられているから、国際裁判管轄の原因事実がドイツにあれば即、当該事実に係る裁判所が国内管轄との関係でも管轄裁判所となることができる（もっとも、同一の概念でも国際裁判管轄と国内土地管轄との関連で異なって解釈されるとすれば〔安達・前掲注(18) 26頁以下参照〕、常にそう言えるかには疑問の余地もあろう）。そのためであろうか、ドイツの学説は問題を国単位で捉えておらず、また、ドイツ法との関連と日本法との関連で言葉を使い分けるのも煩わしいから、本稿ではすべて執行宣言裁判所説などの言葉で統一する。
(25)　NJW 1997, 749=RIW 1996, 857.

に矛盾はないかであるが、この事件に適用された新仲裁手続法前の旧法では、仲裁手続に対する裁判所による種々の援助措置について管轄する裁判所は、それとして仲裁合意によって指定された区もしくは地方裁判所または仮定的本案裁判所、補充的に仲裁地の区もしくは地方裁判所とされており（ドイツ民事訴訟法旧1045条）、執行宣言に関する管轄裁判所も同様とされていた（同法旧1046条）。そこで、仲裁地に関する合意により、仲裁地の裁判所が仮定的な本案の裁判所になるものと理解し、それが上記旧1045条（旧1046条）の第2の意味で援助措置ひいては執行宣言についての管轄裁判所ともなるとすれば、両説は併存しうる。ただし、この理解が成り立つためには、「仮定的」の意味を、「仲裁合意がなければ管轄権を有するであろう」との趣旨ではなく、「仲裁合意があっても本案について訴えを提起しうるとすれば管轄権を有するであろう」との趣旨に捉えなければならない。

それはともあれ、両説の併存を言いうるのは、この決定の事案におけるような国内事件においてのみである。国際的な事件では、仲裁判断に仲裁地で執行宣言を得ても、第三国で執行するためには、その国での執行宣言が別途必要であるから、仲裁地国と執行宣言裁判所の所属国とは異なりうる。それ故、ドイツの学説には、このことを明確には意識していないものも多いよう

---

(26) 旧1045条は、仲裁人の選任・忌避、仲裁契約の消滅、仲裁人が必要と考える裁判官の行為に関する裁判を、旧1046条は、執行宣言のほか、仲裁手続の許否、仲裁判断もしくはその執行宣言の取消し、仲裁手続上の和解の有効性を対象とする訴えを、そのような援助措置としてあげていた。なお、現行民事訴訟法上は、援助措置の管轄裁判所はそれとして仲裁合意によって指定された高裁か仲裁地の高裁、ドイツに仲裁地がなければ相手方の本拠地等の裁判所か補充的にベルリンの高裁（Kammergericht）とされている（新1062条1項・2項）。

(27) ハンブルク高裁決定は仲裁地を旧1045条（旧1046条）の第3の意味において執行宣言裁判所の基準としているのではないか、との疑問があるかもしれない。しかし、同条に仲裁地があげられていたのは、国際的な事件において、当事者が援助措置の裁判所に関して特別な定めを置かず、かつ、本案についてドイツの国際裁判管轄が存在しない場合でも、ドイツ裁判所がドイツの仲裁手続において常に必要な援助措置を与えることができるようにするためであった（Wieczorek/Schütze, ZPO, 3.Aufl., Bd.5（1995）, §1045 Rdnr.12）。したがって、国内事件であるハンブルク高裁の事案には、旧1045条（旧1046条）のこの部分は関係がない。

(28) たとえば、Steinbrück, a.a.O.（Fn.17）, S.429. したがって、学説がいずれの説を採用しているのかの判断に迷うことも多いし、元々、そのような判別は無理だとも言えよう。ともあれ、以下の注では一応、主として執行宣言に言及しているか否かによって仲裁地裁判所説か執行宣言裁判所説かを区別したが、各々の説の学説としてあげてあるものの中には、反対に位置付けた方がよいものがあるかもしれない。

に思われるが、執行宣言裁判所説は、仲裁地裁判所説とは別個独立の見解としてあげておくのが適切と思われる。

　(2)　ハインツェは、次のような、以上とは異なった観点から、仮処分について国家裁判所が本案裁判所に該当することを否定しつつ、仮差押えに関しては執行宣言裁判所に保全処分の管轄を認めている。すなわち、強制執行を介しての仲裁判断の貫徹が不可能ないし困難とされるおそれがあるときは、国家による執行の保全という専ら国家裁判所に留保された国家の権限が問題とされる。国家による執行を可能とすることは、執行宣言裁判所の役割であり、仮定的な本案裁判所の役割ではない。

　(3)　かつては通説であろうとさえ評価されたこの見解も、現在では以下のような批判を受け、その地位を失っているように思われる。

　①国際的な事件で仲裁合意がない場合、外国判決の執行認可（執行宣言）に関する管轄裁判所が保全処分の本案裁判所になるなどと考える者は誰もいない。②新仲裁手続法の下では、旧法下におけるのとは異なって、高等裁判所が執行宣言に関する第1審裁判所とされているから、執行宣言裁判所説によると、当事者から1審級が奪われてしまう。③立法者は、本案裁判所だけが当該事案の事実関係に鑑みて仮処分を必要とするかを判断しうるとの理由

---

(29)　Münchener Kommentar/Heinze, ZPO, Bd.3 (1992), Vor § 916 Rdnr.23 f., § 919 Rdnr.5.
(30)　前注（29）掲記文献のほか、Trappe, RIW 1996, 857; Walker, Der einstwelige Rechtsschutz im Zivilprozeß und im arbeitsgerichtlichen Verfahren (1993), Rdnr.201; Schuschke/Walker, Vollstreckung und Vorläufiger Rechtsschutz, Bd.2 (1995), § 919 Rdnr.4, Vorbem zu § 935 Rdnr.32, § 937 Rdnr.2; Stein/Jonas/Schlosser, ZPO, 21.Aufl., Bd.7/2 (1994), § 1027a Rdnr.6; Schwab/Walter, Schiedsgerichtsbarkeit, 7.Aufl. (2005), Kap.17a Rdnr.25. 最近のものとして、Nagel/Gottwald, Internationales Zivilprozessrecht, 7.Aufl. (2013), S.892.
(31)　Bandel, a.a.O. (Fn.21), S.278.
(32)　Bandel, a.a.O. (Fn.21), S.283; Steinbrück, a.a.O. (Fn.17), S.430; Landbrecht, Staatlicher Eilrechtsschutz am deutschen Schiedsort und grenzüberschreitende Vollstreckung, SchiedsVZ 2013, 244. なお、バンデルは、執行宣言裁判所説には、仮定的本案裁判所説とは異なり、当該事件を実際に取り扱うであろう裁判所が保全処分の管轄裁判所となるなどのメリットがあることも認めつつ、本文のデメリットの方が大きいからその説はとりえないとする。
(33)　前注（26）参照。
(34)　Hahn/Stegemann, Die gesamten Materialien zur ZPO, 1.Abtl (1881), S.477 f. なお、ドイツにおいては、わが国におけるのとは異なり、本案事件と保全事件とを同一部に担当させるような実務の運用がなされているようである。古い文献であるが、倉田卓次「西ドイツにおける保全処分の実態」村松還暦『仮処分の研究〔上巻〕』4頁（1965年）。

で、その裁判所に保全処分の管轄権を認めたのであるが、通常本案について管轄権を有するのとは全く別個の裁判所が管轄裁判所となるのであれば、この立法者の考慮は全く当てはまらなくなる。④新仲裁手続法の下では、ドイツに仲裁地がない場合でも、最終的にはベルリンの高等裁判所が執行宣言についての管轄裁判所となることになっているから、あらゆる事件において、ドイツに保全処分の国際裁判管轄が認められることになってしまう。

⑤ハンブルク高裁決定の方法論にも批判がある。すなわち、上記決定理由③のような国際私法的アプローチは不適切である。ここでは、様々な連結点と当事者の利益とを考慮して管轄裁判所を決定することが問題となっているわけではない。当事者が法定管轄裁判所とは異なった裁判所を選好したというなら、そこには管轄の合意があるから、その効力と内容は管轄の合意に関する一般規定によって判断されるべきである。⑥無論、ハインツェが仮処分に関して保全処分の管轄裁判所はないとする点にも批判がある。

2　ケルン高等裁判所2002年4月12日判決

(1)　一応、仮定的本案裁判所説をとるように見えるこの判決は、国際裁判管轄に関するものであり、かつ、新仲裁手続法下のものであるが、その事案は次のようなものであった。すなわち、X社は、自己が所有するZEROWATTとの商標によって電化製品を販売しているイタリア法に基づく株式会社である。Xの商標は、ドイツを含む世界各国において登録されている。中国法による会社であるY社は、2001年5月にケルンの見本市に参加し、ZEROWATTの商標の下に冷凍庫を展示した。Xの主張によると、Xは、1987年12月にYに、冷凍庫の製造販売に必要な機械設備とともに技術的なノウハウを供与したが、XY間の契約書によると、契約日から5年後に当該契約は自動的に失効することになっており、さらに、当該商標は中国でのみ使用しうるものとされていた。1987年の契約書には、当該契約から

---

(35)　前注 (26) 参照。
(36)　Landbrecht, a.a.O. (Fn.32), S.244.
(37)　Steinbrück, a.a.O. (Fn.17), S.430.
(38)　GRUR-RR 2002, 309.

生ずる、またはそれに関連したすべての紛争は、ストックホルムに所在する仲裁廷による判断に服する旨の仲裁条項が含まれていた。Xの申立てにより、ドイツの管轄地方裁判所は、Yに対し、すべての種類の電化製品をZEROWATTの商標を付して前記見本市で展示すること及び（又は）ドイツにおいて販売することを禁止するなどした仮処分決定を下した。Yはこの仮処分決定に対して異議を申し立てたが、地裁は仮処分決定を認可する判決[39]をした。ケルン高等裁判所はこの判決に対する控訴を棄却したが、その際、次のような理由により、自己の仮処分に関する国際裁判管轄を肯定した。

①仲裁合意は、仲裁地であるストックホルムの裁判所に付加的に保全処分の管轄を与えるだけではなく、それ以外の裁判所の保全処分の国際裁判管轄を排除するとの効果を有すると主張する見解には、疑問がある。②この見解は、すべての暫定措置に内在している保全処分の基本的考えに矛盾している。そのような状況において権利保護を求める者に、事件との距離が非常に遠い地にある国家裁判所を指示することは、実効的な保全処分を事実上不可能とはしないまでも、著しく困難とするであろう。③管轄を排除する効果は否定されるべきであり、その結果、少なくとも仮定的本案裁判所にも保全処分の管轄が認められるべきである。

　(2)　上記判決理由②の部分で批判の対象になっているのは仲裁地裁判所説であるが、この判決は執行宣言裁判所説と仲裁地裁判所説とを明確に区別できていない[40]。また、仲裁地の裁判所にも国際保全管轄が認められるのかは、ペンディングにしている[41]。そのためか、この判決をもっては仮定的本案裁判所説は有力化せず、そのためには、次のニュルンベルク高裁決定に対する学説の批判を待たなければならなかった。

---

(39) ドイツでは、民事保全法以前のわが国の民事訴訟法下におけるのと同様に、民事保全の申立てに対しては、口頭弁論を経ない場合には決定で裁判し、その決定に対して債務者から異議の申立てがあると、それに対して判決で裁判する、そしてさらに、その判決に対して控訴を提起するという仕組みになっている（ドイツ民事訴訟法922条1項・924条・925条1項・936条）。
(40) この判決は、判決理由①の直前に、仲裁地裁判所説（判決理由①に示したような内容の見解）の論者は、執行宣言裁判所にすべての必要な裁判所の行為も集中させると指摘する。なお、前注(27) 参照。
(41) Musielak/Voit, ZPO, 11.Aufl.(2014), § 1033 Rdnr.3 は、これを肯定した上で、仮定的本案裁判所説をとっているように見える。

3 ニュルンベルク高等裁判所2004年11月30日決定

(1) 仲裁地裁判所説の代表的裁判例であるこの決定(42)の事案は、次のようなものであった。すなわち、ドイツの機械・設備メーカーであるX社は、アルジェリアのY社との間で、アルジェリアに向けて醸造所設備一式を引き渡す契約を締結したが、そこには、契約準拠法をスイス法、仲裁地をスイスのジュネーヴとする仲裁合意が含まれていた。引渡義務の履行についてアルジェリア銀行の保証が立てられたが、それはさらにXのドイツ主力銀行の再保証に付されていた。引渡義務の履行に関して争いが発生し、アルジェリア銀行は、Yが保証を引き出したと主張し、ドイツの再保証人に対し、再保証の実行を求めた。Xは、Yに対して保証の引出しを禁止する仮処分を求めた。ニュルンベルク高裁は、自己の国際裁判管轄を否定したレーゲンスブルク地方裁判所の判断を、以下のような理由により是認した。

①準拠法と仲裁合意に関する契約条項から、ドイツ裁判所の国際裁判管轄を排除する内容の管轄の合意を締結しようとの当事者の意思が導き出される。②仲裁地（スイス）と準拠法（スイス法）に関する合意は、もし紛争が生ずれば、その裁断は専らスイスにおいてなされるべきことを示している。

このように、この決定では、仲裁地の合意が本案に関する管轄の合意の趣旨を含むものと理解され、そこから仲裁地裁判所説が導かれているが、学説の中には、そのような媒介を挿むことなく、単純に仲裁地の裁判所と本案裁判所とを等置するものもある(43)。いずれにせよ、基礎にあるのは、上記決定の原審のレーゲンスブルク地裁のいう次のような考慮である。すなわち、③上記のような合意中には、場合によっては必要となりうるすべての手続行為——保全処分で国家裁判所に申立てをすることを含めて——を仲裁地に集中させることについての当事者の共通の利益が書面化されている。

(2) 執行宣言裁判所説との相違をどこまで意識してのことかは疑問である

---

(42) SchiedsVZ 2005, 50=IPRax 2006, 468. ただし、以下の事案の概要は、Kröll, Die internationale Zuständigkeit deutscher Gerichte für einstweiligen Rechtsschutz bei ausländischen Schiedsort, IHR 2005, 143 による。

(43) Zöller/Vollkommer, ZPO, 28.Aufl. (2008), § 919 Rdnr.3; Baumbach/Lauterbach/Albers/Hartmann, ZPO, 70.Aufl. (2012), § 1033 Rdnr.6; Thomas/Putzo/Reichold, ZPO, 34.Aufl. (2013), § 1033 Rdnr.2.

が、かつては多数説と評価されることもあった(44)。この見解に対しても、以下のような様々な批判が加えられている(45)。

①既に1025条2項（わが仲裁法3条2項に相当する規定）から、仲裁地裁判所は一般的には本案裁判所たりえないということが導かれる。すなわち、同項は、1033条（わが仲裁法15条と同様に、仲裁合意があっても、国家裁判所の保全処分の権限は失われないとする規定）を、仲裁地が外国にあっても適用される規定としてあげている。したがって、ドイツの裁判所は、原則として、仲裁地が外国にあっても保全権限を有し、このことは、そのような場合にドイツの裁判所の国際保全管轄を否定する解釈を排除することになる。

②1033条から、本案手続と保全手続は区別されるべきことになる。管轄の合意と仲裁合意がその管轄に与える影響に関しても、同様である。すなわち、本案に関する前者の合意によって、本案管轄裁判所に変動が生じ、それに伴って保全処分の管轄裁判所にも変動が生ずる。それに対し、仲裁合意によっては、本案の事件を取り扱う主体に変動が生ずるだけであり、保全裁判所の管轄に変動は生じない。

③このように考えることが、当事者の通常の意思にも合致する。

④実効的な権利保護の観点からも、そう考えるべきである。中立地が選ばれるなど、仲裁地としては紛争とは特別関係のない地が選択されることもしばしばある。そのような仲裁地で命ぜられた保全命令は仲裁地が属する国以外の国（相手方の財産所在地や作為・不作為の行われるべき地がある国）で執行されなければならなくなることがあろうが、それには法律上、事実上、様々な困難を伴いうる（ケルン高裁判決決定理由②と同趣旨の理由である）。

⑤仲裁地裁判所説によると、その裁判所の保全処分に関する管轄が認められるかどうかの前提として、仲裁合意（仲裁地の合意）が有効であることが前

---

(44) Kröll, a.a.O. (Fn.42), S.145. もっとも、この評価が執行宣言裁判所説と仲裁地裁判所説の違いをどこまで意識してのものなのか、疑問な面はある。
(45) Kröll, a.a.O. (Fn.42), S.145 f.; ders., Die schiedsrechtliche Rechtsprecung 2004, SchiedsVZ 2005, 203; Geimer, SchiedsVZ 2005, 51; Schütze, IPRax 2006, 442 ff.; Steinbrück, a.a.O. (Fn.17), S.457; Edler, Die Aufhebung von Schiedssprüchen und der Erlass einstweiliger Maßnahmen in Deutschland und Schweden (2009), S.42 f.; Schneider, Die Leistungsverfügung im niederländischen, deutschen und europäischen Zivilprozessrecht (2013), S.301 f.

提となる。しかし、仲裁合意の存在や有効性、当該紛争が合意の客観的範囲に含まれるかなどについて深刻な争いが生ずることがありうる。迅速を要する保全の段階において、そのような争いについての判断を必要とさせる解釈は好ましくない。(46)

(3) 仲裁地裁判所説に対する批判は、とりもなおさず仮定的本案裁判所説の理由付けともなりうる。そこで、この決定に対する学説の批判のために仲裁地裁判所説も有力化することはなく、その代わりに仮定的本案裁判所説が急激に通説化してきているように思われる。(47)

なお、学説は、たとえ仲裁地裁判所説に従ったとしても、ニュルンベルク高裁の事案においては、ドイツに緊急管轄を認めるべきであったとしている。(48)

Ⅳ　日本法への示唆

1　東京地方裁判所平成19年8月28日決定とそれをめぐる議論

(1)　ここでの問題に関するわが国の唯一の裁判例である平成19年8月28日の東京地方裁判所決定の事案の概要は、以下のようなものであった。すなわち、日本法人XはA、韓国法人Yとの間で、Yの製造に係る本件製品を日本国内のA等に販売するためにXをYのエージェントに任命することなどを内容とする継続的な本件契約関係にあった。ところが、XがYから更新拒絶の通知を受けたところから、両者間に紛争が発生した。そこで、XはYに対し、当該更新拒絶は有効なものとは認められず本件契約上の履行請求権を有するとして、本件製品をXの発注を経ずに直接または第三者を介して

---

(46) Bandel, a.a.O. (Fn.21), S.285 が、執行宣言裁判所説を批判する中で初めて指摘した視点であるが、仲裁地裁判所説に対する批判としても妥当する。
(47)　前注 (45) 掲記文献のほか、Stein/Jonas/Grunsky, a.a.O. (Fn.22), vor § 916 Rdnr.30；Stein/Jonas/Schlosser, ZPO, 22.Aufl., Bd.9 (2002), § 1033 Rdnr.4; Lachmann, Handbuch fur die Schiedsgerichtspraxis, 3.Aufl. (2008), Rdnr.2873 ff.; Schuschke/Walker, Vollstreckung und Vorläufiger Rechtsschutz, 5.Aufl. (2011), § 919 Rdnr.5, § 937 Rdnr.2, § 943 Rdnr.2; Münchener Kommentar/Drescher, ZPO, 4. Aufl., Bd.2 (2012), § 919 Rdnr.5; Musielak/Huber, ZPO, 11.Aufl. (2014), § 943 Rdnr.2.
(48) Geimer, a.a.O. (Fn.45), S.51; Schütze, a.a.O. (Fn.45), S. 443.
(49)　前注 (11) 参照。

Aに販売することを禁止すること、YはXの発注した本件製品を納期までにAに引き渡すこと、Xが本件契約上の地位を有することを仮に定めることを求める仮処分命令の申立てを行った。本件契約中には、ソウル市の仲裁機関によって紛争を解決する旨の仲裁合意と韓国法を契約準拠法とする条項とが含まれていた。東京地裁は、自己の仮処分に関する国際裁判管轄を否定して、申立てを却下した。

　この東京地裁決定は、まず、保全命令事件に関する国際管轄については、原則として民事保全法12条1項に準拠するとした上で、結論として、仲裁合意がある場合の同条1項の本案裁判所については仲裁地裁判所説によるべきであり、仮定的本案裁判所説にはよりえないとする。その際、その理由は、次のようである。すなわち、①仮定的本案裁判所は実際には事件を扱わないから、それが保全事件についてのみ管轄権を有することになれば、保全事件の本案訴訟に対する付随性に反する。②仲裁地裁判所説は、仲裁合意によって仲裁地を定めた当事者の合理的意思に沿うものであり、当事者間の公平の理念にも合致する。③Xもソウルに支店を持ち、Xの代表者は韓国での生活に慣れており、日韓両国に幅広い人脈を有するし、韓国法が準拠法とされているといった事情もある。

　(2)　学説には、この決定を、仲裁廷と仲裁地の裁判所が一体として紛争解決にあたるという考え方を基礎としているとして評価するように思われるものもあるが、多くは、以下のような理由によって、これを批判している[50][51]。

　①仲裁法15条は、保全処分の代用としての仲裁廷による暫定・保全措置は、迅速性・実効性の観点から現実的ではないので、保全裁判所の管轄は、可能な限り制約されるべきではないという立法選択を示している。

　②仲裁法3条2項は、仲裁地が国外にある場合にも、日本の裁判所が保全手続を行うことを示しており、仲裁法15条と3条2項から、日本の裁判所にその管轄が認められる。

---

(50)　中野・前掲注（12）5頁。ただし、中野教授は、その後、改説されているようにも見受けられる。中野・前掲注（1）48頁。
(51)　以下は主として、新堂・前掲注（12）1055頁以下によるが、前注（50）掲記文献以外の前注（12）掲記文献も参照。

③仲裁法3条2項と15条は、仲裁合意と保全処分についての裁判権の行使を切り離して考える方向をとるものであって、これを並行的に捉える仲裁地裁判所説は、このような考え方にそぐわない。
　④保全処分手続では迅速性・確実性が重要であるから、それを速く、確実に実現できるかが、国際裁判管轄の問題を考えるにあたっての重要な判断基準になる。
　⑤当事者の合理的意思からしても、仲裁合意は保全処分の利用手続に何らの影響も与えないと考えられていると思われる。とりわけ国際的な事件の場合、仲裁地の決定は、実質的な手続上の考慮とは別個に、中立地が選択されることがある点にも配慮されるべきである。
　⑥本案裁判所を保全命令事件の管轄裁判所と一致させる趣旨は、裁判所側の負担軽減と審理の便宜にある。仲裁廷と保全裁判所とは別個の組織であるから、これを理由に仲裁地裁判所説をとることはできない。また、この趣旨はわが国の実務の実態では相当程度緩和ないし没却されているから、仮定的本案裁判所説をこの趣旨に反するとして非難することもできない。
　(3)　この決定後、平成23年の民事保全法の改正により、保全命令事件の国際管轄に関する直接の根拠規定が設けられているから、現在では、議論の出発点は民事保全法12条ではなく、11条である。ただし、その実質的な内容に変化があったわけではない。また、上記のように批判した結果として自らはどのように考えるかについて学説は様々であるが、有力な見解は仮定的本案裁判所説をとっている。[52]
　それはともあれ、興味深いことに、この東京地裁決定の理由とそれに対する学説の批判は、ニュルンベルク高裁決定の理由とそれに対する学説の批判とに多くの点で類似しているように思われる。東京地裁決定の理由②とニュルンベルク高裁決定の理由①②は、同趣旨である。また、前者の③は、準拠法以外にもより多くの要素をあげているが、後者の①②が準拠法にも言及し

---

(52)　新堂・前掲注（12）1051頁以下。竹下・前掲注（12）347頁は、わが国に仲裁地がある限りわが国の裁判所が仲裁手続に対する援助・助力を行うことから、それらの手続と同様に保全事件の管轄を肯定することも考えうるとして、一定の限度であるが、執行宣言裁判所説と同様の発想を示唆している。

ている点に通ずるものがある。後者の③は、わが国ではあまり指摘されることのない視点である。また、東京地裁決定に対する批判①②③とニュルンベルク高裁決定に対する批判①②は同趣旨である。前者の①④と後者の④も同趣旨であるし、前者の⑤と後者の③④も同様である。ただし、後者の⑤はわが国ではあまり指摘されることのない視点である。

2 検 討

(1) 以上に見たように、ドイツでは仲裁地裁判所説の裁判例に対する批判を通じて仮定的本案裁判所説が通説化しつつあるし、わが国でも同様の裁判例に対する批判として仮定的本案裁判所説が有力に主張されている。

しかしながら、仮定的本案裁判所は文字どおり「仮定的」本案裁判所であって実際に事件を取り扱うことはないから、この裁判所は本案裁判所に保全命令事件を取り扱わせる趣旨を全うすることはできない。それ故、東京地裁決定に対する批判⑥がいうように、この趣旨の意味における付随性を理由に仲裁地裁判所説を根拠付けることはできないが、仮定的本案裁判所説についても同様である。つまり、付随性によってはいずれの国家裁判所の管轄も根拠付けることはできない。

もっとも、わが国では、実務の実態で付随性のこの趣旨が緩和ないし没却されていることに鑑み、付随性の趣旨を保全命令事件でも本案事件でも管轄決定の上での利益状況が同一であることに求めようとの見解も主張されている(53)。しかし、この見解の一般的当否は別として(54)、仲裁合意がある場合、当事者が、ある土地（国）を現実の本案事件である仲裁手続に関する仲裁地とし

---

(53) 近藤昌昭「民事保全事件の管轄」丹野達＝青山善充編『裁判実務大系 4 民事保全法』7頁 (1999年)。そのほか、瀬木比呂志『民事保全法【新訂版】』173頁、175頁 (2014年) 参照。ただし、的場朝子「保全命令の国際裁判管轄」国際私法年報10号117頁 (2008年) は、付随性の趣旨として、本案で不利に扱われることを恐れる債務者が保全命令に服従することを期待しうるという点を指摘する。しかし、事実としてはそのようなことはありうるかもしれないが、法制度の建前の説明にそのようなことを持ち込むべきではあるまい。本案の裁判官は、法律上はそのようなことをすべきではないからである（被保全権利に関わる要件事実に保全命令への服従の有無が含まれているはずがない）。

(54) この見解では、管轄裁判所が複数ありうる場合でも、本案提起後は保全命令事件の管轄裁判所が現に事件を扱う裁判所に固定されてしまうことや、とりわけ、現に事件が係属している本案裁判所が法律上は管轄権を有しない裁判所であってもそのことに変わりはないこと（竹下守夫＝

て選択する際に考慮したであろう諸事情は、無論、（保全事件の管轄裁判所とされる本案の）法定管轄裁判所を決定する際に考慮に入れられた諸事情とは異なる。それらの間では、利益状況の同一性を言うことはできない。

そもそも、ドイツにおいて、本案裁判所を無理にでも見出さなければならないのは、そうしなければ、仲裁合意がある場合、仮処分では保全処分の管轄権を有する国家裁判所が存在しなくなってしまうからである。そして、そのような事情のないEU法の次元で、EU司法裁判所は、仲裁合意のある場合、ブリュッセルⅠ規則上の本案裁判所は存在しないとしていたことを想起すべきである。そうであれば、別個に保全命令事件の管轄裁判所が常に存在するのであれば、無理に、実際には本案事件を取り扱わない国家裁判所を本案裁判所として想定し、それはどこかを詮索しなくともよいと考えられる。すなわち、前提となる事情が異なるのであれば、ドイツの学説に従う必要はないように思われる。

仲裁合意がある場合、ドイツにおいて仮処分について管轄裁判所が欠けることになったのは、それに関する係争物の所在地の裁判所の管轄が本案管轄からの派生的な管轄とされているからである。これに対し、わが国では、ドイツ法と同趣旨であった旧民事訴訟法の規定（旧761条）は、民事保全法改正の折りに、本案裁判所の管轄と係争物所在地の管轄を併存的なものにするように改められた。つまり、ドイツの一部の学説は、ドイツ法の規定はこうであるべきであり、そうなっていれば、仮定的本案裁判所の管轄を認める必要はなく、仮に差し押さえるべき目的物または係争物の所在地の裁判所の管

藤田耕三編『注解民事保全法』121頁〔高野伸〕（1996年）。ただし、これらの点については異論がある。特に、後者の点につき、瀬木・前掲注（52）174頁以下）の説明が不可能ないし困難であろう。もっとも、この見解が絶対的に誤っているというわけではなく、本文の付随性の第1の趣旨とこの趣旨とが双方とも当てはまり、状況に応じて一方が前面に立つということではなかろうか。

(55) あるいは、比較されるべきは、仲裁合意がない場合の本案の管轄をめぐる利益状況と保全事件における管轄をめぐる利益状況ではないかとの疑問があるかもしれない。しかし、国内事件で専属的な管轄の合意がある場合、保全事件の基準となる本案裁判所はこの専属管轄裁判所ということに異論はないであろうことに鑑みれば、比較の対象の一方は本文に指摘した事情ということになるのではなかろうか。

(56) その理由につき、山崎潮『新民事保全法の解説〔増補改訂版〕』134頁（1900年）参照。

轄を認めれば十分であるとしているが、わが国では、既にそれが言う「こうであるべき」という状況が実現されているのであるから、結論として、このドイツの学説のいうように考えてよいのではなかろうか（本案裁判所否定説）。わが国には、既に、このドイツの学説を参照することなく、結論として同旨を説く見解が存在する。

なお、このような考え方に対しては、仮の地位を定める仮処分の場合には係争物が存在しないから、日本法を前提としても、ドイツ法より範囲は狭まるが、権利保護の間隙が発生してしまうのではないかとの疑問が生ずるかもしれない。しかし、それに関しても、有体物が問題となっているときにはその所在地、作為・不作為が問題となっているときにはそれが行われるべき地、債権が問題となっているときには第三債務者の住所地か、物的担保があればその担保の所在地を係争物の所在地と見ることができ、そのような疑問は当たらない。

(2)　ドイツでも日本でも仮定的本案裁判所説は、本案事件の管轄と保全処分の管轄を切り離して考えるべきことを強調しているが、これは仲裁地裁判所説を否定する理由にはなっても、ここで主張した本案裁判所否定説を排斥する理由にはならない。また、当事者の合理的意思や保全裁判所の管轄がど

---

(57)　Bandel, a.a.O. (Fn.21), S.282, 286 f.
(58)　加藤新太郎＝山本和彦編『裁判例コンメンタール民事保全法』93頁〔山本和彦〕（2012年）。既に古く旧法下において、小島武司＝高桑昭編『注解仲裁法』251頁〔小林秀之〕（1988年）はこの立場によっていたように見られる（「外国で仲裁手続が進行している途中やその前に、……目的物がわが国に存在し保全処分の要件を満たしている限り、……わが国の裁判所が保全処分を命じることができる」としている）。的場・前掲注（13）72頁以下も、この方向を示唆しているように見える。
(59)　酒井・前掲注（12）181頁、183頁以下は、ドイツ法上、ドイツ民事訴訟法942条１項の係争物は、仮処分に関連する無体物および有体物と理解されているとし、特定物を対象としない作為・不作為の仮処分についてまでも係争物概念を認めるのは行き過ぎではなかろうかとする。これに賛成するか否かは別としても、確かにそれが引用するドイツ文献（Stein/Jonas/Grunsky, a.a.O.(Fn.22), § 942 Rdnr.3; Münchener Kommentar/Heinze, ZPO, 4.Aufl., Bd.2 (2012), § 942 Rdnr.3）には、係争物概念との関連で作為・不作為の仮処分はあげられていない（特定物に関する仮処分に関してもあげられていない）が、これをあげる文献の方がむしろ多数であり（次注(60)掲記文献参照）、それをあげていない文献が積極的に作為・不作為の仮処分に関しては係争物概念を否定する趣旨であるのかには、疑問の余地がないではない。もっとも、酒井・前掲注（12）182頁は、わが国での保全処分が必要とされ、実効的に実施されうる事案か否かによって、わが国の国際保全管轄の有無を判断すべきであるとしており、必要な場合には常に本案裁判所以外の

の程度制約されてよいかの問題は、結局は、保全処分手続の迅速性・確実性ないし実効性を問うことに帰着するであろう。そして、そのような観点からすれば、目的物・係争物所在地の裁判所に管轄を認めれば十分であり、そうではない本案裁判所に管轄を認めるまでもないと思われる。

仮定的本案裁判所説は、自説はニュルンベルク高裁の決定に対する批判⑤のいうような仲裁地裁判所説の不都合を回避しうるとするのであるが、この点は本案裁判所否定説も同様である。他方、一般に、既に本案手続が係属していれば、その裁判所が本来管轄権を有しない裁判所であっても、当該裁判所は本案裁判所となると考えられている。これが仲裁合意が存在する場合にも当てはまるとすると、仮定的本案裁判所説を前提とした場合、当事者は、仲裁合意の存在にもかかわらず、適当な国家裁判所(しかも、それが仮定的本案裁判所説からいっても本来管轄権を有しないはずの裁判所であっても)に訴えを提起して、保全命令を取得することが可能になってしまう。本案裁判所否定説には、このような問題も生じない。

仲裁地裁判所説には、ドイツにおいてそれを採用する見解が言うように、仲裁地と保全手続の地を一定の地(国)に集中しうるというメリットはある。

裁判所の保全管轄を認めるから、この立場を前提としても、仮定的本案裁判所説をとる必要はない。
(60) Wieczorek/Thümmel, a.a.O.(Fn.23), §942 Rdnr.5; Baumbach/Lauterbach/Albers/Hartmann, a.a.O.(Fn.43), §942 Rdnr.3; Thomas/Putzo/Reichold, a.a.O.(Fn.43), §942 Rdnr.2; . Schuschke/Walker, a.a.O.(Fn.47), §942 Rdnr.3; Musielak/Huber, a.a.O.(Fn.47), §942 Rdnr.2.
(61) 加藤=山本編・前掲注(58)94頁以下〔山本〕。この場合、執行が間接強制という金銭給付命令の形になることからすれば、債務者の執行可能な財産の所在地も差し押さえるべき財産の所在地ということになるとも言えよう。新堂・前掲注(12)1077頁。
(62) 東京地裁決定の事案では、(仮定的)本案裁判所の管轄を否定しても、係争物所在地の裁判所として、わが国の裁判所の管轄を認める余地はあった、ないしは認めえたとの評価が一般的である。中野・前掲注(12)5頁、竹下・前掲注(12)346頁、河野・前掲注(12)30頁、新堂・前掲注(12)1078頁。
(63) 酒井・前掲注(12)182頁が、本案管轄に基づき国際保全管轄が基礎付けられるとの規則を立てた場合、渉外事件の多くでは国際仲裁合意の有効性を判断しなければならなくなる、とするのは理解し難い。仲裁合意が有効な場合でも(仮定的)本案管轄に基づいて保全管轄が基礎付けられるし、無効であっても(現実の)本案管轄に基づいて国際保全管轄が基礎付けられるのであるから、仲裁合意が有効であるか否かを問題にする必要はないはずである。
(64) Bandel, a.a.O.(Fn.21), S.285 f.
(65) 的場・前掲注(53)117頁は、これを付随性の1つの趣旨としてあげる。なお、執行宣言裁判所説も種々の行為の特定の裁判所への集中を言うが、これは保全手続とその他の裁判所で行わ

そこで、仮定的本案裁判所説は、一定の手がかりがあれば、例外的に、仲裁合意に、仮定的な本案裁判所の保全手続に関する管轄を排除して仲裁地の裁判所にのみそれを認めるという管轄の合意の趣旨が認められうるという。そして、ある見解は、その手がかりとして、たとえば、契約交渉や契約中に、ある国の法律について特徴的な特定の暫定措置（例、イギリスのマレーバ・インジャンクションやフランスの仮払レフェレ）を排除しようとの明示の意思ないし合意が示されていればよいが、準拠法の定めでは不十分であるとする。しかし、これに対しては、このようなことではイギリスやフランスの保全処分手続についての管轄を包括的に排除しようとの当事者の意思を導くには十分ではなく、そのためにはより明瞭な合意が必要であるとの見解が対立している。仮定的本案裁判所説を前提としたこのような議論は、排除されるのは目的物・係争物所在地の裁判所の管轄であると置き換えた上で、本案裁判所否定説についても行われうるものである。

Ⅳ 結 び

仲裁合意が保全命令事件の国際管轄にどのような影響を及ぼすか。この問題について、ドイツでは、国内事件と国際的な事件との差異を明確に意識しているか疑問なまま、執行宣言裁判所説をとる裁判例が現われ、それが通説化した。その後、仮定的本案裁判所説の裁判例も現れたが、これは学説に大きな影響を及ぼすことはなく、むしろ、その後の仲裁地裁判所説の裁判例に対する批判を通じて、仮定的本案裁判所説が執行宣言裁判所説に代わって通説化してきている。これに対し、わが国でも、ドイツの仲裁地裁判所説の裁

れる種々の行為の集中の意味であるのに対し、仮定的本案裁判所説では仲裁手続と保全手続の集中を問題にしているのであるから、両者の意味内容は異なる。

(66) とりあえず、マレーバ・インジャンクションについては、長谷部由起子「執行対象財産の保全」同『変革の中の民事裁判』179 頁以下（1998 年、初出 1996 年）、仮払レフェレについては、本田耕一『レフェレの研究』235 頁以下（1997 年）を参照。

(67) Kröll, a.a.O. (Fn.42), S.146.

(68) Steinbrück, a.a.O.(Fn.17), S.457 f. 新堂・前掲注（12）1077 頁も、民事保全の管轄について何らかの限定をする意図であれば、保全手続は仲裁地を管轄する裁判所が行う旨の条項等を積極的に契約書に明記していてしかるべきと考えられるとする。

判例の数年後に、この問題に関する唯一の裁判例が現われたが、それも仲裁地裁判所説をとるものであった。この裁判例も学説による批判を受けたが、わが国では通説と呼ばれる程のものは形成されていないと思われるものの、有力説は仮定的本案裁判所説をとっている。また、ドイツには一定の立法論を前提とした本案裁判所否定説が存在し、わが国には解釈論としてこれを主張する見解が存在する。

このように、仲裁地裁判所説の裁判例以降の状況はドイツとわが国とで類似している。しかも、両国の裁判例による自説の理由付けとそれらに対する学説の批判の内容まで極めて類似している。このような動きが両国においてあまり時間を置かずに、しかも比較法的考察を全く経ずに現われたとことは、非常に興味深いことと言わなければならない。もっとも、私見としては、ドイツ法とは異なり、わが国では、ドイツの学説が「こうあるべき」とする法規定が民事保全法によって実現されているのであるから、解釈論としてのドイツの通説に従う必要はなく、そこでの立法論を前提として主張されている見解を採用すべきであると考えた。

わが国においては、仲裁手続における保全処分という問題領域の個別論点に関する議論は、ここで取り上げた問題点に関するもの以外はほとんど見られない。上記のような状況は、この領域におけるその他の問題点に関しても、それをめぐる議論を深化させるためには、ドイツを始めとする諸外国の議論を参照することの有用性ないし必要性を示すものと言えよう。

文字どおりの拙稿ではあるが、これをもって、長年にわたる御指導と御厚情に感謝しつつ、円谷峻先生の古稀を御祝いする本論文集に参加させていただくことにしたい。

医療事故情報と医療訴訟

我 妻　　学
Manabu WAGATSUMA

Ⅰ　はじめに
Ⅱ　医療事故報告書と医療訴訟
Ⅲ　第三者機関による医学的評価と医療訴訟
Ⅳ　おわりに

Ⅰ　はじめに

　医療紛争においては、医療事故の原因究明・再発防止と患者およびその家族の早期の救済の観点が必要不可欠である。さらに、医療安全対策のためには、潜在的に安全上問題となる可能性のある事象（インシデント）をあまねく収集するほか[1]、診療中に生じた死亡事例や重大な後遺症を引き起こした医療事故に対して、医療機関内部で個別に調査委員会を設けて、医療事故経過報告書を作成する必要がある。

　医療施設の内、全ての病院と有床診療所に対して、医療機関内における事故報告等の医療に係る安全の確保を目的とした改善のための方策を講ずることが義務づけられている（医療則1条の11第4号）。

　全国の医療事故情報を組織的に収集・分析・検証し、医療事故防止に資する情報が、医療機関および国に迅速に共有されることが必要であり、現在、医療事故情報とヒヤリハット事例の収集・分析・提供事業が公益財団法人医療機能評価機構によって行われている[2]。

　特定機能病院（医療法4条の2）の管理者は、事故等報告書を作成し、登録分析機関である公益財団法人日本医療機能評価機構への提出が義務づけられ

---
(1) 高瀬浩造「医療機関における安全対策」福田剛久＝高瀬浩造『医療訴訟と専門情報』（判例タイムズ社、2004）15頁など参照。
(2) 公益財団法人医療機能評価機構医療事故防止事業部『医療事故情報収集等事業　平成25年年報』（2014）58頁以下など参照。

ており（同法16条の3第7項、医療則9条の23）、独立行政法人国立病院機構などが開設する医療機関とともに全ての大学病院に対しても準用されている（医療則11条）。

このように明確な法律上の根拠なしに、行政機関に事故報告を届け出る義務を医療機関に課すこと自体が問題とされている[3]。義務違反には刑罰は規定されていないが、義務違反は免許や許認可の撤回事由になるとされており、撤回には特段の法律の根拠は不要と解されているからである[4]。

医療事故情報が医療訴訟においてどのように取り扱われるのか、任意に開示されない場合、特に患者あるいはその家族が文書提出命令（民訴220条）によって、開示を求めることができるのか、が問題となる[5]。

そこで、医療事故報告書に関する文書提出命令に関する裁判例を検討し（Ⅱ）、第三者機関による医学的評価と医療訴訟について検討する（Ⅲ）。

Ⅱ 医療事故報告書と医療訴訟

医療事故報告書の文書提出命令が問題となった事例として、①東京高決平成15・7・15判時1842号57頁、判タ1145号298頁、②広島高裁岡山支決平成16・4・6判時1874号69頁、判タ1199号287頁、③東京高決平成23・5・17判時2141号36頁、判タ1370号239頁がある[6]。①は、私立大学病院の院内事故報告書の事案であり、自己利用文書（民訴220条4号ニ）の該当性とその範囲が問題となっている。②は、国立大学医学部付属病院で発生し

---

(3) 畔柳達雄ほか編『医療の法律相談』（有斐閣、2008）253頁［畔柳］など参照。
(4) 山本隆司「事故・インシデント情報の収集・分析・公表に関する行政上の問題（上）」ジュリ1307号25頁など参照。ただし、システムエラーに対応した病院等に対する行政の監督が不十分であると指摘されている（宇賀克也「医療事故の原因究明・再発防止と行政処分」ジュリ1396号21頁など参照）。
(5) 吉岡大地＝吉澤邦和「医療機関における事故報告文書等の証拠保全について」判時1895号3頁など参照。
(6) 旧法下では、医師会の共済事業の一環として、医師が医療事故に関して作成した報告書が、権利関係文書に該当しないとした決定（大阪高決昭和57・8・19判タ480号112頁）があるが、不利益性等を問題にしないで法律関係文書性を否定しており、先例としての価値はもはや有さない（山本和彦「国立病院における医療事故調査報告書の公務秘密文書（民訴法220条4号ロ）該当性（東京高決平成23・5・17判批）」判タ1386号112頁注7など参照）。

た医療事故状況等を文部省および同病院院長等に報告等するために作成した報告書の事案、③は、独立行政法人国立病院機構の運営する病院で発生した医療事故に関し、評価専門医が作成した医療事故報告書の事案で、②③は、主として公務秘密文書（同条4号ロ）の該当性が問題となっている。

以下、事案を検討する。

1 自己利用文書

①東京高決平成15・7・15判時1842号57頁、判タ1145号298頁
（事実の概要）

X（Bの相続人、申立人・抗告人＝附帯被抗告人）らは、Y（私立大学、相手方・被抗告人＝附帯抗告人）が開設するA病院に入院していたBが、Aの医師によって抗癌剤を過剰投与されたことによって死亡した医療事故（以下、「本件医療事故」という）につき、主治医その他治療に関係した耳鼻咽喉科所属の医師ならびに病院管理者にも責任があるとし、また、その死因を隠蔽する行為があったと主張し、上記医師らとYに対して損害賠償を請求する訴訟を提起した[7]。

Xらは、Yらの責任を立証するため、医療事故調査委員会による調査結果をまとめたBの死亡事故に関する「医療事故経過報告書」と題する調査報告書（以下「本件報告書」という。）について、本件損害賠償債権の有無に関する事項が記載されているから、法律関係文書（民訴220条3項後段）に該当すること、自己利用文書等の除外事由にも該当しないとして文書提出命令の申立てをした。

これに対し、Yは、本件報告書の開示によって所持者側に看過し難い不利益が生ずるおそれがあるなどと主張した。

第一審裁判所（さいたま地決平成15・3・25判時1842号61頁、判タ1145号302頁）は、インカメラ手続（民訴223条6項）で調査した結果、本件報告書のうち、事情聴取部分は、開示によって所持者の側に看過し難い不利益が生ずるおそれがあると認められるので、自己利用文書に当たるが、報告提言部分は、除外文書には該当しないと判断し、報告提言部分についての文書提出命令の申立て

---

(7) 最二小判平成17・9・30判例集未登載は、当事者双方の上告を退け、約8,300万円の損害賠償請求が確定している。

を認容した。

そこで、Xは抗告し、Yも附帯抗告した。

東京高決平成15・7・15(以下「平成15年決定」という)は、原決定を支持して、Xの抗告とYの附帯抗告を棄却している(確定)。

＜決定要旨＞

「本件事情聴取部分は、本件報告書作成のための調査過程において作成され、報告をとりまとめるための主要な資料とされたものである。その聴取に際し、被聴取者は、自己が刑事訴追を受けるおそれがある事項の質問に際しても、黙秘権その他の防御権を告知されることなく事情聴取され、その結果が概ね逐一記載されている。・・・ また、本件報告提言部分との関連においてみれば、事実経過をまとめるため調査の過程で収集された資料であり、そこでは忌憚のない意見や批判もみられるから、これを開示することにより、団体などの自由な意思形成が阻害されるなど、開示によって所持者の側に看過し難い不利益が生ずるおそれがある」ので、法220条4号ニの除外文書に当たると判断している。

「報告提言部分は、事故発生の原因、家族への対応、社会的問題発生の原因、今後への提言につき、詳細な事実経過とこれに対する評価を客観的に記述しており、本件医療事故の原因の究明、今後の防止対策に大いに資するものといえる一方、それがY以外に開示されたとしても、今後の安全管理に当たっての情報収集に重大な影響を与えたり、その衝に当たる者の自由な意思の表明を阻害したりすることまでは考えられない」として、文書の一部開示を認めている。

Xは、本件報告書に関し、法律関係文書であるとしている。しかし、第1審および原審は、専ら自己利用文書に該当するかを検討している。判例・通説は、除外文書と認められれば、当然に法律関係文書とならないとの立場だからである。これに対し、松本教授は、民訴法220条3号と4号の関係が不

---

(8) 最二小決平成11・11・12民集53巻8号1787頁、最一小決平成12・3・10判時1711号55頁、最一小決平成12・12・14民集54巻9号2709頁など参照。

(9) 兼子一原著『条解民事訴訟法［第2版］』(弘文堂、2011)1197頁［加藤新太郎］、菊井維大＝村松俊夫原著『コンメンタール民事訴訟法Ⅳ』(日評、2010)390頁、高橋宏志『重点講義民事訴訟法下［第2版補訂版］』(有斐閣、2014)156頁など参照。

明確であるとの批判している(10)。

　現行民事訴訟法は、診療録などの医療記録が医師・医療機関に偏在している場合に、当事者の実質的対等を保障するため、原則として文書の提出を一般義務化している。ただし、およそ外部の者に開示を予定していない文書で、後から公表されたのでは文書作成の趣旨が損なわれる場合には、文書の提出を求めることはできない（自己利用文書）。

　自己利用文書の範囲をめぐり、銀行の貸出稟議書につき、最二小決平成11・11・12民集53巻8号1787頁は、「専ら内部の者の利用に供する目的で作成され、外部の者に開示することが予定されていない文書であって、開示されると個人のプライバシーが侵害されたり個人ないし団体の自由な意思形成が阻害されたりするなど、開示によって所持者の側に看過し難い不利益が生ずるおそれがあると認められる場合には、特段の事情がない限り、当該文書は「専ら文書の所持者の利用に供するための文書」に当たるとして、基本的に文書の開示を認めていない(11)。

　平成15年決定の事故調査委員会は、医療事故自体の原因究明とその防止策、事故再発防止策だけではなく、医療事故に関する学内での懲戒処分の必要性の有無に関する資料を得ることを目的として設置されている。

　平成15年決定は、本件報告書について、関係者からの事情聴取部分と将来の報告提言部分とに区別し、前者については、自己利用文書と認めたのに対し、後者については、除外文書と認めず、提出を認めている。

　平成15年決定に対し、以下のような批判がなされている(12)。第一に事情聴取の部分は、診療関係という法律関係に関する文書であること、第二に医療事故の経過や事後処置など具体的な事件の事実に関するものであり、所持者側の情報独占が許される性質の文書ではないこと、第三に団体等の意思形成の自由との関係はそもそも希薄だと思われること、第四に報告・提言部分を

---

(10)　松本博之「最二小決平成16・11・26判批」判時1903号（判評561号）204頁、松本博之＝上野泰男『民事訴訟法［第7版］』（弘文堂、2012）492頁など参照。

(11)　「最二小決平成11・11・12判解」平成11年最高裁判例解説民事篇772頁［小野憲一］、上野泰男「新民事訴訟法における文書提出義務の一局面」『改革期の民事手続法（原井龍一郎先生古稀祝賀論文集）』（法律文化社、2000）96頁など参照。

(12)　松本・前掲注10）204頁、松本＝上野・前掲注10）492頁。

正しく理解するためには事情聴取部の部分が必要であることから、報告書全体が自己利用文書に該当しない。

以下、批判説を検討する。本件での具体的な事情聴取の対象者は、第1審裁判所が認定した事実によれば、医療事故の直接の関係者である耳鼻咽喉科の医師・看護師のほか、抗がん剤に関する専門医・薬剤部長および事務長ら合計17名であるとされ、事情聴取の内容も、本件医療事故の個別的事情だけではなく、被聴取者の個々の仕事内容や病院の一般管理事務、緊急時事故対応等の各システム等の聴取であった、とされている。具体的な聴取方法は、Xらに告訴されていた者、本件訴訟係属中に起訴されている者を含む被聴取者に対して、自己が刑事訴追を受けるおそれがある事項の質問に対しても、黙秘権その他防御権を告知されることなく、弁護士等の付き添いなど認められない状況下の下で聴取された、とされている。

本件は、抗癌剤を誤って投与した事実を隠蔽しようとし、患者の主治医の立場にある医師が、抗がん剤の投与計画の立案を誤り、その副作用に適切に対応することなく患者を死亡させており、主治医および医療チームのリーダー（指導医）に関し、業務上過失致死が認められている。さらに、その症例が極めてまれであり、科長を始めとして同科に所属する医師らに同症例を取り扱った経験がなく、抗がん剤による治療も未経験でその毒性、副作用等について十分な知識もなかったなどの事実関係の下において、最一小決平成17・11・15刑集59巻9号1558頁は、治療方針等の最終的な決定権を有する同科長にも業務上過失致死罪を認めている。[13]

Xの抗告理由では、本件医療事故の原因究明のためには、診療関係の医師のほか、看護婦、薬剤部門医からの事情聴取は必要であり、救命措置が取られないままBが死亡した後、死因が隠蔽され、真実が伝えられなかった原因の調査のためには、事務局、管理部門などの連絡指揮系統を調査する必要があること、被聴取者の仕事内容や病院の医療システム一般につき聴取することも、本件医療事故の原因を調査する際の前提であること、被聴取者は、当該事情聴取をもとにして懲罰が行われる可能性を意識してこれに応じてい

---

(13) 多利田隆史「最一小決平成17・11・15判解」平成17年度最高裁判例解説刑事編547頁参照。

たものと窺える、と主張している。

　これに対して、平成15年決定は、「証拠の代替性、事実認定に対する証拠の適性の見地からみても、本件事情聴取部分は、Yほか関係者16名からの事情聴取記録であるが、10名については、本件抗告申立後、刑事記録の公判調書、供述調書等が甲号証として提出された」、「残りの6名は、所長補佐、副院長、副所長、薬剤部長」などで、「上記10名に比較して、本件医療事故に対する関与度は著しく低い」として、本件事情聴取部分が真実解明に必須の証拠であるとの主張を認めていない。

　したがって、医療事故の直接の当事者である主治医、指導医だけではなく、病院の管理者の責任を追及する場合であっても、本件事故報告書の事情聴取の部分に関し、批判説のように「医療関係」として包括的に法律関係文書と理解することは、概念としてやや広すぎると考える。

　本件抗告申立後、主治医および指導医に関する刑事記録の公判調書、供述調書が証拠として提出されており、本件事情聴取部分の代替証拠がない、とまでいえるか疑問である。したがって、被聴取者に本件訴訟で証人調べが予定されていない者が含まれていること、事情聴取の内容に関しても、被聴取者の個々の仕事内容やYの医療システム一般に及ぶものとされ、本案訴訟の争点とは直接関係しない事項を含んでいる以上、平成15年決定が、本件事情聴取部分を真実解明に必須の証拠として認めなかったことは、正当と考える。

　提言部分を正しく評価するためには事情聴取部分は必要的であるとの指摘もなされている[14]。しかし、事故発生の原因、家族への対応のほか今後への提言が、本件訴訟にどの程度実際に関係するのか、疑問である。仮に事故報告書の事情聴取部分の開示を認め、Xが証拠能力を争う場合には、本案訴訟の争点が医療事故調査委員会あるいは病院の管理システムそのものの正当性に拡散する危険がある。

　さらに、事情聴取部分は、医療事故の経過や事後処置など具体的な事件の事実に関するものであり、Y側の情報独占が許される性質の文書ではないと

---

[14]　松村和德「東京高決平成15・7・15判批」金商1311号93頁。

批判されている。たしかに、Xに事情聴取部分が開示されなければ、現在の所持者であるYが結果的に独占する。しかし、医療安全のために重要なのは、病院という組織ではなく、原審決定が認めているように医療機関の事故に関する全ての情報が集約されることが制度的に保障され、原因を究明し、人的、物的または制度的に防止かつ改善する措置および方法を、その各関係部門に勧告する安全管理機関を病院の各部門から独立して、設置することである。そのためには、医療事故の報告が事実を客観的に報告するものであり、報告によって報告者に不利益が生ずることがないように配慮すること、安全管理機関も報告自体について、医療事故の原因究明・再発防止の措置の提言という目的のために使用することが義務づけられる必要がある。

したがって、平成15年決定が、医療事故調査委員会する事情聴取の部分に関して、除外文書と認めたことは、正当であると考える。医療事故調査委員会の原因究明・再発防止の目的のためには、むしろ事情聴取者の聞取事項は開示を認めないことが必要不可欠だからである。

2 公務員の職務上の秘密

②広島高裁岡山支決定平成16・4・6判時1874号69頁、判タ1199号287頁
（事実の概要）

Xは、生まれつき心室に小さな穴があり、A大学医学部付属病院（国立病院）において、それを塞ぐ心室中隔欠損パッチ閉鎖術を受けたところ、大動脈弁が傷つけられるという医療事故が発生したとして、損害賠償請求訴訟を提起するとともに、Y（国）に対し、医療過誤を立証するため、医療事故の状況等に関し、①文部省（当時）に報告するために作成した文書（本件医療事故の概要、現在の状況、本件医療事故に対する大学の見解および対応検討、今後の見通し等が記載）（本件文書1）及び②A病院内において発生した医事紛争に対応するために設けた内部組織である医事紛争対策委員会が、本件医療事故について、その状況を病院長等に報告等するために作成した文書（本件文書2）について、民事訴訟法220条3号後段、同条4号等を根拠として、文書提出命令の申立てをした。

原審（岡山地決平成15・12・26判タ1199号289頁）は、本件各文書が、法律関係

文書ではないこと、「公務の遂行に著しい支障を生ずるおそれ」が高い文書といえることから、220条4号ロの文書提出義務を負わないこと、およそ外部の者に開示することを予定していない文書は、同条4号ニの括弧書き所定の「公務員が組織的に用いるもの」には当たらないから、Yは文書提出義務を負わない、などとして、Xの申立てを却下した。

これに対し、Xは抗告し、抗告理由として、(1)「公務員の職務上の秘密」は、本件のような非権力作用に関する職務上の事項については該当しない、(2) 原決定が、「外部の者におよそ開示が予定されていない文書」に関し、同条4号ニ括弧書き所定の「公務員が組織的に用いる」文書には当たらないとした解釈は、違法であるなどと主張した。

広島高裁岡山支決定平成16・4・6 (以下「平成16年決定」という) は、原決定の結論を支持して、Xの抗告を棄却している (確定)。

<決定要旨>

「本件各文書は、本件医療事故について、行政庁内部において、相互に自由かつ率直な意見交換を行うことにより、将来の医事紛争が予想される患者らとの交渉ないし訴訟追行に向けての対応・方針を検討することを目的として作成されたものであって、非公知の事項に関するものであり、かつ、紛争当事者としての国の円滑な交渉ないし訴訟追行の適正を確保するために実質的にも秘密として保護するに値する事項に関するものであるから、非権力作用に関する職務上の事項であるがゆえに「公務員の職務上の秘密」に当たらないとするのは相当でない、と判示した上で、

「本件各文書は、本件医療事故について、・・・行政庁内部で組織的に検討する目的で作成されたものと認められるから、外部の者に開示が予定されているか否かにかかわらず、上記括弧書き所定の「公務員が組織的に用いる」文書に当たる」。

「原決定は、本件各文書が民事訴訟法220条4号ニ所定の自己使用文書に当たるとした点において相当でないが、本件各文書が同条3号後段所定の文書に当たらないとした点及び同条4号ロ所定の文書に当たるとした点並びに相手方に本件各文書を提出する信義則上の義務があるとは認められないとした点においては相当」であるとして、Xの抗告を棄却している。

公務秘密文書として提出義務が免除されるためには、ⓐ公務員の職務上の秘密に関する文書であること、ⓑ公務の遂行に著しい支障が生ずるおそれがあることが必要である(15)。

　平成16年決定は、専らⓐの要件を取り上げ、提出先が文部科学省（本件文書1）か、A病院長（本件文書2）かを区別せずに、行政庁内部において、相互に自由かつ率直な意見交換を行うことにより、将来の医事紛争が予想される患者らとの交渉ないし訴訟追行に向けての対応・方針を検討することを目的として作成されたものであって、非公知の事項に関するものであり、かつ、紛争当事者としての国の円滑な交渉ないし訴訟追行の適正を確保するために実質的にも秘密として保護するに値する事項としている。

　さらに、原決定が認定しているように、情報公開制度との整合性を重視して、「契約、交渉又は訴訟に係る事務に関し、国、独立行政法人等又は地方公共団体の財産上の利益又は当事者としての地位を不当に害するおそれ」がある場合は、民事訴訟法220条4号ロにいう「公務の遂行に著しい支障を生ずるおそれ」がある場合に該当すると解するべきである」と判示し、「開示されることによって情報公開法5条6号にいう「当該事務又は事業の適正な遂行に支障を及ぼすおそれ」が高い文書といえ、ひいては民事訴訟法220条4号ロにいう「公務の遂行に著しい支障を生ずるおそれ」が高い文書」と認めている。

　しかし、情報公開法が、開示請求権の主体を限定せず（同法3条）、開示請求の目的にも制限を設けていない（同法5条）のに対して、民事訴訟法上の文書提出義務は、文書の証拠調べを行うことによって事実認定の適正を図ることを目的とし、その対象となる文書も、基本事件における要証事実と関連する文書であって、証拠調べの必要性のあるものに限定されており、二つの制度の相違から、平成16年決定とは異なり、情報公開法のもとでは不開示とされる文書であっても民事訴訟法上の文書提出義務は否定されないことはあり得る(16)。

---

(15) 兼子・前掲注9) 1201頁［加藤］、菊井＝村松・前掲注9) 394頁、伊藤眞『民事訴訟法［第四版補訂版］』（有斐閣、2014) 427頁、高橋・前掲注9) 167頁など参照。

(16) 長谷部由起子「公文書の提出義務―文書の不開示を正当化する理由―」『民事紛争と手続理論の現在（井上治典先生追悼論文集）』（有斐閣、2008) 366頁注(8)、深山卓也ほか「民事訴訟

平成16年決定は、行政庁内部において、相互に自由かつ率直な意見交換を行うことにより、将来の医事紛争が予想される患者らとの交渉ないし訴訟追行に向けての対応・方針を検討することを目的として作成されれば、なぜ「公務秘密文書」として保護に値するのか、明確な理由を示していない。[17]

　多くの大学病院において発生した初歩的なミスによる医療事故に対し、国立大学医学部付属病院長会議は、医療事故を未然にするための方策および万一事故が生じた場合の対応などに関し、平成13年に医療事故防止のための安全管理体制の確立に向けて、以下のような提言を公表している。[18]

　医療事故ないしは事故の疑いのある事態が発生した場合には、患者や家族に対して、事実を誠実に、かつ速やかに説明することが必要であり、患者・家族が自ら適切に理解し判断を下せるように伝えることを説いている。具体的には、「重要な事実を省かない」、「因果関係を省かない」、「明確に説明できないことがあれば、率直にそのことを伝える」、「多少とも不明な点があることについては断定的な言い方はしない」、「事態についての異なる解釈があれば、それについてもきちんと伝える」、「当初の説明と異なる処置、当初の説明を越える処置をした場合はきちんと伝える」、「ミスの事実があれば、結果には影響を与えていないと考えられるものでも、包み隠さず伝える」としている。

　患者が死亡した場合に、遺族が、患者の疾病とそれに対して行われた医療、患者が最終的に死に至る経緯について知りたいということであれば、病院としては、そうした要請を尊重してできるだけの対応を行うことが望まれ、診療記録の開示要請に対しても、原則としてこれに応えるべきであり、開示の目的が診療行為の適切さを検証すること等であっても同様である、としている。[19]

法の一部を改正する法律の概要（上）」ジュリ1209号106頁など参照。
(17)　須藤典明「広島高岡山支決平成16・4・6判批」『主要判例解説平成17年』217頁は、提出免除事由は厳格に解釈されるべきであり、平成16年決定の先例的な意義を過大に評価すべきではないとしている。
(18)　国立大学医学部付属病院長会議編『医療事故防止のための安全管理体制の確立に向けて［提言］』（日総研、2001）。
(19)　以上について、国立大学医学部付属病院長会議編・前掲注18) 138頁以下参照。

たしかに、これらの提言は、法的な義務をともなったものではないが、平成16年決定のように、各文書が「紛争の当事者としての国の円滑な交渉ないし訴訟追行の適正を確保するために実質的にも秘密として保護するに値する」といえるのか、疑問である。

むしろ、本件医療事故に関する報告書[21]が遺族に交付されるのが原則であり、交付されていなければ、少なくとも本件文書2における医療事故の原因分析および再発防止策に関する記載に関して、平成15年決定と同様にXに開示されるべきと考える[22]。本件医療事故の報告書が既に遺族に交付されていれば、本件文書1の提出の必要性を患者遺族が証明する必要がある。

第一義的には、院内報告書の開示を認めれば、証拠としては十分であり、本件文書1に関しては、本件文書2が開示されなかった場合に証拠の必要性を判断すればよいと考える。

医療機関内に設置された医療事故調査委員会が作成した医療事故報告書は、民事訴訟における開示によって、著しく侵害されることが明らかでない限り、カルテ等の診療記録と同様に、法律関係文書に該当し、開示すべきであるとの説が有力である[23]。患者と診療契約を締結した医療機関は、一般に、患者側に対して、適切な診療を行い、手術の際などには必要に応じて十分な説明を行うとともに、不幸にして医療事故が生じた場合には当該自己の発生機序・原因・防止策等について慎重かつ十分な調査等を行ったうえで報告（顛末についての報告）をするなど、適切な診療行為を行うべき診療契約上の義務

---

(20) 長谷部教授は、平成16年決定が、将来生ずべき医事紛争一般への影響を想定したというよりは、当該事案におけるXとの円滑な交渉ないし訴訟追行の適正を確保する必要に着眼した議論のように読め、国にとって不利な証拠を訴訟の場に提出しないことが、はたして、「公務の円滑・適正な遂行のため」という理由で正当化されるかは疑問である（長谷部・前掲注16）365頁注（8））、と的確に指摘されている。

(21) 国立病院機構に所属する病院、大学付属病院は、本件のような事故事案が発生した日から2週間以内に、当該事案に関する報告書（以下「事故等報告書」という）を作成する必要がある（医療則9条の23第1項2）。事故等報告書には、事故等事案が発生した日時、場所及び診療科名、性別、年齢、病名その他の事故等事案に係る患者に関する情報、医療関係者に関する情報、事故等事案の内容に関する情報などを記載しなければならない（同条2項）。

(22) 山本教授は、平成16年決定で記載内容に応じたきめ細かい判断をする余地がなかったのかは必ずしも明らかではない（山本・前掲注6）113頁注10））、と指摘する。

(23) 山本和彦ほか『文書提出命令の理論と実務』（民事法研究会、2010）363頁［村田渉］、同様の立場として、須藤・前掲注17）217頁も参照。

を負っていると解されるからである。
　たしかに、患者に対する医師の顛末報告義務が診療契約にともなう付随義務として認められることに判例[24]、学説上異論はない[25]。
　患者の遺族は、診療契約の直接の当事者ではないため、患者の遺族が診療記録の開示を受ける利益を不法行為上の保護対象と認定している判例のほか[26]、患者の遺族に対し、死因について信義則上の説明義務を認めている判例[27]および遺族に対する説明義務を診療契約に付随する義務として派生的に認めている判例[28]などに分かれている[29]。
　なお、平成16年決定に関し、病院内部で医療事故が起きた場合には、国立・公立大学病院であろうと私立大学病院であろうと、医療紛争が予定される相手方との交渉ないし訴訟追行に向けての対応のために作成されることが多いと思われるが、なにゆえ国立や公立大学病院内で作成されたものだけが、「公務秘密文書」として保護されるのか、およそ合理的な説明はできないように思われるとの批判もされている[30]。
　③東京高決平成23・5・17判時2141号36頁、判タ1370号239頁
（事案の概要）
　平成18年2月に、Y（独立行政法人国立病院機構）の運営するA病院に救急搬送され入院したBが、A病院の医師及び看護師による呼吸管理に関する

---

(24)　大阪地判平成20・2・21判タ1318号173頁、東京地判平成23・1・27判タ1367号212頁など参照。
(25)　剱持淳子「医師の顛末報告義務」判タ1304号37頁、秋吉仁美編著『リーガル・プログレッシブ・シリーズ医療訴訟』（青林書院、2009）339頁［藤山雅行］、浦川道太郎ほか『専門訴訟4巻』（民事法研究会、2010）39頁［浦川］など参照。
(26)　広島地判平成4・12・21判タ814号202頁。
(27)　東京高判平成10・2・25判タ992号205頁、東京地判平成16・1・30判時1861号3頁［都立広尾病院事件第1審］など参照。
(28)　東京高判平成16・9・30判時1880号72頁［都立広尾病院事件控訴審］など参照。
(29)　法律構成の詳細に関して、剱持・前掲注25）37頁、阪上武生「医師の患者又はその遺族に対する顛末報告義務」法と政治63巻4号1172頁など参照。
(30)　中島弘雅「文書提出義務の一般義務化と除外文書―文書提出命令をめぐる近時の判例動向から―」『企業紛争と民事手続法理論（福永有利先生古稀記念論文集）』（商事法務、2005）423頁。ただし、平成16年決定においても、自己利用文書であるとする方が理論的であるとするが、平成16年決定が判示するように、行政庁内部で組織的に検討する目的で作成されたものとして、「公務員が組織的に用いる文書」に該当し、提出義務を否定することはできない、と考えられる（村田・前掲注23）363頁注28参照）。

注意義務違反等によって、低酸素脳症に陥り死亡したと主張して、Bの相続人であるXらが不法行為ないし債務不履行による損害賠償請求権に基づき、Yに対し、Bの損害金及び固有の慰謝料等の支払を求めた事案である。本件の医療事故に関し、Yの運営する各病院の院長等をもって構成する全国国立病院院長協議会に置かれた医療事故評価委員会から付託を受けた評価専門医が作成した医療事故報告書（以下「本件報告書」という。）についての文書提出の許否が問題となっている。

原決定（東京地立川支決平成23・2・9判例集未登載）は、本件報告書が、①引用文書（民訴法220条1号）に該当しない、②内部の者の利用に供する目的で作成されたとしても、評価医の氏名及び所属施設等の記載を除けば、開示によって所持者の側に看過しがたい不利益が生ずるおそれがあるとまでは認められないとして、内部文書に該当しない、③公務員の職務上の秘密に関する文書に当たるが、評価医の氏名及び所属施設等の記載を除けば、その提出により公共の利益を害し、又は公務の遂行に著しい支障を生ずる具体的なおそれがあるとまではいえず、除外文書に該当しないと判断して、評価医の氏名等を除く範囲で文書提出命令の申立てを認容した。そこで、Yは、これを不服として即時抗告した。[31]

東京高決平成23・5・17（以下「平成23年決定」という。）[32]

＜決定要旨＞

原決定中、Yに対し文書の提出を命じた部分を取り消し、Xらの文書提出命令の申立てを却下した。本決定は、インカメラ手続により調査した結果、引用文書、公務秘密文書および自己利用文書に分け、概略以下のように判断している。

ⓐ引用文書

「「引用した」といえるためには、訴訟において積極的に当該文書の存在に言及した場合でなければならないと解されるところ、・・・Yが本案事件の

---

[31] 情報開示の目的、請求権者等が異なるから、文書提出義務の有無を検討する際に、独立行政法人等情報公開法の規定する情報開示の要件を検討する必要はない、としており、平成16年決定の立場を否定していることが注目される。

[32] 平成23年決定及び原決定の記録に関して、安西明子上智大学教授より提供していただいた。記して、感謝申し上げる。

審理において本件報告書に言及したのは、・・・準備書面の中で、請求原因事実に対する認否として、「本件医療事故に関して国立病院機構院長協議会による評価が行われたこと、その評価の内容が甲Ａ六記載のとおりであることは認める」と主張したに止まるものであることが認められ、Ｙが積極的に本件報告書の存在に言及したとは到底いえず」、引用文書には該当しない。

ⓑ公務秘密文書

「「公務員の職業上の秘密」とは、公務員が職務上知り得た非公知の事項であって、実質的にもそれを秘密として保護するに値すると認められるものをいうと解すべきである（最高裁昭和五二年一二月一九日第二小法廷決定・刑集三一巻七号一〇五三頁、最高裁昭和五三年五月三一日第一小法廷決定・刑集三二巻三号四五七頁参照）」と判示した上で、

本件について、「Ｙは特定独立行政法人であり、その職員は国家公務員とみなされ、職務上知ることのできた秘密を漏らしてはならないものとされ（国家公務員法100条1項）、これに違反した者は刑事罰を課されるものとされている（同法109条1項12号）のであるから、ここにいう「公務員」にＹの職員も含まれる」、としている。

本件報告書に関し、「本件医療事故発生直後よりＡ病院側がＸらに経過の説明に努めたものの、事故原因が必ずしも明瞭ではなく、Ｘらは本件病院側の説明に納得せず、一貫して事故原因の究明を求め続ける中で、本件病院がＹ内部の一機関である評価委員会に本件医療事故の評価を依頼したこと、評価希望事項が事故原因の究明と本件病院側の過誤の有無、過誤と事故との因果関係の有無に尽きていること、これを受けて麻酔科や救命救急の専門医が本件医療事故を評価し本件報告書を作成した」

「本件報告書は、Ｙ内部において組織的に利用される内部文書であって、公表を予定していないものと認められ、麻酔科医長や救命救急センター医長がＹの職員の職務の一環として、守秘義務を課された上（同規程9条2項）、・・・評価専門医の立場から自らの専門的意見を表明したものであり、公務員の所掌事務に属する秘密が記載された」と認めている。

「本件報告書の内、甲Ａ六に盛り込まれた部分以外については、依然公表されておらず、非公知の事項である」と認め、本件報告書は、民訴法220条4

号ロにいう「公務員の職業上の秘密に関する文書」に当たる」と判示している。

「「その提出により公務の遂行に著しい支障を生ずるおそれがある」とは、単に文書の性格から公務の遂行に著しい支障を生ずる抽象的なおそれがあることが認められるだけでは足りず、その文書の記載内容からみてそのおそれの存在することが具体的に認められることが必要であると解すべきである（最高裁平成一七年一〇月一四日第三小法廷決定・民集五九巻八号二二六五頁参照）。」と判示したうえで、本件報告書に関し、以下のように論じている。

「本件報告書は、・・・本件医療事故に関し、その発生原因、本件病院の医療従事者の過失の有無、事故と過失との因果関係の有無について、Ｙの職員である麻酔科医長と救命救急センター医長の両名が、評価委員会及び本件病院以外には公表されないことを前提として、本件病院から提供された診療録等の客観的な資料に基づいて、医療者側、患者側の視点にかたよらない第三者の視点で、専門的知見に基づき、忌憚のない意見を述べたものであり、・・・Ｙ内部において、・・・組織としての意思形成を行うに当たって重要な役割を果たしたことは疑いを入れない」、⑦「本案事件に提出されると、・・・医療関係者や患者側関係者に公表されることを前提とし、限られた客観的な資料に基づいて、比較短期間の内に医療事故の原因や医療従事者の責任の有無という重い課題について意見を表明せざるを得ない以上は、医療関係者や患者側関係者からのいたずらな批判、批難を招くことを避け、極力誤解を招かぬよう、盛り込むべき内容に意を用いざるを得ず、自由かつ率直な意見の表明に支障を来すこととなるおそれが十分に考えられる」、④「このような結果となっては、医療事故発生の早期の段階で、Ｙ内部において、可能な限り、厳正で公正な、客観的な資料に基づく専門的意見を自由かつ率直に交換し、Ｙなりの医療事故の責任について見解を形成して、患者やその家族との対応、紛議の解決に当たろうとする上記のシステムは、十分に機能しなくなることは明らかであり、公務の遂行に著しい支障を生ずるおそれが具体的に存在する」。

「評価専門医の氏名、所属施設、所属診療科及び職名を提出対象から除いたとしても、・・・、その記載内容自体から作成者の特定は容易に可能となる」から、公務秘密文書に該当する。

ⓒ自己利用文書

「本件報告書は、・・・本件医療事故について、・・・Yの内部で組織的に検討する目的に供されるものであり、同号ニかっこ書き所定の「国又は地方公共団体が所持する文書であって、公務員が組織的に用いるもの」に準ずるもの」と解され、自己利用文書には該当しない。

なお、平成23年決定に対するXの抗告許可申立てに対し、同年6月23日に原裁判所による不許可決定がなされている。

平成23年決定は、全国国立病院長協議会に設置された医療事故評価委員会から付託を受けた評価専門医が作成した医療事故報告書で、独立行政法人国立病院機構が所持するものについて、文書提出命令の許否が問題となっている。評価専門医は、提出された資料に基づいて、評価をしたに過ぎず、独自に当事者である医療従事者などから聞取調査をしていないことに特色が認められる。

平成16年決定は、国立大学医学部付属病院で発生した医療事故状況を文部省および病院長に報告等をするために病院自身が作成した文書が問題となっており、作成者および文書作成の目的が異なっている。

以下、除外事由に関して、考察する。

ⓐ引用文書

当事者が訴訟においてその所持する文書の存在および内容を自己の主張の裏付けとして、積極的に引用したい以上、当事者には相手方との関係で文書を秘匿する意思はなく、その主張は弁論の全趣旨として裁判所の心証にも影響しうるので、文書を提出させて相手方の批判にさらすのが信義則上公平である。[33]

「引用した」といえるためには、通説は、訴訟において積極的に当該文書の存在に言及した場合であることを要する。当事者が当該文書の秘密保持の利益を積極的に放棄したものでなければ、提出義務を認めるのは妥当ではないからである。平成23年決定は、Yが請求原因事実に対する認否として主張したに過ぎないから、引用文書には該当しないとした原決定の判断を維持したことは正当である。

---

(33) 兼子・前掲注9) 1190頁［加藤新太郎］、菊井＝村松・前掲注9) 376頁など参照。

ⓑ公務秘密文書

公務秘密文書の要件に関し、最三小決平成17・10・14民集59巻8号2265頁に依拠して、「公務員の職務上の秘密」および「公務遂行の支障」について判断している。[34] なお、監督官庁の意見（民訴223条3項）としてY理事長は、「公務の遂行に著しい支障を生ずるおそれ」が高いと述べている。[35]

1　公務員の職務上の秘密

「公務員の職務上の秘密」に関し、公務員が職務上知り得た非公知の事項であって、実質的にもそれを秘密として保護するに値する（実質秘）ことを前提にしている。

特定独立行政法人であるYの職員も公務員に含まれることを前提にして、[36] 本件報告書は、本件医療事故の原因を究明し、本件医療事故が本件病院側の過誤によるものか否かを評価するものであることにかんがみると、Yの内部において、将来の医療紛争が予想される相手方らへの対応の方針を決定するための基礎資料として使用することを主たる目的とし、あわせて今後の医療事故防止対策に資することも目的として作成されたものと認めている。これは、平成16年決定が、非権力作用に関する職務事項に関し、公務秘密文書を認めた基準と共通している。[37]

さらに、平成23年決定は、報告書の作成者である評価医に対し、職務の一環として、守秘義務を課されていることも考慮して、公務員の所掌事務に属する秘密が記載されたものであると認めている。

---

(34) 公務秘密該当性の判例法理に関し、山本和彦「文書提出命令の判例準則」山本ほか・前掲注23) 6頁、伊藤眞「民事訴訟の目的再考─完結したミクロ・コスモスにならないために」新堂幸司監修『実務民事訴訟講座〔第3期〕第1巻』（日評、2014）39頁以下、長谷部・前掲注16) 347頁、同「公務秘密文書の要件」『民事訴訟法学の新たな地平』（有斐閣、2009）337頁など参照。
(35) 当初は、専ら自己使用文書が争点となっていたが、平成22年9月16日付けのYの準備書面で、開示によって公務の遂行に著しい支障を生ずるおそれがあると主張したので、公務遂行の支障に関しても争点となっている。
(36) 深山・前掲注16) 110頁注14、兼子・前掲注9) 1203頁［加藤新太郎］、菊井＝村松・前掲注9) 396頁など参照。これに対して、西野教授は、特定独立行政法人の職員は国家公務員である（独立行政法人通則法51条）から国家公務員法を引用するまでもない（西野喜一「東京高決平成23・5・17判批」判時2157号（判例644号）179頁)、としている。
(37) 安西明子「東京高決平成23・5・17判批」『平成23年重要判例解説』（2012）120頁参照。

平成 23 年決定は、「公務員が職務上知り得た非公知の事項」が、なぜ実質的にも秘密として保護に値するのか、に関し、明確にしていない。

実質秘として保護すべきものとして、①将来の医療紛争に関する対処方針策定の資料および②将来の医療事故防止対策の資料が挙げられている[38]。しかし、評価委員は、平成 16 年決定のように、原因究明のために自ら事実関係を調査して、判断するのではなく第三者による医学的評価を行うに過ぎず、判断に供される資料も本件訴訟で提出されている診療経過一覧表、診療録（写し）などの客観的資料に基づくものである。したがって、評価報告書は①②の基礎資料の一つに過ぎず、実質秘とまでいえるか、なお疑問である。

2　公務遂行支障

公務遂行支障に関し、最三小決平成 17・10・13 は、単に文書の性格から公務の遂行に著しい支障を生ずる抽象的なおそれがあることが認められるだけでは足りず、その文書の記載内容からみてそのおそれの存在することが具体的に認められることが必要である、としている[39]。

前記㋐は、評価専門医が提供された資料に基づいて、自由で率直な評価意見を作成するかを問題としており、平成 15 年決定のように事故調査報告書の事情聴取部分が開示されれば、看過しがたい不利益が認められ、自己利用文書として保護されることと共通している。

前記㋑は、Y 内部における紛議の解決システムの機能不全のおそれを問題としている[40]。しかし、原決定が指摘しているように、本報告書は、Y 内部の改善や X らへの対応、方針等を決定するための基礎資料に過ぎず、Y 内部の意見交換や意思形成の過程が記載されているものでもない。

西野教授は、前記㋐に関し、最も適切な意思決定、判断を得るためにはその意思形成過程での自由を保障することが絶対的に必要であり、更にその自

---

(38)　山本・前掲注 6）113 頁参照。
(39)　山本・前掲注 34）10 頁、伊藤・前掲注 15）428 頁、兼子・前掲注 9）1203 頁［加藤］、菊井＝村松・前掲注 9）397 頁など参照。
(40)　伊藤教授は、平成 23 年決定が、第三者である医師の協力確保とそれらのものの自由かつ率直な意見交換の機会の確保とが一体のものとして捉えられているが、基本は、第三者の任意協力確保の必要性に関する判断と理解すべきである（伊藤・前掲注 34）49 頁注 36））、とする。

由な意思形成のためにはその過程での秘密の保持ということはやむを得ざる要請である、とする。[41]

山本教授は、開示を阻害する支障の程度に関し、本件のような公的機関と私的団体とで同じであってよいかを問題にし、自己利用文書に関する「看過しがたい不利益」よりも公務秘密文書に関する「公務の遂行に著しい支障」の方が要件としてより重いものを求めているとの理解が十分に成り立つ、とする。[42]しかし、少なくとも原因究明および医療安全に関して、平成23年決定のように国立病院機構に属するか、あるいは平成15年決定のように私立大学病院であるかによって、開示の範囲に差異を認めることが果たして、合理的であるか、なお疑問に思える。

むしろ、平成23年決定が認めているように、本件報告書は、「専ら評価判断を加え、鑑定的な意見を述べたに過ぎないものであり、その各評価判断事項は、本案事件における最終的な司法判断の対象」と考えられる。[43]

本件での評価専門医は、各専門分野ごとに所属の病院長の推薦により国立病院機構の関東甲信越ブロックの病院に勤務する原則医長以上の役職にある医師の中から選定され、原因究明、患者およびその家族への対応方針の取り決めおよび再発防止のために、厳格、公正な意見が盛り込まれることを担保するために、医療事故の発生した病院以外の病院に勤務する経験豊富な医師に第三者の視点から評価を求めている。

平成23年決定は、「必要によっては、当事者双方からの反対尋問も含む、厳しい批判に晒されることを前提とする全く利害関係のない中立的な鑑定を求めて司法判断の基礎資料を提供することこそが適正かつ公平な審理が行われる要諦である」と判示している。

評価専門医は、Yに所属する病院に勤務している以上、「全く利害関係のない中立的な鑑定」とはいえないようにも理解できる。しかし、原決定が指摘しているように、評価医が、専門的、客観的に批判、検討に堪え得る内容の文書作成を前提としていると認められる。したがって、本件報告書を当事

---

(41) 西野・前掲注36) 179頁参照。
(42) 山本・前掲注6) 114頁参照。
(43) 安西・前掲注37) 120頁参照。

者から提出される私的鑑定書と同視することは適切ではなく、文書開示の除外事由ともならない。

　文書提出をめぐって、平成23年決定が原決定と結論が分かれたのは、作成者の氏名、所属施設、所属診療科および職名の記載を除けば、その開示により、個人のプライバシーが侵害され、具体的に意思形成が阻害されると認められるかである。

　仮に本件で、文書提出命令が認められて、患者に不利な評価専門医の評価が明らかにされれば、患者側は、評価専門医の判断の正当性を争うことが想定される。

　たしかに、評価専門医は、医学的な観点から反論すればよく、反論ができなければ、平成23年決定のように、「限られた客観的な資料に基づいて、比較的短期間の内に」判断しなければならなかったために誤ったとしても、「資料や検討の時間が十分なかったので誤りました」と認めることが学問的には誠実な態度といえる。[44]

　しかし、後になって、本案訴訟で評価専門医の評価自体の正当性を問うことは、Y内部の原因究明、患者やその家族との対応などシステム全体の正当性を問題とすることにつながる。したがって、本件で争点となっている医師や看護師による呼吸管理に関して、仮に本件報告書が注意義務を否定するYに有利な評価であっても、評価専門医の立場を考えて、あえて提出しなかったとも考えられる。

　後から、本案訴訟において、評価専門医の意見自体の正当性が争われる危険が認められれば、評価専門医は、訴訟に呼び出され、証拠能力を問題とされるのを恐れて、当たり障りのない意見を述べたり、明確な結論を示さない可能性は否定できない。[45]しかし、評価専門医の判断が患者側に不利な場合に、評価専門医を訴訟に常に呼び出す必要はなく、必要に応じて評価専門医とは[46]

---

(44)　山本・前掲注6) 115頁参照。
(45)　医療訴訟における鑑定の問題点に関し、前田順司ほか『専門的な知見を必要とする民事訴訟の運営』司法研究報告書第52輯第1号53頁、94頁など参照。
(46)　鑑定人として、職務上の秘密について尋問する場合には、当該監督官庁の承認が必要となる（民訴216条・191条）。しかし、国立病院機構に属する医師にのみ証言拒絶を認めること、国立病院機構に属する医師であっても、評価専門医ではなく、例えば、産科医療補償制度の原因分析

異なる別の専門家を鑑定人に指定（民訴213条）して、注意義務の有無を審理すれば、十分に対応できると考えられる。重要なのは、適切な鑑定人の確保をどのように図るかである(47)。

これに対して、仮に評価専門医の意見が注意義務違反を認める場合には、原因究明および再発防止の観点からBには本件報告書を提出しない自由は認められないはずである(48)。

安西教授は、「Xとしては、提訴前の甲A6号証（本件報告書全体を引用のうえ、一部削除した）を用いたYの説明にまだ納得ができない以上、本件報告書全体を見たいと考えたのであろうが、Xにとっても文書提出それ自体よりYからの説明が重要なはずで、それはいまから本案審理において行われるべきである。これは証拠の必要性に関する問題であるが、文書提出命令の審理において当事者の主張、それに応じた裁判所の判断も深められるような理論立てが必要」とされている(49)。

第三者である評価専門医が任意に協力できるように、原決定のように、評価医の氏名および所属施設などの記載を除き、本案訴訟で適正な訴訟指揮を行い、当事者も評価医の意見自体を弾劾するような態度をとらないようにすれば、公務秘密文書と認めなくても良いと考える(50)。

仮に、平成15年決定の事案が国立病院機構に所属する病院であった場合

　委員会部会委員を務める場合には、証言拒絶権が認められないことに関し、制度が異なることを理由に正当化するのは困難である。むしろ、第三者による医療評価を尊重するために、裁判所は原則として鑑定人に指定しない運用を定着すべきと考える。
(47) 近時の鑑定手続の多様化に関し、高橋譲編著『医療訴訟の実務』（商事法務、2013）255頁［味元厚二郎］、福田剛久ほか編『医療訴訟』（青林書院、2014）220頁［高橋譲ほか］など参照。
(48) 平成22年5月12日付のYの意見書によれば、評価医の評価・意見がYにとって必ずしも有利な内容ではないことが明らかであると指摘している。
(49) 安西・前掲注37）120頁、山本ほか・前掲注23）75頁［安西］など参照。
(50) 山本教授は、人間（あるいは医師）の現実を前提にして「著しい支障」の有無を考えざるを得ず、平成23年決定の判断を相当といわざるを得ない、とする（山本・前掲注6）115頁）。これに対して、伊藤教授は、任意に調査に協力し、情報を提供したり、意見を表明する第三者も、事柄の性質や公務の意義を理解して協力しているものとみるべきであり、後に生じた訴訟において、当該訴訟において当該文書が不可欠な証拠とみなされるようなときに、当該訴訟の社会的意義、争点の重要性、あるいは証拠としての重要性と不可欠性を考慮して、裁判所がその文書の提出を命じたとしても、それが第三者の正当な期待を裏切るものとはいえない、とされる（伊藤・前掲注34）46頁）。

には、関係者が職務上の秘密を理由に証言拒否できるか否か（民訴197条1項1号・同191条）、証言拒否をした場合において、代替証拠として事情聴取部分に関して、一部提出を命じうるのかが問題となる。患者ないしはその遺族が医療訴訟を提起している医師に関し、診療経過等について黙秘義務がなくなると解される以上、さらに公務員として、職務上の秘密に関し、公務遂行支障を理由に監督官庁の承諾（同191条2項）が得られないのは正当とはいえないであろう。平成15年決定の事案のように、直接の関係者以外の者に関して、証言が求められた場合は、代替証拠など証拠調べの必要性の有無をまず検討すべきである。

ⓒ 自己利用文書

西野教授は、独立行政法人を「国又は地方公共団体」に準じて考えるというのは法文の発想や体裁になじみにくいこと、内部の意思形成のための資料が（公務員が）「組織的に用いるもの」であるというのも形式論理として文言にとらわれすぎていること、内部文書について、独立行政法人国立病院機構に所属する病院の場合には、公務秘密文書、私立病院の場合には内部文書と要件も手続が異なっているのは合理性がないと批判されている。そこで、専ら自己利用文書に該当するか否かによって判断すべきとされる。

平成23年決定の評価報告書は、Aだけではなく、医療事故評価委員会にも送付されている。さらに、Aは、「ⓐ評価医の報告内容（要点を記載）」と「ⓑA病院の見解」から構成される「国立病院機構院長協議会による評価依頼結果の報告ならびにA病院の見解」を作成し、家族説明会の席上でXらに交付している。

したがって、実際に評価専門医の意見がY内部での意思形成の資料として最初から完全に非公開とすることが当然の前提となって作成されていたと

---

(51) 山本・前掲注6) 116頁。
(52) 兼子・前掲注9) 1102頁［松浦馨＝加藤新太郎］、菊井＝村松・前掲注9) 194頁など参照。
(53) 公務遂行支障の判断が、文書提出命令では、裁判所であるのに対し、証言に関しては監督官庁に委ねられている点が問題である（山本・前掲注6) 116頁）。
(54) 山本教授は、当該関係人が退職や死亡等によって、尋問等ができない場合には、なお事情聴取部分の一部開示の可能性を認める（山本・前掲注6) 116頁）。しかし、民事責任等を問わない原因分析および医療安全の趣旨を考えると事情聴取部分の開示は慎重であるべきと考える。
(55) 西野・前掲注36) 179頁参照。

考えられるかは疑問である。

　平成23年決定は、公務秘密文書と認定したため、自己利用文書に該当するか否かに関しては、詳細な検討をしていない。むしろ、自己利用文書に該当するか否かに関し、家族説明会で家族に交付された文書と本件報告書の記載内容を比較して、判断する必要があったといえる。Yは、事故原因、過失の有無、因果関係等についてほとんど同一内容が記載されている以上、本件報告書の開示によって、新たな情報が開示されるわけではなく、要証事実たる過失の存在との関係では、本件報告書を取り調べる必要性は認められないと抗告理由書で述べているが、Xの抗告理由反論書では何ら言及されていない。

Ⅲ　第三者機関による医学的評価と医療訴訟

　事故報告書の文書提出命令が裁判上問題となった事案は、独立行政法人国立病院機構に所属する病院（国立病院も含む）あるいは大学病院であり、死亡事故等が発生した場合には、調査報告書を作成する義務がある。

　これに対して、その他の診療所、病院において死亡事故等が発生しても事故調査委員会を設置するか否かは、任意である。

　平成17年から診療行為に関連した死亡の調査分析モデル事業（以下、「モデル事業」という）が開始され、12のモデル地域の診療機関から診療行為に関連した死亡の調査依頼を受け付け、解剖を実施し、専門医による医療機関に対する聞取調査や診療録の調査等を行い、因果関係及び再発防止策を総合的に検討している。調査結果と解剖結果等をもとに地域評価委員会で評価が行われ、作成された評価結果報告書の内容について医療機関及び患者遺族に説明

---

(56)　原決定は、公表を予定していたものではないにしろ、何らかの形で、Xへその内容を報告することを予定していたと認定している。

(57)　西野教授も、もし家族説明会での交付文書が、一部の「削除」や「修文」以外は本報告書の全文が公表されるとその作成者の特定が容易になってしまうという本決定の判断はいささか説得力を欠く結果となると指摘している（西野・前掲注36）181頁参照）。

(58)　北海道、宮城、茨城、東京、新潟、愛知、大阪、兵庫、岡山、愛媛、福岡、佐賀である。

(59)　田原克志「診療行為に関連した死亡の調査分析モデル事業」ジュリ1323号20頁など参照

がなされている。⁽⁶⁰⁾

　平成21年1月より産科医療補償制度が開始されている。⁽⁶¹⁾産科医療補償制度は、安心して産科医療制度を受けられる環境整備の一環として、分娩に関連して発症した重度脳性麻痺児とその家族の経済的負担を速やかに補償するとともに、脳性麻痺発症の原因分析を行い、再発防止に資する情報を提供することにより、紛争の防止・早期解決及び産科医療の質の向上を図るものである。

　補償の対象となるのは、平成21年1月1日以降に出生した児の内、出生体重が2,000グラム以上かつ在胎週数33週以上の重度脳性麻痺である。なお、平成27年1月1日以降に出生した児に関しては、出生体重1,400グラム以上かつ、在胎週数32週以上に変更されている。⁽⁶²⁾分娩に関連して発症した重度脳性麻痺と認定された場合には、総額3,000万円が給付される（同第5条）。産科医療補償制度の運営組織が補償対象と認定した重度脳性麻痺の全事例が原因分析の対象となり、原因分析報告書が作成されている。

　このように、院内だけではなく、第三者機関による死因あるいは脳性麻痺発症の原因究明が行われており、第三者機関と医療訴訟の関係が問題となる。

　本論文では、全国のほぼ全ての分娩機関を対象としていることから、⁽⁶³⁾産科医療補償制度の原因分析に関して、論ずる。

1　産科医療補償制度の原因分析

　当該分娩機関から提出された診療録・助産録、検査データ、診療体制等に

---

(60) 評価報告件数は、平成22年度24事例、平成23年32事例、平成24年23事例、平成25年26事例である（一般社団法人　日本医療安全調査機構『診療行為に関連した死亡の調査分析モデル事業平成25年度事業実施報告書』（2014）10頁）。

(61) 財団法人日本医療機能評価機構『産科医療補償制度ハンドブック制度解説編』（2010）、我妻堯編著『［新訂］鑑定からみた産科医療訴訟』（日評、2013）29頁［我妻学］、岡井崇「産科医療補償制度の概要と実績」年報医事法学28号100頁、上杉奈々「産科医療補償制度—現状と課題」同号90頁など参照。

(62) 公益財団法人日本医療機能評価機構産科医療補償制度運営委員会『産科医療補償制度見直しに係る最終報告書』（2013）9頁参照。

(63) 平成26年11月30日現在、病院（1,205）および助産所（448）は、全て制度に加入しており、診療所（1,659）は、1,654が加入している（第32回産科医療補償制度運営委員会（平成26年12月）資料）。

関する情報(病床数、医療に係わる安全管理の方策、分娩件数、設備、医療従事者の勤務体制、事例に係わった産科医などの医療従事者及び事例発生後の医療安全対策の取組状況)および保護者からの書面による意見書等に基づいて、医学的な観点から原因分析を行うとともに再発防止等の提言を行うものである。原因分析を公正・中立な立場で行うため、補償制度の運営組織に第三者委員会である原因分析委員会(以下、「本委員会」という)を設置している。

本委員会の委員は、産科医、小児科医(新生児科医を含む)、助産師、法律家、有識者から構成されている。本委員会での審議を十分かつ効率的に行うため、本委員会の下部組織として6つの原因分析委員会部会(以下、「部会」という)を設置している。各部会は、産科医3名、小児科医(新生児科医を含む)1名、助産師1名、法律家2名の合計7名の委員から構成されている。[64] 弁護士の委員は、論点整理や報告書を児・保護者にとってわかりやすい内容とする役割および当該分娩機関に重大な過失が認められる場合に調整委員会に答申するか否かを判断する役割を担うとされている。[65] なお、助産所や院内助産所の事例については、各部会に所属する助産師の委員に加えて、2名の助産師が審議に加わる。

原因分析は、責任追及を目的とするのではなく、「なぜ起こったか」などの原因を明らかにするとともに、再発防止を提言するものであり、報告書は、児・家族、国民、法律家等から見てもわかりやすく、かつ信頼できる内容とする、とされている。

原因分析報告書は、妊産婦等に関する基本情報、今回の妊娠経過、分娩のための入院時の状況、分娩・新生児期等の経過、および診療体制等に関する情報などから構成されている事例の概要に基づいて、脳性麻痺発症の原因等を分析している。

「事例の概要」は、分娩機関等から提出された診療録等の記載から事務局が原案を作成し、2名の部会の産科委員(以下、「報告者」という)が原案

---

(64) 運営組織である日本医療機能評価機構が対外的責任を負うことが明記されているが、分娩機関や保護者に送付される原因分析報告書は、部会委員全員の氏名と所属が記載されている(「第12回産科医療補償制度原因分析委員会」会議録(平成22年2月9日開催)6頁も参照)。
(65) 財団法人日本医療機能評価機構『産科医療補償制度原因分析の解説(2010年1月改定)』16頁。

を確認・修正するとともに、原因分析に必要と思われる追加情報を指示する。

事務局は、指示された情報の提出を求め、それらの資料に基づいて、再度「事例の概要」案を整理し、報告者は「事例の概要」案を確認・修正する。事務局は、「事例の概要」案と確認書を当該分娩機関等に送付し、「事例の概要」案の記載内容について、誤りがないか等の確認を求める。当該分娩機関等から記載内容に誤りがない旨の「確認書」を受領後、児の保護者に「事例の概要」案と「児・家族から見た経過」等について意見の提出を依頼する。

事務局は、児の保護者から提出された意見等を分類・整理するが、家族から異なる事実経過が指摘されたとしても、改めて確認することはあっても、事実関係の調査や分娩機関と保護者との意見調整を行うものではない。

報告者は、確定された「事例の概要」に基づいて、報告書案を作成する。報告者以外の各部会委員は報告書案に記載された原因、医学的評価等の表現について、予め意見等を提出する。各部会で提出された意見等を審議し、審議結果を踏まえて報告書案を修正し、各部会長の確認を経て、審議のために本委員会に提出される。

本委員会において意見等を審議し、審議結果を踏まえて報告書を必要に応じて修正し、本委員会委員長が承認した報告書は、分娩機関および児・保護者に送付される。[66]

2　産科補償制度の原因分析と医療訴訟

産科医療補償制度の原因分析は、医療機関などが行っている事故調査報告書のように当該医師などから直接聞取調査をして作成されていないので、平成23年決定のように医学的評価という専門知識の適用結果として意見を述べていると評価できる。

産科医療補償制度の部会および本委員会は、それぞれ、各委員が口頭で審議をして医学的評価をしているが、鑑定意見のように委員の意見を個別に併記するのではなく、本委員会として統一した医学的評価を示すものである。

産科補償制度で補償が認められた事案で、医療機関に対して、医療訴訟が

---

(66)　平成22年2月～平成26年11月まで、565件が審議されている（第31回産科医療補償制度運営委員会（平成26年12月18日開催）資料13頁）。

提起された場合に、両者の関係が問題となる。[67]

　原因分析報告書が既に作成され、患者および医療機関に交付された場合に、部会の委員を医療訴訟における鑑定人に選定することは適切ではない。実際の部会において、各委員の評価が分かれている場合も想定されるから、委員の個別見解を鑑定人として述べることは、原因分析の一体性に反するからである。当事者の一方に関し、個別に専門家としての意見を述べること（私的意見（私的鑑定）も中立・公正さから問題があり、産科補償制度の信頼性を損なう恐れもある。

　産科医療補償制度の事務局に鑑定の嘱託（民訴218条）がなされた場合は、部会、本委員会の委員が個別に鑑定するのとは異なり、機構としての統一性・一体性からは問題がない。しかし、原因分析報告書とは別に、機構として、訴訟において鑑定意見をとりまとめて示すこと自体が、産科補償制度の原因分析の信頼性を損なうおそれがある。

Ⅳ　おわりに

　医療事故報告書は、その目的（医療事故の原因究明・再発防止、医学的評価、医療訴訟の準備など）、院内調査か、第三者機関による医学的評価か、委員の構成（外部委員、弁護士などの関与）などが異なっており、報告書の記載内容（関係者の事情聴取、調査の結果報告）も多岐にわたる。したがって、医療訴訟において、医療事故報告書の開示が問題となった場合には、本案訴訟における争点との関係、代替証拠の有無などを考慮して、判断されるべきである。

　平成26年6月に地域における医療および介護の総合的な確保を推進するための関係法律の整備等に関する法律が国会で成立し、平成27年10月1日から施行の予定である。これにともない（4条）、医療法の改正により、医療事故調査制度が設けられている。[68]

---

(67)　原因分析報告書が作成される前に訴訟が提起されたため、審理を中断せざるを得なかったが、作成された原因分析報告書の内容がよかったので、それに基づいて和解が成立した事例が紹介されている（福田・前掲注47）6頁［仲村也寸志発言］）。
(68)　医療事故調査制度に関し、田上喜之「平成26年医療法改正の解説」法律のひろば67巻11号4頁、山本和彦「医療事故制度の新たな制度」同8頁など参照。

病院等に勤務する医療従事者が提供した医療に起因し、又は起因すると疑われる死亡又は死産であって、当該管理者が当該死亡又は死産を予期しなかったもの(医療法6条の10第1項⁽⁶⁹⁾)について、原因究明および再発防止を図り、医療の安全と質の向上を図るために、原則として院内調査が行われなければならない。

　医療事故が発生した場合、当該病院等の管理者は、民間の第三者機関たる医療事故調査・支援センターに報告をしなければならない(同6条の10第1項)。あわせて、病院等の管理者は遺族に対する説明が義務づけられている(同条2項)。死亡事故に限定されてはいるものの、医療事故に関し、一元的に情報が集約される制度が整備されている点で、画期的なことと評価できる。

　医療事故発生後、医療機関は、速やかに医療事故の原因を明らかにする調査(医療事故調査)義務がある。院内調査の具体的な方法については、省令に委ねられている(同6条の11第1項)。院内調査の結果は、医療事故調査・支援センターに報告される(同条4項)とともに、遺族に説明される(同条5項)。

　医療事故調査・支援センターの任務は、院内事故調査報告の情報整理・分析・結果報告(同6条の16第1号・2号)のほか、第三者の調査などを行う(同条3号)。調査に際して、医療機関に対して説明・資料等提出等の協力をする権限を有し、医療機関にはそれに応ずる義務がある(同条3項)。医療機関が応じない場合には、公表の措置をとることはできるが、直接の制裁は課されていない。このように新たな医療調査制度は、行政主導ではなく、患者と医療従事者および医療機関が相互に協力することを基礎としている⁽⁷⁰⁾。

　医療事故に関し、患者の遺族と医師および医療機関の間での紛争を訴訟ではなく、話し合いで解決することも期待される⁽⁷¹⁾。しかし、当事者、特に遺族の医療従事者および医療機関への不信感が強い場合が多いので、医師および医療機関の意識改革も必要である⁽⁷²⁾。

(69) 対象となる医療事故は、厚生労働省がガイドラインを定める予定である(田上・前掲注68) 5頁、山本・前掲注68) 12頁など参照)。
(70) 山本・前掲注68) 11頁。
(71) 山本・前掲注68) 15頁など参照。医療紛争ADRに関して、植木哲「医療ADRの現在とこれから」法律のひろば67巻11号31頁など参照。
(72) 産科医療補償制度においても、原因分析報告書が保護者および分娩機関に交付された後に、両者が全く話をしていないあるいはほとんど話をしていないが多数を占めている(岡井・前掲注

本論文との関係では、院内調査と訴訟の関係をどのように考えるかが問題となる。

医療事故報告書の具体的な記載内容などは今後具体化されていく予定であるとされているが、平成15年決定のように、本案訴訟の争点との関係、代替証拠の有無などをもとに証拠の必要性が認められれば、医療事故の原因究明および再発防止などに関しては、当然開示の対象となるが、当事者からの事情聴取に関する部分は原則として非開示とされるべきである[73]。

---

61) 106頁参照)。
(73) 事故調査報告書に関し、訴訟が提起された場合には、証拠として使用しないとの契約をあらかじめ、医療機関と遺族とが締結することを院内調査開始の要件とすべきではない（宮澤潤「医療事故調は紛争解決のツールとなり得るか」法律のひろば67巻11号21頁など参照）。

訴え却下判決の国際的効力
―― 国際裁判管轄を否定した外国判決の効力をめぐって ――

芳 賀 雅 顯
Masaaki HAGA

Ⅰ はじめに
Ⅱ 2012年ヨーロッパ裁判所判決
Ⅲ ドイツにおける議論状況
Ⅳ 検討
Ⅴ まとめと展望

Ⅰ はじめに

1 国際取引における法適用関係の不安定性

契約の成立過程をめぐって当事者間で紛争が生じた場合、その紛争の法的処理は国によって異なる。たとえば、ドイツでは契約締結上の過失 (culpa in contrahendo) によって、またコモンローでは約束的禁反言 (promissory estoppel) といった法概念で処理されている。また、国際的な枠組みに目を向けると、ユニドロワ国際商事契約原則も契約交渉に関する規定を有している。他方、国連統一売買法では、契約成立段階での法的問題を規律するルールはないとされる。[1]

そして、この様な紛争が渉外性を伴って法廷で争われる場合、当事者は多くのエネルギーを法廷地国の国際裁判管轄の有無をめぐる攻防に費やす。なぜなら、法廷地がどの国に設定されるのかは、当事者にとっては訴訟活動上非常に大きな問題となるため、法廷地国の管轄の有無は重大な関心事だからである。つまり、法廷地へのアクセスの便宜のみならず、法廷言語、陪審制度やディスカバリーなどの証拠収集制度といった、当事者が利用する手続制

---
[1] 議論の詳細は、たとえば、円谷峻『現代契約法の課題――国際取引と民法理論――』(一粒社、1997年) 26頁以下などを参照。

度に相違が生ずる。また、本案の問題に適用される準拠実体法それ自体は、国際的な統一が進展していない。さらに多くの国では大部分の分野で国際私法は国内法的規律に服する。そこで、法廷地如何によって準拠法が異なる事態が生じることがありうるので、そもそも原告の請求が認められるのか、また認められる場合にはどのような救済が認められるのか（たとえば、填補賠償に限られるのか、懲罰的賠償まで認められるのか）といった、本案の結論にも大きな影響を及ぼすこととなる。そこで、当事者は、国際裁判管轄の合意を行うことで法廷地の固定化を図り、それによって適用される訴訟法・実体法の予測可能性を高めたり、あるいは仲裁契約を締結して訴訟を回避するという手段を用いることがある。

　このような状況に対しては、大きく分けて2つの方向から国際的な調和に向けたアプローチが展開されてきた。一つの方向性は、民法や商法といった本案に適用される各国の法規範を国際的に統一したり（実質法レベルでの統一）、あるいは、各国実質法の不統一を前提としながら国際私法ルール（準拠法決定ルール）を国際的に統一することで、各国の裁判所で適用される準拠法適用の統一化を目指すというものである。もう一つの方向性は、国際裁判管轄や承認ルールを統一化するものである。これは、本案に適用される準拠法がたとえ各国で異なったとしても、判決承認制度によって外国判決が内国で効力を有する結果として判決の国際的調和が図られるとするものである。

2　EUにおける試みと本稿の検討課題

　EUは、国際私法や国際民事手続法の分野で多くの立法を通じて域内の法の統一化作業を着々と進めてきており、この点で近時大きな成果を挙げているといえる。このEUにおける手続ルールの一つであり、EUにおける国際裁判管轄および承認に関する基本ルールを定めるブリュッセル（I）規則の

---

(2)　国際私法立法の経緯については、櫻田嘉章＝道垣内正人編『注釈国際私法(1)』（有斐閣、2011年）3頁以下〔櫻田〕を参照。

(3)　この点に関する邦語文献は枚挙にいとまがないが、さしあたり、国際私法年報13号（2011）における、EU国際私法の最近の動向に関する特集のみを指摘しておく。そこでは、高橋宏司「契約債務の準拠法に関する欧州議会及び理事会規則（ローマI規則）」、金汶淑「扶養に関するEU国際私法の最近の動向」、林貴美「EU国際家族法の動向」、岡野祐子「外国離婚裁判に関する諸問題」の報告が掲載されている。

解釈をめぐり、最近注目を集めた判決がある。この判決は、ある構成国裁判所が、別の国の裁判所に管轄の合意があることを理由に自国の国際裁判管轄を否定し訴えを却下した場合、合意の有効性に関する判決理由中の判断についても、他の構成国を拘束すると説いたものである。この判決は、管轄判断の根拠について拘束力が生じ、他の構成国裁判所を拘束するといった結論のみならず、その論理構成がEU法（Unionsrecht）の統一的解釈の必要性からブリュッセル（I）規則独自に解することができるとし、既判力の範囲が規則独自に定まるとした点に注目が集まった。というのも、従来、ヨーロッパ司法裁判所（以下、ヨーロッパ裁判所と表記する）は、外国裁判所が下した判決効の範囲は判決国法にしたがうとしており、判決国法上認められている判決効が承認国に拡張されるとの立場（効力拡張説）を採っていたため、この判決との整合性が問題となるからである。

　この判決はブリュッセル（I）規則の解釈に関するヨーロッパ裁判所の判断であり、我が国に直接の影響を及ぼすものではない（もっとも、たとえば、ヨーロッパに進出している我が国の企業にとっては、大きな影響がある）。しかし、この判決が前提としている外国判決の効力に関する効力拡張説は、我が国においても支持が多い見解といえ、このヨーロッパ裁判所判決の結論は我が国の解釈と比較検討する余地がある。また、我が国では、承認対象となる外国判決は本案判決を念頭に置いているが、はたしてそのような限定が適切か検討の余地もある。そこで本稿は、このヨーロッパ裁判所判決の検討を通じて、承認適格を有する外国判決の意義と、自国の国際裁判管轄を否定した外国判決の、我が国における効力をめぐる問題について検討を試みたい。

II　2012年ヨーロッパ裁判所判決[(4)]

1　事案

　では、ヨーロッパ裁判所がどの様な判断を下したのか。事案と裁判所の判

---

(4)　EuGH, Urt. v. 15. 11. 2012, IPRax 2014, 163. 長田真里「国際裁判管轄合意の有効性を認めて管轄無しと判断した外国判決の承認可能性が問題となった事例」JCAジャーナル60巻4号32頁（2013）に、本判決の詳しい紹介がある。

断を以下に見ていくことにしたい。

　ドイツ企業（原告1）がメキシコ企業にビールの醸造機械を輸出するため、ドイツ法人の運送会社（被告）によってベルギーからメキシコに機械を輸出した。ところが、到着後に船荷である機械が運送途中で破損したことが判明したため、保険会社4社（原告2から原告5）が運送会社に対して損害の賠償を求めて訴訟を提起した。ところで、船荷証券上は、被告の親会社であるコンツェルンの定款上の所在地であるアイスランド裁判所が専属管轄を有すると記載されていた。しかし、原告らは、ベルギーの裁判所で訴えを提起した。原審（Rechtbank van koophandel te Antwerpen: Antwerp Commercial Court）は原告勝訴の判決を下したが、控訴審裁判所（Hof van beroep te Antwerpen）は、合意管轄条項に基づき同国の裁判所は管轄を有しないとの判断を下し、この控訴審判決は確定した。しかし、その後、原告らは、アイスランドで訴えを提起せずに、被告の普通裁判籍（ブリュッセル（I）規則2条1項）を根拠にドイツで訴えを提起した。原告2から原告4（保険会社）はブレーメン地方裁判所（Landgericht Bremen）で、また原告1はランズフート地方裁判所（Landgericht Landshut）で被告に対して損害賠償を求める訴えを提起した。そして、ランズフート地方裁判所はブレーメン地方裁判所に事件を移送した。その後、ブレーメン地方裁判所は、ヨーロッパ裁判所に先行判決（Vorabentscheidung）[5]を提起し、次の問題についての判断をヨーロッパ裁判所に求めた。すなわち、(1) ブリュッセル（I）規則32条および33条にいう「裁判」はいわゆる訴訟判決についても妥当するのか、また、(2) 両条に基づく「裁判」には専属管轄の合意に基づいて国際裁判管轄を否定した裁判所の判断も含まれるのか、さらに、(3) 判決国法では両当事者間でなされた管轄合意の有効性に関する認定について既判力が及ぶとされる場合に、各構成国の裁判所はこの有効性の判断について承認しなければならないのか、という問題である。

　以下、参考までに、ブリュッセル（I）規則の関係条文を掲げておく。[6]

---

[5]　先決的判決（岡村堯『新ヨーロッパ法』（三省堂、2010年）105頁）、先決付託手続（庄司克宏『新EU法基礎編』（岩波書店、2013年）138頁）、先決裁定手続（中西優美子『EU法』（新世社、2012年）239頁）といった表現もなされる。

《第32条》
　本規則にいう「裁判」とは、判決、決定、命令又は裁判所書記官による訴訟費用の決定など、その名称のいかんにかかわらず、構成国の裁判所により下される全ての裁判をいう。
《第33条》
　①　構成国でなされた裁判は、特別の手続を必要とせずに、他の構成国において承認される。
　②　争いがある場合には、承認を求める全ての利害関係人は、本章第2節及び第3節の定める手続に従い、裁判が承認されることの確認を求めることができる。
　③　構成国裁判所において、裁判の承認が付随的に主張されている場合には、この裁判所はその審理について管轄を有する。
《第36条》
　いかなる場合にも、外国裁判を実質的再審査することはできない。

2　ヨーロッパ裁判所の判断

　ヨーロッパ裁判所は、第1および第2の問題について、いずれも肯定した。すなわち、ブリュッセル（Ⅰ）規則32条にいう裁判には、合意管轄があることを理由に自国の国際裁判管轄を否定した判決も含まれるとした。その理由として、裁判所は、まず条文の文理解釈を挙げる。すなわち、同条がいう「裁判（Entscheidung; judgment）」は、構成国裁判所が下したあらゆる（jede; any）裁判を含むものであり、問題となっている裁判の内容による区別を伴うものではないから、別の構成国裁判所に管轄を合意したことに基づいて自らの国際裁判管轄を否定した判決も、承認すべき外国判決に含まれるとした（判決理由23）。また、従来の判例においても、そのように解されてきたことも根拠に挙げている（判決理由24）。さらに、前文の検討理由（Erwägungsgrund）からも、このような結論が支持されると説く。すなわち、まず、検討理由2は、

---

(6)　ブリュッセル（Ⅰ）規則の訳文は、中西康訳「民事及び商事事件における裁判管轄及び裁判の執行に関する2000年12月22日の理事会規則（EC）44/2001（ブリュッセルⅠ規則）（上）（下）」国際商事法務30巻3号311頁、4号465頁（2002年）にしたがった。

本規則制定の目的として構成国裁判所が下した判決の承認執行を迅速かつ簡易にするために方式性を簡素化したことから、判決国の裁判の種類を分類して扱いを異にすることは、規則の目的達成にとって障害となりかねないこと（判決理由26）、つぎに、検討理由6によると本規則は民商事事件に関する判決が構成国間で通用すること（freier Verkehr der Entscheidungen；free movement of judgments）を目的としていることから、合意管轄条項を理由として管轄を否定した構成国裁判所の判決をも含むとする解釈が導かれること（判決理由27）、さらに、検討理由16および17は構成国裁判所間での相互信頼（gegenseitiger Vertrauen; mutual trust）の重要性を基礎にしており、このことは「裁判」概念を限定的に解釈しないことにつながること（判決理由28）、を理由とした。

このようにヨーロッパ裁判所は、承認対象となる「裁判」について、他国への合意管轄があることを理由に自国の国際裁判管轄を否定する判決も承認適格を有するとした。それに続いて第3の問題も、肯定した。すなわち、別の国の裁判所に管轄を合意したことに基づいて自らの国際裁判管轄を否定した判決国裁判所が下した判決を承認する場合、その判決理由で示された合意管轄の有効性の判断に承認国裁判所は拘束されるとした。本判決の中心的問題であるので、少し詳しくみておきたい。そのように解した理由の第一としてヨーロッパ裁判所は、かつてホフマン事件判決でブリュッセル（Ⅰ）規則の前身であるブリュッセル条約に関するジュナール報告書（Jenard-Report）に言及しながら、承認国では判決国と同じ効力が認められるとしており、このことはブリュッセル（Ⅰ）規則においても認められるとした（判決理由34）。これは、判決国での国際裁判管轄の判断を他の構成国でも尊重すべきである、との趣旨と解される。ただし、後述のようにホフマン事件判決をこの様に理解することには学説からの批判が強い。第二に、前述のような構成国裁判所間における相互信頼の原則から、ブリュッセル（Ⅰ）規則33条では、構成国裁判所で下された判決は他の構成国において原則として承認されなければならず、また判決国裁判所の管轄は承認国で審査しないものとしていることから、判決国の管轄審査を承認国で行うことは相互信頼の原則に反すると述べる（判決理由35）。第三に、ルガノ条約とブリュッセル（Ⅰ）規則との関係

からEUにおける相互信頼を根拠に挙げる。すなわち、本件で問題となったのはアイスランドの裁判所に管轄を合意したものであるが、同国は構成国ではないため、ブリュッセル（Ⅰ）規則の適用はない。しかし、同国はルガノ条約の締約国であり、同条約23条は本規則23条に相当する規定を有しているところ、承認国で管轄合意の有効性を審査することを認めてしまうと、EU域内の裁判所間における相互信頼の原則に反することとなってしまうとして、ルガノ条約締約国であるアイスランドとの関係でも、ブリュッセル（Ⅰ）規則構成国間におけるのと同じ扱いをすべきであるとした（判決理由36）。第四に、規則36条からも明らかなように相互信頼の原則からは、判決国裁判所の判決を再審査することは許されないが（dass die Entscheidung des Gerichts des Ursprungsmitgliedstaates…..keinesfalls in der Sache selbst nachgeprüft werden darf）、判決国裁判所が管轄の合意を有効と判断しているのに承認国裁判所が合意を無効と判断することができるとするのは実質的再審査禁止に反することになる、とした（判決理由37および38）。第五に、承認国では判決国裁判所の管轄審査を行うことができないとすることは、承認国裁判所はもはや自国裁判所の管轄判断を行うことができないことを意味するが、これはEU法（Unionsrecht）の統一的適用の観点から正当化されるとする（判決理由39）。第六に、EU法においては既判力という概念は問題となっている裁判所の判決主文（Tenor）のみならず、主文を導き出し、したがって主文とは切り離せない判決理由（Gründe, die den Tenor tragen und von ihm daher nicht zu trennen sind）にも生ずるとし、また、このような扱いはEU法の統一的適用からも支持されるとした。

このようにして、ヨーロッパ裁判所は、ベルギー裁判所が下した自国裁判所が管轄を有しないとの判決はブリュッセル（Ⅰ）規則33条にいう裁判に該当し承認適格を有すること、また、その際にベルギー裁判所がアイスランドの裁判所に管轄合意があることを認定した部分も承認対象となる、との結論を示した。

（7） ルガノ条約は、ブリュッセル（Ⅰ）規則の前身であるブリュッセル条約の並行条約として知られる。ブリュッセル・ルガノ条約の関係については、たとえば、奥田安弘『国際取引法の理論』（有斐閣、1992年）223頁を参照。

III ドイツにおける議論状況

1 承認対象

このヨーロッパ裁判所判決は、どのように評価されているのであろうか。この判決が検討した問題は、大きく分けて、承認対象となる裁判とは何か、すなわち訴え却下判決も承認対象となるのか、そして、他国に管轄合意があることを理由に自国の国際裁判管轄を否定した外国判決は、内国においてどのような効力を有するのかという点に分かれる。

前者の問題については、ドイツでは、かねてからブリュッセル（I）規則の解釈では争いがあった。かりに訴え却下判決は承認対象とならないとすると、つぎの論点である却下判決の承認とその判決効の範囲を検討する必要性はなくなることになる。では、この点について、従来どのような議論がなされてきたのか、確認したみたい。ドイツでは、ブリュッセル（I）規則との関係では訴訟判決は承認適格を有するとの見解が通説とされる。ただし、固有法であるドイツ民事訴訟法328条に関する解釈では承認適格を有しないとする見解が通説とされる。

ブリュッセル（I）規則の前進であるブリュッセル条約に関するシュロッサー報告書は、訴え却下判決は当然に承認対象となるとの説明をしている。すなわち、「訴えを不適法却下する判決は承認する義務がある（anerkennungspflichtig）。ドイツの裁判官が管轄を有しないと宣言した場合には、イギリスの裁判官は、ドイツの同僚［である裁判官が所属する裁判所］が本当は管轄を有していたとの理由付けを用いて自らの管轄を否定することはできない。もちろん、ドイツの訴訟判決はイギリスでは本案について拘束力を有するものではない。イギリスの裁判官は、ドイツの訴訟判決が言い渡された後に申

---

(8) Vgl. Kropholler/v. Hein, Europäisches Zivilprozessrecht, 9. Aufl. 2011, Vor Art 33 EuGVO Rdnr. 13; Münchener Kommentar/Gottwald, ZPO, Bd. 3, 4. Aufl.2013, Art. 33 EuGVVO Rdnr. 9; Musielak/Stadler, ZPO, 11. Aufl.2014, Art. 33 EuGVVO Rdnr. 2; Rauscher/Leible, EuZPR/EuIPR, 2011, Art 33 Brüssel 1-VO Rdnr. 5; Stein/Jonas/Oberhammer, ZPO, Bd. 10, 22. Aufl.2011, Art. 32 EuGVVO Rdnr. 2; Thomas/Putzo/Hüßtege, ZPO, 35. Aufl.2014, Art. 32 EuGVO Rdnr. 1.

(9) Münchener Kommentar/Gottwald, ZPO, Bd. 1, 4. Aufl.2013, §328 ZPO Rdnr. 58.

し立てられた場合、請求を認容する（あるいは、実体法上の理由に基づいて請求を棄却する）ことができる。」と述べている。ゴットヴァルトは、本説を支持する理由として、ブリュッセル（Ⅰ）規則は2条以下で国際裁判管轄に関する統一的ルールを有していることから、内国裁判所は、すでに既判力を伴って自らの管轄を否定した外国裁判所が国際裁判管轄を有するものと判断することは許されないと説く。

他方、これに反対する見解も表明されている。ガイマー、ユンカー、ハウがこの立場に属する。ハウは、次のように述べる。たとえば、外国裁判所が、ドイツに専属的合意管轄があることを理由にドイツの裁判所だけが管轄を有するとして、本案審理をせずに訴えを却下したとする。この場合に、訴えが提起されたドイツ裁判所の管轄を認めた外国判決は、考慮には値するが、拘束力は有しないという。そして、ドイツの裁判所は、独自に管轄問題を審査しなければならず、また、外国裁判所の判断と異なる結果に到達することができると述べる。また、このことは、ブリュッセル（Ⅰ）規則の領域でも当てはまるという。

2　外国で下された訴え却下判決の国内的効力

つぎに訴え却下判決が承認されるとした場合、内国ではどのような効果が認められるのか。ブリュッセル規則の解釈との関係では、より大きな問題である。この点に関する議論を紹介したい。

まず、外国判決の効力が内国において有する効果としては、伝統的に大きく分けて3つの見解が対立する。すなわち、効力拡張説、等値説（効力付与説）、

---

(10)　Schlosser-Bericht, Bericht zu dem Übereinkommen über den Beitritt des Königreichs Dänemark, Irland und des Vereinigten Königreichs Großbritannien und Nordirland zum Übereinkommen über die gerichtliche Zuständigkeit und die Vollstreckung gerichtlicher Entscheidungen in Zivil- und Handelssachen sowie zum Protokoll btreffend die Auslegung dieses Übereinkommens durch den Gerichtshof, in: Geimer/Schütze (Hrsg.), Internationaler Rechtsverkehr in Zivil- und Handelssachen, Bd. 2, 2009, S. 601-180.
(11)　Münchener Kommentar/Gottwald, a.a.O. (Fn. 8), Art. 33 EuGVVO Rdnr. 9.
(12)　Geimer, in: Geimer/Schütze, Europäisches Zivilverfahrensrecht, 3. Aufl. 2010, Art. 32 Rdnr. 20; Junker, Internationales Zivilprozessrecht, 2012, S. 313; Linke/Hau, Internationales Zivilverfahrensrecht, 5. Aufl.2011, Rdnr. 439.
(13)　Rauscher/Leible, a.a.O. (Fn. 8), Art 33 Brüssel 1-VO Rdnr. 3　また、芳賀雅顯「外国判決

累積的適用説である。このうちドイツにおける伝統的な立場は、効力拡張説である。この見解は、判決国法上認められている判決効が承認国においてそのまま妥当する、すなわち判決国の効力が承認国に拡張されるとする立場である。ヨーロッパ裁判所は、1988年にブリュッセル（Ⅰ）規則の前身であるブリュッセル条約の解釈との関係で、この立場に立つことを表明しており、この立場はブリュッセル（Ⅰ）規則においても踏襲されていると解されている。この1988年ヨーロッパ裁判所判決は次のような事案である。ドイツで別居生活の扶養料の支払いを命ずる判決が下された後に、オランダでその判決の執行が求められ、債務者の給料債権が差し押さえられた。しかし、オランダではすでに両者の離婚を認める判決が下されていたため、外国判決の承認拒絶事由であるブリュッセル条約27条3号（内外判決が相互に矛盾する場合には外国判決を承認しない）に該当するか否かが問題となった。この1988年ヨーロッパ裁判所判決は、内外国の双方の判決が矛盾する関係にあるかどうかは条約独自に判断しなければならないとしたが、その際、判決が相互に排斥し合う効果を有するか否かが検討されなければならなかった。そのため、判決国で下された判決が承認国でどのような効力を有するかが、条約の適用上問題となるが、裁判所は、「ブリュッセル条約26条に基づいて承認された外国判決は、承認国においては原則として判決国におけるのと同様の効力が及ぼされなければならない」とした。そして、「夫婦の一方に対して、婚姻に基づく義務により扶養料を相手方に支払うことを命ずる外国判決」と「当該婚姻を解消させる内国判決」はブリュッセル条約27条3号にいう矛盾する場合に該当するとした。この考えは、ブリュッセル条約の解釈に関するジュナール（Jenard）報告書に沿うものである。同報告書では、「承認を通じて、判決が下された国の高権領域（Hoheitsgebiet）において認められる効果がその判決に認められる」としている。学説上も、効力拡張説はブリュッセル（Ⅰ）

の効力」法学研究83巻1号363頁（2010年）もご参照いただければ幸いである。
(14) EuGH, Urt. v. 4. 2. 1988, NJW 1989, 663. 本判決については、石川明＝石渡哲編『EUの国際民事訴訟法判例』（信山社、2005年）272頁を参照。
(15) Jenard-Bericht, Bericht zu dem Übereinkommen über die gerichtliche Zuständigkeit und die Vollstreckung gerichtlicher Entscheidungen in Zivil- und Handelssachen, in: Geimer/Schütze (Hrsg.), Internationaler Rechtsverkehr in Zivil- und Handelssachen, Bd. 2, 2009, S. 601-64.

規則との関係でも通説によって支持されている。その根拠として、先述のジュナール報告書の考えを指摘するものや、効力拡張説だけがＥＵ領域内における判決の通用力（Freizügigkeit von Entscheidungen）を真に実現させることができる、といったものがある。この効力拡張説によれば、判決国における判決の効力の範囲が承認国法上のものよりも広い場合でも、承認されなければならないことになる。そこで、たとえば、判決国法によれば既判力を有する裁判が訴訟物のみならず先決的法律関係についても拘束力を有する場合には、この効力はドイツでも認められることになる。また、比較的最近に下されたドイツ連邦通常裁判所も、ブリュッセル（Ｉ）規則が適用される事案において、オーストリア判決はドイツ法よりも広い判決効を有しているが、その場合でもドイツ国内に無制限にオーストリア判決の効力が拡張されると説いている。このように、外国判決の効力は、内国に拡張されるとする見解がブリュッセル（Ｉ）規則における通説および実務を形成している。なお、このことは、ブリュッセル（Ｉ）規則が適用されず、ドイツの国内固有法（autonomes Recht）、すなわちドイツ民事訴訟法 328 条が適用される場面においても妥当するとの立場が通説といえる。ただし、細部では見解が分かれる。まず、効力拡張説にしたがい、判決国法で認められている効力が承認国でも認められるとし、たとえば、判決国法上既判力が理由中の判断にも及ぶとされている場合には、ドイツにおいてもその効力は承認されるが、ドイツ法上まったく知られていない効力や効力の拡張が内国公序に反する場合は承認されないと

---

(16) Adolphsen, Europäisches Zivilverfahrensrecht, 2. Aufl.2015, § 5-15; Geimer, in: Geimer/Schütze, a.a.O. (Fn. 12), Art. 33 Rdnr. 1; Kropholler/v. Hein, a.a.O. (Fn. 8), Vor Art 33 EuGVO Rdnr. 9; Linke/Hau, a.a.O. (Fn. 12), Rdnr. 417; Musielak/Stadler, a.a.O. (Fn. 8), Art. 33 EuGVVO Rdnr. 2; Nagel/Gottwald, Internationales Zivilprozessrecht, 7. Aufl.2013, § 12 Rdnr. 22; Rauscher, Internationales Privatrecht, 4. Aufl.2012, Rdnr. 2282; Rauscher/Leible, a.a.O. (Fn. 8), Art 33 Brüssel 1-VO Rdnr. 3a; Rosenberg/Schwab/Gottwald, Zivilprozessrecht, 17. Aufl.2010, § 157 Rdnr. 8; Schlosser, EU-Zivilprozessrecht, 3. Aufl.2009, Art. 33 EuGVVO Rdnr. 2; Stein/Jonas/Oberhammer, a.a.O. (Fn. 8), Art 33 Rdnr. 10 Thomas/Putzo/Hüßtege, a.a.O. (Fn. 8), Vorbemerkung zu Art. 32-56 Rdnr. 2.
(17) Kropholler/v. Hein, a.a.O. (Fn. 8), Vor Art 33 EuGVO Rdnr. 9.
(18) Rauscher/Leible, a.a.O. (Fn. 8), Art 33 Brüssel 1-VO Rdnr. 3a
(19) Geimer, in: Geimer/Schütze, a.a.O. (Fn. 12), Art. 33 Rdnr. 13.
(20) BGH, Beschl. v. 12. 12. 2007, FamRZ 2008, 400.
(21) Vgl. Stein/Jonas/Roth, ZPO, Bd. 5, 22. Aufl.2006, § 328 Rdnr. 7.

の見解がある。他方で、効力拡張説を基本として、公序則の発動の余地を認めつつも、承認国では認められていない効力であっても、判決国で生じている以上は承認国で効力を有することを認める見解も主張されている。

　第二の見解は、外国判決の効力は承認国によって効力が付与されるとの立場である（効力付与説、あるいは等値説と呼ばれる場合がある）。この見解は、外国判決も内国判決と同様の効力が与えられるに過ぎないと説くことから、判決国がどこであろうと承認国裁判所が下した判決と同じ効果が生ずるため、承認国の法的安定性に資するといえる。オーストリアでは伝統的にこの見解が支配的立場を有してきた。しかし、同じ事件であっても承認国が異なると付与される効果が異なることから、判決の国際的調和が図られないなどとの批判をうけ、ドイツでは現在のところ、ほとんど支持が得られていない。

　第三に、判決国法と承認国法との累積的適用を認め、外国判決の効力は内国法で認められている判決効の範囲で判決国法上有する効力が拡張されるとの見解が、ドイツでは少数ではあるが有力説によって説かれている。たとえば、シャックは、判決国で認められる判決効の範囲が承認国で認められている範囲を越えるものであるときには、承認国の手続原則の重大な侵害をもたらしかねないとして、制限をする必要性を説く。すなわち、承認国で内国後訴が提起された場合に後訴の裁判官が、前訴に関与しなかった第三者に対し

---

(22)　ドイツ民事訴訟法328条の解釈につき、Musielak/Stadler, a.a.O.（Fn. 8），§328 Rdnr. 35; Nagel/Gottwald, a.a.O.（Fn. 16），§12 Rdnr. 115. 一般的にその様に述べるのは、Rosenberg/Schwab/Gottwald, a.a.O.（Fn. 16），§157 Rdnr. 8.

(23)　ドイツ民事訴訟法328条の解釈につき、Adolphsen, a.a.O.（Fn. 16），§5-81. ブリュッセル（Ⅰ）規則につき、Kropholler/v. Hein, a.a.O.（Fn. 8），Vor Art 33 EuGVO Rdnr. 9; Tschauner, in: Geimer/Schütze（Hrsg.），Internationaler Rechtsverkehr in Zivil- und Handelssachen, Bd. 1, 2009, S. 540-521.

(24)　Vgl. Geimer/Schütze, Internationale Urteilsanerkennung, Bd. 1/2, 1984, S. 1388; Matscher, Einige Probleme der internationalen Urteilsanerkennung und –vollstreckung, ZZP 86（1973），404, 408; Musger, Zur Abänderung von Unterhaltstiteln in Sachverhalten mit Auslandsberührung, IPRax 1992, 108, 111.

(25)　ドイツ民事訴訟法328条の解釈として効力付与説に立つのは、vgl. Jark, Abänderung und Aufhebung sowjetzonaler gerichtlicher Entscheidungen durch Gerichte der Bundesrepublik, Ehe und Recht 1956, 296, 298; Spiecker-Döhmann, Die Anerkennung von Rechtskraftwirkungen ausländischer Urteile, 2002, S. 74.

(26)　Schack, Internationales Zivilverfahrensrecht, 6.Aufl. 2014, Rdnr. 885 f.

ても拘束力が生じるような外国判決に拘束されるならば、誤審のおそれが生ずることになるという。このように判決効が広ければ広いほど、手続は危いものになるため、承認国の狭い判決効によって制限をする必要性があると述べる。また、こんにち多くの見解は効力拡張説を支持するが、シャックによればそのように解する条文上の根拠はなく、また、シュロッサー報告書は各国の既判力に関する効果は相当程度異なっていることを指摘しており、この問題を判決承認によって一般的に解決することは意図していないから先述のジュナール報告書は効力拡張説の根拠たりえない、と述べる。

3　ヨーロッパ裁判所 2012 年判決に対する反応

本判決は、比較的最近に公刊されたこともあり、文献上の指摘はあまり多くない[27]。その中で筆者が参照することができた評釈での評価は様々であり、賛意を示すものから、説得力をまったく有しないとして厳しく批判するものまである。

ある実務家は、この判決に賛意を示す評釈を表している[28]。まず、ブリュッセル（I）規則にいう「裁判」に本判決が含まれることについては、この概念は条約独自に解されるべきであり、訴訟判決（却下判決）も含まれるべきであるとして、ヨーロッパ裁判所の判決に賛成する。つぎに、判決国である構成国裁判所が別の構成国裁判所に専属的合意があることにより訴えを却下した際に、管轄合意が有効であるとした判断に承認国裁判所は拘束されるのか、すなわち、判決理由にも拘束されるのかについても、これを肯定したヨーロッパ裁判所に賛成している。その際、この評者は次の点を理由として挙げている。第一に、矛盾判決の回避をあげる。ブリュッセル（I）規則の目的として検討理由 15 は矛盾判決の回避を挙げるが、各国が独自に自国の国際裁判管轄の判断をなし得るとすると、管轄判断についての統一性が図られなくなるため、それを回避する必要があるとする。第二に、ブリュッセル（I）

---

(27) 本判決に言及する教科書、注釈書として、Nagel/Gottwald, a.a.O. (Fn. 16), §12 Rdnr. 22; Schack, a.a.O. (Fn. 26), Rdnr. 1009a; Thomas/Putzo/Hüßtege, a.a.O. (Fn. 8), Art. 33 EuGVVO Rdnr. 3.

(28) Kremmel, European Law Reporter 2013, S. 196, 199 ff.

規則36条は外国判決の承認に際しては実質的再審査の禁止を定めていることから、ドイツの裁判所は合意が有効であることを前提に自国の管轄の有無を審理しなければならないこととなる。第三に、かりに合意の有効性について拘束力が生じないとすると、フォーラム・ショッピング、とくにトルピード訴訟（Torpedoklagen）への途を認めることにつながりかねない点を挙げる[29]。この評者の危惧は、たとえば次のような場合を考えてみると理解しやすいと思われる。すなわち、A国の裁判所で給付訴訟が提起されたが、受訴裁判所は、B国に専属的管轄合意があることを理由に訴えを却下したとする。この場合に、A国訴訟の被告が、専属的合意は無効であるとしてC国で原告となって債務不存在確認訴訟を提起したとする。この場合、ブリュッセル（Ⅰ）規則で採用されている前訴優先ルールの下では、このような場合でも先に係属しているC国裁判所での手続が優先し、管轄合意がなされたB国裁判所は、C国の裁判所がB国での管轄合意が有効であるとして訴えを却下するまでは手続を中止することになる（ブリュッセル（Ⅰ）規則27条1項）。したがって、債務不存在確認訴訟の原告は、イタリアのような訴訟手続が非常に長くかかる国をC国に設定することで、相手の権利実現の途を事実上、長期間回避することが可能になる。このような、管轄合意を無視して訴訟手続に長期間要する国に濫用的に訴えが提起された場合でも、前訴優先ルールが妥当するのかが争われた事件がある。ヨーロッパ裁判所は、前訴優先ルールはこのような場合でも妥当するとした[30]（しかし、この判決に対しては、合意管轄の効力を著しく減殺してしまうことになるなどとして各国から批判が強く、2012年ブリュッセル（Ⅰ）規則の改正によりルールが改められた[31]）。このような状況からすると、A国裁判所が下した、B国裁判所への専属的合意が有効であるとする判断に拘束力を認めることで、Torpedo訴訟が回避できることになると考えられる。第四に、

---

(29) Torpedoklage については、たとえば、vgl. Sander/Breßler, Das Dilemma mitgliedstaatlicher Rechtsgleichheit und unterschiedlicher Rechtsschutzstandards in der Europäischen Union, ZZP 122（2009），157 ff.
(30) EuGH, Urt. v. 9. 12. 2003, IPRax 2004, 243. 同事件については、野村秀敏＝安達栄司『最新EU民事訴訟法判例研究Ⅰ』（信山社、2013年）296頁〔安達〕を参照。
(31) この点については、芳賀雅顯「国際裁判管轄の専属的合意と国際的訴訟競合の関係」慶應法学28号273頁（2014年）をご参照いただければ幸いである。

管轄の消極的抵触の回避（Vermeidung eines negativen Kompetenzkonflikts）が可能になる点があげられる。すなわち、前訴裁判所による管轄合意の有効性に関する判断に拘束力が認められれば、いずれの国でも裁判を受けることができなくなる事態が避けられることになる。換言すると、合意された国以外の国で訴えを提起したところ合意が有効とされ訴えが却下されたのに、管轄が合意された国では合意は効力を有しないと判断されてしまうと、国際的な裁判拒絶の状態が生じてしまうが、管轄合意の有効性に関する判断に拘束力が認められるとするとこのような事態が回避されることとなる、というのである。

　他方、この判決に対する批判的な評釈が研究者サイドから公にされている(32)。批判説の理由は、従来のヨーロッパ裁判所の判例の考えを前提とする限り、判決国法での効力が承認国でどの様に扱われるのかを論じないままでは、理由中の判断に拘束力が生ずる根拠を導き出すことは困難であるという点にある。既述のように、ヨーロッパ裁判所は、ホフマン事件判決において、ブリュッセル条約上は独自の既判力概念を持たず、判決国の既判力が承認国に拡張されるとする効力拡張説を採用することを宣言した(33)。そこで、ホフマン判決以来の考え方からするならば、判決国であるベルギー判決がどのような効力を却下判決に認めるのかが決定的な基準になるはずである。ドイツ法では民訴法322条により先決的法律関係には既判力は生じないが(34)、フランス法、イングランド法、そして本件で問題となるベルギー法は先決関係について既判力が生じるとされている(35)（その際、たとえば、ベルギー法の既判力の範囲はドイツ法よりも広いからといってドイツ法によって制限はしない（無制限の効力拡張説）というのが、ドイツ連邦通常裁判所の考えである(36)）。したがって、国際裁判管轄を否定したベルギー裁判所の裁判につき、ベルギー法上どのような効力が認められて

---

(32)　Bach, Deine Rechtskraft? Meine Rechtskraft!, EuZW 2013, 56; Hau, LMK 2013, 341521; Roth, Europäischer Rechtskraftbegriff im Zuständigkeitsrecht?, IPRax 2014, 136 は、いずれも本判決に反対する。

(33)　EuGH, Urt. v. 4. 2. 1988, NJW 1989, 663.

(34)　Vgl. Stein/Jonas/Leipold, ZPO, 22. Aufl.2008, Bd. 4, §322 Rdnr. 80 ff.

(35)　Roth, a.a.O. (Fn. 32), S. 137. Vgl. Koch, Unvereinbare Entscheidungen i.S.d. Art. 27 Nr. 3 und 5 EuGVÜ und ihre Vermeidung, 1993, S. 137.

(36)　BGH, Beschl. v. 12. 12. 2007 FamRZ 2008, 400.

いるのかが問われなければならなかったと説かれる[37]。本判決でもヨーロッパ裁判所は、ホフマン判決を根拠の一つに挙げているが、むしろ裁判所は理論的根拠としてブリュッセル（Ⅰ）規則がＥＵ法（Unionsrecht）であることから統一的判断を行う必要があるとの点に力点を置いている。そこで、ロートやハウ、バッハは、本判決のヨーロッパ裁判所は、管轄の問題については従来の支配的な立場である効力拡張説から明白に乖離していると理解する[38]。また、ハウは、消極的管轄の抵触（国際的無管轄）を回避することが重要であることには異論はなく、すでに管轄を有しないことを構成国裁判所が既判力で確定したにもかかわらず、その国に管轄があると別の構成国裁判所が判断するのを阻止することは意味のあることであるとしながらも、ヨーロッパ裁判所がいうような拘束力が現行法の解釈論（de lege lata）として根拠付けられるのかは疑問であるとしている[39]。

なお、外国裁判所の判決の国内的効力に関して、近時有力に説かれている累積的適用説（Kumulationstheorie）[40]によって本事案を処理する場合には、判決国であるベルギー判決の効力は、承認国のドイツ訴訟法で認められている範囲でのみ効力を有することになる。したがって、ベルギー法、ドイツ法ともに訴訟判決は既判力を有するが、ベルギー判決の既判力が及ぶ範囲は、国際裁判管轄を有しないためにベルギーでは本案判決をなしえないとの部分に限られる[41]。したがって、ベルギーの訴訟判決が根拠にした、合意管轄が有効であるとの認定部分はドイツ法では拘束力が認められないため、ブレーメン地方裁判所が合意は無効であると判断して本案判決を下すことは妨げられないことになる[42]。

---

(37) Habscheid, Zur materiellen Rechtskraft des Unzuständigkeitsentscheids, in: FS. Nakamura, 1996, S. 203, 207 ff. に管轄を有しないことを理由とする訴訟判決が既判力を有するか否かについて比較法的検討がある。
(38) Bach, a.a.O.（Fn. 32), S. 58; Hau, LMK 2013, 341521; Roth, a.a.O.（Fn. 32), S. 138.
(39) Hau, LMK 2013, 341521.
(40) Schack, a.a.O.（Fn. 26), Rdnr. 886. また、ドイツ民事訴訟法 328 条の解釈としてではあるが、ロートは、累積的適用説を支持する。Stein/Jonas/Roth, a.a.O.（Fn. 21), §328 Rdnr. 8.
(41) Vgl. Stein/Jonas/Leipold, a.a.O.（Fn. 34), §322 Rdnr. 126.
(42) Roth, a.a.O.（Fn. 32), S. 138.

Ⅳ　検討

1　ヨーロッパで活動する日本企業（日本人）への影響[43]

　この判決はブリュッセル（Ⅰ）規則の解釈をめぐる問題である。そこで、ブリュッセル（Ⅰ）規則の適用がある国において活動している日本企業に対しては、本判決は大きな影響を有することになる。ブリュッセル（Ⅰ）規則の適用があることを前提にＡ国において、Ｂ国裁判所を専属管轄とする合意管轄の有効性を肯定してＡ国の国際裁判管轄を否定した場合、Ｃ国では承認拒絶事由がない限りＡ国裁判所の判決が承認されるが、その承認はＡ国の管轄否定の判断だけでなく、Ｂ国裁判所の専属的合意の有効性の判断にも及ぶことになる。このことは、ブリュッセル（Ⅰ）規則の解釈として導かれるものであり、法廷地訴訟法が国内法上どのような態度を取っているのかということとは無関係である。それゆえ、本稿で紹介した2012年ヨーロッパ裁判所判決と逆のケース、すなわち、ドイツの裁判所がアイスランドに専属的合意があることを理由に訴えを却下した場合、当事者がベルギーの裁判所に訴えを提起したとしても、ベルギー裁判所は、――判決国であるドイツ国内訴訟法上は理由部分には拘束力が生じないにもかかわらず――合意管轄の有効性を肯定したドイツの裁判所の判断に拘束されることになる[44]。したがって、管轄合意の有効性をもはや別の構成国において争うことはできないことになる。当事者にとっては、法廷地国の国内訴訟法がどのような扱いをしているのかということに関係なく、管轄合意の有効性を別の構成国で再度争うことができなくなるため、最初の法廷地において十分攻撃防御を尽くしておく必要がある。

　なお、この判決の射程がどこまで及ぶのかについては、見解が分かれている[45]。また、この判決の影響は管轄レベルにとどまらず、本案訴訟にも影響が

---

(43) 長田・前掲注（4）36頁も参照。
(44) Roth, a.a.O. (Fn. 32), S. 138. この判決に対してロートは、両当事者に既判力が不適切な形で拡張され、不意打ちとなると評する。
(45) 長田・前掲（4）36頁。

及ぶ可能性が指摘されている。そこでは、つぎのような例が挙げられている。A国在住の原告が、B国在住の被告を相手に、当事者間で管轄の合意をしたC国で訴えたとする。しかし、C国裁判所は、管轄を有しないとして訴えを却下し、その理由として被告は契約締結に際して有効に代理されていなかったため管轄合意は効力を有しなかったと判断したとする。そこで原告は、今度は被告の住所地国であるB国で訴えを提起した場合、2012年判決によればB国裁判所は管轄が有効であることを理由に訴えを却下することはできない。しかし、この場合、B国裁判所は本案の判断に際して、A国裁判所の判断と異なり有効に代理がなされたと判断することができるのであろうか、と。この点は今後議論が生じると思われる。

2　日本法の解釈

本稿で紹介した判決は、ブリュッセル（Ⅰ）規則の適用に関する判決であり、我が国の解釈論に直接影響を及ぼすものではない。しかし、我が国の解釈としても外国判決の承認をめぐる視座を提供する重要な判決であると考えられる。先のヨーロッパ裁判所は、いくつかの根拠を持ち出して先の結論を導き出しており、このうち、ブリュッセル（Ⅰ）規則の統一的解釈の必要性といった規則固有の視点もあるが、日本法との関係でも検討に値する問題を提起している。

まず、外国で下された訴え却下判決が我が国でも承認されるのか、という問題がある。2012年ヨーロッパ裁判所判決は、訴え却下判決も承認の対象となると判断し、ブリュッセル（Ⅰ）規則に関するドイツの通説も、同じ立場である。これに対して、ドイツ民事訴訟法328条の解釈では、訴え却下判決は承認適格を有しないとするのが通説である（つまり、ドイツでは訴え却下判

---

(46) Vgl. Bach, a.a.O. (Fn. 32), S. 58.
(47) 前掲注（8）を参照。
(48) Vgl. Geimer, Internationales Zivilprozessrecht, 6.Aufl.2009, Rdnr. 2851; Henrich, Zur Klage auf Vaterschaftsfeststellung und Zahlung von Regelunterhalt im Inland nach vorheriger erfolgloser Vaterschaftsfeststellungsklage im Ausland, IPRax 1985, 207, 208; Münchener Kommentar/Gottwald, ZPO, a.a.O. (Fn. 9), §328 ZPO Rdnr. 58; Staudinger/Spellenberg, BGB (2005), §328 ZPO Rdnr. 185; Stein/Jonas/Roth, a.a.O. (Fn. 21), §328 Rdnr. 55; Thomas/Putzo/Hüßtege, a.a.O. (Fn. 8), §328 Rdnr. 2; Zöller/Geimer, ZPO, 30. Aufl. 2014, §328 Rdnr. 68.

決の承認適格は、ブリュッセル（Ⅰ）規則では肯定、民事訴訟328条では否定ということになる）。その理由として、本条にいう「裁判 Urteil」は、申し立てられた法的主張に関して終局的に下されたことが必要であるところ、外国の訴え却下判決は、本案についての終局的な言い渡しを含むものではないから承認適格を有しないとされる。また、より本質的な理由としては、外国での訴え却下判決は当該判決国にとって重要であるのみで、承認国にとっては意味がないと説かれる。したがって、たとえ判決国法上訴え却下について既判力が生じるとされていても、承認適格を有しないことになる。連邦通常裁判所の判例も、承認適格を否定する。このように、純粋に手続的性質を有する裁判は承認されないと説かれており、外国での訴訟差止命令（anti-suit injunction）も同じ理由により承認適格を有しないとされる。ただし、訴訟費用の決定は承認される。以上のような伝統的理解に対して、近時、ゴットヴァルトは、たとえば、仲裁合意が有効であることを理由に訴えを却下した判決が既判力を有するときには、他国においても承認される必要性があると述べて、訴訟判決の承認適格をブリュッセル（Ⅰ）規則のみならずドイツ民事訴訟法328条の場面でも認める見解を唱えている。

我が国も、このドイツ民事訴訟法328条における通説・判例と同様の解釈が踏襲されている。日本の民事訴訟法118条は、外国判決承認の要件を定めているが、その柱書きが定めている「判決」とは（民事執行法24条1項と同様）、「実体私法上の請求権につき当事者双方の審尋を保障する手続において裁判所が終局的にした裁判である」とされている。また、判例は民事執行法24

---

(49) ライヒ裁判所以来の伝統的な考えであるとされる。Vgl. Geimer, a.a.O. (Fn. 48), Rdnr. 2851.
(50) Zöller/Geimer, a.a.O. (Fn.48), §328 Rdnr. 39.
(51) Schütze, Das internationale Zivilprozessrecht in der ZPO, 2. Aufl.2011, §328 Rdnr. 14.
(52) BGH, Urt. v. 27. 6. 1984, NJW 1985, 552, 553.
(53) Münchener Kommentar/Gottwald, ZPO, a.a.O. (Fn. 9), §328 ZPO Rdnr. 58.
(54) Geimer, a.a.O. (Fn. 48), Rdnr. 2858; Schack, a.a.O. (Fn. 26), Rdnr. 900; Stein/Jonas/Roth, a.a.O. (Fn. 21), §328 Rdnr. 54; ; Zöller/Geimer, a.a.O. (Fn. 48), §328 Rdnr. 39d.
(55) Nagel/Gottwald, a.a.O. (Fn. 16), §12 Rdnr. 143.
(56) 中野貞一郎『民事執行法〔増補新訂第6版〕』（青林書院、2010年）195頁。同旨を述べる文献として、秋山幹男ほか『コンメンタール民事訴訟法（2）〔第2版〕』（日本評論社、2006年）511頁、石川明＝小島武司『国際民事訴訟法』（青林書院、1994年）137頁〔坂本惠三〕、兼子一ほか『条解民事訴訟法〔第2版〕』（弘文堂、2011年）625頁〔竹下守夫〕、木棚照一＝松岡博＝

条との関係で次のように述べる。すなわち、「民事執行法24条所定の『外国裁判所の判決』とは、外国の裁判所が、その裁判の名称、手続、形式のいかんを問わず、私法上の法律関係について当事者双方の手続的保障の下に終局的にした裁判をいうものであり、決定、命令等と称されるものであっても、右の性質を有するものは、同条にいう『外国裁判にあたる』」と述べる。とこ(57)ろで、民事訴訟法118条にいう判決は本案判決を指すというのが伝統的理解であるため、通説によれば訴訟判決はこれに含まれないことになる。これ(58)に対して高桑教授は、「外国裁判所の判決であれば、…訴えを却下した判決でも差し支えない」と述べて、訴訟判決も承認適格を有するとの立場を支持される。その理由として、「外国で訴訟要件不備で却下された判断の効果は(59)内国での法律関係に影響を及ぼさないだけであって、これらをあえて外国裁判所の判決から除くという解釈をとるまでの必要はない」とされる。(60)

　私は民事訴訟法118条の判決に訴訟判決を含ませる少数説に賛成する。条文の文言からは素直な解釈といえるし、本案判決に限定しないと解することで、訴訟費用負担命令の承認が問題となった最判平成10年判決の結論と矛盾することもない。本案判決で賠償を命ずる判決が承認される以上は、その訴訟手続に要する費用の支払いを命ずる裁判所の判断もまた、承認されるべきであろう。その際の裁判所の判断形式は国によって異なり、本案の判断と

　　渡辺惺之『国際私法概論〔第5版〕』（有斐閣、2007年）344頁〔渡辺〕、斎藤秀夫ほか編『注釈民事訴訟法〔第2版〕(5)』（第一法規、1991年）118頁〔小室直人＝渡部吉隆＝斎藤秀夫〕、鈴木忠一＝三ヶ月章編『注解民事訴訟法(1)』（第一法規、1984年）388頁〔青山善充〕、鈴木正裕＝青山善充編『注釈民事訴訟法(4)』（有斐閣、1997年）357頁〔高田裕成〕、中野俊一郎「外国判決の執行」新堂幸司監修『実務民事訴訟講座〔第三期〕(6)』（日本評論社、2013年）445頁、本間靖規＝中野俊一郎＝酒井一『国際民事訴訟法〔第2版〕』（有斐閣、2012年）181頁〔中野〕、松本博之＝上野泰男『民事訴訟法〔第7版〕』（弘文堂、2012年）643頁。
(57)　最判平成10年4月28日民集52巻3号853頁。香港の裁判所が下した訴訟費用負担命令の承認が問題となった事案である。もっとも、従来の学説は、本案判決のみが承認適格を有することを前提に、訴訟費用の裁判は本案に従属性を有することから例外的に承認されるという考えであった。たとえば、渡辺惺之「判批」判例評論484号42頁（1999年）は、訴訟費用の負担を命ずる裁判は実体的な権利義務それ自体に関する裁判ではなく付随的裁判であるが、国際的な執行が認められる必要性が高いため承認適格が認められると述べる。
(58)　この点を明言するのは、鈴木＝青山編・前掲注(56)358頁〔高田〕。
(59)　高桑昭「外国判決の承認及び執行」鈴木忠一＝三ヶ月章監修『新・実務民事訴訟講座(7)』（日本評論社、1982年）134頁。
(60)　高桑昭『国際民事訴訟法・国際私法論集』（東信堂、2011年）144頁。

の独立性が強いものもあるが、従来の下級審裁判例は、このような訴訟費用支払を命ずる判断にも承認を認めてきたし、また平成10年最高裁判決も同様に承認適格を肯定している。学説においても、その結論に異論はないといってよい。しかし、本案に付随するとはいえ、本案の判断を行っているとはいえない訴訟費用の裁判について承認を認める以上、むしろ本案に関する判断に限るという限定を外してもよいのではないだろうか（少なくとも民訴法118条の解釈としては従来の判決概念を広げることに支障はないと考える）。このように、本条にいう判決を訴訟物に関する判断に限定しないと解することで、付随的裁判や訴訟判決もまた、承認適格を有すると考える。

このように解した場合、民事訴訟法118条にいう判決と民事執行法24条1項にいう判決との関係は同一ではないことになる。もっとも、従来から、本来的な強制執行を予定していない確認判決や形成判決も承認対象として認められてきており、その意味でも両条の判決概念は一致ないことが予定されていたともいえる。

外国裁判所が自国に国際裁判管轄がないことを理由に訴え却下判決を下した場合に、この却下判決の承認に際しては民事訴訟法118条1号との関係が問題になる。すなわち、承認要件を充足しない（間接管轄を有しない）外国判

---

(61) 『最高裁判所判例解説民事編平成10年度（上）』（法曹会、2001年）469頁〔河邉義典〕。
(62) 東京地判昭和42年11月13日下民集18巻11＝12号1093頁、名古屋地判昭和62年2月6日判時1236号113頁、東京地判平成6年1月31日判時1509号101頁、東京地判平成10年2月24日判時1657号79頁。名古屋地判昭和62年判決は、「本件外国判決は、従たる裁判として訴訟費用額確定決定が付されているが、決定であっても、外国裁判所の裁判であり、かつその基礎は本案たる本件外国判決であるから、右決定の承認についても民訴法200条を準用して、本件外国判決と同一の条件でその効力を承認しうると解するを相当とする」とした。
(63) 参照、兼子ほか・前掲注(56) 625頁〔竹下〕、鈴木＝三ヶ月編・前掲注(56) 388頁〔青山〕、中野（俊）・前掲注(56) 446頁。承認適格を肯定した、注62名古屋地判昭和62年判決の評釈のうち、石黒一憲「判批」ジュリスト974号90頁（1991年）、貝瀬幸雄「判批」法学教室82号89頁（1987年）、小林秀之「判批」判タ668号46頁（1988年）、小林秀之「判批」判タ677号281頁（1988年）は、賛成している。注62東京地裁平成10年の評釈である、竹下啓介「判批」ジュリスト1187号108頁（2000年）も、外国裁判所による訴訟費用額確定決定の承認適格そのものは認められることを前提にしていると考えられる。また、注57最判平成10年判決の評釈も、香港の訴訟費用負担命令の承認適格を肯定した裁判所の判断に賛成している。山本和彦「判批」平成10年度重要判例解説298頁、渡辺・前掲注(57) 42頁。
(64) かつては、形成判決について民事訴訟法118条の適用があるか問題とされていたが、現在は、同条の適用があるとするのが通説の立場である。参照、木棚ほか・前掲注(56) 346頁。

決を承認する場合があるからである（もっとも、間接管轄の判断基準は承認国法である）。しかし、そもそも本号の趣旨は、ロングアーム法のような過剰管轄を有する法廷地国裁判所が管轄権を行使した場合に、被告の管轄の利益を承認国の立場から確保する点にある。このような観点からするならば、判決国が自国の国際裁判管轄を否定した訴え却下判決を承認することは、民事訴訟法118条1号の趣旨に反するものではないといえる。したがって、この場合は、条文の文言に反するものの承認を認めても差し支えないと解する。

しかし、118条にいう判決に訴訟判決を含ませた場合に、「外国で訴訟要件不備で却下された判断の効果は内国での法律関係に影響を及ぼさない」とすべきかどうかは、検討の余地がある。承認適格を有すると考える以上は、その効力は、外国判決の国内的効力の問題として考えるべきと思われる。少なくも、外国裁判所が自国の国際裁判管轄を否定している場合、承認国である我が国の裁判所は、その外国が国際裁判管轄を有すると判断して我が国の国際裁判管轄を否定することはできないと解すべきであろう。そのように解さないと、国際的無管轄を生じさせてしまう場合がありえ、当事者の権利保護を途絶させかねないことになるからである。それを越えていかなる効力を認めるのかについては、外国判決の承認国における効力をどのように解するのかによって異なると考える。外国判決の承認国における効果について、我が国では、見解が分かれる。判決国の効力が承認国に拡張されるとする効力拡張説、外国判決は承認内国で認められる効力が付与されるにすぎないとする効力付与説、そして、判決国法上有する効力は承認国法が認める限度で承認国において認められるとする累積的適用説、が説かれている。もっとも、効力拡張説は、判決国法である外国法による効力の拡張を内国に認めるもの

---

(65) 鈴木＝青山編・前掲注（56）370頁〔高田〕。
(66) 高桑・前掲注（60）144頁。
(67) 秋山ほか・前掲注（56）510頁、兼子ほか・前掲注（56）621頁〔竹下〕、澤木敬郎＝道垣内正人『国際私法入門〔第7版〕』（有斐閣、2012年）335頁、高桑・前掲注（59）128頁、本間＝中野＝酒井・前掲注（56）177頁〔中野〕、松本＝上野・前掲注（56）638頁。
(68) 石黒一憲『現代国際私法（上）』（東京大学出版会、1986年）421頁、貝瀬幸雄『国際化社会の民事訴訟』（信山社、1993年）429頁、高田裕成「財産関係事件に関する外国判決の承認」澤木敬郎＝青山善充編『国際民事訴訟法の理論』（有斐閣、1987年）378頁。
(69) 細野長良『民事訴訟法要義（4）』（厳松堂、1934年）230頁。

の、承認国法である日本法による修正の余地を認める。我が国の判例は、効力拡張説によっていると考えられる。この点については、筆者は、効力拡張説に賛成する。詳細は別稿に譲るが、効力拡張説による場合には承認国がいずれであろうと判決国法による効力が各国で認められるため、国際的な法的安定性が確保される点で同説にはメリットがある。また、訴訟活動を行った当事者が判決に拘束されるのは、判決国である法廷地での訴訟活動を行った結果に他ならず、その意味で当事者は判決国での判決効に拘束されるのは判決国においては当然であるが、それを越えて各承認国においても同様の形で拘束されるとの扱いが当事者の予測に適うと考えられる。他方、その当事者が、承認国が異なるごとに異なった効力に拘束されるとするのは、当事者の予測可能性を害することになりかねないといえる。したがって、外国の法廷地で訴え却下判決が下された場合、承認国である日本では法廷地国で認められている効力が認められると解する。そこで、判決国法上理由中の判断に拘束力が認められている場合には、その拘束力は我が国においても承認されると考える。たとえば、Ａ国裁判所が、Ｂ国での仲裁合意が有効であることを理由に訴えを却下したときに、Ａ国訴訟の原告が日本の裁判所で再度訴えを提起した場合、Ａ国法によれば合意の有効性の部分にまで拘束力が認められるのであるならば、我が国でもその効力を認めるべきである。ただし、Ａ国裁判所が特定の国、たとえば「日本」に国際裁判管轄があるとの理由で訴えを却下した場合、その部分は我が国では承認されないと解する。ある

---

(70) たとえば、秋山ほか・前掲注（56）510頁。
(71) 最判平成9年7月11日民集51巻6号2530頁。
(72) 芳賀・前掲注（13）392頁。なお、外国判決の執行力の国内的効力については、日本ではドイツにおけると同様に効力付与説が通説であるが、筆者は効力拡張説が適切ではないかと考えている。芳賀雅顯「執行判決訴訟の法的性質について」石川明＝三木浩一編『民事手続法の現代的機能』（信山社、2014年）333頁。
(73) なお、中西康ほか『国際私法』（有斐閣、2014年）178頁を参照。実質的再審査禁止の原則との関係も問題となるが、本稿では論じることはできなかった。いずれ機会を得たいと考えている。実質的再審査禁止の原則については、中西康「外国判決の承認執行における révision au fond の禁止について（1）～（4・完）」法学論叢135巻2号1頁、4号1頁、6号1頁、136巻1号1頁（1994年）を参照。
(74) Vgl. Nagel/Gottwald, a.a.O. (Fn. 16), §12 Rdnr. 143.
(75) 芳賀・前掲注（31）299頁。

渉外事件において日本の裁判所に国際裁判管轄があるか否かは、我が国の司法権行使の可否にかかわる問題であり、日本の裁判所が独自に判断すべき事項といえるし、管轄判断の統一性の確保という点からも、日本の裁判所の専権事項といえる。したがって、外国裁判所が、日本の裁判所が管轄を有すると判断したとしても、その部分は民訴法118条1号に基づき我が国では承認されないと解する。

V　まとめと展望

　本稿は、外国裁判所への合意管轄が有効であることを理由に判決国裁判所が訴えを却下した場合に、却下判決は承認適格を有するのか、また、訴え却下判決のどの部分に承認国で拘束力が生じるのか否か、生ずるとしたらどの範囲なのかという問題について、ブリュッセル（I）規則に関する解釈としてヨーロッパ裁判所が下した判決と、ドイツにおける議論を参考に検討した。本稿を簡単にまとめると、次のようになる。2012年ヨーロッパ裁判所判決は、訴え却下判決がブリュッセル（I）規則32条との関係で承認適格を有することを認め、また、判決国裁判所による管轄合意の有効性の判断について拘束力を認めて判決国以外の構成国の裁判所はこれに拘束されるとした。そして、その根拠としてEU法（Unionsrecht）としてのブリュッセル（I）規則の統一的解釈の必要性などを挙げた。たしかに、合意管轄に関する各構成国裁判所の判断が異なる場合には、管轄の消極的抵触（国際的無管轄）が生じるおそれがあることから、ある渉外事件における国際裁判管轄の有無について構成国間で統一的判断を確保するためには、このような扱いは適切であるとの意見もある。しかし、従来のヨーロッパ裁判所の判例（ホフマン判決）と異なるアプローチを採用したため、ドイツでは批判が強い。つまり、従来、ヨーロッパ裁判所は訴訟物については規則独自の解釈（核心理論）を採用していたが[76]、外国判決の効力については判決国法が基準となるとする効力拡張説によっていた[77]。この考え方を前提にする場合、判決国法上訴え却下判決の効力

---

(76)　EuGH, Urt. v. 8. 12. 1987, NJW 1989, 665.
(77)　EuGH, Urt. v. 4. 2. 1988, NJW 1989, 663.

についてどのような考えによっているのかがまず問われるべきであるが、ヨーロッパ裁判所は、この様な点を考慮することなくEU法としての解釈の統一性を理論的根拠に挙げて、規則独自の解釈により管轄判断については先決的法律関係にも拘束力が生じるとした。したがって、ブリュッセル（Ⅰ）規則は2種類の既判力を認めたことになると評されている。すなわち、本案の判断についてはホフマン事件判決以来の効力拡張説が妥当し、判決国法による既判力が承認国に拡張される。他方で、管轄についてはブリュッセル（Ⅰ）規則独自の既判力論が妥当することになる。[78]

　我が国では外国判決の承認に際して、「判決」は訴訟物に関する判断を指すとの見解が支配的である。しかし、条文上はとくに制限なく、本案判決は承認されるが訴訟判決はそもそも承認対象ですらないとする合理性はないように思われるし、また、訴訟費用の支払を命ずる外国の裁判について従来の学説・判例は承認適格を肯定してきたことからすると、承認適格を有する外国判決という法概念を訴訟物に関する判断に限定する必要性はないと考えられる（また、判決概念は承認を予定している民事訴訟法118条と執行を予定している民事執行法24条は同一ではないと考える）。したがって、ある外国裁判所が判決国（A国）として、別の国（B国）において仲裁を行うとする合意が有効であることを理由に、訴えを却下した場合には、我が国でもその訴訟判決を承認すべきである。それによって、同じ当事者が我が国で訴えを提起した場合、すでに却下判決が下されたA国に管轄があるとして、我が国の裁判所が訴えを却下することは許されないことになる。国際裁判管轄の有無は判決国においてのみ意味を有するとの考えもあるが、外国判決の効力について効力拡張説を採る場合には、承認国においても意味を有することになる。すなわち、判決国が訴え却下判決にどのような効力を認めるのかによって、承認国においても扱いは異なることになる。ただし、判決国が自国以外のある特定の国に管轄があるとの判断をしている場合には、その部分は民事訴訟法118条1号に基づき承認されないと解する。国際裁判管轄は自国の司法権行使にかかわる問題であること、管轄判断の国内的統一性を確保するためにも当該国の

---

(78) Roth, a.a.O. (Fn. 32), S. 138.

専権事項に属すると考えられるからである。

　ヨーロッパ裁判所は、管轄判断の部分についてではあるが、ブリュッセル（Ⅰ）規則独自の既判力論を展開した。この考えが、本案の部分にまで及ぶことになるのかは、今のところ定かではない。しかし、訴訟物について各国の訴訟物概念ではなく規則独自の法概念（核心理論）を採用したヨーロッパ裁判所判決が、その後のドイツの訴訟物理論に関する議論に対して少なからず影響を及ぼしてきたことからすると、今後のヨーロッパ裁判所の動向によってはドイツ既判力論が大きく動く可能性がある。

　本研究は科研費課題番号 24530102 に基づく成果の一部である。

---

(79)　EuGH, Urt. v. 8. 12. 1987, NJW 1989, 665.
(80)　Vgl. Althammer, Streitgegenstand und Interesse—Eine zivilprozessuale Studie zum deutschen und europäischen Streitgegenstandsbegriff –, 2012, S. 115 ff.; Rüßmann, Die Streitgegenstandslehre und die Rechtsprechung des EuGH, ZZP 111（1998），399 ff; Walker, Die Streitgegenstandslehre und die Rechtsprechung des EuGH—nationeles Recht unter gemeineuropäischem Einfluß–, ZZP 111（1998），429 ff.

欧州法およびドイツ法における消費者保護の発展
―― 消費者権利指令とその国内化法 ――

ディーター・ライポルト
Dieter Leipold

(訳) 円谷峻・大滝哲祐

- I 献辞
- II ドイツにおける消費者保護の発展
- III 消費者権利指令
- IV 消費者権利指令のドイツ法への国内法化
- V 消費者概念と「二重目的」の問題
- VI 結語

I 献辞

　この寄稿論文は、円谷峻教授の古稀の御祝に献呈される。円谷教授の賞賛すべき学問的業績は、債務法、とりわけ消費者保護法を中心としている。ドイツのこの法領域における新たな発展に関する本論文は、たとえ円谷教授にとってほとんど新たなものを含んでいないとしても、古稀への寄稿論文としてふさわしいものだと思われる。個人的に私と円谷教授は、日本そしてドイツでの数多くの出会いで明らかとなった長きに渡る友情で結びついている。とくに円谷教授が私の教科書"BGB I – Einführung und Allgemeiner Teil"(邦題『ドイツ民法総論―設例・設問を通じて学ぶ』)を日本語に訳されたことに対して心よりのお礼を申し上げなければならない。

II ドイツにおける消費者保護の発展

　ドイツ最古の消費者保護法として、既に 1894 年以来の最初の形式であり、ドイツ民法典よりも古い割賦取引法（Abzahlungsgesetz）を示すことができる。しかし、契約法における消費者保護のダイナミックで新たな発展は、とくに、相当遅れて制定された 1976 年の約款規制法（普通取引約款法）(Gesetz zur Regelung des Rechts der Allgemeinen Geschäftsbedingungen：AGBG) で始まった。[1] その後、とくに 1986 年の訪問取引撤回法（Haustürwiderrufsgesetz：HWiG）が、消費者保護の特別法として加えられた。1990 年、割賦取引法は、消費者信用法（Verbraucherkreditgesetz：VerbrKrG）に置き換えられた。いわゆる大きな債務法改正（2001 年）で、消費者保護のための異なった特別法である約款規制法、訪問取引撤回法、さらには消費者信用法も民法典の中に移された。これらの法律を民法典の中に組み入れたことは、民法の統一という意味で確かに賞賛されるべきことではあるが、言うまでもなく、多くの領域における法文の大幅な増加という結果にもなった。このことは、対象の困難さによるだけではなく、とくに欧州法の定めを可能な限り正確にドイツ法に変換、すなわち国内法化する必要性によるものであった。欧州法の立法者と同じく、ドイツの立法者も、精緻で簡潔な法規範を構成する能力を広く失ったのである！　消費者保護の領域では、ときとともに、次第に欧州法が指導的な役割を有するようになった。当初は欧州共同体が、そして、今日では欧州連合がその役割を担っている。民事法における消費者保護の急激な拡張は、すべての欧州連合指令によるものであり、ドイツの立法者はその国内法化に没頭している。正当にも、消費者契約法は「継続し続ける建築現場」と名づけられた。[2] 消費者法は、包括的であるだけではなく、複雑でもあり、すでに規律された領域における絶え間ない手当てが必要なように思われる。

---

(1)　筆者は、1976 年に初めて日本を訪問した際、すでにこの法律に関して報告をした。Dieter Leipold, Neuer zivilrechtlicher Verbraucherschutz in der Bundesrepublik Deutschland、日本法学 42 巻 4 号 3 頁（日本大学の染野義信教授の序文がある）。
(2)　Wendehorst NJW 2014, 577, 584.

Ⅲ　消費者権利指令

1　以前の指令との関係

　消費者保護の改善を図る欧州における直近の手段は、2011年の消費者権利指令である。この重要な指令の見出しにより、見出しに示された法的活動について消費者の権利が包括的に規律されていると理解することができるであろう。

　当初は、消費者保護規定が含まれている4つの異なる指令を一つに統合し、それらがよりよく調和するよう計画されてはいた。しかし、その計画のうち、一部分だけが達成されたのである。営業所外の場所で締結された契約に関する指令および通信販売での契約締結に関する指令だけが、最終的に消費者権利指令へと置き換えられた。消費者契約における不公正条項に関する指令は、消費用製品売買に関する指令と同様に、独立した法制定行為としてそのまま手を付けないとされた。また、当初から計画に含まれなかった消費者信用契約指令も、同様である。

2　販売形式に左右されない消費者保護の拡大

　他面、──消費者権利指令としての一般的名称を正当化することになろうが──新たな指令は、訪問取引と通信販売契約の場合の消費者保護を明ら

（3）Richtlinie 2011/83/EU des Europäischen Parlaments und des Rates vom 25.10.2011 über die Rechte der Verbraucher, zur Abänderung der Richtlinie 93/13/EWG des Rates und der Richtlinie 1999/44/EG des Europäischen Parlaments und des Rates sowie zur Aufhebung der Richtlinie 85/577/EWG des Rates und der Richtlinie 97/7/EG des Europäischen Parlaments und des Rates, ABlEU vom 22.11.2011, L 304, 64.
（4）消費者権利指令の内容に関する概観を紹介するものとして、Grundmann JZ 2013, 53; Schwab/Giesemann EuZW 2012, 253; Unger ZEuP 2012, 270. がある。
（5）Richtlinie 93/13/EWG vom 5.4.1993 über missbräuchliche Klauseln in Verbraucherverträgen, ABlEG vom 21.4.1993, L 95, 29.
（6）Richtlinie 99/44/EG vom 25.5.1999 zu bestimmten Aspekten des Verbrauchsgüterkaufs und der Garantien für Verbrauchsgüter, ABlEG vom 7.7.1999, L 171, 12.
（7）Richtlinie 2008/48/EG vom 23.4.2008 über Verbraucherkreditverträge, ABlEG vom 22.5.2008, L 133, 66.

かに超えているし、これらの特殊の販売形式では締結されない消費者契約の規制をも内容としている。

通信販売による契約でもないし、営業所外で締結された契約でもないすべての消費者契約について、指令は、第2章［通信販売契約または営業所外契約とは異なる契約の場合の情報提供］第5条［通信販売契約または営業所外契約とは異なる契約の場合の情報提供義務］[8]で事業者の情報提供義務を定めている。従って、店舗取引（stationären Handel）として締結された契約がその対象である。これに対し、契約類型は重要ではない。

指令第4章［その他の消費者の権利］は、その見出しのもとに、事業者が消費者と締結したすべての売買契約と役務提供契約について、消費者を保護すべき新たな規定を設けている。その場合にどのような契約締結形式（販売形式）によっているのかは重要ではない。従って、営業所外契約および通信販売も、店舗取引での契約も同じく取り扱われる。

指令第17条［適用領域］1項によれば、指令に設けられた諸規定のうちの一部の規定（(訳者注) 18条［引渡し］、指令20条［危険の移転］）は、売買契約にのみ適用を限定される。指令第18条［引渡し］は、給付の時期および期間懈怠の効果を定めている。指令第20条［危険の移転］は、売買に基づく商品送付の場合における危険移転を定めている。

この章のそれ以外の規定（(訳者注) 19条、21条および22条）は、第17条［適用領域］2項により、売買、役務提供契約、および、水道、ガス、電気、地域暖房またはデジタル・コンテンツに関する供給契約に適用される。その際、追加的な代金からの消費者保護が問題となる。指令第19条［一定の支払い方法の利用に対する代金］により、事業者は、自らに生じた費用を超えて、

---

(8) (訳者注) 紙幅の制限で、遺憾ながら消費者権利指令の各条文について紹介することはできない。条文の見出しは、ドイツ語版による。なお、消費者権利指令の翻訳として、和久井理子氏（大阪市立大学大阪市立大学大学院法学研究科）による試訳（原文は英文版）(http://studylaw.web.fc2.com/201183EU_EJ.htm)、寺川永・馬場圭太・原田昌和「2011年10月25日の消費者の権利に関する欧州議会及び理事会指令」関西大学法学論集62巻3号436頁（2012年）、右近潤一「消費者の権利に関する欧州議会及び理事会の指令に関する提案（試訳）」京都学園法学58巻2＝3号（2009年）161頁（草案段階の和訳）、同「ヨーロッパ私法の新たな動向—消費者の権利に関する指令提案について」中田邦博＝鹿野菜穂子編『ヨーロッパ消費者法・広告規制法の動向と日本法』（日本評論社、2011年）162頁などがある。

特定の支払い方法の利用による代金を消費者に請求することを禁止される。[9]
指令第21条［電話による連絡］は、消費者と事業者の電話による連絡の場合（例えば、電話回線を利用する場合）、電話基本料金以上の金額は考慮されないと定める。特別支払いに対する消費者の義務、従って、主たる給付のために合意された代価を超えて支払うという消費者の負担は、指令22条［追加的な支払い］により、消費者が明らかな合意をした場合にだけ認められる。これに対して、追加的な支払義務を避けるため、事業者の意図によれば消費者によって拒否されるに違いない事前調整によってそのような負担を設定することは認められない。

3　特殊販売形式における消費保護の発展

消費者権利指令でまとめられた営業所外契約に関する諸規定と通信販売契約のための諸規定では、契約締結の際の要請および撤回権に関する契約締結前の情報提供義務が、とりわけ重要である（なお、「営業所外契約」という用語は、従来はあまりにも狭い概念である「訪問取引」に代えて採用された。）。

事業者の情報提供義務（指令第6条［通信販売契約または営業所外契約の場合の情報提供義務]）、契約締結の明確化および契約内容の書式化の要請（指令第7条［営業所外契約のための公的な要請事項］および指令第8条［通信販売契約の場合における公

---

(9)　指令第19条［一定の支払手段の利用に対する代価］は、312 a条［消費者契約の場合の一般的義務および原則；代金の合意の限界］として国内法化された。実際上では、そのような追加的な代金を定める一般的取引条件（約款）の規制が重要である。これについて、BGH NJW 2010, 2719 は、定められた支払方法の利用のために手数料を支払わなければならない旨の約款条項は、手数料が発生せず、通常用いられており、かつ期待することができる他の支払方法が用いられないとき、契約の相手方を不相当に損なうことになり307条［約款の内容規制］1項、2項1号により無効である、と判断した。ドイツの立法者は、指令第19条［一定の支払方法の利用に対する代価］を超える制約を一般的な形式として312 a条4項1号で国内法化した。これが完全調和という観点のもとでの禁止効（指令とは異なった国内法制定の禁止）に抵触するかは疑わしい。これについては、Omlor NJW 2014, 1703, 1706 f. がある。彼は、指令との一致が重要であるとし、312 a条4項1号の適用領域を約款条項に制限する。（訳者補注）同条4項は、「消費者が自らの契約上の義務の履行のために特定の支払方法を用いるために代金の支払いを義務づけられる合意は、以下の場合には無効である。」として、1号および2号を設けている。そのうちの1号は、「消費者にとり、通常用いられており、かつ期待することができる無償の支払可能性が存在しない場合」である。これに対して、指令第19条［一定の支払方法の利用に対する代価］は、通常の支払方法の場合を超える代金の支払請求を禁止する。この点で312 a条との相違が論じられるのである。

的な要請事項〕)は、高められた内容である。消費者権利指令は、消費者が望まなかった追加の支払義務を引き受けなければならないことから消費者を保護することにとくに価値を認めている。従って、通信販売契約の締結の場合には、電子的方法での注文プロセスについて特別な要請がされる。とくに、無償の給付を求めるのに目立たなく設けられていた条項によって支払債務の負担が根拠づけられる、との印象を消費者が抱かないようにされなければならない。注文者が支払債務を負担することは、注文者によって明示的に確認されなければならない。注文プロセスが切替画面(Schaltfläche)で切り替わって進行するとき、画面によって明示的かつ明瞭に支払義務が指示されなければならない。いわゆるクリックによる解決(Button-Lösung)は、すでに消費者権利指令前の 2012 年にドイツの立法者により新設された 312g 条〔電子商取引における諸義務〕(2014 年 6 月 12 日まで有効)で導入され、同指令の国内法化により現在の 312j 条〔電子商取引における消費者に対する諸義務〕(2014 年 6 月 13 日発効)となっている。

さらに、通信販売契約および営業所外契約の場合における消費者の撤回権は、消費者の保護規制の中心となっている。消費者権利指令は、撤回権の存在とその期間に関する詳細な諸規定(9 条〔撤回権〕、10 条〔撤回権に関する不説明〕)を含むだけでなく、またその行使に関しても(11 条〔撤回権の行使〕)、そしてその法律効果についても(12 条〔撤回権の効力〕〜15 条〔付随的な契約に対する撤回権行使の効力〕)、詳細な規定を有している。

消費者が自宅へ事業者を自ら招き入れた場合には撤回権は認められないという従来の訪問取引に通用した規制は脱落する。実務上の困難(とくに、職人が電話で修理を注文されたときを想定されたい。)を避けるため、指令第 16 条〔撤回権の例外〕で、撤回権が認められない例外について大規模な目録が定められている。

4 完全調和

消費者の保護をより強いものにするために、欧州連合加盟国の国内法と指令との関係を根本的に変えられた。この変更は、完全調和への移行として示される。従来、消費者保護に関する指令では、消費者の保護のためにより強

力な規定を発すること、従って、欧州法による消費者保護の水準を超えることは、各加盟国の任意に完全に委ねられていた（最低調和の原則）。しかし、今日では、消費者権利指令が適用される領域では、同指令4条［調和の程度］により、これは原則的に禁止される。同4条では、「調和の程度」という見出しのもとに、各加盟国は、より厳格なものであれ、あるいは、それほど厳格ではないものであれ、本指令の諸規定から逸脱した法律規定を発することは原則としてできないと定められている。従って、国内法により指令に比較してより高い消費者保護の水準を導入することは、それが指令によってとくに許された場合にだけ認められるにすぎない。

Ⅳ 消費者権利指令のドイツ法への国内法化

1 法の目的

ドイツの立法者は、消費者権利指令第28条［国内法化］2項に基づいて、[10] 2014年6月13日以後に締結された契約のために、2013年9月20日付けの法律で同指令を国内法化すべき加盟国の責任を果たした。[11] この法律は、大規模な民法典と民法施行法の改正をも必要とした。[12] また、ドイツ立法者は、欧州指令の対象範囲ではない国内法の規定も改正した。その結果、その改正は、たんなる新しい指令の国内法化という意味を超えている。

2 新しい規定の体系

民法典第2編第3章第1節の中の第2款［消費者契約および特殊販売形式の原則］が全く新しい款である。この款は、312条［適用領域］〜312k条［原則とは異なる取り決めおよび立証責任］で構成されている（これらの規定は2014年6月13日に発効している。）。そして、この款は、以下の4つの小款に分

---

(10) （訳者注）指令第28条［国内における実施］によれば、加盟国は、2013年12月13日までに、本指令を遵守するために必要な法規定および行政規定を公布し、公表しなければならない。
(11) Gesetz zur Umsetzung der Verbraucherrechtrichtlinie und Änderung des Gesetzes zur Regelung der Wohnungsvermittelung, vom 20. September 2013, BGBl. I S. 3642.
(12) これについては、Wendehorst NJW 2014, 577; Tonner VuR 2014, 23.

かれる。
(13)

　第 1 小款［適用範囲および消費者契約の原則］（312 条、312 a 条）、
　第 2 小款［営業所外契約および通信販売契約］（312 b 条～312 h 条）、
　第 3 小款［電子商取引契約］（312 i 条、312 j 条）、
　第 4 小款［原則とは異なる取り決めおよび立証責任］（312 k 条）

　見出しが示すように、まずは消費者契約について一般的な事柄が規律されており、それから、小款で挙げられた 3 つの締結形式（営業所外契約、通信販売、電子商取引）について特別な条文が続いている。その体系を簡単には見通すことはできない。消費者契約の一般的概念がその出発点となる。しかし、その概念は、この款に見いだされるのではなく、312 条［消費者契約の適用領域］1 項が指示する 310 条［約款に関する諸規定の適用領域］3 項に認められる。消費者契約の定義は簡単である。すなわち、事業者および消費者間の契約が問題なのである。しかし、第 2 款［消費者契約および特別な販売形式の場合の原則］の小款 1［適用範囲および消費者契約の原則］と小款 2［営業所外契約および通信販売契約］が適用されるかどうかは、312 条［消費者契約の適用領域］1 項により、消費者契約が事業者の有償給付を契約目的にしたか否かの如何にかかっている。すなわち、民法施行法 246 条［消費者契約の場合の情報提供義務］と結びついた 312a 条［消費者契約の場合における一般的な義務および原則、代価に関する合意の限界］所定の一般的な情報提供義務は、有償の消費者契約にのみ適用される。営業所外契約と通信販売という方法で締結された有償の消費者契約については、民法施行法 246 a 条［融資サービス給付に関する契約を除く営業所外契約および通信販売契約の場合の情報提供義務］と結びついた 312 d 条［消費者契約の情報提供義務］1 項所定の情報提供義務が浮上する。融資サービス給付に関する契約の場合には、

────────────

(13) （訳者注）ドイツ民法典の Buch（編）、Abschnitt（章）、Titel（節）、Untertitel（款）、Kapitel（小款）の訳については、ディーター・ライポルト（円谷峻訳）『ドイツ民法総論 ―設例・設問を通じて学ぶ―』（成文堂、2008 年）48 頁注 6 によった。

(14) （訳者注）312 条［消費者契約の適用領域］1 項は、「本款の第 1 小款および第 2 小款の規定は、事業者の有償給付を目的とする 310 条 3 項の意味における消費者契約にのみ適用される。」と定める。310 条［約款に関する諸規定の適用領域］3 項は、「事業者と消費者間の契約（消費者契約）の場合、本章の規定が以下の各号のもとで適用される。」（1 号～3 号は省略）と定める。

民法施行法246b条［融資サービス給付に関する営業所外契約および通信販売契約の場合の情報提供義務］と結びついた312d条［営業所外契約および通信販売契約の場合の情報提供義務］2項による情報提供義務が加わる。しかし、とくにこの契約の場合には、312g条［営業所外契約および通信販売契約の場合の撤回権］2項所定の多くの例外のうちの一つが認められないかぎり、同条2項によって消費者に撤回権が許容される。

営業所外契約と通信販売契約を有償の消費者契約の亜種と構成する、とある程度は理解することができる体系は、遺憾ながら、電子商取引に関する契約の規律では維持されていない。「電子商取引における契約」(312i条［電子商取引における一般的諸義務］1項)と「電子商取引における消費者契約」(312j条［消費者に対する電子商取引上の特別な諸義務］)という概念は、最初の2つの小款につながる小款にのみ認められる。

今日、個別的な事案に適した規定をその事案に——しばしば生じることなのだが、重畳的に——適用すべきかを見いだすことは、法律にかかわらなければならない法律家にとってさえも簡単なことではない。大変に範囲が広く、多くの例外を設けている補足規定は、「法律に精通していない素朴な」市民の理解を困難にするか、または、全く不可能な状態に追いやる。消費者保護の領域では、本来は、とくに透明性が問われるべきなのに、規範が過剰になっている原因が立法者によって究明されてないことは、驚くべきことである。

3 有償の消費者契約の場合における一般情報提供義務

ドイツの立法者は、営業所外または通信販売では締結されなかったすべての消費者契約の場合に、指令第5条［通信販売契約または営業所外契約とは異なる契約の場合の情報提供義務］により求められた事業者の情報提供義務を、民法施行法246条［消費者契約の場合の情報提供義務］と結びついた312a条［消費者契約の場合における一般的な義務および原則、代価に関する合意の限界］2項1文(「事業者は、民法施行法246条の指示により消費者に情報を提供する義務を負う。」)で国内法化した。また、ドイツの立法者は、店舗取引についても、(例えば、事業者の同一性、商品の本質的性質またはその総価格に関して)法定的な情報提供義務を定める必要が実際上必要であったのか、または、(錯

誤または民法上の詐欺の場合の法的救済を含めて) 有効な契約締結の要件に関する一般的原則が欠けてはいないかについて検討しなかった。それでも、立法者は、民法施行法246条 [消費者契約の場合の情報提供義務] で、指令第5条 [通信販売契約または営業所外契約とは異なる契約の場合の情報提供義務] 3項によって認容された (日常生活用品を取引の目的とし、契約締結時に直ちに履行される契約についてこの情報提供義務の適用を排除するという) 可能性、さらに、新聞スタンドでの取引または (直ちに支払いがなされる) ズボンの購入の場合も、情報提供用パンフレットの交付がなくても情報提供義務を免れるという可能性を受け入れた。適切な解釈がされた場合には、指令第5条 [通信販売契約または営業所外契約とは異なる契約の場合の情報提供義務] 1項a号の文言 (「通信データ記録媒体および商品または役務給付にとり適切な範囲での商品または役務給付の本質的特性」) と民法施行法246条 [消費者契約の場合の情報提供義務] 1項1号の (指令5条1項a号と同じ) 文言に内在する制約により過度の形式化を避けられる。すなわち、そのような情報提供が諸事情から生じるときには、法律で定められた情報提供は必要ないのである。

4 営業所外契約および通信販売契約の場合における情報提供義務

通信販売契約と営業所外契約の事業者の情報提供義務は、民法施行法246a条 [融資サービス給付に関する契約を除く営業所外契約および通信販売契約の場合の情報提供義務] と結びついた312d条 [営業所外契約および通信販売契約の場合の情報提供義務] 1項に見いだされる。この店舗外で締結される契約の場合、民法施行法246b条 [融資サービス給付に関する営業所外契約および通信販売契約の場合の情報提供義務] と結びついた312d条 [営業所外契約および通信販売契約の場合の情報提供義務] 2項に相当する融資サービス給付に関する契約が問題となる。

民法施行法246a条 [融資サービス給付に関する契約を除く営業所外契約および通信販売契約の場合の情報提供義務] は、事業者が消費者に提供しなければならない多様な情報を同条§1 [情報提供義務] 1項にまとめている。同条§1 [情報提供義務] 2項には、民法312g条 [営業所外契約および

通信販売契約の場合の撤回権］1項に基づき撤回権が認められる場合における（消費者に提供されるべき）撤回権の情報が定められている[15]。民法施行法の添付資料1は、撤回権指示のひな型を含んでいる。そのひな型を用いることによって、事業者は民法施行法246a条［融資サービス給付に関する契約を除く営業所外契約および通信販売契約の場合の情報提供義務］§1［情報提供義務］2項2文の適用により[16]、情報提供義務を履行することになる。むろん、このひな型を用いる場合にも、なお相当の要請がされるが、（添付資料1に掲載された）8つの広範囲の内容作成上の指示が説明するように、構成要素を事業者の文書に付け加えることによって、または、ひな型の構成要素を削除することによって、具体的な場合に適合させられなければならない。そのような大幅な規制が実際に必要で不可欠であるかは、疑わしい。小さな範囲、すなわち、営業所外契約での修理または修復作業による200ユーロを超えない報酬の場合は、指令第7条4項を国内法化した民法施行法246a条［融資サービス給付に関する契約を除く営業所外契約および通信販売契約の場合の情報提供義務］§2［修理および保守作業の場合における軽減された情報提供義務］で強く限定された情報提供義務で十分である。しかし、これは、双方当事者の給付義務（従って、消費者による代金支払いをも含めた給付義務）が、直ちに履行されるときにのみ認められる。

5 消費者契約における撤回権に関する新たな規定

民法典第2編第3章第1節の第2款も、完全に新しく改正され、355条［消費者契約の場合の撤回権］〜361条［その他の請求権、条文とは異なる合意

---

(15) （訳者注）民法施行法246a条［融資サービス給付に関する契約を除く営業所外契約および通信販売契約の場合の情報提供義務］§1［情報提供義務］2項1文は、「消費者に民法312g条［営業所外契約および通信販売契約の場合の撤回権］により撤回権が認められるとき、事業者は、消費者に以下に関する情報提供義務を負う。」として、1号から3号で種々の情報について列挙している。また、民法312g条については、ディーター・ライポルト（円谷峻訳）『ドイツ民法総論 ―設例・設問を通じて学ぶ― 第2版』（成文堂、2015年出版予定）（以下、円谷訳と略する。）に掲載されている条文資料参照。

(16) （訳者注）民法施行法246a条［融資サービス給付に関する契約を除く営業所外契約および通信販売契約の場合における情報提供義務］§1［情報提供義務］2項2文は、「事業者は、民法施行法の添付資料1に備えられた撤回権指示のひな型を事業者の文書で用いることにより、同人の情報提供義務を履行する。」と定める。

および立証責任］からなる「消費者契約の場合の撤回権」という見出しの款となった（2014年6月13日発効）。この款では、消費者を保護する撤回権の期間設定、行使および法律効果が規律されている。また、これらの規定は、範囲についても内容的にも複雑なものとなった。

撤回期間は、355条［消費者契約の場合の撤回権］2項1文により、一般的に14日で満了する。この期間は契約締結時から始まるが（同条2項2文）、多くの補充規定によりこれは破られている。例えば、通信販売による消費用製品売買の場合、撤回期間は、通常、消費者による商品の保持によって開始する（356条［営業所外契約および通信販売契約の場合の撤回権］2項1a号）。さらに、撤回期間の始期は、事業者が消費者に民法施行法の指示に従って通知したかの如何による（356条［営業所外契約および通信販売契約の場合の撤回権］3項1文）。しかし、そのような通知がない場合、356条（営業所外契約および通信販売契約の場合の撤回権）3項2文から生じるように、撤回権は、商品の供給から12ヵ月および商品の引渡し後14日で消滅する。

期間の定めがある撤回権の法律効果については、新しい355条［消費者契約の場合の撤回権］で従来とはいささか異なって定められている。同条1項1文によれば、撤回の効果として、消費者および事業者は、契約締結に向けられた彼らの意思表示にはもはや拘束されない。受領した給付は、355条［消費者契約の場合の撤回権］3項1文により遅滞なく返還されなければならない。もっとも、これは、特別な規定が認められないかぎりでのみ有効である。営業所外契約および通信販売契約については、受領した給付の返還は遅くとも14日後である（357条［融資サービス給付に関する契約を除く営業所外契約および通信販売契約の場合の撤回権の法律効果］1項）。法定解除の規定（旧357条［撤回および返還の法律効果］1項1文（「他に別段の定めがないかぎり、撤回権および返還権には、法定解除に関する諸規定が準用される。」）に対する従来の補充的な指示は、新しい諸規定にはもう含まれていない。（撤回権によって引き起こされた契約の無効を

---

(17) （訳者注）改正前の第2款の見出しは、「消費者契約の撤回権と返還権」であった。ここには、355条［消費者契約の場合の撤回権］〜361条［削除］までの8ヵ条が設けられていた（ただし、361条の中身は削除されているので実質は7ヵ条）。また、新旧の355条の訳については、円谷訳・条文資料参照。

理由にして不当利得法について考えることができようが)、しかし、不当利得法に対する関連も認められない。立法者は、明らかに、今日では、すべての関係する問題は355条（消費者契約の場合の撤回権）以下に規律されている、ということに基づいている。

　消費者権利指令（6条［営業所外契約のための公の要請事項］1項 i 号・6項、同14条［撤回権が行使された場合の消費者の義務］1項3文）に基づく重要な法の変更は、消費者が受領物を返送する場合の費用に関することである。以前の旧357条［撤回および返還の法律効果］2項2文によれば、事業者が返送費用と返送上の危険を負担した。これに対して、現在では、事業者が消費者に（民法施行法246a条［融資サービス給付に関する契約を除く営業所外契約および通信販売契約の場合における情報提供義務］による大規模な法定的な情報の枠内で）定められたように撤回権について通知をしたときには、消費者が商品の返送費用を負担する（357条［融資サービス給付に関する契約を除く営業所外契約および通信販売契約の場合の撤回権の法律効果］6号1文）。事業者は、それとは異なって、（消費者が事業者に注文をしたがるよう、それを宣伝で指摘するため）、消費者による撤回の場合に返送費用の負担をすることを契約で引き受けることができる。

V　消費者概念と「二重目的」の問題

　消費者権利指令2条（定義）1号によると、消費者とは、指令によって把握された契約の場合に、営業、業務、手工業または職業上の活動ではない活動を目的として行為するすべての自然人である。そのような構成は、従来の訪問取引指令（2条）および通信販売指令（2条2号）に含まれている定義と異なり、とくに営業活動または手工業が付け加えられている点で相違する。しかし、内容に関しての変更はまったくというほどなかった。何故ならば、営業活動または手工業という活動は、以前の職業上の活動に包含されていたからである。[18]

　ドイツの立法者は、13条［消費者］の消費者概念の変更のための機会を

---

(18) 従って、そのかぎりでは、13条［消費者］における消費者概念の変更も必要なかった。これについて、Purnhagen ZRP 2012, 36, 37 も同様に考える。

得た。新たな文言によれば、消費者は、主としてその営業上の活動にもその独立した職業上の活動にも帰せられない目的で法律行為を結ぶすべての自然人である。従来の法律上の文言に比して新しいことは「主として」(überwiegend) という文言の挿入である。これによって、ドイツの立法者は、「二重目的」という言葉のもとで討議された［一つの法律行為のもとで職業上の目的と私的目的が同時に求められる］事情を把握しようとした。このことは、実務では稀ではない。たとえば、弁護士が職業上の目的と私的目的で使用しようと思って電気掃除機を購入する場合や、手工業者が自らの住居用テレビと職業上の活動のために必要な電気ドリルへの融資を求めてローンを組む場合などが考えられる。

ドイツの立法者（厳密には、13条［消費者］改正の出発点となった連邦議会の法務委員会）は、立法理由（Bundestags-Drucksache 17/13951, S. 61）に基づき、そのような二重目的を有する契約の場合には主たる目的が重要であることを、新たな文言をもって表現しようとした。改正理由によれば、自然人が契約を主としては営業上または独立した職業上の目的のためには締結しないとき、同人は消費者として行為する。従って、二つの目的が同じ程度であるときにも、消費者としての行為が存在することになる。ただし、そのかぎりで、13条［消費者］の新しい文言は、言葉としては成功していない。もっと適切な文言が用いられなければなかった。すなわち、「消費者とは、営業上または独立した職業上の活動に主としては帰せられない目的で法律行為を結ぶすべての自然人である。」(Verbraucher ist jede natürliche Person, die ein Rechtsgeshäft zu Zwecken abschließt, die nicht überwiegend ihrer gewerblichen oder ihrer selbstständigen beruflichen Tätigkeit zugerechnet werden können.) と構成されるべきであった。しかし、上述した改正理由と結びつけることで、新たな13条［消費者］の表現が理解されなければならない。[19]

ドイツの立法者は、消費者権利指令の考慮理由17（Erwägungsgrund）を顧

---

(19) （訳者注）新たな13条［消費者］は、「消費者とは、主としてその営業上の活動にもその独立した職業上の活動にも帰せられない目的で法律行為を結ぶすべての自然人である。」(Verbraucher ist jede natürliche Person, die ein Rechtsgeschäft zu Zwecken abschließt, die überwiegend weder ihrer gewerblichen noch ihrer selbständigen beruflichen Tätigkeit zugerechnet werden können.) と定める（円谷訳・条文資料参照。）。

慮して、13 条［消費者］の改正でその明瞭化を図った。考慮理由 17 では、二重目的を有する契約の場合、契約を全般的に眺めてみて営業上の目的が優勢ではないとき、人は消費者とみなされるべきだと述べられている。欧州指令および命令における考慮理由は、それが官報で公にされた欧州の法制定行為の構成部分であるかぎりで、ドイツ法の立法理由から区別される。このことは、個々の規定のテキストの標準性を何ら変えなくとも、解釈の枠内でその意味を強める。

　考慮理由 17 は、(主たる目的は何かを重視する) 主要目的説 (Überwiegenstheorie) のもとでの新しい指令における消費者概念の解釈に賛成するけれども、民法 13 条（消費者）でこの明確化を（普遍的に）受け入れることに問題がないわけではない。何故ならば、欧州裁判所（EuGH）は、すでに考慮理由 17 の考え方に一度は反対したからである。その場合、実体法上の消費者概念ではなく、ブリュッセル条約（欧州共同体裁判管轄および裁判執行条約）（Das Europäische Gerichtsstands- und Vollstreckungsübereinkommen：EuGVÜ）13 条（消費者事件訴訟）による消費者の管轄範囲に関する解釈が問題であった。欧州裁判所は、一面では職業上、営業上の目的で、そして他面では私的な目的で契約を締結した者は、たとえ職業的・営業的な目的が優勢でないとしても消費者として裁判を受ける資格があるとは主張できないと判断した（EuGH NJW 2005, 653）。欧州裁判所は、職業上、営業上の目的が当該取引の全体的関係において全く従属的な役割を演じるに過ぎず、それが副次的にすぎない場合にだけ事情は異なるという。連邦通常裁判所は、この解釈に従った（BGH NJW 2012, 1817,

---

(20)　（訳者注）消費者権利指令の考慮理由 17：「消費者の定義は、営業上、取引上、手工業上または職業上の活動以外で行為する自然人を含むものとする。しかし、契約が部分的に営業目的のために、そして、部分的に非営業目的のため締結され（二重目的を有する）、契約の全体的関係において営業目的が優勢だとはならないとき、この者は、消費者とみなされる。」。
(21)　（訳者注）本条約は 1968 年 9 月 27 日にブリュッセルで署名されたので、ブリュッセル条約と略称される。同条約の正式名称は、民事及び商事事件における裁判管轄および裁判の執行に関する条約（Übereinkommen über die gerichtliche Zuständigkeit und die Vollstreckung gerichtlicher Entscheidungen in Zivil- und Handelssachen）である。同条約の第 4 節［消費者契約事件の管轄］は 13 条〜15 条からなる。同条約は、欧州連合の拡大とともに、2002 年 3 月 1 日発効の規則（EuGVVO）（ブリュッセル規則Ⅰ、Ⅱ）に変更されている。
(22)　（訳者注）本判決については、中村肇「『二重目的の』消費者契約における裁判管轄」野村秀敏・安達栄司編著『最新ＥＵ民事訴訟法　判例研究Ｉ』（信山社、2013 年）257 頁。

1819）。欧州裁判所が実体法、とくに消費者権利指令での消費者概念を同様に解釈するか否かについては、未確定である。

　規定の文言、その体系的位置および制定の歴史とならび、とくにその目的が解釈にとって重要である。疑わしい場合には、最終的に目的論的な、すなわち、目的志向的な解釈が重要である。これは、欧州の法制定行為についてもあてはまる。その結果、消費者保護規範の目的がどこに認められるか、そして、そのかぎりで実体法における消費者保護と手続法上のそれとの間の相違が識別されるかという問題が注目される。

　欧州裁判所は、消費者事件における裁判管轄のための特別規則の目的を、消費者である契約当事者が職業上または営業上で取引をする契約相手方に比較して経済的に弱く法的に経験の乏しく、裁判での権利行使にあたり生じる困難から保護することだとする。欧州裁判所は、（権利を行使しようとする当事者が）契約を職業上または営業上の活動のために締結するときには、保護を必要だとはみなさない。何故ならば、この場合には、両当事者は、対等の立場にあるからである。契約が同時に私的目的にも役立つときにも、事情は変わらない。実際、当該人物が同一の法律行為（＝契約）で私的目的をも追求したことによって、訴訟に関して社会的に弱くなり、法的に未経験になるわけではないといわれなければならないであろう。従って、「二重目的」を有する契約の場合、一般的に妥当する管轄の原則により、すなわち、通常の場合には、取引の相手方の住所でその相手方を訴えなければならないことを要求することができる。

　実体法においても、事業者との契約の場合に消費者を特別に保護する必要性は、一般的に消費者が経済的に弱い立場にあり、法的な経験のないことでしばしば根拠づけられる。消費者権利指令（およびドイツ民法施行法）の目的が、たんに上述の（経済的弱者、未経験という）理由によるにすぎないか、あるいは、いずれにせよ、第一的にはそのような議論で支えられるとするならば、主要目的説に基づいた解釈に賛成することはほぼできないであろう。しかし、（賛成できるか否かはともかく）いずれにせよ、実体的規定の中心的領域では、消費者が一般的に弱い立場にあるというだけではなく、契約締結の場合における特別事情のもとで消費者の自由意思（（訳者注）＝自己決定）の保護が重要である。

このことは、営業所外契約の場合にとくに明瞭である。何故ならば、この場合に典型的なのは、営業所外契約という販売形式を事業者が採用するのは、(事業者からみれば当然の) ある期待に基づいているからである。すなわち、消費者の住居への訪問、路上での話しかけ、または、「招待ドライブの会」[23] (Kafee-Fahrt) で執拗に売買契約の締結を消費者に促せば契約を締結させることができる、という期待である。このような場合に締結された契約とは、このような販売形式でなければ、消費者は契約を締結しないであろうし、少なくとも、締結した内容では結ばなかっただろう類いのものなのである。消費者権利指令の考慮理由 21 は、消費者は営業所外で不意打ちにさらされる可能性があり、また、場合によっては、心理的な圧力のもとに置かれると説明する。

通信販売または電子商取引による契約締結の場合、保護の必要性は、とくに契約内容、提供された給付の質および引き受けた自らの支払義務の範囲を消費者が見通せないという典型的な危険に基づいている。消費者権利指令の考慮理由 37 は、消費者が送付（遠隔地）取引（Versandhandel）では契約締結前に商品を見ることができないことを理由にして、消費者の権利（撤回権または商品検査権）を根拠づける。

「二重目的」を有する契約に関しては、事情を相関関係的に判断して認められる消費者保護の場合、契約で職業上の目的も追求されるとき、ここで論じられている販売形式で認められる特別な保護の必要性は脱落するのか、という問題が生じる。営業所外または通信販売で締結されるが、純粋に職業上の目的に関係する契約の場合には、取得者の保護——とくに撤回権——は認められないが、このことは、脱落を支持すると思われる。しかし、営業上の目的のためにのみ行為する取得者がその職業上の経験により心理的な圧力に対し抵抗力があるとき、そして、通信販売の場合に商品を直接に検分しなくても十分に情報を集めることを取得者に期待することできるとき、このことは二重目的を有する契約の場合にも通用してはならないのか？

---

(23) （訳者注）招待ドライブの会（お茶のみドライブ）とは、会社が無料で準備した（バスでの）ドライブを行い、午後のコーヒタイムに会社が参加者に指定の商品の購入を試みる会である (http://www.duden.de/rechtschreibung/Kaffeefahrt)。

この関連で論じるならば、圧力に対しわずかな抵抗力しか有さない者（消費者）として、または、強い抵抗力を有する者として、あるいは、不十分な情報力を有する者として、または、十分な情報力を有する者としてだけ、（割り切って）取得者を見ることは、単純にすぎる。むしろ、契約の内容に目を向けなければならない。典型的には、営業所外で勧誘される取引の場合、目的物を私的にもまたは職業的にも利用しようとする者も特別な心理的な圧力にさらされる。そして、通信販売という典型的な消費者取引の場合、職業上の領域で使用することを意図した買主も、決してより大きな情報収集力を有してはいない。弁護士が電気掃除機を訪問販売で購入するか、または送付（遠隔地）取引で注文するという上述した例に立ち戻ると、彼は、それで住居だけではなく、事務所をも清掃しようと思っているからといって、保護に値しないわけではない。職業上の領域と結びつけることは、訪問販売での心理的圧力に対する抵抗力を高めるものではないし、そのような商品に関して高度な知識またはより大きな情報収集力を得させるものでもない。

　従って、結果として、実体的な消費者保護の枠内における消費者概念を主要目的説のもとで解釈し、新しい13条［消費者］に対し実体法的な観点からみて何ら問題はない、と解するのが正当である。

　言うまでもないが、このことは二重目的を有する契約の場合に、訴訟上（裁判管轄上）での首尾一貫した結果または実体法的に首尾一貫性があるか否かに応じて、さらに、細分化された消費者概念を取り扱わなければならないことを意味している。[24]

Ⅵ　結語

　消費者権利指令およびその国内化法は、様々な観点から消費者保護を疑いなく強化している。これは、営業所外や通信販売で締結される契約に関して従来に比較して拡大された契約についても、店舗取引をも含む消費者保護の新しい次元にも当てはまる。もちろん、指令およびその国内化法のすべての

---

(24)　Bülow WM 2014, 1, 4. も同様にいう。これに対して、Loacker JZ 2013, 234, 241 は、欧州訴訟法の発達でより狭まった消費者概念を実体法でも受け入れることに賛成する。

詳細な規定が本当に必要で有意義であるかについて疑問もある。これは、とくに事業者のそれぞれの類型に応じた情報提供義務に関する錯綜し込み入った諸規定について当てはまる。多くの新しい規定のもとで、規範を設けた者が提供した問題、すなわち、「実際のところ、どこの領域に消費者のために追加の保護規定を設ける必要性があったのか？」という問題はもう提起されず、「我々は消費者保護に関する諸規定として何をまだ思い浮かべることができるのか？」という問題が浮上する。おそらくは、立法者は、事実として、例えば、電子商取引での注文のためのいわゆるクリックによる解決方法の導入の場合のような、現実に生じた濫用に対する防衛に制限することでよしとしたのであろう。（消費者保護法の）見通しが悪いことは、指令を通じても、国内法化されたドイツ法を通じても相当に高められたし、加えて、当初意図された４つの消費者保護指令の統合も実現するに至らなかった。

　消費者保護規定が絶えまなく拡大してきたことで、一般的な契約法（ここではとくに一般債務法）と消費者保護法との間の隔たりが拡大している。欧州の立法者は、現行の管轄規定との関連で消費者契約法に視線を集中させている。消費者権利指令の考慮理由３で強調されるように、欧州連合機能条約（Vertrag über die Arbeitsweise der Europäischen Union：AEUV）169条（消費者保護）１項、２項ａ号による高度な消費者保護の水準を保証することは、欧州連合の任務である。そして、欧州連合は、同条約114条所定の法調整のための法制定行為によってこの任務を果たすことができる。これに対して、欧州連合は、一般的な契約法における法の調整権限を有してはいない。[25]

　法の実態が複雑であることは、もちろん法の貫徹を困難にし、その複雑さの故に、一般的に訴訟次第となるとして消費者が（裁判による）権利実現を思いとどまることも、まれではない。このため、欧州連合は、２つの新しい法

---

(25)　（訳者注）同条約114条には見出しがつけられていないが、114条から118条は法規定の調整に関する諸規定であり、114条１項は、欧州議会（Europäisches Parlament）および理事会（Rat）が法の調整のための措置を講じることができると定めており、同条３項は、欧州連合の委員会（Kommission）が健康、安全、環境保護および消費者保護という４つの領域で高い水準での法の調整を提案することができると定めている。これに対して、欧州連合は、実体法としての民法典（たとえば、総則、物権法、契約法など）についてはそのような権限を有してはいない。もっとも、消費者保護に関する指令により、国内の実体法である法律（例えば、民法典の契約法に関する諸規定）が大きく影響を受けている。このことについては、多言を要しないであろう。

制定行為により裁判外の紛争解決を促進しようとする。すなわち、消費者権利紛争に対する選択的解決に関する2013年5月21日付け欧州議会および理事会の指令2013/11/EU（ABl. EU L 165, 63）と消費者権利紛争のオンライン解決に関する2013年5月21日付け欧州議会および理事会の命令（EU）524/2013（ABl. EU L 165, 1）は、加盟国に裁判外の紛争解決機関の設立とオンライン販売上における紛争解決のためのオンライン・サイトの設立を義務づける。調停手続き（Schlichtungsverfahren）と本来の意味での紛争解決仲介制度（Mediation）[26]では、法への厳格な拘束は後退し、それに代わり平和的な合意が登場する。我々が、一面では消費者契約法を段々と拡大し、錯綜させつつ、他面では、裁判手続では合理的な出費をもってしても法の複雑さにはほとんど対処することができないとして、裁判外の調停手続きと紛争解決仲介手続きを設けることは、消費者保護法の発展に決してよいことにはならない。[27]

---

(26) これについては、Leipold, Schlichtung, Mediation und Zivilprozess, Ritsumeikan Law Review, International Edition, No. 30 June 2013, 135, 160ff.（訳者補注）Mediationを紛争解決仲介制度と訳することにした。同制度の導入について、簡単に指摘しておこう。2008年5月21日付けの紛争解決仲介制度指令（Mediationsrichtlinie：正しくは、Richtlinie 2008/52/EG des Europäischen Parlaments und des Rates vom 21. Mai 2008 über bestimmte Aspekte der Mediation in Zivil- und Handelssachen: Amtsblatt Nr. L 136）は、紛争解決仲介制度法（Mediationsgesetz）として、国内法化されている（2012年7月26日施行）。他方で、ドイツには、Schlichtung（調停）という紛争解決制度がある。そこで、Schlichtung（調停）とMediation（紛争解決仲介制度）の相違が問題となる。紛争解決仲介制度法2条は、同法により導入される紛争解決仲介人（Mediator）の役割について定めている。それによれば、仲介人は、当事者間による紛争解決の手助け・仲介をするにとどまり、解決案を提示することはない。この点で、紛争解決仲介制度は、調停者が紛争当事者に解決案を提示する調停とは異なる。

(27) これについて、正当にもHerbert Roth JZ 2013, 637, 643. が批判的に述べる。

生命侵害の場合における損害賠償および慰謝料

ライナー・フランク
Rainer Frank

（訳）中谷　崇

I　即死
II　身体傷害と後発的な死亡
III　扶養を受けられなくなったことを理由とする損害賠償
IV　近親者の慰謝料
V　結語

比較法という手法によって、我々は多くの示唆を受けることができる。しかし、多大な理論的な努力を払っても、別の理由づけによって同じ結果が得られるにすぎないときには、比較法によせる期待も裏切られるかもしれない。もっとも、人の生命が侵害される場合に加害者の賠償義務を問題となるかぎり、日本とドイツの不法行為法では同じ結果が導かれることはない。

I　即死

ドイツ法によれば、―ひとまず葬儀費用を別とすれば―、生命を侵害された者が、法律上いかなる者に対しても扶養をなすべき義務を負っていなかったならば、他人の生命侵害に対し非難されるべき者は賠償をする必要はない。それは、子供、高齢者、低所得者、婚姻していない者または子供のいない者という法律上の扶養義務を負わない者の生命が侵害されても、民事責任法上は、どのようなサンクションも生じない、ということである。ドイツ法の理解によれば、生命を侵害された者自身は、自らの生命を喪失したことにより、独自の財産的な損害（materieller Schaden）も非財産的な損害（immaterieller Scchden）も被らないからである。もっとも、これが当てはまるのは、即死の

場合である。被害者が侵害の時点から数時間、数日、数カ月あるいは数年を経過してはじめて死亡する場合は、当然ながら同人には自身の財産的な損害の賠償を求める請求権も非財産的な損害の賠償（慰謝料）を求める請求権も認められている。これらの権利は相続することもできる。もちろんこの損害は、決して生命侵害によって引き起こされた損害ではなく、身体傷害の結果である損害である。シュトル（Hans Stoll）教授は、端的に次のように定義している。即ち、「死亡は、損害の総決算である(1)」。従って、ドイツ法によれば、生命侵害を原因として発生した損失は、それが生きている者に生じるかぎりで（たとえば、扶養が受けられなかったこと）、補償されるにすぎない。

　日本法は全く異なっており次のように考える(2)。人間は誰しも経済的な価値を体現しているが、その価値が死亡によって消失させられる。簡単に言えば生命を侵害された者は、生きていたら稼働して金銭を獲得することができたはずなのに、死亡によって、その利益を逸失したのである。同人の損害の中身は、推定就労期間内に取得し得たはずの利益を喪失したことである。こうして確定した損害賠償請求権は相続人に承継される。

　日本法はさらにその先に進んでいる。つまり、生命を侵害された者に、―財産的な損害の賠償請求権に加えて―、即死の場合でも非財産的な損害の賠償請求権を認めている。財産的な損害は生命を侵害された者が生きていたならば稼働し金銭を獲得できたはずである、ということで根拠づけられるが、非財産的な損害は、生命を侵害された者が「生き続けることができなかった」という簡素な根拠づけだけが説明されている。

　西原道雄教授は、人の生命が侵害される場合の財産的損害と非財産的損害との関係について、次のようにいう(3)。即ち、「慰謝料算定の基礎は財産損害の基礎よりもいっそう不確かであり、慰謝料算定は結局のところ裁判官の評

（1）　（原注1）Haftungsfolgen im bürgerlichen Recht, 1993, S.359
（2）　（原注2）友人である田中宏治氏（千葉大学教授）が懇切に示唆を与えてくれたことに感謝する。これに加えて、Michio Nishihara, Schadensersatzsumme bei Personenschäden nach japanischem Recht, in : Recht in Japan – Berichte über Entwicklungen und Tendenzen im japanischen Recht, Heft 5（1984）, S.79 ff.; Koji Nitta, Die Berechnung des Schadens beim Unfalltod eines minderjährigen Kindes, in : Recht in Japan – Berichte über Entwicklungen und Tendenzen im japanischen Recht, Heft 11（1998）, S.77 ff 参照。
（3）　（原注3）原注2、93頁。

価次第であるのだから、(日本における)慰謝料は損害賠償の金額全体を確定する際の補完的機能も有していると言ってよいだろう。」。死亡の場合の財産的損害と非財産的損害の総額は、日本人の友人に聞いたところによると、特殊な場合には5億円以上(約350万ユーロ)にもなる。他方で、一驚くかもしれないがードイツでは、加害者が同様の行為をした場合には、民事責任法上、どのような金銭賠償も認められない。

人間の価値を資本化することができる、つまり金銭に換算することができるという観念は、ドイツのみならず、私が知るかぎりのヨーロッパのあらゆる法秩序にとって無縁なものである。このようなヨーロッパの法秩序に関して批判的な見解を表明する数少ない学者の一人が、ハイン・ケッツ(Hein Kötz)教授である。同人は、自身のドイツ不法行為法の教科書で、次のようにいう。即ち「生命を侵害された者自身も自らの生命を重視し、自身が事故死しないことに利害を有しているのだから、生命が侵害される場合に、同人は法秩序がその発生の防止を目的としなければならない損失を被る、ということをドイツ法は考慮していない。」。そして彼はこう続ける。「民事責任法をこの点で改正しようとする場合、人間が死亡を回避することに対して有する利害を金額で表して、この金額を相続人や国庫に支払う義務を、賠償者(あるいはその保険者)に負わせなければならない。」。ケッツ教授は、もっとも**実際にはこの世界の誰も**そうした解決のことを考えない、と立言して考察を締めくくっている。もちろん、この点に関して、ケッツ教授は誤解をしている。日本法だけでなく、中国法や韓国法も、生命侵害の場合に人間の経済的価値を金額で表す仕組みが十分に整っている。もっとも、詳細に見れば、日

---

(4) (原注4) 7. Aufl. 1996, Rdnr.542.
(5) (訳者注)以下の文は原注4で記述されているが、本注で記述されるのが適切だと考えられるので、訳者注として記述する:「実際にはこの世界の誰も」人間の価値を金銭で表現することを考えない、というケッツ教授の教科書での指摘は、ヴァーグナー(Gerhard Wagner)教授に引き継がれた教科書では削除されている(Kötz/Wagner, 12. Aufl. 2013, Rdnr. 742)。なお、同書11版については、吉村教授らによる優れた翻訳がある(吉村良一/中田邦博監訳『ドイツ不法行為法』(法律文化社、2011年))。
(6) (原注5)友人であるト元石(Yuanshi Bu)女史(フライブルク大学教授)が懇切に示唆を与えてくれたことに感謝する。
(7) (原注6)友人である金相瑢(Sang-Yong Kim)氏(中央大学校教授)が懇切に示唆を与えてくれたことに感謝する。

本、中国、韓国での結果はそれぞれ異なっている。

中国では、被害者が即死あるいは後に死亡する場合に、被害者の「血族の近親者」が、「死亡賠償金」を受け取る。遺族に被害者に対する扶養請求権があるとしても、さしあたりこの死亡賠償金から支払われる。死亡賠償金は、一括して計算され、「都市部および農村地方の市民がその前年に平均して得ることができた」年収の20年分に相当する。つまり、日本とは異なり、義務付けられる賠償額にとって、生命が侵害された少年や少女、臨時従業員、公務員、主婦などが推定上どのくらい稼いだかは、重要ではない。就労期間に関して、法律は、さらに細かく規定している。即ち、確かに、原則として、20年分の年収が基準であるが、満60歳からは、満年齢ごとに1年分の年収が引かれる。満75歳からは、血族の近親者に5年分の補償の権利しか認められていない。

韓国では、法状況は日本と類似している。日本民法典と同じように、韓国民法典にも、生命侵害の場合にどのように損害が計算されるべきかに関する規定はない。韓国の判例も日本と同じように、損害を柔軟に、つまり個々の

---

(8) （原注7）2010年権利侵害責任法18条1項。
　（訳者注）「被害者が死亡したとき、その近親者は加害者に不法行為責任を負うよう請求することができる。被害者が組織（単位）である場合で、当該組織が分立または合併したときは、その権利を相続する組織は加害者に不法行為責任を負うよう請求することができる。」（条文訳は、浅野直人／林中挙「中華人民共和国侵権責任（不法行為責任）法について」福岡大学法学論叢55巻1号10頁による。)。
(9) （原注8）2010年権利侵害責任法16条3文。
　（訳者注）「他人を侵害し、他人の身体に損害を加えたときは、医療費、看護費用、交通費など、治療および健康回復の目的で支出した合理的な費用、および仕事を休んで減少した収入を賠償しなければならない。障害を残したときは、生活補助器具の費用と障害賠償金をも賠償しなければならない。死に至らしめたときは、葬儀費用と死亡賠償金をも賠償しなければならない。」（条文訳は、浅野／林・原注7（訳者注）による。)
(10) （原注9）「身体損害についての最高人民法院の司法解釈」29条（2004年）。
　（訳者注）「死亡賠償金は訴訟を受理した法院所在地の前年度の都市部住民一人あたりの可処分所得または農村部住民の一人あたり純収入にもとづき、20年で計算する。ただし満60歳以上の場合、年齢が1歳増加する毎に1年減少する。満75歳以上の場合、5年で計算する」（条文訳は、宇田川幸則「中国最高人民法院の精神損害賠償および人身損害賠償に関する二つの司法解釈」名古屋大学法政論集237号15頁による。)。なお、原文では「25条」が指示されていたが、「29条」の誤りだと判断し、訳者の裁量で修正している。原注10も同様。この点については、南京師範大学の趙利教授の示唆を得た。
(11) （原注10）「身体損害についての最高人民法院の司法解釈」29条（2004年）。

事例と緊密に関連づけて計算する傾向にあり、それは中国よりも柔軟である。

ソウルにある中央大学校（Chung-Ang Universtät）の金相瑢（Sang-Yong Kim）教授は、私の問い合わせに対して次のように説明される。「幼児や幼女が死亡する場合、区別はない。両事例とも、都市部の労働者の平均的収入（さしあたり1日あたり約8万4000ウォン＝約60ユーロ）に従って損害が計算される。判例が出立点とするのは、労働者が一カ月あたり22日勤務し、それを60歳まで続けるというものである。」。さらに、金教授は、36歳の女性歯科医師の生命が侵害された事例について教えてくれた。2006年に、ある裁判所は、女性の月収を基礎にして、その歯科医師が65歳まで十全に働く力があったと推定して、約15億ウォン（約90万ユーロ）の額で「逸失利益」を算定したという。さらに、その死亡した歯科医師に4000万ウォン（約2万5000ユーロ）の慰謝料が認められたという。別の事例では、ある裁判所が2011年に、農場で働く74歳の老女の損害を1400万ウォン（約1万ユーロ）と算定したという。この事例では、裁判所は、その女性があと2年は働くことができたはずだということを出立点とした。加えて、その死亡した老女には3000万ウォン（約2万ユーロ）の慰謝料が認められたという。

細部では全く異なってはいるものの、日本、中国、韓国の民事責任法の基本的な考え方は同一である。それは、生命を侵害された者には経済的な価値があり、その喪失に対して加害者は賠償をしなければならない、という考え方である。

II 身体傷害と後発的な死亡

1 財産的損害と非財産的損害の賠償

即死ではないが、侵害の時点から数時間、数日、数カ月、あるいは数年を経過してはじめて死亡する場合、ドイツでは加害者は被害者の財産的損害（Vermögensschäden）のすべて（治療費、被害を受けたために必要になった物品、喪失した収入）を賠償しなければならない。そのかぎりで、ドイツ法は、他国の法秩序の法と異ならないし、日本の法秩序とも異ならない。

問題は、非財産的な損害の賠償（慰謝料）にどんな原則が適用されるのか

ということだけである。ドイツ民法253条〔非財産的損害〕2項は次のとおりである。「身体〔…〕の侵害に基づいて損害賠償がなされなければならないとき、財産的損害でない損害に基づいても、金銭による適切な補償がされなければならない。」。「生命」という法益は、ドイツ民法253条〔非財産的損害〕2項では規定されていない。既にこのことからしても、傷害を負った者が死亡することで、その被害者の非財産的な損害を賠償するという行為者の義務は、時間的に遮断されるという結論が導かれる。つまり、傷害を負った者の慰謝料請求は、—財産的な損害の賠償を求める請求と同じように—傷害を負ってから死亡に至るまでの期間にしか行使することができない。

　連邦通常裁判所の判例によれば、慰謝料には、調整機能と満足供与機能（Ausgleichsfunktion und Genugtnungsfunktion）がある（慰謝料の二重機能）。「満足供与」という概念は、刑法に由来する。それは、刑罰の副次的効果として認めており、不法な行為に見舞われたために被害を受けた者をなだめ、この意味で同人に満足を供与するものである。この満足供与機能は、故意または重過失がある場合にだけ、独自の意義を有しており、実務上、交通事故の場合には重要ではない。

　調整機能は、それ以外の手段では調整できない不衡平を「金銭での衡平な補償」により填補するとされる。慰謝料の算定に当たっては、第一に、被害者に加えられた肉体の痛みと精神の苦しみの程度が重要である。—連邦通常

---

(12)　（訳者注）条文は、ライポルト著円谷峻訳『ドイツ民法総論〔第2版〕』（成文堂、2015年）条文資料による（原文に合わせて訳者が一部修正した）。

(13)　（原注11）BGHZ 18, 149 = NJW 1955, 1675.（訳者注）同判決によれば、調整機能とは、財産法上のものではない損害に対して適切に被害者に埋め合わせをする機能であり、満足供与機能とは、加害者には自身が被害者に加えた行為の代償として被害者に満足を与える義務があるという考え方を考慮する機能である。

(14)　（原注12）Stoll（原注1）, S.199.

(15)　（原注13）Kötz/Wagner, Deliktsrecht, 12. Aufl. 2013, Rdnr.706；Looschelders, Schuldrecht – Allgemeiner Teil, 10. Aufl. 2012, Rdnr.974.（訳者注）自動車事故では、ほとんどの場合、慰謝料は賠償責任保険によって賄われているので、不法を償わせるためとか、被害者の侵害された法感情を落ち着かせるために、行為者を処罰することには意味がないとされる（Kötz/Wagner, a.a.O.）。なお、この機能が意義を有するのは、身体への侵害や性的な不法行為のような重大な故意不法行為である（Looschelders, a.a.O.）。

(16)　（原注14）Deutsch/Ahrens, Deliktsrecht, 5. Auflage 2009, Rdnr.705 f.；Kötz/Wagner（原注13）, Rdnr.706.

裁判所も同じ表現を用いているが——ここに「主眼」がある[17]。つまり、慰謝料算定の際に大きな役割を果たしているのは、当該侵害が永続的障害をもたらしたのかあるいは一時的障害をもたらしたにすぎないのか、またその障害により当事者の社会的生活を営むための能力がどのくらい損なわれているのか、である。

個々の事例においてどのような補償が「適切」か、つまり相応しいかの判断は、民事訴訟法287条〔損害調査、債権額〕に従って、裁判所の自由な裁量による[18]。その際には、いわゆる「慰謝料の認定表」(Schmerzens seldtabellen)が指針の補助として裁判所の手引きとなっている。これは、目下3,000件を越える裁判所の諸判決の集成である。この集成は、客観的基準に従って整序されており、裁判官に独自の判断をするための手がかりを与える[19]。世間では、この認定表は、しばしば侮蔑的に「四肢の査定価格表」(Gliedertaxen)と呼ばれる。なぜならこの認定表では、とくに被害者が腕、手、指などを失ったかどうかに応じて諸判決が集成されているからである。裁判官によって認められた慰謝料認定額の上限は、長い間、約50万ユーロといったところであった。しかし、その後、精神的かつ肉体的に重傷を負い、失明し、寝たきりになり、対麻痺になり多大なる苦痛を受けた被害者に対して、この50万ユーロという額を明らかに超える額が判示された[20]。

法律で規定されていないにもかかわらず、判例は、賠償金の一括払いに代

---

(17) （原注15）BGHZ 18, 149, 157 = NJW 1955, 1675, 1676.
(18) （訳者注）ドイツ民事訴訟法287条：「損害が発生したかどうか、および、損害額または賠償されるべき利益がどのような額になるかについて、当事者間で争いがある場合、裁判所はこれに関してあらゆる事情を考慮して、自由な心証により判決を下す。申し立てのあった証拠調べ、または職権に基づく鑑定人による鑑定を命じるべきかどうか、およびその範囲がどのくらいかは、裁判所の裁量に委ねられている。裁判所は、損害または利益に関して立証者を尋問することができ、この場合には、452条（当事者の宣誓）1項1文および2項ないし4項の規定が準用される。(2) 本条1項1文および2文の規定は、財産法上の争いがあるときは他の場合にも準用されるが、それは、当事者間で債権の額が争われており、かつこれを確定するための事情すべてを完全に明らかにすることが困難であり、争われている債権の部分の価値とつり合いがとれていない場合に限定される。」。
(19) （原注16）Hacks/Ring/Böhm, Schmerzensgeldbeträge, 30. Aufl. 2013；Slizyk, Beck'sche Schmerzensgeld-Tabelle, 6. Aufl. 2010. 参照。
(20) （原注17）Hacks/Ring/Böhm（原注16）の判決の集成表の通し番号3041以下で繰り返し出てくる事例を参照。

えてあるいはそれに加えて定期金払いでの慰謝料が被害者に認められることを認容している。もっとも、慰謝料の支払い以外は一括払いによる賠償である[21]。定期金払いは、被害者が重篤な終身の後遺障害を被り、絶えず苦痛を感じている、という特殊な場合に今でも限定されている。定期金での慰謝料支払いを認めることには問題がないわけではない。なぜなら、その種の慰謝料は傷害を負った者の死亡でもって消滅するが、慰謝料の一括払いは相続人にとっても有益であるためである。

判例では、被害者の意識の有無にかかわらず僅かな時間しか生きていない場合が問題となっている[22]。

ナウムブルク上級地方裁判所が下した判決の事案では、被害者は、手ひどく殴打され、1.5キロメートルもの距離をどうにかこうにか移動し両親宅に着いたが、その2日後に病院で死亡した（2万ユーロの慰謝料認容[23]）。

ザールブリュッケン上級地方裁判所が下した判決の事案では、被害者は、燃え盛る乗用車に閉じ込められ、苦しみぬいて9分後に死亡した（7500ユーロの慰謝料認容[24]）。

争いがあるのは、被害者が侵害でもって直ちに意識を失い、一度も意識を回復することなく、後に死亡する場合である。被害者が侵害後1時間しか生きていなかったという事案において、連邦通常裁判所は、判決理由において慰謝料請求を否定することになる判断を示したが[25]、他方でシュトゥットガルト上級地方裁判所とコブレンツ上級地方裁判所は、被害者が8日または25日の昏睡状態にあり、その後死亡した事例で、6,000ユーロまたは1万ユーロの慰謝料を認めた[26]。

2 慰謝料請求権の相続可能性

慰謝料請求権は、ドイツでは、スイス[27]やオーストリア[28]といった近隣の法秩

---

(21) （原注18）MünchKomm BGB/Oetker, 6. Aufl. 2012, §253 Rdnr.56 ff.
(22) （原注19）詳細は、Küppersbusch, Ersatzansprüche bei Personenschaden, 10. Aufl. 2010, S.95.
(23) （原注20）未公刊の判決である。Slizyk（原注16），S.89より引用した。
(24) （原注21）未公刊の判決である。Slizyk（原注16），S.90より引用した。
(25) （原注22）BGHZ 138, 388 = NJW 1998, 2741.
(26) （原注23）二つの未公刊の判決は、Hacks/Ring/Böhm（原注16），S.13より引用している。
(27) （原注24）Basler Kommentar, Obligationsrecht I/Schnyder, 4. Aufl. 2008, Art.47 OR, Rdnr.7

序と同じように、相続可能である。つまり、その点に限れば、ドイツ法は日本法と異ならない。

　慰謝料請求権が相続できるかについては、ドイツでは長い間争いがあった。1990年まで、慰謝料請求権は、その権利が契約によって承認されていた場合、あるいは被害者が死亡する前に裁判所で主張されていた場合にのみ相続することが許された（ドイツ民法旧847条〔慰謝料〕1項2文）。この規律でもって、立法者は慰謝料請求権の一身専属制を考慮するつもりであった。立法者は、加害者に慰謝料を要求するつもりがあるのかを被害者自らに判断させようとした。実際には、この規律で、死とのおぞましい競争が生じることが少なくなかった。すなわち、死と格闘した被害者につき裁判所が選任した代理人（いわゆる保護人）、あるいは子供の法定代理人である両親が大急ぎで慰謝料の訴えを提起し、それでもって死亡の場合でも当該請求権は相続人に移転することが可能であった。そのために、1990年には、立法者は、慰謝料請求権を以後は通常の金銭債権と同じように扱うこと認めた。現在では、慰謝料請求権は、相続することが可能になっている。債権者は慰謝料請求権を差押えることができ、その後に被害者が破産する場合には慰謝料請求権は破産財団に属する。

　学説では無制限に承認されているこの規律にも、問題がないわけではない。乗用車に閉じ込められ苦しみぬいて9分後に死亡した被害者の慰謝料請求権が相続人に移転することに関して、その理論内で正当化することは困難であ

---

(28)　（原注25）Dittrich/Tades, ABGB(Manz-Taschenkommentare), 23. Aufl. 2011, §1325, S.691 f.
(29)　（原注26）Staudinger/Schiemann（2005），§253 Rdnr.48；Slizyk（原注16），S.691 f.
(30)　（訳者注）1990年より以前の847条〔慰謝料〕1項には、「請求権は、譲渡することができず、相続人にも承継されないが、この請求権が契約によって承認された場合、または、訴訟係属になった場合には、このかぎりではない。」という2文が設けられていた（1990年7月に削除）。現在では、2002年7月19日付第二次損害賠償法規定の変更に関する法律（das Zweite Gesetz zur Änderung schadensersatzrechtlicher Vorschriften）により847条〔慰謝料〕は削除され、同条の内容は、253条（非財産的損害）2項に吸収されている。これにより、不法行為だけでなく、契約責任や危険責任についても、同条の法益が侵害された場合には、慰謝料請求が認められることになった、とされる（ドイチュ／アーレンス著　浦川道太郎訳『ドイツ不法行為法』（日本評論社、2008年）281-288頁。）。
(31)　（原注27）そのようなものとして、原注21で引用したザールブリュッケン上級地方裁判所の判決がある。

る。慰謝料請求権は死者の家族に必ずしも属していないからである。

　慰謝料請求権とそれ以外の金銭債権を全く同じに扱うことは、夫婦財産法において、奇妙で全く不可解な結論をもたらした。夫婦財産制における剰余共同制（Zngening gewcinschaft）[32]のもとで、被害者が配偶者と生活している場合には、連邦通常裁判所の判決[33]によれば、将来離婚する場合、慰謝料請求権は剰余の算定の際に考慮されなければならない。そのような場合には、重篤な被害を受け、対麻痺になり車椅子生活を余儀なくされている妻は、夫がもはや婚姻を維持するつもりがないときには、自身の慰謝料を夫に分配しなければならないのである。

Ⅲ　扶養を受けられなくなったことを理由とする損害賠償

　ヨーロッパでも、日本、韓国、中国と同様に、家族を扶養している者が死亡する場合はに遺族を保護しなければならないという原則が認められている。しかし、ヨーロッパでは、扶養を受けられなくなったことによる損害（以下、「扶養損害」という。）は、利害関係人が加害者に直接請求することによって調整される。これに対して、日本と韓国では、近親者（とくに子供と配偶者）が、常に法定相続人（厳密には法定の推定相続人）となるので、近親者には、生命を侵害された者自身の「経済的価値」により増加した同人の遺産が相続によって与えられる。その結果、近親者の扶養法上の利益は相続という方法で充たされる。中国では、法定の「死亡賠償金」が認められはするが、それを請求する権利は（相続人ではなく）「近親者」だけに付与される。

　ドイツ民法844条〔生命侵害の場合の第三者の賠償請求権〕2項は、次のように規定している。「(2) 生命侵害された者が、侵害された時点で、第三

---

(32)　（訳者注）夫婦の財産制度に関しては、①剰余共同制、②別産性、③財産共同制という3つの型があり、いずれの型の適用を受けるかは夫婦の自由である（山田晟『ドイツ法律用語辞典[改訂増補版]』（大学書林、1993年）299頁）。剰余共同制とは「夫婦の財産を別産とするが、剰余共同制開始のさい（別段の合意がなければ婚姻のとき）の夫婦のそれぞれの財産から控除し、一方の剰余が他方の剰余を超過する額の2分の1を他方にあたえるとするものである。」（山田・前掲書753頁）。

(33)　（原注28）BGHZ 80, 384 = NJW 1981, 1836. MünchKomm BGB/Koch, 6. Aufl. 2013, §1374 Rdnr. 15 in Fn.27 における文献案内。

者に対し法律に基づいて扶養義務を負うか、その義務を負わされ得る関係にあり、かつ、第三者から生命侵害により扶養の権利が奪われたとき、賠償義務者は、第三者に対し、定期金という方法によって、生命侵害された者が推定される生存期間扶養を義務づけられたであろうかぎりで、損害を賠償しなければならず、843条〔金銭定期金または一時金による賠償〕2項2文ないし4文の規定が準用される。賠償義務は、第三者が侵害の時点では懐胎されているが、まだ生まれていないときにも生じる。」(34)。当然のことではあるが、裁判所が扶養損害を算定するのは非常に困難であった。ドイツ民法844条〔生命侵害の場合の第三者の賠償請求〕2項は、生命を侵害された者が生存していたと「推定される期間」を問題としている。その期間は、まずは統計上の原則に従って確定されなければならない。しばしば扶養義務者の給付能力がよくわからないという問題が生じる。扶養義務者が、場合によっては死亡の時点で職に就いていないか、あるいは職業見習いとしてまだ余りに若く将来の職歴（および同人がなすべき扶養の程度）を到底予測することができない、ということが少なくないからである。被害者側の家族構成が変更するかもしれないので、それも考慮しなければならない（たとえば、扶養損害を主張する妻が夫と別居しており、離婚するつもりであった場合）。最後に、利益調整の枠組みの中で、さらに考慮しなければならないのは、次の点である。すなわち、扶養権利者が扶養義務者の遺産を相続するか、あるいはそれどころか扶養義務者の死亡後に高額な生命保険の受給資格者になるか、その如何が扶養損害の確定に当たり重要と言えるかである。

　これらの問題は、あらゆる法秩序で生じる。従って、ここでは、この点につきこれ以上詳しくは検討しない。

　しかし、依然として興味深いのは、ヨーロッパで様々に取り扱われている、ある原則的な問題である。すなわち、損害賠償請求権は、扶養義務者の死亡により**法定の扶養請求権**を喪失する者にだけ認められるのか、あるいは扶養損害を**事実上**被るにすぎない者にも認められるのか、という問題である。たとえば、ほぼすべての法秩序で継子には継父に対する法定の扶養請求権が認

---

(34) （訳者注）条文は、ライポルト著円谷峻訳『ドイツ民法総論［第2版］』（成文堂、2015年）条文資料による。

められていないが、生命を侵害された継父が扶養を負担しておりかつ高度の蓋然性をもって将来も負担していたと認められる場合、継子は継父を失ったことにより扶養損害を被る、という場合がある。

ドイツとオーストリアでは、法状況は明確である。ドイツ民法844条〔生命侵害の場合の第三者の賠償請求〕2項およびオーストリア一般民法典1327条によれば、生命を侵害された者が法律上扶養の義務を負っていた遺族にだけ賠償請求権が認められるからである。

スイス法では別の解決アプローチがとられている。スイス債務法（OR）45条3項は、死亡により「扶養者」を失ったあらゆる者に賠償されなければならないと規定している。扶養者については解釈が必要である。1988年5月31日の判決において、スイス連邦裁判所は、生命を侵害された者の生活パートナーに扶養を喪失したことを理由として損害賠償請求権を認め、これとの関連で、法定の援助義務は扶養者たる資格の要件ではないと述べた。同判決は、決定的なのは、むしろ「実際に扶養がなされており、かつ高度の蓋然性をもって将来もなされたと認められる」ことである、と述べる。フランスでは、破棄院がフランス民法1382条の一般規定に基づいて、1863年に既に（法定の扶養請求権のない）**兄弟姉妹**が被った扶養損害を賠償されるべきものだとみなした。後に、フランスの裁判所は、不法行為上の保護を里子と継子に拡大した。最終的に、1970年2月27日の破棄院合同部（Chambre mixte）の判決でその段階的拡大は完了した。この判決では、内縁関係の「安定が保証されており、かつ内縁関係が違法な特徴を示していなかった（offrait des

---

(35) （訳者注）オーストリア一般民法典1327条：「身体への障害に基づいて死亡に至る場合、あらゆる損失が賠償されなければならないのはもちろんのこと、生命を侵害された者が法律に基づいて遺族を扶養する義務を負っていた場合、同人の死亡によって遺族が喪失した利益も遺族に賠償されなければならない。」

(36) （訳者注）スイス債務法45条3項：「生命侵害によって、ある者が自らを扶養してくれる者を喪失した場合には、このことから生じる損害に対しても賠償がなされなければならない。」

(37) （原注29）BGE 114, II, Nr.23, S.145 ff., 147.

(38) （訳者注）フランス民法1382条：「他人に損害を生じさせる者のどのような行為もすべて、過失（faute）によってそれをもたらした者に、損害賠償を義務付ける。」。

(39) （原注30）Crim. 20.2.1863, D. 1864.1.99, rapport Nougier.

(40) （原注31）Crim. 1.8.1914, Bull. crim. 1914 Nr.357.

(41) （原注32）Crim. 19.11.1958, Bull. crim. 1958 Nr.678.

(42) （原注33）D. 1970. Jur. 201, note Combaldieu.

garanties de stabilité et ne présentait pas de caractère délictueux.)」場合に、被害者の生活パートナーに損害賠償請求権が認められた。その後、リオン控訴院は、1978年11月9日の判決において、生命を侵害された者の妻だけでなく愛人にも損害賠償請求権を認めた。[43]

今日、ヨーロッパでのこの問題の展開が、法定の扶養義務ではなく、実際に扶養がなされており、かつ当事者が死亡しなければこの扶養が高度の蓋然性をもって将来もなされていたと認められる場合に照準を合わせていることは疑いない。たとえば、とくに、フランス民法典の影響にある法秩序、大多数の東ヨーロッパの法[44]、北欧諸国[45]、そしてイギリス法[46]が、「実際の扶養損害」[47]に照準を合わせている。ドイツ法の解決方法が、例えばスイス法よりも法的安定性を担保しているという主張は、説得的とは言えない。それどころか、扶養損害を予測するためには、視点を、法律が要求する生活状況ではなく、現実の生活状況に向けることが有益であるかもしれない。従って、ヨーロッパ民法典を研究するグループも、2008年にヨーロッパ統一不法行為法のために、法定の扶養請求権の喪失または実際の扶養給付の喪失によって生じた損害を扶養損害とみなすことを解決として提案した。重要な規定は次のとおりである。「ある者が致命的な傷害を負った場合に、［…］死亡した者によって扶養されていたか、もしくは、その者が死亡しなかったならば、法律の規定により扶養されていたであろう自然人、または死亡した者によって生活の世話や財政支援を受けていた自然人にとって、扶養を受けられなくなったことは、法的にみて損害賠償に適した損害である。[48]」

---

(43) （原注34）JCP 1979, II, 19107, note Almairac.
(44) （原注35）たとえば、イタリアの1994年3月28日の破棄院の判決（Corte di Cassazione v. 28.3.1994, Giust. civ. 1994, I, 1849.）参照。
(45) （原注36）たとえば、ポーランド（ポーランド民法典446条2項2文）；チェコ（チェコ民法典446条2項）．
(46) （原注37）1984年デンマーク損害賠償法第1章13条1項；1969年ノルウェー損害賠償法3-4条1項参照。
(47) （原注38）Shaw, Deliktsrecht in England und Wales (Landesbericht), in：Von Bar (Harausgeber), Deliktsrecht in Europa, 1994, S.1 ff., 65；R. Frank, Schadensersatzansprüche bei Tötung des Versorgers (§884 Abs.2 BGB), in：Hohloch, Frank, Schlechtriem (Herausgeber), Festschrift für Hans Stoll zum 75. Geburtstag 2001, S.143 ff., 147 f. (auch zu den USA).
(48) （原注39）Study Group on a European Civil Code (Herausgeber von Bar und andere), Principles, Definitions and Model Rules of European Private Law, München 2008, Buch VI-2：202.

Ⅳ　近親者の慰謝料

　生命を侵害された者または重篤な傷害を受けた者の近親者のための慰謝料請求権は、ドイツ法には無縁なものである[49]。もっとも、判例は、近親者死亡の知らせを受けた者、またはそれどころか事によるとその死亡を目の当たりにした者が被るいわゆる精神的ショック損害の賠償を肯定している[50]。もちろん、それは法的には近親者自身の健康に対する侵害である。加害者は、身体または健康への民事法上重要なあらゆる侵害の場合と同じように、財産的損害の賠償、およびドイツ民法253条〔非財産的損害〕2項に従って非財産的損害の賠償をしなければならない。もっとも、判例は、健康損害としての精神的な障害を認めることに対して、限定して認めるという原則を打ち立てた。いわゆる精神的なショック損害の賠償が認められるためには、次のことが要件となる。すなわち、精神への打撃を通した健康上の障害が、医師の見解によっても社会生活での一般的な物の見方に照らしても、身体と健康の侵害とみなされることである。精神的ショックとは、「近親者が死亡の知らせを受けたときに経験上被る健康上の損害を超えるもの」でなくてはならない[51]。疾患を伴う悲嘆と疾患を伴わない悲嘆とを区別することは困難であるし、またこう区別することは上記の損害を表現することに長ける近親者に有利であることが少なくない。判例はこれまで、近親者（生活パートナーもこれに加えられる）にだけ、かつ生命侵害の場合（つまり、単なる身体傷害の事例ではない）にだけ、精神的ショックに対する賠償を認めてきた。4人構成の家族が苦しみぬいて焼死するという深刻な事故を偶然目撃した者につき、連邦通常裁判所は、「心的外傷後ストレス障害」（Posttraumatisches Belastungssyndrom）を理由とする賠償義務を否定した[52]。精神的なショック損害が認められる場合、判例は、1万から1万5000ユーロでの慰謝料額を基準としている。

---

(49)　（原注40）このことは、すでにドイツ民法253条〔非財産的損害〕2項から明らかである。なぜなら、同条では、生命侵害は、損害賠償の要件として挙げられていないからである。
(50)　（原注41）基本的なものとして、BGHZ 56, 163 = NJW 1971, 1883.
(51)　（原注42）OLG Naumburg NJW-RR 2009, 1402, 1404.
(52)　（原注43）BGHZ 173, 263 = NJW 2007, 2764.

ヨーロッパ内を比較してみると、ドイツ法は例外である。日本法、韓国法、中国法と同様に、ほとんどすべてのヨーロッパ法は、近親者の慰謝料を認めている。近親者の慰謝料は、一部では、たとえば、スイス[53]、ギリシア[54]、イギリス[55]では、明確に法律で規律されており、また一部では、たとえば、フランスでは不法行為の一般規定（フランス民法典1382条、1383条[56]）に基づいて判例によって段階的に認められてきており、——フランス法に倣って——フランス以外のすべてのロマン法（イタリア、スペイン、ベルギー、ルクセンブルク）でも、同じく判例によって認められてきた[57]。いまだ近親者の慰謝料に無縁の数少ないヨーロッパの法秩序では、目下そのような慰謝料を支持する改正の提案がされている[58]。これは、ドイツでもそうである[59]。

　細部では一致していない。多くの法では、近親者の慰謝料にとって考慮に値する人の範囲が、厳密に規定されている。たとえば、ポルトガルでは、ポルトガル民法典496条2項に従って、生命を侵害された者の配偶者と子供のみに請求権がある。スイスでは（スイス債務法47条）、「近親者」であり、ギリシアでは（ギリシア民法典932条3文）、生命を侵害された者の「家族」である。フランスの裁判所は、血族と配偶者のみならず、生活パートナーならびに継

---

(53)　(原注44) スイス債務法47条：「生命侵害［…］の場合には、裁判官は、特殊な事情［…］を評価して、生命を侵害された者の近親者に適切な金額を満足供与として認めることができる。」。
(54)　(原注45) ギリシア民法典932条3文：「人の生命侵害の場合には、生命を侵害された者の家族に、精神的な侵害に対して、金銭での満足供与が認められる。」。
(55)　(原注46) 1976年死亡事故法1A条 (Section 1A Fatal Accidents Act 1976.)。（訳者注）1976年死亡事故法1A条［近親者との死別 (Bereavement)］2項：「(2) 近親者との死別を理由とする損害賠償請求は、以下の者のためにだけ認められる。(a) 死亡した者の妻または夫、(b) 死亡した者が未成年者であり、婚姻歴がなかった場合は、(i) 死亡した者が嫡出子であるならば、その両親、(ii) 死亡した者が非嫡出子ならば、その母親、である。」
(56)　(訳者注) フランス民法1383条：「人は誰でもその行為によって発生させた損害だけでなく、その怠慢 (négligence) または軽率 (imprudence) によって発生させた損害についても責任を負う」。
(57)　(原注47) 詳細は、F. Ranieri, Europäisches Obligationenrecht, 3. Aufl. 2009, S. 1587 ff.
(58)　(原注48) たとえば、オランダではそうである。これについてはF. Ranieri (原注47) S.1585参照。
(59)　(原注49) Huber, Kein Angehörigenschmerzensgeld de lege lata – Deutschland auch künftig der letzte Mohikaner in Europa oder ein Befreiungsschlag aus der Isolation, Neue Zeitschrift für Verkehrsrecht (NZV) 2012, 5 ff.；Kadner-Graziano, Angehörigenschmerzensgeld im europäischen Privatrecht – die Schere schlieβt sich, Zeitschrift für europäisches Privatrecht (ZEuP) 2002, 834 ff. 参照。

子および里子にも、この者たちがその「愛慕の情（sentiments d'affection）」を傷つけられた場合に、慰謝料を認めている。当節、ヨーロッパにおける家族概念は、形式的にというよりもむしろ実質的に理解されているので、ヨーロッパ不法行為研究会（2005年）も、遺族の慰謝料請求権のための改正提案において、厳密に決めるのではなく、被害者と「緊密な関係」のあったあらゆる者（「被害者と緊密な関係にある者（persons having a close relationship with the victim）」）を債権者として考慮しなければならないと考えている。

　近親者の慰謝料が死亡の場合にだけ認められるのか、あるいは重篤な身体傷害の場合にも認められるのかについては争いがある。法的な規律がある場合（たとえば、イギリス、ギリシア、ポルトガル、スイス、トルコのように）、一般に被害者の死亡は慰謝料が認められるための前提とみなされる。もっとも、既に1986年にスイスの連邦裁判所は、妻が深刻な事故で失明し要介護者になった場合に、夫に、スイス債務法49条（人格権の侵害）を類推して慰謝料を認めた。ロマン法の法秩序（フランス、スペイン、イタリア、ベルギー、ルクセンブルク）では、慰謝料は、重篤な傷害があっても認められ得る。この問題のヨーロッパでの展開は、近親者の慰謝料を、死亡の場合のみならず、重篤な傷害の場合にも認めるというもののように思われる。

　最後に、各裁判所は、各々の国で、慰謝料請求をかなり異なった額で認めている。たとえば、フランスでは、エクス＝アン＝プロヴァンス控訴院（Cour d'appel d' Aix）の慰謝料表が、血縁関係の程度や家族の構成員に応じて区分しており、6,100ユーロから2万3000ユーロ間の額を規定している。イタリアでは、既に30万ユーロまでの極めて高額な近親者の慰謝料額が認められて

---

(60)　（原注50）European Group on Tort Law, Principles of European Tort Law. Text and Commentary, Wien/New York 2005, 2 ff.（Art. 10：301 Abs.1）に掲載されている。

(61)　（訳者注）スイス債務法49条：「(1) 人格権が違法に侵害される者は、その侵害が満足供与としての金銭の給付請求を正当化するほど重大であり、かつその侵害が他の方法で賠償されていないかぎりにおいて、満足供与としての金銭の給付を請求する権利を有する。／(2) 裁判官は、1項での金銭の給付に代えて、またはそれに加えて、別の種類の満足供与の権利があるか否かにつき判決を下すこともできる。」。

(62)　（原注51）BGE 112, II, Nr.37, S.220 ff.

(63)　（原注52）Schultzky, Schmerzensgeld für Angehörige, Versicherungsrecht (VersR) 2011, 857, 859.

(64)　（原注53）Schultzky（原注52）, S.857.

いたが、他方でイギリスでは、立法者は、上限額（目下、1万1800ポンド＝約1万4000ユーロ）を用いて、裁判官の恣意という問題を抑え込もうとしている。[65]

V　結語

　ヨーロッパ法と日本法、韓国法、中国法を比較する場合、ある深刻な相違が注目される。すなわち、ヨーロッパでは、民事責任法上、生命を侵害された者の「経済的な価値」は重要ではない。西欧の考え方によれば、人間が死亡した場合にはその人間を「資本化」することはできない。死者には、相続人に遺産として残すことができる価値はない。人の生命が侵害されると、生命を侵害された者自身に非財産的な損害が生じるという観念も、ヨーロッパの法律家には無縁なものである。死者は苦しむということはない。財産的な損害や非財産的な損害は、生きている人間にしか及ぼすことはできない。
　日本人、韓国人、中国人の法の理解と、ヨーロッパ人のそれが根本的に異なっているより深刻な原因を、それぞれの法秩序の持つ歴史的、文化的、社会学的特性に基づいて探究することは、価値ある課題であると言える。
　生命侵害の場合に第三者が損害を被る場合、加害者は、法律で規定されているかぎり、これを賠償しなければならない。扶養損害に関して言えば、私見では、日本法、韓国法、中国法とヨーロッパの法秩序との間には、考え方のアプローチから見れば根本的な相違はないと思われる。このことは、扶養損害がヨーロッパでは加害者に対する直接の請求権を利用して調整されるのに対して、日本、韓国、中国では、死者が自らの家族に遺産として残す「経済的な価値」を利用して、扶養損害に対する保護が被害者に与えられるとしても、変わりはない。
　近親者の慰謝料についての考察も、日本、韓国、中国では、ヨーロッパでの考察と根本的に異ならない。もっとも、ドイツ法は例外である。同法では、猛烈な国内の批判や国際的批判があるにも関わらず、被害者の遺族のための慰謝料は今日でもなお否定されている。

---

(65)　（原注54）Huber（原注49）S.7 in Fn.48.

シュミット・ケッセル
「ヨーロッパ契約法の方法論」

芦　野　訓　和
Norikazu ASHINO

I　はじめに
II　シュミット・ケッセル論文の構成
III　シュミット・ケッセル論文の紹介
IV　おわりに

I　はじめに

　本稿は、シュミット・ケッセル（Martin Schmidt-Kessel）[1]による「ヨーロッパ契約法の方法論」（以下、本稿では「シュミット・ケッセル論文」と呼ぶ）を紹介し、現代ドイツ契約法ひいてはヨーロッパ契約法の解釈論の一端を知ることを目的とする。具体的な対象は、シュミット・ケッセルが担当したリーゼンフーバー（Riesenhuber）編『ヨーロッパの方法論（Europäische Methodenlehre）[2]』の中のひとつの章である「ヨーロッパ契約法（Europäisches Vertragsrecht）」である。そのすべてをここで逐語的に紹介することは定められた字数との関係か

（1）　シュミット・ケッセルは、フライブルク大学シュレヒトリーム（Peter Schlechtriem）のもとで民法および比較法の研究生活をスタートし、その後、オスナブリュック大学に奉職しフォン・バール（Christian von Bar）とともに主としてヨーロッパ契約法の研究に従事した。2010年からは現在在籍するバイロイト大学にて民法・消費者法・比較法担当の教授として活躍している。また、ヨーロッパ民法研究グループ（Study Group on a European Civil Law）の一員として「ヨーロッパ契約法原則（DCFR）」の起草（無償契約グループ座長および委任契約グループアドバイザー）に携わるなど、ドイツにおけるヨーロッパ比較法研究の第一人者である。円谷教授のフライブルク大学在外研究中に大学助手として奉職していたことが縁で、今でも交流があるとうかがっている。今回論文を紹介するに当たり、シュミット・ケッセル教授および円谷教授にご快諾をいただいたことに改めて感謝したい。

（2）　Karl Riesenhuber (Hrs.) ,Europäische Methodenlehre:Handbuch für Ausbildung und Praxis,2.Aufl.,de Gruyter,2010．追記：2014年12月に第3版が出版されたが、本稿では反映することができなかった。

ら残念ながら不可能であり、本稿はその概要を示すにとどまる。[3]

　シュミット・ケッセル論文の対象は、表題の通り「ヨーロッパ契約法」であるが、その内容はわが国の法解釈にとっても非常に示唆に富むものである。2002年の債務法改正の後も、EU（EC）指令のもと民法典の内容（とりわけ債務法部分）変更が行われているドイツにおいて、[4]その解釈論がヨーロッパ法との関係でどのように展開されているかを知ることは、ドイツ民法を母法のひとつとするわが国にとっても有益であろうし、[5]さらには現在民法（財産法部分）が改正されようとしているわが国において、改正後の法典および解釈との関係にひとつの示唆を与えてくれるだろう。

II　シュミット・ケッセル論文の構成

1　『ヨーロッパの方法論』全体像
（1）構成

　リーゼンフーバー編『ヨーロッパの方法論』は2006年に初版が出版された。本稿で扱うものは2010年に出版された第2版である。本書は編者による導入（第1章リーゼンフーバー「ヨーロッパの方法論——導入と概観」）に続き、第1部「基礎」、第2部「総論」、第3部「各論」の3部構成（全28章）となっており、シュミット・ケッセル論文は第3部第1編「個別法分野の方法問題」の冒頭である第17章に置かれている。

　本書の柱のひとつは解釈論（Auslegung）であり、ヨーロッパ契約法を題材

（3）　詳しい紹介（逐語訳）については、別稿を予定している。また、シュミット・ケッセル論文であげられている参考文献・引用文献についてもそちらで詳細に示すことにし、本稿では必要最低限にとどめる。そのほかの注については、断らない限り芦野によるものである。また、本稿の見出しについて、シュミット・ケッセル論文によるものには「」をつけて区別する。内容については芦野による整理に基づき本来の記述とは順序が前後する場合があるが、オリジナルの欄外番号で指摘する。

（4）　「消費者の権利に関する指令（Richtlinie über Verbraucherrechte2011/83/EU）」および「商取引における支払遅延の防止に関する指令（Richtlinie zur Bekämpfung von Zahlungsverzug im Geschäftsverkehr 2011/7/EU）」というふたつの重要な指令に基づく近時の改正については、拙稿「近時のドイツ民法の改正」NBL1041号（2015）78頁を参照。

（5）　近時のわが国における契約法の解釈論については、拙稿「契約法における契約の性質決定と法規の解釈」笠原俊宏編『日本法の論点第2巻』（文眞堂、2012年）およびそこであげられている諸文献も参照。

として様々な解釈方法の分析検討が展開されている。

(2)「ヨーロッパ方法論」の必要性

なぜ「ヨーロッパの方法論」が必要なのであろうか。編者のリーゼンフーバーによれば、以下の通りである (Rn.1)(欄外番号1、以下、同書に関する引用は同様に本文中に欄外番号(Rn.)のみで表す)。すなわち、ドイツにおける国内法に関する多くの教科書・体系書では「ヨーロッパ」がひとつのキーワードとなり、同時に「方法論」が求められ、すでに1970年代にはフィケンチャーなどによるヨーロッパ経済共同体(EWG)法の方法論に萌芽を見ることができる。そして、ヨーロッパにおける法の共通化の観点から「調和しうる解釈(harmonisierenden Auslegung)」、および「国際的に通用する解釈(international brauchbaren Auslegung)」が話題となり、「ヨーロッパ法の方法論(europarechtliche Methodenlehre)」が求められ、構想され、そして遂行されてきた。さらには、「法学方法論とヨーロッパ私法」との関係が指摘され、「共通ヨーロッパ方法論(gemeineuropäische Methodenlehre)」の構築が求められてきた。一方、判例においてもヨーロッパ裁判所(EuGH)による独自の方法論が確立され、それとともに連邦裁判所裁判例が、理論、合理性、予見可能性、そして先例としての適用可能性の欠缺に対する批判の原因となっているからである。

(3)「ヨーロッパの方法論」の概念

これらのヨーロッパにおける方法論での理論的問題は、優先法(Primärrecht)の適用に際して組織としてのEUの問題であると同時に、EU指令の国内法化に際して構成国の立法者の問題でもある(Rn.9)。同書では、この理論的問題については「ヨーロッパの方法論」の概念で画定されている。すなわち、ヨーロッパ「法」の方法論が問題とされているのである(Rn.10)。

2 シュミット・ケッセル論文の概要

(1) 構成

前述のような前提をもとに、シュミット・ケッセル論文は次のように構成されている。

まえがき(オリジナルには表題なし)(Rn.1)

Ⅰ. ヨーロッパ法制度における定型的表現(Topos)としての契約法(Rn.2-7)

1．債務法に代わる契約法（Rn.2-4）
 2．概念の核および概念の周辺部分（Rn.5-7）
Ⅱ．契約法における統一法の方法論（Rn.8-11）
Ⅲ．契約法の規範的性質と方法論的手段に関するその帰結（Rn.12-16）
 1．契約法の手段（Instrumentarium）（Rn.13）
 2．任意法の補充的機能（Rn.14）
 3．契約自由の限界としての強行法（Rn.15-16）
Ⅳ．契約の解釈（Rn.17-22）
 1．標準的基準としての当事者意思（Rn.18）
 2．客観化（Rn.19-22）
  a）解釈素材の決定（Rn.20）
  b）リスク配分（Rn.21-22）
Ⅴ．任意契約法の扱い（Rn.23-37）
 1．方法論の適合（Rn.24-25）
 2．古典的基準（Kanon）の制限的意義（Rn.26-33）
  a）文言と成立史（Rn.27-28）
  b）規範の目的（Telos）（Rn.29）
  c）体系的考慮（Rn.30-33）
 3．法源論への影響（Rn.34-35）
 4．当事者間では任意の、しかし行政的には強行的な契約法（Rn.36-37）
Ⅵ．強行契約法の適用問題（Rn.38-44）
 1．解釈指令としての契約自由（Rn.39）
 2．既存の基準の適用？（Rn.40-41）
 3．任意法の典型機能（Rn.42）
 4．類推の禁止？（Rn.43-44）
Ⅶ．展望：共通枠組草案の扱いにおける方法論的問題（Rn.45-51）
 1．共通枠組草案の機能（Rn.46）
 2．共通枠組草案による制度構築（Rn.47）
 3．手段（Instrument）の将来的解釈（Rn.47a-51）

（2）本稿での限定

シュミット・ケッセル論文は、契約法分野を主眼としながらも種々の法（体系）との関連を述べ、さらには単なる理論的な法の解釈論にとどまらず、様々なEU指令などを含めたEU（契約）法体系全般の方法論に及んでいる。特に近時の「ヨーロッパ共通参照枠（Gemeinsamer Referenzrahmen）」に関しては、最終章だけでなく様々なところで検討対象としている。このような契約法と他の国内法体系との関係および様々なEU指令およびEU法体系との関係は非常に興味深いものではあるが、本稿はわが国の現行契約法制度の「解釈」への示唆を得ることを主たる目的に据えることにしたい。そこで、論文の全体像の概要を示しつつも、「契約法の解釈」に主眼を置くことにする。したがって、「Ⅲ．契約法の規範的性質と方法論的手段に関するその帰結」、「Ⅳ．契約の解釈」、「Ⅴ．任意契約法の扱い」、「Ⅵ．強行契約法の適用問題」を中心に紹介し、他の部分については議論の前提・展開として必要な範囲のみにとどめる。

Ⅲ　シュミット・ケッセル論文の紹介

1　まえがき

シュミット・ケッセルは、検討対象としての契約法の特徴（Besonderheit）は、一般な法学思考法と比較した特徴と連続し、とりわけこのことは、個々の構成国の国家法秩序という国内方法論の無条件での継承を排除するという独自性を有するヨーロッパ私法の検討の際に当てはまるとする。そして、検討すべき問題および検討方法を次のように指摘する。まず、（Ⅰ）何が契約および契約法の本質をなすのか、（Ⅱ）EU法およびEU私法の方法の様々な総論的視点は、契約法の適用に関して契約法の個々の対象には依存しないのか、という問題をあげる。さらに、「ヨーロッパ契約法」および「EU私法における契約法」は到底同一視され得ないことから、ヨーロッパ契約法の方法についての問題は上述のふたつに尽きないとする。その上で、（Ⅲ）契約法の

（6）　この点については、例えば、「ヨーロッパ契約法原則（Principles of European Contracts Law）」はヨーロッパ契約法に含まれるが、EU私法における契約法ではないとの説明を受けた。

規範的な特徴を検討し、それにより方法論的手段に関する結論を導きだすことができるとする。すなわち、(Ⅳ)契約法の方法論的な特徴は、その諸規定が当事者の意思というよりは契約の解釈に関するものであり、(Ⅴ)契約法の中心的特徴（Zentrales Charakteristikum）は、従来の方法論とは十分に調和してこなかった圧倒的な任意性（ganz überwiegende Dispotivität）にあることを指摘する。そこからは、(Ⅵ)強行契約法（zwingendes Vertragsrecht）適用の法技術（les artis）に関する結論が判明し、(Ⅶ)現時点で学術的な草案段階にある「ヨーロッパ契約法に関する共通参照枠（Gemeinsame Referenzrahmen für das Europäische Vertragsrecht）」が方法論にさらなる課題を突きつけるとし、それらを個別に検討している（Rn.1）（前述のローマ数字は各章の見出しの数字に対応している）。

2 「Ⅰ．ヨーロッパ法制度における定型的表現（Topos）としての契約法」
(1)「債務法に代わる契約法」

そもそも「契約法」というカテゴリーはすでに定着した一般的なものなのであろうか。この点について、シュミット・ケッセルは以下のように説明する。

多くのEU加盟国の法秩序において、「契約法」は制度上の「定型的表現（Topos）」ではなく、大陸法においては、債務法（Obligationenrecht）、すなわち、債務（Obligationen）あるいは債務関係（Schuldverhältnisse）[7]の法のサブカテゴリーとしてのみ名前があげられ、契約上の債務はこの範囲（従来の大陸法の分類）においては単に下位カテゴリーのみを形成している。現在の制度における、あるいは法の具現化における独自の「定型的表現」としての契約法はコモンローの伝統に根ざしており、さらには、北欧の法秩序においては、契約法総則と債務法の体系書との間にある種の緊張関係が確認されうる（Rn.2）。

一方、法統一に関する多くのプロジェクトのような比較法においては、契約法は規定の定型的表現であり、例えば『比較法国際百科事典』では、「債

---

(7) この表現について、筆者は「ドイツではBGBによるふたつの概念の不幸な造語にならって」このように呼ばれているとする。この点については、Schlechtriem/Schmidt-Kessel,Schuldrecht Allgemeiner Teil, Rn.3を参照文献としてあげている。

務法」という相対的な論述は存在せず、債権発生原因ごとに、「契約法」「不法行為法」「不当利得法」「事務管理」に関する各巻が存在する。また、「国際商事契約法原則(Principles for International Commercial Contracts)」および「ヨーロッパ契約法原則(Principles of European Contracts Law)」などはすでにその名前からその方向性が明確であるし、比較法の観点から作成された教科書・体系書は、ヨーロッパ「契約法」にかなりの部分を当てており、ヨーロッパ「債務法」に焦点を当てるものは多くない。EU法的には「定型的表現」としてのヨーロッパ契約法は遅くとも2001年にEC委員会により公表された報告であり、そこでの議論が対象として定着した(Rn.3)。

このように、ヨーロッパ契約法はこんにちでは一般に認められたカテゴリーである。契約上の義務の根拠は、ある拘束関係に関する当事者の自律的な決定にあり、この点では、契約法は債務編の他の部分からは全く区別され、結果としてその方法論は他の領域の方法論からも区別される(Rn.4)。

（2）「概念の核および概念の周辺部分」

では、そもそも契約とは何であろうか。この点についてシュミット・ケッセルは、契約および契約法の対象という問いについては、完全な一致はないが、3つの要素から構成される一定の概念の中核は存在するとしている。すなわち、「自らを拘束する手段(Instrument)としての契約という分類」、「その拘束の成立要件としての同意という前提条件」、そして「損害賠償という方法でのその貫徹」という要素である(Rn.5)。

しかし、その概念の周辺には曖昧さから生ずる問題が存在する。まず第一には、拘束力の問題である。契約は当事者間のすべての関係を完全性利益を含めて把握するのか否か、契約の中核には含まれないものはいずれかという問題である。さらには、契約法の適用領域として片務契約（さらには単独行為）も含まれるのか、それとも反対給付（対価(Consideration)）が構成要素なのか。契約締結上の過失とはどのような状態を指し、それは契約法に含まれるのか否か。契約以外の債権の発生原因の規律と契約法との関係はどのようなもの

---

(8) 例としてケッツ『ヨーロッパ契約法』をあげる。Kötz,Europäisches Vertragsrecht,Mohr,2009.
(9) 例外のひとつとしてチンマーマン『債務法』をあげる。Zimmermann,The Law of Obligations, Oxford,1996.
(10) 参考文献としてSchmidt-Kessel,GPR2005,2ff.

かという問題もある。これらについては、法的救済（Rechtsbehlfe）の側面が一定ではなく、ドイツでは本来の履行がその制度の中心に据えられる一方で、EU加盟国の多くは本来の実現に対しては控えめな態度を明確にとっていることを指摘している（Rn.6）。[11]

3 「Ⅲ．契約法の規範的性質と方法論的手段に関するその帰結」

（1）3つの手段

シュミット・ケッセルは契約法にはふたつの課題が与えられているとする。すなわち、それは「契約による拘束を組織化する」という課題と「給付障害の結果を含んだ契約の内容を定める」という課題である。この課題を解決するためには3つの手段（Instrumente）が利用可能である。ひとつは当事者の意思表示と契約を根拠づける合意の集積であり[12]、ひとつは任意法およびその他の他律的な契約補充のメカニズムの考察であり、そしてもうひとつは強行法による当事者の意思の制限である（Rn.12）。

（2）当事者の意思

契約法の解釈に当たっての第一の手段である当事者の意思については、以下のように説明する（Rn.13）。

契約自由の支配の下では、契約に関する法的問題を論じるためには当事者の意思表示が必要不可欠な出発点であり、したがって、当事者を契約によって拘束する根拠として意思表示の合致をまず検討すべきであり、ついでその合意の内容を解明することが重要である。さらに、解釈の際には以下のふたつの過程をたどる。はじめに当事者意思の解釈であり、ついで合意の解釈である。

これに対応して契約法の第一の方法論的課題が形成される。すなわち、当事者意思および合意の解釈は、当事者の意思疎通が可能な状況から必要な結論として生じ、当然に優先されるべき当事者の意思と客観的な事情との間の緊張関係によって支配されるということである。

---

(11) このあとの段落では、上記の問題に対するDCFRの対応について論じている。
(12) ここでは、フランス民法1134条1項がそのことを的確に指摘しているとする（シュミット・ケッセルの表現では「契約は当事者の法律である」）。

(3)「2. 任意法の補充的機能」

第2の手段である任意法の補充的機能は、当事者意思の解釈との関係で以下のように述べる（Rn.14）。

当事者の意思表示および合意の解釈の過程で明らかとなった結果を補い、それを明確化するという課題が任意法には与えられており、当事者意思の解釈の結果と任意法とが衝突する場合には、任意法は当事者の合意よりも下位に置かれることになる。任意法が他律的な契約補充のメカニズムあるいは補充的契約解釈と競合する場合にも、任意法は後置される。ただし、任意法と他律的な契約補充に関するメカニズムとは明確には区別されうるわけではない。

(4)「3. 契約自由の限界としての強行法」

契約法における強行法について、シュミット・ケッセルは「限界（Grenze）」であると指摘する（Rn.15）。すなわち、その存在により、契約の内容によって当事者を契約への拘束へと導く方法は除外されるか、または契約の締結強制にまで前送りされることになる。

しかし、強行法と当事者の行為（取り決め）とは無関係なものではなく、契約の締結強制の際にも、当事者が契約締結方法および契約要式を決定する場合には、強行規範がまず第一に適用されることになる。同様に、強行契約法はそれ自身孤立しているわけではない。例えば、当事者が自らの故意に関し通常は損害賠償責任をあらかじめ制限することができないことは、契約締結および契約違反当事者の責任のみを暗黙のうちに前提とするのではなく、損害賠償という法的救済がそもそも可能であり、それとともに、責任の（最低）規準が設定されていることをさらに要求している。

そして、ドイツ民法における強行法と任意法との関係については、次のように述べる（Rn.16）。

ドイツ法の立法者は、ドイツ民法307条2項1号において、任意法をうかがわせる法的な典型を強行法規範の適用基準に昇格させることにより、すな

---

(13) この例として、「事実による推定（implication in fact）」をあげ、DCFR第2編9章101条の参照を指示する。

(14) この例として、ドイツ民法276条3項があげられている。同276条（債務者の責任）3項「故意に基づく責任について、当事者はあらかじめ制限することはできない」。

わち、普通契約約款内での不当に不利益な契約条項の禁止の適用基準に昇格させることにより、強行法の任意法との構造的な依存関係を完全なものとした。さらには、同条2項2号は、契約の性質から生ずる本質的な権利と義務を指摘することにより、任意法が契約内容を定める規準をそれだけで設定するのではないという知識を習得した。

4 「Ⅳ. 契約の解釈」
(1) 「1. 標準的規準としての当事者意思」

契約解釈における当事者意思の扱いについては以下のように指摘する(Rn.18)。すなわち、それは出発点であり、まずはじめに契約締結の意思表示に、ついでどのように合意の入り口を見つけるかに限定されるとする。そして、第三者に対して表示された文言において意思表示が明らかでない、あるいは知ることができない場合に、意思表示は、それが他方当事者の理解もしくは意思と一致する限りにおいては、なお標準であるとして、「誤表は害さない (falsa demonstratio non necet)」というローマ法格言をあげる。これらのことは、DCFRおよびCISG（国連統一売買条約）からは直接に明らかになる。

(2) 「2. 客観化」

そのほか、解釈により制御される規定に関して、当事者意思の画定、そして当事者により客観的に期待されるべき了承の確定に関して導き出されるべき解釈の素材を決定することが問題となると指摘する (Rn.19)。さらには、解釈の素材に関するEU法の端緒は1993年の消費者契約における不当条項約款に関する指令4条1項 (93/13/EWG) であり、解釈に当たっては、当事者の意思および了承を推知しうるいかなる状況も基本的には考慮すべきであるという合意がヨーロッパには存在するとして、例としてDCFR第2編8章102条およびCISG3条3項をあげる (Rn.20)。

他方で、契約締結の際の沈黙のリスク、その後の訴訟における証明責任に

---

(15) ドイツ民法307条（内容規制）2項「ある条項が次の各号のいずれかに該当する場合であり、疑わしいときは、不相当に不利益な取扱いがあるものと推定する。」同条同項1号「法律の規定の本質的な基本思想に反し、それと両立し得ないとき」

(16) 2号「契約の性質から生ずる本質的な権利または義務を制限し、契約目的の達成が困難であるとき」

関する疑わしい場合の規定（Zweifelsregeln）が問題となるとする（Rn.19）。そして、解釈のリスクを明示に分配する規定はEU法には豊富でないことから、そのようなリスク配分（Risikozuweisungen）が任意法の付随的機能として明らかになることを指摘する。EU私法は一般的リスク配分に際し、個別に交渉されていない不当条項に関して、前述の不当条項指令5条2項に「作成者不利の契約原則（contra proferentem）」という解釈上の要請（のみ）を有しており、これはその適用範囲を超えて普遍化されうるとしてDCFR第2編8章103条を指摘する[17,18]（Rn.21）。

5 「V．任意契約法の扱い」
（1）理論の欠如
シュミット・ケッセルによれば、少なくともドイツにおいては任意法に関する一般理論が欠けているが、その萌芽は普通取引約款規制の際の「典型機能（Leitbildungfunktion）」という文言であり、それと並んで経済的分析に関する文献にも見出すことができるとされる。これと呼応して、強行規範ではなく任意規範が解釈の対象となっている場合に、古典的な解釈原則が修正なしで適用可能かという確認も行われてこなかったとする（Rn23）。

（2）「1．方法論の適合」
規範の任意性は方法論に適合する必要があり、それはふたつの方法に基礎づけられることが指摘される。すなわち、「任意法の目的がその理論的な特別な取扱いを必要としている」という論証を伴った制度内在的な方法か、「それが固有の理論の発展を必要とするという任意法とは異なる性質を任意法の対象が示している」という指摘を伴う制度内在的な方法である。これらは異なる結果を導かず、それゆえ互いに両立しうるものである（Rn24）。

さらには、規範の適用および解釈の際に理論により導かれる行動は一般平等原則に基づいているが、契約法は「当事者は平等に扱うべき」という要請に支配されていないので、この原則は限定的に適用される。すなわち、契約

---

(17) この点は、近時の傾向であろう。例えば、ドイツ民法305c条2項もこの原則に基づくものといえよう。
(18) なお、EUにおいては国境を越える取引に際して「言語のリスク分配」の問題が生じる。この点についてはRn.22で論じられているが本稿では省略する。

は差別的待遇（Diskriminierung）であり、すべての契約当事者の差異は、差別的な結果を導くに十分であり、それゆえ任意法の理論の要請は他の要請とは異なることを指摘する（Rn.25）。

（3）「2．古典的規準（Kanon）の制限的意義」

任意法規の解釈において、解釈の古典的規準がどのように用いられるかについては、以下のように指摘する。契約補充において任意法規を適用する場合には、解釈の古典的規準（Kanon）は規範解釈の際には限定的である。すなわち、任意規範は個々の契約条項のように単に契約全体の一部として取り扱うべきであり、この観点で解釈すべきである。「規範は具体的状況に適合しない」という表現の理論的根拠もこの点にある（Rn.26）。

このような指摘に基づき、古典的解釈の基準について論じている。

① 文言解釈および歴史的解釈については、規範の文言と成立史は同時に克服が可能であり、個々の契約に関して、そのたびごとにローマ法までさかのぼる必要はないとする。古い法典編纂の契約法においては、多くの規範の根拠は伝統であり立法者の政治的判断ではなく、かりに立法者の政治的判断があったとしても、疑わしい場合には、すでに規範の任意性のみを理由として、契約に関する当事者の具体的状況が立法者の歴史的意思を凌駕し、このことは、典型的当事者意思に関する立法者の見込み違いの際に、規範の実務上の一部廃止を導きうるとして、旧ドイツ商法161条2項、131条4号に関するドイツ連邦裁判所の判決をあげる（BGH,NJW1979,1705）（Rn.27）。

② 規範の文言についても、立法者による限界設定はおそらく当事者による限界設定に適合せず、このことは多様な言語によるEU私法においてはさらに顕著であるとして、以下のように展開する。すなわち、限界設定という文言の本質的な機能も効力を発しないことがより重要であり、このことは第一に三権分立の保護という機能に当てはまる。つまり、個々の契約内容を確定する権限が（国家の）裁判所にはあり、任意法の解釈の際には立法権と司法権の制限的分立のみが存在する。EU法の国内法化に際し、国内法の立法者はそれに拘束されるが、当事者および国内裁判所に任意法の余地をそのままにしておくことについては、EU法が立法者を制限することにも根拠があり、とりわけ、例えば事実的推定の根拠に関する典型的当事者意思もEU法の任

意規範に優先し、それとともに規範を部分的に廃止することに適している。それゆえ、EU 法立法者の権限行使は、任意規範の設定の際にはあまり影響力がなく、それとともに文言の境界設定および文言の重要性を減少させる（Rn.28）。

③　さらに、規範の目的（Telos）については、EU 法において立法者が規範に関連させるそれは、国内法への編入、効果的な法制定、あるいは非差別に関する立法者の義務の点で特別な重要性が与えられるものではあるが、任意法の際には通常の重要性をほとんど有せず、確定しうる典型的当事者意思の素描を超える場合には、国内の法適用が義務違反でなくとも、その規範はすぐに空回りする（Rn.29）[19]。

④　いわゆる体系的解釈については以下のように述べる。規範の解釈の際の制度および制度的論証への任意性の影響も重要であるが、法的なあるいはドグマ的な規範構造という秩序が制度におかれる要求にかなう場合でも、法適用の際には、その規範構造は個別の契約や規定の後ろに後退する。この現象は、任意法の制度的パラドクスと呼ばれ、個別契約、すなわち実際の適用事例は、法制度に関してはその制度を妨害し、それゆえ法制度の意義を制限する。それはいずれの個別契約にも内在し、契約が非典型であるほど強く作用する。その妨害は、経済的には任意法の典型としての帰結である（Rn.30）。

⑤　一般条項については、それは立法者の信頼できる反応であり、立法者は、まずはじめにそれを通じて個々の契約のためにその秩序を明らかにし、そしてそれにより自らの制度の優位性をより適切な方法であきらめなければならない。それゆえ、ドイツ債務法改正による一般条項および不明確な法概念の批判されうる増加は、もはや私的自治の実現を義務づけられるにすぎないと指摘する（Rn.31）。

⑥　これまでの検討を受け、反対解釈については次のように述べる。制度の意義の低下とともに制度に基づく根拠も低下し、このことはとりわけ反対解釈（argumentum e contrario）にも妥当する。というのは、反対解釈は、個々の

---

[19] 例として、支払遅延指令（ZVerzRL）3 条 1 項 d）に定められた利率が、ある業界において通常受け入れられるものを超えた場合をあげる。なお、支払遅延指令の内容については、拙稿・前掲注（4）も参照。

法典編纂からは疑問視されているような完全な制度を要求するという考察に基づいているからである。この完全の要請がなければ排中律（tertium non datur）には不十分であるので、それは反対解釈を不完全で受入不可能にする。法制度の規範が個別の契約のもとで適用される限りは、契約に編入される制度の部分に完全性が欠けている。それゆえ、規範の任意性は法的制度から完全性の要請を取り除き、したがって、反対解釈（argumentum e contrario）は実を結ばない（Rn.32）。

⑦　類推解釈については次のように述べる。その伝統的な方法における制度に支えられた類推による主要な論証形式は、個々の契約構造の完全性により挫折する。この点では、ドイツにおける支配的な見解からは必須である計画に反する規定の欠陥がまったく不足している。[20]当事者間で権利主張される法的地位は私的自治のもとでは契約の中に基礎を必要とするという秩序が契約の基礎をなしている。しかし、法により（ex lege）契約を基礎づける秩序によれば、不完全な契約あるいは欠陥のある契約はない。この欠缺要件の固執は任意契約法において類推を空転させる（Rn.33）。

(4)「3. 法源論への影響」

これらの検討は、法源論へも影響を及ぼすと指摘する。すなわち、これまで検討したことは、一方では法源論としての任意法の性質への疑問であり、他方では契約法における先例の効力への問いでもあるからである。任意法規定という分類への疑問はその個々の規定の関係性への疑念を募らせる。とりわけ、任意法規定は、適用に関する当事者意思と一致し、と同時にその適用が問題となる限りは、契約法（lex contractus）の一部である。したがって、任意法はもはや契約に関しては規範および法源そのものではない（Rn.34）。

一方、法源としての判例については以下のように述べる。すなわち、判例は当事者意思の探求の際に通常は主要な意義があり、それは問題となる契約の実務上の取扱いに関しては立法者よりも熟練しており、それゆえ、任意法の領域における定まった判例は、類型化された当事者意思の具現として、と同時に類型化された当事者意思に関する命題として理解することができる。

---

(20) この見解が必要とする欠陥条件についての基本文献として、Canaris, Die Feststellung von Lücken im Gesetz, 2.Aufl.1983. をあげる。

しかし、契約内容の確定に関しては、制定された任意法に対する優位性は与えられない。さらに法源として整理するならば、何も異なるとは思えない (Rn.35)。

（5）EU法における任意法の扱い

シュミット・ケッセルによれば、任意契約法はEU法では2面性を有している。すなわち、加盟国に対して法制度を義務づけるという点で行政的には「強行」であるが、適用の際に問題となる当事者間では任意法であるからである。すなわち、EUの任意契約法はそれゆえに国家にとっては強制であり、同時に当事者にとっては任意である。(Rn.36)

そのような二重の名宛人規定の解釈に際しては、どのような遂行義務あるいは編入義務が加盟国にあり、個々の契約の枠内での解釈の際に、それぞれの規範に、というよりはその編入に、どのような意味が与えられるのかによって区別すべきである。そして、任意法の解釈に関して創設された特別規定を基礎に置くならば、解釈の結果の間にかなりの違いが明らかになり、それゆえ編入の立法者は、その時々にシンボルの設置という目標にも向けられるであろうEU市場の目標およびEU法の立法者の具体的な目的（Telos）に特に拘束され、当事者がそれに反しておらず、当事者にとっては個々の事例に当てはまる規範がまったく異なる意味に至っても構わない (Rn.37)。

6 「Ⅵ. 強行契約法の適用問題」
（1）強行法の検討課題

契約法の中心的存在である任意法規と対峙する強行法規については補足的に目を向けることが許されるとし、検討課題として以下の4つをあげる。

まず第一に、契約自由の原則の方法論はどこまでコントロールされうるかを優先的に検討すべきであり、第二に、定着した方法規準（Methodenkanon）の適用による問題があり、第三に、任意規範を手がかりとして合意によっても変更し得ない効果のある一般条項を具体化することであり、そして第四に、強行契約法の類推の可能性とその限界である (Rn.38)。

そして、その課題について順次検討している。

（2）「1．解釈指令としての契約自由」

　契約自由と強行法との関係はどのように考えるべきか、この点については次のように述べる。

　契約自由により支配される契約法において、強行法は自由を制限する規定に関する圧倒的な一般解釈指令であり、このことは、該当する自由に関する基本権および基本的自由から EU 法と同様に国内でも明らかになるとして、強行法規の解釈可能性を肯定する。しかし、その方法としては、強行規範は、それが強行的地位の程度を減少する範囲内で狭く解釈すべきであり、そのような方法での強行規範の制限は、とりわけ基本的自由に表れていたような域内市場の目標にも EU 法上は一致する。そのような自制の成果として、2005年に欧州委員会の「ローマ条約改正案（Rome I Regulation）」があり、そこでは、実質的契約法の一般原則および抵触法上の選択可能性の確定が提案されている（3条）(Rn.39)。

（3）「2．既存の基準（etablierte Kanon）の適用？」

　強行法規の解釈を認めるとして、その際の規準はどのようなものであろうか。この点について、次のように述べる。

　任意法の場合とは異なり、伝統的なドイツの解釈基準は、EU 強行法の解釈に関しても重要である。そのことは、文言および文言により示される指令上の法律の解釈の限界に当てはまる。文言は、任意規範の際には、その機能の視点もしくは規範目的（Telos）の視点において乗り越えることが可能であるのに対し、強行私法の際には、法律の留保に関しても国家権力間の権限の境界に関しても重大な意義がある。それゆえ、強行法規の文言は制限された自由に関してのみ乗り越えることが可能である。

　歴史的解釈については、その機能は結局制限され、強行契約法の解釈の際には、とりわけ契約内容の自由を制限された当事者のために、規範の成立史の再検討が必要となる。そこからは文言の限度あるいは成立史と矛盾する規範の基準との衝突の解決が明らかになり、この基準は、それによって契約自由が制限される点では、規範の適用には本領を発揮しない（Rn.40)。

　体系的解釈については、その価値が特別な関心を引くとし、まず、任意規範から切り離された強行契約法制度という独自のものは加盟国にも EU にも存

在しないということを確認すべきであり、強行法が制度的に独立する場所があるかもしれないとしたら、契約自由の制限は、その行使の際に、そして規定技術的に例外なしに強行法を受け継いでいる。しかしながら、そのような制度は規範的な喪失のないかなり異なった形を有しているだろうし、任意法の補充機能ゆえに、規定の効力のない単なる具現化であることが明らかになる。それとともに、厳格法の解釈に関する任意法制度に対する非難は価値がなく、解釈の柱は強行法規定との関連からのみ生じ得るとする（Rn.41）。

（4）「3．任意法の典型機能」

強行法の解釈の際の、任意法との関係については、次のように述べる。

任意法としての契約法を内容規制の基準に、したがって強行規範の具体化の基準に昇格させる場合には別の問題があり、この点についてドイツ法は例外的であるとする。ドイツの立法者は、任意法が具体化している制度に規範的価値を与えたように見える。この点に関しては、前述（本稿3（4））の約款の内容規制に関するドイツ民法307条2項2号が再び決定的である。立法者は任意制定法の反対側に、場合によっては矛盾しているかもしれない基準を定めることによって、当事者意思の優位を放棄しない（Rn.42）。

（5）「4．類推の禁止？」

では、強行法規の類推適用は可能であろうか。

この点に関しては、強行法の文言の特別な意義および強行契約法解釈に関する体系的論拠のさらなる相対化により、強行契約法の領域においては類推は疑わしい理論的手段として明らかになると指摘する。そして、まず第一に法律の留保に目を向けるべきであるとする。すなわち、法律に書かれたという正当化の根拠なしに契約自由に干渉することは許されない[21]ことを指摘する（Rn.43）。

そして、このような考察が、周知の判例の法形成権能にかんがみてさらに克服可能ならば、厳格な伝統的意味における類推は強行契約法に関しては欠落がないことにより失敗に終わるだろうとする。すなわち、契約自由が契約法の原則規範であるならば、厳格法（ius Strictum）の規定が干渉しない限りは、

---

(21) この点に関しては、EU憲章（GRCh）52条の一般的法律の留保を参照としてあげている。EU憲章52条1項1文「EU基本権憲章が保障する権利や自由の制限は、法律によってなされなければならない」。

いかなる具現化も当事者に許されており、それとともに、強行契約法にも裁判拒否（déni de justice）は常に生じない、なぜなら欠落がないからである（Rn.44）。

7 「Ⅶ. 展望：共通参照枠の扱いにおける方法論的問題」
（1）「共通参照枠」解釈上の問題点

シュミット・ケッセル論文は、最後に「展望」として「ヨーロッパ共通参照枠（DCFR）[22]の解釈論も展開している。その際には、共通参照枠は新しい創造物を実現するための道具であり、その制度構築はどの程度まで進められているのかということがその解釈論にとって重大であるとした上で、伝統的解釈規準（Kanon）の重要性に目を向けるべきだと指摘している（Rn.45）。

（2）「1．共通参照枠の機能」

共通参照枠は、すでに25の国家という想像できないほどの規模の比較法の偉大な研究であり、現在の立法と同じように将来の立法の質の改良が中心にある。実際に、それにより将来の共通参照枠の機能は非常に奥行きのあるものとなっていると述べる。そして、ヨーロッパ契約法のドグマの欠缺から明らかになるであろう穴を埋めることが草案には求められ、それゆえに秩序が問題となり、はじめに多くの関係者が互いに立ち寄って主張の根拠を示す議論の秩序が、さらに概念の秩序が、そしてEU私法の秩序そのものが問題であると指摘している（Rn.46）。

（3）「2．共通参照枠による制度構築」および「3．道具の将来的解釈」

これらについては、解釈に直接関連する部分にとどめる。

① 共通参照枠の制度は、何らの規範的帰結もない教育および構築の制度であり、体系的論証とりわけ反対解釈（argumentium e contrario）を敵視している（Rn.47）。

② 共通参照枠の解釈に関しては、共通参照枠が解釈およびそのさらなる発

---

[22] DCFRの位置づけなどについてについて、ここで改めて紹介する余地はない。本文におけるシュミット・ケッセルによる紹介のほか、参考文献として、窪田＝潮見＝中田＝松岡＝山本＝吉永監訳（フォン・バールほか編）『ヨーロッパ私法の原則・定義・モデル準則：共通参照枠草案（DCFR）』（法律文化社、2013）をあげるにとどめる。

展のための方法論を確立するかが重要である。この点については、第1編第1章102条がふさわしい規定を意図しており、1項では指針としてその手段の自律を定め、2項では解釈を適用しうる基本権およびその自由ならびに適用可能な憲法と関連づけている、そして3項では、解釈の統一性、誠実および公正な取引、法的安定性という解釈の指針が定められている。しかし、基準となる論拠の指示は存在せず、おそらく、5項に配置された特別法（lex specialis）の優位がテキストの制度的解釈に関する典拠として理解される。これに関しては、4項には4つの原則――自由、誠実、公正、効率（freedom,security,justice,efficiency）――が明文で定められ、詳細に注釈が加えられていることから、国連統一売買法とは異なる（47a）。

③　解釈に関するドイツの伝統的な適用基準の利用可能性については、一般的な契約法の方法論に関する普遍的な検討に相応して、この点に関しては慎重さも望ましく、この方法論の核心は共通参照枠のもとでは契約内容の確定に関する規定にとどまっている（第2編第8章101条以下）（Rn.48）。

③　これに対して、規範の文言に関する歴史的論証はさらに弱められている。すなわち、法制定権限の所有者との再結合は、共通参照枠には拘束力がないので提示されていないからである（Rn.49）。

④　文言解釈に関しては、準備作業言語として英語を用いていることから、英語版に一定の上級裁判所機能（Oberhof-Funktion）が与えられている（Rn.50）。

⑤　目的論的解釈については、それはとりわけ目的（Telos）に関連した契約法の論証の一般的な弱点を共有するだろう一方で、さらなる独自性は制度保護的（systemgeschtütz）論証に関連して結局明らかになる。というのは、共通参照枠は初めから契約法の完全な描写（Abbildung）を指向していないからである。こうしてとりわけ反対解釈も弱められる（Rn.51）。

Ⅳ　おわりに

以上、法解釈論に焦点を当てシュミット・ケッセル論文を紹介してきた。本論文がその大部分を解釈論に当てているとはいえ、それにとどまるものではないことはすでに指摘したところである。したがって、この論文の真価は

全体像をきちんと把握した上で行うべきであり、ここではそれをなしえない。しかしながら、本稿で紹介した範囲内でわが国への示唆を指摘するとするならば、次のことがいえよう。

まず、伝統的な解釈手法の有用性について、契約法という観点から検討を行っていることは興味深い。すなわち、そこでは当事者の意思と法との関係が特に重要な問題となるからである。この点については、契約の解釈との関係も含め、わが国ではさらなる検討が必要であろう。[23]

つぎに、EU 各国の法制度研究についてである。シュミット・ケッセル論文は国内法の上位概念として「EU 法」おくことにより、その直接・間接の影響を考慮した上で国内法の解釈論を（も）検討している。わが国の研究者が EU 加盟国の国内法を研究する際には、それに対する賛否は別としてもこのような考察方法も意識する必要はあろう。

さらには、比較法と法解釈の関係である。これまでわが国において外国法を研究対象とした場合には、歴史的な観点から成立史までさかのぼり、現在までの流れを検討するという手法と、ある国の現時点の法制度をわが国のそれ、さらにはそれぞれの判例・学説などの解釈論を比較し、異同を比較検討しながら、条文解釈のあるべき姿を求めるという手法がしばしば見られた。前者はわが国の立法の沿革に基づく歴史的解釈手法のひとつといえよう。後者に関しては、類似する法的基盤を有する他国がどのような発展を遂げ、類似する法現象にどのように対応しているのかという観点から、法解釈の際の説得の道具として比較法が用いられてきた。これに対し、シュミット・ケッセル論文は、EU 法という上位概念のもとで、立法者意思やこれまでの歴史的解釈をときには突き放し、現時点でのあるべき解釈論を模索しているようにも見える。今後、外国法との関係、さらには国際的な条約との関係を検討する際に、シュミットケッセル論文の検討手法も示唆を与えてくれよう。

「契約法の解釈」は古典的であると同時に現代的な問題でもある。このことは、EU 法という上位概念が新たに置かれることになった EU 構成国において固有な現象ではなく、社会が急速に発展し変容する現代社会において法

---

(23) 拙稿・前掲注 (5) も参照。

学が直面する問題であり[24]、このことはわが国においても同様である。現在の民法（財産法）改正の議論の場面でも、法規の性質およびその解釈については議論となっていたところでもあり[25]、今後も引き続き学界全体で検討すべき課題だろう[26]。本稿のシュミット・ケッセル論文をひとつの素材として筆者も今後さらなる検討を行っていきたい。

---

[24] この問題については円谷教授主宰の研究会による成果がある（円谷峻編著『社会の変容と民法典』（成文堂、2010年））。そこに所収の諸論稿も参照願いたい。

[25] この点につき、拙稿「債権法改正論議における法規の強行法規性・概観」法時84巻12号90頁（2012年）を参照。

[26] 法規の強行法規性については、椿民法研究所会員による諸論稿が法律時報誌に連載され（84巻4号（2012年）〜86巻7号（2014年））、その成果が今後単行本として日本評論社から刊行の予定である。

祝　辞

マーティン＝シュミット・ケッセル
Martin Schmidt-Kessel,

　円谷峻教授は、間違いなく日本の重要な比較法学者の一人である。さらには、円谷教授は非常に卓越した方法により債務法領域におけるドイツと日本の関係に取り組み続け、この領域において卓越した後世に残る貢献をしている。1990年代前半のフライブルクにおいて、あるときは大学で、またあるときは夕食時のビールとともに、あるいは軽く一杯飲みながら、ドイツ債務法の改正について円谷教授と議論したことはいまでも忘れられない思い出である。さらに、この債務法改正が圧倒的多数に受け入れられた1994年のミュンスターでのドイツ法曹大会にともに出席したことも印象深い。その後、東京で行われたドイツ法に関するセミナーでの講演を許され、それに円谷教授が参加してくれたことを、私は今でも誇りに思っている。

　それゆえ、円谷峻教授の記念すべき70歳の誕生日をこのような形でお祝いすることができることは、まさに私にとって特別な喜びであると同時に大いなる栄誉でもある！本書に掲載される私の論文を契機として、契約法およびその方法論に関する議論が円谷教授によりさらに続けられ、円谷教授の想像力および研究の喜びが一層かき立てられることを期待している。円谷教授の教え子たち（および友人？）が、彼の70歳の誕生日に特別な贈物としてとしてこのようなすばらしく輝かしい記念論文集を企画し、私がそこに――ドイツ比較法学会の事務総長として――心からのお祝いの言葉を贈ることができることをうれしく思う。

　最後に、このような私のささやかな論文を円谷教授の母国語に翻訳する労を執ってくれた芦野訓和教授にも感謝したい。

中国契約法における公平原則※

許　更
Geng Xu

I　はじめに
II　「公平原則」の内容と適用範囲
III　立法の経緯
IV　学説の議論
V　判例の紹介と分析
VI　私見

I　はじめに

　中国においては、日本民法典のような総則編から相続編までの統一的な民法典は未だに制定されていないが、中国の民事法は大陸法の体系に属する。ところが、日本、フランス、ドイツに代表される大陸法系諸国と比べて、中国民法には独自の特徴がある。その典型的なものが、「契約当事者間の権利と義務を公平に確定しなければならない」といういわゆる「公平原則」である。この基本原則は、中国民法全般、特に契約法の分野に広く適用されており、すでに強固な法原則となっている。しかし、関係する法制度が整備されて以降、それほど多くはないものの、公平原則に対する批判の声が途絶えない。その批判とは、公平原則を民法の基本原則とすべきではないという議論である。従って、この法原則が、果たして中国法全体の土壌に適合するものか否か、そうでないならばいかにしてそれを調整すべきかが、今日の中国に

※　本稿については、かつて円谷先生のもとで共に学んだ亜細亜大学法学部の木原浩之教授に日本語の校閲をして頂いた。木原教授に心よりお礼申しあげたい。
(1)　フランス法やドイツ法にも公平の法概念を反映する条文、例えば、フランス民法典第1135条（合意、義務の範囲）、ドイツ民法典第315条（当事者による給付の取り決め）、第317条（第三者による給付の取り決め）、第319条（取り決めの無効、補充）などが存在するが、中国法とは異なって、それらは民法全体の基本原則になるわけではない。

おける検討課題とされている。

　概して言えば、中国民法における公平原則は、二つの異なった原則としてさらに分けられている。一つは、契約法の分野における、当事者の契約上の権利と義務を公平に確定するという法原則である。もう一つは、不法行為法の分野における「公平責任原則」、すなわち、不法行為の当事者（被害者と加害者を含む）のいずれにも損害の発生について過失がない場合には、当事者は、状況に応じて民事責任を公平に分担するという法原則である(2)。本稿は、紙幅の都合上、前者のみを取り上げる。以下では、まず、中国契約法における公平原則の内容と適用範囲、立法の経緯及び学説の議論を紹介し、次に、判例法の動向を踏まえて司法実務上の問題点を分析し、最後に、私見を示すこととする。

II　公平原則の内容と適用範囲

1　公平原則の内容

　公平原則とは、文字通り、民事活動に参加する各当事者が公平に民事上の権利を享有して、義務を負担しなければならない、という原則である。民法通則第4条（意思自治、公平、等価有償、信義誠実の原則）は、すべての「民事活動」で公平原則が遵守されなければならないと定めてはいるが、とくに市場における取引関係で「公平」が要求される。現行の中国契約法第5条（公平原則）はこの原則の内容を最もよく表わしており、「（契約）当事者は公平原則によってそれぞれの権利と義務を確定しなければならない」と規定する。要するに、「契約当事者はそれぞれの権利と義務を公平に確定しなければならない」のであり、これを公平原則ということができる。

---

(2)　「民法通則」第132条（全当事者に過失がないときの責任分担）。民法通則は1986年に制定された法律で、民法典が未制定の中国において民事基本法の役割を果たすものである。それは、1999年制定の「契約法」（中国語で「合同法」）、2009年制定の「不法行為法」（「侵権責任法」）、1985年制定の「相続法」（「継承法」）、1980年制定・2001年改正の「婚姻法」などの単行法と合わせて、中国の民法体系を構成する。なお、中国の条文には見出しというものは存在しないが、日本の読者への便宜上、筆者の方で適切な見出しを作成し、本稿で引用する関連条文の後にそれを付した。

契約法における基本原則の一つとして、公平原則は、契約締結の段階からその履行の完了まで、すなわち、契約の全過程において機能するものである。具体的に言えば、次の内容を含む。

①契約締結時に、公平原則に基づいて当事者双方の権利と義務を定め、権利の濫用をしてはならず、詐欺行為をしてはならず、契約の締結を名目として害意をもって他人と契約交渉してはならない。

②公平原則によって当事者双方の危険（リスク）を合理的に分配して、一方の当事者のみが利益を享有し、もう一方の当事者が全部または大部分の危険を負担するという契約を締結させない。

③契約違反が生じた際、仲裁委員会や裁判所は、公平原則に従って各当事者の責任を確定する。

なお、公平原則の本質は、契約履行の段階よりも、むしろ契約締結時においていかにして契約当事者の権利と義務をバランスよく確定するかにある。契約の履行については、公平原則よりも、主に信義誠実の原則によるべきである。本稿の筆者は、信義誠実の原則については、契約当事者が契約を履行するにあたって、他人の利益を侵害してはならず、信義則に反して自らの利益を追求してはならないことを要求するものだと考えるからである。

（3） 中国契約法では、基本的な原則として、公平原則のほか、①平等原則（第3条［平等原則］）、②意思自治の原則（第4条［意思自治の原則］、③信義誠実の原則（第6条［信義誠実の原則］）と④公序良俗遵守の原則（契約法第7条［法律と道徳の遵守］）がある。①は、契約当事者の法律上の地位は平等であって、一方の当事者は自己の意思を相手方に強要してはならないという原則である。②は、当事者は法により自己の意思に基づき契約を締結する権利を有し、いかなる者も不法に干渉してはならないという原則である。③は、当事者は権利を行使し、又は義務を履行するにあたり、信義誠実の原則に従わなければならないという原則である。最後に、④は、当事者は法律と行政法規などを遵守し、社会の道徳を尊重しなければならず、社会の経済秩序と公共利益を侵害してはならないという原則である。なお、契約法第7条（法律と道徳の遵守）の内容については、公序良俗遵守の原則ではなく、権利濫用禁止の原則を表すものであるという見解もある。これについてまとめた議論は、電子論文である王炳軍「権利濫用禁止の原則の適用を論じる」（「論禁止権利濫用的適用」）を参照。この文献には、http://www.doc88.com/p-7834379799519.html からアクセスすることができる。以下、同様な場合には、アドレスだけを記載しておく。

（4） 梁慧星『民法総論』（第4版）48頁（法律出版社、2011年2月）。

2　公平原則の適用

（1）明らかに公平性を欠く契約を取り消す場合

契約締結時に明らかな不公平性が生じて、それによって不利な地位に置かれた契約の当事者が仲裁機構または裁判所にその契約の変更または取消しを請求することができる[5]。明らかに公平性を欠くことの意味につき、契約の一方当事者がその優越的な地位を利用し、または相手方に経験がないことを利用した場合には、双方の権利と義務が公平の原則に明らかに反すると認定できるという定めがある[6]。公平性を欠く契約を取り消しうるという規定は、「反対方向から公平原則を表すものである」と言われている[7]。すなわち、契約内容が不公平である以上は当該契約を取消すという定めは、まさに権利と義務の公平な配分を求めるという公平原則の内容の裏返しなのである。

（2）約款の内容を公平に確定しなければならない場合

約款を使用して契約を締結する場合、約款提供者側は公平原則に基づいて当事者間の権利と義務を確定し、かつ自らの責任を免除又は軽減する条項について合理的な方式によって相手方の注意を喚起し、相手方の請求に基づき当該条項について説明をしなければならない[8]。また、約款提供者側の責任を免除し、相手方の責任を加重し、相手方の主な権利を排除している場合、当該条項は無効とされる[9]。約款の内容につき争いがある場合、通常の理解をもっ

---

(5)　中国契約法第54条（契約の変更・取消）第1項2文。

(6)　1988年最高裁の司法解釈：「民法通則」の執行における若干の問題に関する意見（暫定）（「関於貫徹執行民法通則若干問題的意見（試行）」）第72条（不公平の認定）。同条は、1986年制定の「民法通則」第59条（民事行為の取消）に対する司法解釈である。この司法解釈によれば、自己の優越的な地位又は相手方の未経験を利用して締結した契約が、明らかに公平を欠く契約として取り消されることになる。

　　なお、1996年より現行の契約法が制定されているが、「民法通則」とその司法解釈は未だに効力を有する。また、最高裁による司法解釈の効力についてここで付言する。中国において、最高裁判所は各級裁判所が裁判活動における法の理解と執行に関する問題について常に司法解釈というものを発布する。この司法解釈は、立法機関の全国人民代表大会によって制定される正式な法律規定ではないが、各級の裁判所は必ずそれを遵守しなければならない。すなわち、それは、ある程度、立法としての効力を有するものである。

(7)　「反対方向から公平原則を表すものである」との表現は、電子教科書である梁慧星『契約法講座1』（『合同法講座1』）で用いられている。http://wenku.baidu.com/view/62229f8671fe910ef12df84a.html

(8)　契約法第39条（約款による契約の締結）。

(9)　契約法第40条（契約の無効）。

て解釈ができないときには、各解釈方法から約款提供者側に不利な解釈を選んで解釈を行う。また、約款と約款以外の条項が一致しない場合、約款以外の条項を採用する。(10)

(3) 違約金額を調整する場合

契約の双方当事者が事前に約定した違約金の額が契約違反によって生じた実際の損害額と一致しない場合に、裁判所または仲裁機構は当事者の請求に基づいてその違約金の額を公平に調整することができる。(11)具体的に言えば、約定した違約金が実損額よりも低額である場合、裁判所又は仲裁機構は、適当な増額を命じることができる。逆に、約定した違約金が実損額よりも著しく高額である場合、適当な減額を命じることができる。(12)なお、実損額よりも30パーセント以上の違約金を約定した場合には、いわゆる「著しく高額」なものに該当する。(13)

(4) 事情変更により契約内容の変更又は契約の解除を認める場合

契約成立後、客観的状況において当事者が契約締結時に予見できず、不可抗力によらず、かつ商業上のリスクに属さない重大な変更が生じたことによって、その後、契約を履行することが一方の当事者にとって明らかに不公平であって、あるいは契約の目的を実現することができなくなる場合は、関係当事者は裁判所に対して契約の変更又は解除を請求することができる。これは、いわゆる事情変更の原則に関する制度である。現行の中国契約法には、当該原則を定めた明文規定はないが、契約法の司法解釈で当該原則を適用できると規定されている。(14)

---

(10) 契約法第41条(契約の解釈)。
(11) 中国契約法における違約金が、契約違反に対する制裁目的で設けられた懲罰的違約金であるのか、それとも契約違反による損害額について設けられた賠償額の予定であるかについては、学説の争いがある。筆者は、その額を契約違反によって生じた実損額に照らして調整できるという趣旨から、それを後者と理解してもよいのではないかと考えている。
(12) 契約法第114条(違約金)。
(13) 2009年最高裁の「契約法の適用における若干の問題に関する解釈(2)」(「関於適用合同法若干問題的解釈(2)」)第29条(著しく高額な違約金の判定)第2項。
(14) 前注司法解釈第26条(事情変更)。事情変更の原則が立法化されなかったのは、契約法が制定された当時、この原則の運用が裁判実務上の混乱を生じさせやすく、通常のビジネス上のリスクにまでそれが適用される心配があるという理由で、その立法化に一部の学者が反対したからである。しかし、実務上生じた事情変更の問題に対応するため、最高裁は上記の司法解釈による方

Ⅲ　立法の経緯

　公平原則をより深く理解するには、どのような経緯で公平原則が中国民事法に立法化され、また、契約法の基本原則として確立されたのかを考察する必要がある。

　共産党政権以来、長年の間、「公平」という考えは中国の法制度にそもそも認められてこなかった。例えば、1964 年に制定された最初の民法草案（模擬稿）には公平原則は定められていなかった。というのは、まず、当時の中国は、マルクス・レーニン主義を奉じて、階級闘争の理論を重んじていた。階級社会には公平という考えはそもそも存在しないのであって、それを強調するならば、階級間の衝突と闘争を抹消することになってしまうのではないかという懸念があったわけである。次に、公平を強調することは個人の所有権などの権利と利益を尊重することになり、これも当時の社会主義全民所有制と合わないものであった[15]。さらに、当時の経済計画体制の下では、公平に取引することがそれほど重要ではなかった。というのは、商品の価格が市場ではなく行政的手段によって決定され、場合によっては市場における商品取引さえなく、上級行政部門の命令で各地方、各部門の間に製品が調達されることになったからであった。これらの理由によって、民事活動中の公平原則が存在する基盤が存在しなかったわけである[16]。

　計画経済の崩壊とともに、商品経済の重要性が改めて唱えられ、また、商品経済の発展には取引を公平に行うことが必要だと認識されるようになった。そして、1986 年に制定された「民法通則」において、初めて公平原則

　　法でこの原則に関する制度を定めた。現在、中国の学説においては、これを契約法の一つの基本原則とせずに、公平原則の一つの適用例と考えるのが一般的である。例えば、王利明『民法総論』58 頁（中国政法大学出版社、2009 年 7 月）。
(15)　「全民所有制」とは、国の全財産が人民全体に属するという社会制度である。これは、個人の財産権を尊重する資本主義と異なり、社会主義のもっとも基盤となる制度である。
(16)　共産党政権以来、なぜ長期間にわたって民事法の中に公平原則が存在しなかったのかについて、徐国棟教授はその原因を詳細にまとめる。徐国棟『民法における基本原則の解釈——成文法の局限性の克服』(『民法基本原則的解釈——成文法局限性之克服』)（増訂本）67-69 頁（中国政法大学出版社、2001 年 7 月）。

の内容が一つの条文として定められた。その第4条(意思自治、公平、等価有償及び信義誠実の原則)では、「民事活動においては、意思自治、公平、等価有償及び信義誠実の原則を遵守しなければならない」と規定されている。また、第59条(民事行為の取消)では、明らかに公平を欠いた民事行為を取り消すことができると定められている。その後、最高裁は、どのような民事行為が公平性を欠くものに該当するかについて司法解釈を発布した。[17]

民法通則が制定された前後に、国内の契約関係と渉外的契約関係を調整するため、「経済契約法」と「渉外契約法」という二つの法律がそれぞれ制定された。また、技術に関連する契約関係を規範化させる目的で、「技術契約法」も定められた。これらの契約法には、「公平」という文言は含まれていないが、契約の当事者に対して、契約の締結と履行にあたって「平等互恵」または「互恵有償」などの原則を遵守しなければならないことを求めていた。[18] これらの文言が、一応「公平」の意味を含むものであると一部の研究者によって解釈されている。[19] その後、国内と渉外とを問わずに契約法の規則を統一化させるべく、上記の三つの契約法が廃止されるとともに、1999年に現行の契約法が制定された。公平原則も、前述した第5条(公平原則)に定められているように、現行の契約法に引き継がれているわけである。

しかし、一つの点に留意すべきである。民法通則しかなかった時代には、公平原則は、民法通則の第4条(意思自治、公平、等価有償及び信義誠実の原則)に定められた「等価有償」という表現と一緒に論じられるのが常であった。[20]

---

(17) 注6を参照。
(18) 経済契約法第5条(経済契約締結の原則)と渉外契約法第3条(渉外契約締結の原則)では「平等互恵」という表現、また、技術契約法第4条(技術契約締結の原則)では「互恵有償」と表現されていた。
(19) 龍鋭『公平原則に関する若干の問題に対する研究』(『公平原則若干問題研究』)。http://www.docin.com/p-96866982.html 参照。
(20) 「等価有償」という文言は1981年制定の経済契約法の第5条(経済契約締結の原則)において初めて導入された。その後、1986年の民法通則では、その表現がそのまま維持された。なお、「等価有償」とは、日本法で言うならば、「有償契約における等価性」と理解してもよいと思う。ちなみに、「等価性」とは、日本法でも契約当事者の意思とはかかわりなく認められる場合もあるのではないだろうか。たとえば、瑕疵担保責任を法定責任と考える根拠は、有償性の原理にあるとされている。これをもっと突き詰めると、日本法における法定責任としての瑕疵担保責任は、商品交換における等価性の維持に基づくものと言うことができ、その維持を正当化するものは市場における「公平」だと言えるからである。

時には、その名称自体も「公平・等価有償」原則と呼ばれた。「等価有償」とは、「民事活動において、法律上の規定又は当事者間の約定による場合を除き、他人から財産的利益または労務を獲得したとき、他人に相応する代価を支払わなければならない」ということであって、それが公平原則の内容であると考えられた。[21] このような理解から、当時、取引関係において「公平」とは「等価有償」と等しいものであると理解する傾向が強かったことが窺える。これは、まさしく前述した経済計画の時代における商品の行政的調達に反対して、「等価」の市場取引を導こうという思想の表れである。

しかし、現行の契約法では、「等価有償」という文言が廃止されている。[22] 廃止された理由は、市場における商品取引において、商品価値に対する評価が当事者の意思に基づくとの認識に至ったからである。「契約を締結する際、平等互恵、協議一致の原則を遵守しなければならないが、等価有償を強調する必要はない。というのは、契約というものは必ずしも価値が等しい物同士の取引ではない」ということである。[23] その後、公平原則の概念は、「等価有償」の概念とは分けて理解されるようになる。しかし、民法通則において「等価有償」という文言が維持されているため、[24]「公平」イコール「等価」という考えは未だに中国の民法学界、特に裁判実務に強い影響を残している。[25]

---

(21) 徐国棟・前掲書65頁、馬俊駒・余延満 『民法原論』（上）62-64頁、（法律出版社、1998年2月）。
(22) 渉外経済契約法（1985年）、技術契約法（1987年）においては、「等価有償」の規定はすでに設けられなくなった。また、1999年経済契約法は渉外経済契約法、技術契約法と合わせて統一して現行の契約法となったが、それに先立つ1993年に改正された経済契約法でも、新設された第5条（経済契約締結の原則）において「等価有償」の文言は削除された。
(23) 1993年経済契約法の改正にあたって、「等価有償」を撤廃する理由に関して改正委員会は本文該当部分のように指摘した。房維廉『経済契約法の理論と実務』（『経済契約法的理論和実務』）（第1版）28頁（中国商業出版社、1994年5月）。
(24) 民法通則に「等価有償」の表現が未だに残っている理由は、民法通則の制定以来、それが一度も改正が行われていないからである。中国において、民法通則は民法典のような地位を有する民事基本法であって、経済契約法のような単行法とは異なり、それに対する改正が手続上かなり複雑である。
(25) 民法学界の認識に関しては、例えば、王利明教授は今も「等価有償」が契約法における公平原則の具体的な適用であると主張する。王利明・前掲書58頁。また、裁判実務の状況に関する紹介について、本文の第4節に譲る。

Ⅳ 学説

1 肯定説

中国では、公平原則に反対する学説よりも、それを支持する学説が圧倒的に多い。要約すれば、肯定説の内容は以下のとおりである。

まず、公平原則の本質について、それは民法の精神と社会の公共道徳の体現だという見解がある。例えば、徐国棟教授は、「公平とは、民法の精神を表すものであって…公平がない民法は、民法とは言えない。また、公平とは道徳に由来するもので、それは社会の公共道徳からの要請に基づいている」と述べる。また、王利明教授は、「公平原則は社会の進歩と公共道徳を体現しているのであって、かつ、法律規定の不備を補足して、私的自治の原則を実現するのにきわめて重要な意義を有する原則である」と論じる。

次に、公平原則の体系的な位置づけについて説明しよう。公平原則は民法における最上位に位置づけられる原則だという見解がある。たとえば、趙万一教授は、古代ギリシャの都市政治と古代中国の伝統的文化を考察して、公平とは人類社会の基本理念であると述べ、また、フランス民法典やイギリスのエクィティなどの歴史を研究し、公平原則が民法における至上の原則として位置づけられるべきであると唱える。また、趙教授は、平等原則、意思自治原則、信義誠実原則などの他の民法原則との関係について、公平原則は、「高度な抽象性と包括性を有する原則であって、他の民法原則よりも基礎となる原則、いわゆる原則の原則である」と主張する。また、梁慧星教授も、公平原則が「指導性を有する原則」であって、「信義誠実の原則、事情変更

---

(26) 徐国棟・前掲書65頁。
(27) 王利明・前掲書57頁。
(28) 趙万一「民法の公平原則に対する倫理的分析」(「民法公平原則的倫理分析」)(『重慶社会科学』2004年第2期、http://www.docin.com/p-463534868.html)。中国の伝統的文化、各国法の歴史に対する同教授の考察と評論は、同論文の各所に散在する。
(29) 中国契約法第3条(平等原則)、第4条(意思自治の原則)、第6条(信義誠実の原則)においては、それぞれ平等原則、意思自治の原則と信義誠実の原則の内容が定められている。また、民法通則第3条(平等原則)では平等原則、第4条(意思自治、公平、等価有償と信義誠実の原則)では意思自治の原則と信義誠実の原則が規定されている。
(30) 趙万一・前掲論文、http://www.docin.com/p-463534868.html

の原則、明らかに公平を欠くことによる取消しの制度などに対する運用の判断基準を提供するものである」と述べる[31]。

さらに、公平原則の必要性について、それは中国の現状に適合するとの主張がある。徐国棟教授は、「生産力の発展水準と人々の認識レベルがそれほど高くないという中国の現状の下で、公平に関する道徳ルールを皆が自覚的に遵守するに至っていないため、法的強制力をもってそれを実現させるという必要性がある。特に、具体的な法規定がない場合、裁判官は公平原則に基づいて、当事者間の民事上の権利、民事上の義務及び民事責任の配分につき裁量権をもって判断することが必要である」と主張する[32]。

最後に、公平原則の実現については、他の民法原則と規則の運用によると理解されている。趙万一教授は、公平原則の内容に「相当な曖昧さがあるため」、その実現は、「通常、他の原則、例えば平等原則、意思自治原則などのより明確な原則を通じてなされるべき」であると主張する[33]。また、王利明教授も、「公平原則はあまりにも抽象的なものであるため、（裁判実務上）それを一つの理念と奉じてもよいが、具体的な民法規則に代替して使用してはならない」と強調する[34]。

2 否定説

肯定説に比べて、公平原則の確立に反対する学説は少ない。その中で、紹介に値すると思われるのは以下の二人の学者の主張である。

尹田教授は、「公平はすべての法の領域における共通の目標」であって、民法が独占するものではなく、それを民法の基本原則として定めるべきではないという見解を提示する。具体的には、「公平（正義）は法律の最終的な目標であって……すべての法律の指導思想だといっても過言ではない」と評価して、「高度な抽象性と曖昧さを有するものである」ため、「民法はそれを自らの基本原則をもって体現しなければならず、さらに具体的な法規則をもっ

---

(31) 梁慧星・前掲書48頁。
(32) 徐国棟・前掲書66頁。
(33) 趙万一・前掲論文5頁。
(34) 王利明・前掲書57頁。

て実現しなければならない」と指摘し、「言い換えれば、民法上の『公平』は、まさに『平等』、『意思自治』など民法の基本原則によって実現させるものである。文字通りに『公平』を基本原則として定めることによって『公平』という法の一般的価値を宣言し、かつ実現する必要はない」と論じる。[35]

　また、王立争助教授は、人間性に対する分析から出発して、「公平」を民法または契約の基本原則とする中国法に対して批判を加える。すなわち、王助教授によれば、「民法上の人」または「私法上の主体」はすべて「性悪説の意味での人間」であって、「民法は私法上の正義という目標を実現させる」ため（すなわち、民法は権利の担い手を本来的に性悪説に基づいた権利主体者とみているので、これに対処するために、言い換えれば正義を貫くために）、必然的にそれぞれの「私法上の主体に平等の地位、独立した人格及び意思の自由を付与する」としているのである。[36] また、王助教授は、「人身保護と財産保護とは、人間が自らの価値と目標を実現する最も重要な手段であって、自らの生命を維持する前提」であるが、民法の基本原則とはこうした人間性に由来に対処するのであり、民法が財産的利益の公平な配分を基本原則とすることにより、性悪説を前提とした権利の担い手（権利の主体）像を排するのである。しかし、（公平の原則を必要とするという性悪説的な権利主体像を前提とするのではなく）、私法上の主体は「理性を有するものであって」、市場において「自らの判断能力、すなわち理性を用いて取引を行って……その利益または不利益を得るのは当然なことである」。こうした取引について民法が、（平等原則、意思自治の原則、信義誠実の原則などにより）取引の秩序の公平を保てば、すでにその役割を果たしたと言うことができ、それ以上に、たとえば権利義務の実質的な公平を求める必要はない」からである。王助教授は、いかにして取引秩序の公平を保てるのかについては、前述の平等原則、意思自治の原則、信義誠実原則などがあれば、特に問題はなく、公平原則が民法の基本原則とされると、「公平を理由に当事者間の法律関係を過度に干渉して、当事者の意思自治を妨害す

---

(35) 尹田「民法基本原則の立法表現を論じる」（「論民法基本原則之立法表達」）（『河南省政法管理幹部学院学報』2008年第1期、http://www.doc88.com/p-0197159804609.html）。
(36) 法人の扱いについては特に言及がないが、法人が自然人の集まりである以上、同様にそれを「性悪説の意味での人間」と理解しても良いように思われる。

る」可能性が生じる、という(37)。

「社会の公共道徳の要求」や「民法における最高の原則」であるという理由の下で公平原則の樹立に賛成する声が多い中で、「法の領域における共通の目標」や「性悪説の意味での人間」という観点から分析を加えるこの二人の学者の否定説は注目に値する。二人の考えには、法のパターナリズムから当事者の合意の尊重という思考の変遷を感じることができる。

V 判例の紹介と分析

1 判例の紹介

学説の賛否両論にもかかわらず、実務上、特に基層裁判所と中級裁判所において公平原則はよく用いられている(38)。以下、いくつかの判例を紹介し、分析を行う。

ケース1：X建築会社とY学校は、Yの教学ビルを建設する旨の契約を締結した。施工料金については、当該ビルの消防工事が国の基準に合格し、政府から検収合格書を得られたときに支払う旨が合意されていた。ところが、Yの行った消防設計に問題があり、かつ政府への必要な届出手続きが行なわなかったために、上記の検収合格書の取得が遅れた。そこで、Xは訴えを提起して、Yに残金をすぐに支払うように請求した。二審裁判所は、そもそもYの落度によって検収合格書を取得できず、これが原因でXが施工料金を得られないとすれば、著しく公平原則に違反することになると判断して、Xの請求を認めた(39)。

ケース2：X地方政府とY個人は、Xの土地につき期間を25年とする賃貸借契約を締結した。10年が経過したところ、経済の発展とともに、中国における土地の賃料が数倍に高騰した。Xは当該土地の賃料増額を求めて

---

(37) 王立争「人間性の仮設と民法基本原則の再建——公平原則の位置決めを兼論する」(「人性仮設与民法基本原則重建——兼論公平原則的重新定位」)(『法学フォーラム』2009年第3期、http://wenku.baidu.com/view/f57c7ebe960590c69ec37650.html)。
(38) 中国の裁判所は四つのランクに分かれている。すなわち、各市の区又は農村部の県レベルの基層裁判所、市レベルの中級裁判所、省レベルの高級裁判所、及び国家レベルの最高裁判所である。また、日本の三審制と異なって、中国は二審制を採用している。
(39) 『人民法院報』2008年8月8日第5版（人民法院新聞社）。

訴えを提起した。一審、二審ともに、「Y が当該土地の経営を通じて得た利益のうち、土地賃料の高騰が占める割合が大きい。仮に Y が正常な土地賃料を払わないならば、Y は利益のみを享有して、逆に Y は犠牲ばかりを強いられることになる。これは、当事者間の権利、義務の分配について著しく不公平である」と言い渡して、X の訴えを認容した。[40]

ケース3：X 会社と Y 建築設計院は、Y が提供した約款に基づいて建築設計契約を締結した。その中には、「Y の設計上の問題によって X の建設工程に事故または損害をもたらした場合、Y は賠償する義務を負う。ただし、その賠償額は Y の収めた関係設計部分の費用に限られる。」という条項が含まれていた。結局、Y の設計の欠陥によって、X に莫大な損害が生じた。Y が設計費用以上の賠償をしないため、X は訴えを提起した。二審裁判所は公平原則を引用しながら、「Y 提供の約款であって、かつ当該責任制限の規定につき Y が十分に説明する義務を尽くしたという証拠がない」という理由で、X の訴えを認めた。[41]

ケース4：X 会社と Y 保険会社は、保険事故の時に X の営業収入に照らして保険金を計算する旨の損害保険契約を結んだが、具体的な計算方法に関する条項の内容は不明瞭であった。そのため、保険事故が生じたところ、当該条項の解釈につき双方に紛争が生じた。X の解釈によれば、保険金の額は X の営業状況とは関係せずに固定した金額になる。また、Y の主張した計算方法には曖昧さが残り、X の営業収入が「前会計年度内」のものか、それとも「前十二カ月内」のものかにつき明確な定めがなかった。そこで、裁判所は「双方の権利と義務を公平に分担させる」として、保険契約締結時の両当事者の真意とは異なる第三の計算方法を採用する旨を判示した。[42]

ケース5：X 個人と Y 運輸会社は、X の管理費用の納付を代価として、Y の名義で運輸業務を実施するという契約を締結した。ただし、Y が X のために運輸に必要な関係許可書を政府から取得することが契約の効力発生の条

---

(40) 『人民法院報』2013 年 7 月 10 日第 3 版。
(41) 『江蘇省高級人民法院公報』2009 年第 6 期 81-91 頁（法律出版社）。
(42) 『裁判書類の編集（2006 年度）』（『審判文書編集（2006 年度）』）（未刊行）109-116 頁（浙江省杭州人民法院編）。

件とされた。その後、XはYに管理費用を支払い続けたが、Yは関係許可書を申請したものの、それを取得することができなかった。Xは、許可書の取得をYに催促しながら、自らYの名義で関係許可書を取得して、かつ運輸業務を行って利益も得た。Xは、Yの契約違反を理由に、Yに管理費用の返還を求めて訴えを提起した。一審、二審ともに、「Yが関係許可書を取得しなかったために当該契約は有効とはならず、YはXに管理費用を返還すべきであるが、XはYの名義を借りない限りは許可書を取得できず、運輸業務の利益を得られることはなかった」と判示して、公平原則によって、Xの訴えを退けた。[43]

ケース6：Y会社が工場建築のため、公開の入札を募集した。その際、「関係する人件費、材料費、設備費、安全施設費用、管理費などの全費用を事前に取り決めた一括申込み」を入札の条件として定めた。それに応じた各建築業者の中で、Xが一番低価格の申込みをしたために、落札することができた。ところが、その後の施工過程において、この金額が工程のコストよりも少ないことが判明した。Xの費用増額請求をYが拒絶したため、最終的にXは提訴した。一審は、当該契約が公平・等価有償の原則に違反したものであって、無効にされるべきであると判示して、Xの請求を認めた。これに対して、二審は、当該契約が双方の真実の意思を表したもので、Xの損害は商業上の正常なリスクに属するものであると言い渡して、Xの訴えを退けた。[44]

ケース7：X個人とY会社はYの不動産について賃貸借契約を結んだ。Xは、毎年Yに賃料を納付するほか、契約の締結にあたって当該不動産の前の借主Aにいわゆる「店頭譲渡費」も一括して支払った。これは商業上の慣習に基づき、前の借主の内装費用を補償するものである。ところが、契約締結後間もなくして、市区街道の再建に関する政府の命令によって、当該不動産が取り壊されることになった。Yは不動産の所有者として政府から高額な補償金を得たが、Xは何も得られずに「店頭譲渡費」の損害を被っただ

---

(43) 『中国裁判案例要覧』(『中国審判案例要覧』) の『2007年民事裁判案例巻』(『2007年民事審判案例巻』) 190-194頁 (中国人民大学出版社、人民法院出版社).

(44) 馮燁、黄有亮「明らかに公平を欠く契約の判断について」(「合同顕失公平如何判断」) から引用した判例であって、その具体的な出典は不明である。http://www.docin.com/p-153357701.html

けであった。そこで、Xは訴えを提起して、右賃貸借契約の締結によって「店頭譲渡費」の損害が生じたということを理由に、Yにその賠償を請求した。一審の裁判所は、不動産の取り壊しが予見できない事情によるもので、Yに責任はなく、また、このような事情が生じたときに、Yが賠償しなければならないとの規定もないため、Yにはそもそも賠償義務がないと述べた。しかし、本件ではYが莫大な補償金を得たのに対して、Xが損害のみを被るならば、著しく不公平であると判断して、「店頭譲渡費」の一部と相当する金額をYからXに支払う旨の判決を下した（一審で終審）[45]。

ケース8：X不動産仲介屋は不動産購入の予定があるY個人をある不動産物件に案内した。その前に、Xは「確認書」をYに提示してその署名を求めた。その中には「当該確認書に署名した以上、Xとの間に不動産仲介契約が成立したものと見なされる。Yが、X紹介の物件につきXを経由せずに他のルートで購入した場合、Yは契約違反により物件購入金額の4％を違約金としてXに支払う義務が生じる」という条項が存在した。Yは「確認書」の一番上の部分の「顧客氏名」の箇所に名前を記入したが、一番下の「確認の署名又は捺印」の箇所に署名をしなかった。結局、Yは、Xの斡旋の時に案内された物件の購入を拒んだが、その後、他のルートを経由してそれを購入した。Xは上記の仲介契約がすでに成立しており、当該物件の購入金額の4％を違約金としてYには支払う義務があると主張して、訴えを提起した。裁判所は、「確認書の下の『確認の署名又は捺印』の箇所に署名がないため、仲介契約は成立していない。しかし、Yの購入した物件につきXが紹介、案内などを実施したわけであり、この部分につきYからある程度の賠償がされない限り、公平原則に違反することになる」と判断して、二審の裁判官の下で、Yが一定の賠償金を支払うことを内容とした和解が成立した[46]。

ケース9：A個人は中古車一台を購入後、X会社の名義でY保険会社と自動車保険契約を締結した。自動車保険に関する中国人民銀行の規定では「保険費用を一括して全額納付しなければならない」と定められているが、Xはその一部しか納付しなかった。Yは、残った保険費用を分割して支払うとい

---

(45) 『人民法院判例選』2005年第2期257-263頁（人民法院出版社）。
(46) 河南省新郷市中級人民法院より提供された判例で、具体的な出典について不明である。

う約束をXから得た後、Xに保険権利証書を交付した。その後、車の盗難が生じた。Xは、訴えを提起してYに保険金の支払いを請求した。一審は、保険契約がまだ成立しないというYの主張に対して、保険費用の一部しか納付していないことは確かに上記の規定に違反しているが、YがXに保険権利証書を渡した以上、Yは保険契約の成立をすでに認めていたと判断して、Yには保険金を支払う義務があると言い渡した。これに対して、二審は、保険契約の有効性を認めたが、Xは一部の保険費用のみ納付したため、公平原則によって、その納付した部分の比率に応じて保険金の利益を享有すべきであるとの判決を下した。[47]

ケース10：ある住宅区の住民Yらは、住宅管理会社Xの提供したサービスの質が悪いとの理由で、管理費用の納付を拒絶した。Xは訴えを提起して、XとYらの間で成立した住宅管理契約の条項に基づいて、Yらに納付遅延の違約金を請求した。一審は、Xの管理サービスに瑕疵があるが、Yらが管理費用の納付を拒絶または遅延する行為に法的な根拠はなく、公平原則に基づいてYらにも責任があると判断して、Xの請求を認容した。これに対して、二審は一審判決を覆し、Yらは同時履行の抗弁権を有すると言い渡して、Xの請求を退けた。[48]

2　判例に対する分析

上記10件の判例をみる限り、裁判実務上の公平原則の適用に対して疑問を感じる。この10件の判例のうち、判決の結論に納得しにくいものもあれば（後の5件）、判決の結論自体は一応妥当だと評価できるが、別に公平原則によらなくても、他の契約法のルールを適用すれば、ほぼ同様の結論が得られるものもある（前の5件）。以下、個別に分析する。

まず、前5件の判決のうち、ケース1は、信義誠実の原則に従って判断できるものである。[49] すなわち、契約の当事者としてYは、Xに積極的に協力し

---

(47) 『人民法院判例選』2001年第1期208-215頁（人民法院出版社）。
(48) 成艶秦「裁判の実務における公平原則の異化と復帰」（「民法公平原則在審判実践中的異化と回帰」）から引用した判例であって、具体的な出典が不明である。http://jhqfy.hbfy.gov.cn/DocManage/ViewDoc?docId=d2aaa09b-9a21-49ba-a8bc-3ae39a6283c2
(49) 契約法第6条（信義誠実の原則）と第60条（当事者の義務）。

て信義則に基づいて契約を履行すべきであるのに、消防設計上の欠陥と届出手続きの不備などでそれを怠ったために、当然責任を負うべきである。ケース２は、明らかに事情変更の規定によってＸの賃料増額の請求を支持できるものである(50)。また、ケース３は、公平原則を引用しなくても、約款提供者側が自らの責任を免除または軽減する条項につき説明義務を負うとの規定をもって同様の判断が可能である(51)。ケース４は、公平原則によって保険金の新たな計算方法を決めるのではなく、契約の内容が不明確でかつ補充の合意もできない場合、契約の関係条項又は取引の慣習に従って解釈を行うべきという規定を根拠として(52)、保険業界に通用する計算方法を参考して関係する条項の意味を解釈すればよい。最後に、ケース５も、契約の解釈によって対処しうる。すなわち、Ｙが運輸許可書を取得できなかったため、当該契約は有効なものにならないが、双方の当事者には契約締結の意思があり、かつ事実上契約の内容を履行しているので、契約がすでに成立していたと理解しうる(53)。

　次に、残った５件の判決のうち、ケース６については、Ｘの損失が商業上の正常なリスクに属するという二審の判断が妥当なものである。これに対して、Ｘの施工費用がＹの利益と「等価」ではないとの理由から、直ちに公平に違反すると考えて、契約を無効にするという一審の判断は短絡的である。Ｘの申込みが、Ｙ自らの優位性又はＸの未経験に乗じたものではない限り、それが採算をとれるものか否かについては、市場の自由競争の範囲に属するもので、公平とは無関係である。逆に、Ｙ自らの優位性又はＸの未経験を利用した事情があるとしても、明らかに公平性を欠く契約を取消すという規定によって十分に対処できるので、公平原則を持ち出す必要はない。ケース７と８は共に、ケース６の第一審と同様に、いわゆる政策的な判断を行っている。すなわち、ここでは、Ｘが損害を被った（ケース７の「店頭譲渡費」）又は労務を提供した（ケース８の仲介サービス）以上、損害がＹによるものか、あるいはそれをＹが補償するという合意があるのか、また、Ｘの仲介業にＹが報酬を払う契約が成立したかなどを問わずに、一律にＹが責任を負うと判

---

(50) 注14を参照。
(51) 契約法第39条（約款による契約の締結）。
(52) 契約法第61条（契約の補足）。
(53) 注13の司法解釈第２条（契約締結の方式）第２項。

断している。契約もなく、Yに過失もないのに、このような「公平原則」に基づいた判決は、逆にYに不公平ではないかと思われる。また、ケース9は、保険契約がすでに成立したと認めたが、保険料全額を納付しない限り保険金の全部を享受することができないという条項、又は、保険料の納付した部分の比率に応じて保険金を享受するという合意がないにもかかわらず、Xが保険金の一部しか享受できないという二審判決の結論には疑問がある。というのは、未払いの保険料について、Xが分割で払うことにYが同意した以上、その後はXに債務不履行責任が生じるかどうかが問題になるだけで、保険金の享有は直接関係がないのである。最後に、ケース10は、明らかに二審が判断したように同時履行の抗弁権に関するものであるが(54)、一審において、いわゆる公平原則に従って、Yらの同時履行の抗弁権に基づく管理費用の未払いという行為に責任があると判断された。これは、公平原則の濫用であり、それは契約法の基本原則に対する理解の不十分さに起因している。

　上記の判例分析から、裁判実務上、公平原則の運用は混乱を招きやすいのではないかと思われる。時には、その濫用によって、全く適切ではない判決が下される。また、たとえ判決の結論自体が一応妥当であっても、公平原則に拠らずとも、契約法の他の規定によってほぼ同じ結論を得られる。この場合、公平原則は蛇足でしかない。

VI　私見

　以上、中国契約法における公平原則について考察を行ってきた。その中で、非常に興味深いのは、学説が「社会の正義と公共道徳の体現」、「民法の最高の原則」などと称して公平原則を肯定しているにもかかわらず、裁判実務上、それを運用するときは問題が生じるということである。

　「契約当事者はそれぞれの権利と義務を公平に確定しなければならない」という公平原則の内容ははっきりしたものであるが(55)、「公平」とは何かについて、より明確にする必要がある。大別すれば、「公平」は四つの側面から

---

(54)　契約法第65条（第三者による債務履行）。
(55)　契約法第5条（公平原則）。

その内容を捉えることができる。すなわち、

①当事者は平等な法律上の地位と社会条件を有するという「前提条件の公平」、

②あらゆる社会の構成員が平等に取り扱われて、彼らの基本的権利と義務が平等に分配されるという「分配の公平」、

③取引の過程において当事者の権利と義務が対等に扱われるという「取引の公平」、及び、

④法律は正義の原則と人類の理性に従って不公平、不均衡を是正するという「矯正の公平」、である。[56]

その中で、前提条件の公平は法的環境と秩序の公平、すなわち形式上の公平を重んじるものである。それに対して、分配の公平と取引の公平は権利義務の内容の公平、すなわち実質上の公平を強調するものである。また、矯正の公平が、形式上の公平、実質上の公平のいずれを意味するかについては、各国の法制度によって取扱いが異なる。

「契約当事者間の権利と義務を公平に確定しなければならない」という公平原則に関する定めの文言から、現行の中国契約法は、形式上の公平より、むしろ実質上の公平を重視するわけである。「実質上の公平」を契約当事者に契約締結の際の指針として規定することは、特に問題がなさそうであるが、裁判の際に、当事者の権利と義務の判断について裁判官にそれを求めるならば、まさに問題が生じるのではないかと思われる。

まず、商業上の取引に対する価値判断は、人によって異なるものである。たとえ同じ者であっても、契約の締結、履行、そして終了の各段階において、考えが変わる可能性もある。契約の内容が公平か否かについては、必ずしも統一的な基準によって判断できるものではなく、例えば、契約当事者の提供した労務、契約締結時の経済的状況、市場に対する予測判断、取引の商品やサービスのコスト、質、市場の占有率などの具体的な要素がすべて、取引に影響を及ぼすわけである。また、これらの要素が市場の状況によって刻々と変化することも十分に考えられうる。契約の内容が実質的に公平かどうかを

---

(56) 趙万一・前掲論文。また、同氏の「分配の公平」と「矯正の公平」の議論はアリストテレスの公平正義論の影響を受けたものである。

判断するには、これらの具体的な要素をすべて把握して、契約締結当時の状況に回復することが求められる。しかし、これは、契約の当事者でもなく一法律家である裁判官にとっては、ほぼ不可能に近い作業である。

次に、裁判官の手で契約の内容を「公平」に従って調整すること自体は、契約当事者の意思自治に対する干渉になって、意思自治の基本原則に反することになる。まさに王立争助教授が指摘したように、「民法上の人」は「性悪説の意味での人間」であって、経済的利益を求めるため、市場において「自らの判断能力、すなわち理性を用いて取引を行って……その利益または不利益を享受するのは当然なことである」。いわゆる自由競争のことであって、その際、民法の任務は、自由競争の環境における公平性の確保、すなわち、形式上の公平を維持することである。それを超えて、権利義務の中身にまで干渉し、実質上の公平を求めるならば、当事者の意思自治を妨害することになって、かえって不公平の結果を招く恐れが生じるわけである。要するに、裁判実務において、裁判官が事後的な救済という形で、契約内容の実質上の絶対的な公平を追求するのは、不可能かつ不合理なことである。

また、立法の経緯に関する前述の考察から、公平原則は経済計画時代の行政的調達などに対する反発によって確立したことが窺える。同様の考えの下で、等価有償原則も当時合わせて規定された。こうした立法は、意思自治などの民法の理念や規定との整合性を考慮することなしに実施されたものだと言わざるを得ない。また、「等価有償」という文言が今なお民法通則に残っているために、裁判実務上、公平か否かを判断する際、取引が「等価」か、すなわち、Ｘの売った商品がＹの払った金銭と等しいかという観点から判断する傾向が未だに強い[57]。しかし、上で論じたように、契約締結当時の具体的な状況を把握できない限り、取引の値段が公平か否かを判断することはできない。結局、契約の当事者でもない裁判官はそれを把握できないために、自らの公平に対する理解に基づいて判断することになる。実際のところ、公平原則の内容が捉えにくいとの理由で、他の民法の諸規定がある以上は、で

---

(57) 本文で紹介したケース６を参照。現行契約法の施行から５年後の 2004 年の判例で、「等価有償」の文言がすでに契約法から廃止されたものの、依然としてそれを根拠として判決を下したものである。

きる限り公平原則を用いない方がよいと考える裁判官もいる。しかし、他方では、案件の事実を十分に把握できず、あるいは関係する法規に対する理解が不十分であるため、とりあえずは公平原則を根拠に、ごまかした判決を出す裁判官も多い。

このような弊害を克服するには、公平原則については、同原則に実質上の公平を担保する役割を求めるのではなく、むしろ、形式的な公平性を維持するものと理解しなければならないであろう。しかし、形式上の公平性、すなわち、取引の環境や自由競争の秩序を公平に保つというのであれば、現行の契約法には、平等原則、意思自治の原則、信義誠実の原則、公序良俗遵守の原則などが設けられているし、事情変更に関する規定、明らかに公平性を欠く契約の取消しの規定、違約金額に対する調整の規定、及び約款に対する解釈の規定などがある。従って、特に公平原則を設ける必要はないと思われる。逆に、現在、公平を一つの基本原則として定めている点にこそ、むしろ問題を生じさせる原因があると思われる。

優れた法の理念を掲げることが、必ずしも優れた法制度を導くものでもない。いくら高邁な理想に基づいた法制度でも現実にそぐわないならば、それは、机上の空論となるだけではなく、弊害をも生じさせる。公平は確かに民法における最高の理念であるが、それは、そのままの剥き出しの原則として謳われるのではなく、むしろ具体的な法制度の設計と、法を運用する中で実現されていかなければならない。今、中国民法典の立法にあたっては、まさにこの点を考慮する必要がある。

---

(58) 筆者の知り合った裁判官の中で、一部の者はこういう見識をもつ。
(59) 成艶秦・前掲論文第4頁。また、本文で紹介したケース6ないし10には、このような傾向がみられる。

凍結胚の法的性質及び相続の可否について
――中国における初の凍結胚[1]相続事案を中心に――

趙　莉
Zhao Li

I　問題の所在
II　無錫市中級人民法院 2014 年 9 月 17 日判決[2]
III　凍結胚の法的性質に関する比較法的考察
IV　本判決における凍結胚の法的性質に関する検討
V　凍結胚相続の可否に関する私見
VI　今後の課題

I　問題の所在

周知の通り、1978 年世界最初の体外受精-胚移植で出産した子の誕生から 36 年が経った。中国では、1988 年 3 月に初の体外受精-胚移植で子が誕生した[3]。生殖技術の発展に伴い、世界においても中国でも、それにより法的、倫理的な問題も生じた。例えば、2012 年中国山東省日照東港区法院は、ある夫婦の離婚事案を審理する際、当該離婚夫婦間に起きた凍結胚の引取をめぐる紛争において法的空白に直面した（以下「東港事案」とする）[4]。その後、浙

---

[1] 凍結胚とは、体外受精の過程で体外で受精させ培養した胚を移植に使用されず、次期の移植のために凍結保存される胚のことを言う。凍結胚は、凍結保存された後、胚の由来者自身のために使用する他、各国の規制により、廃棄されるか、他者の生殖用又は研究用に譲渡されることもある。詳細は林かおり「海外における生殖補助医療法の現状―死後生殖、代理懐胎、子どもの出自を知る権利をめぐって―」国立国会図書館調査及び立法考査局外国の立法 243（2010.3）99-136 頁を参照されたい。

[2] 中国の裁判所は「人民法院」と称するため、本稿では、訳さず、「人民法院」とそのまま使わせていただくことにする。

[3] 趙卯生、張晶編『医学法学概論』（中国物資出版社、2011 年）219 頁。

[4] 法院が出産権、移植、処置について示した判断は以下のようである。①出産権は法律より公民に与える基本的な権利の一つであるが、夫婦双方が協議により合意し、共に権利を行使しなければ、当該権利を実現できない。②夫婦双方が婚姻関係存続期間においては共に凍結胚の形成について決定できるが、離婚する際、双方間において凍結胚移植につき合意に至らない場合には、単

江省杭州において東港事案と類似の紛争があったが、結果については報道されなかった。訴訟に至らない凍結胚をめぐる問題もある。新聞報道によれば、2004年10月13日、広東省のある女性が数か月間の陳情を通じ衛生部より特別許可を得、死亡した夫と生前形成した凍結胚を自らに移植し全国初の人工生殖シングルマザーとなった。しかし、2006年に四川省において、ある女性が死亡した夫から精子を採取し、凍結する事件が報道されてまもなく、倫理に関する議論と医学界からの懸念が提起された。

日本においてはすでに、死後冷凍精子により懐胎出産していた子の死後認知可否の判例（最高裁平成18年9月4日第二小法廷判決民集第60巻7号2563頁）があったが、中国においては2014年9月17日に江蘇省無錫市人民法院より、初の凍結胚相続事案に対し、四個の凍結胚の監督管理権と処置権は、相続人（控訴人）であるX1、X2及び相続人（被控訴人）であるY1、Y2に帰属するという確定判決があった。

本稿では中国における凍結胚の法的性質をめぐる議論を整理し、最近判決が下された江蘇省無錫市人民法院事案に対する評釈を兼ね、凍結胚が相続の対象となるか否かについて検討することにする。

独で凍結胚移植に関する決定をすることができない。③凍結胚を処置する場合、胚の由来者双方十分話し合った上で解決する必要がある。すなわち、本件において、離婚後に妻が凍結胚を移植する場合には、元夫の同意を必要とするとした。法律図書館「人工生殖治療を受けている夫婦が離婚時に凍結胚に対する処置に法的空白」http://www.law-lib.com/fzdt/newshtml/shjw/20120502102132.htm（2014年9月20日閲覧）

(5) 浙江法制新聞2013年8月15日「離婚夫婦より凍結胚をめぐる紛争」
http://zjfzb.zjol.com.cn/html/2013-08/15/content_40525.htm（2014年9月20日閲覧）

(6) 肖萍、駱海平「広州女子死亡した夫との間の凍結胚を移植　衛生部より初の承認」http://news.sina.com.cn/c/2004-10-29/09144075992s.shtml（2014年9月20日閲覧）

(7) 成都夕刊2006年11月7日「新婚夫が交通事故で死亡　女子が精子を採取　夫の子を出産しようと請求」http://news.163.com/06/1107/00/2V9NI88700011229.html（2014年9月20日閲覧）

(8) 本件判決の全文を判決を下した当日、江蘇省無錫市人民法院より法院の公式中国のフェイスブックにのみ公開した。また、中国では、民事訴訟事案は二審が終審であるため、二審判決を下すと判決の効力が生じ、確定判決となる。また、判決に不服の場合には、再審を請求するより他に方法がない。

II 無錫市中級人民法院 2014 年 9 月 17 日判決

1 事実の概要

　江蘇省無錫市人民法院判決の主要事実は次のとおりである。控訴人である X1、X2 夫婦の子 A は、2010 年に被控訴人である Y1、Y2 夫婦の娘 B と結婚した。AB は挙児が困難なことから、南京鼓楼病院にて生殖補助治療を受け、2012 年 9 月 3 日に凍結胚を一年間保存するという旨の「胚及び嚢胚を凍結、解凍、並びに移植に関する知る同意書」(以下、「知る同意書」とする) に署名した。当該「知る同意書」は約款であり、それには「胚の保存期間を超える場合には、私達は、胚をいずれかの方法により処置することを承諾する：1．廃棄、2．標識を外し医学教育や研究」と記されていた。そこで、本件 A と B は 1 を選択した。その後、四つの胚が形成され、B に移植する予定であったが、A と B は同一交通事故により 2012 年 3 月 20 日及び同月 25 日相次いで死亡した。X1、X2 夫婦は、相続権に基づき、上述の凍結胚の監督管理と処置権が各々自己に帰属すると主張し、Y1、Y2 夫婦を相手に凍結胚を相続する訴訟を提起した。訴訟中一審法院は、補助参加者である「第三人」として南京鼓楼病院を追加した。

　一審である江蘇省無錫市宜興区人民法院は、2014 年 5 月 15 日、「体外受精－胚移植手術の過程において形成された受精胚は、生命まで発展するという潜在的な可能性があり、将来生命体となりうる特殊物であるから、普通物

---

(9)「知る同意書」は、契約書、委託書、あるいはリスク負担書か、意見が分かれ、裁判でも判断が異なる。浦純鈺「凍結胚の法律性質及び保護について―宜興の子をなくした老人の凍結胚の紛争の展開をめぐり」「中華女子学院学報」2014 年 6 号 17 頁脚注 (3)。

(10) 筆者が入手した本件審理コピー資料は以下の通りである。原告は凍結胚に対する監督管理及び処置権は原告に帰属すると提訴した。一審審理において、原告は、本件相続における具体的な請求に関する声明を陳述した。具体的請求内容は、凍結胚に対する管理権及び処置権は原告に帰属する旨一部変更した。胚の法的性質に関して議論が多いため、本件事案の原告の弁護士は、物に対する民法上の権利名である「処分権」を使用せず、医学上で使用する用語である「処置権」を使用したと思われる。

(11) 中国法における補助参加者である「第三者」に関して、武鴻雁「中国民事裁判における独立した請求権のない第三者の訴訟参加：手続と実体の狭間でゆれる民事訴訟」北大法学論集 61 (3)：1148 - 1082 頁、61 (4)：1630 - 1570 頁、61 (5)：1884 - 1821 頁を参照されたい。

のように自由に譲渡または相続することが不可能であり相続対象とはならない」という理由により、X1、X2夫婦の訴えを退けた。X1、X2夫婦はこの判決を不服として一審判決を破棄し、凍結胚の保管権及び処置権は控訴人に帰属すると申し立て、無錫市中級人民法院に控訴した。

2 判旨

二審は、まず、「A、Bが南京鼓楼病院からの知る同意書では、凍結胚を一年間保存し、保存期間を超える場合には廃棄すると合意していたが、A、Bが不慮の事故により死亡したことにより、契約当事者にとって想定外の事情となり、契約を履行できない状態に至った。よって、南京鼓楼病院は知る同意書に定めのある関係条項により、凍結胚を処置することができない」(以上「判旨1」とする)とし、続けて、本件において最も重要な凍結胚の帰属について、三つの考慮要素が必要であると判示した。

すなわち、①倫理的な観点から考慮が必要となる。本件事案の当事者は、ABが遺留した凍結胚は生命倫理と密接な関連性を有している。②また感情の問題についても考えなければならない。本件凍結胚は、両家血縁唯一の保持者であり、悲しみを托し、精神を慰撫するなどの人格的利益を有する。凍結胚が当事者双方により監督管理及び処置されることは、倫理にも適合しA、B双方の両親が子と娘を亡くした心痛をある程度軽減することもできる。③さらに、特殊利益保護の観点からも考慮が必要である。凍結胚は人と物の間にある過渡的な存在であり、生命を育む潜在的な性質を有する。凍結胚には非生命体としてより高い道徳地位に処し、特別な尊厳と保護を与えるべきである。A、B夫婦が不慮の事故により死亡した後、双方の両親は本件凍結胚の処遇に対し、世界で唯一の関係を有する主体であり、しかも本件凍結胚の関連する利益を享有する最も密接な者である」(以上「判旨2」とする)。

よって、『中華人民共和国民法通則』5条、6条、7条に基づき、本件凍結

---

(12) 江蘇省無錫市宜興区人民法院(2013)宜民初字第2729号民事判決書。
(13) 江蘇省無錫市中級人民法院(2014)錫民終字第01235号民事判決書。
(14) 「中華人民共和国民法通則」5条:「公民、法人の合法的な民事権益は法により保護され、如何なる組織及び個人より侵害してはならない」、6条:「民事活動は法律を遵守しなければならない。法律の定めがないときは、国家政策を遵守すべきである」、7条:「民事活動は、社会公共道

胚の監督管理権と処置権を控訴人と被控訴人双方に帰属するのは、情及び理に適うとした。しかし控訴審は、本件は凍結胚に対する相続事案ではなく、監督管理権と処置権の事案であるとし、凍結胚相続の可否について、事件の名称を「相続」から「監督管理権と処置権」という名称に変更し[15]、凍結胚の相続については審理しなかった。当該問題点については私見のところで記述する。

III 凍結胚の法的性質に関する比較法的考察

　諸外国は早くから関連法律法規を制定している。例えばアメリカ合衆国ルイジアナ州は、1986年に「ヒト胚法」（Human Embryo Statute）を制定した。イギリスは1990年11月1日「ヒトの授精と胚研究に関する法律」（Human Fertilization and Embryology Act）を公布したが、2008年に修正した[16]。ドイツは、1990年12月13に「胚保護法」（Embryonenschutzgesetz,ESchG）が公布され、1991年1月1日より施行されている[17]。2011年に「遺伝子診断法」（Gesetz zur Regelung der Präimplantationsdiagnos,PräimpG）の公布により、「遺伝子診断法」1条の規定に合わせ、「胚保護法」が改正され、着床前診断の規則に関する規定第3a条が新しく追加され、2011年12月8日に施行されたが、他の条文に関して、改正がなかった[18]。イタリアは、2004年2月19日に「生殖補助医療法」を公布した。各国における人工生殖に関する立法及び日本における生

　　徳を尊重し、社会公共利益を侵害、国家経済計画を破壊並びに社会経済秩序を乱すことをしてはならない」。

(15) 中国最高人民法院は、民事事件の受理、裁判及び司法統計を規範するため、2001年10月30日に「民事事件案由規定（試行）」を公布したが、2008年に「物権法」の施行に伴い修正を行い、試行を経て、正式な「民事事件案由規定」を公布した。2010年に「不法行為責任法」の施行に伴い、2011年2月に、再修正を行った。「民事事件案由規定」は、三類別に分けられ、424個の事案名称がある。

(16) 武藤香織「イギリスの「ヒトの受精と胚研究に関する法律」から学ぶもの——生命倫理問題に関する一考察——」社会学研究科紀要第39号（1994）25頁を参照されたい。

(17) ドイツ語条文は、ドイツ連邦司法と消費者保護庁HP（http://www.gesetze-im-internet.de/eschg/）を参照されたい（当該HPアドレスは、ドイツミュンヘン大学法学院に留学中の博士生、雷巍巍より提供された）。日本語訳文について、齋藤純子「胚保護法」外国の立法30巻3号99-107頁（1991）を参照されたい。

(18) 渡辺富久子「ドイツにおける着床前診断の法的規制」外国の立法256号41頁（2013）。

殖補助医療をめぐる動向については、林かおり「海外における生殖補助医療法の現状－死後生殖、代理懐胎、子どもの出自を知る権利をめぐって－」で詳細に紹介されているので、参照されたい。本稿では、凍結胚の性質に関してのみ、欧米諸国と中国の法規制について、比較法的考察にすることにする。

1 欧米諸国

欧米諸国では、胚の法的性質については、立法例や判例において、主体説である「ヒト」、客体説である「物」、折衷説である「潜在的生命体」且つ「準財産」とみなす三説がある。

(1) 主体説：胚の法的性質を「ヒト」あるいは「有限自然人」とみなす

ドイツの「胚保護法」は、政府法案の段階で「受精の完了をもって人間の生命が開始する」ことを前提とし、受精後から胚を「人間の尊厳」の担い手であると位置づけている。胚の利用・操作（クローン、キメラ、ハイブリッド）に対しては厳格な刑事規制（同法2条以下）があり、人工生殖技術を代理母に用いることを禁止している[20]（同法1条）。「特に胚の研究利用に対して刑罰が科される[21]」。「胚保護法がこのように刑法的な法律となった背景としては、胚保護法制定当時、連邦が生殖補助医療についての立法権限を有しておらず、連邦が立法権限を有していた刑法の分野からの規制を試みたという事情がある[22]」。それにしても、ドイツでは胚は「ヒト」として位置づけられていると言えよう。

またアルゼンチンとイタリア法は、「有限自然人」説を採用している。アルゼンチンのマティナ（Mantilla）草案は受胎説を採り、体外受精の胚は生物学上の母の胎内で懐胎し出産される権利を有すると第12条に規定している[23]。

---

(19) 林かおり「海外における生殖補助医療法の現状―死後生殖、代理懐胎、子どもの出自を知る権利をめぐって―」国立国会図書館調査及び立法考査局外国の立法 243号99-136頁（2010）。
(20) 床谷文雄「ドイツ法」http://www.mhlw.go.jp/shingi/2002/06/s0614-2d.html（（2014年9月20日閲覧））
(21) 渡辺富久子・前掲注（18）42頁。
(22) 渡辺富久子・前掲注（18）43頁。
(23) V ase Sin Autor, Proyecto deLey, http: P P www1. hcdn. gov. ar P dependenciasP ccytecnologiaP proyP proy_dip_04 P 687- D. -。徐国棟「体外受精胚の法的地位に関する研究」法制と社会発展2005年第5期57頁より引用した。

それは、体外受精の胚が「ヒト」として法的な主体であると位置づけられると理解できよう。また、2004年2月19日に公布されたイタリアの「医学生殖補助法」1条1項は、授精胚を主体として位置づけ、8条に上記の胚に嫡出子の地位を与えた。そこで、授精胚の生命権を保障するために、ヒト胚にはいかなる形でも実験、選択が禁止されており（13条）、胚の冷凍、廃棄も原則禁止されている（14条）。[24]

アメリカ合衆国ルイジアナ州1986年の「ヒト胚法」は、体外受精の胚に「法人」（Juridical person）という性格を与えた。[25]したがって、体外受精の胚は、法人として保管または保存されている医療施設やクリニックと分離し、独立実体と認められる。[26]しかし、同法126条の所有権に関する規定は、体外受精の胚が「生物学上のヒト」（a biological human being）であり、代理権を行使する施設や雇用する機関となりえず、または精子と卵子の提供者の物理的な財産とはならないとした。

したがって、同条後段は、体外受精の患者らは、その身分を公表すればルイジアナ州民法典に規定する親としての権利を保障されるが、公表しなければ、体外受精胚が養子縁組されるまでは、医師が一時的な後見人とみなされる。体外受精胚が保存されている機関がある管轄裁判所は、精子と卵子の提供者及びその相続人、または体外受精を実施する医師の申立により、保佐人を指定し体外受精胚の権利を保護するとした。体外受精胚の安全保管責任は実施する医師や施設に負わせ（127条）、[27]同法129条は、生存体外受精胚を法人として、自然人及び他の法人並びにその他の者が故意に破壊することを禁止している。しかし、凍結せず36時間を超え、胚成長事象のない体外受精胚は生命体とはいえず法人としてみなされない。体外受精胚に関する紛争の解決について、同法131条は体外受精胚に関する最高利益（in the best interest）という裁判基準を規定した。

---

(24) Cfr. / Norme in materia di procreazione medicalmente assistita0, Sul http: P P www. parlamento. itP parlam P leggiP 040401.htm. 徐國棟・前掲注（23）58頁。
(25) LOUISIANA REVISED STATUTES（LA R.S.）9:123,http://origin-www.lexisnexis.com/ap/auth/.
(26) LA R.S.9:125
(27) LA R.S.9:127

凍結胚が「ヒト」と位置づけられた判例は、アメリカ合衆国テネシー州の有名なジュニア・ルイス・デービス v. マリア・スー・デービス（Junior Lewis Davis v. Mary Sue Davis、以下 Davis v. Davis 事件と称する）の第一審であった。

(2) 客体説：胚の法的性質を「物」あるいは「財産」とみなす

体外受精胚を「物」あるいは「財産」であると明確に規定する立法例は見当たらないが、アメリカ合衆国 York v. Jones は、凍結胚を「財産」と位置づけた。この事案は離婚事案ではなく、胚の由来者である York が、転居のため凍結胚を、IVF 治療を受けている Jones 研究所から、ロサンゼルスの診療所に移転させたい旨 Jones 研究所に申立てたが、拒絶されたため York が提訴した事案だった。連邦裁判所は、双方当事者が本件契約において凍結胚を財産とみなす要件があると認定した。厳密に言えば上述の事案は、当事者間の契約に関する判決であり、裁判所の判断とは言えないだろう。

上述の事案に対し、近年のオーストラリアニュー・サウスウェールズ州エドワーズ（Edwards）事件に関する判決は、客体説を採用したと考えられる。エドワード夫婦は、2005 年 11 月に結婚し、挙児が困難なことから体外受精技術を利用する計画を立てたものの、2010 年 8 月 5 日正午、夫であるエドワードは公務中に死亡した。エドワード夫人は死体を確認した後、医師に夫の身体から精子を採取する許可を裁判所に申立てた。後日最高担当裁判官の許可を得、精子採取につき夫であるエドワードの父母と兄弟姉妹を含む近親者の同意も得た。

2010 年 9 月 29 日に、エドワード夫人はニュー・サウスウェールズ裁判所に提訴したが、請求内容がオーストラリア、ニュー・サウスウェールズ州 2007 年の生殖補助医療法に規定する死後人工生殖の要件を充たしてないため、精子を利用し死後人工生殖を受けるという請求を、自らが財産相続人であることに基づき、当該精子の占有権があるという請求に変更した。

本件を審理する裁判官は、人体組織が財産権である判例を含むいくつかの関連先例を援用し、当該精子が夫であるエドワードの遺産であることを否定

---

(28) Davis v. Davis, 842 S.W.2d 588 (Tenn. 1992).
(29) York v Jones, 717 F. Supp. 421 (1989).
(30) Roche v Douglas, Doodeward v Spence, Pecar v National Australi Trustees Ltd, Bazley Wesley

した。しかし、エドワード夫人が当該精子に対する唯一の財産権利及び利益を享受する者であり、エドワード夫人がその権利を主張しない場合には、当該精子を廃棄するより他に方法はないと判示した。その理由として、財産権には複数の権利、例えば使用（use）、譲渡（transfer）、販売（sale）、管理（management）と占有（possession）権が含まれると述べ、人体組織は財産でないという観点から、本件は財産権のうち当事者の占有権についてのみ関係を有し、他の財産権は有しないと判示した。[31]

　また最新事案として次のものに言及したい。11個の凍結胚を保存したアメリカテキサス州のある夫婦が暗殺された。2014年2月、同州の法律に基づき、当該夫婦の二歳の息子が唯一の相続人であるため、テキサス州遺産裁判所が子に指定した裁判所事務官（The Master in Chancery）は、次のような申立を遺産裁判所に行った。先例であるDavis v. Davis事件で確立された胚の「準財産」（quasi-property status）とみなす法的性質に基づき、相続人である子が処置権を得ることができる18歳まで、医療機関が凍結胚を保存する命令である。本件凍結胚には対立する訴訟当事者がなく、その処置権も他の財産に影響を及ぼさないため、裁判所事務官の充分説得力ある建議は、遺産裁判所より採用される可能性が高い（Since there is no party asserting a claim over the embryos and their disposition will not affect other estate issues, the Master's well-reasoned recommendations are likely to be followed by the probate court.）。[32]

(3) 折衷説：「潜在的生命」且つ「準財産」

　イギリス法（ＨＦＥ法）は胚の法的性質に関して、「ヒト」でもなく財産でもない折衷説を採用したと説明する中国の研究者がいる。[33]李教授はイギリス法は、人工生殖補助技術の濫用を禁止しながらも、受精胚の実験は許可するという立場を採ったとしている。イギリス法では胚の法的性質に関し明確に

---

(31) 趙西巨「人体組織の財産性と死後人工生殖：オーストラリアのエドワーズ事案」人民司法（案例）（2014年14期）106-109頁。
(32) John A. Robertson「Two year Old Boy to Inherit 11 Frozen Embryos」http://blogs.law.harvard.edu/billofhealth/2014/02/23/two-year-old-boy-to-inherit-11-frozen-embryos/（2014年9月21日閲覧）。
(33) 李佳倫「イギリス法における人体胚に対する民事法律地位に関する議論」人民司法（応用）（2014年13期）107頁。

規定はしていないが、実質上では折衷説を採用していると理由づけ、上述の中国の「人工生殖補助技術管理弁法」も、折衷説を採用したことが窺えると主張する中国の研究者もいる。[34]

　胚の法的性質について「生命体」且つ「準財産」と明確にしたのは、アメリカ合衆国 Davis v.Davis 事件において、テネシー州最高裁判所が示した判断である。1980年4月26日に結婚したジュニア・ルイス・デービスとマリア・スー・デービスは、不妊治療を受けたが1989年に離婚した。双方は七個の凍結胚の引取に関しては、協議に至らず裁判により決定することとした。マリアは凍結胚を移植し出産すると申立をしたのに対し、ジュニアは凍結胚を廃棄するとの意見だった。1989年9月、一審は凍結胚が「ヒト」であると認定し、「親権」をマリアに与える判決を下したが、それに対しジュニアはこの判決を不服として控訴した。1990年9月に二審が示した判断は、凍結胚は「ヒト」としては認定しないが、共同親権を当事者双方に与えた。しかし、マリアは上告した。その後双方とも再婚し、マリアは凍結胚を不妊に悩む他の夫婦に提供するとの考えに変わった。そこで、テネシー州最高裁判所は、二審の凍結胚が「ヒト」ではないという観点を踏まえ、凍結胚は財産利益という法的性質（in the nature of a property interest）を有するにもかかわらず、「凍結胚は潜在的生命を有するため、特別な尊厳を暫定的に付与する」（but occupy an interim category that entitles them to special respect because of their potential for human life）とした。それは、胚の法的性質の折衷説と評価できよう。[35]

2　中国

　中国では移植胚の法的規制に関する法律法規が未だ制定されておらず、衛生部より発布された二つの省令である管理弁法が存在するのみである。それは2001年2月に衛生部第14号部長令より公布され、同年8月1日に施行された「人工生殖補助技術管理弁法」及び「人類の精子バンク管理弁法」（2001

---

(34) 徐国棟・前掲注（23）65頁。
(35) Steve Murphy：Inheritance Rights of Cryogenically-Preserved "Preembryos"：An Analysis of Davis v. Davis, B.Y.U. Journal of Public Law, Volume 7,363page.

年衛生部第15号部長令）である。また、生殖補助医療を規制するため、2001年5月に衛科教発〔2001〕143号で「人工生殖補助技術規範」、「人工生殖補助技術実施における倫理原則」、「人類精子バンクに関する基本標準」と「人類精子バンク技術規範」の四つの付属規範が公布され施行されている。2003年上述の四つの付属規範が改正され、「人工生殖補助技術規範」、「人工生殖補助技術と人類精子バンク倫理原則」、「人類精子バンクに関する基本標準と技術規範」の三つに改訂されて、同年10月1日に施行となった。

凍結胚の寄付贈与について、2001年の「人工生殖補助技術管理弁法」3条2項に「いかなる形であっても配子、接合体、胚の売買を禁止する。医療機関や医師は、いかなる形においても代理懐胎を禁止する」と定めているが、2001年の「人工生殖補助技術規範」の「二、体外受精／胚の移植とその派生技術規範」には卵子贈与、胚贈与等が含まれると規定し、同二の（三）の4卵子受贈者の条件、5の胚の受贈者の条件について、それぞれ規定した。また2003年の改正では「人工生殖補助技術規範」に卵子の贈与に関する規定が残った。さらに「三、実施技術者の行為基準」においては、再度代理懐胎技術を実施することの禁止、並びに凍結胚の贈与や単身女性への人工生殖補助技術の実施を禁止すると強調している。しかし、胚に関する規定は未整備となっており、情報提供を得るための契約があるのみである。そのような状況下では治療を受けている夫婦が、凍結胚の保存期間において、離婚や死亡した場合には、凍結胚をめぐる紛争が生ずる可能性があるだけでなく、紛争自体今後増加することも考えられる。

IV 本判決における凍結胚の法的性質に関する検討

1 中国における学説の対立

中国の学説では、胚の法的性質に関し、既述のように欧米諸国における上述の三説に分かれている。しかし、異なる点もあり本稿とも深く関連するため、以下においてさらに整理することとする。

（1）「有限ヒト」説

「有限ヒト」説では、身体から分離した人体器官や組織は、限定的なヒト

という範疇に属し、人間の身体の整合性を保護するため、一定の条件の下で身体から脱落した器官も人間の身体と見なす。当該分離した部分を侵害した場合、人の身体の整合性を侵害したこととなり、被害者の手足及び四肢を侵害するのと同様の不法行為責任を負わせなければならない、と主張している研究者もいる(36)。しかし、凍結胚に関し当該説は直接に論じることはなく、身体から分離した人体器官や組織に関するという観点も、凍結胚の法的性質の議論にはあまり参考にはならないと思われる。

(2) 「物」説

凍結胚が倫理的対象物であり、相続できると明確に主張したのは楊立新教授だけである。楊立新教授はその理由として次の三つを挙げている。第一に、人体器官や組織が身体から分離後には人格という属性を有せず、物という性質に属する。民法では、市民社会における基本的物質の構成が古くから二分法、即ち人と物の二種類であり、これに基づき市民社会において、主体と客体から構成され、択一的関係であるから、第三種は存在していない。第二に、凍結胚等人体から分離した臓器や組織の法的性質を物と認めたとしても、その特殊性を否定できない。普通物と比較して、凍結胚等身体から分離した臓器や組織は、有体物の形を有しているにもかかわらず、その中身には潜在的生命体が含まれている。第三に、倫理物として捉えることで潜在的な人体の安全性を完全に保護することができる。

楊立新教授が理由づけた法的性質として物の三つの基本類型は、倫理物及び特殊物及び普通物である。その中でも倫理物は最高の法的性質を有し、その権利の行使を制限し、最も充分な保護を与えるべきである。その目的は、倫理物の特殊性を保護することにある。凍結胚等が潜在的人格を有する物であれば、物に対する従来の保護の方法を採るより更に慎重で周到な方法により保護する必要がある。そうすれば、潜在的な人格の特殊保護をより厚く保障することができ、損害を回避できる。したがって、「学理上及び実務上双方において、凍結胚の性質は特殊物と位置づけられるべきである。法的に物である以上、物の所有権者が死亡した後の凍結胚は、当然に遺産であり、相

---

(36) 張民安、龔賽紅「他人の身体の整合性を侵害した場合に負うべき不法行為責任について」中外法学（2002年6期）706-724頁。

続人の相続対象物となる」と楊立新教授は主張する。[37]

(3) 折衷説

凍結胚の法的性質において、欧米諸国における上述の折衷説を明白に支持しているのは、既述のように徐国棟教授である。徐国棟教授は、有限自然人を採用した場合には現行法で規定している主体、客体及び法律行為の定義を調整しなければならず、さらに法人説を採用した場合、既存の法人に対する概念を崩壊させ、関連する法との整合性に問題が出てくるとした上で、財産説に対する次のような批判を述べた。第一に、財産であれば胚の由来者の男女が凍結胚に対し共有関係を有するため、凍結胚の分割を如何にするかという難しい問題があり、第二に財産である以上譲渡可能となり、人類生命体を商品化するという懸念がある。さらに、多くの国の立法例を概観考察した場合、折衷説を採用した国が多い。中国の法律規制の一つである「人工生殖補助技術管理弁法」も折衷説の立場であり、徐教授は今後はより精緻な議論に基づき法整備を行うべきであると主張する。[38]

徐国棟教授は、折衷説を選択するならば、人―物という伝統的な民法の二元分類法を破り、人―媒体―物という三元分類方式となるため、民法基本体系の根幹部分を改革することになると主張する。[39]

2 本判決が採用した学説

本件一審は、「体外受精―胚移植手術の過程において形成された受精卵(胚)は、生命まで発展する潜在的な可能性があり、将来生命体としての特徴を持つ特殊物である」とした。つまり、凍結胚が「生命にまで発展する潜在的な可能性があり」、「特別物」であると位置づけられ、折衷説及び「物」説の両方を採用したような形で、相続できないとの判断を下した。二審「判旨2」は、「特別物」と述べず、「特別な尊厳」と明言したため、Davis v. Davis事件で支持された折衷説を採用したように思われる。したがって、本件は凍結胚の

---

(37) 楊立新「人の凍結胚の法律属性及び相続問題について」人民司法(応用)(2014年13期) 25-30頁。
(38) 徐国棟・前掲注(23) 50-65頁。
(39) 徐国棟・前掲注(23) 64頁。

法的性質について、一審と二審ではあまり対立してないにもかかわらず、示された判断はまったく正反対と考えられる。

しかし、Davis v.Davis 事件は、胚の由来者である離婚夫婦間における凍結胚の帰属に関する紛争であるのに対して、本判決は死亡した胚の由来者の相続人である両親間における凍結胚の相続に関する紛争である。したがって、判例の射程から見れば、Davis v.Davis 事件で採用された折衷説は、本件事案に及ばないと思われる。折衷説の一面である「準財産」という定義がアメリカでは事例ごとに異なるものであり、判断が困難であるため、本判決に採用することは難しいであろう。そうすると、折衷説の別の局面である「特別な尊厳」の見解のみ採用できることになる。他方、「特別な尊厳」と明示しつつ、実は、凍結胚を生命体として認めたのではないかと思われる。生命体を相続することは不可能なため、控訴審は相続事案を監督管理権と処置権に変更したのである。

V 凍結胚の相続の可否に関する私見

1 本件判決に対する批判

まず、本件の名称の変更が適切か否か。本件控訴人の控訴理由第一は、凍結胚は AB の合法的な財産であり、相続法 3 条 7 号に規定する「その他の合法的な財産」に属すため、控訴人より相続し、控訴人より監督管理、処置権を有するとして申立をしたのにもかかわらず、本件判決は、凍結胚の相続の可否については判決で触れず、監督管理権と処置権の帰属だけを審理した。中国最高人民法院は、「民事事件案由規定」に、事案の名称は「人民法院が民事事件の受理、裁判と司法統計を規範するため」と規定し、「民事事件の名称は、当事者が主張した民事法律関係の性質により決定する」、「当事者は、訴訟の過程において訴訟請求の増加又は変更により当事者の訴えの法律関係に変更が生じた場合に、人民法院がそれに応じて事件の名称を変更する」としている。したがって、事案名称を当事者の訴訟請求を前提に名称を総括す

---

(40) 徐国棟・前掲注 (23) 62 頁。

ることが明らかである。事案名称を変更する場合、当事者の訴訟請求の変更に伴い、変更する。また、中国『民事訴訟法』51条の規定により「原告は、訴訟請求を変更また放棄することができる」としているが、訴訟請求を変更するならば一審で申立をする必要があり、二審では申立できない。そうでなければ中国の二審終審制に違反することになる。[41]しかし、二審は、一方的に事件の名称を相続紛争から監督管理権と処置権紛争に変更し、実際には、当事者の重要な訴訟請求を取消し、当事者の訴訟請求を処分し、監督管理権と処置権の請求基礎を失わせた。従って、二審は手続法上では違法になるのではないかと思われる。この論理では、凍結胚を相続できるという判決を下せないであろう。よって、本件判決は、「相続法」上の条文を根拠とせず、「中華人民共和国民法通則」の5条、6条、7条という原則だけを判決の根拠とし、判決を下したのである。

次に、凍結胚の監督管理権と処置権は私権か否か。人工生殖技術は、不妊夫婦に挙児困難という問題を解決する機会を与えたが、他方、倫理的な問題も生じさせた。したがって、多くの国は、上述の通り、人工生殖における精子、胚等の管理に関して、法律や法規で規制する。従って、凍結胚の監督管理権は、私法上の権利ではない。また、凍結胚の処置権は、自由に処置することができず、凍結胚を監督管理する規範の下で移植か、廃棄または医学研究に提供するかについては、胚の由来者が処置選択権だけを有すると考えられる。

2 凍結胚相続の可否に関する検討

本件係争凍結胚は、両当事者の凍結胚ではなく、死亡した子が遺留した凍結胚であるため、「特殊利益保護」といっても、相続権に基づくことで私法上の権利が生じる。したがって、凍結胚相続の可否に関し検討する必要がある。当該問題を検討するためには、前提として、凍結胚の性質に関し、再検討する必要があると思われる。

---

(41) 中国では、民事訴訟事案は二審が終審であるため、二審判決を下すと判決の効力が生じ、確定判決となる。また、不服の場合には、再審を請求するより他に方法がない。

(1) 凍結胚の性質に関する再検討：生命の媒体・胚の利用目的

凍結胚の性質については、倫理学、医学及び法学など重層的な分野がかかわっており、法的視野からだけでは解決できない難問であると思われる。そうすると、本判決を通して、凍結胚の性質について、再検討する必要があるため、以下私見を述べさせていただくことにする。

「近代法の権利義務関係は、「人」（権利義務の主体）、「物」（権利の客体）、「行為」（権利義務を発生させる取引など）の要素に分解することができる[42]」という民法理論は、凍結胚の法的性質には妥当しないだろう。その理由は、いかに凍結胚が生命体に転換する可能性があると言っても、「ヒト」ではないため、仮に法関係の主体として位置づけた場合には、凍結胚の廃棄、研究等ができなくなるからである。民法が「人」と「物」の二分法を採用した以上、凍結胚が人でないならば、物であるという結論が成立するであろう。

しかし、従来、胚は母体から離れず一体となるものであったが、現代の医療技術で母体から分離することができるようになった。そこで、生命になる可能性がある卵子、精子または胚、特に凍結胚を、「ヒト」でなければ「物」であるという民法の二分化分類法では解決できなくなる。民法は、医学がここまで発展するとは想像しなかった。したがって、凍結胚の性質は財産性と人格性が結合されている知的財産権の性質にかなり似ていると考えられる。例えば、本は物であるが、人間の思想の伝達手段でもある。本の所有権者は著者の知的財産権を有せず、著者とは別の主体となる。同様に凍結胚も、生命が付着する体であり、生命に転換できないと判断できれば物になるが、転換できれば、生命体に成長するものとなりうる。知的財産権は、既に民法から分離し、独自な位置づけとなり、その性質に応じて規律している。したがって、「知的財産法」のように「人工生殖法」を単独で立法し、民法の分野ではなく、多分野に渡り、凍結胚という生命体の独自な性質を付与すべきと考える。この点につき、吉田克己先生は、論文「身体の法的地位」において、「身体を《人格の媒体》とする把握を提示してみたい」と述べ、「身体の「物」としての性格」と「人格の密接不可分の媒体としての身体」という二点に関

---

(42) 四宮和夫＝能見善久『民法総則（第八版）』弘文堂（2010年）20頁。

して論述されている。私見としては、吉田先生が提示された「媒体」説に賛成するが、凍結胚が人格だけではなく、潜在的な生命も有している観点から《生命の媒体》だと主張したい。。したがって、折衷説を支持するものの、以下の点において捕捉したいと思う。

凍結胚は、生命と医療物という両面をもっていると考えられるが、つまり、折衷説という一学説として成立するのみならず、立法においても役に立つと思われるが、審理の際は個別事案を「生命体」か「医療物」かを明確にしなければならないと考える。裁判では、裁判官が自らの判断ではなく、当事者の利用目的により判断するのは、合理的だと思われる。例えば、Davis v. Davis 事件のように、一方は凍結胚を他人に寄付し「ヒト」として出産させたいと希望するのに対して、他方は、出産を望まず、「物」として廃棄したい。即ち、同一事案で両面を持っていた場合、当事者のどちらに帰属するかを、当事者の訴訟請求に合わせ、裁判過程の中で利益考量し決定する。したがって、Davis v. Davis 事件は、折衷説を採用した。しかし、York v. Jones 事件は、凍結胚を運送するために訴訟を提起したので、「財産」という性質に位置づけることができると思われる。したがって、画一的に凍結胚の性質を規定するよりも、事案ごとに判断するのはより合理的である。判断基準は、当事者の意思より胚の利用目的に依拠すると考えられる。

(2) 凍結胚相続の可否に関する検討：生殖補助医療契約上の地位の相続について

本件事案は、凍結胚を「物」として相続することは、理論上可能であるが、唯一の子供を亡くした原告と被告にとって、現実的な意味はなく、医療機関から、自宅まで持ち出すことも不可能で、訴訟の目的を実現することができない。凍結胚を相続権に基づき処置権を得、代理懐胎を通じて凍結胚を出産させるのが訴訟の目的であるため、凍結胚を「生命体」として取扱った場合は当然相続できない。しかし、凍結胚を相続できなくとも、生殖補助医療契約上の地位の相続はできると考え、次に検討することにする。

凍結胚の法的性質の検討を踏まえ、凍結胚相続の可否の問題は、知的財産

---

(43) 吉田克己「身体の法的地位」民商法雑誌 2013 年 149 (2)：120、121 頁。

権を相続すると同様にある程度制限されると結論を導くのは、当然の帰結となると思われる。中国「相続法」3条6号は、相続できる遺産範囲を「著作権、特許権の中の財産権利」とし、凍結胚は財産権利ではないが、胚の由来者と病院間に生殖補助医療契約を締結したことについては議論がなく、契約上の地位を相続できるか否かを検討する必要がある。

　もっとも、契約上の地位を相続できると言っても、すべての契約上の地位を相続できるわけではなく、「相互の信頼関係や好意を基礎にする契約においては、契約上の地位は当事者の死亡によって消滅するものが多い(44)」。生殖補助医療契約は、「相互の信頼関係や好意を基礎にする契約」ではないが、一身専属契約か否かを検討する必要がある。一身専属権とは、「特定の権利主体だけが行使あるいは享有できるものとされている権利の総称」、「前者は行使上の一身専属権と呼ばれ」、「後者は帰属上の一身専属権と呼ばれ、譲渡又は相続できない(45)」。よって、生殖補助医療契約において、いかなる内容が、一身専属であるか否か、契約内容によって、判断すべきと考える。

　生殖補助医療について、日本学術会議「生殖補助医療の在り方検討委員会」の最終報告書は、「不妊症の診断、治療において実施される人工授精、体外受精・胚移植、顕微授精、凍結胚、卵管鏡下卵管形成などの、専門的であり、かつ特殊な医療技術の総称である」と定義し、「一方で狭義の治療の概念を逸脱することになり、治療との線引きが曖昧になっている」と問題を提起している(46)。そうすると、狭義の医療契約ならば、患者が死亡した場合、医療契約を相続する意味がなくなる。生殖補助医療契約の目的は人工生殖補助医療を受け、「生命の誕生」という目的を叶えることであるため、診療中に患者が死亡した場合、相続人、特に患者の父母は、「生命の誕生」という目的を実現させ、生殖補助医療契約の地位を相続することができると認めた方が倫理的、社会的、法的にも妥当ではないか考えられる。不妊の治療は一身専属権であり、また凍結胚を移植という処置権も一身専属であるため、相続でき

---

(44) 二宮周平『家族法』(第4版) 新世社 (2013年) 316頁。
(45) 金子宏等編集『法律学小辞典』(第3版) 有斐閣 (2005年) 23頁。
(46) 日本学術会議「生殖補助医療の在り方検討委員会 "代理懐胎を中心とする生殖補助医療の課題—社会的合意に向けて—"」(2008年4月8日) 日本学術会議HP (http://www.scj.go.jp/) (2014年9月23日閲覧)。

ない。しかし、凍結胚を移植以外の方法、すなわち廃棄や研究用という処置内容もあり、契約時に患者が既に選択したが、医学実務上では、最終的に「物」として処置する場合には、患者に再度確認を取る必要があると思われる[47]。そこで、万一患者が死亡した場合、患者の父母が契約上の地位を相続でき、父母が凍結胚の処置決定権を有し、継続的に保存するか廃棄するか、医学研究に同意するか等について、相続後に病院と話し合った上で決定することができる、と認めれば、「生命体」である凍結胚に対しては尊重が与えられ、かけがえのない唯一の子を亡くした相続人に対し慰めることもできる。

この見解に基づき、一人っ子政策を採る中国において、子を亡くした両親が、子が締結した生殖補助医療契約の地位を相続することができると本判決で認定されれば、代理懐胎及び死後懐胎出産禁止の規定に抵触せず、不慮の事故で死亡した患者や潜在的な生命体を有する凍結胚への特別尊重で、法的にも倫理的な問題もないと思われる。実際のところ、本件二審の「判旨1」は、契約上の地位に関しては認定したが、中国では、契約上の地位を相続するという法規定がないうえ、法理論も裁判例も日本法ほど多くない。

そこで、中国法と日本法の相違についても若干みることにする。1985年に施行された中国「相続法」3条は、日本民法896条「相続人は、相続開始の時から、被相続人の財産に属した一切の権利義務を承継する。但し、相続人の一身に専属したものは、この限りでない」の規定と異なり、相続の対象である遺産は「公民が死亡時に遺留した個人の合法的な財産である」と規定しているから、相続の客体は「合法的な財産」に限定されると実務上で認識されている。学者の研究では、「要約、承諾の相続」について検討したものがある[48]。また、台湾相続制度を紹介するにあたり、日本民法896条と同様な条文である1148条を紹介し、契約上の地位を相続できるとの説明も見られるが[49]、学説として提唱されていない。よって、本件二審では、事件の名称を

---

(47) 張静雯、马文敏、陽星娥、黄绮云、黄建洲、池霖生「体外受精―胚移植における凍結胚の処置に関する論理思考― 34個の事例の分析を通じて」中国優生と遺伝雑誌 2013年21巻6期 101-111頁。
(48) 学者より、「要約、承諾の相続」に関して、一身専属でない要約、承諾の地位を相続できると肯定した見解がある。郭明瑞、房绍坤、关涛『相続法研究』中国人民大学出版社 (2003年) 15頁。
(49) 呉国平編『台湾地区の相続制度概論』九州出版社 (2014年) 18頁。

「相続」から「監督管理権と処置権」という名称に変更し、民法にはない権利名を創設し、凍結胚の相続については審理しなかったわけである。

Ⅵ　今後の課題

医学技術の発展に伴い自然生殖は変化してきた。中国は、1988年に最初の人工生殖子が誕生してから既に36年が経ち、未だに10年前に公布した省令で人工生殖医療を規律し、時代に適合しなくなっている。近隣諸国をみると、韓国は既に2003年に「生命倫理法」を制定した。本件事案を通じ中国において、凍結胚の性質、保存、処置等に関する人工生殖補助医療法の立法化への道筋をつけることは必須と思われる。

後記：校閲　長谷川和子（国際経済法学博士）

消費者教育推進の法制化と今後の課題

西 村 隆 男
Takao NISHIMURA

I　消費者教育推進法制定の背景
II　消費者教育推進法の意義と理念
III　消費者教育の推進主体
IV　消費者教育推進の基本方針
V　消費者教育推進計画と推進地域協議会
VI　消費者教育推進の場
VII　消費者教育の担い手の育成
VIII　消費者教育推進会議
IX　消費者教育推進法の効果と今後の課題

I　消費者教育推進法制定の背景

　消費者教育の必要性の指摘は古く、半世紀前に遡る。すでに1963年の国民生活向上審議会の「消費者保護に関する答申」において、一般消費者への消費者教育と学校教育における消費者教育の強化が謳われた。同審議会はその3年後の66年に名称を国民生活審議会と改称し公表した「消費者保護組織及び消費者教育に関する答申」において、教員を養成する大学の教科の中にも、消費者教育の観点を取り入れる必要があると指摘した。その後、消費者保護基本法が68年に制定され、消費者政策が徐々に整備されていくも、消費者教育は浸透する方向ではなかった。[1]

　その後、80年代以降、あらゆる分野における規制緩和や国際化の波にさらされる中、消費者を取り巻く環境変化は著しく、若年層や高齢者をターゲットとする種々の悪質な商法による消費者被害や、高利かつ取り立ての厳しいいわゆるサラ金禍も激化していった。さらには90年代に入るやIT化が加速して、消費生活全般を一変させるほどになっていった。この間、学校教育

---

(1) 消費者教育施策の詳細な経緯については、拙稿「消費者教育推進法の意義と消費者市民社会」生活協同組合研究454号、2013参照

においては学習指導要領の改訂の際に、女子差別撤廃条約への批准に伴い、高校家庭科が男女共修となり、学習内容の精選によって、消費生活と環境に関する分野が入るなどの大きな変化も見られた。

消費者教育に関して特筆すべきものとして、1986年9月に国民生活審議会消費者政策部会が教育課程審議会に送付した要望書「学校における消費者教育について」がある。従来、消費者問題では商品の品質や安全性を中心に取り上げ、行政による事業者責任の追及や対応が強調されてきたが、消費者取引の急激な変化や契約トラブルの拡大が社会問題化し、消費者の契約意識の醸成等を図るために、学校での消費者教育の充実が求められることになった。[2] 折しも、学習指導要領改訂のタイミングを迎え、学校消費者教育の充実を検討するために消費者教育研究会が経済企画庁内に置かれた。座長は円谷峻横浜国立大学助教授（当時）[3]だった。同研究会の報告書は翌年、「学校における消費者教育の新しい視点—市民社会における消費者教育へ—」として大蔵省印刷局より出版されるのだが、事業者責任から消費者の自己責任を求める消費者保護政策の大転換だとして、日弁連等から相当な批判を浴びることになった。しかし、同書は、自己責任を強化して事業者規制を緩和させる意図はなく、近代市民法原則を理解し、自己決定できる消費者を育成することが急務であり、経済的弱者としてのみ消費者をとらえることなく、「自らが積極的に社会に参入し、これからの社会をさらに発展させる主体として未成年者に権利と義務を正しく理解させること[4]」の重要性を指摘したものである。

こうした経緯を経て、1989年の学習指導要領の改訂では、消費者教育の充実が盛り込まれることになった。同時に、消費者教育の充実のため、契約意識の醸成など、これまでに扱われていない内容を取り扱うには、消費者教育を指導できる教員の育成も不可欠であるとの認識から、政府がリードして教材開発や教員研修などを担うリソースセンターの設立が欠かせないと、民

---

(2) 第19回消費者保護会議（1986年10月31日）における首相、文相の学校における消費者教育充実に対する積極的発言、1986年11月21日参議院決算委員会における文相の積極発言などがあり、消費者教育推進の機運が次第に形成されていった。（「学校における消費者教育の新しい視点」、P2、大蔵省印刷局 1987）
(3) 同研究会には筆者もメンバーとして加わっている。
(4) 「学校における消費者教育の新しい視点—市民社会における消費者教育へ—」、P61、1987

間の協力を求めることになった。1990年2月に設立された財団法人消費者教育支援センター（現在、公益財団法人）は、経済企画庁と文部省の共管法人としてその任を果たすことになる。

　2003年には、国民生活審議会消費者政策部会の答申「21世紀型消費者政策の在り方について」の中で、消費環境の変化の中で、消費者政策を大きく転換させる必要が生じているとし、保護の客体としての消費者から、自立した主体としての消費者を目指すべきであると提言した。

　04年の消費者基本法では、そうした文脈から消費者自立を支援するための消費者教育を消費者の権利として明示した。しかしながら、学校教育における消費者教育は各方面からその必要性が指摘されながらも、学習内容の多さや授業時間の制約などから、限られた教科の中で、卒業までの授業時間の中でも消費者教育に関連する時間は数時間という現実は改まることなく、基礎学力重視のもとで、新科目の必要や抜本的な学習内容の改善が一部から求められるにとどまっていた。

　やがて財産被害のみならず、食品偽装、表示偽装、製品事故その他と消費者問題の複雑化多様化の時代を迎え、多くの行政庁にまたがる消費者行政の一元化を図る動きへと変身していく。2007年9月に発足した福田康夫政権は、政策目標に国民生活の安全・安心を掲げ、消費者庁の設置に意欲を見せた。

　またほぼ時期を同じくして、消費者教育推進法の立法化による学校教育における必須化を急ぐべきとの意見は、日本消費者教育学会や日本弁護士連合会、全国消費者団体連絡会など種々の団体から次第に高まっていった。消費者行政の司令塔として消費者庁設置を政策目標とした福田政権は、2008年9月8日の第10回消費者行政推進会議において、消費者行政推進基本計画の具体化として、消費者庁の設置と概算要求、関連法案の整備等を示した。その後、消費者庁設置関連3法案は、第170回国会に提出され審議未了となったが、次期通常国会（第171回国会）において、当初提案の消費者政策委員会を消費者委員会と改称し、内閣府の独立機関として設置するなどの修正を経て、2009年5月末に成立した。消費者教育の推進に関しては、3法案成立の

（5） 筆者は171国会の審議（参議院消費者問題対策特別委員会、2009年5月8日）において参考人として召喚を受け、消費者教育推進の必要性に関し意見を述べた。

際には、衆院では「消費者教育推進体制の強化」、参院では「消費者教育推進法制の整備を検討」を求める附帯決議が全会一致で採択された。[6]

消費者政策の転換と、消費者の自立支援の新たな方向性を模索する与党議員らの見識は、2008年10月28日に自民党消費者問題調査会のもとに、消費者教育ワーキングチーム（座長　島尻安伊子参議院議員）を発足させた。同年10月から同チームにおいて検討が始まり、法案作成への準備が鋭意進んでいった。翌2010年6月10日に開催された消費者問題調査会・内閣部会・文部科学部会合同会議では、河野太郎消費者問題調査会長の挨拶に始まり、「消費者教育の推進に関する法律案（仮称）骨子案」が示され、質疑応答が行われた。同骨子案では、基本理念を「かしこい消費者・考える消費者の育成を目指して」として、消費者教育を「消費者の自立を支援するために行われる消費生活に関する教育（消費者が主体的に消費者市民社会の形成に参画することの重要性について理解および関心を深めるための教育を含む）」と定義した。

ところが、同年7月の衆院解散による翌8月の総選挙で、自民党は大敗を喫し野に下る。この政権交代により推進法の審議は一時中断を余儀なくされ、さらには2011年3月には未曾有の被害を発生せしめた東日本大震災が起こり、消費者教育推進法の検討はさらなる空白期間を生むことになる。しかし、政権与党となった民主党においても、同年5月には消費者教育推進法制定へ向けたワーキング（座長　仁木博文衆議院議員　当時）が設けられ検討が開始された。被災地支援や復興計画などが何よりも政策の最優先政策課題となるなかで、翌2012年3月には推進法制定へ向けた与野党三党の合意を実務者レベルで成立させ、議員提出の法律案として国会に上程されることになった。審議が行われた第178回国会は消費税国会として、他の法案審議は時間の確保が難しくなる中、各党各会派の賛同を得て、推進法は8月10日衆議院本会議にて可決成立し（参議院先議）、同年12月13日に施行された。

（6）　第171回国会消費者庁設置関連3法案に対する附帯決議16

Ⅱ 消費者教育推進法の意義と理念

1 消費者教育推進法の意義

　消費者教育推進法（以下「推進法」と略）は、その目的を「消費者教育が、消費者と事業者との間の情報の質及び量並びに交渉力の格差等に起因する消費者被害を防止するとともに、消費者が自らの利益の擁護及び増進のため自主的かつ合理的に行動することができるようその自立を支援する上で重要であることに鑑み、消費者教育の機会が提供されることが消費者の権利であることを踏まえ、消費者教育に関し、基本理念を定め、並びに国及び地方公共団体の責務等を明らかにするとともに、基本方針の策定その他の消費者教育の推進に関し必要な事項を定めることにより、消費者教育を総合的かつ一体的に推進し、もって国民の消費生活の安定及び向上に寄与する」(第1条)とした。

　同条では、消費者教育を受ける権利が、消費者基本法(2004年成立)第2条の消費者の権利として明示されていることを踏まえ、その具体的な推進策を明らかにすることを掲げている。消費者教育を受ける権利は、1962年にJ.F.ケネディ大統領が議会で宣言した「消費者の権利」(安全を求める権利、選択できる権利、知らされる権利、意見が反映される権利)ののち、G.R.フォード大統領が1975年に提唱したとされる。消費者の基本権としての消費者教育の理念規定を明示するとともに、消費者教育を推進することが国及び地方公共団体の責務であること、さらには具体的に消費者教育を推進するために政府がその基本方針の策定を行い、また具体的な実施のための方策を提示することを同法制定の目的としたものである。

　消費者教育が「消費者と事業者との間の情報の質及び量、並びに交渉力の格差等に起因する消費者被害を防止する」とは、推進法第1条が法の目的として掲げる消費者被害発生の原因として市場における消費者と事業者の格差の存在を前提とし、その是正に消費者教育が有効な手段であることを示しており、被害防止のためには消費者へ確かな消費者情報の提供や消費生活に関する学習の機会確保が不可欠であることを表している。

　「消費者の利益の擁護及び増進」は消費者基本法第2条が定めるように、消

費者政策の基本的な理念である。「自主的かつ合理的に行動できるようその自立を支援する」とは、単に消費者教育を被害防止の視点からのみならず、消費者の消費生活の向上安定を目指して、日常の適切な行動ができるように、消費者の自立を支援するための消費者教育を重視すべきであることを明示したものである。この点は、消費者の存在を消費者保護の客体としての捉え方から、消費者を市場における主体として、社会への行動力を育成する消費者教育により支援する立場を、行政がより重点化していく現れとみることができる。

次の第2条では、同法がその推進を国及び地方公共団体の責務とする「消費者教育」ならびに「消費者市民社会」というキー概念を定義している。「消費者教育」という用語は、現行法には既出のものではないが、すでに消費者基本法第2条（基本理念）において、「消費者に対し必要な情報及び教育の機会が確保され」ることが「消費者の権利であることを尊重する」とされ、消費者安全法第4条（国及び地方公共団体の責務）では、第6項に、国及び地方公共団体は「消費生活に関する教育活動」を通じて「消費者の安全の確保に関し、国民の理解を深め、かつ、その協力を得るように努めなければならない。」と明示されている。

推進法では「消費者教育」を法令上、初出の用語として定義しており、「消費者の自立を支援するために行われる消費生活に関する教育」として、消費者の日々の消費生活が安心、安全に送れるために必要不可欠な消費生活上の知識やスキルを身に付ける教育活動全般を指すと同時に、「消費者が主体的に消費者市民社会の形成に参画することの重要性について理解及び関心を高めるための教育」を含む教育活動でもあると併記した（第2条第1項）。このことは、従来の主として消費者行政が、消費者教育として、あるいは情報提供型の啓発活動として行ってきた消費者被害を未然防止するための消費生活知識の教授に加え、同時に、消費者の主体的な活動によって消費者市民社会を構築する基本的な能力開発がより重要になっていることを示すものである。

この「消費者教育」の定義に関しては、国際動向が少なからず影響を与えていると考えられる。国連消費者保護ガイドライン[7]（1985年採択、1999年改正）

---

(7) "United Nations Guidelines for Consumer Protection", United Nations, 2003

では、消費者教育を消費者に正当な必要性として明示し、同時に「消費者の選択が、環境、社会、経済に与える影響についての教育を含めた消費者教育」として定義している。

続く同条の2項では「消費者市民社会」を定義した。消費者市民社会とは、「消費者が、個々の消費者の特性及び消費生活の多様性を相互に尊重しつつ、自らの消費生活に関する行動が現在及び将来の世代にわたって内外の社会経済情勢及び地球環境に影響を及ぼし得るものであることを自覚して、公正かつ持続可能な社会の形成に積極的に参画する社会をいう」と明示した。消費者市民社会の概念はけっしてきわめて新しい概念というわけではない。2008年6月27日に閣議決定した消費者行政推進基本計画において、「(消費者市民社会とは) 個人が、消費者としての役割において、社会倫理問題、多様性、世界情勢、将来世代の状況を考慮することによって、社会の発展と改善に積極的に参加する社会を意味しており、生活者や消費者が主役なる社会そのものと考えられる」としている。そうした背景により同法においても、消費者市民社会の消費者像を今後の消費者のあるべき姿（目標）として明示したものである。なお、同年発行の「国民生活白書」は、北欧と日本の消費者意識の差異を掲載するなどして、サブタイトルを消費者市民社会への展望と付した。[8]わが国の消費者教育の形成には欧米の消費者教育思想が影響を与えていると考えられるが、なかでも、ヨーロッパのコンシューマーシティズンシップの思潮のインパクトは大きいといえるだろう。北欧4か国にエストニアを加えた5か国は、消費者教育を政府レベルで進めてきた。北欧閣僚協議会消費者教育ガイドラインおよび、その後の活動でも各国に大きな影響を与えたコンシューマー・シティズンシップ・ネットワーク（CCN）[9]は消費者市民について、「消費者市民とは、倫理、社会、経済、環境面を考慮して選択を行う個人である。消費者市民は、家族、国家、地球規模で思いやりと責任をもって行動を行うことで、公正で持続可能な発展の維持に貢献する」と定義し、世界をリードしてきたといえるだろう。[10]つまり、消費者市民とは、消費生活

---

(8) 「国民生活白書　平成20年版　―消費者市民社会への展望―」2008
(9) CCNは、2011年にはPERL (Partnership of Education and research for Responsible Living)として、さらに消費者市民のあるべき生き方を追求する取り組みに活動の幅を拡大している。
(10) "Consumer citizenship education Guidelines, Vol.1 Higher education", P.11 2005

の向上を目指して日々商品選択を行う消費者としての性格と、消費行動を通じて社会への影響力を行使しうる市民としての性格を併せ持った主体的な消費者像なのである。消費者市民によって構成される社会こそ消費者市民社会と表現できるものである。

　翻って第2条2項を解釈するならば、「消費者の特性」とは、すべての人間は消費者であるものの、年齢や性別の違いや障がいの有無など、さまざまな消費者の存在をお互いが理解し合い尊重することは当然である。また、個々の消費者の「消費生活の多様性」についても、特段の価値の押し付け的な消費者教育が行われることなく、互いの多様な消費生活を尊重することを求めた。「現在および将来の世代にわたって」とは、現存する人々のことはもとより、これから生まれる世代を意味し、今後、来るべき何十年後にもわたり地球及び世界を維持発展させ、人間の生存を持続させることが、現在世代を生きる人々の責任であることを意識して表明したものである。「内外の社会経済情勢および地球環境に影響を及ぼし得る」とは、日本国内への社会的経済的影響のみならず、海外への影響も考慮することが不可欠であることを意味している。国内市場を通じての消費者の購入や消費の行動が、途上国をはじめ他国の社会経済情勢に影響を与えていることは少なくない。安価で海外から入手できる原材料による生産の中には、不公正な対価で取引されているものも存在する。公正で持続可能な世界各国の社会経済の確保、安定、および地球環境の保全は世界共通の課題であり、消費者が他者の利益や社会的公正、地球環境にも配慮した消費行動をとることを求め、[11]「公正かつ持続可能な社会」を目指すものとしたのである。

2　消費者教育推進法の基本理念

　第3条では基本理念として、消費者教育推進の基本的な視点を7項目挙げている。

　第1は消費生活に関する知識の修得と適切な行動に結び付けることができる実践的な能力を育成すること、第2には消費者が消費者市民社会の形成に

---

(11)　国際市場における社会的公正では、人権問題としてフェアトレードや、コンフリクトミネラル（紛争鉱物）などが例として挙げられる。

参画しその発展に寄与できるようその育成を積極的に支援すること、第3には、幼児期から高齢期まで各段階に応じた体系的な消費者教育が行われること、ならびに年齢、障がいの有無その他の消費者の特性に配慮した適切な方法で行われること、第4は、学校、地域、家庭、職域その他の様々な場の特性に応じた適切な方法で、多様な主体と連携し効果的に行うべきこと、第5は、消費者の消費生活に関する行動が現在及び将来の世代にわたり内外の社会経済情勢及び地球環境に与える影響に関する情報など多角的な視点に立った情報を提供すること、第6には、災害その他非常の事態においても消費者が合理的に行動することができるよう、非常の事態における消費生活に関する知識と理解を深めること、第7では、推進施策を講ずる際には、環境教育、食育、国際理解教育その他の消費生活に関連する他の教育施策と有機的な連携が図られることとした。

Ⅲ 消費者教育の推進主体

　推進法が、消費者教育の推進を国の責任により行うと明示したことは、もっとも重要なポイントである（第4条）。つまり自立した消費者育成を目指す消費者教育を推進することを国家戦略として実施することを明言したものである。「自らの利益の擁護及び増進のため自主的かつ合理的に行動することができる自立した消費者の育成が極めて重要である」との認識は、同法第1条が定めるところであり、そのためには国が責任をもって総合的な消費者教育推進の施策を策定するのみならず、実施することを明示した規定である。第2項で国の消費者教育推進の責任を「内閣総理大臣及び文部科学大臣」としたのは、第1項で消費者教育の推進が国の責務であると明示しつつも、その行政としての責任主体をより明確にすべきことから、消費者行政を一元的に管理する消費者庁所管の内閣府、および、教育行政を所管する文部科学省として明示し、それぞれの行政の長たる内閣総理大臣および文部科学大臣を消費者教育推進の核として位置付け、さらに施策実行上の関係機関との連携などを義務付けてその実効性の確保を目指したものである。
　地域における消費者教育の推進については、地方公共団体が実施の責任を

負うことを明示している（第5条）。なかでも消費生活センターは、開設以来、消費者被害救済や被害予防を軸として、地域の消費生活相談ならびに消費者啓発を担ってきた。消費生活センターは消費者問題解決の中核的機能を果たして来たものであり、消費者教育の推進に当たっては、その地域の情報の受発信の基地として、言い換えれば地域における消費者教育の拠点としての役割を果たすことが期待されている。また、教育行政としての教育委員会は、地域の学校教育および社会教育施策の全般を司っており、地方公共団体が責務としての消費者教育推進を実施するにあたり、消費生活センターならびに教育委員会を核とし、連携した推進が欠かせないことを本条で示した。

消費者教育の推進は、国および地方公共団体の責務で行うものとした一方で、これまで消費者行政に深いかかわりを保ってきた、消費者団体や事業者及び事業者団体についても、推進主体としての努力義務を課している。

消費者団体は消費者の権利擁護による消費生活の向上を求めて、歴史的にも種々の運動を展開し、政府に対して事業者規制による消費者保護施策の実施を訴えてきた。同時に、消費者自らの力を高めるための消費者教育活動にも力を注いできた。第6条は、消費者団体の消費者教育推進の協力者として積極的な役割を果たすことが努力規定とされた。消費者団体とは、消費者の権利・利益の擁護・維持を目的または活動内容に含み、消費者によって自主的に組織された団体または消費者のために活動を恒常的に行っている民間団体を言う（消費者庁「平成23年度消費者団体名簿」による）。全国規模のものや地域に存する消費者グループ等を含むものである。事業活動を営む生活協同組合も全国消費者団体の調査では消費者団体として扱われる。推進法が消費者教育推進の担い手として、消費者団体を改めて第一に明示したのは、消費者団体本来の設立趣旨である消費者の権利擁護行動の一環として、国や地方公共団体が中心となって推進する消費者教育の最大の協力者として位置付けていることに他ならない。消費者団体は地域や全国レベルで連合組織（全国消団連等）を有し、特定の地域で行われる消費者教育活動が他の地域での活動に示唆を与え、情報共有を容易にする利点が存在する。消費者教育実践には地域により取り組みに差異もあり、地方公共団体のプラットフォームとして消費者団体の果たす役割は大きい。

さらに、第7条では事業者及び事業者団体の努力義務規定を示した。同条の事業者及び事業者団体とは、営利法人として事業活動を営む個々の事業者および、業界団体など関連する事業者相互が組織する事業者の連合組織を指す。市場において事業者は消費者が商品を購入する相手方であるが、当該商品・役務にかかる情報を最大限保有しており、一方の消費者は表示等により生産地、品質、内容量等の最小限の情報のみが市場において選択判断の材料として与えられるに過ぎない。事業者による商品及び役務の提供そのものが消費者の消費生活を成り立たせているものであり、場合により消費者においては、誤認や誤使用あるいは、消費者トラブルを誘発する原因ともなり得る。したがって、事業者が商品・役務に関わる種々の十分な情報提供を行うことは不可欠であり、商品・役務の安全かつ有効な利用法等を消費者に供することは生産、販売する者の責務でもある。同条は、事業者及び事業者団体が商品および役務提供者としての責任ある立場に鑑み、国及び地方公共団体の実施する消費者教育推進に関わる事業に協力するよう求めるものであり、この場合の協力とは、消費者教育推進事業への人的、金銭的支援を含むものであると解する。すでに、事業者及び事業者団体は、自主的な活動として、消費者啓発や情報提供を行うものもあり、公益社団法人消費者関連専門家会議（ACAP）などの行う消費者教育事業や、その他の業界団体の実施する消費者教育事業が一層充実されることも期待されていることを示すものである。

Ⅳ　消費者教育推進の基本方針

推進法では、消費者教育の推進に関して政府が実施すべき施策の基本的な方向性について定めている（第9条）。同条が定める基本方針は2013年6月28日に閣議決定し、公表されている。法定の基本方針の内容は4種に分類される。第1は消費者教育推進の意義及び基本的方向に関する事項、第2には消費者教育の推進に関する事項、第3には関連する他の消費者政策と連携に関する事項、第4にはその他消費者教育の推進に関する重要事項を定めることを規定した。

第1の「消費者教育推進の意義及び基本的方向」とは、消費者教育を推進

する必要があるとする今日の消費者を巡る環境等の背景や課題であり、一方、消費者教育の推進が消費者自身ならびに社会に果たす意義と、実際に推進するにあたっての基本的枠組みや実施する各主体の果たすべき役割等を指すものである。第2の「消費者教育の推進に関する事項」とは、消費者教育を行う場や消費者教育を担う人材に関することがら、また消費者教育を行う場合に必要となる資源のほか、同法が目指す消費者教育を国民的レベルで推進するために不可欠な内容を指すものである。第3の「関連する他の消費者政策と連携する事項」とは、第3条第4項に定める「関連する他の消費者政策」と同様に、消費者基本法が定める消費者の利益擁護増進のために国が行う個別の消費者政策を指す。第4の「その他消費者教育の推進に関する重要事項」とは、体系的、総合的、計画的な消費者教育の推進のための施策や実施内容に関わる検証の方法など、消費者教育推進施策の実効性を高めるための諸施策を指す。

　第3項では、消費者教育推進の基本方針が、消費者基本法で定める消費者基本計画との調和の上に成り立つものでなければならないことを定めるものである。消費者基本計画は、毎年閣議決定されるものである。第4項は、基本方針はその原案を内閣総理大臣と文部科学大臣が作成し、閣議決定しなければならいことを定めている。「内閣総理大臣と文部科学大臣が作成し」とは、第4条第2項で、国の責務である消費者教育の推進が、内閣総理大臣と文部科学大臣の主導によるところで関係行政機関との連携の上で策定、実施されるとするところに由来する。第5項は、基本方針案の作成にあたっては、関係行政機関の長（大臣等）と協議を必要とするとともに、同法に定める消費者教育推進会議ならびに消費者委員会の意見を聞かなければならないこと、またさらに消費者の意見を広く反映させる措置をとることを求めている。消費者教育推進会議は、第19条に規定されるもので、消費者教育の推進にあたり、施策の全般に関する意見交換や政府への具申を行う審議会であり、基本方針の策定への積極的関与を求めたものである。同時に、消費者庁及び消費者委員会設置法第6条に定める消費者委員会の意見も求めている。第6項は、基本方針が閣議決定されたならば、直ちに国民に公表する義務を定め、第7項は、基本方針については、消費者教育推進の諸施策の実施状況の調査、

分析、評価を行うとともに、その結果を踏まえて、5年ごとに基本方針を検討しなおして、必要がある場合には変更を加えることを求めている。また、第8項では、基本方針の変更に関し、本条の基本方針に関する閣議決定に関する事項（第4項）から、基本方針案作成における消費者教育推進会議、消費者委員会からの意見聴取等（第5項）、また閣議決定後の国民への遅滞の無い公表（第6項）までを準用することを定めている。

V 消費者教育推進計画と推進地域協議会

　地方公共団体における消費者教育の推進に不可欠な前提として、消費者教育推進計画（第10条）及び、消費者教育推進地域協議会（第20条）について定めている。第10条第1項では、都道府県は区域の消費者教育推進に関する施策を実施する場合、同法第9条に定める政府の消費者教育推進の基本方針を踏まえながら、都道府県消費者教育推進計画を策定するように努めなければならないと定めている。第2項は、市町村においても、第1項の都道府県と同様、区域の消費者教育の推進に当たっては、政府の基本方針および都道府県消費者教育推進計画を踏まえながら、市町村消費者教育推進計画を策定するように努めなければならないと定めている。同時に、上述の都道府県消費者教育推進計画ならびに市町村消費者教育推進計画を策定するに際しては、第3項で規定するように、都道府県、市町村それぞれの区域の消費者および関係者の意見が反映される措置を講ずる必要があること、また、同法第20条第1項で定める都道府県ならびに市町村の消費者教育推進地域協議会を組織している場合には、同協議会の意見を聞かなければならないとする。では「消費者教育推進計画」とはどのようなものを指すのであろうか。

　国の消費者教育の推進に関する基本方針は、前述のように2012年6月に閣議決定ののち公表された。同基本方針は、消費者教育推進の意義を示した上で、第1に消費者教育推進の基本的方向として、①体系的推進のための取組の方向、②各主体の役割と連携・協働、③他の消費生活に関連する教育と消費者教育との連携推進、また第2には消費者教育の推進の内容に関する事項として、①様々な場における消費者教育、②消費者教育の人材（担い手）

の育成・活用、③消費者教育の資源等、第3に関連する他の消費者施策との連携として、①消費者の安全・安心の確保、②消費者の自主的かつ合理的な選択の機会の確保、③消費者意見の反映・透明性確保、第4に今後の消費者教育の計画的な推進として、①今後の推進方策について、②基本方針の達成度の検証として構成されている。同法は、都道府県消費者教育推進計画を策定する場合、国の基本方針を踏まえることを求めているので、基本方針に示されたものを各都道府県レベルになぞらえて検証していく手続きが必要となろう。その場合、各都道府県がこれまでに独自に積み重ねてきた消費者教育に関する施策を再検討するプロセスや内容を、消費者庁が2013年1月に公表している「消費者教育の体系イメージマップ」によって、幼児期から高齢期に至る生涯学習である消費者教育内容と照合し、現状を分析するなどして、今後の方策を検討することは有益である。

VI 消費者教育推進の場

1 学校における消費者教育の推進

　推進法では、消費者教育推進の基本施策として、まず学校における消費者教育の推進を掲げ規定している(第11条)。学校における消費者教育の推進は、国及び地方公共団体の責務であること、また授業及びその他の教育活動において、適切かつ体系的に行われる必要があることを明示している（第1項）。また、消費者教育を実施するにあたっては、子どもの成長発達に応じたプログラムが重要であり、学校での学習活動や家庭での生活経験の積み重ねの中に、消費者教育が行われることが求められていることを示した。とくに学校においては、体系的な消費者教育を行うことにより、消費者市民社会を構成する一員としての消費者としての意識と態度を培う必要がある。これらの学習目標を実現していくためには消費者庁の『消費者教育の体系イメージマップ』は参考になろう。[12]

---

[12] 消費者庁に設置された「消費者教育推進のための体系的プログラム研究会」(座長 筆者)による検討の成果として2013年1月に公表された。消費者教育の内容を、幼児期から高齢期の各段階に応じ図表により示したもの。

第2項では、学校における消費者教育の実施のためには、その指導の主体である教育職員が消費者教育に関する知識や技能、指導方法などを習得する必要があり、そのための研修の充実を国及び地方公共団体に義務付けた。今後の消費者教育推進にあたり、本項の意義は大きい。教育委員会は研修計画に消費者教育を加えていく必要がある。本項で「職務の内容及び経験に応じ」研修を受けるものと示されるが、担当教科や学校内の職位により、また教員としての経験年数を指すものであるが、消費者教育を教科として充実を図るのみならず、学校全体として取り組む場合も含めて、校長、副校長、教頭、また教務主任や主幹など管理職等の立場にある教育職員の消費者教育への深い理解が求められる。

　第3項は、学校における消費者教育を効果的に実施するための、人材の活用の推奨に関し規定している。消費者教育に関する内容が、現実の市場における消費者問題に関連する場合も多く、新たな知識や立法の動向、消費者市民社会の考え方等、前項の研修の機会を通じて身に付けることに加え、本項では、専門家の協力を得て、児童・生徒に直接的に指導を行う場合も想定している。消費者教育の実践では、実際の場面を想定してワークや実践的なものを取り込む必要がある。そのためには教室内でのディスカッションやシミュレーション、ロールプレイング、ワークショップ等、また教室外での活動など、実際の社会を想定しやすい環境の中で行うことが望ましく、さらには次項で規定する専門的機関や専門家の協力も得て行うことが期待されていることを示すものである。

　次の第12条は、大学および高等専門学校、専修学校、各種学校を主体とする消費者教育の推進について定めている。本条では学校教育法第1条が規定する学校のうち、大学および高等専門学校を対象とするとともに、学校教育法によらない専修学校（文科省の専修学校設置基準を満たすもの）、各種学校（文科省の各種学校規定を満たすもの）等の教育機関を対象としている。前条の高校以下の学校と区別するのは、教育の対象とする学生が18歳以上の年齢であり、消費者としての活動範囲も広く、消費者トラブルに巻き込まれることも少なくないため、若年層の消費者意識を一層高める必要があるために別建ての扱いとしたものである。また、これらの学校は、文科省の学習指導要領等

の全国統一的な教育内容を持つ高校までの段階とは異なり、教育内容も学校や専門により異なるため、被害防止を重点課題としているところにある。

2 地域における消費者教育の推進

消費者教育の実質的な推進は地域での活動においてこそ発揮させるべきもので、推進法では、地域における消費者教育の推進の重要性を掲げている（第13条）。地域は学校教育と並んで最も重視されるべき消費者教育の場である。第1項では、高齢者や障がい者等の消費者被害が減少しない傾向を踏まえて、地域住民自身への消費者能力の増進を図るとともに、判断能力が必ずしも十分ではない高齢者や障害者を地域住民の手で消費者被害から守るため、国、地方公共団体、国民生活センターが、地域福祉の向上に従事する福祉関係者に対して、研修を実施し、情報提供を行うことを義務付けた。高齢者、障がい者等に対する消費者教育をとくに地域の消費者教育のなかでも取り上げているのは、消費者被害の大半が高齢者被害となっている現状や、近年知的障がい者等の判断力を十分に備えない消費者を狙った悪質商法も後を絶たない現状がある。OECD等の消費者政策においても、これら脆弱な消費者に対象を絞り込んだ消費者教育の重要性は共通認識となっているところである。[13]

そのために、本条では福祉関係者への研修と情報提供を義務付け、関係者の連携によって消費者被害の防止を図ろうとする趣旨でおかれた条項である。その対象となる福祉関係者には、民生委員法の定める民生委員、社会福祉法に定める社会福祉主事、介護福祉士に加えて、訪問介護員（訪問ヘルパー）や地域の高齢者や障がい者を支援している人々（食事宅配業者、家事サービス業者、地域巡回をするボランティア等）らが含まれる。今後、消費者行政と福祉行政の緊密な連携のもとに消費者教育の諸施策が行われる必要があることは明白である。

また、第2項では公民館その他社会教育施設等において地域の消費者教育を実施するよう求めており、その場合、実例を通じた消費者教育を行なわれ

---

[13] Policy Recommendation on Consumer Education, OECD's committee on consumer policy, 2009

るよう必要な措置を講ずることとしている。つまり、地域での消費者学習の定着を図るためには、何より当該地域での消費者被害等の事実関係を知らせることが、被害防止に有用であると考えられるからである。そのための情報は地域の消費生活センターに相談事例として多数の蓄積があるので、それらを有効に活用すべきであることを示すものである。

　消費者教育推進の鍵は、よい教材とすぐれた人材と言われることが多い。第15条は、国及び地方公共団体に教材の充実および教材の開発、そして効果的な提供を求めている。推進の実質化を図るために、あえて具体的実践に不可欠なツールに関して条項を置いていることにもその意義が見える。消費者教育に使用される教材では、冊子などの印刷教材のみならず、CD・DVDなどの視聴覚教材や、ゲーム・シミュレーションなどのツール、あるいはパソコン等を通じ活用できるWeb教材などがある。消費者教育は現実の消費生活の中で選択購入等の意思決定を行う中で、その成果が生きるものであるが、学校や消費生活センター、公民館等で消費者教育を実施する場合、現実市場を再現することは困難である。そのため、問題や課題についてより理解を深めるために、教材が利用される場面は多い。

　消費者庁の消費者教育ポータルサイトには国、地方公共団体、消費者団体、事業者・事業者団体、消費者教育関連団体等の制作した消費者教育教材の情報が集積されている。それらを精査して適切に活用することは勿論であるが、社会経済情勢の変化とともに、新たな問題も発生し、最新の情報や、新たな視点が必要になってきている。その意味では、国や地方公共団体が、独自に教材を開発し、効果的な提供方法を検討することは極めて重要であると言える。とくに、同法が目指す消費者市民社会の構成員としての態度形成等に関しては、地域の実情を考慮した独自な教材の開発が求められている。

　人材育成は教材開発と並び、消費者教育の推進に不可欠である一方、すでに消費者教育に関する実務経験がある人材もあり、消費者教育推進に従事してきた経験を有する専門家や研究者等、その有効活用が求められる。もっぱら消費者教育全般の専門機関たる公益財団法人消費者教育支援センターをはじめ、消費者教育事業に実績のある消費者団体等が該当しよう。

　こうした地域での消費者教育を円滑にかつ効果的に推進するためには、前

述の消費者教育推進計画（第10条）及び消費者教育推進地域協議会（第20条）の果す役割は大きい。なかでも同協議会には、教育関係者や福祉関係者らの参画が欠かせないことを強調したい。

VII 消費者教育の担い手の育成

　第16条は、消費者教育の推進に欠かせない、人材の育成に関するものである。本条では国、地方公共団体および国民生活センターが、消費生活相談員等が専門的知識を修得するための研修等を行うことを義務付けている。第1項の「消費生活相談員その他の消費者の利益の擁護又は増進を図るための活動を行う者」とは、消費者苦情の処理やあっせんに携わる消費生活相談員のほか、消費者団体その他の関係団体にあって消費者活動に従事する人を指す。消費者教育に関する専門的知識とは、消費者教育の意義や目的、その内容・方法などにわたる専門知識を指すと同時に、実施される研修では同法に対する深い理解が求められる。研修には、講義型のもののみならず、ワークショップやディスカッションを中心とした演習型などがあるが、消費者教育そのものが実践的な内容を含むものであるがゆえに、多様な形式を取り入れたものが有効である。人材の育成では、研修だけではなく、消費者教育を推進する事業に直接かかわる経験や、インターン制度の導入など、幅広く消費者教育に関連する活動が実施できるような取り組みが考えられよう。

VIII 消費者教育推進会議

　推進法はその第19条では国家行政組織法第8条に基づく審議会としての消費者教育推進会議について定めている。消費者教育推進会議では、国の消費者教育推進に関わる施策全般について議論を行うことを目的としている。なお、消費者庁及び消費者委員会設置法第5条の2では、消費者庁に置かれる審議会等として、消費者安全調査委員会と消費者教育推進会議を定めている。事務局は消費者庁に置かれる。推進法第2項第1号で同会議は委員相互の情報の交換及び調整を行うとし、同会議の委員が、消費者教育の推進に関

わる施策等に関して、それぞれの立場から自由な意見交換を行うとともに、消費者の利益擁護増進に資するための消費者教育推進のあり方に向けた建設的な意見調整を行うことにより、それらが国の消費者教育施策の決定に反映させることを設置目的とする。この点は、従来型の審議会のように、国の施策についての諮問を受けて、その実施状況を確認あるいは検証することで課題を提言する形式をとらず、むしろ消費者教育施策という新たな行政事務に関して、専門的知見を有する関係者らが豊かな発想のもとで、あるべき施策や方向性を議論することにより、実効性のある消費者教育推進を図ろうとする同法に固有の考え方の現れとみることができよう。

消費者教育の推進に関する基本方針の策定については、同会議の意見聴取が求められている（第2項）。また、第9条第8項は基本方針の変更に関する準用を定めているので、基本方針の見直し、変更にあたっては同会議の意見を改めて求めることになる。

第3項では、同会議を構成する委員について、消費者や事業者、教育者らの関係団体の代表者、学識経験者および関係行政機関・独立行政法人の職員から内閣総理大臣の任命によって行うとした。消費者教育の推進にはさまざまな主体から幅広い知見を求める必要があると考えられるための規定である。委員数は20名以内とし任期は2年とした。また、専門の事項を調査させるための必要があるときは、専門委員を置くことができるとした。なお、同会議は2013年春に発足し、議論の迅速な進展を図るべく3つの小委員会を設置して検討を行った。消費者市民育成小委員会、地域連携推進小委員会、情報利用促進小委員会がそれである。第一期の同会議は2013年3月からの2年間の審議の成果として2015年3月に取りまとめ（報告書）を公表した。

IX 消費者教育推進法の効果と今後の課題

以上、消費者教育推進法が制定されてきた背景並びに、同法が定める主たる規定につき解説と解釈を試みてきた。最後に、消費者教育推進の今後の課題について若干の検討を加え本稿のまとめとしたい。

まず、最初には、消費者教育推進法施行の効果を検証しておく。同法第

20条で定める消費者教育推進地域協議会の設置状況である[14]。都道府県レベルでは、28の都道府県で設置している。設置率は59.6％。政令市レベルでは、3政令市が設置、設置率は15％となる（2015年1月末）。一方、消費者教育地域推進計画の策定状況は、14の都道府県で策定、策定率は29.8％。政令市では1政令市のみで、15年度には策定をしようと各自治体では準備を進めているところが多い。

　前述のように、消費者庁の審議会として消費者教育推進会議は、3小委員会で機動的に議論を重ね、消費者教育推進の在り方を検討してきた。ここでは3小委員会の論点を略述しておきたい。

　消費者市民育成小委員会では、①消費者市民社会概念の研究ならびに普及、②消費者市民社会実現に向けた事例の収集を、情報利用促進小委員会では、①効果的かつ確実な情報提供の仕組及び方策、②消費者教育ポータルサイトの掲載基準を、地域連携推進小委員会では①消費生活センターの消費者教育拠点化の具体的方法、②コーディネーターの仕組み・人材確保・育成等の方策を、それぞれ中心課題として検討してきた。

　なかでも、消費者市民社会概念の普及は一朝一夕にできるものではなく、消費者教育推進法で明示されたものの、施行から3年を迎える今日においても、消費者行政担当者でも説明が難しいと指摘されることも少なくない。従来、消費者行政における消費者教育は、もっぱら被害救済、被害防止に力点が置かれていたで、悪質商法を一覧にして、契約取引における権利義務を明示し、契約概念の大切さを理解させ、あるいは、問題発生時の対処法として、クーリングオフ葉書の出し方や、消費生活センター相談窓口の活用の仕方を啓発・指導するにとどまっていた。ところが、今般の推進法は消費者市民社会の実現を掲げて、社会参加型消費者を育てることの重要性を掲げている。そのため、個人に対して、消費のもたらす社会的影響力や、社会への影響力を考慮した商品選択や企業選択を行うよう、消費者の主体的行動を求めるも

---

(14) 2014年6月の消費者安全法の改正により、主に高齢消費者被害の拡大防止を目的として、新たに消費者安全確保地域協議会を設置することが地方自治体の努力規定となった。（消費者安全法第11条の3）。消費者庁は、同協議会につき、推進法の消費者教育推進地域協議会との一体的運営も可能としてガイドラインで示しているが、それぞれの協議会の設置目的を明確にした上での運営が図られるべきである。

のとなっている。したがって、フェアトレードやコンフリクトミネラル（紛争鉱物）などの運動への理解や、地場消費の再評価と実践など、消費者行動を具体的に例示するなどして、消費者意識を高めることの重要性が指摘されている。

消費者庁は、地域での事業の参考に資するため事例集を公表しているが、今後も消費者市民社会を認識できる教材やイベント提案などを全国から収集し、公表していくことが不可欠であろう。

また、消費生活センターの地域消費者教育拠点化は、閣議決定した消費者教育推進の基本方針で示されたものだが、これまで消費者相談や消費者啓発の中心的役割を担ってきた地域の消費生活センターが、消費者教育推進においてもまた、地域の中心的な活動を果たすことは至極当然と言えよう。ただ、消費生活相談員の不足など相談体制が十分でない実情を抱えるセンターも多く、教育委員会や消費者団体など関係機関・団体との連携は欠かせない。ここでも消費者市民社会概念の普及と同様に、先進的な取り組み事例を収集し、公表し共有していくことは、地域での消費者教育推進に大いに役立つものとなろう。

消費者教育推進は学校における充実において、初任者研修に消費者教育を取り込むなど先進事例に学びながら、徐々に蓄積を増やしつつ進めていくことが肝要であると言える。今世紀に入り、消費者基本法が消費者教育を受ける権利を明示し、消費者教育推進法がその推進を国及び地方公共団体の責務としたことは、自立支援から施策を一歩進め、公正な市場と安定した社会を形成する行動する消費者の育成が急務であるとする証左であろう。

〈特別寄稿〉

スポーツを通じた国際貢献
―― 2020年オリンピック・パラリンピック東京大会の成功に向けて ――

平 田 竹 男
Takeo HIRATA

I　序
II　2013年9月7日ブエノスアイレス～佐藤真海選手の話
III　内閣オリパラ室の創設
IV　2020年東京オリンピック・パラリンピックの概要
V　2020年東京大会に向けた政府の体制
VI　地域活性化
VII　外国旅行者の受け入れ
VIII　共生社会の実現にむけて
IX　2020年東京大会を成功に導くために
X　特別措置法案の提出

献辞

　横浜国立大学経営学部で円谷先生の教えを受け、そのおかげで国家公務員試験を法律職で合格し、通商産業省に入省できたが、そのことが現在の内閣官房での仕事に大変役立っている。経済産業省資源エネルギー庁石油天然ガス課長を最後に、スポーツ界に転じ、日本サッカー協会専務理事を経て、早稲田大学大学院スポーツ科学研究科教授としてゼミを持つようになってからは円谷先生の情熱的なご指導をいつも念頭に指導に当たっている。長きにわたる円谷先生のご指導に感謝している。

I　序

　2013年9月7日アルゼンチン、ブエノスアイレスで開催されたIOC総会にて2020年オリンピック・パラリンピック競技大会の開催地が東京に決定

してから早2年になろうとする。2020年東京大会の成功を実現していくためには、大会組織委員会、東京都、政府、スポーツ界、財界、そして地方も一丸となってオールジャパン体制で取り組んでいくことが必要不可欠である。私が室長を務める内閣官房2020年オリンピック・パラリンピック東京大会推進室においても、現在鋭意取組を進めているところであるが、本稿では2020年オリンピック・パラリンピック東京大会の招致経緯、また招致決定後からこれまでの政府の施策を中心とした動きと今後の展望、そして、現在国会に提出中の「平成三十二年東京オリンピック競技大会・パラリンピック競技大会特別措置法案」についてまで、俯瞰的に解説を試みたい。

II　2013年9月7日ブエノスアイレス〜佐藤真海選手の話

　2006年より早稲田大学大学院スポーツ科学研究科教授を務めており、教え子の一人にパラリンピック陸上の佐藤真海選手がいる。

　佐藤選手は、「パラリンピックの日本における振興を研究したい」と、2011年に入学した。その年は翌年のロンドンパラリンピックの予選会で忙しい年だったが、佐藤選手は「自分はアテネと北京のパラリンピックに参加したけれど満員だった。しかし、日本でパラリンピック活動をすると人が集まらないので、何とかしたい」という、ロンドン大会終了まで待てない強い動機があった。

　そこで、研究と予選会の記録突破を両立させるために私は国際大会で各国のパラリンピアンに研究のためのインタヴューをすることを提案した。優れたパラリンピアンが結集する国際大会を、佐藤選手の研究の場にするのだ。

　大学院合格後すぐに、佐藤選手は各国代表に「あなたの国ではどのようにパラリンピアンを支援しているのか」「どこに属しているのか」「コミュニティからどういう支援を受けているのか」など、インタヴューを始めた。

　また、東日本大震災の発生後、気仙沼出身の佐藤選手は連日被災地に入り、子どもたちを励ました。義足で一緒に走ったり歩いたりするうちに、最初は頬が動かない子どもたちも彼女と触れ合うあうことで少しは表情が出るようになっていったそうだ。

佐藤選手は2012年も研究のために試合前に選手にインタヴューを続けながら、記録も伸ばしていった。私も佐藤選手と過ごすうちに、パラリンピックの必要性や重要性を認識し、さらに、満員のパラリンピックロンドン会場で多くの人が熱心に応援している姿を見て、なんとかしてパラリンピックを応援したいと感じるようになった。

　その後、佐藤選手は東京オリンピック・パラリンピック招致委員会プレゼンテーターに選定され、2013年9月のIOC総会最終プレゼンテーションでスピーチを行なった。私自身も同年8月に内閣官房参与に任命されブエノスアイレスへ赴くこととなり、佐藤選手のスピーチに立ち会うことができた。

　スポーツの力を世界でどうアピールするか、それを各国の代表にいかに伝えるか。開催都市としての魅力もさることながら、東京、日本は、いかにオリンピック・パラリンピックムーブメントを実現するか。私はこれを訴える人として、佐藤選手こそが相応しいと考えていたので、日本の招致関係者には素晴らしい人選をされたとただただ敬服したのを覚えている。

Ⅲ　内閣オリパラ室の創設

　2020年東京大会の開催決定後、9月13日に下村文部科学大臣が東京オリンピック・パラリンピック担当大臣に就任し、10月4日には内閣官房2020年オリンピック・パラリンピック東京大会推進室ができた。大変長い名前なので、何かいい略称がないかと、相当頭を悩ませた。「五輪」というとパラリンピックは入らない。何とかパラリンピックを必ず含む表記はないかと考え落ち着いたのが、「内閣オリパラ室」という略称だった。内閣官房の中では「オリ」と「パラ」の間に「・」を入れた方がいいのではないかという人もいたが、やはり両大会を一体的に取り扱っていきたいという願いもこめて、「オリパラ」とした。

　東京オリンピック・パラリンピック競技大会組織委員会は、2014年1月に発足した。マネジメント機能と、オペレーション機能とし、総務局、企画財務局、広報局、マーケティング局、国際渉外・大会運営局、大会準備運営局、警備局、情報通信局、会場整備局、施設整備調整局の10局とスポーツ・

ディレクター体制で構成され、すでに開催準備が進んでいる。委員会会長には森喜朗元総理、事務総長には武藤敏郎元財務事務次官が就任している。

2014年4月に「2020年オリンピック・パラリンピック東京大会等に関する閣僚会議」の第1回が開催された。この閣僚会議は、安倍総理を議長、下村東京オリンピック・パラリンピック担当大臣（文部科学大臣）及び菅内閣官房長官を副議長として、全閣僚が構成員となっている。当閣僚会議が設置されたことにより、2020年大会に向けた政府の体制はより強固となり、各府省庁が一斉に2020年に向けたスタートを切ることができた。閣僚会議の中では、「大会開催基本計画の策定等円滑な準備に向けて国の対応が期待される事項」として、下村担当大臣から各省へ「1．セキュリティ・安全安心」、「2．復興・地域活性化」、「3．輸送」「4．外国人旅行者の受入」、「5．バリアフリー」「6．スポーツ」、「7．文化・環境等」、「8．その他」の8つの項目について重点的に取り組むよう提示し、了承された。

その後、2014年9月30日に第2回、2015年1月27日に第3回の閣僚会議を開催し、「国の対応が期待される事項」について、回を重ねるごとに盛り込まれる関係府省庁の政策に深み、厚みが増している。

2015年2月には大会開催基本計画が大会組織委員会よりIOC・IPCに提出された。同計画は大会開催準備の枠組を提供する基本的な計画であり、全体としては7章の構成となっている。大まかに説明すると、第1章には「全員が自己ベスト」、「多様性と調和」、「未来への継承」を3つの基本コンセプトとする大会ビジョンが明記されており、第4章においては、「輸送」や「セキュリティ」といった大会運営に必要な52のファンクショナルエリアについてそれぞれの機能を明確化している。第6章では、「アクション＆レガシー」を記載し、「スポーツ・健康」や「文化・教育」といった5本の柱を設定しており、2016年から2020年までの具体的なアクションと2020年以降のレガシーを「アクション＆レガシープラン」として大会組織委員会がとりまとめていくこととなっている。レガシーの柱として、「スポーツ・健康」、「街づくり・サステイナビリティ」、「文化・教育」、「経済・テクノロジー」、「復興・世界に向けた発信」の5つを取りまとめている。

Ⅳ　2020年東京オリンピック・パラリンピックの概要

　東京オリンピックは、2020年7月24日〜8月9日、パラリンピックは、8月25日〜9月6日まで、それぞれ開かれる。大変暑い中での開催になるが、スポーツ関係者からすれば、素晴らしい時期での開催になる。各競技種目にそれぞれ個別の競技大会があり、この時期を外すと開催期間が競合することもありうるので、世界のベストメンバーが揃って参加するための期間と言える。

　暑さ対策には、日本の産業界の英知を結集して取り組む必要がある。また、期間中、親子が揃って観戦するためには、父母の休暇の取得が課題になる。労使一体となって対策を研究してもらいたい。パラリンピックの後半には、学校が始まっている。授業の一環として観戦するような道が開けるか、教育現場でも考えてもらえればありがたいと思っている。

　おもてなしの観点からも、選手や大会関係者より、観客や観光客への配慮がより一層重要になる。オリンピックには室内競技と屋外競技がある。そのため、例えば、室内プールの水泳競技を観戦して、さらにマラソン、競歩など酷暑の中で屋外競技を観戦する観客に対しては、体調を維持するための対策などについても考える必要がある。

　パラリンピックは、1964年の東京大会でも開催されており、2回目を開催する都市は世界で東京が初めてである。その意味からも、共生社会への一層の貢献が求められている。

Ⅴ　2020年東京大会に向けた政府の体制

　政府は、大会組織委員会を側面から支援する。オリンピック・パラリンピックの開催には、セキュリティ・安全安心の対策、復興・地域活性化、輸送、外国人旅行者の受け入れ、バリアフリー対策、スポーツ振興、文化・環境対策などの分野で、あらゆる政府機関の支援が不可欠になる。

　防衛省は、テロ対策や危機管理の他に、ブルーインパルスによるアクロバッ

ト飛行などを通じて開会式のイベントにも関係してくる。前回の東京オリンピックで最初に金メダルを取得した日本選手は、重量挙げの三宅義信選手だが、彼は自衛隊体育学校に所属していた。

　ちなみに、競技の開催順序は、開催国が決めることになっており、前回の東京オリンピックでは、重量挙げなどメダルが狙える競技を大会前半に設定している。2012年ロンドンオリンピックでも自転車、馬術など、イギリスがメダルを狙える競技を前半に持ってきている。

　環境省は、CO_2対策に加えて、皇居の外堀を清潔にすることや、河川の浄化、暑さ対策といった役割がある。

　農林水産省は、馬術競技の馬の検疫の他、和食・木材・花・畳など日本文化の魅力を世界に発信する役割を担っている。前回の東京オリンピックでは冷凍食品が選手村で採用され、国内で普及するきっかけとなった。また、セントラルキッチンが選手村で初めて導入されている。オリンピックを経験し、洋食の料理人が大いに育ったと言われている。今回も参加外国人選手への食事の供給は大きなテーマになってくる。

　内閣官房、警察庁、総務省、法務省、国土交通省、防衛省、厚生労働省、経済産業省は、テロ対策やサイバーセキュリティ対策などの役割がある。

　厚生労働省は、伝染病に対する備えの他に、競技会場の建設現場で外国人労働者を雇用するケースへの対応、喫煙防止対策検討委員会の役割などを担うことになる。

　財務省は、予算編成や税関の充実に加え、金・銀・銅メダルの制作、記念硬貨の発行などを担当する。

　経済産業省は、汚染対策に加え、水素自動車、電気自動車の導入促進やクールジャパンを担当するが、2020年東京大会を成長戦略として活用することを検討している。また、オリンピック・パラリンピック関係の知的財産権の保護も必要となる。

　このように、多くの行政機関が介在しており、それぞれの役割を効率的に遂行して、2020年を迎え、2020年以後もその路線を継続していくことを検討している。

　2013年、ボストンマラソンでテロ事件が起こったが、同じようなことが

2020年東京大会では絶対に起こってはならない。世界の警察組織やテロ対策組織としっかり連携しなければならない。内閣官房がその中心的役目を担うことになる。バイオテロなどを含め、警察庁、防衛省、厚生労働省との連携を深め対策を講じている。

サイバーセキュリティ対策も重要になる。ロンドンオリンピックでは、1億回以上のサイバー攻撃があったと言われている。サイバーテロリストにとっても、オリンピックは4年に一度の大行事であり、世界の注目を集めるため、開会式などがターゲットとして狙われる可能性がある。そういう難題にも対応しなければいけない。

また、防災・ライフラインの安全安心のため、内閣府、警察庁、総務省、経済産業省、国土交通省が連携し、自然災害など不測の事態にもスピーディーに対応できる仕組みの構築を進めている。

VI　地域活性化

東日本大震災被災地の復興を含めた地域活性化対策も2020年に向けた重要な施策の1つであり、ホストシティ・タウン構想の推進を目指している。これはオリンピックとパラリンピックの開催前と開催後に、スポーツ、文化、教育、経済の国際交流や姉妹都市交流を地域ごとに実施するというもの。

どの競技を誘致するか、どこの外国と交流するかの二つのカテゴリーがあるが、今のところ、そのための明確なコンセプトを確立していない地域があるのも事実。観光団体などを中核として明確な構想を打ち出す必要がある。

想定される主な取り組みとして、スポーツ交流では、大会期間中にパブリックビューイングを設置し、地域を挙げて交流相手国選手を応援するほか、大会後には相手国のオリンピック・パラリンピック選手や指導者と交流する。

教育交流は、大会前に在京大使館などと連携し、小学校で参加国に関する学習を実施（一校一国運動など）し、大会期間中は学校を挙げて、相手国の選手を応援することで、相手国との絆を深める。大会後には選手・指導者と市民がスポーツを通じて交流する。

文化交流は、和食のおもてなしとともに、地域の伝統的な行事やアートイ

ベントを相手国で実施し、大会期間中または大会前後に、地元で開催される日本の祭りを、相手国の観光客に体験してもらう。国立美術館や民間美術館が国際的な企画展を開催し、アーティストによる2020年をイメージした作品展示などがあれば、交流はさらに盛り上がるだろう。

経済交流は、相手国で物産展・見本市開催の他、商工会議所会員企業が工場を立地している地域の関係者を招き、各種イベントへの参加や、特産品の製造体験、ご当地グルメイベントの開催など。

パラリンピックに関する交流では、大会後にパラリンピアンを招いて、健常者と障がい者が一緒になってパラリンピック競技を体験する。また、障がい者スポーツへの貢献のため、義肢装具・リハビリテーションに関する専門家の派遣や受け入れなどを推進する。

行政交流は、姉妹都市提携をしている相手国との記念イベントにオリンピアン・パラリンピアンの招聘などの取り組みを想定している。

Ⅶ　外国旅行者の受け入れ

7月から9月にかけて、日本では多くのお祭りが行われる。オリパラの期間中、世界から訪れる観光客に日本の祭りを見てもらって、交流を深めることも重要な課題になると思っている。

世界からの観光客は、一昨年1,000万人を達成し、昨年は1,300万人を超えている。300万人もの増加を踏まえ、2020年に2,000万人という目標が俄然現実味を帯びてきた。

昨年、政府は、タイとマレーシアに続き、インドネシア、ベトナム、フィリピンのビザを解禁した。今後ますます外国人観光客が増加し、各地の活性化、国際交流の増進など好循環が期待される。

外国人観光客の訪問先は、かつては東京と京都に集中していたが、最近は、各地方をまわるケースが増えている。オリンピックは一過性のものだが、観光についてはリピーターが期待できる。日本の観光振興のためにも、オリンピックを契機として、関係団体や民間企業による文化プログラムの全国展開を期待している。

また、2020年に向けて、多言語対応の強化と推進が重要になる。例えば、日本を訪れて、ラーメン、牛丼、カレーライスを食べたいと思っている外国人観光客がいても、各都市のラーメン店や牛丼店には外国語表記がほとんどない。これからは、少なくとも写真を掲示するぐらいの配慮が重要になってくる。イスラム教の旅行者へのハラル対応も欠かせない。

　最近、日本ではコンビニで弁当を買う人が増えているが、外国人のためのコンビニ国際化、商品等の多言語表記を行うべきである。病院の多言語対応も当然のことと言える。

　2020年には携帯電話が第5世代の通信時代を迎えることになるが、日本でその先端技術が生まれるかもしれない。いずれにしても、2020年には多くの外国人がスマートフォンを持つ時代になっているだろう。そういう状況においては、例えば、日本の美術館にマレー語やミャンマー語やポルトガル語による案内表示をべたべたと貼り付けるようなことになれば、そのセンスを疑われることになり兼ねない。通信業界は、スマホで各国の言葉が検索できるシステムを構築することなど、観光振興の観点からも大事になってくる。もちろん、道路・地名・建造物などにも多言語表記が必要になるだろう。

Ⅷ　共生社会の実現にむけて

　2020年の東京大会では、パラリンピックの成功が重要になる。ユニバーサルデザインの実現などインフラの整備とともに、心のバリアフリーを充実しなければいけない。いずれにしても、東京オリンピックとパラリンピックは、人の心の持ち方や社会を変えるメッセージでありレガシーになるだろう。また、先進国共通の諸課題を抱える日本が世界のモデルになるチャンスでもある。

　オリンピックとパラリンピックは、1988年のソウル大会から同一会場で開催されるようになった。2008年の北京大会から、両方の組織委員会と実施組織が財団法人として統合され、その後、パラリンピックはどんどん拡大している。

　ちなみに、パラリンピックのメダルは、陸上の100m競走には15個用意

されている。車イスによる競技では、上半身をうまく活用できる選手と、それができない選手がいる。このため、同じ100mでも障害の程度によってレベルを分類し、選手が同一レベルで競争できるように設定してある。

また、パラリンピックは、日本の障害関連器具メーカーが世界に向け、製品をアピールするチャンスにもなる。金メダルを取った選手の器具は、どのメーカーが製造したのか、ビジネス上のもう一つの戦いになるだろう。

ここで最も重要となることが、バリアフリー対応である。

2020年になると、団塊の世代が75歳〜76歳ぐらいになる。また、障がい者のためのインフラを整備しなければいけない。それは単に"おもてなし"ということだけでなく、高齢化社会への対応のためにも、オリンピックとパラリンピックを梃にして、日本全土をバリアフリーにしていくことが必要になる。

内閣官房、組織委員会、東京都などによるアクセシビリティ協議会が設置され、IPC基準に基づくアクセシビリティ・ガイドラインが定められ、競技場、選手村や駅などにおいてバリアフリー化が進められる。

そして、構築物のバリアフリー化だけでなく、車椅子や乳母車の移動を人々が自然と手伝う。信号で視覚障がい者に、「信号が青になりました」と、躊躇することなく伝えられるような"心のバリアフリー"も極めて大事になる。

IX 2020年東京大会を成功に導くために

2020年に向けて、歌舞伎、能、お茶、活け花だけにとどまらず、日本が誇るアニメなどを世界に発信し、外国人観光客が多面的に楽しめる国にしなければいけない。ロンドンでは、オリンピック終了後も観光客が増えている。その理由は文化と観光を融和させてこそにある。日本もそのような視点で観光振興を考える必要がある。

2020年の東京大会は、生中継の視聴者が史上最高になることは間違いない。人口の多いアジア地域と時差が少ないためだけでなく、前回の東京オリンピックの時と違い、今では東南アジア諸国はもちろんのこと、世界各国の家庭にテレビが普及しており、日本の文化やブランド、優れたインフラを世

界に発信する絶好の機会になるだろう。

　何れにせよ、2020年オリンピック・パラリンピック東京大会は、スポーツのイベントであるが、スポーツ以外の分野で多くのものをもたらす。また、大会は主として東京で行われるが日本全体に多くのものをもたらす。そして、2020年以降に多くのものを日本中にレガシーとして残す。関係府省庁の政策として各方面で2020年に向けて努力をしていくことになるが、2020年で終わりではなく、その先に次に何を残すかが大切だと思っている。約50年前の1964年は東海道新幹線を世界に見せ、首都高速道路や高級ホテル、セントラルキッチン、民間警備会社、そして、テレビ中継というレガシーを残した。2020年のレガシーは何か。インフラをどう変えるか、どう残すかだけでなく、インビジブルなもの、インタンジブルなもの、すなわち、日本の文化、おもてなし、そして心のバリアフリーなど目に見えない日本の魅力、そして財産をどう世界に発信し、次世代の日本に繋げて行くかが、ますます重要になる。50年後の2070年の後輩たちが2020年に感謝するようなものが残ればと思う。

X　特別措置法案の提出

　これらの政府施策の遂行のためには、関係府省庁の連携を深める必要があるが、これまで内閣官房オリパラ室がその推進に当たって来た。内閣として更に強力な推進体制を構築すべく、2015年2月国会に「平成三十二年東京オリンピック競技大会・東京パラリンピック競技大会特別措置法案」を提出したところである。

　国務大臣の上限数を改正することによりオリンピック・パラリンピックを専任で担当する大臣を創設し、内閣総理大臣を本部長とし、官房長官と専任担当大臣を副本部長とする「東京オリンピック競技大会・東京パラリンピック競技大会推進本部」を創設するなどを推進体制が強化される。

　2014年秋の臨時国会でも国会に提出されたが、衆議院の解散により廃案となった。再度通常国会で再提出され、成立を目指しているところである。

　本法案の内容は大まかには、「1．東京オリンピック競技大会・東京パラ

リンピック競技大会推進本部の設置」、「2．2020年大会に向けた「基本方針」の策定について」、「3．国有財産（陸上自衛隊朝霞訓練場、皇居外苑及び北の丸公園等）の無償使用」、「4．寄附金付郵便葉書等の発行の特例」、「5．組織委員会への国の職員の派遣」が盛り込まれており、さらに附則による内閣法の改正により、国務大臣の定数を1名増加し、この増加を持って、現在下村文部科学大臣が兼務している2020年東京大会の担当大臣の専任化を行う予定である。

（法案参考資料）

平成三十二年東京オリンピック競技大会・東京パラリンピック競技大会特別措置法案について
＜特措法規定事項＞
1　東京オリンピック競技大会・東京パラリンピック競技大会推進本部
（第2条～第12条関係）
　　内閣に、本部長（内閣総理大臣）、副本部長（官房長官及びオリンピック・パラリンピック担当大臣）、本部員（すべての国務大臣）をもって組織される「東京オリンピック競技大会・東京パラリンピック競技大会推進本部」を置くこととするもの。
　　本部は、大会の円滑な準備及び運営に関する施策の重点的かつ計画的な推進を図るための基本方針の案の作成及び基本方針の実施の推進等を所掌事務とする。
2　基本方針（第13条関係）
　　基本方針には、大会の円滑な準備及び運営の推進の意義、政府が実施すべき施策に関する基本的な方針、政府が講ずべき措置に関する計画等を定める。
3　国有財産の無償使用（第14条関係）
　　大会の開催に必要な競技施設等に供するため、国有財産（陸上自衛隊朝霞訓練場（防衛省）、皇居外苑及び北の丸公園（環境省）ほか）の無償使用を可能とするもの。

4 寄附金付郵便葉書等の発行の特例（第15条関係）

「お年玉付郵便葉書等に関する法律」に規定する寄附金付郵便葉書等について、「組織委員会が調達する大会の準備及び運営に必要な資金に充てること」を寄附目的として発行することを可能とするもの。

5 組織委員会への国の職員の派遣（第16条～第27条関係）

大会の準備及び運営を支援するため、組織委員会の要請に応じて組織委員会に国の職員を派遣できることとし、国家公務員共済組合法や国家公務員退職手当法等にかかる特例等、国の職員の派遣に関して必要な規定を整備する。

6 組織委員会役職員の刑法その他の罰則適用の特例（第28条関係）

組織委員会の業務の公益性に鑑み、その役員及び職員は、刑法その他の罰則（贈収賄罪、公務執行妨害罪、公文書偽造罪等）の適用については、公務に従事する職員とみなすもの。 7 その他（附則第1条～第2条関係）

（1）施行期日（附則第1条関係）

公布日から1カ月を超えない範囲内において政令で定める日とする。

（2）内閣法の一部改正（附則第2条関係）

復興庁の廃止までは、17人が上限の国務大臣の数を19人とし、復興庁の廃止後は、17人が上限の国務大臣の数を18人とする。

略　　歴

1945 年 5 月 7 日に福島県に生まれる。

〔学　　歴〕

1969 年 3 月	横浜国立大学経済学部経営学科卒業
1969 年 4 月	一橋大学大学院法学研究科修士課程入学
1971 年 3 月	一橋大学大学院法学研究科修士課程修了
1971 年 4 月	一橋大学大学院法学研究科博士課程入学
1974 年 4 月	一橋大学大学院法学研究科博士課程単位取得退学

〔職　　歴〕

1974 年 4 月	横浜国立大学経営学部専任講師
1975 年 4 月	横浜国立大学経営学部助教授
1978 年 2 月	ドイツ連邦共和国ゲッティンゲン大学留学（研修）(1979 年 11 月まで)
1987 年 4 月	早稲田大学法学部非常勤講師（1994 年 3 月まで及び 1995 年 4 月から 2010 年 3 月まで）（民法）
1989 年 4 月	横浜国立大学経営学部教授
1990 年 4 月	横浜国立大学大学院国際経済法学研究科教授
1992 年 4 月	慶応義塾大学大学院法学研究科非常勤講師（1994 年 3 月まで及び 1995 年 4 月から 2005 年 3 月まで）（民法）
1994 年 3 月	ドイツ連邦共和国フライブルグ大学留学（在外研究）(1995 年 1 月まで)
1994 年 4 月	横浜国立大学大学院国際開発研究科教授
1995 年 7 月	ドイツ連邦共和国トリアー大学留学（研修）(1995 年 9 月まで)
1999 年 4 月	横浜国立大学大学院国際社会科学研究科教授
1999 年 4 月	横浜国立大学評議員併任（2001 年 3 月 31 日まで）
2001 年 4 月	横浜国立大学評議員併任（2003 年 3 月 31 日まで）
2002 年 4 月	明治大学大学院法学研究科非常勤講師（2005 年 3 月まで）（ドイツ法）
2006 年 4 月	横浜国立大学退職
2006 年 4 月	横浜国立大学名誉教授
2006 年 4 月	明治大学大学院法務研究科（法科大学院）専任教授（現在に至る）

〔兼　　業〕

1996年4月～2008年3月	神奈川県個人情報審議会委員
1998年7月～2008年7月	神奈川県消費者被害救済委員会委員
1998年12月～2000年11月	文部省設置審議会委員
2001年1月～2009年3月	文部科学省設置審査会委員
2001年3月23日	内閣府国民生活局主催第2回東アジア消費者政策シンポジウム議長
2002年2月22日	内閣府国民生活局主催第3回東アジア消費者政策シンポジウム議長
2002年4月～2005年11月	法務省司法試験考査委員
2002年5月～2004年5月	大学評価・学位授与機構大学評価委員会委員
2003年4月～現在	公益法人自動車製造物責任相談センター理事（2009年4月から副理事長）
2006年10月～2008年3月	公認会計士試験実施検討小委員会科目別検討グループメンバー
2007年5月～2014年5月	財団法人消費者教育支援センター理事
2007年10月～2008年3月	内閣府消費者教育の総合的な推進に係る調査研究会委員
2008年2月～2008年3月	フォン・ケメラー財団による招聘（日本、ドイツの民法の交流）
2008年7月～現在	神奈川県消費生活審議会委員
2008年4月～現在	文部科学省教科用図書検定調査審議会臨時委員
2009年4月～2010年10月	独立行政法人国民生活センター紛争解決委員会委員
2012年4月～2017年3月（予定）	放送大学客員教授併任

〔学会活動〕

1973年9月～現在	日本私法学会会員
1985年4月～現在	金融法学会会員
1993年10月～現在	都市住宅学会学術委員
1994年4月～現在	日米法学会会員
2009年4月～現在	消費者法学会会員（2009年4月から2014年11月まで理事）

主要業績目録

1. 著書

01.（共編）『判例ノート・民法』（水本浩，島津一郎編）法学書院 1975 年
02.（共編）『民法学 5 契約の重要問題』（奥田昌道，玉田弘毅，米倉明，中井美雄，川井健，西原道雄，有地亨編）有斐閣 1976 年
03.（共編）『民法学 1 総論の重要問題』（奥田昌道，玉田弘毅，米倉明，中井美雄，川井健，西原道雄，有地亨編）有斐閣 1976 年
04.（共編）『現代の法学』（高窪利一，高窪貞人編）蒼文社 1976 年
05.（共編）『発展途上国の公害法と規制基準』（野村好弘編）アジア経済研究所 1977 年
06.（共編）『不法行為法の基礎』（乾昭三，徳本鎮編）青林書院新社 1977 年
07.（共編）『民法読本』（好美清光，米倉明編）有斐閣 1978 年
08.（共編）『現代の法学　全訂版』（高窪利一，高窪貞人編）蒼文社 1982 年
09.（共編）『講義物権法・担保物権法』（篠塚昭次，川井健編）青林書院新社 1982 年
10.（共編）『基本判例双書民法（債権）』（好美清光編）同文館 1982 年
11.（共編）『分析と展開・民法 I〔総則・物権〕』（山田卓生，野村豊弘，円谷峻，鎌田薫，新美育文，岡孝，池田真朗【共同執筆】）弘文堂 1982 年
12.（共編）『分析と展開・民法 I〔債権〕』（山田卓生，野村豊弘，円谷峻，鎌田薫，新美育文，岡孝，池田真朗【共同執筆】）弘文堂 1986 年
13.（共編）（訳書）『消費者の保護―各国の事例にみる現状と対策―』（E.v. ヒッペル著 / 好美清光，円谷峻訳）東洋経済新報社 1986 年
14.（共編）『地方公務員のための法律講座 5 総則・物権・親族・相続』（加藤一郎，遠藤浩編）第一法規出版 1986 年
15.（共編）『基本問題セミナー―民法 1（総則・物権法）―』（川井健，鎌田薫編）一粒社 1987 年
16.（共編）『市民生活と法』（円谷峻，加藤美穂子，山崎邦彦，青柳幸一，久留島隆，山下房雄，今泉敬忠【共同執筆】）蒼文社 1987 年
17.（単著）『契約の成立と責任』一粒社 1988 年
18.（共編）『分析と展開・民法 II〔債権〕第 2 版』（山田卓生，野村豊弘，円谷峻，鎌田薫，新美育文，岡孝，池田真朗【共同執筆】）弘文堂 1989 年
19.（単著）『契約の成立と責任　第 2 版』一粒社 1991 年
20.（共編）『分析と展開・民法 I〔総則・物権〕増補版』（山田卓生，野村豊弘，円谷峻，鎌田薫，新美育文，岡孝，池田真朗【共同執筆】）弘文堂 1992 年

21.（単著）『比較財産法講義』学陽書房 1992 年
22.（共編）『分析と展開・民法Ⅰ〔総則・物権〕第 2 版』（山田卓生，野村豊弘，円谷峻，鎌田薫，新美育文，岡孝，池田真朗【共同執筆】）弘文堂 1997 年
23.（単著）『現代契約法の課題―国際取引と民法理論―』一粒社 1997 年
24.（共編）『分析と展開・民法Ⅱ〔債権〕第 3 版』（山田卓生，野村豊弘，円谷峻，鎌田薫，新美育文，岡孝，池田真朗【共同執筆】）弘文堂 1998 年
25.（共編）『基本判例（2）民法総則・物権』（円谷峻・内田勝一編）法学書院 1998 年
26.（共編）『分析と展開・民法Ⅰ〔総則・物権〕第 2 版増補版』（山田卓生，野村豊弘，円谷峻，鎌田薫，新美育文，岡孝，池田真朗【共同執筆】）弘文堂 2000 年
27.（共編）『現代契約法の展開（好美清光先生古稀記念論文集）』（好美清光先生古稀記念論文集刊行委員会）経済法令研究会 2000 年
28.（共編）『分析と展開・民法Ⅰ〔債権〕第 4 版』（山田卓生，野村豊弘，円谷峻，鎌田薫，新美育文，岡孝，池田真朗【共同執筆】）弘文堂 2003 年
29.（単著）『新・契約の成立と責任』成文堂 2004 年
30.（共編）『分析と展開・民法Ⅰ〔総則・物権〕第 3 版』（山田卓生，野村豊弘，円谷峻，鎌田薫，新美育文，岡孝，池田真朗【共同執筆】）弘文堂 2004 年
31.（共編）『分析と展開・民法Ⅱ〔債権〕第 5 版』（山田卓生，野村豊弘，円谷峻，鎌田薫，新美育文，岡孝，池田真朗【共同執筆】）弘文堂 2005 年
32.（単著）『不法行為法 事務管理・不当利得 ―判例による法形成―』成文堂 2005 年
33.（単著）『債権総論 ―判例を通じて学ぶ―』成文堂 2008 年
34.（共編）『損害賠償法の軌跡と展望 ―山田卓生先生古稀記念論文集―』（円谷峻・松尾弘編）日本評論社 2008 年
35.（単著）（訳書）『ドイツ民法総論―設例・設問を通じて学ぶ―』（ディーター・ライポルト著／円谷峻訳）成文堂 2008 年
36.（単著）『不法行為法 事務管理・不当利得 ―判例による法形成― 第 2 版』成文堂 2010 年
37.（共編）『社会の変容と民法典』（円谷峻編）成文堂 2010 年
38.（単著）『債権総論 ―判例を通じて学ぶ― 第 2 版』成文堂 2010 年
39.（単著）『民法』放送大学教育振興会 2013 年
40.（共編）『民法改正案の検討（1）』（円谷峻編）成文堂 2013 年
41.（共編）『民法改正案の検討（2）』（円谷峻編）成文堂 2013 年
42.（共編）『民法改正案の検討（3）』（円谷峻編）成文堂 2013 年

2. 論文

01.（単著）第三者の保護効果を伴う契約　一橋研究 22 巻 1971 年
02.（単著）製造物責任と立証問題 —積極的契約侵害との関連において—（上）（下）　一橋論叢 68 巻 2 号, 3 号 1972 年
03.（単著）製造物責任と損害 —財産損害を中心に—　一橋論叢 70 巻 6 号 1973 年
04.（単著）製造物責任論の現状と問題点 —アメリカ・西ドイツと日本の学説・判例—　NBL59 号 1974 年
05.（単著）売主責任と消滅時効 —とくに，瑕疵ある売買目的物を中心にして—　エコノミア 52 号 1974 年
06.（単著）産業廃棄物公害と賠償責任　法律のひろば 28 巻 11 号 1975 年
07.（単著）食品公害と製造物責任 —カネミ症油判決を中心に—　法律のひろば 31 巻 1 号 1978 年
08.（単著）廃棄物処理法上の手数料　環境法研究 9 号 1978 年
09.（単著）Zwei Entscheidungen über die Haftung des Warenherstellers in Japan — Sogenannte "KANEMI (Ölschadens) FÄLLE"　エコノミア 68 号 1980 年
10.（単著）損害論　法学セミナー 309 号 1980 年
11.（単著）製造物責任と安全配慮義務　Law School 27 号 1980 年
12.（単著）ドイツにおける不履行損害論 —ドイツ民法 463 条をめぐって—　横浜経営研究 2 巻 1 号 1981 年
13.（単著）契約成立と損害　私法 43 号 1981 年
14.（単著）ドイツ瑕疵担保責任と消滅時効論 —ドイツ民法 477 条をめぐって—（1）（2）横浜経営研究 2 巻 2 号, 4 号 1981 〜 1982 年
15.（単著）性質保証（品質保証）からみた瑕疵担保責任　Law School 32 号 1981 年
16.（単著）担保責任における損害賠償　Law School 40 号 1982 年
17.（単著）悪臭公害訴訟事件 —最高裁（二小）昭和 57 年 2 月 19 日判決（最近の判例から）—　法律のひろば 35 巻 5 号 1982 年
18.（単著）瑕疵担保責任と契約締結上の過失による責任（1）（2）横浜経営研究 3 巻 3 号, 4 巻 1 号 1982 〜 1983 年
19.（単著）不作為不法行為と過失論　Law School 52 号 1983 年
20.（単著）契約締結上の過失　判例タイムズ 499 号 1983 年
21.（単著）契約締結上の過失　現代民法学の基本問題：内山尚三・黒木三郎・石川利夫先生還暦記念（中）（森泉章編）第一法規出版 1983 年
22.（単著）債権者による財産分与取消し訴訟事件（最判昭和 58.12.19）法律のひろば 37 巻 4 号 1984 年

23. (単著) 欠陥商品に対する製造者の責任　横浜経営研究5巻1号1984年
24. (単著) 税理士顧問契約とその解除（最判昭和58.9.20）　判例タイムズ529号1984年
25. (単著) 示談の効力（昭和43.3.15最高二小判）
    (単著) 継続的不法行為の消滅時効の起算点（昭和15.12.14大審連判）
    (単著) 後遺症の悪化（昭和42.7.18最高三小判）
    (単著) 大阪国際空港騒音差止請求事件（昭和50.11.27大阪高判）
    (単著) 伊達火力発電差止請求事件（昭和55.10.14札幌地判）
    不法行為法（法学セミナー増刊）1985年
26. (単著) 民法制定過程における瑕疵担保責任論 ―ボアソナード草案および法典調査会質疑応答を中心にして― 判例タイムズ558号1985年
27. (単著) 保証と弁済による代位（最判昭和59.5.29）ジュリスト847号1985年
28. (単著) 瑕疵担保責任　民法講座5契約　有斐閣1985年
29. (単著) 欠陥商品に対するメーカーの責任　現代契約法大系第4巻（商品売買・消費者契約・区分所有建物）（遠藤浩監修／淡路剛久編）有斐閣1985年
30. (単著) 建売住宅の地盤沈下と売主・建築業者の責任　判例タイムズ581号1986年
31. (単著) 欧米における製造物責任の現況とわが国の動向　国民生活研究26巻4号1987年
32. (単著) リース契約に関する裁判例　判例タイムズ628号1987年
33. (単著) 事後救済のありかた ―契約の問題―（特集　ケーススタデイ悪徳商法）法学セミナー32巻11号1987年
34. (単著) 交渉打ち切りの法律問題　横浜経営研究8巻2号1987年
35. (単著) 瑕疵担保責任―民法の基本問題　法学教室84号1987年
36. (単著) 食生活問題と消費者教育　いいくら〔季刊食生活情報〕第10号1987年
37. (単著) 「契約交渉上の過失」に関するメディクスの鑑定意見　法学志林85巻2号1987年
38. (単著) 企業期待する消費者教育への理解　企業環境14巻5号1988年
39. (単著) 研究開発における秘密保持契約について（1）（2）（3）Law and Technology 1号, 5号, 6号1988〜1989年
40. (単著) ノウハウ・ライセンス契約（1）（2）（3）（4）（5）横浜経営研究9巻4号, 10巻1号, 3号, 4号, 11巻1号1989〜1990年
41. (単著) 製造物責任訴訟における立証責任の転換（上）（下）NBL 446号, 448号1990年

42. (単著) ノウハウの保護によせて(甲論乙論)月刊債権管理 34 号 1990 年
43. (単著) 消費者行政と損害賠償請求(上)(下)国民生活平成 2 年 6 月号,7 月号 1990 年
44. (単著) ドイツにおけるノウハウ保護の法制度 Law and Technology 12 号 1991 年
45. (単著) 製造物責任における欠陥概念と無過失責任(上)(中)(下)NBL508 号,510 号,511 号 1992 年
46. (単著) 製造物責任公正法案(法案六四〇号)に関する審議と政策決定 —アメリカ合衆国上院商務・科学・運輸委員会における政策形成過程の一断面— 国際化時代の行政と法:成田頼明先生横浜国立大学退官記念(松田保彦編) 良書普及会 1993 年
47. (単著) 国連統一売買法における解除権行使と目的物の返還不能 一橋論叢 109 巻 1 号 1993 年
48. (単著) ドイツ消費者信用法 横浜国際経済法学 1 巻 1 号 1993 年
49. (単著) アメリカ合衆国における製造物責任の新たな提案とその検討 —ヘンダーソン/トワルスキーリステイトメント 402A 条改訂試案を中心にして— 判例タイムズ 819 号 1993 年
50. (単著) 電子取引における法的諸問題の研究—日本・韓国の比較法的研究—電気通信事業財団研究調査報告書 NO.9 1995 年
51. (単著) Das japanische Produkthaftungsgesetz PHi 4/95 1995 年
52. (単著) ドイツにおける新たな消費者倒産処理手続
企業の社会的役割と商事法 田中誠二先生追悼論文集(田中誠二先生追悼論文集刊行会編) 経済法令研究会 1995 年
53. (単著) Die Entwicklung der "culpa in contrahendo" in Japan Recht in Japan Heft.10 1996 年
54. (単著) 韓国における EDI 法の現状 法とコンピュータ 14 号 1996 年
55. (単著) EC/EU における製品の欠陥に対する消費者の保護—製造物責任,製品安全規格,統一的保証責任の構想,消費者教育に関する EU 政策との比較(1)(2)(3)—横浜国際経済法学 6 巻 1 号,2 号,7 巻 1 号 1997 年〜1998 年
56. (単著) 救済方法 新・現代損害賠償法講座 1 総論(山田卓生編)日本評論社 1997 年
57. (単著) 消費者教育の国際比較 EPS313 号 1998 年
58. (単著) 電子商取引に関する新たな規律 —アンシトラル・モデル法における機能的相当性のアプローチ—横浜国際経済法学 7 巻 2 号 1999 年
59. (単著) 時効の要件—消滅時効—(特集民法・時効の基礎と応用)月刊法学教

室 225 号 1999 年
60.（単著）情報化社会における電子取引の研究 ―企業間取引と消費者取引の比較検討　電気通信事業財団研究調査報告書 No.13-1 1999 年
61.（単著）ファヴォール・コントラクトス（契約の尊重）　現代契約法の展開（好美清光先生古稀記念論文集）（好美清光先生古稀記念論文集刊行委員会編）経済法令研究会 2000 年
62.（単著）EC/EU・ドイツにおける環境情報開示請求権　横浜国際経済法学 8 巻 3 号 2000 年
63.（単著）消費者行政の国際化 ―とくに東アジア諸国との連携について―横浜国際社会科学研究 5 巻 3 号 2000 年
64.（単著）インターネットの進展と消費者契約の変化　国民生活 31 巻 2 号 2001 年
65.（単著）日本における製造物責任　Seoul Law Journal 42 巻 2 号 2001 年
66.（共編）韓国における電子取引関連法 ―1999 年電子取引基本法を中心に―横浜社会科学研究 6 巻 3 号 2001 年
67.（共編）契約自由と消費者保護　横浜国際経済法学 10 巻 3 号 2002 年
68.（単著）同時履行の抗弁権と留置権　法学セミナー 579 号 2003 年
69.（単著）判例法による消滅時効法の展開　転換期の取引法 ―取引法判例 10 年の軌跡―（川井健、田尾桃二編集代表）商事法務 2004 年
70.（単著）債務法の現代化と瑕疵責任　取引法の変容と新たな展開 ―川井健先生傘寿記念論文集―（川井健先生傘寿記念論文集刊行委員会編）　日本評論社　2007 年
71.（単著）EU およびドイツにおける製品安全制度　損害賠償法の軌跡と展望―山田卓生先生古稀記念論文集―（円谷峻＝松尾弘編）日本評論社 2008 年
72.（単著）ドイツ民法の変革 ―民法改正の経緯、改正内容、その動向―　法の支配 150 号 2008 年
73.（単著）比較法的考察に基づいて民法改正をどのように考えるか　民法改正を考える（法律時報増刊）日本評論社　2008 年
74.（単著）裁判所による損害賠償額の認定　現代民事法の課題 ―新美育文先生還暦記念― 信山社　2009 年
75.（単著）ドイツにおける瑕疵責任の展開　横浜国際経済法学 17 巻 3 号 2009 年
76.（単著）Zwei Lösungen zur Überwindungen von Beweisproblemen des Patienten bei Interlassungsdelikten im Arzthaftungsrecht ― Beweiserleichterungen hinsichtlich der Kausalität oder die Anerkennug eines neuen Rechtsguts?― Festschrift für Dieter Leipold zum 70. Geburtstag（Mohr Siebeck）2009 年

77. （単著）　重大な医療過誤と因果関係の証明　明治大学法科大学院論集 7 号 2010 年
78. （単著）　瑕疵担保責任 ―担保責任と債務不履行責任の接合― 社会の変容と民法典（円谷峻編）　成文堂　2010 年
79. （単著）　行政型 ADR における体験　仲裁と ADR6 号 2011 年
80. （単著）　ヘーデマン『一般条項への逃避』の今日的意義　横浜法学 22 巻 3 号 2013 年
81. （単著）　わが国の製造物責任法の制定時における諸事情　自動車製造物責任相談センターの過去・現在・未来　自動車製造物責任相談センター　2015 年 9 月刊行予定

3. 判例研究・書評等

01. （書評）　徳本鎮著『企業の不法行為責任の研究』エコノミア 51 号 1974 年
02. （単著）　銀行が無記名定期預金契約の預金者を誤認してなした当該契約の解除および新規の記名式定期預金契約の締結が民法 478 条の類推適用により，真実の預金者に対抗できるとされた事例　金融・商事判例 469 号 1975 年
03. （単著）　屋根から国道上への積雪落下事故について家屋所有者の工作物責任と国の道路管理者としての営造物責任が肯定された事例　判例時報 796 号 1976 年
04. （単著）　債権者の債権成立前にされた不動産物権の譲渡行為につき債権成立後に登記が経由された場合と詐害行為取消権の成否　金融・商事判例 597 号 1980 年
05. （単著）　協議・審判等による具体的内容形成前の財産分与請求権に基づく債権者代位権　金融・商事判例 623 号 1981 年
06. （単著）　土地売買契約の過程において当事者の一方が契約の成立を不可能にしたことが不法行為になるとされた事例　金融・商事判例 687 号 1984 年
07. （単著）　契約準備段階における信義則上の注意義務違反と損害賠償責任
昭和 59 年度重要判例解説（ジュリスト臨時増刊 838 号）(1985 年)
08. （単著）　代位弁済をした保証人に対して債務者のした内入金の支払と求償権および原債権に対する弁済関係　金融・商事判例 724 号 1985 年
09. （単著）　数量指示売買と履行利益の賠償　民法の基本判例（有斐閣，1986 年）
10. （書評）　半田吉信著『担保責任の再構成』民商法雑誌 95 巻 3 号，ジュリスト 865 号 1986 年
11. （単著）　権利証に代わる保証書と移転登記義務（大阪高裁昭和 61 年 4 月 25 日判決）ジュリスト 886 号 1987 年

12. (単著) リース契約と割賦販売法　リース取引 ―その理論と実務 ―（経済法令研究会，1988年）
13. (単著) インパクトローンの勧誘にあたり銀行にはその危険や仕組みについて顧客に説明すべき信義則上の義務があるとして右義務違反による損害賠償責任が認められた事例　金融・商事判例786号1988年
14. (共著) 教科書・参考書の読み方 ―民法〈対談〉― （特集法律学習ガイダンス）法学セミナー33巻5号1988年
15. (単著) 退職者の機密保持と同義務の範囲　判例タイムズ671号1988年
16. (単著) 相続開始前の推定相続人の地位　家族法判例百選（有斐閣，1988年）
17. (単著) 転用目的のない非農地売買と転用許可申請協力請求の可否（京都地判昭和63.10.26）判例タイムズ707号1989年
18. (共編) 法と経済・法政策学の意義　法律時報744号1989年
19. (共編) 民法学と隣接基礎法学との関連　法律時報744号1989年
20. (共編) 民法の解釈の方法　法律時報744号1989年
22. (書評) 川井健著『民法入門』法学セミナー418号1989年
23. (単著) 転用目的のない非農地売買と転用許可申請協力請求の可否　判例タイムズ707号1990年
24. (単著) 小型電子計算機のリース契約におけるソフトウエアの未引渡とリース料支払義務　判例タイムズ751号1991年
25. (単著) 詐害的賃貸借と明渡請求　判例タイムズ765号1991年
26. (単著) 司法書士と損害賠償責任　横浜司法書士会報34号1992年
27. (単著) 売買の目的物となった船舶の価格に関する錯誤につき，売主に重大な過失があるとされた事例　判例タイムズ809号1992年
28. (単著) 証券会社の従業員の無断売買によって生じた差額等を顧客の信用取引口座から引き落とす処理がされた場合と顧客の損害発生の有無　NBL533号1992年
29. (単著) 鉄道高架下施設の一部分の賃貸借契約に借家法の適用があるとされた事例　NBL533号1993年
30. (単著) 委任者の死亡と委任契約の終了　NBL539号1993年
31. (単著) 抵当不動産の占有と民法162条2項の善意無過失　ジュリスト増刊担保法の判例（1）1993年
32. (単著) 民法557条にいう「履行ノ着手」に当たらない事例　私法判例リマークス1994〈下〉9号1994年
33. (単著) 変額保険資金融資と金融機関の説明義務　消費者取引判例百選1995年
34. (単著) 履行補助者の過失　民法判例百選・債権【第4版】1996年
35. (単著) ゴルフ会員権の消滅時効　判例タイムズ908号1996年

36. （単著） 転用物訴権に対する新たな判断　判例タイムズ908号 1996年
37. （単著） 数量指示売買と履行利益の賠償―面積を表示して売買された土地の数量不足と履行利益の賠償義務の有無―民法の基本判例【第2版】1999年
38. （単著） 借地上建物の譲渡担保権者引渡を受け使用収益する場合と民法612条　私法判例リマークス1999〈上〉18号 1999年
39. （単著） 仮差押えによる時効中断の継続および本案の勝訴判決の確定と仮差押えによる時効の効力　判例タイムズ1002号 1999年
40. （単著） 今期の主な裁判例（民法判例レビュー74 契約）判例タイムズ1068号 2001年
41. （単著） 預託金会員制ゴルフクラブをめぐる法律問題　判例タイムズ1068号 2001年
42. （単著） ゴルフ会員権に対する民事執行法161条1項の譲渡命令を発布するにはあらかじめ債務者を審尋しなければならないとされた事例　ゴルフ法判例72 2001年
43. （単著） 特殊法人と大会社間における広告掲載・出版物購入契約の不成立　私法判例リマークス2002〈下〉25号 2002年
44. （単著） 瑕疵担保による損害賠償請求権と消滅時効　NBL737号 2002年
45. （単著） 数量指示売買における売主の増額請求の可否　判例タイムズ1099号 2002年
46. （座談会）「平成14年の取引法判例概観〈座談会〉」NBL756号 2003年
47. （単著） 学費不返還特約の効力等：大学入学金等返還請求事件第一審判決　私法判例リマークス2004〈上〉29号 2004年
48. （単著） 今期の主な裁判例（民法判例レビュー85 契約）　判例タイムズ1150号 2004年
49. （単著） 分譲住宅の譲渡契約締結時における重要事項の説明義務と慰謝料請求権　法律のひろば58巻7号 2005年
50. （単著） 今期の主な裁判例（民法判例レビュー94 契約）判例タイムズ1219号 2006年
51. （単著） 下請業者が施工業者との間で下請契約を締結する前に下請の仕事の準備作業を開始した場合において，施主が下請業者の支出費用の補てん等の措置を講ずることなく施工計画を中止することが不法行為に当たるとされた事例　金融・商事判例1267号 2007年
52. （単著） 施行計画を中止した施主の下請業者に対する責任　民商法雑誌136巻3号 2007年
53. （単著） 課外活動中の落雷事故と引率者兼監督者の責任　法律のひろば60巻1号 2007年

54. （単著）　建物の設計者等が当該建物の瑕疵により生命、身体又は財産を侵害された者に対して不法行為責任を負う場合　平成19年度重要判例解説（ジュリスト臨時増刊1354号）2008年
55. （単著）　小学生児童の自習時間での事故につき教室内にいた担任教諭に安全確保等の過失はないとされた事例　法律のひろば62巻4号 2009年
56. （単著）　採石権侵害の不法行為を理由とする損害賠償請求事件において，損害の発生を前提としながら民訴法248条の適用について考慮することなく，損害の額を算定することができないとして請求を棄却した原審の判断に違法があるとされた事例　法の支配155号 2009年
57. （単著）　全身麻酔と局所麻酔の併用による手術中に麻酔による心停止が原因で患者が死亡した場合に、麻酔医には全身麻酔薬と局所麻酔薬の投与量を調整すべき注意義務を怠った過失があり、同過失と死亡との間に相当因果関係があるとされた事例　法律のひろば63巻1号 2010年
58. （単著）　公立小学校の教員が女子生徒に悪ふざけをした小学2年生の男子を追いかけ、捕まえて胸元を捕まえ壁に押し当てて大声でしかった行為は国家賠償法上の違法な行為とはいえないとされた事例　法の支配157号 2010年
59. （単著）　譲渡禁止の特約に反して債権を譲渡した債権者が同特約の存在を理由に譲渡の無効を主張することの可否　判例タイムズ　1312号 2010年
60. （単著）　民法704条後段の規定は、悪意の受益者が不法行為の要件を充足する限りで不法行為責任を負うことを注意的に規定したにすぎず、悪意の受益者に対して不法行為責任とは異なる特別の責任を負わせたものではない　金融・商事判例1342号 2010年
61. （単著）　購入した新築建物に構造耐力上の安全性にかかわる重大な瑕疵があり、倒壊の具体的なおそれがあるなど建物自体が社会経済的価値を有しない場合、買主から工事施工者等に対する立て替え費用相当額の損害賠償請求においてその居住利益を損害額から控除することはできない　法の支配162号 2011年
62. （単著）　傭船者の船舶引取拒絶表明と信義則上の義務違反—小笠原テクノスーパーライナー事件—　私法判例リマークス2012〈上〉44号 2012年
63. （単著）　適切な医療行為を受ける期待権の侵害のみを理由とする整形外科医の不法行為責任の有無を検討する余地がないとされた事例　法の支配165号 2012年
64. （単著）　最高裁平成17年（受）第702号同19.7.6第二小法廷判決のいう『建物としての基本的な安全性を損なう瑕疵』の意義　法の支配167号 2012年
65. （単著）　製造物責任における指示・警告上の欠陥の判断基準（イレッサ薬害事

件判決）法の支配 171 号 2013 年
66.（単著）　区分所有権と名誉毀損　法律のひろば 67 巻 1 号 2014 年
67.（単著）　原審が，壁面に吹き付けられた石綿が露出している建物が通常有すべき安全性を欠くと評価されるようになった時点を明らかにしないまま，同建物の設置又は保存の瑕疵の有無について判断したことに審理不尽の違法があるとされた事例　法の支配 174 号 2014 年
68.（単著）　売買により取得した宅地での地下水湧出と土地の隠れた瑕疵　私法判例リマークス 50 号 2015〈上〉2015 年

4．その他

01.（共編）　翻訳『中華人民共和国契約法（総則，売買契約)』横浜国際経済法学 9 巻 3 号 2001 年
02.（共編）　翻訳『中華人民共和国契約法（各則「売買契約を除く」)』横浜国際経済法学 11 巻 3 号 2003 年
03.（共編）　中国における製造物責任の研究 ―「中華人民共和国産品質量法」を中心にして ―横浜国際経済法学 12 巻 3 号 2004 年
04.（共編）　中国民法典（草案）の立法過程について　横浜国際経済法学 14 巻 2 号 2005 年
05.（単著）　翻訳「民法と憲法の関係−民法の憲法化から憲法からによる民法化−」（ギュンター・ハーガー著）明治大学法科大学院論集第 2 号 2007 年
06.（単著）　（講演録）日本の製造物責任 ― ADR との関連で―　明治大学法科大学院論集 2 号 2007 年
07.（ミニシンポジウム）「日本，ドイツ，中国における法学教育」および「ドイツにおける債務法改正」明治大学法科大学院論集 5 号 2008 年
08.（単著）　（弁護士のための医療過誤訴訟法講座講義録）医療過誤訴訟における立証責任　医療事故情報センター 2011 年
09.（ミニシンポジウム）「中国における親と子の法律問題 ―日本・中国家族法シンポジウム―」（円谷峻・陳愛武（訳・趙莉）・劉敏（訳・崔光日）・本山敦・平田厚・若林昌子）明治大学法科大学院論集 15 号 2014 年

執筆者紹介 ――― 掲載順

滝沢　昌彦	（たきざわ　まさひこ）	一橋大学法学研究科教授
北居　　功	（きたい　いさお）	慶應義塾大学大学院法務研究科教授
長坂　　純	（ながさか　じゅん）	明治大学法学部教授
中村　　肇	（なかむら　はじめ）	明治大学法科大学院教授
住田　英穂	（すみた　ひでほ）	甲南大学法学部教授
武川　幸嗣	（むかわ　こうじ）	慶應義塾大学法学部教授
大滝　哲祐	（おおたき　てつひろ）	北海学園大学法学部講師
中谷　　崇	（なかや　たかし）	立命館大学法学部准教授
古谷　英恵	（ふるや　はなえ）	武蔵野大学法学部准教授
木原　浩之	（きはら　ひろゆき）	亜細亜大学法学部教授
工藤　祐巌	（くどう　ゆうげん）	明治大学法科大学院教授
佐藤　秀勝	（さとう　ひでかつ）	國學院大學法学部准教授
小西　飛鳥	（こにし　あすか）	平成国際大学法学部教授
堀川　信一	（ほりかわ　しんいち）	大東文化大学法学部教授
小野　秀誠	（おの　しゅうせい）	一橋大学大学院法学研究科教授
松本　克美	（まつもと　かつみ）	立命館大学大学院法務研究科教授
椿　　久美子	（つばき　くみこ）	明治大学法科大学院教授
高田　　淳	（たかだ　あつし）	中央大学法学部教授
川地　宏行	（かわち　ひろゆき）	明治大学法学部教授
平田　　厚	（ひらた　あつし）	明治大学法科大学院教授
松谷　秀祐	（まつたに　しゅうすけ）	関東学院大学法学部専任講師
柴田　　龍	（しばた　りょう）	立正大学法学部専任講師
鈴木　清貴	（すずき　きよたか）	愛知大学法学部准教授
円谷　　順	（つぶらや　じゅん）	弁護士
加藤　雅之	（かとう　まさゆき）	神戸学院大学法学部教授
平野　裕之	（ひらの　ひろゆき）	慶應義塾大学法科大学院教授
中川　敏宏	（なかがわ　としひろ）	専修大学法学部教授
松尾　　弘	（まつお　ひろし）	慶應義塾大学法科大学院教授
千葉　華月	（ちば　かづき）	北海学園大学法学部教授
加藤新太郎	（かとう　しんたろう）	中央大学大学院法務研究科教授
野村　秀敏	（のむら　ひでとし）	専修大学大学院法務研究科教授
我妻　　学	（わがつま　まなぶ）	首都大学東京大学院社会科学研究科教授
芳賀　雅顯	（はが　まさあき）	慶應義塾大学大学院法務研究科教授
Dieter Leipold	（ディーター・ライポルト）	フライブルグ大学名誉教授
Rainer Frank	（ライナー・フランク）	フライブルグ大学名誉教授
芦野　訓和	（あしの　のりかず）	東洋大学法学部教授
許　　　更	（キョ　コウ）	上海弼興法律事務所中国弁護士
趙　　　莉	（チョウ　リ）	中国南京師範大学法学院准教授
西村　隆男	（にしむら　たかお）	横浜国立大学大学院教育学研究科教授
平田　竹男	（ひらた　たけお）	早稲田大学スポーツ科学学術院教授

民事責任の法理
円谷峻先生古稀祝賀論文集

2015年5月30日 初版第1刷発行

編者　滝沢昌彦　工藤祐巌　松尾弘　北居功　本山敦　住田英穂　武川幸嗣　中村肇

発行者　阿部成一

〒162-0041 東京都新宿区早稲田鶴巻町514

発行所　株式会社　成文堂
電話 03(3203)9201(代) FAX 03(3203)9206

製版・印刷　シナノ印刷　　製本　佐抜製本

©2015 滝沢・工藤・松尾・北居・本山・住田・武川・中村　Printed in Japan

☆乱丁・落丁本はおとりかえいたします☆

ISBN978-4-7923-2673-9 C3032　　検印省略

定価（本体20000円＋税）